U0949012

清季外交史料

8

王彦威 王亮 辑编

李育民 刘利民 李传斌 伍成泉 点校整理

湖南师范大学出版社

分册目录

清宣统朝外交史料

清季外交史料卷二百十四

光绪三十四年四月至五月

外部致日使林权助接展新法铁路系为发达地方不能作为附近并行线照会

为照会事。

案查，关外铁路接展至法库门一事，上年十二月十九日，接准来照，以按照日清交涉会议录所载，日本政府断不能承认。会议订明，承认保护南满洲铁路之利益，不在该路附近敷设并行干线，并不敷设有害该路利益之枝线，中国官宪有遵守此约、监视毋违之责，务特再声明等因。查中国拟于关外铁路由新民屯敷设新线，延长往法库门，系为交通便利、发达地方及增益本路营业进款起见，与南满洲路线毫不相涉，既非附设并行之干线，亦非侵害利益之支线。其距离该路总不减于欧美各国现有铁路两线间距离之数之通行惯例，业经本部于上年八九月间准该省督抚暨邮传部来文，先后照会在案。乃贵大臣竟援中日会议录为据，谓：中国政府置成约于不理，有侵害南满洲铁路利益之举动。不知当日中、日两国全权即以并行二字范围甚广，必须定以里数①，言明在若干里以内，不能筑造并行线。日本全权大臣以为若定里数，自他国视之，若有限制中国造路之意，继又谓：按照欧美通例，定出并行线相距里数，又以通例亦不一律，不必载明。并由日本全权声明：中国将来凡有发达满洲地方之举，日本决不拦阻等语，前言具在，出于至诚及友邦最笃之谊，自应彼此共遵。夫发达地方，孰若添筑铁路便利交通为最要。该路与南满洲铁路相距甚远，实不能作为附近并行。至谓有害干路之利益，不特无害也，而且与有利，缘枝路愈多，则干路之生意愈旺。吉长铁路之与南满铁路，其一例也。且查新法铁路直接关外路线，所经海口为营口、天津，俱属封河之口。南满洲铁路直达大连，为不冻之口。满洲所有出口之出产，必多取道南满洲之铁路，直达大连，以期便利。矧法库以西，俱属蒙境，若通铁路，则往来便利，货物充牣，南满洲铁路生意必因之愈盛。凡此皆确凿可据。所以中国欲实行发达地方之要政，必自延长铁路始。讵

① 此句似为“中、日两国全权商讨此条时，中国全权大臣即以并行二字范围甚广，必须定以里数”。

南满洲铁路公司漫不加察，竟执定为有害该路之利益，致令贵国有拦阻中国发达地方之行动，殊非中国政府所能料及也。所有中国拟修新法铁路，意在发达地方暨交通便利，并无侵损南满洲铁路利益之处，仍烦贵大臣查照，转达贵国政府为荷。

须至照会者。

四月初七日

外部致使英李经方新法距南满路甚远希告英廷电

上年，奉省督抚拟延长关外铁路，由新民府修至法库门，已饬英保龄公司勘履承办。讵日本使谓，与南满洲铁路附近并行有害利益，与中日会议相背。经本部迭次照驳，彼仍坚执，并闻将会议笔记给英政府阅看。查笔记所载：中国政府为维持东省铁路利益起见，于未收回该路之前，允于该路附近不筑并行干路及有损于该路利益之枝路，而两国全权商订此条时，中国以并行二字范围甚广，须订明在若干里内不能筑造，日本以若定里数，他国将谓日本限制中国修路；继又请按欧美通例，定并行线相距里数，又以通例不一律，不必载入，并声明：中国将来凡有发达满洲地方之举，日本绝不拦阻。展修该路乃发达地方之首务，与南满路相距甚远，确非附近并行，不特无所侵损，且多此枝路，交通便利，生意愈盛，与会议录并无违背。除已照驳日使外，希详告英外部。

四月初八日

外部尚书那桐与葡森使商议澳门禁运军火事语录

光绪三十四年四月初九日下午三钟，葡森使偕翻译到署，那中堂接见。

森云：拱北关驻扎兵队一事，本大臣前次在贵署与参议梁大人会晤，曾将本国政府饬令澳门船政厅禁运军火一节奉告，并请电饬粤督撤退驻扎兵队，不知已电粤督否？

答以此事详细情形，未据粤督咨报到部，我不知悉。前次贵大臣会晤后，本部当已电致粤督详查，尚未接到复电。本部梁参议前曾函请贵大臣将贵政府禁运军火一节来一公文，不知已照办否？

森云：本大臣日来部面谈，即可不必另作公文。驻兵一事，实与光绪十三年约章相背，务请电饬撤退为要。

答以贵大臣今日所说，我必转达王爷、宫保。究竟该处有无驻兵，本部不得而知，必俟粤督电复，方能酌定办法。至公文一节，仍请贵大臣照办，以免将来彼此误会。

森云：此事本大臣尚须仔细斟酌。再者，前次参议梁大人函内所称葡政府已饬澳门船政厅永远禁运军火，此语实系误会，葡政府训条是约于有关系时禁运。

答以本大臣力请来一公文或节略，正以防彼此误会。

森云：本国政府于禁运军火实愿竭力相助，所以甚望贵政府于澳门交界上问题亦照约章办理。此次驻兵，实与约章显背，应由中央政府饬令撤退，无庸候粤督来电也。

答以贵大臣所说该处驻兵，究竟有无其事，必须粤督查明，方能酌定办法，断不能不待查明，即发号令。不独敝国以此为然，即欧洲各国亦是如此。贵大臣所请即行电饬撤退一节，我实不能应允。仍请你写一公文来，并候粤督复电再行酌核。

森唯唯，遂去。

四月初九日

日代使阿部致外部广东排斥日货请饬镇压节略

广东一带运动排斥日货之举，今尚未已，该省官宪毫无尽力镇压之状，此帝国政府所最为遗憾者也。据可靠之报告，此番举动系广东自治会员陈惠甫、罗少昂、李戒欺等主谋，而署水师提督李及洋务局会办温道台亦有暗中煽动，与香港等处互通气脉之说。然张总督虽奉贵国政府之严饬，只于表面施姑息之手段，毫不讲求镇压有效之策，帝国政府对之实深遗憾。至李提督、温道台等隐相奖励之说，帝国政府深望清国政府之留意，务宜慎重考量，以顾全邦交。又有一说，此番举动之主谋系康有为一派人物，若徐勤、江孔殷等，皆属康党，现在广东竭力煽动，其目的所在，欲乘广东人误解辰丸事件非常愤激之际，煽动人心，以扶植自身之势力云云。要之，贵国地方官宪不惟不遵贵国之严饬，却有暗中帮助之势，而贵国政府亦复袖手旁观，不谋适当之措置，帝国政府实所不解。本使承本国政府之训令，就前开之事，实请贵国政府之注意，务请迅施确实有效之手段，以全两国之邻交。不胜盼望之至！

四月初九日

外部致使法刘式训澳门禁运军火事酌拟办法三条请商葡外部允办电

真电悉。澳门禁运军火事，葡使尚无复文。迭次来晤，亦谓：政府极愿相助，而以撤退拱北关附近之老望河山驻兵为请。本部电准粤督复称：老望河山，即横琴岛，与附近各岛均隶香山县，向由前山同知领防营驻扎，光绪十三年以后始裁撤。现因整顿捕务，饬前山同知查驻营旧址，分别填扎，以符条约第二款，未经会订界址特立专约以前，俱照旧时情形，不得增减改变之条。地与澳门隔海，并不连属等语。查拱北关附近之岛，向隶香山县管辖，有防营驻扎，系光绪十三年定约时之情形，照约于未定界以前不得改变。粤督就旧址驻营，正属遵约办理。地与澳门隔海，本不连属，界址未定，不得强指为澳门境上。除由本部照驳葡使外，希将以上各节向葡外部切实驳复。至禁运军火事，本部前拟办法三条：一、澳门官用军火先期照会粤督准运外，此外无论华、洋商向澳政厅请领贩运军火执照，一概不得发给。一、从前已贩运至澳之军火，应将现存数目开送，如有运出澳门，应先知照。一、如有私运至澳，或出澳至中国各内地者，应请澳政厅协查严禁。以上三条，已交葡使电达政府。兹葡外部既谓已电澳督停发运照，希由执事谢其相助，并请其允照所拟三条办法办理为要。并电复。

四月十七日

外部奏中日合办鸭绿江右岸木植订定采木公司章程折 附章程二件备考书暨合同各一件

总理外务部事务庆亲王奕劻等奏，为中、日合办鸭绿江右岸木植，订定采木公司章程，恭折具陈，仰祈圣鉴事。

窃光绪三十一年，中、日两国全权大臣会议东三省事宜条约第十款内载：中国政府允许设一中日木植公司，在鸭绿江右岸地方采伐木植。至该地段广狭、年限、多寡暨公司如何设立并一切合办章程，应另订详细合同，总期中、日股东利权均摊等语。当经奏奉谕旨允准在案。

三十二年七月，日本使臣林权助拟订鸭绿江木植公司要目，函送臣部，并请定期会商。当经臣部以木植一项，关系商民生计，应由奉天将军、北洋大臣详查情形，再行核议，照复该使，令赴津与北洋大臣就近晤商。旋准奉天将军赵尔巽派员前往该地沿岸详勘禀复，据称：东边木植，鸭、浑两江并称繁茂，鸭江产地较宽，而木质比浑江为逊，近水之区所产森林，频年砍伐殆尽。至浑江一带，自十八沟至二十四沟，方圆约五百里，距江较远，斧斤罕到，存蓄甚多。若划作公司界限，可供二十年采伐。浑江与鸭江系属两事，不在合办之列。讵日本林使于三十三年三月到津，与臣世凯会议数次，即坚执鸭江右岸指该地全段言之，连浑江流域均包在内。地域既广，年限尤多。经臣世凯将所送提案十一条逐条辩驳，迄未就范。未几，林使回国，代理使臣阿部守太郎送交臣部节略，将前议提案略加改易，于地段一层仍包括鸭、浑两江流域及支流在内。臣那桐复与迭次会议，惟扼定量扩鸭江木界而不牵及浑江之宗旨，竭力与争。拟改由帽儿山至二十四道沟沿江木植归公司采伐，以距江六十华里为界，以为最后办法。该代使则仍谓：鸭江流域须择帽儿山以上，浑江流域须择通化以上，均以分水岭为界。惟白头山一带，自山顶五十里以内，概不采伐。此系本国政府深愿公司从速成立，竭诚拟定，让步已到极处。彼此相持，几至无可再议。迨十一月间，林使回任后，复来照申明前议，臣等仍与剖辩：浑江流域通化以内，不能混为鸭江右岸之地。约内既指明为岸，则地段之广狭，自应以距岸最近之江心起算。该使虽无可驳复，而卒未照允。

本年二月，奉天巡抚唐绍仪奉命来京，臣等即偕同该抚与林使接商前案。以此事悬宕经年，屡议屡阻，所不能就绪者，其关键只在该使欲将浑江包括在内。若径行照允，则该处木把生业全失，必于地方市面大受影响。且浑江原设之江浙铁路木植公司曾经奏准之案，尤不能禁其采买。计惟有定明浑江森林仍归中国旧业木把采伐，所需款项向公司贷借，所采木料归公司照市价收买，庶公司不至垄断，而商业仍得保全。遂由该抚另拟提案，与林使所交对案按条磋商，随时由臣等悉心参校，复与争持至月余之久，始行定议。所订章程大纲十三条，名为中日合办鸭绿江采木公司；其地段仍照前议划定，鸭绿江右岸自帽儿山起，至二十四道沟止，距江面干流六十里为界；中、日两国各出资本一百五十万元，以二十五年为限；该公司总局设在安东，以东边道为督办，中、日两国各派理事长一员；公司所有进款以余利百分之五报效中国国家，应纳木料税项可商准地方官照章酌减；俟此大纲议定后，即由奉天督抚及日本驻奉总领事派员商订详细章程；俟章程定后，限三个月内，即行开办；该公司开办后，日本政府允将现在鸭绿江之木材厂一概撤去。以上各节，均经彼此允商无异。因林使回国期迫，势难再延，由臣那桐会同该使将此项章程互换签字盖印，以昭信守。

伏查，鸭、浑两江一带，林木蓊郁，确系绝大利源。自日、俄战事起，两国兵民恣意斫伐，日本军队复设立厂所，抽收军用材料，木把生计半为所夺。上年三四月间，日员小岛派人沿江拦截木筏，几酿事端。中、日协约既议定两国合办鸭绿江右岸木植，自应从速订立章程，藉资补救。奈日本使臣以鸭江右岸牵引浑江，始终固执，毫不松动，臣等亦知于地方生业关系匪轻，未肯稍事迁就，磋磨至今，始克就绪。综核章程所载地段、年限暨经理之事权、税项之输入，较之日使原送节略均相去悬殊，是于利益均摊之中，尚不失保守主权之义。除将该章程咨行奉天督抚查照办理外，所有臣部与日本使臣订定中日合办鸭绿江右岸木植章程缘由，理合缮具清单，恭呈御览，伏乞圣鉴。谨奏。

光绪三十四年四月二十二日奉朱批：依议。

中日采木公司事务章程

大清国奉天度支使张锡銮，大日本国领事冈部三郎，各奉本国政府命令，遵照光绪三十四年四月十五日，即明治四十一年五月十四日，鸭绿江采木公司章程第十一条，协定该公司事务章程，如左：

第一条　本公司遵照光绪三十四年四月十五日，即明治四十一年五月十四日，曾经中、日两国议定中日合办鸭绿江采木公司合同并本章程而营业，以光绪三十四年九月初一日，即明治四十一年九月二十五日开办。

第二条　本公司依照合同，由两国派员设局开办。俟一年以后，一切事务业经整顿妥当，仍由两国招商承办。至本公司开办后，更定招股章程。

第三条　本公司资本金三百万圆，一俟开办，由中、日两国政府各出半额。俟改商办时全行收回。

第四条　本公司资本金及一切收支，均以中国银元计算，且经两理事协议后，分存于中、日两国银行。

第五条　本公司所设职员如左：

督办一人，理事长二人，理事二人以上，技师及其余职员若干。督办由奉天督抚命东边道兼任，以监督公司营业。理事长由中、日两国各派一人，经理公司一切事务。理事由理事长协议选任，报告两国政府。技师及其余职员由理事长协议采用。理事以下职员人数，务须令两国人相等。

第六条　每年薪奉，督办一万五千元，理事长一万元，理事由理事长协议而定。

第七条　技师及其余职员其人数及薪俸，由理事长与督办协议而定，制为列表。

第八条　本公司之重要文牍、账簿用中、日两国文，各备一通，以便检查。中、日两国应各派官吏，随时查察公司之事务及其金库、账簿、文牍等，且得向公司命其报告营业计画及景况等。

第九条　本公司一切记载，应用中历，以便贸易。其改为商办时，即行结算。

第十条　本公司系中、日两国合出资本，非经两国协商后许可，本公司不得自行借款，以增资本。

第十一条　本公司应以赢利百分之五作为公积，此项公积金额以至资本金三分之一为限，非经两国协商认可，不得使用。

第十二条　理事长应造具岁入、岁出预算表，受督办之认可。此种预算，应分别款项，明示收入性质及支出目的。

第十三条　收入、支出及其余会计规例，应由两理事长协定，报告督办。

第十四条　本公司所办木料，应照向例山价及客税税则减去二成，由本公司完纳，惟船捐仍照向例办理。若与本公司无关及其余检查木料费、捕盗费等，均行豁免。惟由汽船装载出口时，其船捐应以海关规则完纳出口税。本公司应缴之山价、客税，应从向例，以木料出售后完纳。凡本公司之营业与进款，及其使用机器并伐木器具等，概得免税。但其土地租税仍照向例完纳。

第十五条　江浙铁路公司所需枕木虽得向山家径行购买，必须携带该铁路公司执照。该执照又须记明数目，先呈东边道为之保证盖印。其出口时，由本公司派员检查。

第十六条　凡木材除混同江沿岸民居自用之外，概归本公司收买，应照北京合同规则，先由地方官晓谕。其有背北京合同者，随时由本公司会同地方官议罚，不得假借。

第十七条　凡整理漂流之木，由本公司任之。但其关于办理规则，须经理事长之协议、督办之认可。凡旧设之木会，至本公司成立，应由该管地方官晓谕，令其悉行解散。

第十八条　本公司伐木地方，遵北京合同，以由鸭绿江右岸帽儿山至二十四道沟距江面六十华里为界。两国应派委员会同该管地方官测量、制图、立标，以表示之。

第十九条　本公司酌量森林情形，以施采伐之序，及每年采伐地面积并树木种类等，应作详细图表，报告奉天督抚，备其查阅。

第二十条　本公司所雇伐木、运木、编筏、运筏等人夫专用华人，以保护地方人民生业。若必须兼用他国人时，应照北京合同，与督办商议，求其认可。

第二十一条　凡买卖木料，虽属本公司营业，而中国行栈牙侩应如其旧，随时与本公司商妥后，仍得从事本业。

光绪三十四年四月十五日，明治四十一年五月十四日，订于奉天。

张锡銮押。

冈部三郎押。

章程备考书

大清国奉天度支使张锡銮，大日本国驻扎奉天领事冈部三郎，各奉本国政府命令，协定关于光绪三十四年四月十五日，即明治四十一年五月十四日，鸭绿江采木公司事务章程之备考书，如左：

第一条　章程第四条中国银圆指北洋银圆而言，俟将来奉天银圆确实流通，即改为奉天银圆。其资本金，两国得从便，以银两支给，应照开办日北洋银圆时价换算。

第二条　据北京合同第六条，凡遇中国政府及中国各官署购买木料，本公司除直接费用及税金外，其维持公司必需薪俸并其余一切经费，皆应算入买价。

第三条　本公司开创经费，由中、日两国暂行垫给。及公司成立，即行清偿。其开创费预定七万圆。

第四条　凡由银行支领存款，必须两理事长连名签押。

第五条　关于本公司营业警察事，归中国警察管理。

第六条　本章程业经中、日两国委员酌定，先行试办。若至改作商办，仍无不妥之处，应将该章程交付股份公司，使之遵守。

第七条　所载本公司职员，至改作商办时，酌量去留。

光绪三十四年八月十六日，明治四十一年九月十一日，订于奉天。

张锡銮押。

冈部三郎押。

中日合办鸭绿江森林合同

一、中日合办鸭绿江岸林业公司定于光绪三十四年九月初一日，明治四十一年九月二十五日开业。

二、公司资本金三百三十万元，开业之日，由中、日两国政府各出一半。至一年后，移归民间经营，该资本金悉数收回。

三、公司之资本金以及一切收支之款，皆以北洋银行①为准。所有资本，由两政府所派之理事长协议，分存中、日两国银行。

四、公司职员计设：督办一员，理事长二员，理事二员以上，技师以及其他职员若干名。督办由东边道兼任。理事长中、日两国各派一员。理事及技师等由理事长协议派充。

五、中、日两国政府可以随时派遣官吏，检查公司事务。

六、公司如欲增资本或需借款，均须禀奉中、日两国政府核准，方可。

七、公司所得利益，内以百分之五为积立金。

八、公司收发一切材木应纳税金，准照原定税则核减十分之二。

九、凡整顿漂流材木之事，均由公司担任。

十、买卖材木，虽属公司营业，然原有中国商人开设牙行，经手买卖材木，与该公司接洽后，仍得经卖材木。

十一、公司中所有重要文书、账薄，皆用中、日两国文字。

十二、公司决算日期，皆用中国历。

十三、公司中所有人夫，概用中国人。

十四、中国官用林木，收买时，须以实费定价，该公司不得任意高抬。

十五、该公司创立之费，预定以七万元为额。

十六、所有警察之权，皆由中国主持，日本不得干涉。

十七、本章程移归民间经营之后，仍准照行。

中日合办鸭绿江采木公司章程

大清国外务部会办大臣那桐，大日本国特命全权公使·男爵林权助，各奉本国政府委任，按照光绪三十一年十一月二十六日，明治三十八年十二月二十二日，所订中日会议东三省事宜条约第十款，协定合办木植公司章程如左：

第一条　划定鸭绿江右岸，自帽儿山起，至二十四道沟止，距鸭绿江江面干流六十华里内为界由奉天省派员会同日本委员勘划立标为界。界内木植，归中、日两国合资经理采伐事业。惟公司创办之始，应由两国派员设局开办。俟一年后，一切事务整顿妥协，即由两国招商承办。

第二条　中日合办木植公司称为鸭绿江采木公司。

---

① 似为“北洋银元”。

第三条　公司资本定为三百万元，由中、日两国各出半数。

第四条　公司总局设在安东，如公司视为切要，得呈报督办，在应设各处设立分局。

第五条　公司允保全华人旧业木把事业，除第一条声明划定界内准公司采伐外，其余界外暨浑江之森林，仍归中国旧业木把采伐。所需款项，应向公司借贷。其所采木料，除江浙铁路公司所需道木及沿江人民自用木料直向木把采买，其余全归公司收买。公司应按市价发卖，不得任意垄断。

第六条　公司所有自伐及收买木把采伐之木料，如中国国家及中国衙署局所需用者，应携有护照，向公司采买，应照实在工本计算，不得抬高价值。

第七条　公司营业以二十五年为限。限满时，如中国政府视公司经营事业尚为妥协，该公司可禀请中国政府酌予展限年期。

第八条　公司应设督办一员，由奉天督抚派东边道台兼理，监督公司经营事业。又理事长二员（中国人一员，日本国人一员）①，各由本国派充，经理公司一切业务。其余理事、技师等员，由理事长会同选派。所有界内入山伐木人，若需兼用别国人，应由理事长先行商准督办核定。

第九条　公司于每年底造成该年一切事业报告书及收支计算书，呈送两国该管官宪查核。

第十条　公司所有进款，除一切消耗开支外，以余利百分之五报效中国国家。至提此项报效后，所有净利归中、日两国股东均摊。至公司消耗，不得任意开支，应按期先行核算公司用人薪水及一切经费等支款，开呈督办核准。

第十一条　公司设立一切办法，应俟此合同大纲议定后，一个月内，由奉天督抚及日本驻奉天总领事各委一员，商议详细章程。俟该章程商定后，交给公司遵照办理。限于三个月内即行开办。嗣后该公司如有另定规则等项，应由督办核准施行。

第十二条　公司应纳木料税项，俟在奉天商议详细章程时，两国委员查明向章数目，商准地方官酌为减少。惟公司运进口之机器及伐木必需之器具，应豁免一概厘税。

第十三条　公司开办后，日本政府允将现在鸭绿江之木材厂一概撤去。

大清国外务部会办大臣那桐。

大日本国特命全权公使林权助押。

大清国光绪三十四年四月十四日，大日本国明治四十一年五月十四日，在北京订立。

① 括号为原文所有。

奉抚唐绍仪致外部日人在辽源设机关派人测绘勾结各蒙旗用心叵测函 附原函

顷，接徐菊人制军电称：据朱厅丞启钤赴蒙查事，行抵辽源，报称，日人在该处设总机关，派遣学生多人四出测绘，且专人赴各蒙旗送信，私相勾结，用心叵测，实为可虑。请将情形转达大部及军机处，具见外人窥伺之亟，速筹诘阻等语。谨将原电钞录，上呈察核办理为祷。

四月二十四日

照录徐菊帅来电

顷，据朱厅丞启钤赴蒙查事，行抵辽源，报称，该处有多数日人居住，询之土人，称日人来此已久。原有百余人，分住数处，赴各蒙地绘图。其官长常住此地。其人多能操华语。又在辽源觅蒙语翻译，携同前往，闻该日人将由博王旗，再至达尔罕王仪都鲁王旗，再至札萨克图色公旗，绘毕，由昌图折回，事竣约须数月。该日人中有一人操华语，著华服，据称，名只野重次郎，在华名王茂文，在满洲年久，曾充翻译。现伊国学堂总办成田辰之助带学生来此测绘，凡六十人，现在博王旗界内有三十人。成田总办即居本街。所有测绘人员每人均有中国护照，并常雇用土人为达尔罕王旗送信云云。查近来日人赴各处测绘，所在多有。此次竟至百十人之多，且其官长久住辽源为总机关，派人四出办事时专人赴各蒙旗送信，其私相勾结，用心叵测，深为可虑。除饬朱厅丞就近密查妥筹办理外，乞公将此等情形转达枢垣、外部，具见外人窥伺之亟。至应如何诘阻，或由外部径向伊公使交涉之处，统希卓裁为要。

四月二十三日

外部致阿部希将附近并行线之义详明解释照会

为照会事。

案查，中国拟修新法铁路，意在发达地方暨交通利便，并无侵害南满洲铁路利益等情，业于本年四月初七日照会林大臣在案，迄今未准照复。查中国展修此段铁路，与南满洲铁路确非附近并行，前照申论，极为明晰，贵国谅无异言。如仍执持前说，即希贵署大臣将附近并行之义详明解释，连同本部前照一并见复为要。

五月初六日

东督徐世昌致外部图们江北渡权向属中国今日本强设渡船请力争电

元电想蒙洞察。兹据边务帮办吴禄贞禀称：图们江北，原属封禁重地，韩民渡江，悬为厉禁。自光绪初年，韩民始渐私渡。后因越垦日众，难以禁止，乃于光绪十三年设立中韩通商局卡于图们沿岸，由通商局设稽查处、光霁峪、西步江渡口三处，每处各设渡船一只，操渡业者皆系华人，以通来往，且便严密稽查。自通商局裁撤后，各渡口皆归和龙峪分防厅管理，厅官从中渔利，韩民因而包揽承领租税，遂将华民之操舟者裁撤。每口韩民约岁纳二三百金于经历衙门，朝鲜官吏私征所得者亦约相等。然渡船由中国设立，而渡权亦操于中国官吏之手。二十年来，毫无异议。今日人忽于稽查处添设渡船，并派宪兵阻止行人由中国官渡来往。此事关系极大，盖稽查处为图们江南北两岸适中之地，且由朝鲜会宁至斋藤所驻之六道沟，必以稽查处为交通枢纽。若渡权为彼所得，则自六道沟至江岸一带皆入其势力范围，我则退处无权，于日人之一切举动丝毫不能干预矣！且日人自清津至会宁之铁路已成，今忽出而争此，非仅欲添设渡船，势必为修图们北岸铁道之张本。履霜坚冰，后患不可不预虑也云云。查稽查处渡船向系中国设立，渡权亦久由中国管理。斋藤今忽添设渡船，且专以强力相向，殊属无理已极。望大部援例与日使力争，并请日使转诘藤斋〔斋藤〕，宜将新设渡船停止，并不得擅派宪兵阻止行人由中国官渡来往，以符公宪而保和平。是为切盼！

五月十五日

外部致阿部中日互禁军火事希照允施行照会

为照复事。

禁止私运军火办法，本年五月十三日接准照称：澳门地方系与日本有条约关系之葡萄牙国属地，苟以法令强行禁止运往澳门，殊难照办。现经细加斟酌，将前所定约束方法格外加严，以后允准出口之权不归税关。凡有呈报出口者，必须一一由税关呈报大藏省，更经大藏省与外务省妥商，决定之后，始得批准。至第四款以下之三款，于国际法上并条约上权利、义务关系重大，碍难照办等因。查澳门地方系由中国租与葡国使用，并非让与葡国。贵国与葡国所定条约，系指输出至彼此版图内物品而言。澳门既与葡国版图有别，自不能适用该项条约。惟贵国政府既声明从严约束军火之运往澳门者，冀获与全行禁止同一功效，原拟办法第三款亦可通融办理。其第四款以下之三款，则全属中、日两国互相查禁，以期周密，按之条约、国际〈法〉，均无窒碍难行之处。贵政府既深愿表彰敦睦之意，似不能藉词推诿。此事为林大臣前与本部商结二辰丸案时切实声明允诺商办之事，本政府视之甚重，该省总督望之尤切。况自二辰丸案结后，本部于粤省关于该案善后事宜，凡能为贵国利益计者，无不竭力设法，揆之互敦睦谊，尤属义不容辞。相应再行照会贵代理大臣，转达贵政府，查照前开办法第四款以下三款，照允施行，仍希见复为要。

五月二十一日

外部致徐世昌已商日使停止设渡并撤退宪兵电

日人设渡事，敬电悉。此事前准元、寒两电，即经本部以图们江北系中国领土，光霁峪等处渡船向归中国官吏管理，何得任该处日官强行干预，侵犯主权等语，照会日本阿部代使，转电统监，饬斋藤等勿得在该处设渡，并将阻止行人之宪兵速行撤退在案。尚未接彼照复。兹准前因，已再由本部照催该代使，查照前照所称各节，迅速转电，停止设渡，并撤回宪兵。除得复再达外，希查照。

五月二十六日

日代使阿部致外部新法铁路于南满线影响甚大请容纳劝告照会

为照会事。

新法铁路一案，光绪三十四年四月初七日及五月初六日贵部各照会，均经本代理公使于西历六月初八日，以第七十号照会照复贵部在案。现因此案又接帝国政府之训令，本代理公使特将帝国政府之意见转述如下：

新法铁路之敷设，终非帝国政府所能容忍者，自上年八月以来，已屡次声明，其事理至为明晰，而清国政府仍无改从前之态度，更须照会辩解，不得不再由帝国政府辩驳，实帝国政府所最遗憾者也。

清国政府谓：新法铁路之敷设，与南满路线毫不相涉，既非敷设并行之干线，亦非侵害利益之支线，其距离该路总不减于欧美各国现有铁路两线间距离数之通行惯例等语。征诸事实，法库门地方所谓辽西之货物，现经昌图、铁岭等处，由南满铁路输送者，若一朝新法铁路设成，此等辽西货物之全部分及辽东货物之少部分必被该路所夺。且照驻清英使馆商务官贺奇今春之报告书，内载有关外线与南满铁路将有竞争成功之势一语，是现在之关外且然，况更往北方延长达于法库门，则南满铁路所蒙之不利将更增大，不待论矣！加之南满铁道系外国公司在清国内地所设之路，所有货物难保不随清国地方官之意向，偏向于附近之清国铁路，以抵抗南满铁路。又据该员之调查，新法线与南满线之距离，其平均大约不及三十五里，以上新民屯、奉天间系三十二里零十分之三，法库门铁路二十七里零十分之二。由南满线新台子起，到新法线最近地点，不过仅二十四里零十分之八。即使如清国政府所云，二线之距离不减于欧美各国铁路两线间之通行惯例，是直以欧美之事例律生产事业未经发达之满洲，为殊不当。且考诸清国政府特许外国人以铁路敷设权之际关于竞争线之论据，亦有旧例。如一千八百九十八年关于正太铁路，露清银行与清国官吏订定之约，并是年北平福公司与由山西官吏订立之约，清国不许于正太铁路两侧百清里以内敷设竞争线。详译其意，实以百清里为竞争区域，不许敷设他线。即此则清国政府不得喋喋于欧美之标准，以为立论之根据也。又清国政府因并行二字指陈北京会议之际两国全权问答各语，均属无根之论。现查两国互换之会议录及我谈判笔记，均毫无所载。且所记者有日本全权云，日本既可在南满洲经营铁路，则不能不得有相当之利益，如有害其利益情事，铁道终难成立，愿将此事预为商妥。于是两国全权各述意见后，中国全权云，总之，清国断不造设与贵国管理铁路对抗之路，及为有害满洲铁路之利益等事，如有此等情事，贵国可陈述异议，盖保护此路之利益是当然之事云云。随由小村全权述明愿将此事记明，不载于约内，亦可望存记于会议录之内，是现存之成案如此。至并行二字，惟当两国全权问答之际，清国全权提出起草文之中始见二字，在当时并无何等之议论也。清国政府又称：新法线为南满线之支线，援吉长铁路之例，谓：支线愈多，干线之利益愈增，且法库门以西属于蒙境，若铁路开通，货物必见加增，南满铁路因之愈有利益等语。其实新法线并非南满线之支线，所论全系架空之说，毫无根据。加之新法线之为并行竞争线，对于南满线影响所及，其不利益甚大，前已详述之矣！清国政府又就铁路与海口之关系证明南满线之优胜，不知苟延长关外线，得占南满线竞争之地位，无论营口、天津之冻结期限不长，且并通到不冻之秦皇岛，则不得断言新法线不害于南满线之利益也。

总之，帝国政府于清国开发满洲所执之正当手段毫无阻碍之意，是可反复声明不待踌躇者也。苟漠视成约，不顾帝国政府屡次之警告，另订契约，敷设与南满铁路竞争之线路，此等放纵之行动，帝国政府断难容忍。若清国政府罢新法之议，另议由法库门敷设达于南满线一地段之支线，是等于吉长铁路均非利益竞争之线，一面且利于辽西并蒙古地方之发达，帝国政府当以好意应之也。帝国政府之所见如此，望贵国政府虚心审度，容纳帝国政府好意之劝告，解决本问题，维持增进日、清两国之交谊，是本代理公使所最希望者也。希速复为荷。

须至照会者。

五月二十九日

清季外交史料卷二百十四终

清季外交史料卷二百十五

光绪三十四年六月至七月

驻韩总领事马廷亮致外部日统监不肯停渡撤兵电

奉三十日电，往晤统监，告以电文，请饬令停渡撤兵。彼谓：设渡系照光绪三十年善后章程第六条办理，非我命令陈都护派兵设渡，宪兵始往等语。亮再三陈说，伊不肯电饬停撤，且谓：此系细事，望贵政府早定界务，可免一切纷争云云，词意甚决。谨电达，余详函。

六月初二日

外部奏中瑞修改通商条约请旨派员画押折 附条约

总理外务部事务庆亲王奕劻等奏，为瑞典国请修改通商条约，磋议已定，请旨简派大员画押，恭折仰祈圣鉴事。

本年瑞典使臣倭伦白奉派来京驻扎，业经由臣部奏请觐见，呈递国书。嗣准该使照称：奉本国君主谕，请修改通商条约，并录其君主所给议约全权文凭照送前来。臣等查，从前瑞典与那威两国外交联合为一，故道光二十七年在广东所订瑞典那威条约，系该两国联合与中国所立之约。近年该两国已分离，各自独立，前订之约距今计六十年，各口通商情形亦复今昔不同，自非重订约章不足以资遵守。当经照复，允其所请，并声明先行互商，俟议妥，再奏请钦派全权大臣画押。旋由该使拟具约稿三十九款，来部开议。核其所拟，大致多采集各国与中国所订之约款，虽所有利益，均系已允与各国者，惟款目繁多，未免与该国旧约悬殊，因与磋商，删繁就简，由臣部另拟约稿，归并为十七款。

查向来与各国所订条约，我多允许与各国利益，而各国鲜允许与我利益，按诸彼此优待之例，实非平允。惟光绪七年所订之巴西条约暨二十五年所订之墨西哥条约，颇多持平之处。此次拟议约稿，注重此意，不使各项利益偏归一面，更于各约中采用其较为优胜之条，以期取益防损。如第三款，领事官应照公例发给认许文凭。第十款，订明俟各国允弃其治外法权，瑞典亦必照办。第十三款，声明给与他国利益，立有专条者，须一体遵守，方准同沾。俱系参照巴西、墨西哥二约。第十二款，入教者犯法，不得免究，捐税不得免纳，教士不得干预华官治理华民之权，系全照中美商约。此皆在各约中较为妥善者。又瑞使原拟约稿有数款照录英、美、日各商约，今皆删去。其有益于彼，如商标、矿务之类，则以第十三款内载所有商业工艺应享各利益均一体享受等语浑括之。其有益于我，如加税、免厘之类，则以第十四款内载中国与各国商允通行照办遵守等语浑括之，以免挂一漏万；于第五款内又载，进口税悉照中国于各与国现在及将来所订之各税则办理等语，亦可为将来加税不得异议之根据。此外各款，如派驻使、设领事及通商行船一切事宜，始终不离彼此均照最优待国相待之意，以扼要领而示持平。虽瑞典远在欧洲北境，现尚无前往贸易之华商，其所许我利益未能遽沾实惠，然际此中外交通，风气日开，不可不预为地步。且立约体例必应如是，方为完全无憾。数旬以来，与瑞使往返磋磨，间有字句删改，无关出入之处，亦辄允其请，而大旨所在，已悉臻妥协，应即订为定议。谨缮录全约款文，恭呈御览。如蒙俞允，应请简派全权大臣一员，以便会同瑞使将约本署名画押，仍俟批准互换后，再行宣布。所有与瑞典国修改通商条约各缘由，理合恭折具陈，伏乞圣鉴。谨奏。

光绪三十四年六月初二日奉朱批：著派联芳画押。

谨将修改中瑞通商条约缮单恭呈御览

大清国大皇帝，大瑞典国大君主，因欲坚定两国诚实永久之睦谊，及推广两国通商事宜，决意订立友睦通商行船条约，是以大清国大皇帝特派外务部左侍郎联芳为全权大臣，大瑞典国大君主特派驻扎中华钦差大臣倭伦白为全权大臣，各将所奉全权文凭校阅，俱属妥善，议定各条如左：

第一款　大清国大皇帝，大瑞典国大君主，及两国人民，应如从前永远和好，益加亲睦。所有彼此两国侨居人民身命、财产，均应互相保护。

第二款　大瑞典国大君主可任便派一秉权大员驻扎北京，大清国大皇帝可任便派一秉权大员驻扎瑞典国都城。彼此所派大员均应照各国公例，得享一切权利并优例及应豁免利益，并照相待最优之国所派相等大员一体接待享受。其本员及眷属、随员人等，并公署住处，及来往公文、书信等件，均不得扰犯擅动。凡欲选用役员、使丁、通译人及仆婢、随从等，均准随意雇募，毫无阻挡。大瑞典国大君主所派大员，凡有呈递国书，或代递大瑞典国大君主致大清国大皇帝之书，即可随时觐见。大清国大皇帝所派大员，凡有呈递国书，或代递大清国大皇帝致大瑞典国大君主之书，亦一律办理。两国接待彼此所派大员之礼仪，均应按照平等之国所用者，俾两国彼此均不失体统。所有来往文函，瑞官所发者，应以英文作为正义，华官所发者，应以汉文作为正义。

第三款　大瑞典国大君主酌视瑞典利益相关情形，可设立总领事、领事、副领事及代理领事，驻扎中国已开或日后所开各通商地方。大清国大皇帝亦可酌视中国利益相关情形，设立总领事、领事、副领事及代理领事，驻扎瑞典国现准及日后准别国领事驻扎之处。各领事等官，彼此两国官员均应以合宜之礼相待。其各领事应得分位、职权及优例、豁免利益，均照驻扎国现时或日后相待最优之国相等官员一律享受。惟此等领事官奉派到任之日，应由驻扎该国京都之大臣知照该国外部，即由外部允以按照公例发给认许文凭。交发此项文凭，均不收费。如该领事官办事违背公例，彼此均可将认许文凭收回。其两国未派领事官驻扎之处，可各请友邦之领事官代为料理。凡无领事之处，两国地方官均应视订约国之人民得享本约之利益。

第四款　中国人民准赴瑞典国各处地方来往、运货、贸易，瑞典国人民准赴中国已开或日后所开各通商地方往来、运货、贸易。两国人民均准按照现行律例暨给与最优待国人民之优例，在以上各地方，从事商业、工艺、制作及别项合例事业，赁买各项房屋为居住、贸易之用，及租与地段，起造房屋、礼拜堂、坟茔、医院，并准雇用该处人民办理合例事务，地方官不加禁阻。其一切优例、豁免利益，两国均照现在及将来给与最优待国之人民一律无异。

第五款　凡瑞典货物运进中国，或他国货物由瑞典人民运进中国者，又瑞典人民贩卖中国货物运出外洋，或由中国运往瑞典者，应纳进出口税，悉照中国与各国现在及将来所订之各税则及税则章程办理。所输之进出口税，比相待最优国之人民运进、出口相同货物所输之税，不得加多，或有殊异。其禁止进出口及应免税各货物，亦照中国与各国现在及将来所订税则章程一律办理。

瑞典人民欲将运入中国之货进售内地，除纳进口税外，愿一次纳子口税，以免沿途征收；及入内地采买中国土货，以备运出外洋，除纳出口税外，愿一次纳子口税，以抵沿途税厘，均可照中国与各国现行章程办理。所纳之子口税，不得比最优待国之人民所纳者或有加多。其货物由此通商口岸运彼通商口岸，或在通商口岸暂存关栈，或已进口之货复运出口，均照中国与各国现在通行章程或日后续议新章一律办理。

凡中国货物运进瑞典国，或他国货物由中国人民运进瑞典国，所纳进口税，比最优待国之人民所纳者，不得加多，或有殊异。

中国通商各口官员，凡有严防偷漏税课之法，任凭相度机宜，设法办理。

第六款　瑞典国商船准赴中国已开或日后所开各通商口岸运货贸易，并准赴中国已准各国商船行驶之内港，亦准停泊之沿江各处卸载货物、客商，惟须悉照中国订定之各国通商章程办理。如瑞典船违章驶入中国未准通商之口岸，及未准行驶停泊之内港，或在沿海沿江各处私做买卖，任从中国将船货一并罚充入官。

中国商船亦可赴瑞典国准别国商船行驶停泊之各港口往来贸易、卸载货客。彼此两国商船均照最优待国之商船一律相待。

两国商船在彼此各口岸均可自雇船只，剥运货客，并雇觅引水之人，带领进口、出口。应纳船钞暨别项规费，悉照彼此两国现行章程办理，不得过于最优待之国各船所纳之数。如此国船只在彼国沿海地方碰坏搁浅，地方官须立即设法救护搭客、水手人等，与相待最优国之船只搭客、水手一律无异。倘因船只损坏，或遇别项事故，逼觅避难之时，不论何处，准其驶进附近各口暂泊，毋庸交纳船钞。其所载货物，如因修船起卸，并不出售，报明海关查禁，毋庸纳税。

第七款　两国船只平时彼此任听在开通各口往来贸易。倘遇此国有与别国战争之时，因此禁阻敌人船只入口，此国仍准彼国船只照旧任便入口贸易，不得损害；并贩运货物来往开战国之通商地方，悉照中立国之例，所有中立旗号不得稍有侵犯。惟中立旗号不得用以保护敌人所雇用船只载运兵弁，亦不得使敌人船只违例挂用此等旗号私运货物入口。倘有船只犯此禁令，任听此国将船货罚办入官。

第八款　中、瑞两国兵船，如先由此国告知彼国，准其驶入彼此向准他国兵船驶入之各口，并与最优待国之兵船一律相待。凡购买煤、水、食物，或应修理船只，该口地方官应妥为照料。各兵船进出口时，免纳一切税项。其兵船统带官可与该口地方长官平行接待。

第九款　瑞典人民准其持照前往中国内地各处游历，执照由瑞典领事发给，由中国地方官盖印。经过地方如饬交出执照，应随时呈验，无讹放行。所有雇用车船、人夫、牲口装运行李货物，可听自便。如查无执照，或有不法情事，应送交最近领事官惩办。沿途止可拘禁，不可凌虐。执照自发给之日起，以十二个月为限，若无执照进内地者，罚银不过三百两之数。惟在通商口岸有出外游玩，地不过华百里，期不过五日者，无庸请照。船上水手人等不在此例。

中国人民在瑞典国境内可以任便前往各处游历，惟必须安分，遵守该国法律章程。

第十款　凡瑞典人被瑞典人或被他国人控告，均归瑞典妥派官吏讯断，与中国官员无涉。惟中国现正改良律例及审判各事宜，兹特订明，一俟各国均允弃其治外法权，瑞典国亦必照办。两国人民遇有因负欠钱债及争财产物件涉讼之案，皆由被告所属之官员公平讯断，均应照最优待国人民控告相同案件之办法，一律办理。如两国人民有被控犯罪各案，由被告所属之官员审讯。审出真罪，各照本国法律惩办，均应照最优待国人民控告相同案件之办法，一律办理。

第十一款　瑞典人在中国犯罪或逃亡、负债者潜往中国内地，或潜匿中国人民房屋内或船上，以避捕传，一经瑞典领事照请，中国官即将该犯交出。中国人在中国犯罪或逃亡、负债者潜匿在中国之瑞典人民所住房屋，或中国水面瑞典船上，一经中国官照请，瑞典官即将该犯交出，均不得庇纵扣留。

第十二款　耶稣、天主两等基督教宗旨原为劝人行善。凡欲人施诸己者，亦必如是施于人。所有安分习教、传教人等，均不得因奉教致受欺侮凌虐。凡有遵照教规，无论中国、瑞典人民，安分守教、传教者，毋得因此稍被骚扰。华民自愿奉基督教，毫无限止。惟入教与未入教之华民，均系中国子民，自应一律遵守中国律例，敬重官长，和翕相处。凡入教者，于未入教以前，或入教后，如有犯法，不得因身已入教遂免追究。凡华民应纳各项例定捐税，入教者亦不得免纳。惟抽捐为酬神赛会等举起见，而与基督教相违背者，不得向入教之民抽取。各教士均不得干预中国官员治理华民之权。中国官员亦不得歧视入教、不入教者，须照律秉公办理，使两等人民相安度日。瑞典教会准在中国各处租赁及永租房屋地基，作为教会公产，以备传教之用。俟地方官查明地契妥当，盖印后，即准该教士自行建造合宜房屋，以行善事。

第十三款　中、瑞两国原有条约，未经因立本条约更改者，兹特声明，仍旧照行。并声明，凡两国允许有约各国政府或官员、人民于通商行船及所有关于商业、工艺应享一切优例、豁免、保护各利益，无论其现已允与，或将来允与，彼此两国政府或官员、人民均一体享受，完全无缺。将来两国均可任便各与邻近之国订立关于边界、商务之条约。又两国如有给与他国利益之处，系立有专条者，彼此均须将专条一体遵守，或另订载，方准同沾所给他国之利益。

第十四款　凡中国与有约各国商允通行照办之事件，及公共遵守之规则、章程，与本约条款不相违背，事属可行者，两国亦一律照办遵守。

第十五款　本约条款，彼此两国若欲修改，自本约互换之日起，以十年为限。期满，须于六个月内，先行知照。若彼此未于六个月内声明修改，则本约仍照旧施行。复俟十年，再行修改。以后均照此限办理。

第十六款　俟大清国大皇帝、大瑞典国大君主各将此约批准互换后，必须敬谨收藏。大清国大皇帝批准原册，应存于瑞典京城外部。大瑞典国大君主批准原册，应存于中国北京外务部。并将此约于批准互换后，彼此立即宣布，俾两国官员、人民周知遵守。

第十七款　本条约用汉文、瑞文、英文缮妥，署名为定。惟为防以后有所辩论起见，两国全权大臣订明，如将来汉文与瑞文有参差不符，均以英文为准。本条约奉大清国大皇帝、大瑞典国大君主批准后，在北京互换。其互换日期，自署名之日起，至迟不逾一年。为此，两国全权大臣将汉、瑞、英文约本各二分署名盖印，以昭信守。

光绪三十四年六月初四日，西历一千九百八年七月二日，订于北京。

大清国钦命全权大臣·外务部左侍郎联，大瑞典国钦差驻扎中华便宜行事全权大臣倭，各奉本国政府训谕，将后开增加之款于本日签押，附入光绪三十四年六月初四日，即西历一千九百零八年七月二号在北京议订签押之中瑞条约。

增加条款

缔约两国兹订明，本约第四款所载，断不于业经给与或将来给与最优待各国之人民各种利益外，另以无论何项利益给与在中国之瑞典人民或在瑞典之中国人民。

宣统元年四月初六日，西历一千百零九年五月二十四号订立。

外部奏议复察哈尔都统诚勋奏请开辟张垣商埠折

总理外务部事务庆亲王奕劻等奏，为遵旨议复，恭折仰祈圣鉴事。

光绪三十四年五月初五日，军机处钞交察哈尔都统诚勋奏，边疆要地亟宜自辟商埠一折，奉朱批：该衙门议奏。钦此。查原奏内称：察哈尔居西北要冲，握诸边枢纽，张家口又为全察之枢纽。风化未辟以前，百事萃于口内；风化既辟以后，则口外视口内为尤重。其情势既月异而岁不同，其办法亦宜通而不宜塞。京张一轨，来岁即通。京张之告成，张库之起点也。京张通而东南之商货由江汉可直抵西北，张库通而西北之商货由库恰可直输东南。今京张之路犹未尽通，各国官商游历于蒙境者已踵相接。说者谓，张库路成，则欧亚人士向之遵海而来者，皆将改而遵陆，以达于西伯里亚，将来西北之繁盛，当百倍于内地各口岸。奴才于上年议复建省时，曾将自辟商埠附片声请，但前奏仅浑言张家口。由今观之，窃以为开埠宜在口外，不宜在口内。俄国之在张家口通商，向居大境门外之元宝山。今议开埠，似宜就其附近之地酌量扩充。查察哈尔正黄旗所属博差滩地方，为向来由张至库之大路，将来张路库线所必经。该处距口六十余里，平原广漠，地势适中。若于此处开辟商埠，略仿山东济南陆路开埠办法，则其利有四：内外划分，使原有华商不致因混杂而生其阻碍，事易举，利一；西北商货使萃于此，将来设关征榷，为察疆应得之利，办事有资，即改设行省之基础，利二；商埠辟于蒙境，则蒙货出纳，都统有保护之权，蒙人不致受欺，开蒙荒，所以恤蒙艰也，利三；开埠必设官，一切警务、捕务必次第兴办，风气交通，盗贼易戢，利四。综此数利，经营十年，将塞外狼荒蔚成乐土等语。

臣等查，张家口地方向为西北商旅来往之孔道，现在京张铁路将通，将来又接造张库铁路，交通日广，商务必益臻繁盛。该都统所奏，自系实在情形。惟开埠通商，事关交涉，虽自辟稍可保主权，而内地究不同口岸。当此治外法权尚未收回之时，多一商埠，即多一轇轕。京张为完全自筑之路，自与胶济迥殊，则张家口之宜否开埠，亦自与济南有别。且开埠之利，无非在设关征税。特该处向设有张家口监督，征榷内地各货及俄商陆路通商应征各税项。其洋货之由东南运往者，皆已在进口各海关完纳正税，该处无可再征。况一经设关，则洋商所运之洋土各货又将援由此口运彼口之例，于沿途应征之子口税转多窒碍。是该处开埠只增设官之经费，不能期税收之加多。臣等再四筹商，该都统所请自辟商埠之处，暂从缓办。所有臣等拟请缘由是否有当，理合恭折具陈，伏乞圣鉴。再，此折系外务部主稿，会同会议政务处、农工商部、理藩部办理，合并陈明。谨奏。

光绪三十四年六月初二日奉旨：依议。

外部致使日李家驹请商日外部停止设渡并撤兵电

图们江日人设渡事，三十日电未准电复，当经分电马总领事，面商统监。旋据该总领事复称：统监谓，设渡系照光绪三十年善后章程第六条办理，望早定界务，可免纷争云云。复经本部以渡船归中国官吏管理，由来已久，善后章程第六条仅有撤桥设船之语，不能据此而谓于向来办法有所更变；至中韩未定之界，系上游红土、石乙二水合流处以西，已催日本政府派员会勘；其图们江设渡，乃中国固有之主权，与界务绝无关涉，日官何得藉词干预等语，电该总领事，切商统监。兹又据复称：统监云，已达外务省，应由部与该省直接交涉等语。希查照前电，一并向日外务省切商，速电统监，饬斋藤停止设渡，撤回宪兵为要。并即电复。

六月初六日

外部致徐世昌停渡撤兵事请协商限制稽察之约电

阳电悉。昨准驻日李大臣复电，亦称：外务省于停渡撤兵各节，不允照办；且云：斋藤电称，渡船系属应办，华官用强力阻止，故以宪兵保护。复书词甚坚决等语。此事内外坚持许久，彼仍不肯让步。我既无完全之理由，自应早谋结束之法，以免激成事故，损失更多。陈副都统所称与彼协商一限制稽察之约，彼或当允云云，如能于江北领地主权无碍，复能限彼不得肆意自由，似亦维持现状保护权利之道。希斟酌，电知该副都统，妥商办理，并电复。

六月初九日

东督徐世昌致外部抚顺煤矿中日合办请商日使电

佳电敬悉。抚顺煤矿情形，已迭详前函。如咨商，恐难与后藤议结。此为南满洲必不可少之矿，日人势所必争。既不能全还，若与合办，我苦无资本，不得已筹一特别办法，拟将矿产作为我之资本，其余机器、一切布置用费均由日人筹出，作为日人资本，与我合办。倘彼不允从，则尽将矿产公平估价，所值若干，即作为若干成，与之合办。此外他矿，不得援以为例。请以此意与日使磋商。是否？仍候钧裁。

六月十三日

东督徐世昌致外部渡口事日人有进无退请力争电

顷，据陈副都统电称：渡口事，仍遵谕严禁。惟斋藤知彼政府及统监府于此事颇为坚持，故益觉强硬。且在对岸新筑管渡房舍，有进无退。我若稍松，必至失败。现一面仍饬宪兵禁阻，一面与彼谈判，仍言政府之意，决无挽回。阴则别用手段，命彼转而求我，而后与彼逐渐开议，或得达我目的。请转达政府，如前力争，昭常在此方可渐谋下台之法。是否有当？请仍示遵等语。特此布陈，即祈钧裁示遵。

六月十六日

东督徐世昌致外部日人连战皆败闻庆源府已失已派兵防范韩人电

顷，据陈副都统电称：日内据各处密探飞报，或云庆源府已失，日人连战皆败，死伤甚众，或云韩党已趋钟城，并有欲越江攻六道沟之信。确否，虽尚未详，而韩党勃发，其势颇盛。日兵初战实有损败，各处添兵、运炮，车驮不绝。现江北居民殊形惶恐，日人亦皆有惧色。前已电饬原驻黑顶子之兵，近扎江岸，昨日复将驻怀庆街等处之陆军调扎稽查处、光齐峪一带江边，防堵钟城、会宁等处之韩党北窜，并调驻珲之旗标分驻凉水泉子东西一带江岸，珲城仍留别队驻扎，以防韩党由俄界窜入。现巡防营分驻各处，或剿匪，或防匪，皆不能撤。敦化一营又难调来，只好就现有陆军如此布置。究竟如何防范，仍请电示云云。特此布闻，即希鉴核。

六月十九日

谕派唐绍仪使美致谢减收赔款事电

上谕：外务部奏，美国减收赔款，请遣使致谢一折，美国与中国立约以来，邦交素笃。此次减收赔款，尤征友谊敦睦，允宜遣使致谢，用酬嘉意。奉天巡抚唐绍仪著赏加尚书衔，派充专使大臣，前往美国致谢。

六月二十日

东督徐世昌致外部日于鸭绿江建桥倘著著进行恐行政权随之以去请筹抵制函

敬启者：

顷，据仁川领事唐恩桐报告：韩统监伊藤十七日由仁川乘军舰返国，闻间岛派出所建筑厅舍费三万八千元，业经兴工，约本年十月告竣。又闻鸭绿江架桥工程估价二百万元，拟明年三月或八月动工云云。日人政策著著进行，桥工若成，往来益形便利。彼于其地逐渐设施，则一切管理行政权随之以去，我尚何从过问？此案不速行解决，彼强我弱，恐未易相持到底。及今尚未兴作，应如何预筹抵制？祈钧部速定办法，以伐其谋。若待事机已发，必有后时之悔。除饬陈都护随时防范外，合行密陈，即希鉴核。

六月二十三日

外部致日代使阿部韩李党如窜入华界当极力处置毋庸疑虑照会

为照复事。

准照称，本年六月二十二日接照称：阳历七月十三日晚，有韩国亡命者李范允党暴徒五名，携带锐器，徘徊于偰满洞地方，凉水泉子附近亦有多数之暴徒出没。此际，中国地方官对于该党徒等若怠于检束，并万一有煽动利用情事，在日本自不得不行适当之处置，希十分设法实行防范，以免变生意外等语。查此事业准东三省总督电称，同前因，并称：业已调派原驻军队分驻要隘，以防该党徒或有分窜入中国地面等语。复经本部电饬加意防范，自当尽力设法防范，断无藉此有煽动利用情事。万一该党徒有窜入中国界内之事，中国自当自行极力处置。尚希贵国政府毋滋疑虑，以免别生事端。是为至要。相应照复贵代理大臣，转达贵国政府查照可也。

六月二十四日

专使美国唐绍仪奏请实行商约速定币制折

专使美国大臣·奉天巡抚唐绍仪奏，为拟请实行商约各款，并请速定币制，以免藉口，恭折仰祈圣鉴事。

窃臣于光绪三十四年六月二十二日，承准军机大臣字寄钦奉上谕：近来与各国商订免厘加税之约，一时未尽实行，著该大臣分赴各国，相机提议等因。钦此。钦遵知照前来。臣维加税免厘之说肇自英、美、日、葡商约，现经奉命提议，在诸国必视约中注重各大端我究有意实行与否，以为因应，则在我必先有可自恃之处，斯在人方无责难之词。伏查，原约中所最重者，曰修律，曰矿章，曰商标，曰画一权衡，曰币制，曰免厘加税，厥惟六事。其待商于人者，只加税一端耳，余皆自我主之。近年以来，修律、商标及画一权衡，迭经修律大臣及度支部、农工商部次第议办。其矿章一项，现由外务部与农工商部筹商办理。虽皆未尽实行，然拟议渐臻就绪。独币制则迟之未决，议圆、议两，奏书盈尺，纷纷聚讼，无所折衷。今持加税之约以商诸国，设诸国亦持币制之约以相诘问，又将何说之词？臣愚以为，商约各款，其已议有端倪者，应请逐一举办。就令一时措置未齐，外人知我确已切实施行，决非恝视约款，庶提议事项可期就范。若夫币制既与约中五项经画情形大相悬绝，尤应早日规定，以防口实。现在未能解决者，只议圆、议两二说耳！臣思我国两钱分厘之数行之已久，迄无或废，自无以圆而复折算两钱之理。且由一积十，由十积百，古今中外大率准此。人只知银圆重量七钱二分，岂知合以中国之衡，只得此数？若合以泰西之衡，固犹是积十之数，即中国之积十积百而为两钱分厘也。议者又以商埠不能通用为疑，然商埠只占全国万分之一，窒碍者不过数年，通行者且在万世。况各国银行与我交易，仍是以两合磅〔镑〕，是直可以一两定为银币本位。若虑分两过大，仍可多铸半两之币，以为补助。按半两之币十五枚，适合一磅〔镑〕之数。彼此通用，亦不待言。至于币制未定之弊，业经中外臣工累牍详陈，早在圣明洞鉴。若再延宕，非但与圆法内政有关，亦与目前之提议加税牵涉极大。矧我国关税悉数指抵赔款，现与各国息借几至无可抵押。倘加税之约早定，则每年税收骤增二三千万，以后与各国财政往还，裨益正复不浅。臣忝承明诏，敢不竭尽智能，冀抒廑注。第原约各款与加税一项，事异约同，一日未尽实行，即一日难于措手。拟请饬下政务处、修律大臣及各部院，于修律、矿章、商标、画一权衡各项，凡已议办者，迅速施行。其币制一层，应请宸衷独断，即以一两定为银币本位，早日宣布，以释群疑，俾诸国见我于原约各端俱已陆续兴办，庶加税之约或当不至疑难。臣为慎重商约，预防藉口起见，是否有当？伏乞圣鉴。谨奏。

光绪三十四年六月二十九日。

外部致徐世昌请严防日人增兵添械以杜后患电

前据蒸电，当即照诘日使，除军火业由尊处转饬禁阻外，希即电政府，饬斋藤毋得任意添兵运械，以符维持现状之旨。去后，尚未准复。兹据元电，该项军火已经解和，交还日人等语。查防范李党，前已照会日使，由我竭力设法严防，日人更不应藉为口实，希图进步。除由本部再照日使，仍请转饬斋藤，所有增添兵械应即撤回，并嗣后毋得再有此等举动外，仍希尊处密饬严防。如日人再有此等情事，自当据理力争，不宜通融，以杜后患。希查照。

七月十七日

东督徐世昌致外部日于临江县对岸添兵已饬预防函　附临江县条陈

敬启者：

前据临江县呈报：县属长生堡界内二十并二十一道等沟，近有韩人越垦筑室，持枪采猎，显违约章之事。当即委员驰赴临江县境之长生堡左右，调查韩人近状，会同地方官设法禁阻。去后，兹据该委员呈复，所有二十、二十一道等沟越垦韩人，自经前署临江县郑令驱逐出境，焚其庐舍，目下尚无续来越垦情事。惟中、韩一江之隔，过江即属十九、二十道等沟，向无一官一兵驻守，中、韩胡匪随意出没，若凭临时调查禁阻，殊非正当办法。业商同李丞，除示禁以后不准越垦外，并于二十道沟地方添设巡警局，以资稽查。又查得日人在万宝岗十八道沟高树旗帜，当即饬差将旗帜拔去，并向日官理论，该官自知非理，允将十八道沟之旗自行拔去。总之，该处地当边要，交涉殷繁，设官添兵，诚不可缓。现所添设之长白府治宜常驻塔甸，以重边防等情前来。查日本自韩人构衅以来，经营临江对岸，著著进步，用意可知，自应思患预防，免至酿成隐患。详阅呈复各节，不为无见。至另折条呈办法，亦多妥协之处。惟此时财政困难，只有逐渐推行，力图抵制。除分札张守、李丞体察情形酌核办理外，用特摘录原呈，并请大部查照。

七月十八日

附录临江县原呈

谨将调查日人在临江对岸经营开具手折，并陈管见，恭呈宪鉴。

一、军队。自去年韩起义兵，日本军队之来鸭绿江左岸者有增无已。现就临江上流调查所及者计之，中江洞在帽儿山对岸约五十名，厚昌那在七道沟对岸约四十名，洞城在小孤山子对岸约三十名，新牌城即新加坡，在十三道对岸约八十名，山水城在半截沟对岸，即江干约三十里约一百名，惠山镇在塔甸对岸约一百名，稳城在塔甸对岸，距江干三十里约二十名，仲平镇在塔甸对岸偏西南约九十名，宝城在二十及二十一道沟对岸约三十名，统共现约六百四十名，而续添者且日益众。名为后备宪兵，不过借名防剿义兵，其实则常川驻扎也。至旧有之宪兵、警察及工兵守备队等，以上年经李丞廷玉调查备载报告书中，故不叙入。此则日兵现时增加之情状也。

谨按：边界本有彼此不得驻兵之条，日人乃易其名目，曰防剿宪兵，曰采木工兵。其所驻对岸，如帽儿山、七道沟、孤山子、十三道沟等处，在在皆我险要。而彼之中江洞九处，地既不腴，亦非形胜，用意所在，不问可知。着手在彼，眼光在我。驻扎在彼，经营在我。来日方长，隐患殊难言状。我现注意边防，窃以为开通道路，兴建工程，为万不可缓之举。且胡匪出没无常，农商裹足。自可一面多添警察，一面多募工兵，平时加以训练，一旦有事，亦即驻守边防之兵。既免无事坐食之糜，而事关内政，彼亦不能藉词以阻我，是亦目前对待之办法也。

二、交通。日人之电信、电话、邮便，均设有专局，以备官商通用，故汇兑款项，购备商品，征调兵队，无不呼应灵通。水运则有小艚数十艘往返义州安东对岸、惠山塔甸对岸之间，上行二十余日，即抵惠山，下行七八日，可达义州。陆运则北清、元山等处道路均已开通，利于骡马驮运，不过四日，元山抵惠，日里一百里合中里六百里，驮运不过十余日。而东朝鲜湾又有日轮往来北清、元山各口输运货物，于是惠山输入较由义州运来，脚价几成平均之势矣！此则水陆交通之现况也。

谨按：交通为人文地理上最有关系条件，观日人之设备也如此。回顾吾国，电线未设，航路不通。彼能朝发而夕至者，我则往返动需数十日之久。优劣之势，现已判然，将来之胜败可预决矣！日人又于江中设有船只，将来航权所在，即主权所在，我国亦应赶设船只，往返江中，固不但仅保护航权已也。平治道路，我国虽现从事工作，惟只募工兵三百名，工程浩大，人力太单，似宜多募工兵，以期早收成效。至电线之建设，尤属刻不容缓，免致贻误要公。盖交通之政，本于治理上宜注意者也。

三、贸易。查惠山镇地方，日、韩所建市廛较去岁李丞调查时增多大半，现复经营不已。所设毛织物店、吴服店、药店、饮食售出所、零用小间物出张所以及各项需用品卖出所，均极完备，而妓馆则多至百余户，故我国工匠、木把以及韩之土著、侨居商民大半聚赌宿娼，用度侈奢，劳力所得尽归浪费，而商场交易乃日以数千元计。此日人贸易发达之现状也。

谨按：我国之最失败于外人者莫如商务，而此种商务则专为便于殖民而设。国家年有津贴，目的不在经商也。娼寮、妓馆，我国视为伤风败俗之事，而彼则移民所在，此为先驱，非此不足以慰远人也。我国沿江千里，人迹寥寥，欲固边疆，首在殖民。将欲殖民，则彼之所已为者，皆我所宜急起而追蹑之者也。

四、钞币。日本株式会社第一银行纸币与现银并用，盛行于朝鲜全境及鸭绿江两岸。其所畅行之法，在购货品及雇工等花费，非日币决不信用。若我持华币、华银行使每元须加三角、四角不等。而日人代韩所造银、铜各币，即按日币一律通行，于是我国商民重视日、韩钞币，多以之存储而备应用。中国之钞币则任日人贱价购去，而从中牟利。此金融机关尽归日人之实在现况也。

谨按：国币之使用，固原因于爱国心而生。然原质之纯驳，行使之信否，亦足以左右之。东省官币真伪参半，信用稍弱，加之银元少，铜元更少，而行使不便，又无钱店为之周转存储，以致现资皆消耗于外人。为今之计，亟宜设银分号于临江、长白，与安东、通化各银号连络一气，厉行洋角，定价稳固，辅以铜元，使之整齐而归一致。如是，则市场渐有实力，可望进步，亦收回利权之一法也。

委员刘棣英谨呈。

清季外交史料卷二百十五终

清季外交史料卷二百十六

光绪三十四年八月上

直督杨士骧奏遵筹滦州煤矿暨收回开平局产片

杨士骧片。

再，臣钦奉寄谕，饬筹滦州煤矿暨设法收回开平局产等因，业将拨款派员办理情形，及英使坚欲先停滦工，再议开案，现已径向外务部要请照办各节，专折陈复在案。窃维开平一案，悬搁有日，牵涉甚多。在我以速结为宜，在彼以久假为利。升任督臣袁世凯上年议办滦矿，固因公家需煤而设，实即隐以抵制开平，俾可早日就绪。乃英使现因将议开案，坚请先停滦工。滦工若不允停，开案意在搁置。如果竟辍滦工，则与认开约无异。现在径情要挟，既可据开约为调停之辞，驯至任意干求，必将藉滦工为并吞之计。其策甚狡，其谋甚深。现在部臣深知此案为难，已成交涉，特派专员与该使磋议。臣仍当随时协商办理，以期妥慎而重外交。谨附片密陈，伏乞圣鉴。谨奏。

光绪三十四年八月初二日奉朱批：览。

外部致胡惟德日在延吉势力愈张请向日外部严词诘问电

东。延吉厅事，据东督电称：日本近增派宪兵千名，设间岛宪兵司令官。凡属韩民村落，均派宪兵驻扎，扩张间岛范围。如敦化之二道沟、浑春之东沟、黑顶子、百草沟等处，均派宪兵前往，设立分派所，并移韩民前往开垦。在六道沟开办农事试验场，并派有宪兵炮队，已到韩北，闻均系统监派村田、明石二少将前来议决，现正准备实行等语。

查延吉界务，交涉经年，迭经本部引证各据，证明该地确为中国属地，于六月初四日照会阿部代使，迄未准复。嗣又迭据东电：该处日员藉口防范李范允，任意派兵越境，并设立乡约、社长名目，以图行政机关之完备。复经本部屡次照会阿部，声明：李范允现在并未在中国境内，如其潜至中国境内酿事，中国当自行严加防范，日本不应藉口增兵，请其转报政府，迅饬阻止，并未准复。兹准前因，是日本在延吉地面势力日张，机关日备，其蔑视我国国权，著著见诸事实。阿部代使屡照不复。现在事机渐迫，幸即摘要照会日外部，并亲赴外部严词诘问，务请其转电驻使，即行切实照复，并一面电达驻韩统监，转饬禁阻，以符勘界以前彼此维持现状之宗旨。除照会阿部代使外，幸查照，即电复。

八月初八日

边防大臣赵尔丰致外部沥陈筹办藏务为难情形请如数拨款函　附外部丞参签注

敬启者：

现订中藏英印通商章程未甚得手，不尽由此时之因应失宜，实由续订中英藏印条约时认英藏之约为附约，致我对于藏事之设施，不能越英藏条约之范围。英对于藏地之政策，得逞其袭取哲孟雄之故智，祸机已伏，深切杞忧。前仅就通商章程中亟应修改之处专折密陈，冀可补救。未几知约已互换，无从改正。既往之失著，无待尔丰之琐屑渎请，而将来之抵御，与先事之筹画，惟赖钧部之详为指示，力予维持，庶可有所遵循，不致贻误。谨将关于中英续订藏印条约所认之印藏条约及中藏英印通商章程中设法筹办诸端，为我王爷、中堂、宫保密陈之。

查中英续订藏印条约第二款，江孜、噶大克及亚东开作通商之埠，系由西藏允订，非我国宣告。日后关于开埠一切事件，终不免西藏掌权之员参入干预。而此次通商章程内划定地基又声明，仍由中藏官与英国商务委员商酌。有此二层，彼必事事先与藏官交涉。是英与我已预留间接要求之地步，藏与我又俨成外交平等之主体。为今之计，惟有俟江孜等处开埠事宜规画就绪，先择其宜于通商之地密陈钧部，宣告自行开埠，使英人不得不与我直接开议，则藏员自渐退处于无权。此虽无策之策，或尚不至束手。又查该约第三款内将光绪十九年中英会议藏印续约另款第二款载，如查其中有应行变通更改之处，两国各派员议办之事，忽声明由西藏掌权员与英国政府所派员会议，详细酌改，流弊甚大。可否于英、藏未会议之先，由钧部照约于六个月前照会英使，约期由中、英两国各派员议办？谅彼亦无词拒我。一经议定，纵英与藏员再商，我可不必与议，似于主权尚不至损失。否则，经英、藏会议酌改后，我对于英既无不承认之理，对于藏反成无饬改之权，必致两面受敌，无术与抗矣！又查该约第四款，西藏允定除将来立定税则内之税课外一语，似指我国所立江孜等埠将来之关税而言。然由何人立定，究未声明，应请钧部核示，并请咨明税务处，迅即札饬总税务司，拟定该处三埠关章，以免英人日久又暗侵藏中之税权。又查该约第九款所列各项权利，中英续订藏印条约第三款、特载第九款之四节，中国独能享受，然有此声明专条，转似此项权利我国无独享之权。窃意就该约第九款内无论何外国一语解释，我国本不在外国之列，即应绝无限制，应请钧部核明咨复，以杜争端。此关于中英续订藏印条约所认之英藏条约欲求钧部详为指示之诸端也。

至中藏英印通商章程，除现已换约，势难改订，各条毋庸置议外，尚可徐图挽回者，约有数端：如该章程第二条内，外人租埠内地基，有地基租界〔价〕、年限与合同应由租客与地主自行商订等语。查各处开埠之地，皆由工部局将埠界内地基一律收买，酌价租与外人。此次既由我设工部局，复准其直接向地主商租，即无从事先考察。俟〈地〉基租定后，始由局会同英国商务委员勘定，断不能强其更改。无已惟有先行委员查勘，一面将地价、年限、合同酌量为之规定大纲，另派人告知地主，并善为开导，遵照议租，以免参差。然此尚属悬拟办法，能否操纵合宜，殊不可必。又如第十二条，英国人民可任便将货物售与无论何人，任便由无论何人购买土产货物等语。查各通商章程，洋商采办土货，向须另有三联单，始准购运，且有内地不得开设行栈之限制，故皆随买随运，易于稽查。此次该章程第二款既有不得损及英人民在此处以外租赁房栈居住存货权利之明文，实已毫无范围。应请钧部咨明税务处，转饬总税务司，将来江孜等埠开关时，仍照各埠定章，发给三联单、运土货单照；一面设法劝谕商民，先设行栈，收买藏地各种土货，广为储存；或英人因直入产地诸多险阻，转向我国商人行栈价买，亦未可知。果能得外人信用，庶间接可收利权。然藏民智识未开，川省商人复不谋久远生计，欲奖励成立公司，非旦夕所可预期，舍由官厚借资本，殆别无兴办之法。又如十二条内英国商务委员与西藏官民或用函件，或面会往来，中国官并不禁阻等语。此层为中英续订藏印条约所未载，英俄协约所不许。倘竟实施，将来俄人不责英之背约，而诘我之擅许，即藉此亦要求与西藏官民直通函件、面会往来，甚至援此为先例，与蒙古官员亦直接交涉，必致无以应付。非由钧部预为防范，恐贻患正复无穷。其他按照该章程六条，宜备价赎回英国所建旅舍，修达江孜电信，以便英国移售印度边界至江孜电线；又按照八条，须速筹办西藏邮政局所，庶可商撤英国商务委员传递信件之夫役；又按照十二条，须急练警队，可撤回英国商务委员之卫队，皆属目前急不可缓之图。然固须求才助理，尤须储款济用。前次奉谕发给开办藏务五十万两，仅就设备藏内工商、教育诸务而言，已虞不足，加以开埠、建筑诸费，更形竭蹶。按诸此次通商章程应办各事，尤属不支。查以各省开埠经费合计开办、常年两项经费，每埠亦须筹措关税三四十万两。藏中开埠事宜，繁重十倍于他埠，关税所入又迥非他省可比。就地既无款可挪，川省财政复正值奇绌，虽欲挹彼注此，勉力支持，亦一筹莫展。不得已，奏请添给二百万两，实预计最少之数，绝不敢稍涉铺张。此关于中藏英印通商章程欲求钧部力予维持之诸端也。

倘能如数拨给，尔丰虽至愚，或能不避艰险，尽力经营。设款绌无以为继，坐失事机，不惟已失之利权难以力挽，即未失之主权亦未必能保永固。尔丰一身任其咎，本不足惜，其如全藏数千里之属地何？此中为难情形，定蒙洞鉴，用特沥陈，无任急迫待命之至。

八月十四日

附外部丞参签注

窃按今日时势，对于西藏，当作边地观，不当拘泥旧制，仍作藩属观也。即以藩属论，应尽主国义务，实行监督，庶几可永保藏地为我属土。自哲孟雄入于英，印与藏邻，于是英、藏之交涉所以有十六年及十九年之约，其时固未尝越我而为直接也。及我订之约藏不遵守，驻藏大臣竟不能督饬藏人，使之奉行，又朦蔽政府，不以情告，使当时执政莫由深悉藏情，无凭应付，致英人诋我国在藏无主权，藉口自行设法保卫该两约权利，驱兵深入，为城下盟，于是有拉萨之约，而驻藏大臣不能赞一辞，坐视其劫盟而去无如何也。然英人进兵之初，犹未敢藐我国权，故于亚东、江孜节节停顿，以俟我驻藏大臣出与商议。逮延约不赴，英更指为我国无权之证据，而欲与藏人直接交涉之心即由此发生，而藏事已不可收拾。及拉萨条约宣布，各国议论蜂起，俄尤从中牵制，政府迫于外论，于是商之英廷，派遣唐使与英使费礼夏会议于印京。唐援国际公法，指拉萨约为英藏私约，不肯承认，而彼此相持，未有成议。后移之北京，仍由唐使与英使萨道义磋商定议，即北京条约是也。虽认拉萨约为附约，其正约五条看似平淡，实已煞费苦心，于拉萨约已失之权利暗中收回不少。乃议者不察，至谓修订通商章程之因应失宜，实原因于北京条约之未善，是真未知中英藏印之交涉历史也。须知拉萨定约而后，西藏已非复中国所有，赖北京一约，仅乃维持，故今日修订藏印通商章程，英人虽持直接主义，仍不得不与我会议者，未始非北京条约之效力也。况续约与商章皆声明十九年约仍应照行，是不啻已失故物仍归原主。乃不明其中之曲折，不谅当局之苦心，辄为旁观之訾议，持论岂得谓平？不知事贵得情，而文字尤贵得简，约章文字虽有一成不变之性质，而以例中英所立西藏之约却微有不同。盖英持与藏直接者，其意谓华官无权督饬，屡立之约悉成虚文，故自为之耳！若我果能尽主国义务，实行监督，永保西藏确为我之属地，而又充实其内力，北足以防俄，南足以蔽印，则主权在握，英方且倚我为重，有不遇事就我范围者哉？故可一言以断之，曰能整顿藏政。虽约文疏漏，无害于事，实不能整顿藏政，即得有极完善约文，亦无济于事功。明乎此，以谈藏事，思过半矣！

日后埠务恐藏员参入干预，诚为老谋远虑。惟我在藏地办藏事，断不能绝不用一藏员，自不能不容其参预。顾所宜防虑者，不在参预，而在擅专。参预正可绸缪，擅专难为补救。是在当事者，能得其情，善为驾驭，而又不稍放弃责任，遇事加以监督，须知藏官即是中国官，固不宜自分畛域也。另辟商埠，附约第二款原有此说，将来察看情形，实在商务兴旺，可以扩充，自不必俟英人按约要求，由我择地开放，以赴机先而占主动，原无不可。但以藏地商务揣之，此事尚远，惟当就现有各埠实力兴办，以保主权，较为切实。

此次中、英两国各派全权，在印京会议，订定藏印通商章程，即援此两款办理，所以商章总纲内有西藏大吏选派掌权之员，禀承张大臣训示，随同商议之说，非允英、藏另有派员会议之事。

关由我设，税务司由我派，且不复用洋员，则税则自系由我立定。征之亚东关已事可见。又十九年约章第四款内明言两国国家酌定税则，末节言茶税又申明不得过华茶入英之数，皆可为税则由我定之证据，不过按约须与英国国家商酌耳！将来一切关章，皆应援照内地各关章程办理。现在藏属将届征税年限，所请咨请总税司拟定关章之处，俟通商章程批准互换后，自当咨行税务处核办。

附约第九款第四节所列各项，正约于第三款特为声明，除中国独能享受外，不许他国国家及他国人民享受者，其时英俄协约未成，英防俄人入藏起见，故要求列此一款，而我始利用之，故下文于电线一项特行申说，而此次修订商章，又允我可以将所设电线收回也。即如亚东关税务司，以华员张玉堂易英员韩德森，即系按约办理。所谓独享，于此可以类推，则我国不在外国之列，毋庸疑似。且无论他外国，即有约如英国及印度，亦不能享我所得享之权利。按之约章，征之事实，自然明瞭。内地各省所开商埠，各有建筑章程，各处情势不同，固难一致。此次商章，因藏中地亩有未能由局收买之势，故约定由中、藏官在每埠与英商务委员特行商酌，画定一区，为洋商租赁建筑之所，是所租之地已有限制，故可听租客与地主自相商订，而局中仍有先给租地文凭之权，亦非漫无考察，惟将来办理，自不能无所依据。该埠租建章程，应因地制宜，详订通行，尽可由该大臣札饬该商埠监督悉心筹画，督饬藏官，妥为规定。租价自然一律，年限各有长短，而租价一律之中，仍当分别，以昭平允。晓谕藏中官民，咸有遵守，而洋商亦自无异议矣！商章所言者，大致埠章所订者周详，固两不相妨也。

各省通商章程，洋商可以赴产地采办土货，此三联单所由设也。西藏情形不同，除商埠外，无论何外国人，皆不得入内地。约有明文，咸应遵守，自无洋商深入内地采办土货之事。所谓不得损及英印人民在此处以外租赁房栈居住存货权利云者，此处二字盖指商埠内划定可以租地建筑房栈之一区域而言，犹云除此一区外，埠中各地洋商可以租赁现成房栈居住、存货，不加禁阻耳，非谓可以随地杂居，毫无范围也。如有擅入内地者，虽属商人，亦可据约拦阻。而任便买卖，其交易皆在商埠之中，可不言而喻矣！如日后藏属开通，将约中不准外人入内地一条删除，自应援照三联单办法，以资稽查。至厚集资本，开设公司，为振兴商业善策，仅可随时劝办，不必专为抵制起见也。

英国商务委员与西藏商民或用函件，或面会往来，中国官并不禁阻，其界说专指关于商务事件而言。因十二款所订皆商务之事，故连类及之，所以指明商务委员，而中间又著一民字，原期与政界有别也。既相通商，自有交际，其通信、会面，揆之情理，自难禁阻。如他国在他处通商，亦岂能禁其因商务与官民往来？若事关政治，则有第三款之专条在，似非他国所得援引。

外部奏中美订立公断专约请派员画押折　附专约

总理外务部事务庆亲王奕劻等奏，为中、美订立公断专约，请旨特授全权大臣画押，恭折仰祈圣鉴事。

窃按保和会和解国际分〔纷〕争条约第四十条载有，缔约各国可另订专约，遇可交义务公断之事，归诸公断等语。前于光绪三十年，美国使臣康格曾奉其总统之命，向我提议与英、法一律订立公断专约，经臣部于是年十一月二十一日奏明，奉朱批：著梁诚会商办理。钦此。转行电知前驻美使臣梁诚钦遵，旋接该大臣电称：美总统与议院意见不合，英、法约作废，因而罢议，声明将来再订，仍邀我国等语各在案。现在第二次和会和解纷争之约又已画押，各国多互订公断专约，美亦与英、法、日本等国订约。臣部正拟续申前议，而驻美使臣伍廷芳来函，亦以我国亟宜仿立此约为言，当即电致该大臣，向美廷提议。嗣准该大臣将所议约稿四款函送前来。臣等查，保和会约内公断一节，必须先与友邦另立公断专约，然后可收公约之益，是该专约关系和平大局，实非浅鲜。美国与我国睦谊素敦，前既首先邀我议订此约，兹卒克底于成，将来如与他国订立，亦可援引办理。详核约稿，与各国约文无所出入，按之我国情形，亦无窒碍，自可照订。谨将该约缮呈御览。如蒙谕〔俞〕允，请持〔特〕授驻美使臣伍廷芳为全权大臣，将该约画押。伏候命下，臣部即转行该大臣遵照。所有中美公断专约请旨画押缘由，理合恭折具陈，伏乞皇太后、皇上圣览。谨奏。

光绪三十四年八月十六日奉朱批：依议。

谨将中美订立公断专约缮单恭呈御览

大清国大皇帝，大美国大伯理玺天德，为和息国际争端起见，曾于西历一千八百九十九年七月二十九号在海牙立约，约内第十九款声明，日后再订条款，俾将两国以为可以调处之事件悉付公断，兹特立一公断条约，为此各简全权大臣如下：

大清国大皇帝特简钦差出使美、墨、秘、古国大臣伍廷芳，大美国大伯理玺天德特简钦命外部大臣路特，为全权大臣，彼此将所奉全权文凭校阅，均属妥善，会同议定条款，开列如左：

第一款　两立约国遇有争端，关于法律意义或条约解释为外交法不能议结者，应付西历一千八百九十九年七月二十九号公约设立之海牙常川公断院判结，惟须无碍彼此国脉所系之利权，或自主权，或名誉，又不干涉第三国利权者，方可照办。

第二款　凡遇此种争端，于未付公断院之先，两国应订特约，详列所争执事由，公断员之权限，及公断院之招集，与分次理处之期限。此种特约，在美国一面应由大伯理玺天德得有上议院协赞允诺，乃行订立。

第三款　本约施行期限，自互换之日起，以五年为期。

第四款　本约应由两国批准后，即在美国华盛顿从速互换。

本约立于美国京城华盛顿，约文共缮两分，由两国全权大臣署名盖印，以昭信守。

光绪三十四年九月十四日，西历一千九百八年十月八号，立于美京。

大清国钦差大臣伍廷芳押。

大美国外部大臣路特押。

外部等奏议复西藏通商章程及筹拨的款折

外务部、度支部、农工商部、邮传部、理藩部奏，为遵旨议复西藏通商章程及筹拨的款事宜，恭折仰祈圣鉴事。

光绪三十四年六月初六日，驻藏办事大臣赵尔丰具奏，密陈西藏通商章程有失主权，请饬酌议修改，并恳筹拨的款，仍饬原议大臣留藏等因一折，奉朱批：该部议奏。钦此，由军机处钞交前来。查原奏所请修改西藏通商章程，无非为尊重主权，慎防流弊起见。惟此项章程系本中英续订藏印条约第一款及附约第三款而订立者，自上年四月以来，外务部与全权大臣张荫棠函电往返商酌，并与英人竭力磋磨经年之久，始克蒇事。其中断断坚持之处，应即在于挽回主权得尺得寸。所有磋议成案，该大臣未及深知，故陈议虽高，而于事局不无隔膜。敬为我皇太后、皇上一一陈之。

原奏称：原约第三条，各商埠治理权应归中国官督饬藏官管理一节，于我国完全主权留有缺憾，应全行删去。又第三条中应请拉萨西藏大臣及印度政府核办一语，与并行知照中国驻藏大臣一语，及拉萨西藏大员与印度政府不能断定一语，隐失国权，莫此为甚，应将拉萨大员名称概改为中国驻藏大臣字样，而将印度政府照会之意并行知照中国驻藏大臣一语全行删去各等语。查该章程开议之初，英政府抱定直接主义，第三款第一节，英专使原稿作商埠治理权应照向来归地方官掌握，但英国商务委员得自由与地方官或人民直接交通，并于议次声明，地方官系专指藏官而言，经张荫棠迭与驳辩，屡濒决裂，始允改添督饬藏官四字，而将直接交通等语删去。其第二节原稿作禀请拉萨西藏大臣及印度政府酌夺办理，经张荫棠复改为应各禀请驻藏大臣及印度总督酌夺办理，如有重大交涉事件，按照北京条约第一款，应由中、英政府商办。彼此各执一义，两不相让，而英使因此并将第一节亦欲翻议，仍添入直接交通字样，语意坚韧，几至无可商榷。万不得已，乃酌用现在之稿定议。盖以藏大吏与英政府平列，较之英员与藏人直接交涉，尚为两害从轻。第一节加入督饬藏官一语，第二节加入知照驻藏大臣一语，正以存我主权，勉图补救也。

原奏称：约首所载西藏大吏选派噶布伦汪曲结布为掌权之员，禀呈张大臣训示，随同商议一语，不特为对外失权之媒，且启藩属尝试之渐，尤宜概行删去等语。查藏员画押一节，外务部曾向英使商阻，总以印藏附约第三款有西藏派掌权员会议之语，彼坚欲实行，仅能改为随同画押。当时英专使所送约首原稿竟将大清国特派大臣、西藏大员特派全权代表员、大英国特派大臣，彼此将所奉全权文凭，互相较阅云云，三平叙列，经张荫棠另拟底稿，改平列为侧叙，电由外务部与英使商允改定。是该章首段禀承训示，随同商议等字样，系于遵约实行之中隐寓尊崇国体、縻系藩属之作用也。

原奏称：第四条，英印人民在各商埠与中藏人民有所争论，应由最近商埠之英国商务委员与该商埠裁判局之中藏官员会同查讯一节，商埠治理既归中国官主持，则中藏官员不能并列，应将藏官字样删去等语。查此条英专使原稿作应由最近商埠之英国商务委员与西藏官员会同审讯，经张荫棠议为商埠内裁判局，彼坚不允，再四磋商，始定用该商埠裁判局之中藏官员字样，亦犹第三款补救之意也。

原奏称：第六条，英军撤退后，所建旅舍等房屋，由中国赎回，仍租与印度政府一节，房舍赎回，仍租与他人，已觉情理不安，既不声明须立租借专约，又不明订年限与随时退租之办法，流弊所滋，仍与租界无异，应改为如有印商愿租者，准其自赴埠官申明，另立合同，以公平价值租与，印度政府无庸干预等语。查赎回旅舍，系为限制英人于沿途再建房屋起见，经张荫棠与英专使磋议至于数月，彼始允定赎回及租借办法。其所叙不过预约之辞，犹言英允我赎，我允印租，非即已赎、已租也。将来议租时，仍由外务部与英使另立租界专条，其订明年限及预防流弊，自为题中应有之义。至所请改为租与印商一节，情势实有未合，盖房舍地非租界，亦非商埠，不便招商承租也。

原奏称：第八条，英国官商雇用中藏人民作合法事业，不得稍加限制一节，此乃关于一切佣雇事项，第仅指邮递夫役而言，乃将此数语列入该条之末，未免界限不明，应另立专条，以清眉目；至不得稍加限制一语，亦应删去，盖既称合法，即其限制等语。查第八款分为二节，第二节确系专指一切佣雇而言，与上节传递邮件夫役界限至明，无虞相混。至作合法事业下不得稍加限制一语，所以未议删者，因其语本中外约章旧文，且正取其反面含有倘雇作不合法事业即可加以限制不得雇用之意也。

原奏称：第九条，凡往各商埠之英国官民以及货物等，应确由印度边界之通商大路前往，不准擅往商埠以外各地一节，按藏中风气锢蔽，罔识大局，而西人往往有冒险之徒好深入野蛮境地，一有疏失，交涉因之而起，本条不明定限制，殊非斩断葛藤之道，应增添如有违约前往者，倘人财或有损失，地方官及巡警局不认追捕及赔偿之责等语。查印藏附约第九款第三节，无论何外国人皆不许派员或派代理人进入藏境，与此节应确由通商大路，不准擅往埠外各地，并下文不得由亚东、江孜无论由何道绕入藏属内地，以往噶大克，亦不得由噶大克无论由何道绕入内地，以往江孜、亚东等节限制之道，似不能更明于是。如有冒险之徒违章擅入，则其曲在彼，纵有疏失，我责甚轻。若如原奏所云，应增数语，订之约章，一则显示人以弱，二则西人狡赖，我既不认追捕，彼将以兵入藏追捕，或行止皆以兵自卫。如是，则秘密之藏无往无非外人军容马迹，欲斩断葛藤，而葛藤且因是而起矣！且外人在域内损失人财，我方当力任保护追捕。今顾向人不认，是自弃其主权也。

原奏称：第十二条，英国人民可任便以货物或银钱交易，任便得货物售与无论何人，及不得格外限制刁难等节，货物所包甚广，大而军械、弹药，小而吗啡之类，苟为商卖之品，皆可以货物名之。本条漫无限制，应于不得限制刁难句上增加苟非禁止进出口货物一语，庶凡我国法律条约所禁制之物亦不得在西藏私相交易等语。查十九年所订通商章程第三款，原有各项军火、器械暨盐、酒、各项迷醉药，或禁止出进，或特定专章，两国各随其便一条。此次章程既将十九年所订章程与此章无违背者，仍应照行列为第一款，倘有英印商人擅将违禁货物运入西藏，即可援照十九年章程办理。原奏拟增之语，自无庸赘入本款。

原奏称：第十二条，又有英国商务委员与西藏官民或通函件，或面会往来，中国官并不阻禁一节，藏地既许通商，则西藏人民与英印商民互相交际往来亦人情之常。如属善意行为，不妨公益，自无禁止之理，今必订之约章，转觉费解，应全行删去。至于西藏官员，应仿十六年藏印条约第二款英人对哲孟雄之办法，除中国准行之事外，概不得与何国交涉往来等语。查此节英专使原稿列在第三款，作英国商务委员得自由与地方官或人民直接交通，或用函件，或面会等语。当经张荫棠以直接交通字样大碍主权，且第三款系关于政治一类，不容列入此语，经极力磋议，始得将直接交通字样删去，并不载于第三款中。其曲折情形，已于上文陈明。惟此节语意彼仍不允全删，乃通融改订而列于本款第四节后。盖第十二款系关于商务连类而及，所谓往来与不禁阻，系专属商务事件，尚无大损。至待西藏官之道，揆时度势，固不能悉行仿照英人对哲孟雄之办法。然此次新章及十九年条约，均与十六年条约第二款所叙者未悖也。

总之，西藏自英人用兵拉萨，与番众径行订约以后，局势遂已大变。三十二年，我国与英人另立新约，意在亡羊补牢，而既有拉萨之约在前，其对待为难之情形迥非往年可比。此次所议西藏通商章程，臣等详加复核，其中英人原拟妨我主权之语均经磋议删除。就现在定稿而论，处处委曲维持，于所以保存主权者实已不遗余力。如将来驻藏大臣能扫除积习，切实经营，未始不可收照约应得之权利。该章程现经画押，该大臣所请酌议修改之处应请无庸置议。

至原奏称：请留张荫棠经理一切等语。查前于六月初七日奉电旨：赵尔丰著迅即起程赴藏。钦此。旋于十七日该大臣电请代奏，有遵旨先行进藏之语，是该大臣现在已拟进藏。张荫棠业经回京，奉旨补授外务部右参议，署理右丞，是否无庸令其赴藏之处，伏候圣裁。

又原奏称：开办经费非有二百万不可，饬下度支部如数筹拨等语。度支部查，光绪三十三年二月，驻藏办事大臣联豫奏陈藏中情形及拟办事宜，请拨银数十万两，经臣部会议，于四川、广东盐务项下拨银二十万两。本年二月初七日钦奉谕旨，以藏中应办各事，责成赵尔丰等次第施行，应需款项，由臣部按年筹拨的款银五六十万两。当经臣部奏明，就四川应解洋款截留济用，计自本年起，令该省于应解俄法款内截留银二十万两，英德款内截留银三十万两，共五十万两，尽数拨解西藏，俾得及时妥为规画。倘有不敷之款，即由四川总督遵旨随时接济等因，先后奏奉俞允。至该大臣经营巴塘、里塘，由臣部就各关常、洋税款共拨银一百万两，作为开办经费，尚不在内。今该大臣尚未抵藏，亦未调查开办经费实需若干，其于臣部原拨四川、广东盐务项下银二十万两及由四川省截留洋款五十万两作何支用，原折并未叙及，当系未接奉部复，故有此奏。仍令遵照前次谕旨，会同联豫，察度情形，将藏中应办各事详拟章程，次第奏请施行。所请由部筹拨的款一节，臣部既已遵奉谕旨，按年拨给银五十万两，此次应毋庸议。其从前经营巴、里两塘部拨银两动支存储各数目，并令随时报部，以备考核。

又原奏称：开埠伊始，关系极重。如接修川藏电线，可为收回印藏电线之预备。开办各埠邮政，可为收回英国邮政之预备等语。邮传部查，藏地添设邮电，系为挽回主权起见，自应赶办，以利交通。所有川藏线路，经已派员勘估，候勘定后，即行开办。其邮政一节，或附设电局，或另立专司，应会商税务大臣妥筹办理。所需经费，应由开办经费内一并统筹，以归划一。

所有议复西藏通商章程及筹拨的款等事宜缘由，理合恭折具陈，伏乞皇太后、皇上圣鉴。再，此折系外务部主稿，会同度支部、农工商部、邮传部、理藩部办理。谨奏。

光绪三十四年九月二十六日奉旨：依议。

外部致徐世昌日使请惩办夺犯拘官之延吉华官电

日使照称：统监府派出所附属之韩国巡查，因拘拿韩国匪徒嫌疑者，前往会宁对岸江北地方。忽有中国巡警数名，将已拿获之嫌疑者夺去，复将巡查带往中国兵营，由队长李荣成讯问后，夺其佩剑、制帽，加以拘缚。当由宪兵向该兵营交涉，旋将巡查释放。一面由派出所长派员向吴禄贞君请其说明此次不法行为及惩办官吏，迄今未得回答。兹奉政府命，请加以应当之惩罚，并求以后勿有此等行为等语。此事究竟情形如何？希饬查复。

八月二十二日

粤督张人骏致外部蒲岛系中国地拟立标志电

据洋务委员转接广州英领函称：中国海内距香港东南一百七十英里有一小岛，或群小岛，名蒲拉他士。该岛并无居民，显系无所统属之地，但每年之中间有中国渔船驶到该岛。英政府前曾提议，应否于该岛建立灯塔，后以不能决断该岛属于何国，应由何人设灯，遂作罢议。现奉本国外部谕，饬将该岛情形及属于何国详细查复等因，函请确查案卷，该岛是否中国属岛，政府有无宣布明文等情转禀前来。查上年九月，曾奉大部电，查日本人西泽占据海岛一事，嗣接午帅九月艳电，据驻宁日本领事称：该岛实在台湾之西南，香港之东南，距石港一百七十余英海里，即新译《中国江海险要图说》内之蒲拉他士岛，又名蒲冕他士岛，上年两江派员所绘海图亦有此岛等因，经电商午帅，派员往探在案。英领现函明知系我属地，竟称欲在该岛设灯，似系意存尝试。应否由钧部布告英、日两使，声明蒲拉他士岛系中国属岛，一面请午帅派员前往探明，酌立标志，以杜外人觊觎。乞卓裁示复。

八月二十三日

东督徐世昌致外部日人在延吉扩张势力及禁挂龙旗电

据延吉电称：自李党蠢动后，日人在我境内以防韩乱为名，隐谋扩张势力。禄贞二十日经过和龙峪地方，遇日宪兵二人锁解韩人二名，当经许经历前往盘诘，以韩人应归我国管辖商之宪兵，将二韩人带回衙署，问明情由，以为将来与日官交涉地步。讯系一名方泽龙，手带重刑，一名梁德凤，身负重伤。正在详细推审，突有伍长岛田率宪兵五人闯入该署，大肆强暴，势将用武。该经历应将两韩人解送来延，斋藤闻知，即来要求交还，经禄贞严行驳诘，斋藤多方狡辩，禄贞终不为所屈。嗣斋藤要求和平办法，谓：彼此皆有宪兵，若常因小事冲突，恐非持久之道，请嗣后我国官吏捕拿犯罪之韩人，彼决不干预，如彼捕拿犯罪之韩民，准我照会，向其追问等语，现我尚未允许。又日本所派总社长李羲英、社长李永伯、金世希等迫令每韩户出钱一吊八百文，不出者即指为义兵拿办，不堪其苦。当派宪兵四名前往理阻，日宪兵率韩巡检十余人持械抵抗，并用手械击我宪兵，当将手械夺回，并带回李羲英、金圣千二名，送交斋藤惩办。又禄贞此次出巡，韩民欢迎，所过悬挂龙旗，斋藤竟严令禁止，且来署大开谈判，谓我威逼韩民悬挂龙旗，经禄贞反复斥驳，彼虽理屈，仍执词狡辩等因。以上各节，虽因细故冲突，而日人有意寻衅，蔑我主权，实非一日。捕拿韩民一案，斋藤所谓和平办法，实欲于该地共行裁判。我如允许，即无异自认无完全主权，从此各事伊将益谋进行，更形棘手。此事关系甚重。至强派韩户出钱，禁止韩民悬挂龙旗，均无理取闹，侵我国权，万难容忍。除饬该帮办等严行抵制外，应请大部照会日使，严词诘问，以维边局。无任企祷！

八月二十六日

外部致徐世昌日小村称间岛未派宪兵千名电

准驻日胡大臣电称：小村复称，间岛宪兵共仅百零七名，并无增派千名之事。东历五月二十九，统监府派出所曾派宪兵赴二道沟调查事件，已于六月十九调回，此系临时派遣，并非常川驻扎。其东沟、黑顶子、百草沟等处从未驻宪兵。至六道沟开办农事试验场，派遣宪兵炮队至韩北，亦与事实相反。李范允事，经贵国声明，必当深信，决不藉为口实。并称，间岛所属问题，前经贵国照会阿部代使，现拟日内即行答复等语。阿部照复称同前因。本部照诘各节，均未承认。究竟彼称各节是否与事实相符，希转饬详细再查电复，以凭因应。顷准有电悉，容再照诘。

八月二十六日

清季外交史料卷二百十六终

清季外交史料卷二百十七

光绪三十四年八月下至十月

外部奏中英修订藏印通商章程请旨批准折 附章程

总理外务部事务庆亲王奕劻等奏，为中英修订藏印通商章程，请旨批准，恭折仰祈圣鉴事。

窃查，光绪三十二年，中英续订藏印条约附约第三款内载：光绪十九年中英条约所有更改之处，另行酌办等语。上年奉旨派赴藏查办事件大臣张荫棠为全权大臣，前往新辣，会同英国所派大臣，议订此项章程。嗣张荫棠与英专使会订藏印通商章程十五款，于本年三月二十日由电奏明画押，将中、英文章程咨送前来。臣等查，此议订藏印通商章程所有臣部及张荫棠向英人磋议情形，业于臣部议复驻藏办事大臣赵尔丰奏请修改西藏通商章程折内详晰陈明，并请毋庸修改，奉旨允准在案。该章程画押后，应由两国批准，于限期内互换。兹谨将章程十五款原文钞呈御览。伏候命下，即由臣部将章程请用御宝，作为批准，以便照章互换。所有藏印通商章程请旨批准缘由，理合恭折具陈，伏乞圣鉴。谨奏。

光绪三十四年八月二十六日奉旨：依议。

附中英修订藏印通商章程

总纲

大清一统帝国大皇帝，大英国兼五印度大皇帝，今因光绪三十二年四月初四日所订藏印条约第一款内开：光绪三十年七月二十八日英藏所立之约，暨其英文、汉文约本，附入现立之约，作为附约。如遇有应行设法之时，彼此随时设法将约内各节切实办理等语。又据光绪三十年拉萨约之第三款内开：光绪十九年十月二十八日中英条约所有更改之处，应另行酌办等因。现值应行更改此次章程之时，是以大清国大皇帝特派张荫棠为全权大臣，大英国大皇帝特派韦礼敦为全权大臣，会同商议，暨西藏大吏选派噶布伦汪曲结布为掌权之员，禀承张大臣训示，随同商议。大清国钦差大臣张，大英国钦差大臣韦，各将所奉全权文凭互相校阅，并藏员掌权文据一并查阅，俱属妥善。改定章程如左：

第一款　光绪十九年所定通商章程与此次章程无违背者，仍应照行。

第二款　江孜商埠界内全地：

甲、界线起自江孜堡垒东北之曲迷荡桑，自此曲行过背郭阙堞大寺之后，至峡东冈，自此直越逸阳河，抵匝木萨止。

乙、自匜〔匝〕木萨此界线向东南接行，至拉极多为止。沿此线内田庄，如拉和格、火格错、东穷席、拉布冈等处，均在界内。

丙、又自拉极多此线循行至玉驼，自玉驼经甘卡尔席全地，直行至曲迷荡桑为止。

各商埠内向有难得合宜房栈之情事，兹允英国人民亦得在各商埠内租地建筑房栈。此种建筑地基坐落之处，应由中藏官在每埠与英国商务委员特行商酌划定。英国商务委员与英印人民，除在此处外，不得在他处建筑房栈。但此种办法，不得有一毫侵害中藏地方官于此处之治理权，亦不得损及英印人民在此处以外租赁房栈居住存货之权利。

凡英印人民欲租建筑地基，应转由英国商务委员向工部局声请租地文凭。其地基之租价、年限与合同，应由租客与地主自行和平商订。如地主与租客因租价、年限及合同等事意见不合，应由中藏官商同英国商务委员调处。其地基租定后，应由工部局中藏官会同英国商务委员勘定。又未经工部局给与租客建筑文凭，该租客不得兴工建筑，但约定工部局给发建筑文凭不得任意延宕。

第三款　各商埠治理权，应归中国官督饬藏官管理。各商埠商务委员与边界官均须合宜品级，彼此往来会晤以及文移往返，应互以礼貌优待。凡商务委员及地方官因意见难合不能断定之事，应请拉萨西藏大吏及印度政府核办。印度政府照会之意应并行知照中国驻藏大臣。如拉萨西藏大吏与印度政府不能断定之事，应按光绪三十二年北京条约第一款，由中、英两国政府核办。

第四款　如英印人民在各商埠与中藏人民有所争论，应由最近商埠之英国商务委员与该商埠裁判局之中藏官员会同查讯，面议办法。其会同面议之意，系为查明实情，公平办理。如有意见不合之处，应按照被告之国法律办理。凡属此种交涉案件，均由被告之国之官主审，其原告之国之官只可会审。

凡英印人与英印人因身家产业之权利而起之事，俱归英国官管理。英印人民在各商埠及往各商埠之商道中有犯罪者，应由地方官送交最近犯罪之商埠英国商务委员，按印度法律审讯惩办。但地方官于此种英印人民，除应行拘禁外，不得格外凌虐。中藏人民有对于各商埠内或往各商埠之道中之英印人犯罪者，应由中藏地方官拿获，按律惩办。两面审办之法，俱应至公且平。

凡中藏人民到英商务委员处控诉英印人民，中藏官得有派员往英国商务委员公堂观审之权利。凡英印人民到商埠内裁判局控告中藏人民之案件，英国商务委员亦得有派员往裁判局观审之权利。

第五款　西藏大吏遵北京政府训令，深愿改良西藏法律，俾与各西国律例改同一律。英国允愿，无论何时，英国在中国弃其治外法权，并俟查悉西藏律例情形，及其审断办法，及一切相关事宜，皆臻妥善，英国亦即弃其治外法权。

第六款　英军撤退后，所有由印边界以达江孜一路英国所建旅舍等房屋，共计十一处，应由中国照原价赎回，仍以公平租价租与印度政府。每旅舍一半留为英国经管由各商埠至印边界电线之官役之用，并存储材具，其余则留为中藏、英印体面官往来站宿之用。一俟中国电线已由中国接修至江孜，英国可酌量将由印边界至江孜之电线移售与中国。尚未移售以前，中藏人之信当由此印政府所修之电线妥为接收传寄。又未移售以前，应由中国担任保护由各商埠至印边界之电线。兹约定，所有人民，如毁伤此电线，或无论如何阻挠看管经理此电线之官役，应立由地方官严惩。

第七款　凡因信借揭欠倒闭而起之控告案件，应由该管官查讯，设法追索赔偿。但如欠债者报穷，无力赔偿，该管官不任赔偿之责，亦不得将公产官务扣抵。

第八款　驻寓西藏现在已开及将来新开各商埠之英国商务委员，得安排往来印边界传递邮件所用传递夫役，于凡所经过之处，应由地方官尽力相助，与藏官所用传递文件之夫役同受一律保护。俟中国在西藏妥立邮政，中、英两国可即酌议裁撤英商务委员之传递夫役。英国官商雇用中藏人民作合法事业，不得稍加限制。此种受雇之人，亦不得稍加扰害于西藏人民，应享之权利亦不得因此稍受损失。但此种人于应纳赋税不能豁免，如有犯罪情事，应归地方官按律惩办，雇主不得稍加庇匿。

第九款　凡往各商埠之英国官民以及货物等，应确循印藏边界之商路前往，不准擅往商埠外各地，不得由亚东、江孜无论由何道路绕入藏属内地以往噶大克，亦不得由噶大克无论由何道路绕入内地以往江孜、亚东。惟印度边界土人向在藏属居住、贸易者，因习惯既久，仍得照旧按通行规例来往贸易。但此种人如是往来、贸易、居住时，应仍按向例服从地方官管治。

第十款　凡官商往来藏印，其公私财产、货物途中被劫，应即报明巡警官，巡警官立即设法拿获劫盗，交地方官立即审办追赃。如盗犯逃至巡警局、地方官权力不及之地，不能缉获，则巡警局及地方官咸不任偿失之责。

第十一款　为保公安起见，凡存放大多之数之火油，及所有易燃危险之物，应用池栈，应安设在商埠内远距居民之处。英印商人未经按照章程第二款禀请合宜地基，不得开筑火油池栈。

第十二款　英国人民可任便以货物或银钱交易，任便将货物售与无论何人，任便由无论何人购买土产货物，任便雇赁运载夫马，并任便照地方常规办理一切贸易事宜，不得格外限制刁难，亦不得抑勒强逼。

凡英国官商在商埠内及往各商埠道中之身家产业，应随时由巡警局及地方官实力保护。中国允在各商埠及往各商埠道中筹办巡警善法。一俟此种办法办妥，英国允即将商务委员之卫队撤退，并允不在西藏驻兵，以免居民疑忌生事。英国商务委员与西藏官民或用函件，或面会往来，中国官并不禁阻。

凡西藏人民至印度贸易、游历、居住所享权利，应与本款章程给与在西藏之英国人民之权利相等。

第十三款　此次章程自两国全权大臣及西藏代表员签押之日起，应通行十年。若期满后，六个月内，彼此俱未知照更改，此章应再行十年。每至十年，俱照此办理。

第十四款　此次章程华、藏、英文字俱经详细校对，遇有因解释此章字句而起之辩论，以英文作为正义。

第十五款　此次章程由中、英两国大皇帝批准，应自签押之日起，六个月后，在北京及伦敦互换。此章由两国全权大臣暨西藏掌权员签押，盖印为凭，以昭信守。华、藏、英文各缮四分。

大清国钦差全权大臣・西藏查办事件大臣张荫棠签押。

西藏掌权委员噶布伦汪曲结布随同签押。

大英国钦差全权大臣韦礼敦签押。

光绪三十四年三月二十日，西历一千九百零八年四月二十日，立于喀勒克塔。

江督端方致外部请宣布蒲拉他岛[①]为中国属岛电

安帅个电、大部二十七日电均悉。查此事自上年九月奉大部饬查复，当以宜先查明确据，再与日人交涉，方昭慎重。嗣据驻宁日领所言经纬度考之，知即是碧列他岛。因此查出粤刻新译之《中国江海险要图志》及英国洋文海图并南洋派员所绘海图，均有此岛。所谓蒲拉他士岛，即碧列他岛音转字也。当将查出各图于十月二十一日由文报局函送钧部核办。兹据广州英领函文，首言中国海内，继言每年中间有中国渔船驶到，隐示此岛明属中国，后乃以英政府拟设灯塔为词，属询问中国此岛是否中国属岛，是盖明知该岛为日人占据，见中国并未诘问，故为此旁敲侧击之词，暗为提醒，催我宣布，详加筹度。此岛之属中国，广雅书局译刻之《中国江海险要图志》即系英国海图官局原本，彼既列诸中国海内，其非我之私言可知。似可即由大部据此图志照会英、日，宣布此岛为中国属岛，或先派员持图面晤英使，质证明白，再晤日使，与之质证，看彼如何答复，再商办法。彼果皆无异词，然后再与日本交涉，请其将据岛之日商撤回。此时未与说明，遽派员往查，恐别生枝节。俟西泽撤回后，如果该岛应设灯塔，自当由总税务司转饬粤海关税务司勘明建设。若欲于收回后加以布置，为善后之防，应请安帅就近体察

① “蒲拉他岛”文中有时为“蒲拉他士岛”，保留原貌。

情形酌办。届时需用南洋大号兵舰，一俟接待美兵队事毕，当电萨军门派舰赴粤应用。统祈钧部酌夺示遵。

八月二十九日

东督徐世昌致外部已派宪兵至百草沟设派办所电

顷，据延吉报称：前吴帮办电禀，日人恃强横行，增加宪兵入境，拟在敦化县之二道江并百草沟等处添派宪兵，前往设立分遣所，意欲压制韩民，干涉政权一节，早在洞鉴之中。现查马牌及八道沟两处，日人分遣所早已设立，业经吴帮办分遣宪兵前往抵制；并一面与斋藤交涉，欲令撤回。伊答以我有保护韩民之责，认定某处应设分遣所，即不能撤回等语。兹据密探确报，除马牌、八道沟外，百草沟、二道江、绥芬甸子三处，伊又拟添分遣所，每所宪兵二名，曹长一名，韩巡检一名，通译一名，合计五处通译五人：安德荣、李德俊、李早甫、崔敏涉、崔甫日。查此事既不可以理喻，只好趁伊尚未添设之时，行先发制人之计，严行抵制，免落后著。现已选定妥员，随带宪兵数名，即分赴百草沟、绥芬甸子两处，分设派办所，晓喻居民，禁止一切，以杜后患。二道江已有派办所，业专函告知防范矣！再，风闻韩皇族李范振带有千名义兵，拟在韩境畏出郡屯阵，日会宁守备队已拨三百兵向该处备战，未知确否？已饬密探细探，并密饬沿江驻防军队留心防御，谨抒廑念。本日接稽查报告：二十四日午后二钟，有日本兵七名，曹长屈内菊松带领，随身枪七根，另有警务长二名，一同入境。询其情由，答赴六道沟换防。稽查禁止不住，只得放行等语。此事可否电达外部，转诘日使之处，敬请钧裁云云。以上情形，该处调查尚确，与钧部前电述小村所言未甚相符。现仍饬该帮办等切实抵制，特此转布，以备采择。应如何与日使交涉之处，伏候钧裁。再，傅道良佐已于二十二日接管延吉边务，吴参领禄贞亦于是日交卸。合并布陈。

八月二十九日

东督徐世昌致外部本溪湖煤矿及日本交收电线需款请由汇丰借款内拨付电

准度支部阳电称：采木资本已向汇丰借妥，部拨之五十万应由借款内拨还云云，自应遵照办理。惟查本溪湖煤矿商议已久，需洋五十万元。目下日本交收在满州〔洲〕铁路境外之电线，邮部咨行，须付给日洋十万元。奉省财政支绌，此两款即须拨付，实系无法筹措，不得已拟请将该部所发之五十万暂借为此两款之用。务祈钧部俯允，知照度支部。为恳。

九月十二日

东督徐世昌等奏陈筹办延吉边务并宜早定办法折

东三省总督徐世昌、吉林巡抚陈昭常奏，为沥陈筹办延吉边务情形，并宜早定办法，以正国界，恭折密陈，仰祈圣鉴事。

窃查，吉林南部与朝鲜北道，向以图们江源之红丹水迄于鹿岛海口为天然国界。光绪初元，韩民越垦，忽起土门、豆满之辩，乃复派员会勘，重定界址，均以图们江源为断。但华员主以石乙水为界，韩员主以红土山水为界，以致争持未结，然相距不过数十里。自日人创为间岛之说，诡言疆界未定，无端越境侵我主权，阳藉保护韩民之名，阴为占领土地之计。臣世昌于去岁八月奏派臣昭常督办边务，当即偕帮办吴禄贞驻扎延吉，内谋治安，外筹因应，旰宵罔暇，竭蹶以图。现在办理将及一年，虽未明戢进取之心，实已勉筹抵制之术，而财力、人力困难万端，若不早定办法，断难久持。谨将筹办情形为我皇太后、皇上撮要陈之。

日人以保护韩侨为词，倡言国界未定，遂成国际交涉，自以勘定界务为最要。臣等上稽史册，下考方舆，详查越垦之情形，广搜界务之证据。于去秋派员溯图们江西上，以至长白、小白山顶，绘具国界专图；并于边务处特设测绘科及测绘速成学堂，分派测绘员于延吉全境及中俄、中韩交界各处，逐段测勘，详列图说；并将延吉疆域形势及界务沿革辑为一书，以为界务确实凭证，即异日会议勘界，亦可藉资参考。惟日人自越境以来，无理要求，不胜枚举。其最要之交涉，如天宝山银矿及一切矿产之开采，杉松森林及一切山林之采伐，对于越垦韩民之裁判及行政，违禁器物之入口，过江越境之稽查，每生一事，口舌之争论动至数十次，每出一案，公文之辩驳辄至数千言。彼则专持〔恃〕强权，我惟折以公理，故虽百出诡计，日夕图谋，尚未能于实际有所进取。延吉辖地面积方四千余里，仅设厅治，管理难周。日人又多方蛊惑韩民不纳我国租税，不受官吏管治。因于边防重要之区及韩民繁盛之地，如六道沟、和龙峪、光霁峪、黑顶子、铜佛寺、帽儿山前设稽查处外，六道沟、怀庆街、马牌、娘娘库等处分设派办处十一所，每所设办事委员一人，翻译一人，就近分理地方行政，而以延吉厅总其成。遇有韩人抗租及不受我国裁判者，或以善言劝导，或以国法惩治。日人虽强为干涉，尚能受我法权。延吉东、西、北三面，山岭丛杂，向为胡匪出没之区。南界图们，又多系韩民越垦，日人时复煽动韩民，藉端倡乱，而朝鲜内地之义兵及寄居俄界之民党又屡谋假道，以与日人为难。臣等体察情形，因于哈尔巴岭以南，图们江以北，长白山以东，珲春及绥芬甸子以西，将旧有巡防营四营择要布置；又拨陆军第三镇常备军一营，分驻延吉及图们北岸，严守国界；又拨吉林陆军一标，驻扎珲春，以重吉林南部之要塞，故虽有胡匪窃发，无不随时扑灭。韩民慑我国威，无敢蹈李范允倡叛之故辙。日人藉口于越垦韩民受马贼及我官之陵虐，越境之始，已于边防重要地方分设宪兵，以冀攘我主权。因于奉、吉两省巡警局内挑选警官、警兵百余名，调至延吉，即以派办处区域为巡警区域，严查匪类之潜藏，密探日韩之动作，遇有华、韩人民争执及韩民违抗警令，得随时会同派办处就近办理，故日人虽设宪兵，尚未能实行干预之计。延吉厅治仅设小学一所，而韩民之私设学塾者，动受日人嗾使，倡独立自主之说，希冀不受范围。因于延吉设学务公所，复于厅街及珲春设两等小学二所，俾华、韩子弟同受教育；又于各乡分设初等小学及劝学所、讲习所，韩民私立学校必由地方官验明其章程，课本亦须受学务公所之检查，韩民所立蒙养学校已改为官立小学，学生数十人，皆已薙发易服，倾心向化，而教育可期普及矣！凡此皆目前因应之急务，仓猝图谋，未能完备，而边务之亟应筹备者，犹有数端。

延吉沃甸荒原，绵亘千里。华民仅有万户，而韩民已增至五万户。计升科熟地不过十万晌，可垦之荒尚不止三万晌。地利未辟，宾主异势，因先于延吉厅北之三道湾一带创办屯田营，用兵法部勒之，逐渐推广，以谋拓殖。延吉居吉林南部，山冈歧出，不便交通。今日人于韩清津新开海港，复于延吉交界之会宁修有轻便铁道，商务实业之转输，军队粮秣之运送，瞬息可达，而我则道途险阻，内外睽隔。因新招工程营一营，专为修理道路之用。先由林经敦化县境，以至延吉，再由延吉东至珲春，西北至六道沟西北之娘娘库，东北至宁古塔，逐段修理，必使车马畅行，雨潦无阻，庶行政诸端皆可日趋便利。延吉地方僻陋，民户萧条。日人于六道沟广买韩民产业，修建公署、铺户，竭力经营，而我则办公无公所，军队无营房。因于厅街修建边务处公所，延吉、珲春各修营房三座，并于分防各队及派办处所驻之区修建公所、营房七八处；尚拟修创商铺，以广招徕，于以示朝廷重视国界之意，始能系韩民内向之诚，非徒外饰观瞻而已。

以上数端，皆由臣等相度机宜，勉筹应付。明知势力未足，而尺寸不敢假人；明知财力万难，而布置不容稍缓；明知人才消乏，而驾驭惟恐或疏。一年以来，勉力图维，夙夜祗惧，口舌辩难，函电交驰，实已智尽能疲，才力俱困。伏念国家疆土尺寸必严，其应竭力筹备，无敢退让者，疆臣守土之责也。若夫国际交涉，亟应早为解决，毋使滋蔓者，则实赖部臣，而非疆臣之所得预也。当间岛事起，调查界务之证据，对待日本之情形，均随时电达部臣，与日本驻使及日政府辩论。部臣内顾国权，外全睦谊，屡经磋议，冀以渐就范围。而勘界问题屡催不复，第恐日人以迁延为计，循是以往，因应愈难，财力既不能久，人事几无能为。役夫一时抵制，岂为万全？对待稍疏，则乘间抵隙，相持过激，则恐成变端。是勘界一日不决，后患之来正未有艾。臣等惟有与部臣合谋协力，共任其难。一面仍由外务部速催日政府，早日派员会勘，解决此案问题，明定国界，各守范围；一面由臣等督率帮办傅良佐，严饬派出各员，随时筹备，维持现状，毋稍疏虞，以为将来勘界之布置。是尤仰赖朝廷德威远播，力为主持，臣等禀承谟训，得以保主权而固邦交，此尤日夕兢兢而思有以善其后也。所有筹办延吉边务情形并宜妥定办法缘由，谨恭折密陈，伏乞圣鉴。谨奏。

光绪三十四年九月二十日奉朱批：外务部知道。

东督徐世昌致外部日人在茂功社修房不服阻止枪伤我警多名请向日使严诘电

昨，据延吉报称，日人在茂功社修房，不服阻止各节，当经转达钧部。兹复接延吉傅道来电云：本早，日人在火狐狸沟茂功社修房，经我阻止一节，本日早七钟，据探报，日人竟敢开枪，向我擅放。旋又据派去宪兵班长于东岱回署面称：我宪兵等十八日早四钟到火狐狸沟，下午四钟到茂功社。巡警在前，宪兵殿后。巡警坐大车两辆，刚到日人新修房处下车，并未扒房，拟先向他理论，不料被〔彼〕即两面开枪击放，竟致伤我巡弁徐占元，腹上、中、下三部伤甚重，恐有性命之忧；巡长程玉春亦受伤三处，头部一处，右胸二处；宪兵刘晓楚伤小腹一处；跟随耿宪兵长马弁刘连元伤腿部一处；又马被枪伤二匹。此外，闻有警兵吴起瑞、孟光礼二名人马现无下落等情，飞报前来，并呈到宪兵锡福夺获日本兵三十年式马枪一杆存案。查此次冲突，日人所持之器皆系步马快枪，所挖之沟垒系三面坡形，计在修房东面距离约六十密达，有沟垒一座，即开枪伤我宪兵警处，另南、西两方亦各有沟垒，伏兵在内，西沟垒亦曾开枪。又据于宪兵班长面称：现在我受伤之宪兵等，经日宪兵中尉平田铁次郎面邀，暂抬至日人分遣所。该所距新修房仅隔一河，约百密达。据云已由会宁派军医来治。另有我耿宪兵长、郭翻译、邵事务员在彼监视受伤之人。查此案起点，因其在我境内私盖房屋，意欲安设分遣所。论国际公法及维持现状，皆理应禁拦。先经我派办处李稽查、邵事务员两次向其论理，该日人惟置若罔闻，反口出不逊，谓：已奉斋藤命令，如清人妨害修造，即开枪击毙，此节已电禀有案。及经派我宪兵、巡警前往阻止，并面嘱耿宪兵长、李稽查相机办理，总宜据理与争，勿得用武。不料日人胆敢实行其战斗力，挖沟垒多处，持步马快枪对我击放，伤我人马，实直欲行其军事战斗也。彼若谓挖沟垒以防维修造，则我派去之巡警、宪兵均以徒手，并未携带军器，且尚未全至该修房处。况巡警在前，乘坐大车，显非有意与彼战斗。乃巡警刚下车，我宪兵尚在后面沟中行走，彼即对我开枪，故巡警受伤较多。查彼之房屋仅架梁木，尚未修成，无论如何，我即从而拆毁，本系我应当之抵制，况我尚未动其一椽一木，彼见我巡警下车，即开枪对击，是其意中先存一实行战斗，故如此激烈野蛮。我并无所妨害，彼即不能藉此当防维之说搪塞也。彼若谓开枪以虚张声势恐吓，则放第一枪，我若不还击，即应停放。乃我系徒手，彼则连枪不止，以致我受伤多名。此又不得藉口于情急，谓开枪系正当之行为。我未动手，彼即无所谓为抵制。况查其所挖沟垒皆靠山坡，居高临下，与战地形式无异。其西南两处又距新修之房尚远，显系扼要防御，欲实行其战斗力也。此案关系重大，即请飞电外部，力与交涉。边防之有无进步，主权之有无得失，界务问题之能否解决，即在此一著。务乞力争，鹄候钧部示遵。再，现在我巡警已经受伤，除飞饬该处暂行停折〔拆〕房屋，听候交涉，并饬妥为调护受伤之人。又恐该日人乘机偷渡过江，另量留宪兵、巡警各五六名在该派办处，加意防范。其他各处，仍照常办事。

此案，日人在我境内私盖房屋，意欲安设分遣所，即就维持现状而论，亦应禁阻。乃始而向其理论，该日人竟口出不逊，继派我宪兵及巡警前往，均系徒手，巡警在前，乘坐大车，显非有意战斗。且未全至该修房处，亦未动其一椽一木，不料彼一见巡警下车，即连枪不止，以致我受伤多名。所挖垒沟，居高临下，俨同战地，其蓄意开衅，实行暴力，已可洞见。且该日人在我境内盖房，本不应为，又不听我理论，及至派巡警劝阻，该日人遽冒然开枪，伤我巡警，酿成巨案，实属衅自彼开，无理已极。应请钧部查照前后情节，向日使严行诘问，一面商酌，由彼此各派相当委员，前往该处详细查问，以定公道办法。此案于我主权、界务均关紧要。并请电告胡大臣，诘问日外部，赶紧办理。除电饬傅道相机因应，加意防范外，是否有当，乞钧部核示。

九月二十一日

徐世昌陈昭常致外部日人枪伤我警请乘机勘界电

日人在火狐狸沟修造分遣所各节，此间已电嘱傅道，饬知事务员及宪兵长等仍前防止，惟不可擅用武力，即日人开枪击放，亦只可任其先发，再为理论不迟。续接延电，果有枪伤我巡警之事，业经详达钧部。窃意日人在彼藉延宕为进行，近更实行强硬手段，徒与空言抵制，必至步步失败。今此案日人恃强，不顾公理，追伤我巡警，即急遣军医诊视，是亦自知理屈。请钧部乘此机会，速向日使交涉，先责其举动之违理，迫令速派专员，会同勘界，以期早日解决。若不趁此力与争论，自占胜著，一旦决裂，损国威而蹙疆土，受亏愈巨。今日人用强，其机已兆。嗣后变本加厉，何以应之？伏希早定筹策，催日使办理勘界，一面电驻日使臣，与彼外部交涉。日小村新任外部，颇主联络我国，或可易就范围。特此密陈。诸祈钧裁。

九月二十一日

外部致唐绍仪延吉日兵枪毙我巡弁希向日外部严诘电 三件

昨，准东三省总督电，据延吉报称：日本宪兵中尉平田美次郎等在茂功社修造分遣所房屋，经我李稽查等向彼和平阻止，彼出言不逊。日宪兵用腕力将李稽查及委员等衣襟拉坏，袖章、钮扣全行扯碎，对我翻译官亦有暴行之状，并将我巡警陈开山警刀打断。该中尉云：得统监电，若有清人妨害修造，以枪击毙，遂命宪兵各取步枪装枪，又挖成人字式濠沟备战等情。当经本部照会阿部代使，声明日官种种强横，倘激成事端，我国不能任咎，请其转饬禁止，并将在中国境内之宪兵撤回。兹复准东督电：据延吉报称，此事当派宪兵、巡警前往阻止。该宪兵等十八日下午到茂功社日人新修房处，向彼理论，彼即两面开枪击放，竟伤我巡弁徐占元腹部甚重，恐有性命之忧；巡长程玉春亦受伤三处；宪兵刘晓楚、马弁刘连元均伤一处；马被枪伤二匹；又警兵吴起瑞、孟光礼二名人马现无下落。并据呈到宪兵夺获日本兵三十年式马枪一杆存案。此次冲突，日人皆持步马快枪，所挖沟垒系三面坡形。计在修房东面距离约六十密达，有沟垒一座，即开枪伤我宪兵、巡警处，另西、南两方亦各有沟垒，伏兵在内，西沟垒亦曾开枪云云。此案日人在我境内修盖房屋，意欲安设分遣所，即就维持现状而论，亦应禁阻。乃该日人始则不服禁阻，辱我官长，声言奉统监命令，可以开枪。迨我宪兵、巡警前往，均系徒手，巡警在前，乘坐大车，显非有意战斗。不料彼一见巡警下驰，即连枪不止，致令受伤多名。所挖沟垒，居高临下，俨同战地，其蓄意实行暴力，可以洞见。请向日使严诘，一面商酌，由彼此各派相当委员，前往该处详查，以定办法；并请电告胡大臣，诘问日外部，赶紧办理等语。同时接阿部面递节略，称：十八日，在禹迹洞约有清国巡警六十名，以暴力妨害日本宪兵分遣所家屋之建造，与平田宪兵大尉以三十七名互相冲突，彼此开枪等语。查延吉为中国土地，日官本不得在彼驻宪兵，经本部迭次照会日使，转饬撤退，迄未见复。此次竟在我境内建造分遣所，更属不应为之事。乃先因不服阻止，对我稽查员等有暴行之状，并声言奉命可以开枪。继我派宪兵、巡警前往禁阻，该日人等开枪连击，伤我巡弁等多名。且预挖沟垒，伏兵备战，实属蓄意强暴，衅自彼开。我巡警等乘车徒手前往，并无强硬处置，与阿部节略所称以强力妨害建造及彼此开枪等语情形不符。除由本部照诘该代使外，幸即赴日外部，严词诘问，请其迅即电饬斋藤，将分遣所即行停工，以免再生事端。至枪伤巡弁等之案，应由彼此派员，会同前往闹事地方，详细查明，秉公核办，并电复。此电并转胡使。

九月二十二日

马电悉。延吉日宪兵枪伤巡警事，转电计达。本部已电东督，属其遇事勿用强硬办法，静听两国交涉，希告小村、伊藤，亦转饬约束彼国宪兵，勿任滋事为要。至吉韩界务，前经屡次照催日使，将十三年成案接续会勘，其该处越垦之韩侨，前照会亦曾请其与我妥商办法，明定专章，迄未得复。现在似应及时将此两事由馨使向彼政府提议，一面由本部与伊集院妥商，俾得早日解决，免致滋生事变。希与馨使商酌办理，并探日政府意见，随时电知。此电并转胡使。

九月二十三日

延吉日宪兵枪伤巡警事，二十二日电并养转电计达。顷，准东督电，据延吉报称，前电不知下落之巡兵二名，现查出孟光礼业已受伤三处，吴起瑞当被枪击毙。至受伤之人，报与前电同。惟巡弁徐占元实系徐占魁，业于十八日晚因伤身死等语。此案案情已极重大，希催日政府，按照前电各节，速定办法，俾有相当之处置，以申公法而保和平。并即电复。

九月二十四日

专使唐绍仪致外部晤日小村商延吉作为自开商埠又吉长路线由我择定电

昨，晤小村，详谈延吉事。据云，近来又得韩国文据，惟此事我以界务为重，彼以保护韩民为重，各执一见，以致日久不能议决。我倘能认彼在延吉有保护韩民之权，彼亦认我在延吉有地主之权。至延吉所有韩民，但求如通商口岸之韩侨，统归日本保护，此外别无他望。其韩民之已入华籍及愿入华籍者，均听其便，伊亦绝不过问，亦断不蔑我主权。倘彼此能照此办理，则此事不难早决等语。侦窥其意，所援口岸比例，显系欲设日官驻扎保护。现查该处韩民较华人多至数倍，伊断不肯放弃保护之权。若以彼此宗旨不合，旷日持久，事变愈多，莫如在延吉择一二处开放，作为商埠，工巡、卫生，一切由我自办。并与其磋商，所有越垦韩民，应定明年限，准其领地；应纳地方各项税捐，与华民同。若彼索设警权，可驳以自开商埠，并非租界，向不准他国自设巡警。据小村言，伊集院觐见后，即向钧部提议此事。应如何办理，统乞核夺。

新法路事，小村云，林使未次照会，尚未得复。仪思伊所言，沈阳以北接通南满一节，若能商量在二十里内，似无不可。倘多索里数，反为伊增添枝路，断无此办法。不过彼既说到此，应看其口气如何，酌量商议为妥。再，京奉路沈阳车站，伊可允我经过南满，移近城根。但此事系为我利便而设，南满一路，藉此亦应得利便，盼我和平商办。又吉长路线由我择定，伊不抗议。此次伊集院赴京，已将各事分授训条，饬向钧部和平商议，甚望早日议决各等语。以上路事，应请钧部与邮部接洽。伊使现已到京，恐其不日与钧部开议。谨电陈，以备因应。余函详。

再，延吉事，馨使意见相同。谨闻。

九月二十五日

外部致唐绍仪日兵击毙华人要求五事希商日廷电

廿二、廿四日两电计达。日本宪兵官弁及宪兵不先商允，竟在中国境内建设公所房屋，又不服理论，竟放排枪击毙中国巡弁徐占魁、巡兵吴起瑞二名，伤及多人，日本政府自有应担之责任。兹中国要求五事：一、所有放枪伤毙华人之日本宪兵，应请日本政府查明，分别问抵治罪。二、所有主使纵容之日本宪兵官长，请日本政府查明，治罪惩处。三、所有伤亡之中国弁兵，应请日政府从优偿恤。四、现驻延吉境内日本宪兵，应从速一律撤退。五、中、韩界务，查照光绪十三年成案，接续会勘，又延吉境内越垦韩民办法，此两节应立即由两国政府派员妥商清理。除照会日使外，希即切商日外部，从速允办，并电复。

九月二十六日

外部致唐绍仪据日使称日兵枪毙我警已电政府电

二十六日电悉。已电东督，选派大员，再行详查。顷，据伊集院称：此案枪毙中国弁兵两命，情节较重，已电政府派员往查等语。来电称：日外部以造屋不得为工程，与二十一日阿部面递节略内妨害日本宪兵分驻所家屋之建筑之语两歧。又据东督来电：斋藤云，因我妨害工事，故而防御；又云，平田在工场内插立木桩，横拦铁线，旋见巡弁将近拦阻地，平田遂带宪兵到建筑处云云。既称筑造，又称工事，曰工场内，曰建筑处，揣度情形，决非草屋数间之事。又二十四日接东督电称：据火狐狸沟报告，日人新造未成之房屋，于二十七下午五时自行拆毁等语。希查照，以备因应。

九月二十七日

外部致徐世昌据唐绍仪所拟解决延吉办法极妥希筹复电

顷，准唐少使电称：延吉事，昨晤小村，详谈此事。我以界务为重，彼以保护韩民为重，各执一见，以致日久不能议决。我倘能认彼在延吉有保护韩民之权，彼亦认我在延吉有地主之权。至延吉所有韩民，但求如通商口岸之韩侨民，应归日本保护，此外别无他望。其韩民之已入华籍及愿入华籍者，均听其便，伊绝不过问，亦断不蔑我主权。倘彼此能照此办理，则此事可以早决云云。仪窥其意，所援口岸比例，显系欲设日官驻扎保护。现在该处韩民［韩民］较华人多数倍，伊断不肯放弃保护之权。若以彼此宗旨不合，旷日持久，事变愈急，莫如在延吉择出一二处开放，作为商埠，工巡、卫生，一切由我自办。并与其磋商，所有越垦韩民，应明定年限，准其领地，至应纳地方各项税捐，与华人同。倘若彼索设警权，可驳以自开商埠，并非租界，向不准他国另立巡警。据小村言，伊集院觐见后，即向部提议。统乞核夺办理。再，此事馨使意见相同等语。查此事，少使所拟各节，似极妥协，执事意见如何？希即熟筹详复，以便核拟办法，与伊集院磋商。

九月二十八日

东督徐世昌致外部日于图们江设桥请严诘拆毁电

顷，据延吉电称：现查，图们江边，去韩国钟城三里之遥。日人在该处嗾使韩民筑架浮桥一座，由江东至江西，计长一百密达，宽三密达。先是据光霁峪、和龙峪各派办处报告，于本月十一日饬确查速复，谓系钟城韩民李辅哲在该处架桥，暂时拉运秋粮，取其方便，并无别意，要求宽限二日，由李辅哲出具甘结，如九月廿五日不拆，情甘认罪等情。不料，依限派人，一再往探，于是日午后，巡江兵回报：据日宪兵云，钟城小佐请我国官长赴彼会话。及事务员等到浮桥查看，彼派有日马兵三名，宪兵数名，警兵数名，共廿余人，各执器械，在桥边监守，即出而拦阻，谓此桥系日人所架，决不让拆。又查，距此桥西北约二里远近，有一江，其南日人又雇韩人在该处另架一小桥。其前具结之李辅哲，据查，经日人押在钟城，不令出见各等情，飞报前来。查此事，日人既出而干涉，其韩民李辅哲为其所使，显然易见。惟恐桥成，匿运军械，或有义兵乘机偷渡，不可不防。除饬宪兵日夜巡查，加意防范，并先与斋藤交涉外，请转电外部，向日使诘责，询其设桥是何意想等语。查此次日人暗使韩民藉端搭桥，我未立即用强拆毁，傅道办理未免疏失，然以屡奉镇静和平之谕，该道遵奉。建屋之案未定，造桥之事又起。我始终处以镇静，持以和平，而彼则恣所欲为，得步进步，一经抵制，即动野蛮。若不乘此机会早日解决此问题，恐边务前途益行棘手。恳请钧部将设桥一节严诘日使，请其转饬拆毁，以符现状，仍催其速定办法。至为跂祷！统希钧裁示遵。

九月二十九日

粤督张人骏致外部辰丸案日领要求赔偿业允撤销文 附日领函

为咨呈事。

光绪三十四年九月初八日，接广州口日本领事照会，将辰丸损失应行赔偿款项数目开列调查书，送请核办前来。本部堂当以粤省商民，因此案交涉，致生种种恶感，迭经剀切劝谕，近始稍觉消融，今若复提及赔款，深恐民情忿激，再有抗议，滋生事端，于两国商务均有妨碍，应请撤销偿款，以敦睦谊等由照复，去后，合将日领来文及本部堂照复稿一件钞录咨呈，以备酌核办理。为此咨呈，以备酌核办理。为此咨呈贵部，谨请察核施行。

须至咨呈者。

十月二十九日

照译日本领事来函

敬启者:

前因扣留我国轮船二辰丸所生损失之实数，本领事与贵部堂商定之后，由贵国赔偿，协定在案。即在我国政府查定辰丸事件损失之实数，载明调查书，饬令本领事准据该查定之额与贵部堂商议，以期妥结本案。该调查书内第一项至第九项之额，在我国政府精密调查，按照北京协定计算损失之实数。而至于第十项及第十一项，均系清国商民对辰马商会、安宅商会要求之损失全额。该两项之额，即照清国商民为直接之损失陈说者计算索取。而该第十项及第十一项，于辰马商会、安宅商会，由贵国政府领收损〔捐〕款，即将其全额转交贵国该商民，于该两商会一无所利者也。贵部堂若对该两项清国商民之损失另与华商协议，如伊等对辰马商会、安宅商会撤回要求，则我亦撤回该两项矣！所有本案调查书、关系书单，都存在本领事处。倘有对于该调查书意义不解者，即可对贵部堂详细说明，以便准据该调查书内速为商定而妥结此案可也。

九月初八日

清季外交史料卷二百十七终

清季外交史料卷二百十八

光绪三十四年十一月至十二月

专使唐绍仪[1]致外部美使送示与日人互换照会电

美柔使送示与日人互换照会，文曰：一、两国所愿，系以和平之法，振兴两国太平洋商务无阻。二、两国所怀之道，均无侵占犯越之意，乃实系固守以上所指之地现有情形，并保护各国在中华所有商务实业之利益。三、因此两国互相怀有定志，彼此遵守两国在该地现有地界。四、两国亦立定志，互相穷尽和平之法，援助中国自主自全之权，以守各国在中华之利益及通商实业均沾利益之权。五、日后倘出有犯伤以上所列之举，以及一体均沾之道，则应由两国互相通知，以至定议应设何法为得力云。祈体察情形，妥为因应，随时复示。

十一月初二日

东督徐世昌致外部延吉界务虽可解决日人殖民政策势将实行函　附原呈

敬启者：

兹据驻韩密探委员张源瀚呈称：日韩拓殖会社将殖垦地域区为图表，其北韩区划侵及我延吉领土，证诸日人现刻之韩国通信略图，即所指为间岛之处，今虽认为我国领土，恐日人狡赖多端，终滋后患等语。窃思延吉之界务问题虽可渐期解决，而日人之殖民政策势将实力进行，欲期巩固边陲，亟当密为筹划。兹将该委员原件照钞，寄呈钧核，并祈荩虑所及，随时筹示，俾有遵循。实深企仰！

十一月初四日

---

① 为避讳，原书中唐绍仪改名唐绍怡。新编目录直接校改。

照录驻韩密探委员张源翰〔瀚?〕呈文

窃八月二十八日呈报日本陆军测量部大久保偕日韩拓殖会社总裁松崎微服巡视间岛一节，至于韩之内地，姑勿论矣！若北韩区划之一百六十五町等名称，实我延吉领土。其图表内容颇伙，仓卒流览，殊难详记。然该图之比例尺，及将来移民殖垦之地段，其概要无异日人现刻之韩国通信略图所指为间岛之处，今虽将此方面认为我国领土，诚恐日人狡诈多端，必且扶其殖民政策，隐为蚕食之计。盖此时吾国沿边各处，韩民越垦久成习惯，既不能驱逐韩人，即不能禁阻日人。将来日人殖民垦地，日以滋蕃，实力渐充，无殊占领，是我国虽拥领土之虚名，而实际上终受其损害也。查该社事务所图表，于豆满江北岸均不画国界线，而仅画韩国之内地道界线，与通信略图同。至通信略图所绘间岛东、西、南、北延伸国界线，以该图缩尺计之，东南线约十生的，西北线亦如之。按一百五十万分之比例计算，南北宽约中里六十六里，东西相距约二百五十里。界务关系甚重，隐患亟宜预防。应如何密筹抵制之处，伏乞宪鉴裁夺。

粤督张人骏致外部香港排斥日货无关内地未便归咎粤省商会电

初三日电敬悉。香港抵制日货，毁物伤人，查系由南洋各埠各场发端。近日西报载有日本因华人渐有与之定货者，彼国商人志气骄满，糊成无尾之禽兽各灯，嘲华人办事有头无尾，灯上之字并有制服中国字样，而中字无下半截。又日本报中画有一太阳，三面画犬无数，向之而吠，犬身写香港二字，香港各商见之大愤，致有敢死会之举。当九月底，港中已有欧人割耳宣布抵制之举时，在十月初七日之先，港督何以不加禁压？初七日如有到港散布唆耸之人，何以又不查禁拿究？阅十月十五日日本朝日新闻纸，载有辰丸事起，英、德商人乘机渔利，故清国人虽有中止抵制之心，而泰西商人从中运动，力极猛烈等语，是日人明知此事之底蕴，何不问之香港政府而转问之华官？况香港警察密布，一隅之地，四面临海，稽捕易周，迥非广州八达四通可比。省城内外，日货各店所在多有该会党，如愿发难，何不在省而在港？殊不近理。粤中于本年春间各商虽因辰丸案不无愤激之谈，一经示禁，至今一律相安。广州自治研究会以外，尚有商务自治会，为全属商会中人研究商业而设，禀明有案。商会自治，功令所许，非等违禁私集。主持之人均系殷实正商。本年风水告灾，劝募赈济，籴米平粜，俱归经理。春间解散商场抵制谣言，深为有力。若将首会之人惩办，在日人为以怨报德，在我为加罪无辜。至国耻会，粤中并无此项名目。查日领曾于前月十四日来见，询及香港抵制暴动，英领照会请办之人如何处置？越日而英领照会始到，日领何竟预知？其为协以谋我，抑英人自愧港地保护偶疏，特向日人设辞委之粤人以分谤？皆未可知。夫滋事在港，彼且设辞诿卸，内地平静，我岂可无端自承？若徇外人无据之言，归咎地方正当商首，适堕彼等计中。诚如钧电，国遭大事，内外生心。倘因激动众怒，内讧猝起，外匪勾结，关系甚大。除仍随时防范，尽我保护各国商务之责外，区区苦衷，尚祈察照。

十一月初七日

使日胡惟德致外部报日美协约五条大旨电

日美协约五条，本日宣布大旨如下：一、互相奖励太平洋商业。二、互相维持太平洋现状并在中国之商工业。三、互相尊重两国领土。四、保全中国独立及领土，并维持各国在中国之商工业。五、如有侵害以上事件，两国政府协商处理。特电闻。

十一月初九日

美使致外部请嘱东督遵约勿重征已纳进口税之洋货照会

为照会事。

一千九百零七年十一月十九号，贵政府订定东三省新开各埠试办章程。近二年内，驻奉各国领事有会衔驳诘之事，复经美国领事官迭次照驳，东督不允。各该海口及内地新开商埠不遵章，且违试办章程，于华商手内已买之洋货征收不合理之税项。且于该二年内，驻营口及安东两美领事亦曾照会该两处地方官，言及该两处不合章程之事，经东督照复奉天领袖领事，谓：须俟详查，再行照复等语，似系该督以此事视关至要。惟于各领事及美领事等照会迄未照复，似将此事已置诸不论之列，因而东省各新埠仍征不合税项，于进口之洋货不止一次纳税。有从此运彼之货，均系到处繁征。东省税员行此侵碍洋商应有权利、违背定约及不循试办章程之事，已有多案可稽，兹不赘叙。营口、安东、奉天及各他埠之中国税员故意不按一千九百零七年十一月十九号试办章程照办，并有东督不复驻奉各国领事迭次之照会，本大臣以生此为难情形，不能不行提及驻奉各国领事将日重一日之情形达知东督，该督仍如此膜〔漠〕视，深为可惜。如该督仅于意想有权能于洋货上多征税项，总于事理上未合，应将其所以多征之理由声叙，庶使各领事明晰。现因其尚未声明，各领事及各洋商均以为该督系无辞可答，仅于心中默虑。如日久该督总不答复各领事官，不再辩驳，直似默允，此为常行之法。以本大臣视之，东督既系无言答复各领，即应将非理之税项速饬停征。洋商现在辩驳此项征收系属有理，如该督不如洋商所请，不惟洋商不允遵照，嗣后必将有极力诘问违约之言，是以本大臣切请贵亲王无延时日，急嘱东省官员，遵照一千九百零七年十一月十九号试办章程办理，俾已纳进口税之洋货，不论在洋人与华商手内，运经东省各商埠，免去一切繁杂税项。

特此照会贵亲王查照，转行作速办理可也。

须至照会者。

十一月十六日

邮传部奏沪宁铁路全路工程完竣情形折

邮传部奏，为沪宁铁路全路工程完竣情形，恭折仰祈圣鉴事。

窃维沪宁铁路，光绪二十九年二月与英国银公司订立借款合同，声明五年竣工，即于是年八月勘定路线开工。自上海宝山县境之乂袋角起，至江宁省会之下关止，中经三十七车站，轨道计长六百三十余里，另车站环道、岔道约九十余里，嗣并入淞沪一段，统共车站四十一处，正轨道六百七十里。自上海至丹阳段内，河道纷出，地势平迆。自丹阳以西，路线渐高。又西至镇江，路线渐平，在宝盖山麓横穿隧道。自镇江至龙潭，均在山旁绕越。将近江宁数里，地势崎岖，颇难工作。其最高之处，轨面平线上下相差英度九十一尺二十八分。全路惟丹阳、镇江以西略有山岭，其余多半水乡，桥梁、渠洞节节相属。上海至苏州一段，须备双轨，桥工更多。统计全路，大桥二十五座，小桥二百七十七座，渠洞四百零五座。尤以青阳江大桥、宝盖山隧道工程最为艰巨。按段授工，已于本年二月通车至江宁省会。此外，如建机厂以制物料，设储栈以运漕粮，并沿海各处头、二等车站，亦均次第竣工。此沪宁铁路全路通车工程完竣之大略情形也。

臣部查，沪宁路线为中外官商往来要区。银公司代办工程，不无过求全备之处，用款比各路倍增，而工料完固亦较各路为能持久。现在工程完竣，全线畅通。此后核实用款以节虚糜，擢调华员以资控驭，及筹画运输、变通厘税各节，应由臣等随时督饬铁路总局局长梁士诒及该路总办次第妥筹办理。除工程用过各款另行列册奏报外，所有沪宁铁路全路工竣缘由，理合恭折具陈，伏乞圣鉴。谨奏。

光绪三十四年十一月二十日奉旨：知道了。

东督徐世昌致外部日人在火狐狸沟毙我弁兵案钞送延吉厅调查续禀函

敬启者：

前据延吉厅丞陶承续禀陈奉派往晤斋藤，并驰往火狐狸沟察视死伤弁兵大略情形，当经钞呈鉴核在案。兹复据该丞详细报告，续行禀陈前来。详加核阅，于晤见斋藤、平田问答各语以及亲往肇事地方察看各节，均经备载，较之前禀为详，且该员偕吴统领光新前往调查，亦可与吴统领报告情形互资印证，特饬照钞寄呈，即祈钧部查照前寄各件，并行察核。虽大致无甚异同，或有类于复述，而调查要当征实，原不厌于求详。经此迭次查询，庶几可无遁饰。敬颂勋绥！

十一月二十八日

谨将延吉厅陶丞来禀钞呈鉴核

前次日宪兵枪毙我巡弁徐占魁、警兵吴起瑞一案，曾将卑职奉傅帮办谕往晤斋藤，并驰往火狐狸沟收殓情形，禀陈两帅。本月十五日，有统带官吴光新奉钦帅札委，来边调查此案。十六午，前傅帮办谕令同往，遂于是日下午三时动身，日落抵六道沟。卑职函至斋藤，为吴统带介绍。斋藤订明十七午前十钟半接见。届时卑职与吴统带及此案在事之耿宪兵长同往，斋藤大佐、筱田总务课长、境野宪兵少佐三人在座。

统带出札示斋藤，告以钦帅奉外部电，以此案彼此报告不符，特令我前来调查，不识贵国亦曾派员调查否?

斋藤云：敝处不知政府派员来查之说。况此案一出，我已派人调查，据实报告，目下我国星使当与北京外部交涉矣!

统带云：此次奉命调查，必当秉公报告，以全两国和平主义，惟内中情节有不明处，愿面告我。

斋藤云：当尽情相告。

统带云：山坡挖壕，系作何用，请明以告我。

斋藤云：此因保全身命而设。如贵统带以此见问，则敝处应先举以诘问者尚多。兹姑以此事原委为贵统带告，祈垂听之为幸。阳历十月十日，即华历九月十七日，据平田宪兵中尉报称：前一日即十六日下午三时许，计有火狐狸沟李稽查荣成、稽查处邵事务员胜标、白宪兵班长、郭翻译，带宪兵、巡兵数名，前来阻止工事，彼此磋磨，日暮而去。平田恐受暴行，即于是晚于新建筑地竖立木棍，以电线用之铁线系之，以为拦阻闲人之用。尤恐宪兵人少，寡不敌众，故挖壕以便隐匿。九点钟后，日间各员复带巡警十余人星夜前来。平田问，此来何事?各员云，尔又动工，故复来谈判。平田云，谈判何不白日来，时近夜半，究属何为?遂聚集宪兵，持枪防范，彼此不让，夜深始各散云云。十一日即十八日，复接他处宪兵报称：有中国宪兵、巡警、马弁、马队等三十二人经过，似系向火狐狸沟而去。适前一日下午，局中街即延吉厅街失火，宪兵与工程兵冲突事，故令境野少佐往见傅帮办。境野走后，有巡兵持龚事务员名刺即六道沟派办处事务员谓：四点半钟来访，我处拟改订次日早晨。旋刘翻译来向我处值班人员云：我处帮办劝尊处将平田新建房屋务必停止，否则只好派人前往代拆，请转达斋藤大佐。刘翻译走后，我值班人员向我告知。不料，晚间得电话来报，前途已于四点钟时出事。连夜函达境野，令向傅帮办交涉。观近来边务举动，迭次强暴，人命攸关，我惟有以正当防卫，自保身命。

统带云：何至如是暴动？即以此事而论，我巡兵徒手而去，尚未拆房，尔宪兵即开枪对待，未免过当。况事后耿、邵、李、郭四员拘留平田处，以宪兵持枪监视，失其自由至三日之久，复设卡戒严，不令我兵通过，是诚何心？

斋藤云：如贵统带言，必拆房后始抵御，譬诸强盗，明知其来劫我，必待其劫夺后始可抵御耶？至耿君等留住数日，本非强制。当时尚有于、白两宪兵班长。于班长令将火狐狸沟之宪兵、巡警即帮办派去之宪兵十三人，巡兵十人带回延吉，白班长将稽查处来会合之巡兵等十余人带回稽查处。

耿宪兵长云：稽查处白、邵、郭三人来在停枪之后，所带仅宪兵学生四人，决非前来会合。

斋藤云：诚然。相离甚远，看不清楚。是否十余人，我不能确指。至耿君留住，一则候会宁医生，一则因露天寒冷，令其进屋。如是晚愿去，平田断不阻止。

卑职云：此言欺人太甚。耿宪兵长等一举一动俱有宪兵持枪比拟，焉能自由？

耿云：第二日，我们托译官转询平田数次，拟将死伤各人设法安置，而平田谓须候六道沟回音。大小便时，枪在前后者竟有三十人之多。

境野云：宪兵持枪，系武装警戒。出入随同，略尽保护，决无如耿君所言之甚者。况你们宪兵当时乘马而来，亦曾施放手枪，我宪兵拾得手枪一支，弹壳两个。

耿云：此手枪系从我来马弁刘连元所带，彼受枪伤后，为尔宪兵持枪威逼，勒令献出，始交给宪兵。至我之外套、雨衣俱在马上背负。

境野云：手枪、马匹当时无人管理，故拾之以为证据。雨衣等物，曾在马上也。

统带云：手枪或为证，雨衣各件似乎无关。

境野云：亦可以为证据。

统带云：既据少佐云，拾有手枪，并有子壳两枚，如在手头，请给我一看，亦调查之一助也。

境野云：似在平田处。

统带云：如是，则我明日到彼处调查，请告平田示我。设我有疑问之事，亦请其详告。

斋藤云：情形大抵如此。如至该处有垂询平田之事，必令详陈，万勿客气。我统监屡饬我和平办事，我亦决无他意。但前陈各节，贵国行为实有强暴。贵统带此行既奉总督所派，务请详查，秉公报告。

统带云：我奉委而来，必欲保全两国交谊。惟尊处举动，出以战斗行为，似属强暴。

斋藤云：然则贵统带认定我为战斗行为耶？

统带云：我尚待实地调查，秉公判断。但顷谈各节，以我观之，究属军事处置。

斋藤云：此亦历次相逼所致，尚请贵统带到彼后细查。

语毕，卑职始与交涉韩民地亩事，此事亦傅帮办属与交涉，以无关此案，不赘。时已午后两点半钟，遂告别。斋藤留统带晚餐，统带以即日须到和龙峪住宿却之。斋藤、筱田复留卑职，卑职以须偕统带前行辞出，回派办处稍息，登车起程，行四十里，至和龙峪，已上灯时矣！饭后，与经历检阅越垦韩民领地、编甲、升科等旧案，而无一完备者，要皆以二十六年兵燹遗失。

十八早七钟余起程，十二钟到火狐狸沟稽查处，午饭两句钟起程，行十五里，至日宪兵分遣所。吴统带与耿宪兵长等先看旧宪兵所后山之壕沟，旋访平田，当有翻译、宪兵引导至宪兵新建屋内，移时复至平田住室。统带邀平田同至冲突原地察看，平田导统带至秫秸帐前，谓：帐前二尺余有铁线拦阻一道，线内南北分站宪兵，手持马枪，以资守卫。守卫兵后又有一线，距新房木架三尺许，为第二线，木桩高约三尺，横拦铁线两道。当巡兵等由火狐狸沟来时，有宪兵驰回报告，时正在新房处所监工，闻报之后，折回住室，取佩刀。忽闻巡兵走至南守卫兵前，卫兵不令进铁线，即令上等兵两名奔助，己亦佩刀急走，巡兵已到北守卫兵前，彼此交手。徐巡弁拔刀指挥前进，日宪兵持枪拟放。巡兵拾石子击中上等兵耳际，巡弁刀砍平田，上等兵以枪格开。中石之日兵所持马枪为我巡兵所夺。平田喝令开枪，各巡弁长兵等负伤，由南退。平田率兵奔至新屋后山坡壕内，闻宪兵所前枪声枪止，平田出壕眺望。耿宪兵长由后路驰赴见面，据平田云，壕内共宪兵五名，耿宪兵长所亲见。又马栅〔棚〕前伏地放枪之日宪兵五人，平田亦曾承认。惟耿宪兵长谓，旧宪兵所后山坡壕内亦有排枪。平田谓，壕系事后所挖，断无开枪。然平田云，与耿宪兵长谈话时，岛田伍长带兵五人来至，报云拾得手枪一杆，则此五人当时曾在何处隐伏，虽未言明，其为耿宪兵长所指旧宪兵所之后山坡排枪为此五人所发无疑。平田自认，除伊与岛田伍长外，共有宪兵十五人，新宪兵所前五人，共发十二枪，马棚前发五枪，其岛田所率之五人并未提及，其为不止十七枪可知。至吴统带向平田索取手枪及已发未发各枪丸一看，平田云：手枪因当时忙乱，业经遗失，其已发未发各枪丸，事毕送交境野宪兵长，昨境野记错，以为尚存我处，实为失之。统带云：枪既无存，丸亦不足为据，如蒙见信，请电话告境野，饬人送厅，假我一观。平田云：必当达到。是晚宿稽查处，十九连夜驰回。二十日，卑职晤奥村，询其六道沟有无枪丸送来，奥村云：无有。询诸负伤之马弁刘连元云：受伤后，日宪兵令其交出，以故连装手枪之皮壳一齐交出，实未施放。

此前后调查之情形也。

外部致徐世昌拟与日使商东省案希检卷送部电　二件

日本使函称：关于东三省交涉各案，希订日会商，从速议结：一、法库门铁路。

二、自大石桥至营口铁路。三、京奉铁路展筑至奉天城根。四、抚顺及烟台煤矿。五、安奉铁路沿线矿务。六、间岛等情。除间岛案由本部订期与该使接议外，其路矿各条，本部案据未能齐备。现在彼此是何情形，议到如何地步，亦难臆断。希尊处检录各项全案，并逐条拟订办法，速寄到部，以资因应为盼。

十一月二十九日

冬电悉。日使提议东省事件，本有择其至要条款，由本部商议，其余均在外议结，以归简便等语。来电六项外，所开三项均系尊处情形较熟之事，应仍由尊处与日领随时妥商办法。至日使所开六项，本部原复以先商延吉事宜，嗣日使以接外部训令，将政府对于该六事之交涉大意先须说明，再商办法云云，现订于初六日在部接晤。特闻。

十二月初三日

东督徐世昌致外部东省各案已饬局筹度并呈部电

艳电敬悉。三省交涉各案，未结甚多，昌等亦深盼早日会商，从速议结，以冀有所措手。今日使函称订日会商各节，具见日政府注重邦交，意在和平速结，不再迁延，至为可感。惟念各案交涉，关系重大，彼此均有利害，亟望大部主持，切实提议，以期各有遵守。惟奉省交涉，六项之外，尚有应提议者，如关东盐业，如金州隙地，如铁路附属地之行政权等。盖俄于北满抵隙而动，若日政府意主和平，能保持不侵权限主义，则不独见两国邦交和睦，且俄人无所藉口，是尤昌所深盼者也。所有电开各项，有案卷可查者，有提议未竟者，有非笔墨所能详者，已饬交涉司悉心筹度，将案卷意见及所拟办法分别续呈。先此电复。余函详。

十二月初三日

专使唐绍仪致外部日谓南满路接通沈阳应先商明里数电

鱼电悉。日使前致大部照称：该路如由南满接通沈阳，日本亦愿赞成云。怡〔仪〕到日后，晤小村，伊亟盼速结路事问题，当告以此事易结，惟在沈北接通南满一节，语涉含糊，应先商明里数，方能决议。旋小村又来云：里数多寡，请我国决定，只要在沈阳北，日本十分满意等语。前拟在五里内系愈近愈妙之意，可无庸至新民屯。日使既催商路矿事，京奉筑至沈阳城根一层，亦可同时商定。小村已无异议。谨复。

十二月初七日

外部奏各国在沪会议禁烟请派员督率开会折

总理外务部事务庆亲王奕劻等奏，为美国约请各国在沪会议禁烟事宜，臣部派员前往与议，并请钦派大员届时赴沪督率，恭折具陈，仰祈圣鉴事。

窃臣部于上年五月间接准驻京美国使臣柔克义照会，以美国政府约请东方有属地之法、德、英、和、日本等国政府，各派专员，考查鸦片情形，询请中国愿否派员会查，经臣部答以此项章程、办法均未详悉，无凭核复。嗣美使又来照声明：此次考查鸦片，不惟欲考究贩运与吸食者表面之结果，且有专门用格致之法详细调查与鸦片有关之一切。其已允派员协查之各国，均系于亚洲向有属地，各该属地之鸦片，或由自种，或由他国运售，均以禁止为最要机关，并非派员会商，即为已经允从，亦非照会员所拟之法抑勒遵行，各员仅将查出实情详报各本国政府核办等语。臣部因允其所请，并派臣部丞参上行走·直隶候补道刘玉麟为会议此事专员。嗣因各国所派议员不止一人，因添派北洋军医学堂总办·直隶补用道徐华清、臣部储才馆学员·试用州同唐国安，并商由南洋大臣端方派江苏布政使瑞澂、江海关道蔡乃煌，均为会议专员，又派臣部司员·候补主事吴葆諴会同办理。查中国禁烟之举，各国均甚注意，亦无不赞成。此次美政府约请各国派员会查，意在使凡各国在亚洲境内之属地与中国同时一律禁绝鸦片之害，用意固堪嘉尚。所拟会议调查办法亦听各本国政府自为主持，在我正可籍〔藉〕资协助。现定于西历明年二月一号，即华历明年正月十一日为会议之期，以上海为会议之地。除由臣部饬令该员等届期前赴上海，与各国所派之员悉心考查，随时报告，并由臣部详核妥办外，应请简派大员，届时赴沪，督率开会，以昭郑重而资联络。所有派员赴沪会议禁烟并请派大员莅会缘由，理合恭折具陈，伏乞圣鉴。谨奏。

光绪三十四年十二月初八日奉旨：著派端方届时赴沪督率开会。

外部咨粤督滇督桂抚越匪勾结党羽已与法使商禁文　附章程

为咨行事。

近因滇粤沿边毗连越南一带逆匪勾结党羽，出没无常，本部特于本年二月间与法国驻使巴思德会商禁止逆党章程五条，嗣彼此均有商改之处，迄未定议。现始将五条互相商妥，应即作为定章。除照知法使，转行越督，饬属遵照外，相应咨行贵督抚查照，希饬沿边文武切实照办，以靖边患。

须至咨者。

十二月十三日

中越交界禁匪章程

外务部与驻京法使订定中国、越南边境禁止逆党章程，于去腊议定签字。兹将章程录左：

第一条　法国官员如查知有中国叛匪在越境成股，即当随时实力解散。如有前项情事，由中国官员查出，一经知会法汛，或由领事转达越督，亦当照办。

第二条　如有匪党在越境，或用报章，或用他项宣布之法，传播悖逆之论说，均由法国官员禁止，并将为首之人，或驱逐出境，或按法国律例惩治。若有越文报纸干犯前项，亦随时停禁。

第三条　凡携带军械单行或成股之匪，业经中国官军抗敌，或在中国地方扰乱治安，逃匿在法界者，当将军械索扣，匪人拘管，由法国政府酌定拘管期限，俟限满后，将该匪驱逐出境，并一面知会中国政府。其所有一切拘管用费，由法官知照中国官担承拨还。又或将该匪党逐出境外，亦可永远不准在越南或越属来往，并设法使其人不能再入中国边界。

第四条　凡曾在中国抢劫或犯私罪人犯，中国有请解交者，应由中国官照会越督，并将其人犯罪案由全卷随文附送，以便核办。如有可以允交之处，一经交犯，案件应行各事均皆办妥后，即照光绪十二年三月二十二日商约第十七款，将该犯解交中国官办理。如有其人供称系国事犯，或与国事犯有涉及者，应将所犯罪案切实根究，毋任朦脱。

第五条　如有匪徒私运军火，两国边界官员均应设法实力查禁，以杜偷漏、接济等弊。

邮传部奏收回东清路日俄电报订立合同折　附电约暨合同

邮传部奏，为收回东清全路日俄电报，订立合同，缮具清单，恭折仰祈圣鉴事。

查自日俄起衅，东清铁路附近电线均被占据。战事既毕，东清铁路仍依据光绪二十四年东清铁路合同，暨光绪三十一年十一月中日协约，分为南、北两段，北路由俄暂理，仍称东清铁路，南路由日暂理，改称南满洲铁路。日、俄前乘多事之际，增拓势力，推广电线，遍设局所至五十余处。其侵我电利事小，攘我主权事大，亟应设法收回，以保国权。当经咨由外务部委派道员周万鹏，向该两国开议。俄人持议尚属平和，业已与订合同，大致铁路界外电报皆归还中国所有，认我主权，计线路一千五百余里，局所十余处，给回收赎价十二万元，遇有过线，仍应照中国向章缴费。其余各节，尚无甚妨碍。经咨明外务部查核在案。惟日人恃战胜之余威，延不与议，经历年余往返会商，迄无办法。即有交来议案，均要求无已。而俄使又以日约久延不定，声明照约一年作废，办理甚为棘手。适本年夏间，葡国开万国电政会，经臣部与外务部咨商，派员赴会，并与日会员开议，日员逼于公论，磋商颇有头绪，以会期太迫，未及成约。因即派赴会委员周万鹏等回国便道驻日，订立详细合同，往返辩论，经阅两月，始克就绪。计收回线路一千余里，路界外局所数十处，皆归还中国，给回收赎价日金五万元，每年由日本贴补借线费三千元。其余各条，大致与俄约无甚出入。惟日本前曾向外务部要求设立关东大连湾至烟台水线，当日以南满洲电约久悬未便允准。今日本重申前议，亦当妥筹结束。当即会商外务部，饬令周万鹏与日本另订合同，毋使牵混，俾免俄人藉口。仿照德之青沽、法之厦门、英丹之大东北公司水线合同办理，于我国利权，尚无损害。所有条件，均经咨明外务部核准，惟恐迁延时日，或致别生枝节，故饬令该员就近签押，仍以外务部核准知照为据。兹据周万鹏先后赍送日、俄合同四分，呈请核办，当经咨送外务部复核无异。理合照缮清单，恭呈御览，恭候命下，即由臣部咨明外务部，钦遵办理。所有收回东清全路日俄电报订立合同缘由，谨恭折具陈，伏乞圣鉴。谨奏。

光绪三十四年十二月十五日奉旨：外务部知道。单四件并发。

中日电约

本约签押之员系奉中、日两政府委派，将关东至烟台水线及日本在满洲陆线事宜，彼此通融，和平议商〔商议〕，兹将议允各款条列如下：

第一条　中、日两国当于关东省某处安设水线一条，通至烟台。该水线自离烟台七英里半之北，归日本安设管理；七英里半之南，归中国安设管理。该水线于离烟台七英里半之北，彼此相接，关东一头，全归日本办理，烟台一头，全归中国办理。惟该水线每日当直接至烟台日本邮局若干时，以应日本特别之需。其时刻当足敷所用，由彼此议定。烟台日本邮局可由该水线收发烟台本境与日本电局来往之日本官电、及烟台本境之日本商电，惟此项商电须用日文书写。此项电报，日本当付给中国本线费若干，其数目当由彼此议定。其烟台中国电局至日本邮局连接之线，当由中国建造管理。其余中国各处来往电报，日本允竭力阻止，不便在烟台接转，并承允，若非先经中国允许，于租借地外及铁路境外中国各处，不安设水线、建造路线并电话线以及各种无线电报。惟以后他国若有举办，当援利益均沾之条办理。至由关东烟台水线传递之报，其本线费及过线费价目，当特订合同遵行。

第二条　日本在满洲铁路境外之电线，应由中国付给日本日洋五万元，当立即全行交与中国。其满洲铁路境外日本电线，日本愿与中国妥订办法。办法未订以前，日本允若非先经中国政府允许，当不再扩充，亦不用为传递电报，争夺中国电报生意。

第三条　在满洲附近日本铁路境界之商埠，计安东、牛庄、辽阳、奉天、铁岭、长春六处，中国政府允自各该商埠通至铁路境内借给电线一条或两条，全归日本使用，以十五年为期。此项电线，至铁路界为止，由中国巡管妥善。

第四条　本约第三条所指之借线，应由日本所用之日本报生在中国电局内收发电报。其所需合宜之报房及办公之处，由中国备给。每年共租金墨西哥洋七百元，由日本付给，惟报生之寓处不在其内。

第五条　在本约第三条所指之借线，只可用为传递与日本电局往来之报。

第六条　在本约第三条内所指之商埠，日本报房当设立于中国电局之内。其投送日本电报之信差，当不着特别号衣。

第七条　所有在满洲日本电线所发之报，日本允每年付给中国政府日洋三千元，以作贴回之费。

第八条　本约当由中、日两政府核定，俟烟台关东水线及日本在满洲电线详细合同订妥后，即当施行。

本约用英文，订于东京，共计两份，彼此签押，以昭信守。

光绪三十四年九月十八日。

大清国电政局襄办周万鹏。

明治四十一年　月　日。①

大日本国外务省次官石井菊次郎。

大日本政务局长仓知铁吉。

中日满洲陆线办法合同

第一款　甲、中国应将安东、牛庄、辽阳、奉天、铁岭、长春六处电局与各该处铁路境内之日本电局接通，以便中、日电局彼此可以传递来往电报。乙、日本电局在满洲办理电信，应由日本付给中国贴回之费。丙、除日本铁路境外，凡有寄中国各处电信及中国过去各处电信，由寄报人指明由中国线路传递而交与铁路境内日本电局传递者，以及改道之日本电信，应由该日本电局收接，交与相接最近之中国电局转递。除每字墨洋五分外，其转递报价应全数由日本收入中国之账。丁、凡有寄往中国各处及中国过去各处电信，由寄报人指明由烟台关东水线传递而交与中国电局者，应由该中国电局收接，交与相接最近之日本电局转递。此项电报，中国应按照烟台关东水线办法合同第八款所定价目收入日本之账。戊、凡满洲中国电局收接寄与满洲日本电局之报，或由他处转至满洲中国电报局寄与满洲日本电局之报，应交与相接最近之日本电局。此项电报，每字墨洋五分，由中国收入日本之账。

第二款　日本承允不减跌报价，或用他法，与中国争夺生意。其全由日本电线传递之报，不在此例。

第三款　凡交与满洲相接中国电局之报，日本应按照中国所定报价收此项电报。除

---

① 原文如此。

每字墨洋五分外，日本应全数收入中国之账。其中国报价表应由中国送交日本。

第四款　所有由相接之线传递之报，除本合同载明外，应按照现行万国电报通例章程而行。

第五款　所有满洲中、日电局彼此传递之新闻电报，其价目应由中、日两国随后议定。

第六款　彼此来往传递之报，应于交接之局登入账册，每日核对彼此账目，应于每月底结算。其应找之款，于结账后一个月交付。应付日本者，在东京交付。应付中国者，在上海交付。年历月分以西历计算。其中、日两电局来往函件，俱用英文。

第七款　结算账目以墨洋为准。至应付别电局之款，其银洋价目，彼此应于每季之前一个月，按照以上三个月上海银行汇兑之价扯算核定。

如有不及一季，其银洋价目，应按照以上三个月上海银行汇兑之价扯算核定。

注：不及一季，假如十月十六至十二月底，则其银洋价目，应按照七月十六至十月十五三个月之价扯算核定。

第八款　满洲及烟台中、日电局彼此所用执事人员，或三个月内曾经雇用之人，若未经彼此特准，则不得雇用。

第九款　凡日本所造南满洲铁路界外电线，应于本合同施行之时全数交与中国，一俟交割完竣，由中国在东京交付日本日洋五万元。

以上所云交割电线，应由中、日两国特派委员办理。

第十款　本合同应即呈请中、日两政府核准，于互换之日起施行。以后或更改，或作废，应由彼此商准。

本合同签押之员系由中、日两政府委派。为此将本合同签押，以昭信守。

西历一千九百八年十一月七号，中历光绪三十四年十月十四日，用英文，订于东京，共立二分。

周万鹏押。

石井菊次郎押。

仓知铁吉押。

中日烟台关东水线办法合同

中、日两国今按照一千九百八年十月十二号两国所订电约，议定烟台关东水线续增办法合同，庶可彼此便于传递电报。所有各条款开列于后：

第一款　中、日两国于本合同施行后，按照情形，当从速于山东烟台至辽东半岛租借地内之关东省某处备设水线一条，或将旧水线修理，或放新水线，皆可。按照以上所指之电约第一款办法而行。

第二款　中、日两国当将该水线随时保护完善。如遇损断，当迅速修理。如该水线损断在离烟台七英里半相接之处，则修费由中、日两国各摊认一半。

第三款　所有该水线应用之水线房、上岸连接之线及局中应用各件，由中、日两国于两岸各自备置。日后应用经费，亦各自认给。

第四款　该水线所用电报机，若非别经议定，应用莫尔斯机或忽斯登机。

第五款　烟台日本电局置备各件及局用经费，应归日本认给。

第六款　早间六点钟至晚间十一点钟之间，每三点钟，应由烟台中国电局将该处日本电局与水线接通一点钟。自晚间十一点钟后至早间六点钟，如中国电局勿须应用，亦将该水线与日本电局接通。彼此议允，中、日两电局于该水线收发电信，须互相照顾，和衷共事，庶彼此往来电信不致延搁。

第七款　中、日两国当按照情形，从速将辽东半岛租借地外至近之中国电局与最便之日本电局接通。该日本电局须与日本水线局直接者，此项相接之线，中、日两国于各自境内自行建造管理，为传递租借地北之中国电局来往电信之用。

第八款　甲、中日电局来往之报，由该水线传递，其每字价目议定如下：一、日本：关东本境报价每字墨洋一角半。关东过线报价每字墨洋一角。二、中国：烟台本境报价每字墨洋四分。乙、关东以外，日本陆线报价每字墨洋五分。中国四码电报，日本报价每字墨洋八分。凡与中国以外来往电报，日本报价每字墨洋一角。凡由该水线传递之报，日本应按照中国所定报价收取。此项电报，除以上所云之日本报价外，日本应全数收入中国之账。惟此项电报，无论如何，其总数报价不能贵于中国他路传递之价。其中国所定报价表，应由中国送交日本。

第九款　烟台关东水线，若非别经议定，不能用为传递中国以外来往之日本电报，只可传递烟台本境日本官电及烟台本境日本电报。

第十款　按照以上所云电约第一款，烟台日本电局收发之电信，日本应将全数报价十成之一收入中国之账。此项中国应得报费，应于每月账单结算。

第十一款　该水线来往传递之电报，应于交接之局，每日由电局核对彼此账目，应于每月底结算。共〔其〕应找之款，于结算后一个月交付。应付日本者，在东京交付。应付中国者，在上海交付。年历月分以西历计算。中、日两电局彼此来往函件，俱用英文。

第十二款　结算账目以墨洋为准。至应付别电局之款，其银洋价目，彼此应于每季之前一个月，按照以上三个月上海银行汇兑之价扯算核定。如有不及一季，其银洋价目，应按照以上三个月上海银行汇兑之价扯算核定。

注：不及一季，假如十月十六至十二月底，则其银洋价目，应按照七月十六至十月十五三个月之价扯算核定。

第十三款　该水线传递之新闻电报，其价目应由中、日两国随后议定。

第十四款　该水线传递之报，除本合同载明外，应按照现行万国电报通例章程而行。

第十五款　本合同应呈请中、日两政府核准，于互换之日起施行。以后或更改，或作废，应由彼此互相商准。

本合同签押之员系由中、日两政府委派。为此将本合同签押，以昭信守。

中历光绪三十四年十月十四日，西历一千九百八年十一月七号，用英文，订于东京，共立二分。

周万鹏押。

石井菊次郎押。

仓知铁吉押。

邮传部致外部中日电约删去胶连别约字样函

敬肃者：

查此次所订中日电约，当定议时，因恐与俄国东清铁路电报合同不能一律，故饬令分订合同，以免藉口。现据周道万鹏将已签押之合同呈送，其中仍略有牵涉，如本约某条见某约某条之类，特饬另备一分，不过详叙本条文义，删去胶连别约字样，仍与原合同不差。谨录呈贵部查照。如俄使索阅，请即以此本见示。据电局总管洋员德连升面称，此稿本已由该洋员交俄使阅过，尚无异议等语。谨并奉闻。

十二月十五日

邮传部奏注销京汉铁路借款行车各合同并接收情形折

邮传部奏，为注销京汉铁路借款、行车各合同并接收该路情形，恭折仰祈圣鉴事。

窃京汉铁路，前议及时收回，当将筹办情形历次分别奏陈，并函照比公司，声明俟全款还清，迭次所订借款、行车各合同悉行作废各在案。嗣与比公司商定，一切应还款项，统在法京交付。准本年十二月初六日，即西历一千九百零八年十二月二十八号全数付清，当由出使比国大臣李盛铎专办此项交款事宜，随时将所筹各款督饬交通银行分起陆续筹汇等情。兹据李盛铎电称，所有应交本、息、经手费各项，共法金二万二千七百四十万零一千零四十一佛郎三十三生丁，业已如数交清。又照合同应交回比公司芦保三年官息二成，共银圆二十四万零一百二十九圆九角，亦已由臣部付讫。当于十二月初十日，即西历一千九百零九年正月一号，派令铁路局长梁士诒、京汉铁路监督郑清濂，将比公司经手各项文卷、账目、款项、材料一并点收，将抵押卷据悉收回，迭次合同全行作废，即于是日为臣部收回京汉全路管理权之始。惟比公司于京汉一路久据利权，一旦拱手授人，中情似难允愿，故于收款交路各事要求挟制，迭发难端。经臣部加派委员叶恭绰、袁长坤、李大受、卢学孟等随时随事峻拒婉商，始克就范。迨本年十月间，比公司尚藉口比政府从前垫交该路赔款之担保另归外务部与比国驻京使臣公断，各事均未了结，声言西〈历〉明年正月一号不能交回该路管理权。复经臣等援据合同辩驳，至于再三，直至十二月初九日，比国驻京使臣始照会外务部，定于初十日先将管理权交出，驻〔注〕销各项合同。其余争执诸节，随时再行议结。窃思此路借债逾四千万两，比人干涉已越十年，幸仰禀圣谟，得以完全收赎。此后工程、行车各项应行布置之事方多，容臣等随时妥筹，悉心办理，总期路务日臻完善，藉副朝廷慎重交通之至意。除此次赎路用过各款应由臣部另行详晰奏明外，理合恭折具陈。谨奏。

光绪三十四年十二月十五日奉旨：知道了。

清季外交史料卷二百十八终

清光绪朝外交史料跋

先大父生平著述甚富，今藏于家者数十箧，《光绪外交史料》及《西巡大事记》其二种也，以家贫不能付剞劂，束阁者久矣。迨家君欧美言旋，旧都息影，值时事之蜩螗，恐遗书之失坠，乃谢绝尘缘，悉心编订，阅时九稔，始获观成。敬立猥以愚蒙，躬与参校。丹铅既竟，崖略粗陈。夫海禁之开，匪伊朝夕。前朝成案，借镜堪资。有志之士咸思研究陈编，借稿录副，于是有中西友人先后踵门而请，曰：自中外互市，辟五洲之门户，萃万国之梯航，均势之局既成，风云之变日幻。有纪事纂言者出，留心国故，载笔成书，非独当时得失之林，亦今日前车之鉴也。顾荐绅之徒，或多讳饰，委巷之作，半涉谬悠，信史流传，殊难其选。令祖浙东名宿，海内耆英，雅号三长，精研六艺，早入承明之室，久参密勿之班，通四裔之情，传千秋之鉴，史家《鸿宝》，孰过于斯，愿任梨枣，公诸宇内，子其许我乎？敬立闻之，矗然而伤，复肃然以对，曰：固所愿也。虽然，窃有说焉。夫表章先哲志士之盛情，珍重楹书子孙之天职。昔者先大父观政水曹，晋值枢府，鉴当官之泄沓，怵外侮之凭陵，不详得失之原，曷尽经权之用？宝书百二国，宣尼闻而周观，瀛海大九洲，驺〔邹〕衍语非凿空。将效荀卿之法，后当如君举之。知今时军机处虽有道、咸、同三朝《筹办夷务始末》一书，第自景皇御宇以还，尤列强争雄之际，八方多事，一发千钧，大事之记无闻，经世之义孰任？爰乃钩稽故牍，砻辑穷年，叙述源流，排比首尾。独是前朝令典中禁森严，问温树而不言，具谏书而焚草，惊马字之少尾，郎官之谨畏，堪知懔鹦语于前头，宫省之猜嫌易启，而况花砖视晷，机务纷纭，枫陛簪毫，天威咫尺，非应事通敏，矢意精竱，安能有志竟成？未免知难而退。先大父以事关典要，力任巨艰，昕夕不遑，颠危罔顾，竭廿年之精力，齿豁头童，参四部之体裁，目张纲举。凡夫防海防边之策，主和主战之谋，传教规章，通商条约，租界会审之例，税率协定之文，以及遣使设官，考察东西各国，练兵置舰，绸缪南、北两洋，举当时朝议庙谟，都归实录。于世俗郢书燕说，刊尽浮词，揭成败利钝之机，树明暗是非之准。原原本本，炳炳麟麟，允矣哉。李焘《长编》，同其翔实，袁枢《纪事》，逊此精能矣。家君秉承遗训，搜检残篇，虑典型之失坠，冀文献之常存，不计饥寒，勉承先志。由是力谋貂续，技效蝇钻，穷搜万卷之藏，时获一瓻之借，终朝伏案，深虞学坠青箱，九转还丹，窃喜功成金鼎，历尽祁寒酷暑，常继晷以焚膏，缮成细字密行，仿聚珍之排版。敬立梼昧无能，继承有志，爰念我祖、我父之勤劳，敢耽安逸？但竭朝斯夕斯之心力，从事校雠。兹幸亲朋救助，全书告蒇，庶几广布艺林，备后世考献征文之助，亦且周知时事，供当代惩前毖后之资。

中华民国二十二年六月，敬立校竟谨跋。

清光绪朝外交史料校勘记[1]

① 此处原为校勘记，即校勘表，所有修正已在前文一并体现，故未附原表。

清宣统朝外交史料

王彦威辑　王亮编　王敬立校

清宣统朝外交史料序

国家全盛之时，闭关自治，即偶有一二海邦之士观光上国，畏威怀德，初无交涉之可言。外交之事，发轫于道光之末年，而纷纷辐辏于同光宣三朝之世。时则门户洞开，列强鳞崒，虎视眈眈，于是派使臣、设领事，开口岸、定租界，通商传教。四海云扰久之，而争城争地，立约媾和，东南海口险扼之区，悉遭渔夺；而二百余年属藩诸国相继沦丧于列强之手，任其蚕食，遁巡蹙竦，束手而不敢争。浸假而赤臭播关矣，浸假而寝我之庐，入我之室矣，外交之祸至此乃益烈焉。《诗》曰：谁生厉阶，至今为梗。此可为痛哭太息者矣。窃尝谓国有内政，而后可以言外交。《春秋》者，外交之龟鉴也，当时识者每视其内政，以定其国之治乱存亡。虢多凉德，史嚚知其必亡；虞不用贤，宫之奇断其不腊；秦之灭梁，楚之灭隋，晋之灭潞，莫不间其政而复其国焉。古今若一辙也，我国之末造无政久矣。海陆大通，而后东西列国之环而伺我，摇喉励吻，夺便争先，而我之内外臣工不察国势，不谙约章。交涉之繁，变诈锋出，其贤者操纵无术，徒以口舌抗争，欲折其猛鸷凭陵之气。其狡者习于畏葸，专恃羁縻，一任彼国之要求，而献媚希怜，不惜以数万里之版图尽举而弃之，以为旦夕偷安之计。孔子曰：授之以政，不达；使于四方，不能专对。然则政之得失，系乎外交者，顾不巨哉！黄岩王太常弢夫先生供职枢垣，痛国步之艰难，列强之贪横，以外交之关于国故者，綦要且重。凡交涉文卷之藏于总署、外部，密电秘稿之存于枢府，电档暨章表之留中不发者，莫不搜采靡遗，手自甄录，竭二十年之力，成清光绪朝外交史料一书。穴地深藏，珍同什袭，且诏其嗣君希隐曰：身可杀，书不可亡。希隐善继善述，复搜辑宣统一朝之史料，赓续成书，以为外交之考镜焉。《传》曰：嫠不恤其纬，而忧宗周之陨。若王太常之父作子述，可谓思深虑远，先天下之忧而忧者矣。嗟乎！时至今日，有强权而无公理，权之所在，即理之所在。我国之内政，既不能毅然自强，而不知预储外交之人才。以中国土地之广，人民之众，而呰窳缩朒至此，此国之深诟大辱也。然则读是编者，置之左右，视为国耻也可。

中华民国二十二年一月，八十二叟新城王树枏敬序。

清宣统朝外交史料卷一

宣统元年正月至二月上

谕梁敦彦邹嘉来着补授外务部尚书侍郎

奉上谕：外务部尚书、会办大臣，着梁敦彦补授，邹嘉来着补授外务部右侍郎，钦此。军机大臣署名：奕劻、世续、张之洞、鹿传霖、那桐。

正月初二日谕旨档

江督端方致外部铜官山矿私招日股与合同不符电

铜官山事已另电详陈，惟日本思攘沿江权利，蓄谋已久，英人皆深知之。今凯私招日本入股，为原合同所无，若竟许之，则以后增多交涉，办理更形棘手，于中英皆无所利。拟请密商朱使，设法禁阻，利害所在，彼必憬然。至李使承办此案前，接经帅皖抚朱家宝，字经田电，谓皖人颇有怨言。且从前凯约翰本有邀李充华总办之说，今若授与全权，恐舆论更加反对。伏思崧生梁敦彦字尚书声望素著，中外交推，临城合同即其手订。此事可否即求崧翁偏劳，就近与朱使议结，则凡取益防损之处，必能益臻完善，尤为大局之幸。谨并密陈，伏希裁酌。方。冬二。

正月初三日矿务档

外部致徐世昌拟照合同选派南满路总办电

东省铁路合同订明，该公司总办由中国选派，并可在京都居住。中日会议条约亦声明，日本国政府承允按照中俄两国所订造路原约，实力遵行。现在两国路务日益繁重，因我未派总办，遇事不免隔阂。拟按照合同，请派在京大员查察经理，似于交涉事宜较有裨益。尊意如何？希即密复。外务部。歌。

正月初五日东省铁路档

外部尚书梁敦彦与日使伊集院会议延吉界务语录

宣统元年正月初六日，梁尚书、邹侍郎偕曹署参议、陶交涉使至日本使馆会晤，日本伊集院公使偕阿部参赞、高尾通译延见。

告以延吉案，我们今日将本部案存图卷，并日本与韩国所刊地图带来，请细阅后，便知我们所主张者皆有凭据。当将十一年及十三年中韩会勘图，及朝鲜刊印地图两张，日本刊印地图三张详细讲阅。并朝鲜王咨文、李重夏照会钞本一并交送，并云茂山以下界务，彼此久无异议。即十一年、十三年两次会勘均已声明，茂山以下业已勘定，只以红土、石乙两水源流，彼此各执一词，遂致未曾定议，惟茂山以下之界务，即朝鲜政府亦从无异词。其中大东舆地图系朝鲜官版图，图内并详图们江源，注明康熙壬辰定界字样，尤为可据。总之，现今贵国所指为间岛处所，各国与图均归在中国界内，从无有入韩界者。中韩政府未定之界，只有红土、石乙两源之间，此外无可置议。伊云据当时韩国委员报告，有谓被中国委员压迫而定，故后来韩政府有须重行会勘之议，是十三年所勘，韩政府亦不能就此作定。答以压迫未有凭据，两国委员既已签字盖印，即为真正铁案。况朝鲜王来文，亦有茂山府以东幸已勘定云云，断不能再有翻悔。伊云若论事实，韩政府即有理由，我们尽可主张。我们总当和平商议贵国所存之十一年、十三年两次会勘图，我亦承认韩政府图亦可为证。惟日本图系摹印中韩两国而来，不能作证，容再详细考求。答以此事，贵国不能听韩政府一面之词，总宜主持公道，伊唯唯遂辞去。

正月初六日延吉边务档

外部致张人骏准刘使电与葡外部磋商澳门勘界办法希核复电

准刘使支电称，遵二十七日电迭与葡外部往返磋商，彼允如下：

一、争论地方由勘界员会查核断，目前中国撤退兵队，不得视为放弃权利。

二、两国遴派位分相当之员为勘界员。

三、勘界员应查照丁亥葡京节略，及中葡条约第二款会订界址，呈候政府裁决。

四、如两国有意见不合，不能裁决之处，应届时察度是否可交公断。

五、葡允撤回巡舰，调开炮舰，并暂时停收地钞，罢浚河道。

以上葡外部所允五条，于大端均已就范。又称勘界员各派若干，并拟派何员，葡外部愿彼此先将姓氏开示，然后派定，以免轇轕。至调开炮舰，彼云须在派定勘界员之后，俾免舆论诘责各等语。查所商各条，我酌撤兵队，彼调开炮舰，均应在派员之后，且有不得视为放弃权利一语，可杜将来藉口公断。只可姑存其说，不必预先声明，暂时二字应删去。至派员一节，我既不愿彼派在澳葡员，彼亦坚请我派别省大员。本部详加遴选，查有云南交涉司高而谦情形熟悉，位分相当，拟即奏派该司为勘界专员，令其由滇到粤，禀承尊处指示办理。特先电商，希即酌核电复，以便电知刘使与葡外部定议。外。

正月初六日澳门档

东督徐世昌致外部请派大员综理东清南满路务电

歌电敬悉。按东省铁路原订合同，应由中国选派总办，因我国未派，诚如钧示，路务不免隔阂。今拟按照合同，请派在京大员查察综理，具纫卓识。愚见俄日各设专员，我国似宜分派两大员，一驻哈尔滨，一驻大连湾。或专派一员驻适中之地，兼摄东清、南满路务，较在京都尤为联络。查俄国总局设于森彼得堡，分局设于哈尔滨，弊窦甚多。日本局厂设于大连，总裁、副总裁均常川住此经营。奉天亦设公所，总裁诸人时常来往，办理甚为得法，日有进步。我国派人似应稍为变通，常住东省，与其总办、总裁时时接洽。所有路务，从前吃亏之处，亦可稍为补救。派出之员仍须到森都与其总局接晤，到东京与其递信，省后藤接洽方得要领。且该路情形又与昔年初修时不同，彼前仅止买地勘路，前派大臣常住京城不移，外间情形已有许多吃亏之处。现在所开商埠，皆附近铁路，俄路展地伐木，日路有附属地名目。彼之兴商移民、设警、设自治会、争收税权种种，与我地方关系政权、利权，事务繁要，竞争不已。是以甚盼派干练专员经理其事，或通俄、法文，或通英、日文，尤为得力。必须常川住东，随时与三省督抚讨论经营，该员仍应随时进京禀承钧部指示，仍与住京相同。总之，此后东清、南满路务，关涉商务、民务、政权、利权甚大，彼之日夕经营进求不已，我必须有以应之也。愚昧之见，仅就现在情形约陈大略。先此密复，仍希钧裁核夺是幸。昌。虞。

正月初七日东省铁路档

使美伍廷芳致外部闻革党由美运炸药来华举事已饬各领严防电

访闻近有逆党由南洋电美华侨，筹办款项，及有美人代购炸药，乘美国丸赴香港，转运京师各省，希图举事。除密饬各领切谕商工勿为所惑，乞密饬严防。廷。鱼。

正月初七日香河档

外部致徐世昌日使请造郑家屯支路万难商办惟出彰武台门往西筑造有无利益希查复电

昨又与日使晤商新法路事。伊称奉政府电称，如中国必欲筑造此路，则须允日本由铁岭至法库门达郑家屯造一枝路方可。诘以平行究至距离若干里方能允行，伊云现在中国拟筑之路线，离南满路仅华里五十四里，即稍离法库门，仍属平行。若由新民起往西，不经法库门出彰武台门，不往北行，或可请示政府办理云云。日使所称要筑至郑家屯支路，万无商办之理。惟出彰武台门往西筑造，有无可谋利益之处，希饬详查情形，迅即电复。外。阳。

正月初七日新法铁路档

东督徐世昌复外部日使商办铁岭至郑家屯铁路万难允准至彰武台门往西筑路无益电

盛接阳电所示日使晤商新法路事，并以出彰武台门往西筑造有无利益可图，希饬查电复等情。日使要求如允其由铁岭至法库门达郑家屯造一枝路，方可允我接修新法铁路，此事万难允准。我所拟造由新至法之路，非至法而止，仍拟向北衔接达洮南府，再至齐齐哈尔等处。倘允日人接修至郑家屯，中途即被其隔断。郑家屯即辽源州伸出法库门二百四十里，将来藉词阻挠我地方行政，或随意占据蒙荒为铁路附属地，种种后患不堪设想。兹事重大，恐于东省之西北一隅大受影响。至日使云，若由新民起往西不经法库出彰武台门，不往北行，或可请示政府一层。查彰武台门往西一带地方沙漠蒙荒居多，人烟寥落，出产无几，若于该处建筑铁路，绝少利益可图。日人明知之，而故以此言对付，想系词穷敷衍。总之，日使所商由铁岭至郑家屯之路，无论伊如何措词，断难答应，以防日后枝节横生。钧见已鉴及此，无任佩仰。案现时南满干路交涉，尚多未结，如允再添枝路，势必一波未息，一波又起，殊与大局有所未便。此次提议新法路事，彼如坚词拒之，不能理论，只可暂作纡缓推宕之词，以试看其意旨如何，再另设法。或由锦州，或由新民以西，别站接修达洮南。而至齐齐哈尔，仍俟通盘密为筹计，酌量妥协，再行定局。是否有当，伏乞大部钧裁，密核施行。彼利先议新法，我应先议延吉，操纵缓急，悉赖钧部酌核为荷。昌。青。

正月初九日新法铁路档

日使伊集院致外部拟修筑安奉路请派员会同商办照会

为照会事。照得安奉铁道，按照中日《北京条约》附属协约第六条所订，应由帝国政府速行改良完工。然因种种不得已事情，遂至延迟未办，今定令南满铁道会社承筑该工。希由贵国政府速派委员与日员会同商议，畀以种种之便利。又该铁道期限，原所订定，自该协约签字之日起算，以十八年为限。该铁道改良工事虽有迟延，与所定期限决无关涉，合并声明，以免误会。即希查照可也。

正月初十日安奉铁路档

外部致徐世昌希照会日领会同勘估安奉路电

安奉路事，日使声明仍照原定收回年限，似不能阻止勘估。惟须声明，此系中国政府格外通融之意，日本政府当谅悉此意，于他项交涉亦当通融商办等语。希酌核照会日领，派员会同勘估。尊处如无相当人员，当知照邮部派往，即电复。外务部。蒸。

正月初十日安奉铁路档

外部复英使驳拒推广上海租界北线照会

为照复事。

光绪三十四年十二月二十四日接准照称：本年六月初间，驻沪各国领事官照会江督，将租界北线展至沪宁铁路为止。曾以拟展之地，虽有华工部局管理，警察、卫生各事无不因循。二十五年推广租界时，本拟将是处包括在内。因前督恐将车站包入，又洋商在宝山境内租地之事尚未议妥，故未允办。今租界北线以外至铁路各地，几咸为洋商所拟之新界，亦不将车站及铁路包括于内。而江督复以二十五年推广之举，为永不再展之意。又以宝山既非通商口岸，该处未便包入租界。至华工部局所设警察、卫生各事，将来必能渐次完全等语。此事关系重要，未便如此抹倒。又华工部局所办各事日益颓败，必须设法防范。上海英商利益较大，合请将该处归入各国工部局管辖等因，当经本部电达南洋大臣查复，去后兹准电复前来。查上海租界本极广阔，二十五年刘前大臣核准，由中国自行推广公共租界二万一千五百余亩，较原定英美租界几增两倍。其所以格外从宽者，原为从此不得再展。今所请推广之地，系租界与铁路中间所夹之一段。该处在宝山县境，并非约开通商口岸，洋商在彼租地本属不合。曾经本部咨行南洋大臣转饬沪道，分别照会各国驻沪领事，饬令该洋商等迁回上海租界，以符约章。并照会贵大臣转饬遵照在案，岂复得以此藉口，再请推展。总之，约载通商系在上海租界，不能将约外之宝山县又行扩充。所请将租界北线以外至铁路各地，归入各国工部局管辖之处，与约不符，断难照办。至警察、卫生各事系中国内政，地方官逐渐整理，当可底于完全，以保公安。再上年曾准南洋大臣咨称，上、宝两邑交界川虹滨，被工部局擅填筑路，并在宝山县华兴坊口及宝山路南口与租界交接之处，私拔界石界牌等情。查上海工部局擅填界滨，私拔界石界牌，实属任意侵占，漫无限制。应请贵大臣转饬上海工部局，勿得擅筑界滨，速将界石界牌移还原处为要。相应照复贵大臣查照办理可也。

正月十一日上海租界档

外部致俄使廓东省铁路轇轕不清拟赎回自办照会

为照会事。

案查光绪二十二年，中俄两国订立东省铁路公司合同，勘定路线，由该公司建造经理。原以境地毗邻，此项铁路告成，可期交通便利，互有裨益，亦足征两国邦交之厚，畛域不分。乃近来所有交涉事件，如日前贵大臣照会所论，铁路公司展用地段，以及设立交涉局，设立公共理事会，暨征收税捐等事，彼此争论，各执一是，轇轕不清，案悬莫解。推原其故，大都由东省铁路而起，因铁路而生交涉，实非当日两国和衷共济之本意，且或以种种末节有伤两国感情，尤为可惜。本部为敦崇睦谊起见，拟赎回该路自行管理，俾凡有关系铁路各案，皆得一并解释，两国交谊益臻稳固。为此照会贵大臣查照，转达贵国政府照允见复。想贵国政府重视邦交，必能与本部表同情也。

正月十一日东省铁路档

东督徐世昌致外部请藉安奉事与日商京奉沈站电

蒸电敬悉。安奉路事，日使既允照原定收回年限，并声明认系中国政府格外通融，日政府亦当于他项交涉通融商办。查前为京奉路沈站接移近城，迭次磋商，日政府阻不承认。今有此机会，拟请大部即与续议，谅可有成。至照会日领派员会同勘估，敝处尚有相当人员可以派往。惟事隶邮部，应请大部知会邮部派员，会同敝处所派之员，同往勘估为是。祈核示。昌。真。

正月十一日安奉铁路档

东督徐世昌致外部报韩王偕伊藤巡阅鸭绿江另有用意电

前因韩王伊藤巡行鸭绿江，曾经电闻。初闻韩王此举，系徇日人所请，为铁路筑桥等事。查鸭绿江系两国公共之江，当饬安东道以礼接待，并馈赠土物，以尽地主之谊。如有关于交涉事件，则万勿退让。顷据该道来电云，该道以感冒嗽喘，派李道凤年率同凤凰厅谈守安东县吴令、交涉局徐守过江迎劳。初九日，韩王及伊藤等由旧义州抵新义州，与我界地方官接晤，当转致派员迎劳之意，并馈赠土物。韩皇握手致谢，伊藤谓久切钦仰，恨未得见，称谢殷勤，礼成而退。当晚六钟即返韩江探闻韩王，此行为劝导韩人剪发易服而来，并察看筑桥情形。然晤面时绝未提及此后如议及此事，当据约驳论云云，特此密闻。傥续有举动，当随时详达，并密筹应付，以慰驰廑。再探闻伊藤公此次巡阅后即回本国，有派寺内陆军大臣来韩接替，所有在韩文武均归节制之说。如果易陆军大臣到韩，其用意所在，当可想见。尚祈钧部与枢府密筹之。昌。真。

正月十二日东三省档

东督徐世昌致外部据报日人在韩军事举动函

顷接临江县知县李丞廷玉报告日人在韩全部关于军务举动，列表前来，录呈钧鉴。

查日本在韩兵数，沿边约二万五千人，由边测内，数亦相埒，是日人经营韩境军队约有五万之谱。并闻驻兵二三十名辄统以大尉，盖驻兵少，需饷亦少。统领官职较尊，则理想实验自与下级军官不同。且驻防有定地，而调换有定时，俾无事时熟谙路径，有事时利于画策。至论日本交通，较我国为速，铁路由釜山至安东，由安东至奉天，均二十四小时；由奉天至长春十二小时，统计六十小时，便由釜山绕行南满一次。轮船由马关到釜山十小时，由釜山到海参崴七十二小时，统计八十二小时，便由马关绕行东朝鲜湾之全部一次。且由马关行轮三十六小时可抵镜城。由镜城登火车四小时，可抵会宁，统计四十小时，便由马关抵我延吉之南部。由会宁下走塔甸只须四十八小时。若由城津下船就陆北走塔甸，不过八十四小时。我则由奉至塔甸约十五日，由吉至延约十三日，是交通机关，彼实速我二倍三倍不等。盖彼有火车、轮船、电信、电话，呼应极灵，我则东边一带全赖步行，奉塔之间尚无电线，似觉着着落后。又日俄在满洲势力，自宽城地带限隔，南北划然中分。近数年来，俄人得步进步，力求扩张于满洲之南，故水运澎涨于黑龙，铁轨延接于东清。日本欲抵制俄人，故水运增进于东朝鲜湾，陆路贯彻于南满。我则辽东战地既已收回，事实上无力实行。筹边之策，首在开通，现通临山路，业已开通临长一路，亦拟续辟长延之路。尤应同时并筑电线，则延吉已通，而由奉抵临，刻正筹办。且长延长临之间，亦须一律衔接。世昌为边防起见，早经筹议及此，因见李丞报告列表，故约略陈之。伏乞大部钧裁，密为核夺，指示机宜，无任祷盼。

正月十三日东三省档

外部致萨荫图拟赎回东省铁路希商俄外部照允电

案查光绪二十二年，中俄两国订立东省铁路合同，原期交通利便，互有裨益。乃近来交涉事件，如铁路公司展用地段，暨设立交涉局公共理事会，征收税项等事，彼此轇轕不清。大都由铁路生出，实非当日和衷共济之本意，且或以种种末节伤两国感情，尤为可惜。本部敦崇睦谊，拟赎回该路，俾未结各案一并解释，除照会廓使外，希转商俄外部照允，并电复。外。

正月十三日东省铁路档

使俄萨荫图复外部赎路事俄外部称俟各部会议后定夺电

十三日电悉。顷晤外部，遵将铁路交涉轇轕情形，现已拟赎回该路，以全睦谊各节，恳切磋商。外部称：赎路问题极为繁重，非本部所能擅允，俟奏明国主，交各部会议，方可定夺等语。嗣又备文照会，接复再电达。荫。十三日。

正月十四日东省铁路档

外部复伊集院安奉路未按期改筑本应作废现通融照办照会

为照会事。

接准来照，以安奉铁道应速行改良完工，因有不得已事情，致迟延未办。今定令南满铁道会社承筑该工，希速派委员会议。又该铁道期限，原定自协约签字之日起算，以十八年为限，虽有迟延，与所定期限决无关涉各等因。查此项铁路，日本政府既未按照原定期限，改良兴筑，自应将原议作废，另订办法。现本部郑重两国交谊，格外通融，仍允按照来照所称办理，则日本政府遇有与中国他项交涉，亦当通融商办。至售还中国日期，自应仍以宣统十五年为限，除由本部转达邮传部及东三省总督，派员商议外，相应照复贵大臣查照可也。

正月十四日安奉铁路档

外部咨邮部请派员会勘安奉铁路并见复文

为咨行事。

准日本伊集院使照称：安奉铁道按照中日条约，应由日本政府改良完工，今定令南满铁道会社承筑该工，希速派员与日员会同商议。又该铁道期限，原定自该协约签字之日起算，以十八年为限。该铁道改良工事虽有迟延，与所定期限决无关涉。又准东三省总督电称：安奉路事，应派员会同勘估，敝处尚有相当人员可以派往。惟事隶邮部，应请知会邮传部派员，会同敝处所派之员，同往勘估各等因。除由本部以郑重两国交谊，格外通融，仍允派员会议等语，照复日本使外，相应咨行贵部查照办理，并见复可也。

正月十四日安奉铁路档

日使伊集院面递外部关于东三省六案事节略

宣统元年正月十六日收日本伊集院使面递节略称：

一、法库门铁路之事

中国政府所拟造新民屯至法库门铁路一节，是因违背北京《会议东三省事宜》节录成约，有损于南满洲铁路利益，帝国政府实难允认，自不得不向中国政府求以不造该路之事。惟启发蒙古地方之利益，帝国政府亦固认之，且因中国政府业经与英商订立《新法铁路合办合同》，谅有似觉困难之情形。是以一面尊重北京成约，勿损南满铁路利益；一面达成启发蒙古之目的，且使英商收得包工利益等办法，另行考究，是为要义。兹帝国政府先拟提议如左

甲、中国政府不修造新民屯至法库门一带之铁路，须修造法库门至铁岭之铁路，以为在铁岭连接南满洲铁路。惟倘或中国政府不允此议即甲案，仍愿必须修造新法铁路，帝国政府特以和好诚意，可以退让一步。因修造新法路，致使南满洲铁路应受损失，为之补偿办法。如中国政府允诺南满洲铁路另修补亏养利之支路，作为条件，则帝国政府可允认中国修造新法铁路之事。兹拟第二提议如左：

乙、中国政府可以修造新民屯至法库门铁路，惟同时应允将南满洲铁路公司可修造由该公司路线之一站起，经过法库门至郑家屯支路之权给与该公司。

二、大石桥铁路支路之事

大石桥至营口铁路，缘为运输交通之便及通商贸易之要，不可不存办者。今如将该支路或行撤去，可谓不能实行之举也。故帝国政府期待中国政府，将该支路与南满洲铁

路一律条件之下照旧存续，并归该公司管理经营之事自无异议。又该支路，现虽在距营口仅隔数华里之牛家屯地方，惟若能以接近营口市街，自联络海陆运输更有裨益，且此事中外官商咸为所希望者。于是帝国政府期望，对于现在之末端车站，可移至营口市街接近地方一节，于中国政府亦无异议。

三、京奉铁路展造至奉天城根之事

拟将京奉铁路横过南满洲铁路轨道，而展造至奉天城根一节，原系中国政府所期望者。帝国政府对于此案，一面兼顾南满洲铁路利益，详加考量，若使将京奉、南满两路之利害互相调和，总期该两路在奉天之接续事宜设法完全，以图全线交通联络之敏捷外，实无良法。查现在京奉铁路之奉天车站，本系与南满洲铁路奉天车站设立共同地方，方为交通联络之便，实属妥当。乃该两路车站设立相隔遥远之地方，所以致使阻碍两路接续事宜，并觉有种种不便之处也。惟查京奉铁路奉天车站所费工资为数无多，若今将该车站迁移与南满洲铁路奉天车站合并，作为两路之共同车站，或在南满车站接连地方另立京奉路之新站，方为永远，两路全线交通联络之裨益匪浅也。如中国政府亦以为然，帝国政府可劝令南满洲铁路公司，将该路奉天车站改为两路共同车站，或为新设京奉路车站；其应用地基，在南满车站接连地方妥为代办等事十分尽力也。果能如是，再由两路奉天车站至省城之交通，或用电气车，或用他种机关均可，实不难联络。若夫京奉及南满两铁路，各拟由现时之各该车站展筑轨道至奉天城根而各设各站一节，据铁路工程专门人就地勘量，其地势难以施行也。

四、抚顺及烟台煤矿之事

查《日俄媾和条约》第六款，俄国政府允将长春至旅顺铁路并其支路，又于该地方凡属于铁路之一切权利、特权、财产，又属于铁路或为铁路利益所经营之一切煤矿，悉勿受补偿，且经中国政府允准，让与日本国政府，嗣经中国政府于《北京条约》第一款概行照允。因查抚顺及烟台各一带地方煤矿，原系或直属于铁路，或为铁路所经营之煤矿者，无须辩论而明知矣。是以帝国政府于日俄和约第六款载明煤矿之意，乃指抚顺及烟台为主要者，且中国政府亦于《北京条约》第一款，概行照允日俄和约第六款，则帝国政府之权利确定，不可更动。对之相争，可谓无益之举，此系帝国政府屡经声明者，中国政府亦为谅之也。虽然按各该煤矿所采之煤向中国政府应纳税项一节，帝国政府自无异议，惟该税率应与地方税率一律，不得逾多，并比较中国政府在他处向他煤矿公司或商人所征税率，亦不得逾多，按此范围内两国政府另行协定办法可也。再所采之煤出口时，其出口税中国政府比开平煤及由青岛出口之煤等不得加多，应按最惠煤相等待遇。

五、安奉铁路沿线矿务之事

安奉铁路沿线矿务，日中两国人合办一节，前经驻奉日本总领事与东三省督抚会商，将至议定，迄未画押。兹帝国政府愿将前议大纲作底，两国政府再行协商议定合办章程，以为定局为盼。再中国政府如愿按前议大纲作底，与安奉沿线矿章商定时，若拟与之一律办法，同时议定南满洲铁路干支各路沿线矿务之合办章程，帝国政府除抚顺烟台等既得权利不在合办之例外，可以照允。

六、间岛之事

关乎豆满江北一带中韩交界争案一节，帝国政府近以长文节略辩驳中国政府论据在案。因思帝国政府甚愿秉公据理，从速定局。如中国政府仍持意见，惟望再行示知证据，以资两国考究熟商为要。查间岛问题，原不止交界事宜，则对于住在豆满江北一带地方之中韩等各国商民之生命财产以及业务等一切管辖保护事宜所关匪轻，是以究竟决以江北地方之无论属于中或韩，应由日中两国先行商定。对于该处居民保护管辖章程，是为至要之议，以是帝国政府按照上开宗旨提议如左：

（一）[①] 豆满江北一带地方若决定属于韩国，则日本国政府可允认中国商民，在该处地方准其杂居营业。若该地方决定属于中国，则中国政府亦允认日韩两国商民，在该处地方准其杂居营业，并不强制改风易俗之事。

（二）豆满江北地方若决定属于韩国，日本国政府则允认中国政府设立领事馆。若该处地方决定属于中国，则中国政府亦允认日本国政府在局子街并其他枢要地方设立领事馆分馆，由日本国官吏管辖，保护日韩国商民之事。

（三）豆满江北地方，业由中国商民所得产业及已开事业，日本国政府概行允认。

（四）对于豆满江北地方与中韩各处交通及贸易之事，日中两国政府互允，决不提及关乎阻碍之设施。

（五）将吉长铁道展修至韩国会宁。

正月十六日东三省档

东督徐世昌致外部日在延吉调查韩人户口编订门牌请催日使速禁函

日人在延吉调查韩人户口，编订门牌一事，蒙钧部照会，嗣日使以此等行为与维持现状毫无矛盾等词见复。在日使意见，无非以延吉问题尚未解决，不妨竟有此等举动。韩人在延吉越垦由来已久，向受我国法律管束，此为从前与现在之状态。若日人侵越保护，是即破坏现在之状态，何得谓之维持。况正在提议未决之际，彼即不应有保护之举动，此等行为实属不当，似应先时禁遏，免致贻悔将来。用特函呈左右，可否再催日使速禁之处，伏乞求裁夺。

正月十六日延吉边务档

① 括号为校者所加。

使俄萨荫图致外部俄允赎路请示应付之法电

十三日电计达。顷晤外部，续商赎回东省铁路事，伊称已奏俄主奉饬交还，惟贵政府用意望明示。荫谓敝政府为敦崇睦谊起见，拟将该路赎回，以免交涉争执。伊谓此事关系重大，当熟筹云，廓使照复。如何大部筹备应付之法，乞密示，俾晤商时较有把握，至盼。荫。铣。

正月十七日东省铁路档

外部致张人骏准刘使电澳门事葡请两国各派员会勘电

迭准刘使电称，续与葡外部磋商。彼允公断作罢，撤兵、撤舰，均在派员后。惟停止收钞、浚海，不言暂时，则须申明以勘界时期为限。迨各节允洽，商换文件，彼以撤舰有关主权，不肯形诸文牍，当以撤兵亦不列牍为抵制。昨准拟送文稿，所叙浚海一层，浑言轇轕。海道内不兴工程，轇轕二字，虑贻日后争索海权之口实，商令删去。彼坚不允，遂将撤兵、撤舰、收钞、浚海四端，概不列牍。现拟仅一条云：两国立即各派一大员，查照丁亥葡京节略，及中葡条约第二款，将澳门及其附属地之界址会勘订定，呈候政府裁决可否，照此备文互换。又称：葡政府拟派工程提督马沙铎 machado 为勘界专员，外部谓，该员现在葡京，曾充东斐洲属地巡抚，与英属两次勘界，均能和衷妥办，拟约华员在香港会齐等语。除彼以四端虽不列牍，仍应由葡外部当面切实声明，必照各节办到，断不翻悔，则与立文稿无异，所拟一条即可备文互换外，特先电闻，希查照。外。

正月十七日澳门档

外部咨徐世昌美使请停征东省各埠不合理税项请核复文

为咨行事。

准美柔使照称：一千九百七年十一月十九号，贵政府订定东三省新开各埠试办章程，近二年内驻奉各国领事有会衔驳诘之事，复经美国领事迭次照驳，东督不允。各该海口及内地新商埠，于华商手内已买之洋货征收不合理之税项，东督曾复奉天领袖领事，谓须俟详查再行照复。惟于各领事及美领事等照会，迄未照复，似将此事已置诸不论之列。因而东省各新埠仍征收不合税项，于进口之洋货不只一次纳税，有从此运彼之货，均系到处繁征。东省税员行此侵碍洋商应有权利，违背定约，及不循试办章程之事，已有多案可稽。东督既系无言答复，即应将非理之税项速饬停征。若该督不如洋商所请，嗣后必将有极力诘问违约之言。请急嘱东省官员遵照试办章程办理，俾已纳进口税之洋货，不论在洋人与华商手内，运经东省各商埠，免去一切繁杂税项等因。本部查东三省新开各埠试办章程，各领既有驳诘之处，应即查明照复，以免彼谓我无词可答。如各商埠税项有可减免者，亦应酌量办理，期于约章无碍。相应钞录美使来照，咨行贵督查照酌核，速即声复本部，以便答复该使可也。

正月十八日税务档

邮部致外部安奉路工程应由部遴选工程司赴奉会勘文

为咨呈事。

路政司案准东三省总督沁电称，前日日本总领事偕同南满洲铁路会社副总裁来署，商议安奉铁路改良事宜，声明不改路线，请派员会勘等因。当以事关条约，应请示外部再行商议答复。去后，查中日《会议东三省事宜条约》第六条，内载安奉铁路改良办法，由日本承办人员与中国特派人员妥实商议。日领此次要求派员，自系遵据条约，惟查第六款内又载，安奉铁路除因运兵十二个月不计外，以二年为改良工竣之期。按言日期已属过限，应否准予商议，并派员会勘之处，希贵部会商外部。如可允其派员，应请贵部派工程司与勘，以昭郑重。且此路按照条约第六款，十五年归中国收回，将来改良工事告竣之后，由中国派员查察经理。则贵部于此路预有关系，应请详细核示为荷等因。正在核办间，又准贵部咨称，准日使照称，安奉铁道按照中日条约，应由日本政府改良完工。今定令南满铁道会社承筑该工，希速派委员与日员会同商议。又该铁道期限原定自协约签字之日起算，以十八年为期。该铁道改良工事虽有迟延，与所定期限决无关涉。又准东三省总督电称，安奉路事应派员会同勘估，敝处尚有相当人员可以派往。惟事隶邮部，应请知会派员，会同前往勘估各等因。除由本部以郑重两国交谊，格外通融，仍允派员会议等语，照会日使外，咨行查照办理，并见复等因前来。查安奉路事，贵部既允日使派员会议，所有工程事宜，自应由本部遴选工程司赴奉，会同东省所派之员前往勘议。一俟选定，再行知照。除电复东三省总督外，相应先行咨复贵部查照可也。

正月二十日安奉铁路档

外部奏中美公断专约请旨批准折

总理外务部庆亲王奕劻奏为《中美公断专约》，请旨批准，恭折仰祈圣鉴事。窃按保和会和解国际纷争，条约内载有约各国可另订专条，遇事归诸公断等语。前于光绪二十年，美国向我提议订立公断专约，旋因美议院意见不合罢议。上年美与英法日本等国，已订此项专约，臣部电致驻美使臣伍廷芳，向美廷续申前议。当议订条约四款，业经缮呈奏请，特授伍廷芳为全权大臣，将该约画押于光绪三十四年八月十六日。奉朱批：依议。钦此。电达该大臣钦遵办理。嗣经该大臣将画押情形奏明，由臣部代递，于上年十二月初八日奉旨：知道了。钦此。各在案。查此项专约内载，应由两国批准后在华盛顿从速互换，旋准伍廷芳将汉、洋文约本咨送前来，自应奏请批准，以资信守，而符公例。伏候命下，即由臣部按照向章，将约本请用御宝，作为批准，寄交驻美使臣互换。所有《中美公断专约》，请旨批准缘由，理合恭折具陈，伏乞皇上圣鉴。谨奏。

宣统元年正月二十日奉旨：依议。钦此。

中美交涉档

外部尚书梁敦彦与伊集院会议东省路矿及延吉韩人管辖权事语录

宣统元年正月二十日与伊集院使会晤问答：

告以日前送来节略，我们都已阅过，惟仍主前说，毫无退让，总须开诚商议，乃有了结之望。即如新法铁路，我们当初派税务司实地调查，云与南满铁路利益不相妨害。因法库门一带物产，向不过辽河，单至新民屯，故也。贵大臣反复申辩，无亦过听南满路局一面之词。

伊云：该路经我们专门工师多人调查，皆云有害南满路线。若贵国必欲照原议办理，万难商议。

答以此事各执一词，实难早了，不如先将延吉问题先行商结。以我个人意见，请问，如中国将抚顺煤矿极力和平商办，贵国能将延吉认为中国领土，一如十年前惯例，尽归中国管治否？

伊云：若贵国允将抚顺煤矿让步，我国亦自必将延吉问题尽力退让。该处之究为中国领土，抑为韩国领土，虽系根本问题，然日本尚须考求，一时不能即决。故前此节略，只讲根本问题未决以前，两国应行商议之事，先行商谈。如果属韩，则允中国设立领事管理华人，否则，中国亦应允日本在该处设立领事管理日韩国人。

答以该处为中国领土，证据明确，论理贵国断无异议。将此根本问题移后再决，惟彼此将其余各事大旨先说，亦无不可。该处并非通商口岸，若允日本在该处设领，各国纷纷效尤，彼此均无所利。至韩民之在该处者，并非为贸易而来。越垦我边，照约我可不认，因念历年相安，准其仍旧领地耕种，非寻常外国人往来我地者可比。此等韩人从前一切归我管治，仍须照旧办理。其余游历人等，不在该处领地耕种者，若犯事端，可通融送交近处日领审问。贵大臣以为何如？

伊云：此事我当细考再说。惟韩民若由贵国管理一切，是日本自弃其治外法权，实难办到。

答以照约，外国人不能在内地杂居，该处韩人既在内地耕种杂居，自当特别办理。即如我国上年与英国订立西藏通商条约，英国允印度人在藏边往来贸易，居住者归地方官管治，与延吉越垦韩民情形相仿，英国亦并无因此而失其治外法权，贵国何必多虑。至设立领事一层，恐不能办到。贵国既欲在该处设领事，请将拟设领事之各处开一单来，再行商量。

伊唯唯，又云：第三项所称，贵大臣意见如何？

答以该项内开豆满江北地方，业由日韩商民所得产业及已开事业，中国政府概行允认云云，未免太广。究竟贵国系指何项产业，亦须开出方可商量。

伊云：即如天宝山矿，亦是一端。

答以该矿与界务绝不相干。

伊云：早已允中日合办，因延吉界务被华官封禁，故须与界务同时商议。

答以此矿之外，谅无他产。

伊云：即有，亦无如此重大，容开出再商。

答以如无别项轇轕，尚可商议。

伊又云：第四项所称交通贸易，两不阻碍，贵大臣有无意见？交通系指中韩渡江等事，贸易系指韩人至江北贩运杂粮等而言，此事业经中韩从前在《善后章程》内声明。

答以交通贸易，系商埠开设以后之事，将来中国如酌量自开商埠，当自行办理。

伊云：第五项吉长铁路展至韩国会宁一事，此事于日本国防上大有关系，商务、军务均关重要，切望中国照允。日本本拟请允自行筑造，如中国不能允，则请中日合办。

答以此路亦系界务问题以外之事，以我一人之意揣之，该路若由中国自行筑造，则于日本军务问题并无阻碍，而于中国尚有商量之机，不知贵大臣以为何如？

伊云：如此实非日本原意。

答以若中国自造至国界，日本亦造至韩国国界，或径由中国直造至会宁，而各管理其界内之路，亦是一办法。

伊云：由会宁出海只二英里有余，无论由日本自造或管理，均不能独立经营。

答以贵大臣若一事不让，彼此辩论，迄无效果，只好请人公断了。

伊云：我到任时，小村大臣命我遇事和衷商办，不宜私意用事，故本大臣甚愿和平办理。即如延吉问题已尽力到十分了。又云：抚顺煤矿，贵大臣总须为日本设想，通融商办方好。

答以该矿会议录内，明明说在许俄人矿权之外。贵大臣不顾及此新法铁路，则断断以会议录为言，本大臣实难索解。譬如将该矿究竟应归何国之言，亦先不提，单将对于王承尧如何办法，或是由日本收买，或是商令合办，并中国政府应如何管理该矿之权，及按照矿章办理等项，先行商议。其余抽税等事乃是小节，容易商量。

伊云：中国矿章尚未实行，不能按照办理。至对于王承尧收买、合办两事，均不能行，只能酌量给予该商若干，以示体恤之意。

答以照矿章，必须中外合股，我云收买已属通融。今日已晚，容订期再行商议。惟请贵大臣熟思再考，互相让步，乃能了结。

伊唯唯。

正月二十日东三省档

外部致沿江沿海各督抚闻革党抵大阪请饬严防电

江督苏抚电，据沪道电称，接横滨密探来电，孙逆挈同宋、石两匪，抵大阪运动极密。又闻其约梁逆同赴大阪。请电饬严防内窜等语。希即查照，饬属严密防范，勿稍疏虞为要。外。

正月二十日香河档

使法刘式训致外部与葡外部订期实行派员撤兵撤舰各端并请允认专使电

晨发电计达。顷晤葡外部，遵十八日电，切实与商。彼称葡勉允撤舰，已属通融，断不能立据贻笑。苟不欲践言，虽立据亦无益，贵国何如此见疑等语。一再磋商，彼始允提早实行期限，以示真心和平解决之意。现与订明所有派员、撤兵、撤舰、收钞、浚海各端，均定于西十二号，即二十二日彼此实行。如此定议，是否可行？乞速核示。又外部面称马沙铎系告退提督，现作为文职派充专员，人极和平等语。拟请允认，免生枝节。训。皓。

止月二十日澳门档

军机处致滇督粤督驻法刘使高交涉使奉旨派高而谦办澳门勘界事宜电

奉旨头品顶戴·云南交涉使高而谦，著派办澳门勘界事宜，前往广东，会同葡国所派之员详细履勘，妥议办理；并商承两广总督张人骏酌核，随时电由外务部请旨遵行。钦此。合电达枢。

正月二十一日澳门档

外部致高而谦迅与粤督商勘澳界事电

本日电旨计达。澳界事，上年因葡派方济、格沙等三人为勘界员，不洽华情，商令改派。嗣葡人在马料河勒收地钞，拟浚海道，且遣兵轮来澳，意在强占。本部照请葡使，禁止此等举动，阻派兵轮并催易员勘界。一面电令刘使亲赴葡都，与葡廷交涉。而英人居间调停，要我撤去驻扎兵队。旋经刘使再四磋商，始定彼此派大员勘界，我撤兵队一处，彼撤炮舰、停收钞、罢浚海，均于二十二日实行。此现在派员勘界之缘因也。葡派马沙铎为勘界员，系告退提督曾充巡抚，据刘使谓，颇有声望，人极和平，本部业已允认。葡外部拟约华员在香港会齐，该员即迅速起程赴粤，先与粤督商酌一切，除所有案卷汇齐钞寄外，即遵照并将起程日期电复。外。

正月二十一日澳门档

粤督张人骏复外部葡领云澳门勘界请先议撤舰撤兵等事以示和平电

昨午接二十日电敬悉。因期迫，遵即电知葡领云：顷准钧部电。据刘钦差电称，澳门勘界事订议条款，昨诣葡外部互换文件讫，贵国应撤去寄泊该处海面炮舰，停收地钞，罢浚海之议。我国应撤原驻防营一处，以示两国和平办理澳门界务之意。均定于西历本月十二号，即中历正月二十二日，同时彼此实行等因。现已电饬前山厅遵照，将原驻关闸内防营一处议撤，应请贵领迅电澳督，将撤炮舰、停收钞、罢议浚海各端，届时与前山厅撤兵队一处并行，以符定议等语。盖撤兵一处，自应以关闸内为最当。因该处有关闸为限，驻兵虽撤，界址仍可不淆。而该处即彼所谓猎巴，该驻兵亦在前年规复之列，于撤兵之议相符。兹准该领复电云：顷接来电所论重要之事，闻之诧异。惟本总领事未接钦差示知，其中或有未清楚之事。贵部堂既接外部主意之电，请将电文照会本总领事，以便办理等语。当仍照前电语意，具文照复。合先电陈，俟办理如何情形再达。惟应否请钧部照询葡使，赶令电饬葡领、澳督遵照之处，候裁。人骏。养。

正月二十三日澳门档

鄂督陈夔龙致枢垣外部革党散布伪照伪函请商日廷访拿电

顷据天门在籍前山西巡抚胡绅聘之函称：忽接孙逆来函一封，并无书信，内系伪照一纸，文云：中华国民军大总统孙为委任事。照得川鄂督运长胡聘之历年勤苦，颇著忠贞，殊堪嘉尚，著赏给将军衔，驻扎天门，兼理川、鄂、湘三省粮饷事务。须至委任者。右给胡聘之收执天运已酉年正月十八日给等字样。上盖中华国民军大总统之章，篆文朱印一颗，边写黄字第五百四十号第二等字样。查胡绅在籍向不干预外事，该逆实系有心诬蔑。风闻该逆近又寓居东京，似此伪照散布必多。除将伪照、伪函封照钞，咨呈钧处，并咨驻日胡大臣外，应请钧处、大部分别知会驻京日使及日外部，设法访拿，以破狡谋而遏乱萌。应否代奏，乞钧裁。龙肃。漾。乞代奏。

正月二十四日香河档

外部致沈秉堃法使诘辩滇案希示证据电

养电悉。本日潘署使到署，诘辩多时。当据尊处来电，凡关乎匪由越来，由车运各节，逐条申辩。该使总以非有载匪运械确据，或指出时日，某车从某段运至某段，不能作准，词甚坚韧。究竟此项时日号码证据能否觅获？若仅凭滇省不担责任等语，以为坚拒，实不足以箝其口。仍希多搜证据，持以相示，彼方无词狡辩。即电复。

二十四日河口档

外部侍郎邹嘉来与法使议龙州假道运盐事语录

宣统元年正月二十六日四点钟，法潘署使偕翻译魏武达来署问答。邹大人接见。

潘云：龙州假道运送食盐一事，本系条约所准。上年十一月接准贵部照会，解释一千八百八十七年约章第六条之义，亦与本国政府所见无异，已经转达越督、各该领事。嗣又准照称，应仍照旧禁止等语。本大臣势难照允。

答以上年本部照会文内，系应俟商订缉私办法后，由本部核复施行，并无准运之语，何得执此为据？且桂抚来电曾云，法商有三次运盐充公之案，是即向来不准运盐之证。当时法人并无异言，现在自应照旧查禁。

潘云：充公乃系私盐，据法领报告从前亦有放行两案，遂出运盐单据一纸送阅。一系一千八百九十六年十月三十号运盐五十六袋，一系四月二十一号运盐一百九十六袋。并云此两次中国并未禁阻，可见假道与贩私不同。

答以约内第六条并未声明准运食盐，而原约十五条，则在禁运之列。中国食盐系特别禁止进出口，不能与他货一律。

潘云：约章意义亦有不明晰之处，以致争执。第六条内，鄙意拟增入除法军所需食盐外，他项盐斤概不准运一语，当函商本国政府。惟未奉本国政府复音以前，应请饬该省暂不得禁阻运盐。缘越督已准商人照运，如中国不能照准，致令法商受亏，势须赔偿，遂面递照会一件。

答以此事本部必须与桂省商酌，亦不能强令该省照准，俟回明中堂王爷大人，再为复酌。

潘遂去。

正月二十六日盐务档

外部尚书梁敦彦与伊集院议延吉领土权韩人裁判权及路矿事语录

宣统元年正月二十七日与伊集院使问答。

伊云：迭次晤商，毫无眉目，经本使将迭次晤谈情形详报政府，并力劝政府让步。昨得回电云：念两国友谊，中国如能于他项问题和商通融办法，日本能将延吉地方认明中国有此领土权，请贵大臣谅悉此意，和衷商办。

答以我们苟能让步之处，无不竭力协商，至延吉地方，本属中国。贵国因保护韩民之故，忽起属韩属中之说。今贵国能认明该处为中国领土，甚佩公允。惟在该处越垦之韩民，应仍旧归中国管治，一切吏治裁判权均须归之中国，方见日本公道，认明中国领土权之意。

伊云：若论延吉之所属问题，日本仍可辩论，所以不辩论，而以领土权直认为中国者，实已格外让步。至裁判韩民之权，系日本所固有，中国何必计此区区。况该地方行政权，如应遵守中国章程及纳税等项，悉归中国地方官主持，惟遇有词讼及韩民犯法，则须由日本裁判已耳。

答以该处韩民与寻常情形不同，既已领地耕种，久服中国管治，一旦分归日本裁判，实有势所不能。且日本允认中国领土权，而不允中国以吏治裁判之权，不特有名无实，中国主权仍不能行使。且韩民知中国地方官无有裁判韩民之权，安望其能遵守章程及完纳税项乎？

伊云：日本为保护韩民起见，万不能自弃其裁判权。中国既有领土权，于主权已属完全。

答以照约，外国人民不得在内地领土耕种，越垦韩民既已领有土地，实与华民无异。贵大臣如必坚执，请分别有地韩民归中国管治裁判，其往来贸易游历人等，则按照通商条约归日本裁判。中国可自行指定一二处开为通商埠，准各国人民居住贸易，照各通商埠通例办理。其余在商埠外领土耕种之韩民，实不能允日本管治裁判，因此等韩民已与归化中国无异。

伊云：若领土权已定，该处韩民如愿归化中国，自归中国管治，日本决不阻止。

答以韩民如愿归化中国，日本能否实不阻止？如前日东督来电称，有玄德胜久已薙发易服，此次渡江为日人捕押，此等举动显系阻止韩人入华籍。将来贵国以此等举动恐吓韩民，韩民安敢来入华籍。

伊云：此在领土权未定以前，故有此等情事。若领土权已定，自无如此情事。惟日人许韩民自由入籍，中国决不能强韩民入籍，此事我当再为考量。贵大臣亦请详细熟考后，再行商议。

答以我们看此事甚重，还请贵大臣转达日本政府和平让步，方能商一合拢办法。

伊云：吉林至会宁一路，贵国如何意见？

答以以我一人私见，该路无非为商务起见，即将来为国防军务一层，我们亦已甚悉。无论如何，只要有此铁路，日本即可满意。若由中国自行筑造，于日本主意亦合，何必定欲合办。我们政府及东督意见，皆坚持此路为不可允，如贵大臣以我言为然，允将来自行筑造，我尚可与政府熟商办法。

伊云：此路与日本关系甚大，本拟请中国允日本自造，知中国万难应允，故改为合办之说，务请允行。

答以以我看来，合办恐难办到。若将在中国一段由中国自造，在朝鲜一段归日本自造，各管各段。如此我尚可与政府商一办法。

伊云：各管各段，在朝鲜一段里数太短，万难独立经营。此路不比南满铁路，将来合办，资本、用人自当平权，全按商务铁路办法，于中国地方主权决不稍有侵害。

答以当与政府邮传部商量，并电询东督，该路与我国有无利益，再行商议。

伊云：天宝山矿业，贵大臣是何意见？

答以以我意见，如该矿果无他项轇轕，而能遵照矿章办理，似可准其合办。惟闻与美商尚有轇轕情事。

伊云：美商轇轕久已撇清，此层可以无虑。若允合办，自当遵章办理。又云：抚顺煤矿曾否商有办法？

答以该矿按照会议录所载，不应归入日本，业已屡次说明，东督来电亦称不能让日本占有。惟贵大臣既开诚布公与我商量，我们亦知日本已将该矿列入南满路招股单内，万难让出无已，请改为两国合办，将来一切按照矿章办理。

伊云：该矿按照矿章，万难办到。至纳税等项，当按照他国在中国所开之矿，所得之优权办理。

答以该矿系华商之产，贵国占为已有，何得不重中国地主之权。

伊云：关于中国地主之权，我们自当尊重，故纳税一切尽可商议办法。又云：新法铁路若何?

答以我们前次请贵大臣示一距离里数，尚未见复，究竟日本于距离若干里外始允中国筑造?

伊云：距离一层甚是难说，以现在并未发达之满洲而论，即与南满线再距远若干里，仍属不能允行。请贵国政府熟考情形，不必坚持为要。总之，日本政府以延吉领土权认为中国，自是大让步，贵大臣于各项问题毫不相让，甚是为难。我们已屡次磋议，此意见均已透澈，所有论辩都已说尽。请贵大臣与贵国政府熟商办法，下次会议开示节略，以便商议实在办法，我亦当以今日晤谈情形报告政府，总期下次能彼此合拢方好。

答以我们政府看延吉问题甚重，贵政府既认明为中国领土权，若将裁判权统属于我，方属完全此事。若和平了结，其余问题我亦可与政府商量，竭力让步。还望贵大臣将我们为难情形，转达贵国政府，竭力和商为要。

正月二十七日东三省档

驻藏大臣赵尔丰致枢垣拟规复三瞻以固边圉电

藏番盘据距盐井乃毕土若公等处，调兵窥伺盐井，驱之则去，兵退复来，盐民人心惶惶，不能安业。尔丰因边境扰攘，殊非长策，电致驻藏大臣联豫、温宗尧，饬令商上派妥员带随从二三人前来巴塘，会同委员将巴藏地界详勘。此后划疆而守，各不相扰。一面飞饬边将，并扎巴塘董令涛转饬藏官替身等，皆不准妄自调兵，静候勘界定议。去后适有察木多大寺呼图克图、又仁储巴各头人来德禀见尔丰，并陈藏中三大寺及番官等。自去年来，此各处调兵，始攻三崖，继又欲往攻盐井。各处多已出兵，该僧俗始终未曾应调。现又有瞻对新番官在硕板多调各处，昨闻已带领乌齐五百人，由峨裕桥小路潜赴作岡等语。旋据察台刘令廷灏禀报，与该头人所言大略相同。因思作岡去瞻甚远，兼赴盐井之路，该番此去必又多事。正疑虑间，顷接后营管带陈凤翔去腊二十一日禀称，月初风传藏番向各处调兵数千，声言将攻盐井，人心大为震动。该管带以盐井既无可守，且有教堂，一有疏虞，即成交涉，遂进札夷为防守计。及抵该处，风声愈大，百姓纷纷逃避，兵到始止，被藏番等杀掠甚重。并据扎寺呼图克图云，闻番官调兵数千，皆聚若公，刻日即来。该管带因奉有不准兵争，静候堪界之谕，遂于十九日派哨长郭吉中带数十人持函前往若公开导，免其来此滋扰。不意将抵若公，即与番兵相遇，不惟不遵劝谕，猛将该哨长砍伤，随即开枪轰击我军。本未备战，骤被击毙二勇，击伤数勇，且层层围逼。该哨长见势已急，一面开枪拒敌，一面飞报该管带，是夜驰至。时已三鼓，番兵围甚厚，直战至第二日午正，番兵不支，始败奔若公，纵火而逃。彼兵战毙固多，我兵伤亡亦复不少，俟查明再行禀报，现仍回扎盐井等情前来。除饬该管带仍严行戒备，该番如不犯界，不必与较，并饬番官勿再调兵。一面电咨联豫，速饬藏员来巴外。惟查藏番野蛮，难以理喻，得志益骄，即如前日攻我三崖巴塘，文武止之不听，尔丰谕之不遵。及奉旨饬令回藏，仍敢阳奉阴违，擅自调兵，谋攻盐井，已非一次。若公之战必有瞻对新任番官在内，其代理之瞻番，亦皆按户抽兵，准备战具，思与尔丰反抗。现仍以理谕之，前已遵旨会同川督电商联豫，饬藏还瞻。然查考情形，藏中必不肯稍让，恐不能不烦兵力，或驱逐之后，再予赏需。先威后恩，亦制夷之道也。如藏有烦言，丰愿任其咎以谢藏人，总期三瞻复为我有。内足以固边圉，外可以靖狡谋，即丰所以报朝廷擢任之恩。至于一身得失利害，非所计也。愚昧之见，未知当否？所有藏番调兵欲攻盐井，不服开导，首先开枪，互相攻战，并瞻对现在各情形，撮要电陈，谨请代奏。尔丰敬叩。

正月二十七日西藏档

军机处致赵尔巽联豫藏地介在强邻须设法经营电

川督皓电奏已进呈。查藏番自去年攻打三崖后，始终并未退，只扬言阻止赵尔丰进藏，其狂悖情形，自系有恃不恐。惟赵大臣尔丰从前办事，既为番众积愤，自未便仍令入藏，致使彼族借口。然今日藏地情形，介在强邻之间，意存首鼠观望，必须设法经营，以保边圉。前于光绪三十三年，联大臣曾有详陈藏中情形一疏，所拟办法颇为斟酌，拟即采择试办。但无兵不能弹压，多兵亦不相宜，拟先设兵三千人，由川督挑选精锐川兵一千，饷须极厚，械须极精，并派得力统领一员，带同营哨弁目数十员，率之入藏，归驻藏大臣节制调遣，即作驻藏大臣本标之兵。其土兵二千名由联大臣就近选募，或照前奏募用三十九族之类及归化已久之番民，惟哨弁官长必须川中调来。如此则藏中僧俗可资慑服，而饷需不致过巨，可期持久。赵大臣尔丰即仍作为边务大臣，驻扎川境，仍可遥为藏中声援。学堂仍照联大臣前奏，先从低处、浅处办起。其余开垦开矿等事，从容量力筹办。若照以上办法，似尚易行。至每兵饷需若干，每年共需饷若干，能否全由川省筹拨，进兵宜由何路方免梗阻，川兵之数是否尚须略为减少，以后分起渐增，赵大臣尔丰宜驻何处，帮办大臣是否宜照旧案分驻后藏，统由贵大臣与贵督详慎电商，会电具奏。如意见或有不同，亦可各抒所见，以便统核酌办。即候电复，遵旨电达。枢。宥。

正月二十七日西藏档

外部致张人骏中葡勘界宜内外协筹希与高而谦妥酌电

宥电悉。葡舰既先期离开澳门，且系前赴英界，即是实行撤去，无从责以与议不符。至收钞、浚河两端，客腊各电明谓，葡人押人，勒收地钞，直逼内地，并订造浚河机器，测量河道，电招工师。此次乃谓，现非收钞之时，浚河只有此议。前后语意轻重悬殊。本部前因来电有葡人占领海权，强夺民地，葡舰来澳，事机危急等语，词气迫切，故特令刘使赴葡交涉。葡廷始谓粤督语多失实。本部仍据尊处报告，与之力争，并托英人居间再四磋磨，始允限期我撤兵队一处，彼即实行三端。揆诸现在情形，葡舰未来者停派，已来者引去，收钞、浚河亦无形迹，且认我撤兵为非放弃权利于勘界，以前之事似可作为结束。原议撤舰、撤兵不形文牍，互尊主权。本部前电极明，彼我业经实行无异，自应无庸置议。总之，界务早定，方免种种轇轕。本部已电令高司迅速起程赴粤，先与尊处商酌一切，将来勘界关系重要，允宜内外协筹。彼此同在局中，成败利钝，自必周计无遗。执事公忠体国，务祈按切事情，随时与该司妥酌电部，是所殷盼。外。

正月二十九日澳门档

外部致徐世昌东省路矿及延吉界务等事希筹复电

来电并陶司所送各电均悉。本部与日本伊集院使会议多次，彼此争辩，迄无端绪。尊电所论各节，早已逐层指驳，并援引约章声明案据。凡可执以诘难之处，无不阐发尽致，舌敝唇焦。迨二十七日接议日使，始谓奉政府训条，若中国能于他项问题和衷相让，则间岛可认为中国领土。惟越垦韩民由中国地方官管理征税，遇有词讼则由日领裁判，当复以能管理而不能裁判，领土仍有名无实。拟由中国自行开埠一二处，准设领事，除往来贸易、游历之人，如有案件送归领事外，其领垦韩民应照华民一律办理。彼以日有保韩之责，坚不肯让，仅允不阻挠韩民入籍，入籍者归我审判。争之良久，似少有就商之意，并请复以节略。初五再议，查延吉界务，日本藉口于中韩未曾解决越界侵权，用心叵测。我虽执理与争，究无实力抵制。现既认我领土，在彼以为极大让步，能于裁判分别通融办理，似可与商结束。惟我亦须审度情形，量予利益，彼此方可合拢。

抚顺、烟台煤矿，彼引日俄原约，我据会议笔记，各执一词。彼虽理拙，而以该两矿列在铁路招股产业项下，业已经营，断难让出合办一层，亦磋商未就。仅允偿补商亏，照章纳税，似此恐非空言所能争回。惟有酌加限制，并与声明矿外行政主权悉归中国，以示维系。

至日使要求吉长至会宁一路，别有用意。彼请合办，我拟各造各路，自行管理。此不过预为提议，并非急于兴办。天宝山矿，彼请照旧中日商办，如无轇轕，合办似尚可行。奉天车站，日使并不峻拒，惟意在合站。究以何为便，应由尊处酌核。新法路事，迭将不损南满路利益、不并行各节反复申辩，彼仍坚执，毫无转圜之意。此事如何对付，执事当有成竹，尚希密示，以便因应。至大石桥，系已成之路，且里数太短，似不足以相抵也。以上各节，本部就历次会议情形，斟酌归宿办法，事关东省大局，必须内外协商，期于有济。即希切实妥筹，详速电复，以凭下次与日使磋议。外。艳。

正月二十九日延吉边务档

东督徐世昌致外部据陈昭常电与日交涉宜将界务权利划分清楚电

顷接吉抚来电。据陶杏南电称：外部与日使交涉界务各节，日本明知无证据足以争我领土，不过借界务为前提，以图我吉林南路之权利。彼意我必首重领土，故于界务之外预为提出多条。俟归结时，彼既以领土归我，则我必应以其他权利稍以让彼。但求得其一，则彼在吉林南部之势力已有根据，即可以渐谋扩充。故我此时与彼交涉，当将界务、权利两事划分清楚。倘以矿产、铁路、裁判权等事混入界务，与之反复辩论，始自坚守不让，终且因牵涉各条相持不下，界务未能解决，势不得不稍让步以图了事，遂堕彼术中。窃谓彼因界务所提出各条，有决难通融可绝不与交涉者三，有稍可通融而必须妥定限制者一。如裁判事与领土同一主权，领土既为我有，安有裁判权可让他人之理，此无待深辩者。如天宝山银矿，初时程光第开采亏本，到上海等处招诱外人入股后，遂私合日商同伙采办。经昭常及吴绶卿吴录贞字查知封禁有案。自前年程光第畏罪潜逃，当将山内工人遣散，饬巡警宪兵随时在山口驻守巡逻，不准外人拦入。虽日商所立之中和公司，尚于六道沟悬有招牌，未肯甘心归国，而此事屡经辩论，皆据理力争而止。现绶卿及周维桢皆在京，请外部面询，当知底细。总之，无论日商是否与程光第立有合同，均系私人交际。彼此政府皆未与闻。程光第私引外人开办官矿，我政府自宜加以应得之罪。该日商与程某有何轇轕，应直接惟程某是问，与彼此政府均无关系，与界务更无关涉。且天宝山去越垦地甚远，亦非国界所能牵连。日后不论如何开办，决非此时问题所应提及。我先稍有合办语气，彼即得因而要挟，界务愈难定局。如吉省接会宁铁路，尤与界务问题相离太远，我是否愿与韩国交通此项铁路，日后是否开办，应由我之自主，日韩人皆无要求借款合办之权。今日人突然牵涉及此，彼岂不自知于理未合，特姑提出为尝试之计，并为后日要挟之张本。我倘未能严词谢绝，但为推诿或云缓办，则彼即探得我之口气以为论据，借款、合办二者势必争得其一，方能快意。即令争之不得，亦必于此次界约内预立案据，以为异日提议地步，则以后之损失殊多矣。且日使谓为行军计，深望此路之合办云云，则更欺我太甚。彼此时无端及此，已属不情，乃明言欲于我境内为行军而修铁路，其意云何？岂尚稍可承认耶！

以上三端，系宜即时拒绝，而断不可持为正当论据者，则仅保护韩民一事。故自斋藤入境，屡次交涉，当无可辩论之时，则只得专以保护韩民为言，是保护韩民一节，已不啻为彼政府及彼国人心目所共认为已得之权利。我若并此而一概排斥，彼全无余地，必不肯甘心，以我国势恐难办到。故通商开埠及设领事、保护韩侨各节，当交涉结果，我之领土主权果全无损失，此层似可酌量应允。惟言开埠，则如何开放，须由我自主；言保护，则垦民、韩侨尤须先为辨明，稍有不审，贻误实甚。前致梁燕孙二电，于此二事辩之颇详，可请外部查核，以备参考。此则可稍通融而必妥定限制者也。日人牵引多端，冀欲此让则彼进，彼让则此进，此外交最狡猾之手段。观日使谓中国如将各条允让，日本亦可于延吉事退让二语，其意可知。似宜分别各事逐渐交涉，不宜相提并论，以中彼奸狡之计。祈并将此意电商外部云云，俾会议时执为论据为祷等语。昌细绎所陈各节情形，不为无见，合将原电转布台察，伏希钧部核夺，以备参考为荷。昌。东。

二月初二日延吉边务档

外部咨度支部税务处江孜亚东噶大克三处既开商埠派员监督文

前准查办藏事张大臣电称：藏印章程既定，应由驻藏大臣速派汉官充三埠监督各一员，督同藏官与英员划定商场建筑地址，兼办巡警、裁判、工程局事宜等语。当经本部电令驻藏办事联大臣电商赵大臣会同派员作为监督，前往各该处督饬筹办去后。兹准联大臣咨复称：江孜、亚东、噶大克三处地方既经按约开作商埠，一切事宜最关紧要，自应速行派员管理，以专责成。接电后，当经往复函电商同驻藏办事大臣赵，徐〔除〕噶大克尚未开办，暂缓委员外，兹查有后藏粮务・候补府经历马吉符堪以委令，暂署江孜监督；亚东关供事通判职衔吴松年堪以委令暂充江孜商务委员，并兼英文翻译。至亚东监督，原系靖西同知兼充。兹查现任靖西同知马师周堪以仍兼亚东监督，亚东关税务司张玉堂堪以委令暂兼亚东商务委员。均经本大臣先后扎委。兹据江孜监督马吉符禀称于光绪三十四年九月十一日到差任事，江孜商务委员吴松年禀于九月二十四日，亚东商务委员张玉堂于九月十三日，均已到差。除批饬外，相应备文咨呈。至该处应需经费尚无专款，俟该监督等将应用执事各项人等薪资口食及活支、额支各款造报前来，再行汇造，咨请度支部核办等因，相应咨行贵部、贵处查照备案可也。

二月初三日杂项档

东督徐世昌致外部东省路矿及韩民征税裁判等事谨陈管见电

艳电谨悉。大部与日使辩论各节极中肯綮。日使既认延吉为中国领土，足见彼无确实证据，难与我争，特欲借此以获他项利益。至允我征韩民之税，而靳我裁判主权，是直欺弄童稚之言。领土与裁判权岂可离而为二。倘韩民不服征税，我将何法以处之。伊始终以保护韩民为词，又允以后不阻韩民入籍。查光绪十六年，经吉林将军奏明，越垦韩民纳租入籍章程，历年遵办有案。是越垦韩民，我固视同华人一律办理，否则韩民纳租服我法权多历年所，何以均无异言。至韩民入籍，彼必以我国无明文相诘难。查国法通例有成法则守成法，无成法则守命令。国家宣布命令条例，历办多年，岂能一旦强为攘夺。且现查韩民薙发易服，供我使役，服我政教者甚多，若听彼裁判漫无限制，不但必多生枝节，而土地亦难完全。此裁判权万不可轻弃也。钧部于此层辩驳极当，务望坚持到底。即许以择地开埠设领事，亦须设法限制。

抚顺、烟台煤矿列入铁路招股产业，其狡谋在彼，岂能强我迁就。如实无转圜之法，让彼自办，亦应予我格外利益，缘我系地主。除华商用过资本，应令照该商历年经营损失所有数目补给外，该矿所得之利，应以七成自得，三成归地主。至于煤厘税捐及一切应纳之款，应照开平、临城、井陉办法允我派员稽查一切。抚顺、烟台虽大致相同，仍宜分别核办。此层乃不得已末着，如能坚持仍以合办为是。

会宁一路断难承认。彼此时亦未能遽行修筑，特欲借此伏线为将来包举吉林之计，宜直截拒绝之。若语气稍松，彼或要求载入此次会议，只牵涉一语，则后患无穷。况日俄订约第七条载明，彼此在东三省经营铁路系专为商务，不得为行军作用。此约曾送我政府存案，今日使悍然以军用为言，无理孰甚。若口气稍松，允修此路，则吉林南部、奉天东部皆非吾有，而绅民起而诘问，何辞以对，应请钧部一并严驳。

天宝山矿，彼请照旧合办，不知程光第私串日人，政府并未允许，照旧合办等语，从何而生？程光第现经逃匿，正在缉拿，所立合同岂足为据。该员前亦勾结美商，倘许日合办，将来何以答美，必更生无数轇轕。前电复陶司甚详，乞垂询之。

总之，会宁路、天宝山矿皆在界务问题之外，日使强为牵连，决难应允。奉天车站将来甚有关系，必以分办为宜。新法路彼既坚持，我当力筹办法。大石桥里数虽短，然明载约章，应即撤去。彼既阻我新法之路，我亦应迫使撤去，究于南满利益稍有影响，彼未必甘心割弃也。以上各节谨就管见所及，详细抒陈。前复陶司使电，并转陈简帅电想均邀鉴及，统希钧裁，示遵为幸。昌。江。

二月初三日延吉边务档

外部复徐世昌延吉裁判等事本部意见相同电

东电悉。详绎吉抚所拟各节，其延吉裁判、吉长至会宁铁路及保护韩民等事，本部意见大致相同。当已分别与商，惟天宝山矿，彼现但请合办，并未牵及国界。如不问程光第前案，但从今始官与合办，妥立合同，一切遵我矿章，似尚可行，尊意以为何如？下次议期在即，艳电所商各节，应准应驳，希即逐条筹拟，迅速电复为盼。外。江。

二月初三日延吉边务档

驻藏大臣赵尔丰致枢垣藏番挑战惟有委曲隐忍电

窃尔丰前准驻藏大臣联豫咨送藏中夷禀一件，无非藉词拒阻尔丰进藏之意。随据该藏商上等由三大寺替身专人递禀前来，大致与前咨相同。并谓营官陈凤翔不应滋扰藏地，当即札复，谕以朝廷简派驻藏，专为保护黄教，此次达赖觐见，加崇封号，恩礼优隆，尔丰岂敢违旨与黄教为仇；且藏中不过恐行中国政治有碍彼之宗教，殊不知两不相防，并无政治宗教分合之旨，详为开导去后。顷据联豫、温宗尧两大臣电称，该商上等仍昌言不令尔丰进藏，亦不派人勘界，蔑视朝廷居心叵测，溢于言表。始知藏中年来调兵寻衅，窥伺川边，实系具有深心，并非孟浪从事。尔丰迭次电奏，仅撮大略，兹特详陈前后各情，以备采择而资因应。

溯藏番自去岁派三大寺替身带兵前来，始欲袭攻盐井，继见有备，转攻我属地三崖。粮员谕之，遭其辱詈，尔丰屡次晓谕，亦复不听。及奉严旨勒令回藏，仍不遵。勒逼三崖投诚后，遂潜由若公调兵进据毕土，声言欲攻盐井，并投函索战。盐井有法国教堂，人心颇有震动。迨经陈凤翔将番兵击败，遂据札夷为防守之计。该替身逃回江卡，求粮员转禀大兵勿进，彼限十日回藏，具有结状。尔丰当即电复允准，嗣知该替身并未回藏，仍在若公一带调兵。恐其又开兵端，因迭次电商联豫、温宗尧转饬商上，速派员前来会勘地界。并且认为接待、保护，勘定后各守各边，即可永远相安。一面飞饬各营不准擅自动兵，专候藏员勘界。嗣后风闻藏中又派有新授瞻对番官在硕板多调兵之事，即派人探查。旋据察台粮员·知县刘廷灏禀称，瞻对新番官住硕板多甚久，四处调兵，现在自带类乌齐五百人，由嘉裕桥小路潜赴峨裕若公等因。随有察木多大寺单图及仓储巴各遣头人来德格谒见，所禀瞻酋调兵情形与粮员所禀大略相同。并云番官名汪降错，曾调该处之兵，未肯应调云云。又据刘廷灏与游击雷天扬会禀称，据该台千总王永福禀称，奉驻藏大臣联豫札饬，查该替身现在究竟作何举动，该千总十二月初间到若公，见其调兵已千余人，理劝不听，闻尚在添调，特赶回禀报等情。旋据陈凤翔禀称，探闻该番官等在若公调兵，已有数千，声言齐集后，攻打盐井，人心震恐，教堂尤甚。该管带因奉尔丰不准开兵之谕，修函劝导该番官彼此安静勿扰，以待藏中来员。派弁持函前赴若公，不意行至勋鲁，即为番兵围困。去弁带兵无多，谕以函内之意不听。骤用刀刺伤去弁右腿，复开枪击毙二勇，击伤数勇。该弁一面开枪抵御，一面飞禀。该管带星夜驰援，直战至第二日午时，番兵始行败退，焚寺而遁，该管带现仍回盐井严防等情前来。该替身现又调江卡兵各处守隘。查该替身既不散兵回藏，藏中又不派员勘界，彼此相持何时可已。若以兵力驱逐该替身出境，原属无难，惟既以兵力难免杀伤，又恐失朝廷怀柔之义。而藏人野蛮难以理喻，即如瞻对代理番官，谕以还我侵地不听，谕以勿扰累各部不报。且窥尔丰在德格驻兵甚少，敢于暗中调兵，并调至巴裹两塘属地。尔丰惟处以镇静，晓以义理，徐观其变。若论兵力，彼纵出全瞻之兵，难敌我精练之卒。惟是大局所关，不能以投鼠而忘忌器之思，尤不值以弹丸而误全局之计，惟有委曲隐忍以待朝命。谨请代奏。尔丰叩。宥二。

二月初四日西藏档

东督徐世昌致外部报天宝山矿案历年经过情形电

天宝山矿一案，前饬吉省钞寄案卷，以凭汇呈察核，兹据节要先行电寄前来，内称：饬查天宝山银矿于光绪十六年，经前吉林将军长委任候选通判程光第踏勘集股银一万两试办，十七年奏明立案。二十二年因其亏银五万余两，经前将军延查明封禁。二十七年该倅复与美商萨达理等订立草约，禀明前将军长批准，逾限未办，经前署将军富追销。旋因所亏公款未缴，复经署前将军达将该倅奏参后，虽设法弥补，开复原官，并未札委续办。三十三年朱前署抚莅任，程光第复请开采，未予准行。继因其违谕私开，即饬查禁。该倅潜赴安东县与益昌号华商李长城，及中和公司日商中野二郎串通，捏词报告日本外务大臣转电驻吉日领事岛川，以日人与华人已订合同之事业，而用暴力命其中止，未免不当等因。照会当答以此项合同未据程光第禀明，亦未经本部院批准，按之法律上契约之性质，应行取消，即无效力。复据该领照称，两国界务未定以前，应令维持现状。又答以未奉批准之合同是为私人交涉，中野即欲维持现状，亦只能以私人资格诘问程光第，与国际问题无关，与界务问题更无关。厥后日领多方挟制，均各据理驳复。程光第已再详参，现尚在逃未获等语。除俟全案钞到，再行寄呈外，特此奉达，请先接洽。又前奉钧部饬查捕俄国凶犯事，查此案业于上月杪准驻省俄领照请，允其派兵入境追捕，当由交涉司照复驳阻，但允电饬珲、延、宁三处地方官从严搜捕。一面分电饬捕就获之后，查明是否国事犯，再行核饬遵照在案，特闻。昌。支。

二月初四日延吉边务档

东督徐世昌致外部天宝山矿与延吉界务截然两事万难与日合办电

江电敬悉。合办天宝山矿一节，查从前美人曾有此请，已力拒之。此时若允日人，恐美人责我，甚难对付。况允日合办，渠必招致多数日民到彼，现在韩侨问题未结，岂不轇轕愈多。且日人办矿，势必借口干涉地方行政主权，如抚顺复辙可为殷鉴。总之，此项问题与间岛界务截然两事。间岛尚无归宿办法，不必因此又生枝节。按天宝山系著名佳矿，外人垂涎已久，总宜设法自行开办，以免利权外溢。鄙见日使所请合办一节，似万难答应，是否仍希钧部核夺。至艳电垂询各节，昨已逐条电陈，谅邀钧察，统希尽筹为荷。昌。支。

二月初四日延吉边务档

日使伊集院致外部禁止调查延吉韩民户口事已转行该管官宪照会

为照会事。

光绪三十四年十二月二十八日准照称：接准东三省总督电称，日本官宪调查延吉厅居住之韩民户口，并使枢榆沟子地方居住之韩民，每户钉附门牌。如此举动非维持现状，静候解决之意，速戒饬该官宪禁止此等举动等因阅悉。查我官宪若果有调查韩民户口，钉附门牌等举动，全出于保护韩民职责之必要，并无他意。本使认以此等行为与现状维持，毫无矛盾之处，然既据来照，当即转行该管官宪知道，相应照复贵亲王查照可也。

二月初四日延吉边务档

外部咨商部崴商被灾赔款俄未允增应即商结文

为咨行事。

宣统元年正月十二日接准咨称：据海参崴商会禀称，崴商被灾一案，请再力催多赔若干，免致灾户受亏涉讼等情。并钞录原禀暨华俄文函稿前来。查此案本部于上年十二月间据海参崴桂委员禀请，再向俄廷议增，即当极力开导收领结案等情当复。一面电驻俄萨大臣，一面照会俄使设法量予增给，以期早结。嗣该使照复，竟欲牵入他案一同办理，萨使来电亦有外部始终不允再加，意存延宕之语。本部以事经数载，内外磋议不为不力，俄廷不惟于五十万之外不允加增，兼欲牵混以为延宕。万一别生枝节，则案愈无了期，徒令灾商受困益深，不如就此早与商结，尚不至已允之数虚悬无著。除札饬该员传集灾户人等剀切晓谕外，相应咨行贵部查照可也。

二月初四日法律档

护滇督沈秉堃复外部匪确由越来请与法使辩驳电

二十四电敬悉。前奉钧电，迭经饬查，迄未据复，固因边军当时未知注意。而此项证据实难检查，法使明知其难，故意坚持，使我无词答辩，以为要求地步。总之，此事争论要点，惟问匪是否由越纵之使来，则此项时日、号码证据，均属枝叶问题。查攻陷河口，伪濮都督关苐臣先系潜匿东京新街第十五号门牌，匪目张晚、梁金秀、谢巫南、李二延等先系伏于越界之龙鲁、晦坡、芭蕉坪、隆港各处，匪首黄和顺先系铁路公司濮工头，均经洋务局及蒙自关道，先后照会法领在案。又西历一千九百八年五月十六号，即光绪三十四年四月十七日海防新闻捷报内载，清晨四点钟，有改革党三十余人肩荷洋枪，由铁路桥头，安南兵面前堂皇经过一节。凡此皆属匪由越来铁证，伏祈钧部据情辩驳，务使责有所归，不胜感幸。再锡帅于二十六日交卸，秉堃即于是日接护。谨闻。秉堃叩。

二月初五日河口档

粤督张人骏复外部葡欲举澳门环岛而有之应妥酌办理电

正月二十九日电敬悉。撤舰、撤兵，遵正月二十三日钧电，应详查澳督已否实行，彼此同时举办。正月十八日葡舰已赴港修理，二十一日葡领于此议尚无所闻，是葡舰之去，计似无与于三端之议。参观去年四月间迭准钧电，葡使请撤拱北、老望等处驻兵，又刘使电称葡外部请中国勿置兵澳境，又李使电称英外部据葡使诉告华兵入澳各节，并承钧部电示，遽许撤退，即属认为彼界所关尤大等因。宥电所陈，特就收地钞、罢浚海、撤炮舰三端照现办情形而论，可实见诸行事者，惟撤舰一节。葡舰以修理为名先去，即无从与我之撤兵同时举办。两国界务交涉，凡先撤兵者例视为退让示弱，事关机要，理合据实商请裁示。至于收钞，则捕人押勒，浚海则测量南环，并开订购机船，招延公司，皆去冬之事，历经电达在案。诚见葡人举动亟亟不遑，其先由澳门围径三数里租地，近已据有全澳，浸淫逮于滨九洲洋之东南各岛。丙午夏秋，潜移水标贴近湾仔，去冬且派舰驻银坑。十二月十五日准钧电，彼政府竟谓，常派兵轮前往本国属地，直将认银坑为其所属。欲举澳门四面环岛海面而有之事势，实已日逼，前后语意原无轻重于其间。总之，界务一日未定，轇轕一日不清。卓见无遗鄙意，默察葡人已渐易狡悍为阴柔，力诋粤官屏不与议，于内外协筹周计，最非彼愿。今故议地必择香港，勘员不取粤官。此次复谓骏所言失实，特施种种离间手段，然其术甚浅，钧部谅已烛其狡谋也。高司到粤后，应即从长妥酌办理，际此将勘未勘之时，狡诡举动有所闻见，仍当随时电陈，诸乞钧察、主持为祷。人骏。支。

二月初五日澳门档

外部致胡惟德闻革党尚居日本希商外部令出境电

准苏抚电。沪道接横滨密探，孙逆等现尚居名古乡落民家，拟即向佐冢堡号湾等处聘选无政党之通中语或西语者入内煽动，已电饬该探，尾其行止等因。沪道既经探明该逆住址，兼饬尾其行止，似该逆确有潜游日境情事。尊处前电，日外部有尚未离新之語，与此不符。应由执事派员先行密探该逆踪迹所在，如沪道所探果实，再商外部照前议驱令出境，一面电达本部为要。外。

二月初六日香河档

商部奏和兰将订新律令华侨入籍请饬速定国籍法折

农工商尚书溥颋等奏，为和兰将订新律，拟将华侨入籍，请饬速定国籍法以资抵制，恭折仰祈圣鉴事。

窃查中国商民侨寓南洋各埠者，不下数百万人，以和属爪哇等处人数为最多，寄居年代亦为最久。溯其远游岛国，翦辟荆榛，多在欧人未至之先，逮归和属，遂受部勒。我国人民性质多恋祖邦，虽世居彼岛，置田宅，长子孙，而瞻念故乡，服饰土风悉仍其旧，向以重洋远隔，声教未通，徒怀内向之诚，莫遂子来之愿。近年朝廷轸念侨情，保护维持，无微不至。是以各埠商会、学堂次第成立，和人睹此情形，深怀疑忌，一变其威力压迫之策，转而为羁縻笼络之谋。初由国会议准华侨入籍之案，近复拟订新律，凡久居彼属者，皆将入殖民地籍。华侨自闻此议，函电纷驰，互相奔告，联络各埠商民开会集议，共筹对待之策。现据呈称，请速定国籍法，以资抵制等情到部。臣等伏思一国之国民，必有一国之国籍，国籍之出入，必有法律以定之。中国户籍之法，历代具有成规，今制尤为完善，徒以时处闭关，条文未备，只详此省与彼省界限之攸分。未计我国与他国范围之各异。臣部前据侨商电禀，业经咨商修订法律大臣，从速厘订。本月该大臣具奏筹办事宜清单，内载已拟订国籍条例，并译各国国法入籍法异同考等语。第虑告成尚需时日，万一和国拟订新律，克期实行，是时华侨虽群起力争，无国力以为后援，则众情易涣。部臣驻使虽多方磋议，无法律以为依据，则胜算难操。臣等深维职守，目击时艰，若坐视海外百万侨民转瞬即隶他邦版籍，上何以副朝廷委任之重，下何以免商民责望之严，惟有勉竭愚诚，共图挽救。除随时咨商外务部、出使和国大臣，妥筹办理，并饬臣部所派游历人员行抵各埠，会同商会总协理等，切实勉励侨民咨询办法，以达商情而坚众志外，拟请旨饬下修订法律大臣，将国籍法一门迅速提前拟订，克期奏请钦定颁行，以利外交而维国势。所有和兰拟收华侨入籍，请速定国籍法，以资抵制缘由，理合恭折具陈，伏乞皇上圣鉴训示。谨奏。

宣统元年二月初八日法律档

外部致浙抚增韫日使谓杭州日租界被盗应归会审希查案核办电

日本使送来节略称，准驻杭日领电，现有华人盗贼入日租界栈房，盗去日商货物之案。巡抚援引华文上海会审章程，谓被害日人不到案，不在会审之例。嗣询据上海道回电，谓此等案件，无论日人到案与否，应归会审。查上海会审洋文章程所载，案件牵涉洋人者，应归会审，以重法规等语。此案应否会审，希即查照成案核办，电复外部。庚。

二月初八日法律档

日使伊集院来外部言延吉领土权让与中国韩民裁判权归日本语录

宣统元年二月初十日，日本伊集院使来部会晤问答：

告以东省交涉各案，迭与东督往返电商，东督相持甚坚，丝毫不能相让。本大臣原以彼此讲理，终无了期，故拟互商通融相让办法，以期合拢。现东督既坚持前议，今日我亦不能不下断语。拟请贵大臣先告我以最后之让步，我们当将贵大臣之意与东督来电，再与王爷中堂及各位军机大臣商量办法。尚望贵大臣原谅我们为难情形，竭力相让，庶几可有结局之望。

伊云：前几次会议之情形，我已报告政府，间岛领土权让与中国，已是极大让步。今又奉到政府训条，谓该处裁判韩民之权，万难商量。因日本之宗旨在保护韩民，故裁判之权当归日本。惟原意将该处日韩人民一律准其杂居，诚恐此事不易商办，现拟出请开商埠地方共六处，日本商民只限在商埠以内。其埠外之韩民亦划出一地界，在地界以内者，由日本领事裁判以外者，仍由中国管治。此系日本格外退让之意，若中国不允此办法，则前允之领土权一层，仍须撤回。言次，即将节略及间岛图呈阅。

答以检阅来图，分立东间岛、西间岛名目，与我们原来延吉厅之四至，大相悬殊。此事愈说愈远，实无可商量。至裁判权一层，以原来历史考之，韩民之在延吉一带越垦者，经韩王再四恳请，始允留垦，相安已久。韩民服我管辖，纳我税租，受田为氓，原与华民无异。今日本欲将相安之成法尽行变更，我们万难答应。

伊云：连议数次，日本已将领土权让与中国，贵国竟无丝毫相让之处，殊为可惜。只可望贵大臣与贵国熟商办法，再行商议，或再电东省当局者来京顾问，与本大臣等共商办法何如?

答以我们自当与我们政府详为商榷再议，惟贵国所谓相让之领土权，我们视若未曾相让。因领土原居中国，凿凿有据，贵国强词辩论，固属无理。现既自知其非，认为我属，何能谓之极大让步。且既以领土权认为我有，而犹欲在该处设立日本警察、官吏，处处侵我治理，尤为有名无实。

伊云：我们设立警察，系行司法之事，决不侵害中国行政权。

答以若如贵大臣所云，本大臣实难商办，且俟商明王爷中堂再行订期会议。

伊遂去。

二月初十日延吉边务档

日使伊集院面递外部请允日本在延吉设领署六处节略

宣统元年二月初十日，伊集院使面交节略称，凡间岛问题者，只以领土之所属如何，自不得视为重要争点。查帝国政府之见地而论，在该处保护韩民之问题，原系根本紧要事项。是以如将该领土让与中国，乃对于该处杂居韩民之裁判管辖权，必不得不归于帝国政府。而中国政府亦关于领土权既得帝国政府之让步，则对于韩民之管辖权一节，自可同意帝国政府之主张为是。但帝国政府酌量中国政府所虑情形，以为使其容易妥协，凡在间岛韩民杂居地界，可允将现时密集地方为限，则东以艾呀河，北以延老爷岭，西以沿老爷岭至定界牌为界。至于老爷岭以西所谓西部间岛之全部，及艾呀河以东地方，虽有韩民杂居，帝国政府可允除由将来准韩民杂居地界内。

一、议允将左列六处开放为通商地，并日本在龙井村设领事馆，其余五处均设分馆。

龙井村、局子街、头道沟、百草沟、下泉坪、铜佛寺。

一、议允日本在前列六处以外之各地，自设警察署及警察官驻在所，专办理韩侨保护及取缔事宜。

一、拟允凡日本人只于各通商地居住。

延吉边务档

外部复美使费奉省洋货欲免厘捐须实行加税免厘照会

为照复事。

前准照称：东省新开商埠，于洋货有违约繁征之处，当经本部咨行东三省总督查复去后，兹准该督复称，此案前准美国驻奉总领事迭次照会，饬由度支司札据各商埠税局查复。内称，洋货在洋商手中，照通商口岸之例不向收税。惟在华商手中拆包改装，仍征销场税等情。查奉省税务以销场税为大宗，系征收于商埠界外。若不论华商、洋商，趸货、零货，概照租界免税之例，则奉天税项必至锐减，无从筹补。惟有请与各国驻京公使提议速行加税免厘之法，以筹抵补等语。本部查该督复称各节，于拆包改装零售之洋货征收销场税，并非重征于沿途转运之时，尚与前订东三省新开各埠试办章程，无所违悖。若必欲使洋货于抽厘一事毫无轇轕之处，自非实行加税免厘不可，中国固甚愿各国赞成斯举也。相应照复贵大臣查照可也。

二月十四日税务档

清宣统朝外交史料卷一终

清宣统朝外交史料卷二

宣统元年二月下至闰二月上

会议禁烟专员刘玉麟致外部译呈各国禁烟条款函

谨肃者：

此间会事，自开议以来，各国议员将各该国调查鸦片报告书先后呈会，旋即陆续提议，计共会议十四次，直至初七日为末次会议。将各国提议各款由全体会员公评，共计决定九款，即由各国会员报告该国政府裁决施行。麟等于初七日曾将我国提议三款纲目电达左右，其余历次议案及各国报告书，均已分别择要翻译，一俟译毕，再行汇案详细报告。此次会议，各国议员于禁烟问题，均甚热心研究，本会主席美国议员布伦德，于我国提议尤能竭力维持良堪嘉尚。经此次会议，将来逐渐进行，于万国禁烟前途，固有良好结果。即我国禁烟有关于国际交涉者，亦可藉此次决定条款以为发议基础，庶几逐渐进步就我范围。谨将会议公决九款译呈宪鉴。

一、中国政府以禁除全国鸦片出产行销之事，视为重大，实力施行，且舆情协助得以日见进步。故本会会员承认中国之坚诚，虽各处成效不一，然已获益不浅矣。

二、因思中国政府实行禁阻吸烟之例，他国亦同此举动，故本会敦请各代表陈请各该政府，于其本境或属地内体察各国情形，逐渐推行吸烟之禁令。

三、本会查得鸦片之用途，除作医药外，在会各国均视为禁物，而颁行严密条例，使之逐渐消灭。因此本会承认，各国情形虽有不同，惟应敦促各国政府，借鉴别国办理之经验，考订其取缔规则。

四、查各国政府均有严厉法律，其宗旨或直接或间接，以禁止鸦片烟暨鸦片质提制之品私运入国。因此本会会员声明，凡与会各国均有责任订立相当之规例，以禁止鸦片烟暨鸦片质提制之品，运往已颁行上开禁例之他国。

五、查吗啡之制售流布漫无限制，早酿成巨患，吗啡瘾疾已露蔓延之象。因此本会甚愿力请各政府，制定严厉规则于其本境或属地内，以取缔此药物之制售流布，及由鸦片中提制杂和之品研究其质。傥若妄用，则与吗啡毒害相同者一律限禁。

六、本会会员于组织上碍难按科学之理，研究鸦片烟及戒烟药品之性质功用，然深悉此项研究极为重要，故本会甚望各代表将此问题陈诸各该政府酌定办法。

七、本会极力敦促凡在中国有居留地及租界之各国政府，傥于各该居留地及租界之内，尚未实行关闭鸦片烟馆者，须仿照他国政府已经施行之禁令，参酌情形迅速举办。

八、本会会员敦促凡在中国有居留地或租界之国各代表，须陈请各该国政府与中国议定条例，禁止制造、贩卖内含鸦片烟质或鸦片提制品之戒烟丸药。

九、本会会员劝勉各国代表，陈请各该国政府，凡在中国有居留地或租界者，施行药商专律于领事裁判权限之内，俾该国之民有所遵守。

二月十五日禁烟档

外部致粤滇桂黔各督抚革党潜运枪枝到云贵希饬防范电

江督苏抚电：据沪道电称，接日本密探来电，孙逆共储枪枝三万余，分存对马及萨之马两处。去年二辰丸运粤之枪，系从对马拨出。今派粤人游知，方入萨之马，将枪万余枝用该处民船先盘出海，运入缅甸，潜到云贵广西。该密探已混入该党，故一切秘密知之最详，请密饬严查以遏乱萌等语。业经本部进呈，希即查照，速饬严密稽查，认真防范，毋稍疏虞为要。谨遵旨电达。外。

二月十七日香河档

美使费复外部东省若不照章征税于加税事反致迁延照会

为照会事。

宣统元年二月十四日接准照复本大臣西历去岁十二月一号之照会，论东三省有违西历一千九百零七年十一月十九号试办章程，致将洋货税项加征。按该章，无论洋货在华商手内，一经征有进口税，即从此口运往彼口，则内地各征一概豁免。贵亲王据东督咨复，洋货在华商手内或拆包改装，有征销场税等情。并云：奉省税项以销场为大宗，此税若停，当提议加税免厘之法，以筹抵补等情。按美领事驳复，系为销场税在通商口岸征收，实系有违一千九百零七年十一月十九号该东督订定试办章程。东督知不能公然自谓办法有理，故又云，非速行提议加税免厘之法不可。本大臣甚愿中政府加增进款，今贵国甚愿与各国提议加税免厘事。贵亲王应悉，若不照章征税，实于提议加税之事，反致迁延时日。因东省与他省于已定约章尚不遵行，将来加税免厘之约改订，各省官员又有何凭证，确能保其实力奉行。是以各国于加税之事，不欲徒事提议，也为此照会贵亲王查照。须至照会者。

二月十八日税务档

外部致美使费美孚在梧州起卸火油若立合同亦可通融函

宣统二年正月二十三日接准函称：顷接本国驻粤署领事官来电，据美孚公司接梧州税务司函称，将来油箱船只到梧，如为数甚巨，切勿在各船停泊处所起卸等情。查此等办法，该税司不但任意，而行冒失，无论且于美国所应有条约内之利益，亦多妨碍等因，当经本部咨行税务处转饬总税务司查明声复去后，兹准复称：札据署总税务司申复称，查火油一物易出危险，自不得准其装船驶入口界中间，俾免他船受意外之连累；更不得准其装于趸船，在口界中间常行存储，以致危险更巨。凡装载火油之船，按照通商各口理船厅章程，均指明特别处所，令其停泊隔离他船，以妨出险。查阅中国所订各约章，亦无允准此项油船驶入口界中间，及在口界内趸船上常久存储火油之语义。惟若有特别情事通融办理，亦须特定保安之条款，由火油公司承认遵行，方能照允。

奉到前因，即经电询梧州关税务司查明声复。兹据电复称：装运火油船只驶入本口界内中间，历经地方官禁阻，嗣由英商亚细亚火油公司往复磋商，始由官宪订定条款。由该公司立有合同，承认签押并另具甘结，声明出险认赔等语。缮就签交，遂经官宪特别通融办理，准该公司在口界岸上建筑火油栈房，并准该商装载筒油船只到口界内暂停。立即卸油入栈，每次准运至多之额数为一万二千桶。今美商美孚公司装运火油在梧，并未建有栈房，又未立有合同，承认条款另具之甘结，亦未缮交，竟欲力请将趸船停泊口界之内存储桶油。曾由绅士禀驳不准，嗣由督宪准该公司，如其具交甘结，于三个月之间，暂用大趸船存储桶油于口界之内。乃甘结缮就，并未签押。忽于本年正月十二日，该公司来有油船三只，入口泊于各他船之间，计共装火油四万五千桶之多。伏思火油实属危险，而运数又如此之巨，原欲令其中极大之一船退移口界以外，嗣经通融允准该油船在口界内，只此一次，且告诫以此后不能再准入口界之中间。若果美孚公司建有栈房，立有合同，承认条款，具交保结签押，一切均照亚细亚火油公司成案办理，亦可特别通融。准其与亚细亚公司享受同等之利益等情，申请转咨等因，咨请查照前来，相应函复贵署大臣查照，转饬美孚公司，遵照地方官所酌定办法办理可也。

二月二十三日商务档

使日胡惟德致外部应否雇探跟踪革党电

咸电计达。顷据张领事电称：中村昨回名古，将游信州，但其踪迹无定，应否雇人跟探。费恐太巨，乞速电等语。查中村是否果系孙逆，非跟探无从确知，名古村地段颇大，户口数万，非本署人所易密查。现该领既雇有密探侦得消息，应否属其继续跟探？惟需费太巨，应如何办理，乞速电遵行。除电该领，仍饬侦踪毋懈。[外]。德。养。

二十三日香河档

外部复胡惟德应雇密探续侦革党电

东、咸、养电均悉。该领既雇有密探，自应属其继续跟探，随时电闻，惟所费不宜太巨。希由尊处酌核发给，作正开销。外。敬。

二十四日香河档

粤督张人骏致外部查明日商私据东沙岛请与日使交涉电

顷据查明，蒲拉他士即东沙岛情形，由香港轮行十六点钟，可到岛之东面沙碛。因抱作半月形，产玳瑁，多磷质，日人自丁未秋到该处经营。岛南有木码头，岛上设小铁轨、德律风、吸水管等物。初时水咸不可饮，经已安有制淡水机厂，近系凿池蓄雨水为用。该厂已废日本式房屋约三二十座，皆草率成工者，日人竖旗并立木椿一柱，书明治四十年八月，背面书西泽岛字样。办公所一区事务人，名浅沼彦之亟暨两医生员弁等。与之问答，据称系受台湾西泽吉治委任，在此经商，并非公司，系个人生理。亦未知日政府曾否与闻，惟去年夏，台督曾派官吏六人至此。现在计有日本男女大小一百零一人，又由台招来工人三十三名住此。日本商轮，约每月一至或二三至不等，并不识此岛应属何国等语。又查香港华字报，载有十九日印登日人在惠州插旗传闻一段，谓：敝国人百余名在惠州东沙地方插旗，并驱土人渔船。敝领事查无此等情事，亦未知此说何来，烦为更正。香港日本领事署上一节。可见该岛日人只系经商私往，政府或未闻知，其驱逐渔船，已据渔民具控，有案证。以两次往查情形，该日商西泽频年所为，殊属不合，自须商令撤回。应否由钧部与日使交涉，或先由粤向日领询问，俟复答后再作计较，均酌示办。人骏。漾。

二月二十四日蒲岛档

外部复张人骏东沙岛事请询日领俟其答复再办电

啁、漾电悉。日人前年即在该岛纠人建屋，极力经营。现又添设铁路、电话、码头等项，是其布置业已大备。我于此时始经查系我属，本已后时，现只好照漾电所称，先由尊处询问日领，看其如何答复再行核办，并转江督。外务部。

二月二十四日蒲岛档

使日胡惟德咨外部录呈日外务省所定驻华领事管辖区域文

为咨呈事。

查日本外务省所定驻扎中国领事官管辖区域办法，于交涉事宜，颇有关系，谨照录原文，咨呈大部查核备案。

二月二十六日杂项档

谨录日本外务省令

在外帝国领事官管辖区域所定如左（明治四十二年三月六日）：

清国安东驻在帝国领事官管辖区域：

奉天省中凤凰厅、兴京厅、庄河厅、安东县、宽甸县、通化县、怀仁县、辑安县及临江县。

清国辽阳驻在帝国领事官管辖区域：

奉天省中辽中县。

清国奉天驻在帝国领事官管辖区域：

不属于驻在奉天省中安东、牛庄、长春、铁岭，及辽阳等处帝国各领事官所管辖之地方。

清国铁岭驻在帝国领事官管辖区域：

奉天省中海龙府、铁岭县、开原县、辽源州、昌图府中奉化县及康平县。

清国牛庄驻在帝国领事官管辖区域：

奉天省中营口厅、锦州厅、盖平县、海城县及复州。

清国长春驻在帝国领事官管辖区域：

吉林省中长春府、农安县、伊通州。

奉天省中洮南府及昌图府中之怀德县。

清国吉林驻在帝国领事官管辖区域：

不属于驻在吉林中哈尔滨及长春各帝国领事官所管辖之地方。

清国齐齐哈尔驻在帝国领事官管辖区域：

不属于黑龙江省中哈尔滨帝国领事官所管辖之地方。

内蒙古中不属于驻在天津帝国领事官所管辖之地及外蒙古。

清国哈尔滨驻在帝国领事官管辖区域：

吉林省中新城府、依兰府（汤源县、大通县及临江州在内）、密山府、五常厅、双城厅、绥芬厅、宾州厅、榆树县及长寿县。

黑龙江省中由嫩江与陶儿河之会合点，经拜泉到黑龙江与勃雷亚河会合点以东之地方。

清国天津驻在帝国领事官管辖区域：

直隶省、山西省及察哈尔都统所管辖之内蒙古一带地方。

清国芝芣驻在帝国领事官管辖区域：

山东省。

清国上海驻在帝国领事官管辖区域：

江苏省中松江府、太仓州及通州。

浙江省中宁波府、台州府、温州府及处州府。

清国南京驻在帝国领事官管辖区域：

江苏省中镇江府、淮安府、徐州府、江宁府、扬州府及海州。

安徽省。

清国苏州驻在帝国领事官管辖区域：

江苏省中苏州府及常州府。

清国杭州驻在帝国领事官管辖区域：

浙江省中杭州府、嘉兴府、湖州府、金华府、衢州府、严州府及绍兴府。

清国汉口驻在帝国领事官管辖区域：

湖北省中汉阳府、武昌府、德安府及黄州府。

河南省、甘肃省、新疆省。

清国长沙驻在帝国领事官管辖区域：

湖南省、江西省中袁州府。

清国沙市驻在帝国领事官管辖区域：

湖北省中荆州府、荆门州、襄阳府、安陆府、施南府、宜昌府及郧阳府。

清国重庆驻在帝国领事官管辖区域：

四川省、贵州省、云南省、西藏。

清国福州驻在帝国领事官管辖区域：

福建省中福州府、延平府、建宁府、邵武府及福宁府。

清国厦门驻在帝国领事官管辖区域：

福建省中兴化府、泉州府、永春府、漳州府及龙岩州。

清国汕头帝国领事官管辖区域：

广东省中潮州府、嘉应府及惠州府。

福建省中汀州府。

清国广东驻在帝国领事官管辖区域：
广东省中不属于驻在汕头帝国领事官所管辖之地方。
广西省、南海岛。

外部复伊集院中韩国界证据确凿逐节申辩节略

吉韩界务事，前准节略，以中国政府所复各节均未能允认等因。查延吉地方为中国领土，证据确凿。中韩国界，本极分明，贵国政府强执无据之词，再四相驳，诚恐空费时日，而贵国所主张之理由终难成立。兹就所开各节，逐节申辩如下。

来文谓：查长白山一带，本系中国、韩国两国发祥之地，其属中或属韩尚未明确，尤应履勘边疆，划定国界。故中国派穆克登至白头山，会同韩官竖立界碑，以为他日之据。乃该碑之为定界石，征诸各项证据毫无疑义等因。

按：长白山一带之中韩国界，证之康熙历年之谕旨、国初图志及朝鲜承文院所藏穆克登查边故事，并无属中属韩尚未明确之说。故康熙五十年之谕旨但言遣员查边，并无勘界之命，且云：此去特为查我边境，与彼国无涉。而穆之咨文亦首揭明曰为查边事，则此举之非勘界，而界之无待于勘，可知穆总管既仅受命查边，断无擅自定界之理。彼朝鲜所派二员，一曰接伴、一曰观察，皆非有勘界权者，又断无会同定界之理。且查朝鲜承文院故事，穆之入山只带朝鲜通译人数名，韩员并未同行。何得谓会同韩官竖立界碑，划定国界乎？然当时国界虽不待划定，而碑文西为鸭绿、东为土门二语，实为现在中国所主张之确据。故前照声明，无论为界碑与否，于中国主张之事实无所更变。盖取该碑为证，则豆满江为中韩国界，愈觉毫无疑义也。

来文谓：白头山分水岭立界碑处，实有一水东流，名曰土门，且此水正与该碑文相符。查边至此，审视西为鸭绿，东为土门，又与分水岭上勒石为记之说相符。乃中国不认实在情形，漠然主张豆满、土门同为一江之说，未免为偏见等因。

按：贵国前次照会，既本李重夏复命书曰，穆碑之下有土岸如门，为土门。今又谓白头山分水岭上立碑处，实有一水东流，名曰土门，是殆以松花江支源之黄花松沟子为土门也。夫长白山之水发源西麓者，皆西流而入鸭绿江；发源东麓者，皆东流而入图门江；发源北麓者，皆北流而入松花江；为天然之巨浸。黄花松沟子为松花江之支源，虽发源长白山北麓偏东之处，其经流方向实北流而入松花江，若以此为土门，则穆碑当谓审视西为鸭绿，北为土门，岂不与东为土门之言，位置大相反背乎？夫谓西为鸭绿、东为土门云者，盖明乎？鸭绿、土门二江发源长白山，东西分流，幅员之长，可相匹敌。其绝不至以北流而入松花江之黄花松沟子，而谓东为土门也明矣，何得谓此水与岭上勒石为记之言相符？贵国政府既屡执穆碑为界碑，以为立论之基础，然贵国所主张之土门，证之穆碑之文义，其错误已如此矣。

来文谓：康熙五十年上谕所载，系中国独自决定之词，不可以律韩国。且内有土门江发源长白山，之东南入海，其西南为朝鲜，东北为中国等语。如以此土门为豆满，则其方位大相径庭。盖豆满江之本流多向东北，特其江口向东南耳。如以西南为朝鲜，则不可谓无意义。是康熙上谕于勘界问题，未足为有力之论据也等因。

按：来文谓，康熙五十年上谕所载，系中国独自决定之词，不可以律韩国。夫韩民越垦，始于光绪初元，吉韩界务之争，始于光绪九年。而自康熙年间以至光绪初元二百余年之间，中韩两国确守图们江为国界，并无界务之争执，则何谓康熙上谕为独自决定之词，不可以律韩国乎？来文又谓豆满江本流多向东北，特其江口向东南，故以西南为朝鲜，则不可谓无意义。夫豆满江本流折而东北，江口向东南，《盛京通志》所叙，土门江流已如来文所云。然此仅就图们江经流之方向言之，而非就吉、韩分界之大势言之也。论吉、韩分界之大势，则康熙谕旨西南为朝鲜、东北为中国之语，仍无丝毫错误。盖谓自长白山东边流出者，举其发源处言之，也向东南流入于海，举其下流入海处言之也。则康熙上谕所称之土门实为朝鲜人所称豆满之确证，何得谓于勘界问题未足为有力之论据乎？

来文谓：中国政府援引光绪八年八月十二日朝鲜王咨文，内所称，敝邦与天朝中外一家，实同内服，而大小两界，原有天限之土门江，分隶吉林及咸镜、平安之地等语，主张韩国亦已认土门、豆满同为一江。惟查豆满江未曾隶于平安道，乃所谓土门者，应以韩国向所主张之土门江为至当。是上开公文，亦不足认土门、豆满同为一江之证也等因。

按：朝鲜国王谓，大小两界，原有天限之土门江，分隶吉林及咸镜、平安之地。盖图们江经流吉林南部，包朝鲜咸镜、北道之六镇以入于海。朝鲜昔时各种图志，莫不以豆满江为国界。韩王此次来文，申明土门江界与其国内图志之以豆满江为国界者相符，则韩王所称之土门，即为其国人所称之豆满也明矣。且来文谓，所谓土门者，当以韩国向所主张之土门为至当，而不知韩人所倡土门之说始于光绪九年，而此次来文则在光绪八年。韩人并未倡有土门非即豆满之说，何得谓土门者当以韩国向所主张之土门为至当乎？则固不得以朝鲜国王咨文不足为土门、豆满同为一江之证也。

来文谓：光绪十一年公文内，有土门江以南为韩国之地。敝邦虞边民或争闹滋扰，贻忧上国，故空土门江以南，禁民入居，迩年边禁之弛是敝邦地方官之责耳。然以敝邦之民居敝邦之地，何不可之？有后人不知，却认豆满江为界。敦化县曾照会敝邦该地方官，刷还农民至此，事有关境界，亦系后弊，宜查勘一审，申明旧疆等语，足见韩国固执土门江以为韩国领土之主旨等因。

按：来文所称，公文未见中韩交涉公牍，即令有之，亦为光绪十一年未经勘界以前之争论。至十一年勘界以后，此等浮言固已扫除净尽，本无足辩。然即就该公文论之，亦实自相矛盾。夫国朝以盛京之兴京以东，吉林之伊通州以南，图们江以北，为发祥重地，历朝封禁之谕不下百余通。向非我之领土，我何得有封禁之权？该公文谓土门江以南禁民人居，则图们江北之为封禁重地，该国人莫不知之。而又谓土门江以南为韩国之地，其自相矛盾者一也。该公文谓，迩年边禁之弛，为敝邦地方官之责，则韩民之为冒禁越垦，韩人已自认其咎，而又谓以敝邦之民居敝邦之地，何不可之？有其自相矛盾者二也。则此公文为强词饰说，灼然可见。

来文谓：十一年李重夏会勘图，并无认豆满江为国界之文，且于是年初次勘界时，中国勘界使主张豆满江为中韩国界，李持土门为界之议，甚为强固。试阅光绪十二年九月二十日袁大臣世凯致朝鲜国金督办照会，内云：安边府使终执碑堆为据，藉词狡辩，因商定彼此各持图回报等情。同时并准咨称：接朝鲜国王咨辩，大略执碑堆土门为据，请查核议转奏等语。又李重夏乙酉《会勘问答记》，有：我曰大抵碑堆之水则下流，果入于松花江，以豆满江言之，则其流不接于碑堆。以此之故，界址至今不明。又云：贵国每以碑不足据为词，然则初无勘界之可论也。界在于碑，而碑在见疑，则复何可援证？立碑徒苦口舌乎各等语。此足以窥其实情，故该图亦不可为土门乃豆满之据也等因。

按：来文谓，光绪十一年李重夏会勘图，并无认豆满江为国界之文，不知自十一年勘界以后，图们江流已经两国委员勘明。李重夏不敢如钟城府使之以海兰河为土门江，且不敢如韩人所绘地图之以布尔哈通河为土门江。并不敢以图们江非即豆满江，已明知图们江为中韩国界，不能妄为争辩。故会勘图注明豆满江即图们江，以明国界之所在。十三年复勘时，遂不勘茂山以下之江流，而但勘茂山以上之江源，实为初次勘界之效果。而李重夏会印图又为初次勘界，指明图们江为国界之凭证也，何得谓其并无认豆满江为国界之文乎？又谓初次勘界时，李重夏持土门为界之议，甚为强固。盖是时中国委员证明红丹水为吉韩旧界，李重夏以其距穆碑稍远，未能协议。光绪十三年复勘时，李重夏谓图们界限既有明白图志可据，只宜增竖一碑于红土水之上，以明穆碑土门之议，实本于此。则李持土门为界之议虽甚强固，而固不敢谓茂山以下之图们江流，非吉韩国界也。至李重夏所称碑堆各语，已明知碑东之水流入于松花江，不足为两国界址，故十三年会勘记，李重夏有云：图们、豆满乃是一水，而图们天限载在图典，则敝邦惟求碑堆之与土门相照应，仍遵守为了事之方也。可见十一年李重夏执碑堆各语，已为十三年李重夏寻求图们江源与穆碑土门相贯之张本，则何得谓李重夏所绘地图，不可为土门乃豆满之据乎？

来文谓：查土门之名，见于明正统年间纂修、嘉靖年间重修之《全辽志》，云：土门发源长白山北之松山，入松花江。其图考所载土门之位置，正与韩国向所主张之土门江相符，是土门之名，在昔时与豆满或图们非一江之确据。可见韩国所主张，征之中国古籍亦为至当也等因。

按：来文所引，《全辽志》有土门发源长白山，流入松花江之说，及所载土门位置图。查松花江见于明代史志，原称为混同江，固不得冒以土门之名。然即令长白山北有土门地名，亦为明嘉靖修志时所称之土门，而非国朝与朝鲜分界所指之土门也。贵国屡次照会，皆欲以松花江即土门江为立论之要点，今来文又欲征诸中国古籍，以明土门豆满之非一江。因不惮繁冗，广征中外载籍图志所记国朝吉、韩分界，土门江流形势，证明土门、豆满、图们之确为一江，以俟贵国政府之详考焉。图们江，《辽史》称驰门，《金史》称统们，亦称图们，《明史》称徒门。译音虽有参差，江流实未变易。

一、土门江中外载籍有专用土门之名，而足证土门、豆满、图们之确为一江者。朝鲜承文院所藏穆总管查边时，咨朝鲜按使文有云：我亲至白山审视鸭绿、土门两江，俱从白山根底发源，东西两分流。原定江北为大国之境，江南为朝鲜之境，历年已久不议外，在西江发源分水岭之中立碑，从土门江源顺流而下，流至数十里不见水痕，从石缝暗流至百里，方现巨水，流于茂山两岸。故商议于茂山、惠山相近，此无水之地，如何设立坚守。

朝鲜《通文馆志》云：穆克登曾从土门水道以下，约行三百里到茂山，又造四小舟，水陆并行至庆兴海口，还至庆源越江至厚春乃去（按厚春当即今之珲春）。康熙四十五年，上谕大学士等曰：朝鲜国有八道，北道与瓦尔喀地方土门接界（按瓦尔喀，一作库尔喀齐，又作库尔喀，又作库雅喇）。

《盛京通志》〈云〉：长白山在船厂东南一千三百余里，西南流入海者为鸭绿江，东南流入海者为土门江，北流经船厂东南出边者为混同江。又曰：土门江在宁古塔城南六百余里，源出长白山，东北流朝鲜北界，复东南入海。

国初齐召南《水道提纲》云：土门江出长白山东麓，曰土门色禽，东南流北岸受阿几个土门，南岸受朝鲜水二。一曰渔顺河（按即韩人所称之渔润江，一曰西豆川，又名三江口），一曰波下川（按即韩人所称之朴河川）。至大川东麓折北流，受东来之水，其东岸朝鲜茂山城也。折而西北，其东岸朝鲜良雍城也。又折东北流，平地中数百十里受南来水三；其东岸即朝鲜方山堡及会宁、高岭、王坦、钟城、潼关、雍大七城，皆滨江有小水西流入焉；其北岸至大山南麓，噶哈河来会；其南对岸即朝鲜稳城也，又折东流百余里，合北来小水三；其南岸，即朝鲜美践镇城也，折东南流数十里，又有东英额河来注之；其西岸，即朝鲜循镇城，南为庆源府城也；又东南经辉春村，西有辉春河，合十数水西南流来会；又东南流百余里，其南岸当水曲，即朝鲜庆兴城；又东南流入海。

日人丸家善七所刊《朝鲜国志》有云：土门江在国东北界，源发长白山东南麓，东南流入海。又云：珲春之库尔喀齐与朝鲜只隔土门江（此康熙五十年土门江上谕，已见前，不再引）。

以上所述土门江之见于中外载籍，皆专用土门之名者。请证明土门、豆满、图们确为一江，举其要点于下：

按：穆克登咨文，谓鸭绿、土门两江从白山根底东西两分流，原定江北为大国之境，江南为朝鲜之境。盖以土门江为吉、韩旧界，吉林居其北，而朝鲜居其南。若如来文所主张之土门，其经流全系北向，则咨文何以不谓江西为大国之境，江东为朝鲜之境，而谓江北为大国之境，江南为朝鲜之境乎？且何以不谓鸭绿、土门二江西北两分流，而谓东西两分流乎？此土门、豆满、图们之确为一江者，其证一。

咨文又谓土门江流于茂山两岸，故商议于茂山、惠山相近此无水之地，如何设立坚守。查朝鲜之惠山镇治，恰当小白山东南土门江源红丹水，实发于其北。茂山府治，适居西豆水，合图们江，处之东南。咨文既曰，流于茂山两岸，又曰，与惠山、茂山相近，则固以查明土门江源之国界，实沿惠山附近以东，至茂山附近也。若如来文所主张之土门，则北流而入吉林腹地，何得谓土门江流于茂山两岸乎？且舍土门江源红丹水之外，又何得于惠山、茂山相近，此无水之地，设立坚守乎？此土门、豆满、图们之确为一江者。其证二。

穆克登奉旨查边，原为查明鸭绿、土门两江，故由鸭江海口以至鸭绿江发源之长白山，又由土门江发源处以下，至土门江海口。此所以查明江源之后，复由茂山而下，巡视江流而径至庆源庆兴也。若如来文所主张之土门，则穆克登当顺松花江而至吉林，何缘得至茂山及庆兴海口乎？此土门、豆满、图们之确为一江者。其证三。

康熙四十五年，上谕曰：朝鲜北道与瓦尔喀地方土门江接界。《朝鲜国志》亦曰：库尔喀齐与朝鲜只隔土门江。按瓦尔喀居珲春之东，与朝鲜庆源相对（见《满洲源流考》），此土门所以为朝鲜北道与瓦尔喀之界水也。若如来文所主张之土门，东距瓦尔喀千有五百余里，与康熙上谕所谓朝鲜北道与瓦尔喀土门江接界，朝鲜只隔土门江者，皆不相合矣。此土门、豆满、图们之确为一江者。其证四。

《盛京通志》谓，土门江在宁古塔城南六百余里。按之今日图门江距宁古塔之方向里数，与《盛京通志》相符。而来文所指之土门，其下流经宁古塔西八百余里，则与《盛京通志》不合。此土门、豆满、图们之确为一江者。其证五。

齐召南《水道提纲》谓，土门江发源长白山之东麓，《朝鲜国志》谓发源于长白山之东南麓。考长白山东之水红丹、石乙二水，发源长白之东麓者也，故必发源长白山之东麓及东南麓者，始为土门江源。若如来文所主张之土门，就长白山大势言之，只可谓发源长白山之北麓；就穆碑言之，只可谓发源于长白山北麓偏东之处，与《水道提纲》所谓东麓，及《朝鲜国志》所谓东南麓者，位置相反。此土门、豆满、图们之确为一江者。其证六。

《盛京通志》谓土门江东北流绕朝鲜北界，复东南入海。《朝鲜国志》亦谓其东南入海，此盖举土门江之大势而言。惟齐召南《水道提纲》谓，土门江发源后东南流，折而东北流，复折而东南流入海，所记土门江流方向，证之今日实测之地图，一一符合。若如来文所主张之土门，则向西北流二千余里，合嫩江后，始东北流，以入于海，与《盛京通志》及《朝鲜国志》所谓东南入海、《水道提纲》所谓发源后东南流，折而东北流，复折而东南流入海等语绝不相符。此土门、豆满、图们之确为一江者。其证七。

《盛京通志》谓土门江绕朝鲜北界，东南入海，《朝鲜国志》谓土门江在国东北界。《水道提纲》则于土门经流朝鲜茂山、会宁、钟城、稳城、庆源、庆兴六镇，以及朝鲜沿江有名城市，纤悉毕具。且叙东北海诸水，篇首特书其西水最大为朝鲜东北界者，曰土门江。叙朝鲜国水篇首特书，自土门江南岸为朝鲜东北境，其水会入土门江实足为白山，碑文土门二字之铁板注脚。若如来文所主张之土门，则北流而入吉林腹地，与《盛京通志》所谓绕朝鲜北界，《朝鲜国志》所谓在国东北界，《水道提纲》所谓咸镜北道之六镇，与吉林南部天然之界水等说，皆不相合。此土门、豆满、图们之确为一江者。其证八。

土门江中外载籍有杂用图们、豆满等名，而仍足证土门、豆满、图们之确系一江者。《钦定会典图说》载明：大图门江出白山东麓，二水合流，小图门江出其北，二小水合东南流来会，又东合噶哈哩河，经珲春西南入海。朝鲜国人自著《地理小识》云：白头山在中国朝鲜之界有大泽，周迴十里，西流为鸭绿，北流为松花，东流为豆满，与鸭绿之南则朝鲜也。又云：咸镜道以铁岭之东北豆满江为界，设茂山、会宁、钟城、稳城、庆源、庆兴六镇营于江边。日本参谋本部所著《满洲地志》有云：图们江发源于长白山之东麓，谓为图们色禽。色禽者，河源之义也。东流折而东北五十海里，受西北来一小水，其下为图们江。又谓，满洲南以鸭绿、图们二江界于朝鲜。明治三十九年，东亚同文会翻译俄大藏省编辑之《满洲地志》所叙满洲境界有云：满洲、朝鲜以图们、鸭绿二江为分界，该两江上流之中门，有横于长白山系主脉之白头山顶，其湖水与二江发源处隐相连结。明治三十九年，日人守田利远所著《满洲地理志》之疆域篇有云：其东以图门江口与露领沿海州接境。更溯图们江发源处，越长白山系之主脉至鸭绿江发源处，更至鸭绿江口，以此线与韩国接界。又所叙图们江水道有云：图们江俗称高丽江，为满洲与朝鲜之东北境，及露领沿海州分界之江流，其源发于长白山之南麓、分水岭之东麓。云图们色禽，凡有二源，北曰下乙水，南曰石乙水。东经朝鲜甑山之北，西受红旗河。东流经朝鲜茂山府前，外四道沟河自北入之。又东北经高丽崴子，折东南流经会宁府，又东北经钟城府，至长白山之支峰之南麓，北受嘎呀河。又东经高丽岭之南，东南经崆峒山之南，北受凉水泉子河。又东经密占河，自东南入之。又东至小湾子，南折受老身河、阴阳河之小流。又南经西步江，珲春河东来入之。由稳城至此，江流殆成半圆形。由此东经朝鲜庆兴府之东北，经图们江口入于海。以上所述土门江之见于中外载籍者，皆杂用图们、豆满等名者也。请仍证明土门、豆满、图们之确为一江，举其要点于下：按会典图说谓图们江经宁古塔城南境，则与《盛京通志》所记上门江在宁古塔城南六百里之言合。又谓图们江合噶哈哩河经珲春城西南，则又与《水道提纲》所记土门江至大山南麓，噶哈哩河来会，又东南经珲春村西之言合。此土门、豆满、图们之确为一江者。其证九。

朝鲜《地理小识》谓长白山西为鸭绿，东为豆满，则与穆克登咨文鸭绿、土门二江东西分流，及《盛京通志》长白山西南流入海者为鸭绿江，东南流入海者为土门江之言合。谓咸镜道之东北以豆满为界，设茂山等六镇营于江边，则又与《水道提纲》所记土门江经朝鲜六镇以入于海之言合。此土门、豆满、图们之确为一江者。其证十。

日本参谋本部所著《满洲地志》谓图们江发源于长白山之东麓，为图们色禽，守田利远所著《满洲地志》谓图们江发源于长白山之南麓、分水岭之东麓，为图们色禽，则与《水道提纲》所记土门江发源长白山之东麓，为土门色禽，及《朝鲜国志》所记土门江发源长白山东南麓之言合。此土门、豆满、图们之确为一江者，其证十一。

日本参谋本部所著《满洲志》谓满洲南以鸭绿、图们二江界于朝鲜，俄国大藏省所辑《满洲地志》谓满洲、朝鲜以鸭绿、图们二江为分界，守田利远所著《满洲地志》谓满洲由长白山系发源之鸭绿、图们二江，以此线为韩国接境，则与穆克登咨文以江南为朝鲜，江北为大国，《水道提纲》以土门江为吉、韩界水之言合。此土门、豆满、图们之确为一江者。其证十二。

守田利远所叙图们江水道经流之方向及地域，与《水道提纲》所记土门水道大致符合。此土门、豆满、图们之确为一江者。其证十三。

然则由前之所述土门江者观之，实足证土门之即为豆满与图们。由后之所述图们江与豆满江者观之，实足证图们与豆满之即为土门。则土门一江，无论或称为图们，或称为豆满，译音虽变，而其源流、方向、位置，见诸中外载籍者，终不得而变。则国朝与朝鲜分界之土门江，与来文所指之土门，其不可丝毫牵混也，彰彰明甚矣。若谓土门、图们非为一江，试遍考吉林南郡，舍图们江外，复有何水与以前所述土门江之源流、方向、位置，一一吻合者乎？来文仅以全辽志所载长白山北有土门之名，即谓土门与豆满非为一江之确据，是岂非来文所谓不认实在情形，漠然主张者乎？

来文谓：光绪八年公文之不足为据，如以上所叙。又李重夏于十一年会勘时，主张土门之说始终不渝，并未曾认茂山以下豆满江为国界，亦如上所叙。不知十一年总理衙门奏报有何根据，殊为可疑。且十三年会勘，未及订定完全界约，中道而辍，故两国如何提议，究无分毫效果。此事迭经帝国政府据理辩明等因。

按：光绪八年韩王所称之土门，即为韩人所称之豆满；十一年李重夏会勘，足为认豆满江为国界之凭证，均经上文申辩。而来文谓光绪十一年总理衙门奏报有何根据，殊为可疑。贵国政府于中韩勘界案卷，实未深考。查中韩勘界问答记，李重夏有云：乙酉冬，敝职奉使来勘。恭览总理衙门奏稿有云，朝鲜以图们为界，豆满为图们之转音。考之图志，援据赅明。又与贵局处躬履详勘，屡次商论，以此归复于敝廷。自是以后敝邦不敢株守偏见，惟将图们旧限遵办，断断无他。可见自十年李重夏复命以后，韩之君臣莫不认图们为国界矣。且光绪十一年金永植等述图们江事宜，云：土门、图们不须论，当以豆满一带限南北，又认明土门、豆满为一江矣。则总署十一年奏报，亦本诸李重夏会勘之意见、韩廷之言论，而登之奏牍，何得谓其毫无根据乎？且十三年复勘时，李重夏初次照会即援引总署吉林、朝鲜界址自茂山以东，至鹿屯岛海口，自有图们江天然界限为之划分之文，而以茂山以西为复勘之起点。若谓其毫无根据，李重夏何得反奉为金科玉律？《中韩会勘记》，李重夏援引总署奏稿不下十余次，非欲本此以为协定境界之基础乎？至来文又谓，十三年会勘，未及订定完全界约。夫十三年勘界之案，自红土、石乙二水以下之图们国界，已为韩国上下所公认。惟红土、石乙二水以上之江源，未经决定，已经前照申明。而来文竟谓两国如何提议，究无分毫效果，不知十三年成案有两国之《会勘问答记》可证，有朝鲜勘界使之照会可凭，并韩王十三年之奏咨，及韩王十四年致中国政府之奏稿及其咨文可据。此时朝鲜虽属中国藩封，而界务交涉，则悉由韩国之君臣自由决定。今日贵国政府讵能置中韩交涉之成案于不顾，置韩国君臣奏报之公文于不顾，而一笔抹煞，谓无分毫效果之可言，则岂非来文所谓独自决定乎？

来文谓：光绪二十九年，中国政府以李范允为垦岛管理，前往该处，旋议复勘。而细阅《善后章程》第一条，及前次所提之许大臣光绪三十年六月二十二日公文，维时中国之意不在只勘红土、石乙二水可知矣。此外有许大臣是年正月二十九日公文，系为李范允在和龙峪等处滋扰一事所发。内有至中韩接壤，图们、鸭绿两江天然界限由来已久，乃以光绪十三年两国会勘之案迟久未决，致有现在种种轇轕，立望即日派员遄往。查照前案，会同重勘速定，然后再议陆章，以期久远遵守等语。以上是中国希冀协定间岛界案之明证。而关于红土、石乙二水，该公文亦并未提及。即以全文之意义度之，中国政府之意义，非仅以该二小流为未经勘定，明矣。又译《善后章程》第一条之意以白头山定界碑为将来勘界之基础，其订明所决定，非以豆满江为两国之界。今中国政府主张须以光绪十三年勘界案卷为调查之基础，殊不可解。又谓惟十三年勘界蔑有分毫效力，乃加以上论者，殆不足辩。且中国政府将《善后章程》所载两国界址有白山碑记可证一事，多方附会，辄引十三年勘界为申辩之据，断难承认等因。

按：前次来照，征引许大臣致韩国公文，谓指东方疆界全线未定而言，此次来文又谓维时中国之意，不在只勘红土、石乙二水，可知来文只以许大臣公文有间岛二字，遂以牵引以及图们江北一带之地，而不知光绪二十九年日本内田公文，与许大臣所称之间岛，非贵国今日来文所称之间岛也。查图们江中光霁峪前有滩地二千余亩，华人原称为假江，自光绪初元放荒后，韩民首先租种。至光绪二十九年，李范允行文越垦局，始妄以假江之地为间岛。谓：有田五千余亩，结划在两江之间。又曰：此土介在一江分派之中，始由韩民耕种。遂欲指为韩领，是为韩人指假江曰间岛之始。是年日本内田公使致外部节略有云：图们江间岛介在清、韩交界。又与外部晤谈有云：中韩交界之图们江有一间岛，介在清、韩交界。是谓间岛介在图们江也。又谓：图们江有一间岛地方，是谓图们江中有一间岛也。内田公使之所谓间岛，实与李范允之指假江为间岛者相符。故光绪三十年，中韩两国边吏会订《善后章程》，有古间岛即光霁峪假江地之文。细绎其意，盖谓华人所称之假江，即韩人所称之间岛。假江以外，别无所谓间岛，明矣。则许大臣公文证之、李范允之照会证之、日使之节略证之，边吏会订之章程其所谓间岛，实指假江之地无疑。然则来文援引许大臣公文，不特不足为界务之争论，而且实足证明假江以外，图们江北之地别无所谓间岛，且足证明图们东方疆界，并无所谓全线未定者矣。至谓许大臣是年正月关于界务公文，于红土、石乙二水以上，并未提及。即以全文意义度之，非仅以二小流为未经勘定云云。夫该公文明谓，鸭绿、图们二江久为天然界限，乃以光绪十三年会勘之案迟久未决。所谓未决者，非仅图们江源之小流。而何又谓查照前案，会同重勘？非重勘红土、石乙二水之江源，而何则公文虽未提及红土、石乙二水，而吉、韩界务仅此二水未决之意义固已包括于其中。则该公文诚可谓希冀协定十三年会勘成案之明证矣。至《善后章程》所谓：两国政府未派员会勘以前，循旧以图们江一带水各守汛地，已经前次照会解释甚明，岂能目为多方附会？试问中、韩两国无论何时派员会勘，讵能置图们旧界于不顾，而别寻一交界之江流乎？来文谓，订明所决定非以图们江为两国之界，诚不知何所据而云然。总之，以不欲认十三年中韩会勘成案之故，而乃引许大臣公文及《善后章程》以为争论之据，而不知适足以证实十三年会勘成案之不能蔑视也。

来文谓，韩国李朝发祥于庆源对岸地方，为历史上之事实，虽届后次第南下，其江北一带之地曾入李氏版图明矣。清朝之兴，实有征服女真部落扩充领土之举，然不得以征服瓦尔喀、虎尔喀部落一事，即以豆满江以北亦归其有。且是时征服瓦尔喀之目的不外乎收其人民移之兴京地方。至其土地，置之不顾。以上事实载在清太祖太宗实录及韩国史乘，记录甚为详明。盖当时征服一以统治人民为旨，不在乎占据领土也。中国政府所称豆满江北岸尽入版图一节，固不足信等因。

考朝鲜各种史乘，李朝祖先原起于高丽之全州。李穆祖降元，为南京五千户所达鲁花赤，又迁干东，其子翼祖终定居于咸兴郡后，嗣世居之，为元臣不变。桓祖叛元，始复为高丽臣。至太祖，乃继王氏而得国。综其颠末，惟穆祖暂居干东，实今俄领波些图地，与今日延吉厅之地，实风牛马不相及。且此时图们江北及珲春等处，考之历史，皆为元代领土见《元史》。至明太祖封李成桂为朝鲜国王，始建六镇守之，划江为界见朝鲜《东国文献备考》等书。来文谓江北之地曾入李氏版图，实属全无根据之词。至国朝始祖建国于长白山东之鄂多哩城，即今之敦化县西，距延吉厅治仅二百余里，其后始迁兴京。考诸中国载籍及日人所著各种《满洲地志》，极为详备，无庸琐述。则图们江北之地为国朝领土之传来取得也无疑。至国朝征服瓦尔喀、虎尔喀等部在今珲春以东及乌苏哩河流域之地，实皆独立之部落。国朝用兵征服，实合于甲国强制乙国合并之例。则图们江北之尽入我国版图有何疑义？来文无可置辩，但谓当时征服以统治人民为主，不在占据领土，全系臆测之言，殆不足辩。

来文谓：珲春、宁古塔等处，中国虽设有军官，其豆满江北之地，不得谓在本国主权范围。曾闻中国官员前往珲春一带查勘垦地时，见嘎呀河北岸八处有韩人成群居住，并有咸镜北道观察使发给地契、记登官簿，惊异久之。以上所举，皆足证该处一带古来为荒凉之地，不在清国之治下等因。

按：图们江北为国朝发祥之地，已经前文申明。自康熙年间顾念根本重地，于兴京以东，图们江以北悉行封禁。观十一朝圣训言：吉林南部封禁之事极多，故于珲春、宁古塔等处设有军官，每岁举行军政，以图们江北为旗民围猎之地，载在典册。则领土封禁，操之我国者也，何得谓珲春等处虽设有军官，而图们江北之地不得在本国主权范围乎？至韩民渡江越境，实因同治九年，朝鲜国奇荒而起。朝鲜钟城府使照会有：吉林、朝鲜本以图们一水为限，自庚午、辛未北道大歉以后，朝鲜贫民越垦于北岸者始多。可知北道未大歉以前，自有图们江一水为限，国禁素严，固绝无韩民之越垦也。至来文所谓韩官发给地契之事，传闻之词，原不足信，则何得以该处为荒凉之地，不在我国之治下乎？

来文谓：中国即有遣宁古塔那去官兵于豆满江岸设立屯庄之事，其派兵于间岛之一部，犹近日吉强军之分屯各处，此事未得行使主权之据。矧大清一统志载有：恐居人往来，今将安都立他木弩房屋、窝铺即行拆坏，与宁古塔那去官兵之屯庄俱令离江，稍远居住，嗣后沿江近处盖屋、种地俱严行禁止等语。此等屯庄亦离江居处，中国重视江禁之事实历历可考。至沿江近处严禁居住，此出于中国自重之意，并非承认韩国之权利云云。中国以韩国抗议之故，沿江近处禁止居住，即是重视韩国之权利也等因。

按：图们江北为国朝封禁重地，已经前文叙明。图们江北确为我国之领土也明矣。沿江设立屯庄以严江禁，则为防守我国领土之国界也，又明矣。何得谓此事未足为行使主权之据乎？至沿江近处有居处者，可由韩员随时禀报，其理已经前次照会申明。惟查国朝自崇德四年以来，朝鲜六镇人民尝有越江盗物伐木之事，被中国官吏捕获交还治罪，并六镇官吏亦坐罪者，共计二十余次。若复两国人民接近，则彼此交涉之案愈多，深恐韩国有受扰之处，则此举正为体恤属邦之故，而固非韩国之权利也。

来文谓：光绪九年前后，江北之地有珲春、敦化等名，不得谓无汉名一节。中国政府复称该处分属珲春、敦化两处管辖。然此为行政区域之总称，并有固有之名。且光绪九年，会宁府使请敦化县查开流民越垦地名，该县复文内有沿江一带中国向无地名可考，如照韩民开列，则稳城、永远、利中光、逆钟城、霸王、高丽镇、会宁、茂山等处所属各界隔江处等语。此足证中国自认维时尚无汉名也，韩国则未移垦以前已有地名等因。

按：来文所称敦化县复文一节，该县令是否有此复文，无庸深辩。惟查图们江北自明代建立衙所，已有布尔喀哈、通河卫、海兰卫等名，亦无庸深考。国初封禁，吉林南部已久有固有之地名。今据《八旗通志》及《珲春册报》，而开列国初封禁采捕之河流、山场如左：

布尔哈通河、海兰河、噶哈哩河即嘎呀河。

以上为捕珠河见《八旗通志》。

瑚珠山即瑚珠站、乌尔珲山即黑顶子、呼兰山即火龙沟。

以上为采捕山见《珲春册报》。

据此则图们江北之地在国初已久有地名，何得谓光绪九年前后，江北尚无汉名乎？且由上所胪列者观之，则廷吉厅北由哈尔巴岭发源之布尔哈通河，南达于图们江流域，东北由宁古塔交界之瑚珠站，而东南至图们江北之黑顶子，皆为国初封禁采捕之重地。而领地主权之所在，更可以晓然确无疑义矣。

总之，吉、韩界务问题，但当考土门江之源流方向与其经流之地域，则土门、豆满之是否一江自见；但当考十三年复勘之案，是否由韩国之自由决定，则此案之有无效力自见；但当考图们江是否为吉、韩之国界，则图们北主权之谁属自见。此数者辩晰明白，界务问题自无难直截解决矣。若徒摭拾一二荒逮难稽之事实，寻求韩人勘界以后唾弃之陈言，以为立论之据，则殊非两国政府希冀解决界务问题之意。务请贵国政府于以上所述各节，详细考核可也。

二月二十七日延吉界务档

外部参议曹汝霖与伊集院议延吉韩民裁判事语录

附外部致伊集院节略

宣统元年二月二十七日，本部曹参议与日本伊集院使会晤问答称：告以东三省交涉各案，业经会议多次未得要领。现本部与政府各大臣商议，实以彼此各执一词终难结束。中日两国交谊素笃，若彼此争执，殊非敦睦之意。故拟将各案送交海牙和平会公断，以听公论而维睦谊，未知贵国政府以为如何？今特拟出节略，面交贵大臣即希转达政府见复为要。再，前提延吉问题节略，本部现拟驳复节略一并送阅，以备参考。

伊云：延吉一事，我实为贵国尽力屡向政府解说，始将领土权退让。嗣又力劝政府将设立警察署一节撤去，昨得回训，亦允照办。至裁判韩民一层，日本政府万难允照中国政府所请，且韩民在西间岛者七万余人，在东间岛者，又有三四万人。现日本政府将东间岛之事不加顾问，实已退让已极，再无可让之余地。

答以延吉地方为我中国领土，征之历史，考之图志，证据确凿，毫无疑义。贵国偏听韩人之言，起此纷争，今既知该地领土权属于中国，则领土问题业无可议。至越垦之民早已服我法令，为我子民，成例具在。我之百姓，由我裁判名正言顺。贵国于业已归化中国之韩民，仍以韩民视之，至有互争裁判之事，尚望贵大臣深考熟思。将裁判一节，允照中国所请，其在商埠内者，一律归日本领事管辖，以我观之，甚合公理。至所谓东间岛者，实系贵国近来新造之名词，中国并无是名，更于界务无涉。

伊云：论该处韩民，当初被中国官吏绝逼，薙发易服，威压之极，才起今日之交涉。故该处韩民，决不能即视为业已归化中国。嗣后如有归化者，并不加以阻止，一任其自由为之。际此中国裁判未曾改良法律，未曾更正之时，日本决不能放弃裁判权。若彼此声明，俟将来中国改良法律，日本即允将裁判权归中国管理，尚可商办。在公断一层，以我两国交谊素笃，何至不能自相解决。转请西洋各国之公断，启西国以干涉东方政治之渐，我为贵国设想不宜轻发此议。无论日本政府断难同意，且恐转达政府，即启本国政府疑心中国不信用日本而信用他国，必于感情有碍。

答以此实中国政府好意之所在，实恐两国到底相持不下，反或有碍感情。故欲听各国公断，以免彼此之争执，即以保持彼此交好之意。请代为达到为要。

伊云：此事万办不到，现在我们又让警察权，且允中国将来改良法律，即撤回裁判权，实已让之极步，希回去回明列堂，谅悉日本之意方好。

答以我们列堂及政府各大臣，必感贵大臣维持交谊之意。惟望贵大臣再劝贵政府，将裁判权允照中国，则他事自易商办从速，和平商结，不致为西洋各国所讥笑，岂不甚好？

伊允俟节略详阅后再行答复。

东三省档

附外部致伊集院关于东省中日交涉六案节略

一、新法铁路之事

查中国拟自新民屯展造铁路至法库门者，盖本光绪三十一年，中日会议全权声明之宗旨，欲启发蒙古，以助东三省之发达，与南满铁路有相助之益，而无相害之理。因新法线与南满线中隔辽河，必不至竞争，且法库门所屯粮货，向运新民厅出售，不以铁岭为销场。粮货既俱归新民厅焉，有损南满路之利益，并有种种理由，迭经本部照会贵国驻京大臣，并屡次会晤声明在案。乃贵国强持与南满路平行之说，以与中国反对，是不啻阻遏中国自行发达东省地方之方针，限制中国京奉铁路之展造，并垄断各国均等利益之宗旨。而日本政府所据之理由多与事实不符，中国政府推诚相告，甚非为贵国所取也。至节略来文谓中国可自法库门造至铁岭，以接连南满路线，或许日本由南满线筑支线，以达郑家屯等语，与中国政府所主张全然相反，断难允认。尚希贵大臣转达日本政府熟加考量，再行商议。

二、大石桥铁道支路之事

查大石桥至营口支路，按照中俄铁路合同第三款，自勘定路线拨给地段日起，一过八年必定拆去；中日会议录内声明，此路通海必须自造，但年限未到随后再议亦可等语，是该路既不议拆，亦必须由中国自造，与原议相符。日本政府拟以该支路存续于南满洲铁路条件之下，归该公司管理经营，中国政府实难允认。

三、京奉铁路展修至奉天城根之事

查中国京奉车站拟移至奉天城根，实因该车站距奉天城根有二英里半之遥，中外商民咸称不便。故中国亟须将该车站移展，以利交通。至穿过南满洲路线之处，或建天桥，或穿地洞，期于彼此无碍。此事以中国之地，修中国之路，于日本无关系。来文拟请将京奉车站移于南满车站合并，作为共同之车站，或在南满洲车站连接地方，另设京奉之新站等情。中国以合站恐多轇轕，仍以各办各站，较为便捷。谅贵国政府素主便利交通，中国此举于南满路线既无妨碍，自当照允。

四、抚顺烟台煤矿之事

查抚顺煤矿，系华商王承尧私产，烟台煤矿亦无让给于俄明文。故中日会议录特行声明，关乎让给俄国之矿产，中国可允认给与日本，其无让给于俄明文者，一概不在其内，且有已开未开各矿，再订详细章程之条，是该两矿既非中国让给于俄，自无允给日本自办之理。日本政府置会议录内明白条文于不顾，反借口于日俄和约隐晦之词句，欲以该两矿直属于铁路产业之内，中国岂能允认。查日俄和约日本所得于俄之利益，以俄国得之于中国之利益为限。中日协约所承认日本承收之利益，亦以中国已让给于俄之利益为限。该两矿既未由中国让给于俄，俄有何权让给于日本？该矿为华商私产，日本尤不能藉端占据。务希日本政府顾全公道，互商办法，方为公允。

五、安奉铁路沿线矿务之事

查安奉铁路沿线矿务，由中日两国人合办。前准东三省总督来电，已与驻奉日本领事商订办法五条。其未经画押之故，系南满洲沿线之矿，无论已开、未开，皆须彼此会商，俟会商后即同时签字。兹日本政府愿将前议大纲作底，再行协商，并同时议定南满洲铁路干、支各路沿线矿务之合办章程等情。此事业经东督与日本领事议有办法，如贵大臣将抚顺、烟台两矿商定办法，即当转咨东督，将前议大纲作底，商议南满洲干路沿路矿产事宜。至南满洲铁路并无支路，东督所拟办法专指干路沿线而言，自不得牵涉。

六、延吉之事

查延吉中韩界务，中国业将中韩委员会勘印图，并历史上延吉确为中国之领土种种凭证，再四声明。贵大臣业已允认该地之领土权属于中国，惟欲将韩民裁判权属于日本。查延吉一带越垦之民，按照中国法令，升科纳税，与我民受同等之利益，自当作为华民，由中国官吏管辖裁判。其向在中国地方佣佃之民，仍应按向例，服从中国地方官管辖裁判。如越垦之民有欲复归韩国国籍者，应于一年内将领垦田产缴还中国后，复归韩国。佣佃者不愿服从，应一律迁入将来所开之商埠内。一面顾念两国交谊，中国拟在延吉治内，自行择定地段，酌开商埠一二处，准各国商民居住贸易，设立领事；按照中国自开商埠办法，所有巡警、工筑、卫生及一切行政权，统归中国地方官管辖。各国领事可照约管理商埠内各该国居留人民贸易、游历事务。其现在延吉各处之日本文武大小官吏及宪兵等项，当即一律撤回。至吉长路展至会宁一事，此路之修造与否，与界务无涉，自无庸议。

以上各事，业经本部与贵大臣屡次会议，迄未就绪。中国政府总以推诚和商为主旨，苟有可以相让之处，无不竭力让步，以期结束。中国政府视延吉一案至为重要，该地之为中国领土，征之会图，考之历史，毫无疑义。贵国政府业以领土权认为属于中国矣，中国政府深佩贵国政府主持公道之意。惟土地、人民、主权三者，俱为领土权之要素，今贵国既认中国有领土权，而又以该地之人民不能归中国裁判，是何异于中国领土内限制中国主权？中国政府实难允诺。若谓该地人民原系韩民，则中国原无准外人在内地置产之例。延吉等处既准该民等领垦田地，且自该民等渡江以来服我政令，受我裁判，彼此相安，从无异议，我国固已视如子民，即该民等亦久自认为我部民矣。今中国政府又允于该地酌开商埠，埠内悉照约办理，复许该民等以得分别缴田归籍办法，自系格外通融之意。日本政府亦当谅悉此意，体念实在情形，按照节略内所开裁判办法各节，悉行照允。先将延吉问题结束，以示日本和衷商量之据，其余问题自易商办。此事会议多次，迄无效果，若仍各执一词，终无了结之期，惟有请贵大臣转达贵国政府，将以上所开各案送交海牙和平会公断，以免争执。贵国政府是否愿交公断之处，即希见复。

二月二十七日东三省档

东督徐世昌复外部孟克西里地方向属我境俄人抗不纳税乞主持函

顷奉钧函。敬念前函所陈，塔尔巴干达呼山至额尔古讷河陆路边界应行会修，鄂博改立石柱，以及会勘孟克西里左近洲渚各节，业承钧部照商俄使，并将中俄旧约详举函示。具见维持大局，顾念边陲，至深佩仰。查此次于道所查鄂博，本属额尔古讷河右岸，此疆彼界，旧址具存。乃俄使照复既云该岛隶俄版图，又云该处俄民居为己有，显图侵越，迥出意外。夫事属国界关系，至为严重，纵有问题发生，自应由两国政府公同提议，派员会勘，岂有由俄员转知边吏，即可据为俄有之理？况沿边界限载在旧约，照复中不加分晰，而浑言之曰该岛，设词牵混，具可概见。钧函指示，固已洞烛及此，此时若不力为争持，是不啻默认函开各处，均属俄土，后患何堪设想。兹已转知江抚，并饬于道驷兴速即查明核复。一俟禀复到日，再行寄呈鉴核，以凭辩论。孟克西里地方，确在额尔古讷河右岸，向属我境，其中间洲渚属中、属俄，有无图记案据，以及俄人抗不纳税情节，亦应查明旧案，以为立论根据。遵已函饬宋署副都统详查具复。至俄人于护路驻兵之外，另行多驻兵队，既属违约行为，原可由地方官商令退出。惟俄边官吏颇为骄恣，该地方官照会各事，往往置之不理。顷已函商江抚，转饬遵办，倘其未克就范，仍不能不仰乞钧部主持。先此肃复，诸希查照不备。

二月十八日中俄界务档

粤督张人骏致外部日领谓东沙岛原不属日应否与日廷交涉候夺电　二件

东沙岛事，已照会日领，请饬西泽撤退。昨该领来署，面称此事，彼毫无所闻，已电彼外部，得复再达等语。顷准胡大臣来电，谓东京报章登载此事，询问情形，已复电详达。应否由钧部电饬胡大臣，向日外部交涉，一面仍由粤与日领竭力磋商之处，候卓夺。人骏。俭。

二月二十九日蒲岛档

东沙岛事，顷日领来署，谓该岛原不属日，彼政府亦无占领之意，惟当认为无主荒岛。倘中国认该岛为辖境，须有地方志书，及该岛应归何官何营管辖确据，以便将此等证据电归外部办理。至西泽经营该岛，本系商人合例营业，已费甚巨，日政府亦曾预闻应有保护之责等语。当答以东沙系粤辖境，闽粤渔船前往捕鱼停泊，历有年所。岛内建有海神庙一座，为渔户屯粮聚集之处。西泽到后将庙拆毁，基石虽被挪移，而挪去石块及庙宇，原地尚可指出，该岛应属粤辖，此为最确证据，岂能谓为无主荒境！且各国境地如山场、田亩，非必有人居方有辖权。与之反复辩论，彼始终执一索据之说，议无归着。查该岛情形，历久隶粤，已无疑义。乃西泽毁我庙宇，逐我渔民，在岛年余，获利甚厚。揣彼用心，以为神庙已毁，无可作证。又知中国志书只详陆地之事，而海中各岛素多疏略，故坚以志书有语，方能作据为言。其用意狡谲，情见乎词。前准午帅九月艳电称，两江派员所绘海图，亦有此岛。拟请午帅迅将前图，饬绘数张寄粤，一面由粤设法详考证据，再与日领驳论。应否由钧部电商驻日胡使，与日外部交涉，统乞酌示遵办。祈电复。人骏。三十日。

闰二月初一日蒲岛档

使义钱恂奏巴尔干半岛争局渐就和平义国政府亦臻安稳折

出使义国大臣钱恂奏，为巴尔干半岛争局渐就和平，义国政府亦臻安稳，缕陈情形，仰祈圣鉴事。

窃惟欧洲外交最重二事：一曰远东，二曰近东。远东者指中国、日本而言，近东者指巴尔干半岛而言。查巴尔干半岛，就今日疆域论，土耳其为之主，而合并奥国之匈牙利。次之希腊，离土独立七十余年，若塞尔维亚，若罗马尼亚，若孟的内哥，独立不过三十年。若布尔加利，则尚属附庸而非独立。此半岛中以异种异教之故，互相残虐，百年无宁息。俄国借口同类，屡欲乘机以制土。英国蓄意防俄，屡次出力以扶土。而德、奥、义三国，又时时图扩权力于该岛。迨光绪四年，柏林约成，而巴尔干争焰一熄，自是厥后，列国罕预岛事。其故有二：一因德、奥、义三国联盟，列国无敢在欧洲境内轻启戎衅。一因日本从事维新，欧人侧目而视，遂移其所谓近东政策者于远东。远东不安则近东安，自然之势也。昨年以来，列国复预岛事，其故有二：一因日俄和成，远东暂无可逞，又移其所谓远东政策于近东。一因土耳其锐意立宪，为之邻者，凭公理不能不赞成。实则深恐宪政果成，将对土之素谋不遂，于是群策又纷集于该岛矣。当柏林缔约时，义以独立未久，莫沾岛利。列强虽有将来析土属地中海南岸地界义之说，然说仅虚悬，初未实行。前年义曾以禁暴为名，邀同德、奥二国各派武员驻土，行镇压警察权，剧有深算。乃逢土兴议会，义遂撤回武员。义退而德、奥偕退，惟奥、土关系尤密。在柏林条约，曾指明波斯尼亚及海希哥那等地方，奥、土两国共治，实则奥握其权，土存其名，早以委任统治之律归奥。奥思及今不取，后悔莫及，遂于上年七月宣布收入版图。此事土国固极不甘，然新政方艰，旧约犹存，不得不隐忍承认。孰意塞尔维亚愤同岛之见割，首发难端，布尔加利欺土力之孱弱，借端自主。义人又以奥新拓土，已独向隅，责备政府求获均沾之利。意在奥让亚得亚海边少许地归义，于是不但岛局纷扰，即义政府亦因之不安。此上年秋间数月情形也。

比来土国新政府一意巩固其宪政，而外交上已失之权利，知不可以口舌争。故对奥则稍得偿金，忍弃土地，以柏林约之，本许奥兼辖也。对布则不复问附庸旧例，以布得强助，无可诘责。前年第二和会时，布已独占一席，非如第一和会之附隶土后，非恃强助，曷敢出此。对塞尔维亚不敢甚引为同调，以避邻嫌，均出于不得已。各国处分此事，有重开公会，修改柏林条约之说，而半年以来之危象，渐就消弭。义国政府向议院一再剀陈，奥之拓土，本于旧约，义不预约，无可均沾。议员一再辩论，终无以易政府之说，亦归静谧。此近一月来半岛及义政府之情形也。

夫立宪所以求强，乃土耳其以立宪之故，转不免于外交上先示退让，遂有发为立宪无益之说者，非笃论也。土国外交失败在往昔，不在近今。近今虽极悔悟，不能废往昔已成之约。波斯尼亚、海希哥那两地之归奥，萌芽于三十年前，岂可归咎于今日？以今日论，德、奥、义因其立宪而收回警察权，义又因其立宪，恐地中海南岸之不可复得，改而求偿于奥。奥亦因其立宪，但收取波、海两地，而不取萨拉衍伏地。按柏林约，萨拉亦在可取之列。凡此何莫非立宪先声，有以慑之。不过东隅之失已多，桑榆之收太晚，正未知土宪之果克巩固，不致如初次之立，而旋堕否耳。窃揣今后，半岛暂无战事，奥、义国交亦无龃龉，在欧洲引为庆事。臣所虑者，近东安则远东或不免多事。外交应付，与其斟酌于临事，不如筹运于机先。环伺太多，事端百变，谨就欧洲列国国际大势之关于东方者，胪列上陈，稍尽训方道事之职。所有巴尔干半岛平和。义政府安稳各情形谨缮折具陈，伏乞皇上圣鉴。谨奏。

宣统元年正月二十一日发，闰二月初二日到。

折件档

外部致张人骏东沙岛经纬度数请觅确据复部电

东沙岛事，上月二十四、三十日两电均悉。旋准胡使电述，日小村外部口气与日领所称亦略同。本部查历次江督来电，内列经纬度数各不相符，当向税司取图详查。图内有碧列他岛，按其度数与江督电称该岛在北纬线二十度四十二分，东经线一百十六度四十三分之语，颇相符合，而又与各电内日人现据之岛在北纬十四度一节相背。究竟东沙岛是否即碧列他岛，在我总须考明度数，多搜证据，方好与人交涉。且日人意在索据，仅执神庙旧址及渔船停泊各说，不足以资应付。希将上开度数再加详考，并设法觅查确证，电部核办。外。

闰二月初三日①蒲岛档

外部致俄使廓东省铁路界内华商捐款铁路公司无索证之权照会

本月初一日接准照复，以东省铁路界内居住华商捐款，各该处地方官将捐项总数，照知该公司暨将捐款清册逐一注明交还备查，实属必须之举。一因中国地方官承办经收款项，独凭此册为该各官实行之据。二将该清册交还公司，以资该公司劝谕俄商比照华商，均匀摊派。若不如此办理，恐该公司不能不续派巡捕员，往向华商索取缴捐之证据，恐非彼此所愿，甚望电饬照办等因。本部查东清铁路在中国境内，勒收华民捐款，中国政府以主权所关，不能允认。现经贵大臣与本部商定，暂由中国地方官收取华民捐款，以便将设立公共理事会办法，和平提议。是从前争执者，已略有端倪，若皆能虚衷商订，自不难从容解决。此时办法未定，捐款或多或寡，又言明不得为例，则注册交查一节，实非必须之举。缘本部既允地方官收捐，即可为实行承办之据，自不必再寻凭证。理事会办法一定，华、俄商民自应公议，比照摊捐，亦不必预为均匀。中国地方官收捐，系认办地方公益，必须由商民捐款，并非为公司收捐。若转将捐册注明交还该公司，是不啻中国地方官为铁路公司承办捐项，与该公司自行收捐何异？本部固不能照允也。至派捕向华商索取捐证，是迹涉强迫，与勒捐同一行径。公司既无收捐之权，即无

① 原刊目录标为“初二日”。

索取捐证之权。贵大臣以和平了事为宗旨，当能体察，不任公司再生枝节也。为此照会贵大臣查照。

闰二月初三日俄理事会勒捐华商封闭铺户档

粤督张人骏致外部日人侵夺东沙岛证据已足拟商令西泽赔偿损失电

顷据驻粤日领照复：日政府视蒲岛为无所属之岛，未认为日领土。中国如有已得该岛确证，日政府必当承认。惟日商因该岛久经放弃，以美意开办事业，中政府当妥为保护等语。查该岛向名东沙，与附近琼岛之西沙对举，沿海渔户倚为屯粮寄泊之所。海神庙建设多年，实为华民渔业扼要之区，青港有华商行店，转输该处渔业。商民具控，以日人强暴为词。志书虽漏载，而遍查海图及舆地各书列有此岛，均指粤辖，证据已足。西泽擅自经营，毁庙、驱船，种种不合，实系日人侵夺，并非华人放弃，似未便予以保护。粤无出海大船，稽察亦恐难周，拟仍饬商令撤退之说，并要以毁庙、损失渔业及私运燐质各项之赔偿，应否电胡大臣与日外部交涉？并乞卓夺。祈电复。人骏。江。

闰二月初四日蒲岛档

外部致江督苏抚据胡使电革党尚居名古乡电

准苏抚上月歌电称，横滨探报孙逆尚居名古乡落等语。当复电胡使派员密探，嗣复电亦称，该逆昨回名古，惟无人认识。本部以该逆踪迹无定，总须查明实在下落，方好跟踪续探。当电坡领再行确查，据复孙逆现仍在坡。除电胡使外，特闻。外。

闰二月初五日香河档

外部咨徐世昌试办营业税勿指货抽捐俾免藉口文

为咨行事。

据美使照称，东三省新开各埠，于进口之洋货违约征税一事，本年二月初六日接准咨复，当经本部以东省于拆包改装零售之洋货，为征收销场税，并非重征；于沿途转运之时与新开各埠试办章程，无所违背。若必欲使洋货于抽捐一事，毫无轇轕，自非实行加税免厘不可等语。照复美使去后，兹又准美使照称，若不遵照章程征税，实于提议加税之事反致迁延时日等语。查加税免厘一事，先经本部于上年通行照会各使，一时尚未有头绪。若欲提议先于奉省实行，又属无此办法。至来咨所称，其次则改照营业所得税办法，向坐贾抽收，不征行商，亦必先向各使提议等语。如果征营业税，并不指货抽捐，俾外人无可借口，亦自属善法。惟只应自行试办，未便先与各使提议，转生枝节。相应钞录本部与美使来往照会，咨行贵督查照可也。

闰二月初五日税务档

外部复胡惟德日政府未认东沙岛为日属希酌核提议电

东沙岛事感冬电均悉。此事本见前年时报，本部据江粤详查，辗转迟延。近始迭准粤督电称：该岛距汕头百五十英海里，向名东沙，与琼岛西沙对举。现有日商西泽，私带日人盖房、升旗，并设铁路、电话、轮船、码头。该岛旧建有神庙，西泽毁基移石，兼逐渔户。当以岛为粤辖，照会日领撤回，准复。日政府未认为日属，如有确证，日必承认。惟日商营业，中当保护。详查海图地志，列有此岛，粤证据已足。请电胡使商日外部，撤退日商，并要以毁庙、损失渔业及私运燐质各项之赔偿等语，除电该督详考经纬度数，俟复到再由部照会日驻使，并续电外，希酌核与日外部提议，并电复为要。外务部。

闰二月初五日蒲岛档

日使伊集院来外部言中日交涉六案请约束报纸勿再登载语录

宣统元年闰二月初五日，伊集院使来部会晤问答。

伊云：间岛事，前日曹参议交来节略已悉，并电致敝国政府。现尚未接到回训，一俟接到，当即通知。又云：近来各使馆及报馆，均宣传此事，谓中国政府已公然照会日本公使，请将各案交海牙公断，日本不肯应允。日本报馆曾来询问，是否确有此说，当即告以并无此事。昨日又接本国驻英大使来电，言泰晤士报详载中日交涉六问题，并言及彼此主张之说。此种消息决非敝国所泄漏，我亦不敢说贵部所泄漏。惟西报如此论说，我实深为诧异。前此两国国民互有意见，幸彼此政府竭力维持，现已渐次融洽。若中外报纸纷纷议论两国交涉，必将使两国国民又生意见，实于两国前途大有妨碍。故我深望贵部竭力设法约束，互守秘密为盼。

答云：此事为中外所注目，中外报馆访事到处探听，报馆有闻必载，约束颇不易易。

伊云：此次西报所载，于彼此交涉内容甚为详细，决非无根之词。两国交涉遇彼此相争不解之时，原有以彼此主张公诸舆论之事。惟中日两国交谊素睦，凡事总可和平商办，尚可无须出此。故我深愿贵大臣时时留心，设法约束方好。

答云：我亦不愿彼此报纸登载此事，然我亦不能禁其不登。故我深愿交涉各案早日和平了结，外人自无议论。若贵国政府同意交海牙公断，更为盼望。未知贵国政府意见如何？

伊云：现在尚未接到敝国训电，我前日与曹参议所说之言，系我一人之意。随后接到训令再通知。

梁大人云：廷吉事关领土，我们看之甚重，总望贵国再行让步，先行了结，其余各事我们自易妥商。

伊云：我今日特为西报之言而来，至各案如何回复，俟政府训电到时再行奉达。

闰二月初五日东三省档

粤督张人骏复外部东沙岛系我国旧名有各种图记可证电

初三日电敬悉，江电谅达。按东沙岛本系我国旧名，沿海渔民称谓相同，其名其地载在《柔远记》，海图甚非无据。建庙、屯粮、渔业，尤公法所特认。庙本完善，且有存粮，为西泽所毁拆，并有旧址。据九龙税司报告，见有华民新泗和渔船，尚在该处驻泊，控诉被逐情形。查该船系属于该处开设兴利字号之华店，渔船往来该处，可知者近四十年，何得谓华人放弃？丁未九月初六日准钧部电：指有辖岛一区，当北纬十四度四十二分二秒、东经一百十六度四十二分十四秒。查之英国海图，该处汪洋一片，并无岛屿。离粤太远，自难引为粤辖，而粤中又无可用以远行探海之大轮。不免望洋兴叹！嗣接午帅电开：该岛在北纬二十度四十二分，东经一百六十度四十三分。复查英海图，始知该岛英名蒲拉他士岛 Pratas，即粤辖东沙岛数处，并无指称。日人现据之岛在北纬十四度之说，现既查明，距粤海界甚近，且有琼海西沙岛对举之称。西沙岛已派员，仍雇用海关轮船往查。加以各项证据，细绎中国江海险要图，明指该岛为粤离澳十三里，可决为粤辖，据以与争。钧部查图复有碧列他岛之名，当系蒲拉他士译音之转，日人近且易名西泽矣。鄙意拟执我国向有东沙之名为断。我国舆地学，详于陆而略于海，偏于考据，方向远近，向少实在测量，记载多涉疏漏。沿海岛屿，往往只有土名而未详记图志，欲指天度与言，旧书无考，所恃者仍是英国海图。其它证据，现正刻意搜求，要不外于渔业所在，柔远记、江海险要图说所载各端，持此与争，不为无效。统乞主持，无任盼祷。人骏。歌。

闰二月初六日蒲岛档

外部致胡惟德现正搜求东沙岛证据希持此与争电

初五日电计达。顷又准粤督电：东沙事，日领晤谈。窥其意，可认为华属，惟称须妥为保护，否则政府仍作为无主之岛看待。又以西泽经营费工，本应予限议，撤退后其所营房屋、机件、铁路等物，必有相当办法。彼持商业应保，我持渔业被毁，力与磋磨，冀酌中议结，务以收回该岛为宗旨。现先由粤与日领事商办，应否电胡使暂缓提，以免互歧等语。现已将此节补照日使，并电复粤。外务部。

闰二月初九日①蒲岛档

军机处致甘督升允驻藏西宁办事大臣联豫庆恕据电番兵到西宁迎接达赖奉旨著商阻前进电

奉旨：据军机处进呈联豫等电称：番官带兵二百名到西宁迎接达赖，如达赖未抵西宁，拟带兵前进。达赖聘练兵教习十余人，托名蒙古，实系俄人军火，多购自西宁等语。著升允、庆恕会商迅即查明，禁阻番兵到西宁后，毋得再往前进；其在西宁所购军火，系何人售卖，务须严查，禁止其聘用。教习是否俄人影射蒙古，尤须探查明确，详细电奏。钦此。

〈闰〉二月初十日西藏档

邮部奏酌拟京奉与南满铁路接联营业办法折 附合同

邮传部奏，为酌拟铁路接联营业办法，恭折具陈，仰祈圣鉴事。

光绪三十一年十一月中日会议东三省事宜附约第七款内开，中日两国政府为图来往输运，均臻兴旺便捷起见，妥订南满铁路与中国各铁路接联营业章程，务须从速另订别约等语。查铁路之设所以取便交通，故各国铁路运输，必互为联络，以资两益。现京奉、京汉、京张各路，亦多如此办法。南满洲铁路与京奉接近之路，未有接联办法，固因车钩异式，不能合辙同轨，亦以形势禁格，故与京汉、京张各路不同。但业经两国订约在先，加以近年客货辏集，彼此交互，不能不粗定规则，以凭遵守。前经臣部派员与该公司详慎商酌，拟订接联营业合同十六条大要，系彼此客货，可互相接运，凡转运所需之岔道、月台、号志，彼此界内，目任建筑、养修。此外备房屋以照料货物，设电话以传递消息，划一时刻、稽查路轨，以及核算帐目、修理车辆等项，均经订明办法，立有专条。臣部详加查核，均系营业范围内应办之事，大致尚为周妥。除将合同咨送外务部外，所有拟订铁路接联营业办法缘由，理合恭折具陈，伏乞皇上圣鉴。谨奏。

宣统元年闰二月初八日具奏，初十日奉旨：邮传部奏酌拟铁路接联营业办法一折，

① 原刊目录标为“初六日”。

知道了。钦此。

京奉铁路档

京奉铁路与南满铁路接联营业合同

一、凡有货物，系运至南满洲铁路者，京奉路将该货运至南满洲路装货月台卸下；如南满洲铁路有货物运至京奉路者，南满洲铁路亦须将该货物装运至京奉路装货月台卸下。凡有货物如此转运，由各该站登簿盖戳后听货主自提，与两路无涉。

二、凡有客人，由南满洲路转搭京奉路，或由京奉路转搭南满洲路，均在南满洲铁路车站接运。所有客人之行李，须照彼此两路章程装卸。

三、凡有转运之客若干，并须留卧床若干，彼此须在山海关或宽城子，电致沈阳京奉并南满洲路站长。该两站长接到电报，须立刻互相关照。

四、凡有铁路岔道、月台、号志等，为转运货客所需者在京奉线之内，京奉路须建筑养修；其在南满洲路界线之内，南满洲亦须照式办理。

五、京奉路所给转运之图并办法：南满洲路穿过京奉路之处，所有板闸，须由南满洲路派人司理锁开。

六、南满洲路允其在新月台上，筑一小卖票房，租与京奉路，以便客人容易买京奉路客票。彼此须在其车站设立房屋，以便彼此管理货物之人照料货物。

七、凡有货车，只准白日十二点钟之久卸完。如逾期，则由彼路站长知照卸货之站长，收逾期费。

八、如此路界线内，有彼路车辆损坏，或机件失脱，除人力所不能及者，则惟此路是问，彼路亦照此办理；此路如查有车辆损伤，或机件失脱，则须立刻知照彼路，以便查验，彼路亦照此办理。

九、第四款、第六款所言之房租，可以随后商议。

十、所有帐目，须按月核算，于第二个月十四号结清。以上均按希腊之年历核算。

十一、彼此两站，须设立德律风，以便彼此通话。所有安德律风机器、设立电杆并养修费，则按彼此界线长短摊给。

十二、彼此可派养修路员司，到彼此转运之路，稽查路轨等事，俾彼此车辆来往平安。

十三、彼此两路所订互相接运货客办法，如有争执之处，则请公正人判断。

十四、南满洲路拟将其行车时刻表更改，一俟更妥，则从速知照京奉路。

十五、南满洲路之钟点，必须与京奉路之钟点相同，一分不差。

十六、本合同并此转运之图，如有更改，或改良之处，嗣后可以随时互相办理。

驻韩领事马廷亮呈外部报与日员会议中国在韩租界章程文

二月二十日肃呈韩字九十三号禀，暨二十五日电陈第一次开议租界大略，计均已上达钧听。职道于二十四日午后二时随带馆员前往统监府，与锅岛桂次郎等会晤，各将租界章程稿本，互易参观。职道但就仁川旧订租界章程，揆度各口情势，略有增损，并照通例，拟添二条。而锅岛所拟规程十七条，系统仁川、釜山暨元山为混一，其中立意，殊与旧章不符。如第二条拍买改为兢贷；第四条地税由商民迳交付理事官；第五条若逾一年不完纳地税及利息者，由理事官与清国领事官协议，将该地另行拍借；第十条租界内之道路、沟渠、桥梁等项，但遇有须新设，或有更改之时，另由清国领事官与理事官协议决定；第十一条租界内警察及卫生事宜，理事官与清国领事官协议后，饬由韩国警察官奉行；第十二条凡日韩两国政府以及领有许可者，均得在租界内设通信、交通、上下水道、电气、煤气等项之切要布置；第十六条在撤废租界时，将租界内地段概行编入韩国管辖地段，其借地权改为土地所有权。以上各条云云，在日人意欲侵揽主权，若不力与坚持，将不免授以太阿之柄。其余各条似尚和易。

锅岛云：今将所订章程彼此看过，如何再议。

职道答以须详细斟酌，禀明政府，方能定订。

锅岛云：元山租界内有与欧森争地一案，想该案未了之前，暂时剔开，似乎方便。闻得此事，贵国领事尚无异议。如该处地段，由贵国领事与欧森交涉完善，无论何时亦可编入清国租界。

职道答以如将欧森之地剔出界外，则欧森以租界不用之地，恐为口实之虑。

锅岛云：若将欧森地段编入租界，则欧森必然抗议，谓何故将伊之地编入界内之语，故我等难以编入。

职道问：欧森有代理人否?

锅岛云：有代表者，此人不甚驯良，更闻欧森现在贵国税关当差，不如设法直接与本人商酌，尤为方便。要之，与欧森商量之际，将该地段剔开，一俟决定，然后编入为好。请总领事设法与本人当差处关道，与其磋商，谅不至有不合理之词。

职道答以欧森所在之处，已经禀外务部查问，不日总有回信。

锅岛云：然则本协议不知何日乃了？两委员议定之后，禀候两国政府，承认尚需时日。在此期内，望总领事设法能将欧森之案了结，因会印之时，必须将地图绘明为要。

职道答以当再告我政府。

锅岛云：仁川有东清铁道一处，从前定界时，划在清国租界，此次可否不划在内?

职道答以东清铁道地方，本在清国租界内，曾领有官契，前许钦使任内，有案可稽。此次如何办法，俟禀政府，再行核定。

锅岛云：釜山理事面称迫间日本人名，地皮要价，每坪二十元，现该理事代为商减，每坪至少十二元。

职道答以从前吴领事在彼时，迫间每坪索价八元，当时因地价不值此数，致未买回。

锅岛云：釜山地价日高，迫间所要之数，统监府不能勉强办他不是。

职道答以迫间自然不能责其不是，但我国设立租界，曾经照会府尹，所有未经收回之地不得卖与外人。况租界设立在先，迫间买地在后。既不办迫间不是，亦该办韩人不是。职道因谓今日细故闲话，暂可缓提，各先将所拟章程详观再议。

锅岛云：兢贷二字，不过有法规上借地之义，将来撤废租界，自然改为所有地。

职道答以此次应按照仁川章程商议，至撤废一层，是各国政府互相商妥，方能办理，似与此次无涉。

锅岛云：昨统监府本拟分订各口章程，后因我政府意思，拟定一样办法，较为简便。又云：第十一条已经外务省与贵国钦差商议过的。

职道答以此条虽与钦差议过，殊有窒碍。

锅岛云：彼此今日回去，将各条细看，如办得到之处，必有商量。我想第十一条尚可节省经费。

职道答以此条不在旧章之内，若各事均与理事协议，并由韩国警察执行，我租界内犹用警察否？

锅岛云：此条仍是行政警察，若司法警察，乃是贵国办理。

职道答以此条不在旧章之内，我看必要禀明政府请示。

锅岛云：俱要禀奉政府允许，方算准定。先将草案拟好，送呈政府看过，如某条不合，此后可以电商。

职道答以须下期会议，现不能定。

锅岛云：将此草案译好，细细想过，彼此再议一次或二次，再禀政府。

职道答以如此甚好。

谈至此已四时四十分，遂兴辞回署。连日会集馆员并各该领事，将锅岛所交草案，逐条逐句细密推敲，审其有妨我主权利益，万不可通融迁就许可者，分别指驳，以便下次会议磋商。稍有端绪，即将彼此初订稿本草案，以及现办情形，随时详晰禀报查核。伏乞转回层堂为叩。谨肃缕禀，恭请勋安，统祈垂鉴。

闰二月十一日中韩租界档

清宣统朝外交史料卷二终

清宣统朝外交史料卷三

宣统元年闰二月下至四月上

使法刘式训致外部报法外部拟速结滇案办法电

滇路索偿事，顷法外部面称，现拟速结滇案通融办法如下：

一、滇省未能保护铁路之责任，可不再提。

二、中国偿款二十五万佛郎，作为抚恤剿匪被难之法员弁，及买回直隶军粮城等处撤兵后之营房。

已电潘署使，照此意与大部商议等语。谨电达。又外部云，潘电言贵使电告政府谓：法已面允不索铁路偿款，确否？训答以并无此电，乞大部便中向潘使询明。训。蒸。

闰二月十一日河口档

粤督张人骏致外部报查明葡船名号及寄碇地方电

昨电谅达。葡兵舰前泊鸡颈外洋面，名华士啰尝嘛，系挂葡旗，并非和兰商船，现尚与巷㕓利亚葡舰同在香港停泊。据广元官轮管带周炳鉴查报前来，合电陈。人骏。文。

闰二月十二日澳门档

川督赵尔巽致枢垣闻达赖聘俄教习购军火请不准回藏电

闻达赖有聘俄教习购俄军火事，心存叵测，请旨电饬驻西宁、青海各大臣，新疆巡抚严密查拿，勿使得入藏手。一面诘问俄使不应与我属地私相交结，且此举不但关系两国睦谊，并能破坏世界平和，甚望彼国勿为奇异举动。一面直诘达赖喇嘛，将其截留甘省不准回藏，并不准番官带兵往接，以消大患。是否，谨请代奏。尔巽叩。元。

闰二月十三日西藏档

川督赵尔巽等复枢垣川兵进藏自筹转运如抗违拟严惩电

正月奉宥电指示防藏机宜，当经往复电商，意见相同，遵旨筹办。惟川兵进藏必须自筹转运，川藏虽云毗连，然路当横断山脉，谷深岭峻，常多积雪，须五月青草发生后牛马易于牧放，军械粮饷转运始便。此举关系西陲大局，断难惜费。统领经豫指调知府钟颖，兵弁即责成钟颖精选，枪械以川中最好者配给，并酌给过山炮数尊，以壮军声。饷章弁目照豫前奏给发，兵丁每名加为六两。俟到藏若仍不敷，由豫等酌定饷项，即由拨藏常款五十万内拨用，不敷再由豫等奏请指拨。赵尔丰留办边事，以为藏援，拟将察木多划归管辖，自驻巴塘，分兵驻察，添兵筹饷，并由川任。如需款过多，再奏请拨。进兵宜由大路，以示正大。一千不能减少，应否分起，临时再定。有无阻隔、争战，尚未可知，惟未动以前极宜秘密。赵尔丰分辖察木多，暂不入藏。藏事责成豫等认真经理。如藏人再有抗违，必予严惩，请旨宣示。帮办拟驻前藏，添参赞驻后藏，办开埠事，大致如此。是否，谨请代奏。联豫、温宗尧、赵尔巽叩。元。

闰二月十四日西藏档

驻藏大臣联豫温宗尧致外部闻俄皇接见达赖专使电

据江孜监督禀称：英员毕利给阅报纸，日昨俄皇在萨可西罗接见达赖喇嘛专使宁万及其随员，并由该使呈送礼物多件等语。谨电达，乞钧裁。豫、尧叩。十二日。

闰二月十五日西藏档

日使馆翻译高尾亨来外部言延吉事不必请他国干涉节略

宣统元年闰二月十五日日本翻译高尾亨来部会晤。高尾亨送递延吉案答复节略一扣，告以延吉之事，我国甚愿和平了结，但非贵国大为让步不可。今节略内所云，仍与从前所言无异，我国万难照允。贵国既不肯让步，我国又万无退步之处，故拟将此案提出海牙公断会，以求各国公断。高尾云：此事敝国公使亦甚愿早日了结，极力帮助，未能成议，甚为抱歉。但此事系彼此两国之事，可不必请他国干涉其间。昨据敝政府来电，亦如此云云。答以贵国如能将我利权大为让步，我国亦甚愿早日和平了结，不必请他国公断，且此事一经了结，则他事皆易了结。高尾云：我当将尊意转达敝公使，惟闻贵国有密告英国公使之说，未知确否。答以并无其事。梁大人又问：韩归化人玄德胜，至今闻尚未释放，可以早日释放？伊答云，当转告敝公使。

闰二月十五日延吉边务档

使日胡惟德致外部报日人增改间岛派出所官制电

日本驻韩统监府现改正临时间岛派出所官制，增设事务官一人，技师一人，奏任通译官二人，属技师，通译生五人，共增官九人，昨已敕令公布。德。谏。

闰二月十六日延吉边务档

川督赵尔巽复枢垣后藏开埠宜以大臣分驻管理电

十五日电敬悉。前奉钧处正月二十六日宥电，问帮办大臣是否宜照旧案分驻后藏等因。据联豫等复电，帮办大臣仍驻前藏为宜。拟请添派参赞一员驻扎后藏，管理三埠事务，其重大事件，大臣驰往办理。然以巽意度之，后藏开埠事件极关重大，似宜以大臣分驻管理。至因何欲添参赞，藏地遥远，未能悬揣。谨请代奏。尔巽叩。铣。

闰二月十六日西藏档

使美伍廷芳奏中美订立专约谨陈互换日期折

出使美、日、秘、古、墨国大臣伍廷芳奏，为遵旨与美国订立专约，谨将互换约本日期恭折具陈，仰祈圣鉴事。

窃臣于宣统元年闰二月初八日，承准外务部咨开宣统元年正月二十日，本部具奏中美公断专约，请旨批准一折，同日奉旨：依议，钦此。当将约本送由军机处请用御宝，录旨钞奏并专约一本咨寄到洋，臣当照会美外部订期互换。旋准美外部大臣诺士照复，订于闰二月十六日互换。是日巳刻臣率同二等参赞官吴寿全、二等通译官关应麟恭赍约本至美外部，交美外部大臣诺士，敬谨阅看。美外部大臣亦将美总统签押约本交臣阅看，并照章另书互换文凭，臣与美外部大臣各签押讫。除将美总统批准互换约本咨送外务部外，所有中美公断专约互换日期，恭折具陈，伏乞皇上圣鉴训示。谨奏。宣统元年闰二月十七日。

出使美国档

外部致张人骏东沙岛事如商有了结办法希电复电

东沙岛事，准日使复称，由粤督与日领和平商结，本国政府甚以为然。政府早将办法饬知日领，兹当再行电示。惟有应请留意者，西泽到该岛创始营业，全系善意。此事结局纵定为中国领地，而对于该商平善事业，应加相当之保护。请电粤，商善后办法，以昭和睦等语。尊处既与日领开议，如商有了结办法，希随时电复。外。

闰二月十七日蒲岛档

外部致徐世昌请于满洲劝农种麦推销面粉函

接据海参崴商务委员桂芳禀称，前准崴埠俄税务司文称，封闭海参崴无税口岸，实行征收入口货税等情，业已函谕领辖各埠，一律通知在案。查崴埠向来购用物品均自华洋输入，价甚昂贵，今复加以征税，则物价倍蓰于前。华侨艰难日迫，职道职司商务，不能不代为筹画。近今调查，崴埠入口麦粉为一大宗，皆运自美国。其近年来入口平均数，约计得三百余万，所值不下七八百万卢布。计由美国到崴与由满洲到崴，其道里相距悬殊，而华商从无有贩运满洲麦粉者。盖因满洲农产二麦无多，所出麦粉不足应付运输，且又多系石磨，不适用于外人。今当崴埠征税，美麦粉远涉重洋而来，骤加重税，则其价必涨，销数谅不及从前之旺。查俄关税章，于粮食籽粒一律免税，此正我华商可图之机。若能由官提倡，劝商集股于崴埠，开设火磨公司，考究欧美麦粉性质，仿照精制，以期推广销售。既较美麦少出运费，又可免税，则卖价自然减轻，东海滨省一带亦可逐渐推销。惟是麦粉以二麦为原料，及应配合之杂料皆属粮食，通为俄国免税之物。然购自别省殊为不便，必于满洲地方就近购运，于崴埠航陆交通实为利便。但满洲麦产甚稀，不足供应所需，必须先劝农种麦，以充利源。查满洲土质多系油沙，其性松活，沿边未开之荒地最宜于麦。再能度地开荒，推广种植，即无穷之利益。崴埠麦粉久为美商所操，今得此机会，不早图维，恐又落后等因，前来本部。查该员所禀各节不为无见，东三省荒地，迭经招民开垦，且小麦出口，亦已允准有案。如能移民实边，劝兴农业，将来民食有余，麦产得以外运畅销，亦未始非扩兴地利之一策。阁下荩筹硕画，定能早见及此。相应转达冰案，察酌施行。

闰二月十七日商务档

外部致伊集院延吉无间岛名目请勿增设职官照会

为照会事。

本月十六日接准驻贵国胡大臣电称，日本驻韩统监府现增设间岛事务官一人，技师一人，通译官二人，属技师，通译生五人，共九人等语。查延吉厅属向无间岛名目，上年三月间，据驻韩马领事禀报，统监府公布间岛职员当经本部。以该处为中国领土，贵国在中国境内定立官制，断难承认等因，于三月二十八日照会在案。现与贵大臣屡次会晤，业经承认中国于该处有领土权，何以统监府尚有任便增设职官之事？殊与贵大臣面允之言不相符合。相应照会贵大臣查照，转电贵国政府，查核见复。

闰二月十九日延吉边务档

外部致徐世昌日人枪毙我警一案希详查见复电

陶司转到十八日电悉。日人枪毙我巡警一案，上年十一月间本部即据祁吴调查各节照会日使，请其将前照第一、第二、第三三条速允照办。嗣准该使复照，据彼国调查报告，谓中国马兵先放手枪，日兵开枪为正当之防备，并无拘留李邵等员及虐待伤兵各情事。前照所开三条总难承认等语。查日人所据报告与祁吴调查情节不符，当因界务问题正在会商，拟相机再与提议。兹准前因，除钞往来照会函达外，希再饬详查见复，以凭与日使争论。外。皓。

闰二月十九日延吉边务档

新疆巡抚联魁致外部新省于俄防不胜防请饬萨使侦察电

十四日电敬悉。新省幅员辽阔，防不胜防。查俄由新入藏，以科布多、塔城、伊犁、乌什为入境必由之路。以哈密、罗布淖尔、屈莽山为由新赴青海、西宁一带必由之路。应即遵饬委员设法探访，并密电各道，严饬各要隘遵照，总在商货及游历两种上着意。惟科布多、伊、塔等处为入新要道。自哈密往西宁，必经甘肃入青海，新、甘交界之地半多荒漠。已密电甘督，伊犁、青海、塔城、科布多各将军大臣，以期周密。再请密饬驻俄萨大臣，就近侦察，俾得确实。除将访查情形随时电陈外，合先缕达，敬候钧裁。联魁。十八日。

闰二月十九日西藏档

外部致马廷亮中国在韩租界警察交通两条有碍自治权宜坚拒余已电胡使磋议电　二件

函悉。租界章程议定各条，地址声明日后可扩充，借与改为永远租与，地税改由领事转交，新契改由领事请发，均甚妥协。警察、交通两条有碍租界自治权，均宜坚拒。余款续议如何，希再电达。已定各条宜另缮，寄清稿以备复核。外务部。二十日。

中国在韩租界档

电函均悉。租界章程草案已订十三条，查尚妥，可准。其未定三条，已电胡使与日本外部磋议。外务部。二十五日。

中国在韩租界档

日使伊集院复外部如认延吉为贵国领土须视商议条件如何照会

为照会事。

宣统元年闰二月十九日接准照称：驻日胡大臣电称，统监府增设间岛事务官以下共九名等因，前来查增员之事。本使至今尚未接到本国通报，如果实有其事，当系统监府临时间岛派出所于办理事务上实有必需，故尔增设。至于设置该派出所之理由，前年业经敝国政府详细声明于贵国政府，兹不复赘。此次如果实有增员之事，仍不外敝国政府之初意，非有他想。要之，间岛即豆满江北一带地方，究系清国领土或系韩领土，目下仍系未决之间题。来文谓本使已认该地为清国领土，实系误会。本使对贵部当局大臣所言明者，盖为贵国政府关于间岛问题之诸事，能容敝国政府之主张，且于同时商议中之其它各案能承认我之提议，敝国政府于间岛之所属，亦不惜让步于贵国。要之，本使欲以交让妥协，迅速解决诸案。故奉本国政府之训令，谓视彼此商议之条件如何，可以承认间岛为贵国之领土。为此照复贵部，希查照可也。

闰二月二十四日延吉边务档

外部复阿部书记官中俄条约限满如未商改仍继续有效函

本月二十二日接准函称：今因现行中俄改订陆路通商章程之有效期间稍有疑义，中俄条约第十五条中，有此约所载通商各条及所附陆路通商章程，自换约之日起于十年后可以商议酌改。如十年限满，前六个月未请商改，应仍照行十年之语。以上条文有二解释：第一说，先自换约之日起有效十年期满，六个月前两国均不请商改更，有续行十年之效力，是前后只有二十年之效力。第二说，以十年为一期，期前六个月内两国均不请商改，更有续行十年之效力，是永远续有效力。该条约及章程今尚实际适用与否？中国政府于前记二说之中承认何说，迄今中俄两国政府间关于此种事件，曾否因意见不同致生交涉，请速示知等语。查光绪七年中俄改订条约第十五条载，此约所载通商各条及所附陆路通商章程，自换约之日起于十年后可以商议酌改。如十年限满，前六个月未请商改，仍应照行十年等语。是该约及该章程之效力以十年为限，限满前六个月，如两国政府未请商改，仍应照行。再至限满，如仍未经商改，亦仍续有效力。来函第二说所解释之意与此相同。该约及该章程现在施行，毫无改易，中俄两国政府关于此种事件并无意见不同之处。特此函复，查照可也。

闰二月二十四日商约档

伊犁将军长庚复枢垣报俄由新疆赴藏路程地名电

十五日钧电谨悉。查俄商由新疆赴藏，北路必由伊犁之灾堪卡伦、塔城之苇塘子入境，南路必由喀什噶尔之明约路、乌什之依布拉引卡伦入境。北路距藏尚远，购运军火现无所闻。南路由喀什噶尔至莎车、于阗均有通后藏之路，然皆山险，且近藏属之北印度，转运军火恐亦非便。惟由乌什经阿克苏、库车、焉耆，咬达维布淖尔东南之柴达木。该处系青海所辖和硕特西右翼中旗牧地，北通安西敦煌，东南通青海西宁，西南通前藏，为蒙番入藏熬茶要路，止能马行。现拟派熟悉情形通晓语言之人赴该处访查，如有其事，即行禁阻。并商新抚，电饬喀什噶尔、阿克苏两道督饬明约路、依布拉引二处卡员，留心稽查，以期周密。如探有虚实，续电奉闻。长庚。个。

二月二十六日西藏档

驻藏大臣联豫温宗尧致枢垣闻班禅赴印度请派员防范电

奉十五日电旨，理应钦遵办理。查后藏班禅曾赴印度，闻有密约情事。亟应派一职分较崇之员，前往驻扎防范，并总监督三埠。故拟请添设参赞，仿出洋作为二等，归大臣奏派帮办，往驻后藏。因西藏与内地情形不同，遇事和衷商办，以冀妥洽。外埠如有要事，大臣仍可驰往办理。谨先电复，其详细专折具奏。乞代奏。豫、尧叩。二十二日。

闰二月二十六日西藏档

外部致刘式训滇案请商法外部速结仍商准设领电

敬电悉。昨潘来署，当据电相告。伊谓前已审知其误，语以前议二十五万佛亦足。潘谓此款并不能满公司意，第令稍免谤言，权减作二十万两，当经坚拒不允，请其再电政府。查蒸电，称办法第二节所称二十五万佛系合收回兵房言之，此三数既经外部面允，何得以口误为解。惟该署使坚谓两误为佛，仍索二十万两。事经辗转磋议，诚如来函所称，长此饶舌，非交际所宜。兹剔开兵房，仍允给以二十五万佛，自与法外部通融速结之意相符，希本此切商。该外部电饬潘使就此结案，无已加至十万两，仍将设领一层同时商准，藉作抵补。望将商办情形即行电复。外。

闰三月二十七日河口档

东督徐世昌致外部报日增派间岛人员显违现状电

顷据陶丞电称，日政府增派间岛临时派出所人员一案显违现状，已向诘问。据云，员额虽增而补充之人即曾在所任差有年者，事务官为铃木法学士，技师为太田农学士，高等通译二员，一为中文翻译山本贞清，一为韩文翻译糟谷龙三郎，其属官译生等，即坂东山崎之类，不过为位置各该员起见等语。又据唐领事恩桐报告所称，新增职员姓氏与陶丞电禀相同，惟谓各员均由日本内部简任，前往就职，归统监府临时间岛派出所长指挥监督，各员一切处分由该所长专断，已于本月二十二日公布施行。统监府专理韩国财政，现抽烟酒及家屋税，韩人敢怒不敢言云云。用特汇陈钧部，统希鉴核。昌。艳。

三月初一日延吉边务档

东督徐世昌咨外部请催俄使会查呼伦贝尔边界文

为咨呈事。

窃照黑龙江省塔尔巴干达呼山至额尔古讷河陆路边界，应由中俄两国会修，鄂博改立石柱，俄人护路兵外之另驻兵队，应令移出界外。又卡伦河流之洲渚，俄人不肯纳刈草等税。又雍正五年之界约及鄂单，请俄外部发给一部各等因由。本大臣函咨钧部，嗣将钧部函复钞件及俄使照复原稿咨行该省，周抚转饬铁路交涉局，并照会呼伦贝尔副都统分别查明，迅速具报在案。本月十七日准周抚咨称，案准呼伦贝尔副都统咨复查伦边，中俄国界自阿巴哈依图岭以下至额尔古纳河，以额尔古讷河为天然界限，右岸属中国，左岸属俄国。征之康熙二十八年黑龙江约、雍正五年阿巴哈俄依图约、咸丰八年爱珲约、十一年勘分东界约，二百余年此界迄未改易，惟河道迁移河身淤久，港汊纷歧，中间或有洲渚，势所不免。然两国既以河为界，自应以现在河流之大者为正流，即国界之定限。孟克西里卡伦在额尔古讷河右岸，距大河计十五华里。去大河右岸十余里地方另有小河一道，宽不过丈余，一经水落即有旱干之处。卡伦现设小河之右，自大河至小河中间洲渚宽十余里，长六七十里，羊草丰茂，即俄人指为彼界不肯纳刈草税者。证之旧约，详审河流，该洲渚自应属之中国。俄使谓原初属俄，不知何据？

其所称同治二年东西伯里亚总督曾经转知中国边界官员，以该岛实归俄国版图。所谓该岛者，应即指阿巴哈俄依图卡伦附近洲渚而言，即界约阿巴哈俄依图岭地方也。该处河流二道，中间洲渚计宽十余里，长至三四十里。两河孰为正流，因上年秋水盛涨，不易查勘，未能确切指定。然河近俄屯河流，较右岸以右之河实宽而深。以形势论，仍应以附近俄屯为正流，其洲渚全归我属。该处因河界未清，上年刈草税俄人亦未认纳。所有该处洲渚属中属俄，遍查旧档，迄无案据，亦无图记可考。

其纳税一节，系去年新定章程。卡伦未经整顿以前，俄人越界取刈草木，视为已有，向不纳税，不特该处，沿边皆然。查国界以条约为凭，两国界约既未修改，何有他项案据？是现今中俄交界，自应以历次旧约为根据，据以会查形势为办法。况事属国界，关系至为严重。即使有同治二年之事，亦属词出一面，我处并无案据，岂有由俄员转知边吏即可据为俄有之理？且各该洲渚仅生草木，无一人民居住，俄使谓自彼时赴该处俄民居为已有，不知其所居又有何据？总之边界关系至重，苟有轇轕，即非凭空所能辩论，必须会同详查，乃能确有把握。现在尚未清查，为一时权宜之计，只可于沿边额尔古讷河中岛屿，暂且置为间田，两国均不得在此烦扰，以期共保治安。上年因会查不果，已与驻海拉尔俄外部官议订，各行知边界官，其岛屿在未经会同查勘以前，各该岛之树木、柳条、羊草及各项物产，两国军民诸色人等均不得擅行伐取。一俟会勘明确，究应归于何国，再行各照本国章程办理，当即分行遵照在案。

现在卡伦逐渐扩充，必有确定国界始能资以遵守，且及此时会勘清楚，我界人民日众，并可各自保守，以后庶免被〔彼〕族有侵占之事。应请转咨外务部，速催俄使定议，派员会查清理边界，免生以后轇轕。至铁路护兵，均在路界以内驻扎，须合江省界内路线，通查核计方能得其确数。仍请饬下铁路交涉总局查明照约办理，并一面由本护副都统派员将伦属路界俄兵数目调查报告，以资考证。所拟是否有当，相应备文咨呈，为此咨请鉴核施行等因，准此。除饬行铁路交涉局知照外，相应备文咨请本大臣察核咨部等因，准此。为此合咨钧部，请烦查照施行。

三月初一日中俄界务档

外部致徐世昌日使称日设间岛派出所系因事务上必需函

艳电所称日政府增派间岛临时派出所人员一节，本部前接驻日胡大臣来电，当经照会日使驳阻。旋准日使复称，统监府增员之事，当系统监府间岛临时派出所于办理事务上实有必需，故尔增设，不外敝国政府设立该派出所之初意，非有他想等语。相应钞送来往照会，即希查照。

三月初三日延吉边务档

东督徐世昌致外部日人在延吉为拓殖政策深为可虑函　二件

顷据仁川领事唐恩桐报告，日人近颇注重韩国咸境北道元山、清津各港。现议派汽船三艘往来于大阪、清津，又派汽船一艘由日本舞鹤港通航元山、清津，输运货物，经营间岛，以期兴旺。日、韩政府各补助航费金一万五千元。又闻统监府人员称，闲〔间〕岛韩民现约十万，华民二万余，日人三百名。现中国压力稍减，韩人势力渐伸。韩国度支及农工商两部近年陆续拨款补给该处居留韩民。迩来日官不时征兵，就在韩之日本商民挑选丁壮，派入军营习练。日、韩两国渔约现亦成立，派军舰鱼雷艇各一艘专司保护，又缉私船八艘沿海巡查。从前中国渔船每岁赴韩采捕成为习惯，现因中国政府未与之互订渔约，不准我国渔船赴界私采。经统监府颁出训令，自本月十一日实行。又咸镜北境去岁牛疫盛行，由日本兽医永井氏前往防疫，现在疫已止绝，而延吉、珲春方面往来牛只仍须检查。韩王前拟北巡咸镜道元山等港，现又中止等语。延吉界务近虽将次提议，而日、韩觊觎之心迄未稍戢。即如该领事所称，随时征兵，挑丁习练，派汽船往来以恢商业，拨重款补助以资侨民，无非本其拓殖政策，以为实力进行之计，用意实为狡逞。除饬延吉随时密察情形，妥筹抵制外，特将所称各节觍陈钧听，并乞密行察核，指示机宜，无任跂祷。

三月初三日延吉边务档

敬再肃者：

顷据延吉厅同知陶彬禀称：宁古塔以南敦化以东，所有洋货向由俄埠海参崴运入珲春，再由珲分运宁延各处。自去岁四月韩国清津开埠以来，日本之日用物品充塞于北韩全境，平时因清津、会宁间轻便铁道，人工昂贵物品之进口尚稀，封江以后则日人往往包雇乡民大车运货进口。故自去冬以迄今日，日货已占俄货十分之三。乃日人复思逞其野心，拟改轻便铁道为汽车，以直达我延吉厅街。将来见诸实行，则边境精华悉将供其无形之吸蚀，深为可虑。查韩会宁至我厅街计程二百华里，其自会宁渡江越稽查处至火狐狸沟口五十里，道途平坦。由火狐狸沟口至和龙峪东沟六十里，即火狐狸岭，崎岖难行，修筑铁道工程颇大。由东沟至厅街九十里间有山河，均易措手。日人既有此议，自应密饬沿江派办处事务员，随时派人过江前往会宁一带，默窥动作以凭先事抵制。一面并开导商家注重营业，以期利不外溢等语。日人修筑铁路之议，实于边事大有关系，不仅商务受其影响。特将该丞禀陈各节摘陈钧部，并希察核筹维是幸。

三月初三日延吉边务档

使法刘式训复外部滇案我已通融彼反坚执似宜稍宕电

二十七日电悉。昨法外部通告二旬内不见客，顷晤交涉股长，告以滇路为匪运兵载械，原不应认赔。现政府为速结全案起见，通融允剔开兵房，酌给二十五万佛，惟须将设领一层同时定议。彼答称，允数相去太远，断难合拢，设领一层，不能牵连，须滇案结后再商等语。查该股长既仍持二十五万两之说，训亦未告以可加至十万两。此事我已通融，而彼反坚执，目前似宜稍宕，以待其来。就乞钧裁。训。萧。

三月初三日河口档

外部致马廷亮仁川华租界内日运输部地应收回电

函悉。仁川界内日陆军运输部地段，虽租借年限太远，究难允划弃，仍入租界。如虑滋交涉，可彼此先行妥商，定明权限。釜山租地居中及西边二段，既属不可缺少，自应收回。惟收买价昂，拍出价贱，仍应设法磋减买价。其北边及西南隅，地价更应核减，再定收买。至欧森所占元山后地段，前已函署总税司，饬该员将实在情形申复，并询其有无价买契据，俟复到再达。外务部。十一日。

中国在韩租界档

川督赵尔巽致外部闻俄皇接见达赖使臣请防范电

顷译上海德文报，西三月九号俄皇接见达赖使臣。向例达赖不准与外国通问，此事如确，别有深心，与西藏前途甚有关系。拟请由钧处电萨大臣侦探有无其事，豫筹防范。巽。真。

三月十二日西藏档

使美伍廷芳复外部巴拿马华侨被虐宜通约派员电

午真电悉。巴拿马国已自主，我国未与立约。该处华侨被虐事，与智利、厄瓜多南美洲共和国二国情形相同，去年经廷商请美廷，暂托美使暨领事一律代为保护。第假手外人不免隔膜，似宜通约后派员分驻，以资保护。上年五月因禁烟事已略陈一切。前月奉到国书，拟于四月内先赴秘国呈递，顺道巴国体察华侨，宣布朝廷德意。应如何保护，届时再请示遵。廷。文。

三月十三日华侨档

外部致张人骏葡使称闻粤自治会预备暗袭澳门电

葡使照称：本国政府近接澳督报，闻自治会预备暗袭澳门，是以本国水师大宪欲饬巴的利亚号兵船回澳。本国外务大臣暂未允准，但望中政府迅设善法，免其有暗袭澳门情事。并切戒生事，及与本国为仇之徒，不得任意妄为等语。该使所称究系如何情形，近日自治会是否安静，切望随时密加查察，勿任滋事，致生枝节。即电复。外务部。

三月十五日澳门档

粤督张人骏复外部自治会系良民无袭击澳门事电

十五日电敬悉。自治会均系良善民人，岂有袭击澳门预备，绅商人等因界务讨论则有之。近已示谕，静候和商办理，人情均极安谧。澳门葡人日来集众，恣议仇华之说颇炽。揣葡使之意，特欲藉端调回兵轮。两国撤舰撤兵候勘，人已共知，一旦调舰回澳，特恐自此疑虑益深。为和商界务计，葡人此举似属非宜。如何之处，乞钧裁酌复葡使，并乞电示。再葡人调舰回澳，不知有何狡谋，粤无相当出海兵舰，合陈明。人骏。铣。

三月十七日澳门档

东督锡良奏遵旨筹商东省事宜请敕合力通筹折

钦差大臣东三省总督兼管三省将军事务、奴才锡良奏，为遵旨筹商东省事宜，恭折密陈，仰祈圣鉴事。

窃奴才奉命补授东三省总督，到京以后迭与枢臣筹商办法。只以东省责任重要，事机日亟，深以未悉情形为惧。复奉电旨，饬奉天右参赞钱能训来京，与奴才筹商一切事宜。该参赞抵京后详加考察，次第研求，乃知东省介于两强，一切设施均非内地行省可比。其内政之经营，如审定官制、整饬吏治、抚辑商民、筹办新政，均属奴才当尽之职务。应如何推广改革，容俟到任后陆续奏明办理。若三省财政同一困难，自应量入为出，以地方之款办地方之事，综核名实，力戒虚縻。是行政之费用及行政之成绩，亦惟视岁入之数以为衡。至于外交之危迫，全在我无实力以为抵御，故相逼而来，几无余地。然我急欲筹抵御之方，则必先扩充实力。而所谓实力者，如开银行、修铁路、开放商埠、兴办实业、广开屯垦、筹边驭蒙诸大政，均属急不可缓之事，然非有大宗巨款断难集事。此非东省之力量所能办，而必须国家之全力以图，亦非奴才之权力所能为，而尤仗枢部之协谋以应。傥其终此因循，一筹莫展，内以空言相责，外则措手无从。他日者两强竞争，日肆侵略，举财权、路权、利权，甚至领土权，均尽攫于外人之手，则虽严治奴才以罪，亦何补于大局之阽危。此奴才所日夕惶惶而不能不预为披沥者也。应如何迅予拯救，俾免沦胥，拟请圣恩主持，敕下军机处、外务部、度支部、陆军部、邮传部，合力通筹，妥定办法。东三省幸甚！大局幸甚！所有筹商东省事宜缘由，谨恭折密陈，伏乞皇上圣鉴训示。谨奏。宣统元年三月二十日。

东三省档

闽督松寿致枢桓拟售江船归还洋债电

前福州将军崇善任内，有息借洋款银三十万两，奏明以闽关铜元余利归还。嗣奉文停铸，余利无着，复奏以船政局所造江船售价归给。松寿接管闽关后，因查前项洋款期迫，江船尚未下水，虽从前估造需银三十余万两，究可售价若干，洋款能否如期清还，均无把握。曾奏请饬下北洋大臣，速饬招商局派员来闽估变，奉朱批：邮传部查核办理。

旋经部咨北洋大臣饬招商局派洋员估验，据验，该船身式上大下小，驶行欠稳，不合运货载客之用。估价二十一万两，尚需修改费一万余两，实仅值二十万两左右。招商局并不认买。邮部又商粤省，亦以款巨难估咨复，均经邮部复奏在案，并声明借款由闽另筹办理。上年冬，宁沪商轮公司禀请承买，始仅认价二十万元，因价少中止。该公司今派人来闽驶验，比饬船政、提调再四磋商，议定光鹰三十万元，核与洋员估价相若。查此船前经奏明估变有案，现拟出售，仍应先行电陈。谨请代奏。松寿。号。

三月二十日行船档

旨杨枢著充出使比国大臣

奉旨：杨枢著充出使比国大臣。钦此。军机大臣署名奕劻、世续、张之洞、鹿传霖、那桐（假）。

三月二十二日出使比国档

外部奏议复驻藏大臣奏亚东江孜噶大克三处开埠设关折

外务部、税务处、度支部、理藩部奏，为遵旨会议，恭折复陈，仰祈圣鉴事。

宣统元年二月十五日驻藏办事大臣联豫等奏：印藏商约既定，亚东、江孜、噶大克三处开埠设关，分别拟办情形一折。同日奉朱批：该部议奏，单并发。钦此。钦遵由军机处钞交前来。

原奏内称亚东、江孜、噶大克三处情形不同，以地方形势论，江孜实扼前后两藏出入之冲途。以边界论，亚东、噶大克实处西南之极边，均与英印连界。开埠设关皆不容缓。前准外务部电，咨以商约既定，亟应将亚东、江孜、噶大克三处开埠，各设监督一员，并开办巡警、裁判、工程等局，督同番官办理。因电咨外务部并商赵尔丰会衔咨请。除亚东关监督原系靖西同知兼充外，其商务委员拟派亚东关税务司张玉堂，江孜监督拟派后藏粮员马吉符，江孜商务委员拟派亚东关税务司之供事吴松年，各员兼充，暂行试办。各员已先后到差。查开埠、设关本属一事，然该三埠商务一时难期兴旺，出入货物必不足弥税关之用，未免徒耗经费。第开埠之后不设税司，其出入货物不能按约稽征，且印度茶叶现已无人稽查，多由噶大克灌入藏境，所关尤大。拟请饬下税务处以亚东关为税务司，其江孜、噶大克两处暂作为分卡查验，委员归亚东税务司总理分派。如此办理，即使暂不收税，而费款有限，主权可保，庶将来操纵亦可自如。江孜一埠现已开办，噶大克距藏较远，计程三月有余，非先设塘站不可。闻该处土民极为强悍，必须有兵驻慑，方可无虞，以故尚未派员前往。再靖西同知原作为实缺，此次江孜、噶大克两监督及商务委员，拟均作为专差，由驻藏大臣于奏调人员内遴员札委，并发给木质关防。刻下商务委员事尚无多，拟将裁判一事暂归商务委员兼办。其巡警、工程等局统俟筹议章程，再行另案奏请办理等语。

外务部查藏印通商，自光绪十九年订立约章，在亚东设关，约内载明自开关日起以五年为限，免纳进出口税。限满查看情形，可由两国国家酌定税则，照章纳税。至印茶一项，俟百货免税限满，方可入藏销售。应纳之税不得过华茶入英纳税之数等语。现在免税五年，早已限满。上年续订藏印通商章程，于征税一节虽因磋商未定，未经列入约款。然第一款既载明，光绪十九年所定通商章程与此次章程无违背者，仍应照行，是进出口税则仍应由两国国家酌定办理。西藏为中国属地，征税系属自有之主权。虽该处商务一时未能兴旺，税收恐不敷所出，亦岂可吝此开埠设关之经费，致权利未能完备，惟百货一经征税，照约即应准印茶入藏，于川茶入藏之贸易殊有妨碍，此中利害相因，操纵之机关亦宜熟审。究竟百货税应照何项税则议订，茶税如何仿照华茶入英办理之处，容俟臣部与驻京英使磋议，议定后再行开办。此时应由驻藏大臣等先将开埠一切事宜妥为布置。噶大克一埠既据称印茶多由该处灌入藏境，亦亟应续筹设关派员，以资稽查而免疏漏。其各埠所设监督，有督饬商务委员，暨藏官管理商埠之责任。无论已否开关征税，均应先行遴派妥员，俾资治理。该大臣所拟派员兼充监督委员，暨江孜、噶大克两处监督委员作为专差，发给木质关防之处，均应准如所请，暂行试办。至江孜、噶大克两处拟设分卡查验，委员归亚东关管辖一节，应由税务大臣核定。税务处查噶大克在后藏迤西南通印度新辣等处，商务虽属无多，地方尚为冲要。该处设关拟作为亚东之分关，派副税务司一员驻扎，归亚东关税务司节制。其江孜一处，与印度往来贸易必经过亚东，本无庸另设关卡，惟该处商务较盛，拟由亚东关税务司派一查验委员，在该处设立分卡，料理稽征事宜，以期周密，均应俟税则订定，开办有期，再由臣处饬令派员前往。

原奏又称经费一节，亚东系光绪二十年开辟，并设靖西同知、游击两员作为实缺，由川省调补，连设站及驻防兵丁饷项，每年共请款三万两，由四川重庆关拨解。此次开埠情形，又与往年不同，拟将亚东章程略为变通，稍有增减，作为江孜、噶大克两处商埠经费，另单开呈御览。现在亚东一关，只添派商务委员一员，番官商务委员一员，应需薪费，即由兼亚东关监督、靖西同知在四川拨解三万两内从实报销。其江孜、噶大克两关每年每处拟请款二万两，或由部指拨，或由川省措解，伏候饬下部臣核议。至新拨藏款，前拨二十万仅止一次，嗣拨五十万以之练兵，尚不敷用，若非别筹的款，断难持久等语。度支部查西藏靖西边费，前经臣部奏准每年由重庆关拨银三万两，历经按年拨解。所有亚东关员役薪工等项，由前项边费项下开支，历办在案。今据该大臣等奏请酌拨江孜、噶大克两处商埠经费，据称每年每处拟请款银二万两。臣部按照单开各款逐加查核，尚属无浮，自应准予筹拨，俾资应用。所有该两处常年应需经费，拟请即由四川重庆关洋税项下按年各拨给银二万两，俟各该埠设关后收有税捐再行筹还。归款仍由该大臣等转饬各该监督撙节动用，按年核实报销，以重款项。又原单内开江孜、噶大克两处建造公署、购办器具等项银，每处不得过三千两，系属开办时所需之款，仅只一次，为数无多，自应一并筹拨。查靖西边费历年均有存余，光绪三十二年分报销案内实在项下积存银三万七千二百余两，拟即由此项积存银内就近各拨给银三千两，俾得即时兴办，仍俟工竣时由各该监督将支过银两造具清册，送部核销。至亚东关添派商务委员等所需薪费，应请准如所奏，即在重庆关每年拨解靖西边费银三万两内开支，据实造报。至原奏所称，噶大克须设塘站驻兵，裁判暂归商务委员兼办，及筹议巡警工程各节。理藩部查噶大克开埠设关，嗣后自难免华洋交涉之案，其裁判请暂归商务委员兼办，自系变通办法。至设塘驻兵，筹议巡警工程等事，应俟该大臣办理就绪，妥定章程，咨部再行会同专司各衙门，详核议复，以昭慎重。所有臣等会议缘由，理合恭折复陈，伏乞皇上圣鉴训示。再此折由外务部主稿，会同税务处、度支部、理藩部办理，合并陈明。谨奏。宣统元年三月二十二日。

商埠档

外部致马廷亮欧森在韩买华租界地愿让归中国电

税司欧森在韩购买华租界内地段一事，迭据来函，函达总税司查复。据复称，接该税司电复，已电令在韩代理人将该后山地段放弃，让归中国租界，并照知元山中国理事。至一切情形，容具文详复等情，即查照。外务部。漾。

三月二十二驻韩领事档

外部致伊集院延吉日兵伤毙华警希派员会查照会

为照会事。

延吉日兵伤毙中国巡警一案，前因两国委员报告不符，经本部电达东督，再饬详查，并请贵大臣派员与东督所派之员会同调查，于闰二月二十三日照会在案。兹准东督函称，饬据延吉厅陶丞详查，开折条列禀复，将原折函寄前来。查折内报告情形尚为详细，据其调查各节，则日人报告所载，巡弁徐占魁拔刀斫平田中尉，及中国宪兵在凹地乱放手枪等语，均无其事。中国巡警到场时确系徒手，日兵三人所受系石子轻伤，日人实有拘留耿宪兵长情节，仍与来照所据报告不符。相应钞送原折，照会贵大臣查照，仍希速行派员与东督所派之员会查，以凭商办，并即见复。须至照会者。

三月二十三日延吉边务档

外部致马廷亮我国渔船往韩捕渔希商日统监照约办理电

中韩通渔事，本月初十函已悉。本部亦准日本使来照谓：韩国渔业法施行未久，中国渔船前往，恐滋事端，请饬设法预防等因。查中国渔船往韩国海内捕鱼，相安已久，此次韩欲禁其前往，于我渔民甚有损害，不得不设法挽救。中韩订约时彼此照会，声明两国人民贸易、工作均获同沾利益，与各有约之国人民毫无轩轾等语。我国渔船前往捕鱼，藉以贸易，韩应照约优待。与各有约之国人民无异。希即相机与统监府驳论，并电复。外务部。敬。

三月二十四日渔业档

外部致法使潘典质章程应俟规定统一办法施行全国照会

为照会事。

准照称：据驻广州法领事将张督订定典质章程照会钞送前来，查此事酌有定章，不无有益。但如此重要事件，应以统一施行于全国法律而规定之，不能由各省大吏任意擅立。若各行省典质办法参差不齐，必致出有误会龃龉等情，转多窒碍。是以当俟定有通行全国章程送阅时，本国政府可否照允之处，再为斟酌办理等因。查前项典质章程已由粤督咨送到部，本部正在查核。兹贵署大臣谓应规定统一施行于全国，不能各省擅立，本部亦以为然，应由本部另拟可以通行妥善章程，再行知照。相应照复贵署大臣查照可也。

三月二十四日商务档

粤督张人骏致外部日认东沙岛为我属现正磋磨电

东沙岛事。

据日领面交条款，以西泽因经营该岛拟作永图，费资五十一万元，一采磷礦鸟粪，二采海产，三开牧场。归中国领土，则关口税之外，变永图为限期之事业。其影响即：一、磷礦及肥料需要者，不欲为特约。二、中止新规制造事业。三、中止牧场计画。三十年间欲收回五十一万额，一年须得二十万之利益等语。当列单要以先将东沙岛交还中国，岛上西泽安设各物业，应由两国派员详细公平估值，由中国收买岛上庙宇被毁，及沿海渔户被驱逐历年损失利益，交由两国派员详细公平估值，由西泽赔偿。所采岛产应纳中国正半各税，应令西泽加一倍补完。本日复据该领面商洋务处魏道伍道开送草单，内载交还布拉达斯岛之事情，非清国收买，该岛物业之价额确定，则不能办理。故先要商定左开各项：一、清国收买西泽物业一事并无异议。二、西泽绝无驱逐渔民之事，而西泽到该岛之时，庙宇无存。三、该岛放弃无所属之状体。西泽深信该岛为全然无所属之地，投巨资创始，永年经营之计，尚未得毫厘之利。而因为认过损失更大，实不得纳税，再重损失云云。此案岛为我属，彼已承认，特为西泽要索厚利，自难轻许，现正在设法磋磨。合先电。陈人骏。有。

三月二十六日蒲岛档

外部咨邮商两部英日拟派轮行走嘉兴等处碍难照准文

宣统元年三月二十二日准农工商部、邮传部咨称：准浙江巡抚咨据杭嘉湖道详据本关税司先后函称，英商庆记轮船公司拟派恒舲轮船试走乌镇、南浔二处。又日商戴生昌轮船局仿照杭湖新市班章程，经由嘉兴、盛泽、乌镇、双林、湖州等处，应否准行，

据详分咨查核等情。查该洋商等所指埠口，系由不通商口岸至不通商口岸，事关交涉，应请核办见复等因，并钞送浙抚原咨前来。查续议内港行轮修改章程第八条载明，非奉中国政府允准，不得由此不通商口岸至彼不通商口岸之内地，专行往来等语。又光绪二十九年十一月间，本部核定章程四条第一条载，凡内港轮船欲专作由此不通商口岸之内地至彼不通商口岸之内地贸易者，须先将详细情形报明。最近口岸之税务司以便转禀商务大臣，会同该省督抚体察情形，俟政府允准后方可发给专照前往云云。缘内港行轮，于地方情形有无窒碍，非政府所能遥度，必须由该省大吏详慎体察，咨明核办。今英、日等商所指添派轮船之处，均系由此不通商口岸至彼不通商口岸之内地，浙江巡抚原咨并未将各该处情形有无妨碍详细声叙，碍难准行。除咨行邮传部、复农工商部外，相应咨行复贵部，转复查照可也。

三月二十六日行船档

外部致马廷亮中国在韩租界应由中日协议电

租界事函悉。查第十六条原有或拟变更时句实已包括十一、十五两条在内，今拟再将十六条酌改云：嗣后如修改本章程应由清、日两国政府各派委员协议决定，或遇各国在韩租界有增订新章及变更旧制之时，清国租界亦应由清、日两国政府派员协议决定。如此则更为切实。可将十一、十五两条删去，并于再议时婉告以日政府，欲在韩收回裁判权，中国非不愿允，但不愿先各国而倡认。务即照此议定，外务部。勘。

三月二十八日中国在韩租界档

外部致伊集院东省各案请速定期会议照会

为照会事。

所有东三省未定各案前准节略，以贵国不允送交海牙和平会公断，惟愿两国自行议定和平解决等因。查东省各案，本部以推诚和商为宗旨，实因会议多次，迄无效果，徒滋争执，故请交公断以期速结。兹贵政府既愿两国自行和平议决，自与本部初意相符。相应照会贵大臣查照，即将前议各案从速定期会议，俾得早日解决，以表贵国和平之谊可也。

三月二十八日东三省档

外部奏东省铁路界内设立公议会经理地方自治与俄使商定大纲办法折

管理外务部事务庆亲王奕劻等奏，为东省铁路界内设立公议会经理地方自治，与俄使商定大纲办法，恭折具陈，仰祈圣鉴事。

窃光绪三十三年十二月间，臣部迭准东三省总督徐世昌等先后咨称，俄人在东清铁路界内哈尔滨、海拉尔等地方宣布自治规则，选举会员，组织成会，由铁路公司代办。达聂尔录送会章五十五条，范围甚广，如抽收各项捐税，管理地方产业，以及卫生善举，商业工场，事事干涉，俨以该公司总揽机关，成自治团体之性质，并钞录原送规则前来。当经臣部照会俄国前驻京使臣璞科第，辩明东清铁路系属商业，该俄商只能按照原订合同，经理铁路必需地段，无管理地方之权。凡铁路界内各站，应由中国地方官添设巡警，自行保卫。原拟自治章程，中国万难允认，应即撤销。旋准该使照复，谓按照东清铁路合同第六款法文讲解，该铁路公司得有于所占地段内专于一手经理，并无限制之权，于原约毫无违背。复经臣部援合同第五、第六两条详晰剖辩，声明权限，以经理地段与治理人民截然不同，俄商创设自治，显系以商业之铁路侵犯中国之政治，即法文译词未当，亦断难作据等情，驳复俄使，并通行照会各国驻京使臣在案。乃俄商以自治名目未协，改称为公共理事会，仍于各站逼勒华商买票入会。俄使则以振兴商业为名，谓为铁路地段与通商租界无殊，其理事会之规模，即系工部局之本意。总计年余之久，臣部与该使往复照驳不下十数次。该使迄以建设此会之意出自政府，势难中辍。上年十一月间，俄使臣廓索维慈开送节略，愿与臣部议定此事办法，而铁路公司总办霍尔瓦特、代办达聂尔则于哈尔滨、满洲里、海拉尔、昂昂溪等站逼勒华商纳捐，严定限期。至本年二月初间，竟将各华商一律封闭，甚至毁坏什物，驱除出境。迭经臣部照诘俄使，催令启封，以便彼此协商。并一面电达东三省总督，饬令署哈尔滨道施肇基，黑龙江候补道于驷兴来京备议。该铁路总办霍尔瓦特等亦同时抵京。臣等以为华商被封，损失主权，妨害民业，岌岌不可终日。而俄人积虑已久，志在必行，且商民捐款办理地方公益，确有理解，势难抹煞不认。由臣敦彦与俄使商定，彼认启封，我认自行收捐，互换照会声明，以为转圜之地。自二月二十六日起，臣敦彦偕同施肇基等与俄使臣廓索维慈、铁路总办霍尔瓦特等会议多次，扼定铁路界内为中国主权所属，不得少有损失之宗旨，与之竭力磋商，拟订公议会办法大纲十八条，取益防损，幸皆就范。并饬施肇基等随时电商东三省总督，意见相符。当于三月二十一日缮就华、俄、法文各一分，校对妥协，会同签字盖印。至此项公议会详细款目，俟霍尔瓦特抵东折回时，再与斟酌厘订。伏查光绪二十二年，经驻俄大使许景澄与华俄道胜银行订定建造东省铁路合同，由中国政府选派总办，随时查察经理交涉事宜，原期利交通而便商业。讵日俄战事后，举凡吉、江两省铁路界内大小各站，皆由俄人一手经营，几为我权力所不及。该公司创设地方自治，并准各国领事共任选举，其用意至微，其关系至巨，各国亦群相注意。臣等相机操纵，务期藉保卫以利民，而不令国权有损；认华商之输款，而亦必公益同沾。将来商订细章时，如巡警地丁各节，仍必细心核议，不使少有罅漏。除将此项大纲咨行东三省总督转饬遵照外，所有臣部与俄使议订公议会办法缘由，理合缮写清单，恭呈御览，伏乞皇上圣鉴。谨奏。宣统元年三月二十八日。奉朱批：依议。钦此。

谨将东省铁路界内设立公议会议定大纲条款开单，恭呈御览。

中、俄国政府查阅光绪二十二年八月初三日俄历一千八百九十六年八月二十七日建造合同内，有彼此讲解不同之处，兹商议东省铁路界内设立公议会，订定大纲如左：

一、铁路界首先承认中国主权，不得稍有损失。

二、凡中国主权应行之事，中国皆得在铁路界内施行。如施行之事无背东省铁路公司各合同，则公司及公议会均不得藉词干预阻止。

三、所有现行东省铁路公司各合同仍应遵守。

四、凡关乎中国主权法令政治者，由中国官员主持，自出告示。

五、凡中国地方大吏官员到铁路界内，公司及公议会务须尊重。

六、铁路界内各埠，以人数多寡分别设立公议会。该各埠人民按照地方情形，或选举议事人，复选举办事人，［民］自行办理地方公共事务，并互举领袖一人为办理公共议定之事。

七、铁路界内中外人民享平等权利，共担平等义务，勿稍歧视。

八、凡选举某埠议事人员之居民，须有相当不动产业或出纳相当房租等项者，方为合格。

九、议事员中自举议长一员，无论中外人民均可被举。

十、凡地方公益事件，均归议事会议定，至教堂、商会、学堂善举等事专属一面者，应归各自筹款办理。

十一、各议事员互举之办事员，其数不得过三人，中外议事员均可被举。此外另由交涉局总办与铁路总办各派一员，连同领袖一员，成立一办事处。

十二、办事处领袖即由该议事会会长兼充。

十三、交涉局总办〈暨铁路总办〉位置，在议事会会长及办事处领袖之上，有监察之权，随时到会，躬行稽查。遇事须经第十一条内所载委员各自禀知。至议事会所议事件，均应报告交涉局总办及铁路总办，会同核夺施行，由会出告白，各色人等一体照行。

十四、议事会议定之件，如交涉局总办或铁路总办有不以为然之处，交会复议。复议时如有到场会员四分之三认可，即可决定。

十五、凡关于铁路界内公益款项重要事件，经议事会商议后呈请中国督办大臣即光绪二十二年造路合同第一条之伯理玺天德是也及总公司，和衷核夺施行。

十六、铁路界内专为铁路所用之地，如车站、车厂等类公司，得以自行经理；其余公司未经出租地亩及专为公司自用房屋，按照商定绘图不归公议会者，仍暂归公司自行经理。此项余地，应暂免缴纳地丁等项。

十七、按照以上大纲，应商定公议会及巡警详细章程，并商订地丁数目。自此次大纲订定签押日起不得过一个月，即须会同商订。

十八、公议会详细章程，未经商定实行以前，暂就现行章程酌量办理。惟应遵守大纲第十三条办理，即交涉局总办及铁路总办有监察公议会之权。凡交涉局总办或铁路总办于议事会所议事件有不以为然之处，即由交涉局总办与铁路总办会商。倘仍不能融洽，再由中外商人各举代表一人，随同交涉局总办与铁路总办公举不论中外之公正人一员，会同决议。至哈尔滨华商会公举三人入哈埠办事处，参预其事，与别董事享平等权利。至满洲里及海拉尔，由就地华商会各公举代表二人入会。其余他处只有议事处者，准中国商人与议办事，其华商权限与俄商平等无异。将来详细章程议定后，所有议事及办事各员，即行按照新章分别选派。

以上大纲条款备汉、俄、法三国文字缮写，各四分，彼此画押盖印，以昭信守。各存各文二分，遇有辩解之时，以法文为准。

大清宣统元年三月二十一日。俄历一千九百九年四月二十七日。

订于北京。

俄人在东省铁路设立自治会档

使美伍廷芳至外部旅秘华侨请派兵轮赴南美洲电

旅秘华侨电请代吁政府派兵轮前往镇压。廷查各国时遣战船游弋各处，以示声威而资保护，各主国亦极欢迎。前月日本舰队来美，彼此极洽。我政府上年派杨侍郎乘兵舰赴南洋，如能再赴各国，顺道南美洲，抚慰侨氓，人心益深感戴。是否可行，乞钧裁电示，俾转谕华侨。廷。艳。

四月初一日华侨档

外部致伍廷芳奉旨派往各国呈递国书电

洪。本日奉旨：此次前往各国呈递国书，答谢美国、墨国，着派伍延芳。钦此。希钦遵国书，俟奏准后即寄。外。冬。

四月初二日出使美国档

驻韩总领事马廷亮呈外部中国在韩租界警察权可否照会声明乞复电

奉勘电，顷与锅岛面商，即将钧处改稿交阅，请删去十一、十五两条。彼云：照此稿似可包括十五条，但十一条另讲一事，政府决不肯删。如彼此照会声明，或可转圜等语。亮拟改云：清国租界原有警察权照旧执行，倘因地方情形须韩国警官协助，可由领事与总理议定。似此尚可保自治权，可否照会声明，希电复，俾续商。亮。初二日。

中国在韩租界档

粤督张人骏致外部乞查各使请设东沙岛灯塔事电

东沙岛事。闻壬午、癸未间，帆艇航路尚多驶经该岛，各国公使早有会衔公文致赫总税司及总理衙门，请在东沙岛添设灯塔，当时香港各报纸颇有持论。此事惟闻海关文卷经拳匪烧毁无存，未悉钧署旧案有无各公使请设灯塔之件，乞详查赐示为叩。人骏。江。

四月初四日蒲岛档

粤督张人骏奏香山县绅商择地自开商埠情形折

两广总督兼管广东巡抚事臣张人骏奏，为香山县绅商择地自开商埠，以兴商务而裕民生，谨陈明大概情形，恭折仰祈圣鉴事。

窃维兴商殖民，为今日之要政，粤东交通较早，商务已渐形发达，而户口殷繁，向有人满之患。其久居海外之华侨盈千累万，欲归则无产可置，无地可栖。偶有挟资而归者，土人或反鱼肉之。是为保护招徕计，则创兴廛市，度地居民，在粤省固尤要也。兹有香山县绅商道衔伍于政，知府衔王诜、戴国安，运同衔冯宪章等，探得县属沙滩环地方，内河外海，背倚群山，地势宽平，土质坚洁。东西约四五里，南北约六七里，北而省门，南而港澳轮艘，均可直达，渔船、商艇则有汊河为停泊之区。该绅等谓是天然商场，因即划定地段，与该绅耆立约订租，辟为商埠，名其埠曰香洲。已由该绅等四人自备经费，并招集外埠各商分别认助，以资开办。禀经劝业道饬据前山厅同知，会同香山县勘明禀复该道，复核无异，呈请具奏前来。

臣查泰西首重商务，每不惜广开口岸，以收足国足民之效，中国则限于财力，经始为难。自中外通商以来，各省官辟之埠如武昌、济南、南宁等处，始稍自占先着，勉挽利权，而绅民之自立者尚未一见。今伍于政等倡为此举，其热心公益，固属根本之谋，而于归国侨民尤为利便。诚能厚集资本，固结众情，他日斯埠之振兴，当可预决。当此试办之初，又为向来未有之创举，似宜宽以文法，以期乐与图成。除俟该绅等将开埠细则章程呈缴到日，再行核定咨部外，所有香山县绅商择地自开商埠缘由，理合将办理大概情形恭折具陈，伏乞皇上圣鉴训示。谨奏。

宣统元年四月初六日奉朱批：该部知道。钦此。

四月初七日商埠档

外部致税务处及东督奉抚东省麦粉复出口应否免税请核复文

为咨行事。

宣统元年四月初三日准日本使照称：除东三省所产粟与小麦、高粱准其一律外运外，尚有该省所产麦粉之出口，及外国所产小麦及其它麦粉之复出口之二问题。此事业经本大臣将贵部照会转达本国政府，兹接准复训如左：

一、外国产小麦及其它麦粉之复出口。查一般外国品之复出口，照例不惟不纳出口税，且可取回前此所纳之进口税。本件与此外国品事同一例，未应缴纳出口税。

二、东三省所产麦粉之出口，必须遵守在划定商埠界内设立制粉所之条件。查凡于开市场特别划定商埠，实系妨害外国人来往居住营业之自由，显与条约规定相违背。且本件麦粉之出口，与商埠之划定本无关系。东三省总督于出口麦粉之事，特设此不当且无关系之条件，是何理由？殊难索解。

查一般外国品之复出口既无出口税本件，外国产小麦及其它麦粉等之复出口，自当一律办理。贵国税关既已解禁，小麦等之出口麦粉等自可按照办理。且自东三省之农业发达观之，亦应力图制粉事业之兴隆，扩张农产物之贩路，斯为当务之急，而受其利益者实为贵国。请照前述各节，于外国产小麦及其它麦粉之出口，亦不加别种条件，按照小麦、高粱等以同一办法准其出口，商定见复等因。

本部查中日《通商行船条约续约》第十款载，盛京省之奉天府，又盛京省之大东沟两处地方，由中国自行开埠通商，此两处通商场订定外国人公共居住合宜地界并一切章程等语。是凡开埠通商，即须划定一处为外国人公共居住贸易之地，以定界限而资保护。外人制造麦粉厂，应设在商埠界内，自系照约办理。至外国产小麦及其它麦粉之复出口应否免纳出口税之处，相应咨行贵大臣、督抚查照，一并酌核见复，以凭转复可也。

四月初七日税务档

外部致胡惟德请日政府将延吉事照允余易商结函

所有东三省未定各案，一为新法铁路之事，二为大石桥支路之事，三为京奉铁路展造至奉天城根之事，四为抚顺烟台煤矿之事，五为安奉铁路沿线矿务之事，六为延吉之事。本部自本年正月起与日使会议多次，除安奉沿线矿务，允以俟抚顺、烟台两矿商定后与协商办法外，其余五事均坚持不下。而五事中尤以延吉一事为至重要。延吉界务前经罗列证据，向彼申辩，日政府业认领土权为属于中国，惟谓该地人民不能归中国裁判。现与商在延吉治内酌开商埠，照自开商埠办法，其裁判一节关于地方实权，自属万不能让，因此往返驳论，迄未就绪。本部复向该使声明，须先将延吉问题结束，其余方易商办。且因会议迄无效果，请其转达日政府，将各案送交海牙和平会公断，以期速结。嗣该使复称，其政府不允送交公断，惟愿两国自行议定，和平解决等因。现该使来订期续行会议，惟东省各事，延吉实为最要。延吉一案，裁判在所必争，该使于此问题已坚韧，久不退让。若长此往复争执，将终无了结之时。兹将历次会议问答，并来往节略，摘要钞送冰案。希执事亲向日政府切实声明本部宗旨，请其允将延吉一事中国所争各节悉行照允，以表和平之谊，此外他事自易商结。并希探明日政府果能让步，本部方可与日使续议，否则徒耗时日，恐归无效也。以上各节，奉堂谕函达，望即查照速复。

四月初十日延吉边务档

外部复刘式训粤督已饬撤去驻营希告葡外部电

庚电悉。当转询粤督准复，已饬前山营将关闸内第二卡松林厂驻营撤去，希告葡外部。外务部。真。

四月十一日澳门档

外部通告各国政府东清路界内行政权全属中国文 附照会

本部接准俄国廓大臣照会内称，前有敝国政府议驳中俄两国所定铁路界内公议会大纲，似有侵碍各国人民所享治外法权各情。兹本国外部向各该国特行宣布传单，开列本国政府于各国人民旅居东省铁路界内所享利益，并由国际公法上享有各权利之意，并将传单钞送前来，本部查阅传单所载，实有为中国政府所不能允认者，兹为详细解释辩论如下：

查俄国通告内称，中国开放商埠与东清铁路地段性质不同，东清铁路地段为合同第六条所牵制，该公司于所占地段内有完全行政之权。嗣后申以公议会大纲，其从前条约所让之权力更为结实扩张。经此两次订约之后，中国政府已将铁路地段内自主经理之权让于中俄公司。该公司之在该地一切举动有如私约，租主所有施行之行政权出自有名。又称日、俄两国全权大臣议约内有宣布之言，曰：满洲东清铁路因建筑而让予之地段，不可与开放通商口岸互相比拟，亦不得一律看待，惟于所占地段界限内，日本人民及他强国人民得与俄国人民享受同等权利。由此推究，可见俄政府所负之义务，不过许外人享有公权及干预行政机关各等语。

本部详核该通告所载，其意只在于东清铁路界内俄国得有施行之行政权，并以两次条约暨日俄全权大臣宣布之言为据，不知其中附会误解之处，实不可枚举。中国政府对于以上条件，实有颠扑不破之理解，请一一申明之。

东清铁路合同首段，即载明中国政府现与华俄道胜银行合伙开设生意，曰合伙开设生意，明系商务之性质，而与行政上之权限丝毫不得侵越。开端已发明清楚，毫无疑义。乃俄国政府引此项合同第六条为据，谓有由该公司一手经理字样，为完全行政之权。不知其一手经理之下，实载明准其建造各种房屋工程，并设立电机自行经理，专为铁路之用云云。是该公司有权经理之处，即该合同所指铁路工程实在必需之地段，而该公司经理之权限，亦不得越出铁路应办之事。其完全经理之权不过止此，绝无可推移到行政之地位。不意俄国政府竟牵涉及之，谓该合同第六条有完全行政之权，虽经本部驳辩经年，仍执前说，岂非大误者？中国政府所不能允认者一也。

又宣统元年三月二十一日俄历一千九百零九年四月二十七号，中俄两国所订东省铁路界内公议会大纲条款，自第一条以至第五条，均系声明铁路界内中国主权不得稍有损失之义意，具见铁路界内凡关乎政治上施行之事，其权仍在中国。乃俄国通告转谓，得此条款于前项所让之权力更为结实扩张，不知果何？所指岂谓中国主权并未稍有损失，而俄国反专有行政之权耶？此中国政府所不能允认者又一也。

又光绪三十一年，俄、日在美国议定条约，第三条载明俄、日两国政府统行归还中国全满洲完全专主治理之权。又俄国政府声明，俄国在满洲并无地方上利益或优先及独得让与之件，致侵害中国主权或违背机会均等主义。曰统行，曰全满洲，曰完全专主，又曰无地方上利益，不侵害主权字句，何等结实。岂能强解商务合同，并以未经中国明认宣布之言为依据，而转将两国及郑重之约废弃不论耶？此中国政府所不能允认者又一也。

据以上各节论之，足见俄国政府所引以为据者，均属勉强附会，偏于一面之词。兹经本部一一解释明晰，想各国政府愈可洞悉此事之原委矣。又查东清铁路合同第五条载明，凡该铁路及铁路所用之人皆由中国政府设法保护，又称所有铁路地段命盗词讼等事，由地方官照约办理等语。是该铁路地段内保护治安之主权全属中国，并不留疑似及误会之余地。凡属东三省地段，均为中国完全无缺之境界，既如此，其凿凿有据不可挪移，则哈尔滨一带地方行政之权，万不应由东清铁路公司攘夺明矣。中国政府现在深愿保守中国应有之主权，并维持与中国通商各国应得之利益。特具通告奉闻，惟各国政府鉴察焉。

四月十一日俄人在东省铁路设立自治会档

外部致俄使铁路租借地均属中国土地照会

铁路租借之地均属中国土地，业已订定大纲，言明中国主权不得稍有损失。其各国人民按照中国与各国所立条约，在中国境内有应享利益亦应声明，一律尊重，以免日后误会。兹特互换照会。

俄使致外部东省铁路中国与各国所立条约应一律尊重照会

东三省铁路界内，系属中国土地，兹申明中国主权，及设立议会预定大纲之条约，本日适将签字盖印。本大臣特应声明，本国政府于该界内，各国人民按照中国与各国所立条约得有利益，应行一律尊重。

大学士张之洞与德华汇丰汇理等银行订立湘鄂境内粤汉铁路鄂境川汉铁路借款合同　附件

此合同系宣统元年四月某日即西历一千九百六年某号在北京订立，其订立合同之人，一系钦命督办粤汉铁路兼鄂境川汉铁路大臣·大学士张之洞，已奉旨允准订立合同，一系上海德华银行、伦敦汇丰银行会同巴黎东方汇理银行（此后名为银行等），兹议定条款如左：

第一款　中国国家准银行等办五厘利息金镑借款，数目系英金五百五十万镑。此借款系宣统元年四月某某日订定，名为中国国家湖北、湖南两省境内粤汉铁路，鄂境川汉铁路五厘息借款。

第二款　此借款指明系为筹备资本。一为将比国现存前购合兴公司为中国国家所出虚价小票，计美金二百二十二万二千元，此票应付之利息，又每一百金元加二元半，全数赎回。一为建造湖北、湖南两省境内粤汉铁路干线，鄂境川汉铁路干支两线官铁路之资本，其数目系粤汉路用二百五十万镑，川汉路用二百五十万镑，收回比国金元小票用五十万镑。如收买比国票价不及五十万镑，所余之数全拨归粤汉路借用。其粤汉路干线系由武昌至岳州，由岳州经长沙、郴州属境湖南南界，接连广东省所造之粤汉路线止，共长一千八百里，约合九百启罗迈当。此后条款均称湖北、湖南两省境内粤汉铁路。其川汉路干线系由宜昌经荆门州达襄阳，至广水或附近广水之处，接连京汉干路止，支线系由荆门州经沙市至汉阳止，此干支两线共长约一千六百里，约合八百启罗迈当。此后条款均称鄂境川汉铁路。其勘量路线，均由督办大臣核定，其赎回比票办法，应由中国国家将此情由传知持票人，由银行等以预备赎票之款照数交付。该票一经赎回立即作废，呈交与中国国家。该金元小票交还之后，由督办大臣行文外务部、邮传部，暨鄂、湘、粤三省，将从前盛大臣与合兴公司所订以粤汉铁路作抵押之语全行注销后，仍函知银行等。

第三款　所备之资本除第二款内载赎回金元小票所需用款外，其余借款进项专为建造以上指明各铁路购办地段、车辆及一切应配物料，并经营行车。又于造路期内付还借款利息，均在其内。其建造工程自实在开工之日起，估计约需四年造竣。其开工日期于此合同画押后，不得延至六个月外。该银行等亦于尚未出售债票之前，预备五十一万镑，知会督办大臣，如有需用款项之时，或测量路线，或建造工程，或订购材料，听其或在欧洲或在中国提用，作为银行等代垫出售债票进款。此五十一万镑全数，或经实在提用之数，并其利息，均由出售债票进款尽先扣除。其利息常年不得过六厘。如督办大臣不需用此款，即可不提用，亦不给利息。

第四款　此借款利息按虚数常年五厘，由中国国家交付，或由借款进项，或由别款交付。嗣后先由各该铁路进款交付，次由中国国家以为合宜之别项进款交付。每半年按照此合同附表数目、日期，于十四日前交付一次。

第五款　此借款除后开之第六款详载外，以二十五年为期，自订定借款之日起，至第十一年起还本。每年应付还银数，由各该铁路进项，或由中国国家以为合宜之别项进款交付。每半年按照此合同附表数目、日期，于十四日前交付银行等一次。

第六款　由订定借款之日起，至第十年后，无论何时，若中国国家欲将借款全数清还，或先还合同附表所载未到期之数若干，均可照办。第十七年未满以前，照债票上数目加价二磅［镑］半，即系每一百磅［镑］债票一张，还一百零二镑半。至第十七年满后，无须加价，惟每次预还若干，中国国家应于六个月之前用公文知会银行等。其预还之数，照借款招贴〔帖〕内载拈阄日期，多加拈阄次数。

第七条〔款〕　每年应还本利，除第四、五两款详载外，照此合同附表数目、日期，由督办大臣或在上海，或在汉口，以上海规元或汉口洋例纹银，交付该银行足敷在泰西交还金镑，其镑价与该银行等同日订定，又可于还本利期前六个月内，无论何时，皆可随便同时订定。此所还之本利可以交付金镑，若中国国家遇有金镑实在存在欧洲，欲提用交还本利，亦可用金付还。但不得为此故由中国汇去。每年付还款之本利，银行等于每百两计收用银二两〔钱〕五分，作为经理费用。

第八款　此借款本利，中国国家承认全还。若各该铁路进项（及或）借款、进款不敷全还本利之数，督办大臣奏明由中国国家设法以别项款项补足，按期交付银行等，清还本利。

第九款　此借款本利以下列之款作保：

湖北省百货厘金，每年关平银约二百万两；

湖北省川淮盐局江防经费，每年关平银约四十万两；

湖北省川淮盐新加二文捐，每年关平银约三十万两；

湖南省百货厘金，每年关平银约二百万两；

两湖赈粜捐鄂款，每年关平银约计二十五万两；

湖南盐道库正厘，每年关平银二十五万两。

以上厘税不得牵连他项进款，若本利照常交付，不得干预各该省之厘税。倘若到期本利欠付，除展缓公道时日外，即应于各该省厘金及其它合宜税项内，拨足上开数目，交与海关办理，以保执债票人之利权。嗣后若再有借抵该两省之厘税，总以此借款本银利息尽先偿还。此借款或全未还，或未还清之先，倘有用该两省厘税借抵他款用付本利一切事宜，不得订明在此次借款之前，亦不得订明与此借款平行办理，并总不得令此借款以该两省厘税逐年抵还之质保，有所窒碍减色。将来若再订立抵以上所言该两省厘税之借款，务于合同内载，所有应付还本利等事，俱在此借款之后办理等语。除此合同所载明第二款比国现存合兴公司小票赎回以后，此借款未还清以先，不得将各该铁路及其收款抵押他款。此款未还以前，倘遇中国国家议定修改海关税则，减免厘税，现在议明，不得因此借款系厘税抵押而阻止修改、减免税厘。但若拟将此次所指厘税减免，则应先向银行等商明，务于新增洋税内如数拨足，补抵借款。

第十款　此借款全数，准银行等印发金债票，其数目由银行等酌定，其式样文法由银行等商同督办大臣或中国驻德、英、法出使大臣酌定。督办大臣签字之名及其关防均摹刻于上，以省其亲自画押之烦。惟中国驻德，或驻英，或驻法出使大臣于债票发售之前，须逐张盖印，并其签字之名摹仿于上，以示中国国家允准及承认发售此项债票。该银行驻伦敦，或柏林，或巴黎代表人亦在债票上签押，作为发售债票经理人。倘此借款发出之债票，或遗失，或被窃，或经焚毁，银行等随即知会督办大臣，或中国驻德、驻英、驻法出使大臣，由该大臣饬知银行在新闻纸上刊登告白，声明已失之票不能凭以取银，并设法按该国例章办理。倘所失之票已过该银行限期，仍未觅回，督办大臣或中国驻德、驻英、驻法出使大臣照原数重发副票，加盖印信交银行收领。所有一切费用均由银行自备。

第十一款　所有此借款之债票、息票以及收付各款，在借款期内，不纳中国各样厘税。

第十二条〔款〕　所有借款招帖，以及付利还本一切详细办法，未经本合同详载者，由银行等会商中国驻柏林，或伦敦，或巴黎出使大臣酌定。俟此合同签字后，即准银行等出此借款招帖，中国国家饬知驻柏林，或伦敦，或巴黎出使大臣，遇有应会同办理之事，与银行协同酌办，并将此借款招帖签字。

第十三款　此借款全数一次出售债票，俟此合同签字后，将此借款全数出售，不得延过十二个月。其价值系按照虚数九五折，即每百镑实交九十五镑，交付中国国家银行等。在欧洲及在中国招人购买，中国人与欧洲人一律照章办理。若中国国家定购，自应尽先照给，但须于未发出借款招帖至少四日以前定购。出借款招帖日期，由银行等先七日告知中国国家。

第十四款　借款进项，或在中国，或在英国，或在德国，或在法国，交付德华、汇丰、汇理各银行收存，归入湖南北官铁路项下。至交付此款，系按照购票章程内所载购票人交付银两之日期办理，其在伦敦，在柏林、巴黎所存之铁路款项，按常年三厘给发利息。在中国所存之铁路款项作为随时交易，其利息嗣后酌定。借款进项暨生发之利息，除照本合同第二款、第三款所载应先交付各款外，所有未经提用之款，银行等将款存放，听候督办大臣提用。在中国所需款项，按照造路一切开支费用实在应需若干，可由督办大臣自定，向汇丰、德华、汇理各银行汇至中国。督办大臣提用款项若过二万镑之数，应于用款十日前知照该银行。所汇之款存放该银行，听候为铁路事提用，由督办大臣自便将银行等在中国所存放款内拨用。凡系用于湖广境内粤汉铁路修路项下者，存在汇丰银行，凡系用于鄂境川汉铁路修路项下者，存在德华银行。此修路项下，按照建造铁路工程所需，随时提用，由各该铁路总办或其代办出支取凭单，向德华银行或汇丰银行支取，并须将所提用之款先两日另出两单声明缘由，一单交该银行，一单交该查帐〔账〕员。各铁路帐〔账〕目用中文及英文或德文登记，按照妥善新法办理，并佐以收支单为据。于造路期内，该帐〔账〕目并收支凭单，随时任由银行等自给薪水雇用之粤汉、川汉各查帐〔账〕员查看。该查帐〔账〕员之职专为公司查察，此项借款是否按照本合同第三款所载提用开支，并查明按照第十八款内载铁路总局每月所购外洋材料帐〔账〕目，铁路总局每年年终结帐〔账〕后，将铁路支收帐〔账〕目及行车进款，用中、英文刊印，以便任人取阅。

第十五款　设若建造铁路时，借款余银并生发之利息，除付第二款内载赎回比国金元小票所需用款及付借款利息外，不敷修造铁路以及装配所需，其不敷之数先由中国款项提付，以免延误建造工程。如仍有不敷之数，则向银行等续借洋款，其利息并条款仍照现时之合同办理。其价值将来系按照售出之实数交付中国国家银行，等于每百分扣留用银五分半即每一百镑债票扣留用银五镑半。若铁路造成后，铁路项下尚有款存，将此未用之款移入后详第二十款内载利息公积项下，以备中国国家拨还此合同承认应还之款。

第十六款　此借款出售债票招帖未发之先，如有关大局或银市格外之事，致中国国家现在市面之债票价值有碍，以致此次借款未能按章办理，银行等准展期缓理。惟所展之期，由立此合同之日起，不得过十八个月。若在限内债票仍未售出，将此合同作废。所有第三款内载银行等付过之款并其利息，由中国国家付还，但概不给别项酬金。

第十七款　此铁路建造工程以及管理一切之权，全归中国国家独自办理。其建造管理一切规则，均照津浦铁路北段现时实行办法办理。建造工程之时，中国国家选用银行等认可之英总工程司一人，修湖北、湖南两省境内粤汉铁路，德总工程司一人，修鄂境川汉铁路。若银行等以所选之总工程司为不合宜，须将其不合之缘由声明。此两总工程司须听命于总办或其代办。所有绘图、造路各事，须遵照总局之意办理。其平日行为，须敬重督办大臣与总办。其订用该两总工程师合同，由督办大臣自行独订。至铁路上派用专门人员分派各该员应办各事，以及辞退各该员，总办或其代办与该路总工程司商酌办理。遇有彼此意见不合，禀请督办大臣判断，判定后彼此均不得有异言。工程造竣后在借款未清还以前，中国国家仍派一欧洲人作为各该铁路总工程司，但不须与银行等商酌。

第十八款　建造湖北、湖南两省境内粤汉铁路及鄂境川汉铁路，建造期内，汇丰银行酌派经督办大臣认许之公司暨德华银行，分别作为铁路购买外洋各材料、机器、什物之经理人。所有购买此项紧要材料，由总办招人投票。若所购之材料货物系购由外洋者，该经理须以铁路最合宜之价购买，按照原买实价每百两加用银五两。惟定购材料及支取费用，非经总办核准不能照行。德华银行暨汇丰所派公司，既得上文所详之用银，自应各在其路内代为监购铁路所需建造、装配各外洋材料。此等材料须在于公共市场，择价值最廉而质料最佳者购买。若材料运至中国，有与原单不符者，铁路总局有权退收。德、英、法所制货物，若质料及价值与他国所制者相同，应先尽由德、英、法购买。铁路总局如欲在中国或在外国，招他人经理购买各项外洋材料，以为更觉合宜者，可以有权照办，惟用银仍照上文所详给该经理人。所有买货单及验单，均呈总办查核。所有各项回用扣头，均归还入铁路项下。所有该经理人购买各材料，须有制造厂原卖单并验单为据。该经理人除得上文所详用银外，不再给用银。惟遇有雇用工程顾问人员，总局须由铁路项下提给薪水。中国材料及经在中国制造之货物，若质料、价值由中国所派用之验收货料人会商总工程司，查与德、英、法或他外洋材料相同，自应先尽购买，以鼓励中国工艺。购买中国材料不给用银。全路造竣后，铁路总局若为此两路内购买外洋材料，应先尽向德华银行暨汇丰所派公司经理购买，其办法章程嗣后彼此商酌办理。

第十九款　本合同第二款内所言之铁路，将来或以为有益或以为必需建造枝路，由中国国家以中国款项自行修造。如须用外国资本，则先尽银行等商办。

第二十款　历年除付借款本利外，总局将本年铁路净进款盈余足敷交付来年到期借款利息之数，在汉口或在上海存放银行等。所存放之款，按照市面情形，给发最优之利息。

第二十一款　所有经理此项借款之用费，如分给外国各行经纪费、分售费，分售经用电报、告白、邮票、刊印、招贴〔帖〕、债票各费、印花税、律师酬费等一切用项，概由承办银行在所得折扣内认出。所有此次中国经手员，言明不取丝毫费用。

第二十二款　德华、汇丰、汇理银行等办此借款，应各分三分之一，彼此不得牵连。

第二十三款　德华、汇丰、汇理银行等可将本合同应有之权利及责任，全行或分别交其接办、代办，应商请督办大臣核准。

第二十四款　本合同系遵宣统元年　月　日上谕签定，已由外务部用公文照会英、德、法驻北京出使大臣。

第二十五款　本合同缮写华、英文各七分，中国国家存四分，银行等存三分。如有翻译文字可疑之处，以英文为准。

此合同条款并另函，现经派议借款委员与银行代表人商妥，禀奉督办大臣允准，由派议借款委员与银行代表人先将此合同暂行签押，俟督办大臣奏奉谕旨交度支部核准后再签立正合同。如度支部有驳改之处，即再另商办法，合预声明。查洋文合同并无此条

钦命督办粤汉兼鄂境川汉铁路大臣大学士张之洞委派湖北提学使高凌霨押。

湖北施鹤道曾广镕押。

汇丰行代表人熙礼尔押。

东方汇理银行代表人贾思纳押。

德华银行代表人柯达士押。

宣统元年四月二十日。

铁路档

革合同附件

启者：

查此次所订合同第十八款所载，中国材料及经在中国制造之货物，若质料、价值与德、英、法或他外洋材料相同，自应先尽购买，以鼓励中国工艺等语。查铁路材料以枕木、钢轨为大宗，中国产木甚多，所有需用枕木自应择中国所产质料相宜者购用。至钢轨，言明一半购买承办借款之国及其它国之货，一半购买汉阳铁厂所造之货，如汉阳铁

厂所造钢轨实在不敷应用，亦可多购承办借款之国及其他国之货，以免延误工程。如汉阳铁厂所造钢轨足敷应用，亦可多购，所有购买办法仍一切按照合同第十八款所载办理。又各段所用工师、技手等，应听凭督办大臣，或派用中国人，或派用欧洲人，或因勘路情形熟悉酌派用日本人，总以能略通总工程司之语言者为合宜。又此次借款，既系中国国家借为建造官铁路之资本所有，两省所设总分各局，应由督办大臣派委官员主持一切。如须搀用绅士，即作为委绅，一切听督办大臣节制。又此次所订合同第十四款载明，提用款项时，由铁路总办或其代办先两日另出两单声明缘由，一交银行，一交查帐〔账〕员，意在使总办与查帐〔账〕员各清权限，且可使查帐〔账〕员尽其查核之职任。如查帐〔账〕员于所支款项有以为不应开支之处，可一面向总办详细询商，一面告知银行暂停发款。俟将情形询问明白，实系合同内所准应支之款，应即告知银行照发，不得有意延阻，致误要工。查帐员必须一切遵照此次所订合同各条办理，不得违异。又此次经手中国官员不取丝毫费用，各银行亦不得私许酬谢。如以后查有私许情节，各银行应受重罚。又查津浦北段现时办事细则尚属妥善，业经禀奉督办大臣允准，可以酌照办理，应将该局所开办事细则十条附函后。以上各项情形因合同内有未详尽，特再切实声明，彼此信守。此函仍缮写四纸，各存一分为据。

钦命督办粤汉兼鄂境川汉铁路大臣大学士张之洞委派湖北提学使高凌霨押。

湖北施鹤道曾广镕押。

汇丰银行代表人熙礼尔押。

东方汇理银行代表人贾思纳押。

德华银行代表人柯达士押。

条列援照津浦合同办法之附件

津浦铁路原订合同最为斟酌详善，不失主权，所有规则大纲均已备载，惟办事细目合同未载而为北段现时所实行者，兹撮其大略数条，开列于后：

一、总办。禀承督办、帮办，总理全段一切事务。选派华洋员司，酌定薪水数目，随时黜陟赏罚，筹画各项工程，以及往来华、洋公牍函件，并提拨款项、订定料物均须总办签押方为作准。

一、总工程司。为全段各等工程司之首领，专司建筑各项工程。所有交议、交查事件，均详速妥拟，禀明总办，俟决定后再为施行.

一、华员。铁路一门向少阅历通才，所有供差员司俱令留心工程，藉资历练。惟试用之初，薪公概从节减，数月后察看办事情形，果系勤能，即量为加增，以示鼓励，而收实益。其玩愒或有劣迹者，则立予撤退，以省糜费而杜滥竽。

一、洋员。首重学业品行，兼考其阅历名誉。所有延用之各等工程司，其文凭、保单荐牍，均极考查详细，始为订定，等次亦因此区分，位居总工程司之下，而统归总办节制。

一、提款。每次提款，总办饬由总工程司按照下届三个月内拟办各项工程情形，约略需款若干，预为计算，呈明核准，函知银行务将此款预为备妥，以便随时拨兑取用。

一、帐〔账〕目。司帐〔账〕之法，系按照近时最新最简之法办理。每用一款，分缮华、洋合璧帐〔账〕册，以便中外之人均可查阅。每帐〔账〕一纸，须经四次签押，方能作准。一、领款人，二、中国会计员，三、中国核算员，有此三押呈候总办核明签发。

一、招标。每次购料，预饬总工程司按照所购之料成色、式样，拟就详细章程若干条作为标式，呈由总办宣布，招人投递，定期开示，酌核订购。惟取标之法，固宜选择最廉之价，但价目过廉须防货劣，此节不得不格外审慎。

一、购地。所有铁路应用地亩，均由工程司先绘详图，注明亩数并地亩等差，以及占用坟基、庐舍、树株、园井各若干数目，交由驻段委员会同购地员司暨地方官，传知地户，眼同丈量，点验照章发价。

一、购料。所需料物先尽中国自有，华商能办者极力购用，以免利权外溢。

一、包工。历来包工之人良莠不齐，最易生事。非误工而逃，即抗东骗伙，不得不预为之防。现定包工章程，必须曾经办过工程，取有妥保，交呈押款者方为合格。

清宣统朝外交史料卷三终

清宣统朝外交史料卷四

宣统元年四月下至五月上

川滇边务大臣赵尔丰致枢垣报瞻对又调兵背川附藏电

藏番前来勘界，曾派员至南墩与之会商。兹据该员等禀称：该番要求未遂，不肯勘界，出言又复不逊，且原议委员均不带兵护卫。今该番自停议后，每日来兵七八人，现已一百余人，皆持五子快枪，大有暗增兵力之势，不知其是何意见等语。查番兵去年自藏来兵数百，并调各处蛮兵，驻扎若公即作工寺内，又于江卡调兵五千人，日日操演，炮声震动。该卡守备因江卡地方近接巴塘，非藏兵向来操练之地，向其劝止，则云：系奉从前张大臣之谕，令我等练兵自强尔。丰以其究系藏境，亦姑置之。兹据迭次探称：瞻对近又调兵，饬每兵备火药一批，铅丸十斤，并勾串巡边孔撒、麻书、白利、东科各土司，令其背川附藏，诡谋秘计，日益深险。尔丰现在外持镇静，内严警备，密派侦探察其举动。惟边军仅只八营，边境处处相接，若待羽翼已成，乘隙蹈瑕，一遭挫败，大局立坏。若先越藏界，干涉其练兵备战等事，必致又生冲突。若仅以空言文告，则驻藏大臣命令，彼久已视如弁髦，更必不能服边务大臣之命令。且川边自咸同以来久失经营，土司畏藏甚于畏川，若只虚与委蛇，边民必暗附。尔丰待罪川边，见其狡滑日亟，既不敢先发制人，以开边衅，又不敢后时失利，致损国威。事关重大，未敢擅专，情势日危，未能缄秘，恳请代奏，候旨钦遵。尔丰叩。鱼。

四月十三日西藏档

日使伊集院复外部火狐狸沟日兵与华警争斗请会查一节当转达政府照会

为照会事。

接准宣统元年闰二月二十三日照称：延吉厅火狐狸沟，中国巡警与日宪兵争斗一案，因两边官宪之报不相符合，请速派遣委员，与东三省总督派遣之委员会同调查等因。又三月二十三日照会催请会查，并钞送陶延吉厅同知之调查报告书等前来。本大臣查此案，据从来帝国政府所得各种报告，事理明白，其曲在贵国巡警，毫不容疑，无须会同调查。业将敝国不愿派员之旨，据帝国政府之训令，向贵部申明在案。惟既经再三照会，当将来照希望会查之旨，更行转达帝国政府，俟得有训令再行回答可也。

四月十四日延吉边务档

外部复锡良程德全征收销场税未便与各使提议文

为咨复事。

宣统元年四月十二日准咨称：据度支司呈案奉札开，洋货在华商手内，征收销场等税，历经各国领事照会，谓为不合商埠试办章程，请饬停止。果如所请，则三省税捐必致骤短，拟办加税免厘，而部议谓不能独先行于东三省。次则改办营业所得税，抽诸坐贾，不征行商，法非不善，似可试办。但此事关系三省全局，自应预为审度，札饬核议呈复等因。查营业所得税办法，系属不征行商。然洋商狡滑，若不与各使议妥，各洋商势必以未奉明文有所藉口，不服盘查，似未便率尔从事，致生枝节。其本地华商应缴税项，现在均系按货征收，相安已久，毫无异言。一经改章，倘洋商仍不遵办，徒扰华商，亦未尽善。请咨明外务部，速与各使提议，如果承认，再行试办，以昭画一等情。咨请查核见复等因前来。查本部前因奉省来咨，有拟改办营业所得税一节，谓：如果并不指货抽捐，俾外人无可藉口，自属善法。盖以谓营业所得税者，系视商人所营之业，约能获利若干，酌令纳税若干，是量其贸易大小，令之各输报效，其办法自与征收各货税捐迥别。若仍按货征收，则与销场税又何分别？在华商手内之洋货征税，各领事尚谓为不合，今竟拟盘查兼及洋商，欲其遵从，岂能办到？该度支司呈复各节，似属未谙事理。此事能否办理，要在奉省自行妥筹酌夺。所请与各使提议之处，未便照行。相应咨复贵督抚查照可也。

四月十七日税务档

外部梁敦彦等与伊集院会议安奉路事语录

宣统元年四月十七日下午三点钟，日本伊集院公使偕同翻译高尾亨到署，梁大人偕曹参议接见。

伊云：安奉铁路工事，至今尚未动工，据东三省总督之意，以为铁路巡警及护路兵事未经议妥，路工断难先办。鄙意此系改良铁路工事，与巡警及护路兵，显属两事，无庸相提并论。且期限紧要，总以早日开工为妙。

答以此事须与邮传部商议。据我之意，安奉铁路与南满铁路情形不同，护路兵及巡警事尚未议妥，路工自难先办，总须两事均议妥之后，同时照办为是。至于期限一节，贵国早已逾限，似不在此些少时日，此事俟查阅案档后，再行奉复。

四月十七日安奉铁路档

东督锡良致外部日捕乡约玄德胜[①]提往韩京请严行交涉电

顷据吉林陈简帅电转据陶丞电禀：据和龙峪许经历禀称，玄乡约德胜之兄玄泰正来署报称，伊弟文三由韩咸兴府来电云：日官问供玄德胜，并无招认罪状，韩政府提案遂于四月十日解赴韩京；复有信来言：日官责问，哈尔巴岭以南本为韩有，经玄惑乱，以致不能得手。玄德胜力辩，始终未认供等语。查玄乡约前经大帅电请外部向日使交涉，曾允释放在案，兹复提往韩京，未卜何意。垦民全恃乡约联络，近年禁止苛敛，各乡约已存退志，玄德胜日久不释，益存观望。应否电催外部之处，伏乞钧裁等因。查此事前经电达钧部，向日使交涉，曾允释放。今非但不放而竟提往韩京，实属反复失信。若不力与之争，将玄德胜索回，恐从前为我尽力之韩民，皆一变而向日本，实与延吉界务大有关系。应请钧部力为主持，向日使严行交涉，务令遵照前议，迅将玄德胜释放，并将不遵前议，擅将玄德胜提往韩京之日人，诘责究处。是为至祷，并乞将交涉情形电示。锡良。铣。

四月十七日延吉边务档

旨汪大燮着充出使日本国大臣

奉旨：邮传部左侍郎汪大燮，着充出使日本国大臣，钦此。军机大臣署名：奕劻、世续、鹿传霖、那桐、吴郁生。

四月十八日出使日本档

外部致胡惟德延吉日兵伤毙华警希告日政府派员会查电

延吉日宪兵伤毙巡警一事，上年各电详达在案。嗣东督派员查明中国巡警到场，实系徒手，日人枪毙巡弁、巡兵二命，又枪伤多人，并拘留宪兵长。迭经本部照会日使，令照允前所请之办犯、惩官、抚恤三条，而日使据其一面报告谓，中国宪兵先放手枪，

① 后文又作“玄得胜”。

日兵为正当之防卫，并无拘留宪兵长情事，坚不认我所请三条。本部因彼此报告不符，复请该使派员与东督所派之员会查。乃该使照复仍称，事理明白，无庸会查，但可转达政府，俟得训令再行回答等语。此事既彼此所据报告不符，只有派员会查，方昭信允。现日使已将全案报明政府，希切告日政府，请其务必派员会查，以凭商办。即电复。外。

四月十八日延吉边务档

外部致沈秉堃法使请在独龙水埭相立对汛希复电

法使照称：越督据驻蛤江武员报告，拟在满美复设对汛一处，商诸云南有司，意见相同，可在华境独龙水埭相立对汛，请转知滇督速设等语。所商是否相符，希查核办理。即电复。外。

四月十八日中越档

外部致张人骏东沙岛灯塔事前有札饬各关文希查照电

东沙岛设灯塔事江电悉。当历查壬癸间旧档，并无公使会衔公文，因函询裴税司，据复：庚子后档案不全，无从检查。惟同治七年五月初三日，即西一千八百六十八年六月二十二日，总税司通饬各关，札文有择定中国沿海险要二十处，亟须妥设灯塔，逐年兴建。其洋文内有千八七四年内，应筑成东沙岛灯塔，至今仍未安设，该税务司亦未明何故等情。除将原函并洋、汉文钞咨外，希查照。外。

四月十九日蒲岛档

东督锡良致外部安奉路日拟改用宽轨于我不利谨拟办法八条祈与日使磋商文

为咨呈事。

案查前准邮传部咨，据会勘安奉路线委员黄丞国璋禀称：安奉铁路改良办法，现按日本工程司新定路线，与旧道相距远者数里，近者亦四五丈至十数丈不等。并据该工程司称，拟改用四尺八寸半之宽轨，请速阻止等情。行令将如何办理之处，随时咨复等因。准此，查日人改良安奉路线，厥有两端，于彼皆有大利，而于我皆有大不利。

一、思与京义线相接联也。近闻日人之新闻杂志中，日夜睊嚣狂言者，为满韩联络政策。欲此政策见诸施行，非将安奉线改易广轨式，与京义线之轨式相吻合不可。轨式既同，鸭绿架桥之交涉，即随之而起，国界混淆，国防坐失，其后患实不堪缕指。

一、思与南满洲线相接联也。该路与南满洲铁路性质，本大相悬殊。南满洲线系俄让与日之路，安奉间线系日得于我之路，故当会议时，两国全权大臣均区别办理，声明在案。近闻该路久为南满洲铁道公司所管理，且此次一切改良之方法，皆由该公司所计画，其处心积虑必欲将安奉线作为南满洲线之枝路可知。以上二线苟与该路得互相接联，呵成一气，彼自仁川而奉天，自奉天而北至长春，南至大连旅顺，节节灵活，脉络贯通。乃得徐以侵蚀我人民有限之利益，益启发我内地无尽之宝藏。且万一变起仓猝，彼屯驻于朝鲜之兵队，可以朝发军书，夕至疆场。故曰：彼之大利，皆我之大不利也。今拟对待之法八条：

一、抱定约内改良二字之义，以与之争，不得另勘路线与改易广轨也。查《北京条约》第六款只有改良字样，与改造有别。改良者，就原有之物而改之使良也。今若许其另换线路改为广轨，则是改造而非改良。又查会议录中，日本全权亦曾声明酌要改良云云，细译酌要二字，其非全部换线易轨之意可知也。

一、该路应声明系单独之路，与南满洲铁路绝无关涉也。查《北京条约》第六款及会议录，中日两国全权大臣皆曾声明：安奉铁路不得援照东清铁路办理，此次不妨重为声明，以绝其将来为南满枝路之张本，庶主权得以保全。

一、沿路兵队应令其一律撤退也。查《北京条约》许日本之得以暂驻护路兵者，系指由长春至旅顺之铁路而言，安奉铁路本不在此例。即查条约第七款，日本全权大臣亦经声明：日本只派遣兵队保护由长春至旅顺之铁路，故安奉铁路附近一带断无可以屯驻兵队之理，此事自可据约而争。一俟其兵队撤去后，再由我国派遣兵队分站驻扎，藉资保护。

一、沿路警察应令其一律撤退也。查条约第一节内，载有东三省日俄两国撤兵后，即将撤兵地方按自治全权妥筹经理等语。安奉铁路沿线一带地方，日本本无屯驻兵队之理，即无派遣警察之权，完全之自治全权仍属于我。今日本于该路分设警察，虽为数无多，而于我之主权实大有妨害。且按之《北京条约》，又显相违背，应令其一律与兵同时撤去，由我警察署查察沿路情形，派设警察，以保主权。

一、除铁路必须需用地亩外，不得多购余地也。闻该路沿线附近一带，被日人藉铁路为名，强行占去者甚多，称之为附属地。侵害利益，大有关系。此次宜与之明定，除去必须需用地外，不得再购余地。

一、车站宜会同地方官，妥商协定也。查铁路之车站，与地方之商务最有关系，此次必须令其于彼此交相便利之处，建造车站。惟此种情形，非地方官不能知悉，故非与地方官妥商协议不可。且十五年后由我收回此路时，亦可省免迁移之劳与改动之费也。

一、宜于未开工以前，先定特派人员也。查《北京条约》第六款内，载有改良办法：应由日本承办人员与中国特派人员，妥实商议等语。是此次改良路工，我国即有可以派员干涉之权。应请先定此次特派人员，以便酌议办法而专责成。

一、索回南满公司所占安东县六道沟之地也。查安东自开作通商口岸以来，按照条约，应及早划定各国商人公共居住之地。安东六道沟地方，实最为合宜，闻南满洲公司已将该地方恃势强买，大半据为已有，并未经我地方官认许。推其用意，实仍预备为安奉线改良时，接联京义线地步，故宜乘此时机向其索还。如查有确系备价向民间购买者，即照原价给还该公司，一面即划定该地方为公共居留地。此举若成，亦足以破其狡谋也。管见所及，是否可行，除咨邮传部外，相应咨呈钧部，谨请鉴核，并祈迅与驻京日使磋商。仍希见复施行。

四月二十一日安奉铁路档

外部致锡良玄德胜归化我国有无证据请查复电

玄德胜解赴韩京一案，前准铣电，当即照会日使。顷准日使复称：玄德胜系韩国人民，在韩国境内由韩官拿办，自属韩政府之自由，不能指为违法处置。此案从前并未答应释放，当转达政府，得有回信再行通知等因。查玄德胜被捕，是否在韩国境内；其归化我国一节，有无合法证据，请饬详查电复。外务部。

四月二十五日延吉边务档

锡良程德全致外部日韩之营林厂与木把冲突已派员查办电

昨据东边道沈道电禀：临江县中江镇地方，有日韩合办之营林厂，日人在彼整理漂流木，被该处木把聚众捆去日人五名。安东日领拟派兵队前往自卫，当经竭力阻止，一面电饬该县速行解救等情。经良等札饬临江，赶紧设法将该日人先行救出，并饬司派员前往查办。惟临江离省一千余里，山路丛杂，中国并无电线，消息不灵，一时难得实信。至此次肇衅，则因漂流木向无办法，中日木把互争，久不相能。从前曾酿事端，半由日人强横所致。现在既伤感情，善后之策，非速订规则，彼此遵守不可。木把但不吃亏，或无他虑。又如采木公司办法，亦欠公允，往往垄断居奇，勒价阻售，商情愤怒，后患尤甚。晤日领，曾经力说；并晤日派来调查之林学博士，亦经缕晰告劝，勿贪利忘害，彼等亦尚首肯。一面饬东边道沈承俊督同该公司理事长，妥筹疏通办法，免滋事端。顷因临江一事，恐日使向钧部谈及，特先详陈以备驳论，余俟得确情再闻。良、全。宥。

四月二十六日木植档

粤督张人骏致枢垣东沙岛正待勘估请旨饬北洋大臣酌派一舰应用电

窃查粤辖东南海面第十三离澳，英海部图载译称蒲拉他士，原名东沙岛。闽粤渔户倚为避风屯泊之所，建有庙宇，积有糇粮。丙午秋，被占于日本商人西泽吉次，经营逾年，改名西泽岛，拿鳞捕鱼视为已有，华民渔船多遭驱逐。丁未，骏抵任，准外务部电询饬查，节经考核图籍、询访渔民，会商外务部、两江督臣，搜求我属实证。该岛孤立大洋，风涛极恶，粤无出海坚固大轮，商由南洋派到飞鹰猎舰委员会往勘明被占属实，遂向驻粤日本领事交涉。

该领初以无主荒岛为言，迭与指证折辩，乃认为我国领土。而又以西泽经营该岛费资甚巨，欲求收回本息，意在久假不归。当列单要以先将东沙交还我国，岛上西泽安设各物业，应由两国派员公平估值，由我国收买。岛上庙宇被毁及沿海渔民被逐，历年损失利益，亦由两国派员公平估值，由西泽赔偿。所采岛产、海产，应补纳我国正半各税。随据该领复以交还该岛，非中国收买该岛物业之价额确定，不能办理，其余赔偿损失、补纳税项各节，多不认允。经骏面与反复搓磨，兹于本月二十四日接该领文开，以奉彼政府命令，谓此案中国亦有和平办理之意，今拟订妥结办法：两国派员到岛，一估值西泽事业，以估收买之价；二查核庙宇存在之时，渔户被西泽驱逐之事。实有其事则须令调查西泽赔偿额。一二两项协定后，所余出口税一事，并允存其名义，由收买价额内割一小额支出。如此互相妥协结案，实合事实，相应照请查照来文，存据在案。伏念该岛虽属弹丸，而界居潮州、惠州外海，于辖土海权不无关系。始而考求图志经纬，继而访察查勘，在我证据既足，乃与日本领事开议。彼坚执无属荒岛以相抗，几经辩论，甫认我辖，而借口保商，思索重利，持之又久。幸托朝廷威信，渐就范围。

现在论议粗定，正待勘估以为结束。该处海面时有飓风，著名险恶，粤舰万难前往。月初，派勘榆林港外西沙各岛，系用伏波、琛航驶赴。该两船年久朽窳，机器陈旧不灵，遇风几遭复没，此外更无可派之船。现在东沙岛定由两国派员往勘，势既难缓，又非急促可了。可否请旨饬下北洋大臣，于海容、海筹、通济三船中酌派一号，克日来粤应用，以三个月为期，事竣即行遣回。是否有当？伏乞圣鉴训示，请代奏。人骏。有。

四月二十七日蒲岛档

税务处咨外部东海关拟在宁海州各口设立分卡应准试办文

为咨行事。

准北洋大臣、山东巡抚咨据东海关道禀称：窃查东海关、威海、常关分口，自英人接租以来，凡有外洋及上海等处商轮到口装卸货物，悉属无税，由烟台往威之商轮亦如之。威海距烟台陆路一百八十里，旱脚可通，两日即至。东省从未设有陆路税卡，以是商人趋利，凡重税之货，如洋药、丝绸、高丽参之属类，皆由威海陆路运来，希图无税。又查其运货，赴威由威运烟台之法，厥有二端：一则由他处通商口岸，或外洋，随商轮直赴威海。一则由烟台报进口后，复援原包不动，原货出口发还税银之例，在新关请领存票。复由商轮报运出口，希图领回原税，实仍运至威海，折而回烟台。此近年来烟台洋、常两关税务减收，实于此为一大漏卮。职道到任以来，调查既确，因即会商税务司，设法防范，冀杜奸商绕越之弊。

卷查光绪二十九年，外务部咨准总税务司所陈：广州湾、威海卫于界外各关卡，遇有进出各货，按照逢关纳税、遇卡抽厘办法，已奉外务部咨准照行在案。拟即援照此案，在宁海州城沿海附近地方，扼要设卡，如孟梁口、福仙口、紫现口、山北头口等处，皆为由威海赴烟台必经之路。若由此处设立常税分卡，按照现行税则，征收过往货税，自足杜其趋避之方，亦与外务部照准之案相符。即使商人巧于避就，但于此路稽查严密，旱路既无可绕越，势仍由船载来烟台，实于烟台新、常两关税务，默然维持。同为整顿税课，自当畛域不分。职道与税务司往返晤商，意见相同，理合禀请核夺。

再，现拟在宁海州城沿海附近地方，另设常关分卡，原为严杜绕越起见，其税收之多寡虽难预料，而烟台新、常两关得此后劲，将来必能日有起色。如蒙俯准，所有征收货税，拟请并于常税案内，据实造报。所需员司、巡役、薪工及设局经费，应请咨明大部，准在东海关常税耗银项下，核实动支，以期经久而示维持。合并声明，除禀请山东巡抚核夺附奏，抑或咨部先行试办外，所有职道查明烟台洋、常两关税务减收，拟在宁海州境内筹设常税分卡，以杜绕越而资整顿缘由，理合绘具图说，据实禀请查核，训示祗遵等情。据此除分咨外，相应咨请查核示复等因前来。并准贵部度支司咨同前因。查东海钞关，拟在宁海州城沿海附近之孟梁口、福仙口、紫现口、山北头口等处，设立常关分卡，征收过往货税，以杜绕越，既与贵部照准之案相符，应准其先行试办，所有稽征章程，仍应按照该钞关现行办法办理。惟税则似应援照天津钞关、胶关常税成案，照海关税则减半征收。是否合宜，应由该关监督查明，据实声复，以凭核办。各该分口征收税项应如所拟，归并常税案内，据实分晰造报。至所需员司、巡役、薪工及设局经费，应由度支部核办。除咨复外，相应咨呈贵部查照可也。

四月二十七日税务档

东督锡良致外部日领催议安奉路改良事请详复电

顷据日总领事面称，奉本国政府训电催议安奉铁路改良事宜等因。当以电请钧部示复再商答复。查改良安奉路线应与日本提议各节，业经拟就八条咨呈钧部，与日使磋商在案。惟所拟八条是否妥协？已否与日使开议？未奉钧部电示，兹据前因，用特电达钧部，祈即详细电复，以便转告日领为荷。锡良。沁。

四月二十八日安奉铁路档

外部复锡良安奉路事希照原议办法与日领磋商电

沁电悉。安奉铁路改良，尊处所拟八条，极为周密。现日总领既奉训催议，即希由尊处按照原议办法，先与该总领磋商，以期就范。外务部。勘。

四月二十八日安奉铁路档

东督锡良致外部延吉越垦韩民归化有据应与中国人一律看待电

承示玄德胜解赴韩京，被捕是否在韩国境内，归化有无确切证据。当经电询吉抚，兹准复称：我国国籍法尚未成立，外人归化未定专条。惟延吉越垦韩民，自光绪十六年总理衙门奏准：凡领有地照者，悉令薙发易服、编籍为民，与中国人一律看待，一切民事刑事率由地方官理处。是韩民领有地照者，即为归化确切证据。依例越垦，各社总乡约服役官差多年，更何得以韩人目之？日人以玄德胜向不趋附于彼，久欲捕拿以示威韩民，今春将玄德胜诱至韩国钟城，擅行拘禁。查国际法，凡属归化者，无论至何国，皆在本国法权保护之下。玄德胜至韩国，仍不失归化人之资格，讵得以其至韩国境内，由韩官拘办，即属韩政府之自由乎等因。相应奉复，并请钧裁。良。艳。

四月二十九日延吉边务档

使日胡惟德致外部日注重抚顺煤矿宜缓其所急电

探悉日政府急欲结案者，在安奉改筑吉长、借款两事，而尤注重于抚顺煤矿一案。德意似宜缓其所急，扼其所重。否则，恐彼于其他案件，非任意迁延，即过事要求。是否有当，仍乞钧裁。德。卅。

四月三十日矿务档

外部致伊集院玄德胜曾充中国乡约应交还处理照会

为照会事。

韩国归化人玄德胜一案，接准四月二十四日照称：玄德胜系韩国人民，在韩国境内拿获，惩治自属韩国政府之自由，决非违法之处置等因前来。查延吉越垦韩民，自光绪十六年总理衙门奏准：凡领有地照者悉令薙发易服、编籍为民，与中国人民一律看待，一切民事刑事率由地方官处理。是韩民领有地照者，即属归化中国。玄德胜既经领有地照，且充当中国总乡约，服役官差多年，断不能仍指为韩国臣民。即使在钟城拘获，亦应交还中国。相应照会贵大臣查照，转电贵国政府，知照韩官将玄德胜速行释放，交与中国地方官自行处理，并即见复为要。

五月初一日延吉边务档

豫抚吴重熹致外部日使请弛米谷禁令乞拒驳电

三十日电敬悉。日使请弛米谷禁令一节，业蒙钧部据约驳复，深佩荩筹。承示中英商约第十四款曰，若在某处似未指明口岸，核对洋文亦欠明晰等因。查咸丰八年中英商定条约通商章程第五款载：向来洋药、铜钱、米谷等物，例皆不准通商，现定稍宽其禁。凡米谷等粮，英商欲运往中华通商别口，则照铜钱一律办理。又铜钱不准运出外国，惟通商中国各口，准其以此口运至彼口等语。是彼口即他口之谓，对于此口而言。所谓稍宽其禁者，系指向不准其通商之物，仅准在此口运往彼口之意。且该款内声明照铜钱准其以此口运至彼口，其为指口岸，而非内地可知。即中英商约第十四款，亦引用前项条款。又译该十四款，语意系引伸前项条款，而加入因荒禁运一层。所谓某处者，仍指通商口岸而言。前敝处号电，援引钧部于二十八年七月初八日咨湘抚文，内开：本部查津约载明，米谷由此口运彼口，系指通商口岸而言，长沙、湘潭并非通商口岸，实难一律准运，业经本部照复英使在案等因。此系钧部成案解释，约章直捷了当，未闻英使退有后言。且米谷尤民食所关，各省内均不敢背约准运，豫省何敢作俑？此次汉口日领所争，只芝麻一项，先未欲购米谷。四月初八日来电，亦有米谷不妨查禁之语。嗣又将英约第十四款牵入，经鄂督据豫电，向日领切实辩正，日领业已贴然。旋据该领四月二十日来电，情词极形输服，惟末缀以英约第十四款由日使请部判明一语，似系下场之词。如日使再向大部违约要求，仍请援照约章，并声明大部成案，切实拒驳，以保民食而固主权。重熹。东。

五月初二日禁令档

外部致联豫温宗尧西藏报有反对英政府论说希严禁电

英使照称：西藏拉萨去年秋间出有官报，名《西藏白话报》，以华字书写，上载中国年月，遍行藏地。传由中国官场所发，其中数条有反对英国言语。英外部大臣暨伦敦印度大臣并印度政府，咸以为此等论说，发于愚戆藏民之中，关系非浅，驻藏大臣如此仇视英政府及英国人员，有伤两国睦谊，必启藏民排外之心，请速咨藏员严禁等语。查拉萨《西藏白话报》究竟是否官报，据英使摘译附送，其中实有反对英国之语。除另钞咨外，希即严行禁止该报登载此项言语，以免口实。并电复。外。

五月初四日西藏档

锡良程德全致外部营林厂与木把冲突事请商日使饬日领速办电

临江县属所绑日人六名，当经释回，前已电陈在案。迭据临江县禀：系日韩营林厂先将我木把王秉太绑去，至今未释。衅由该厂夺我漂流木，不候我商缴费赎回，擅将木植凿孔编牌下驶。又因木料改为营林厂木植式样，将来售价大差，以至群情愤怒。现在虽经该县将日人设法释放，而王秉太既未释回凿孔之木，亦无认赔确信，众怒未解，后患方滋。迭饬东边道与日领严切交涉，至今毫无办法。传闻安东日领对于该厂无干涉之权，即采木公司减少捞费一节，日领亦无全权干预。似此久宕，必致酿成重案，谨请钧部将此详情知会日使，请其转饬该领速为办理，以保三国治安，不胜盼切。良、全。支。

五月初四日木植档

外部致延杰日人未知会保护赴热河毙命希饬缉犯惩办电

日本人在四道沟毙命一案东电悉。本部已摘告日本使，略言：该日人游历建昌等处，未先知会文武保护，致死非命可悯，已电热河都统，转饬详查确情，缉犯惩办等语。希饬该地方官赶紧缉犯，务获惩办为要，并电复。外务部。支。

五月初四日法律档

外部致伍廷芳旅智华人无业失所请设法保护电

旅智华商电称：日船华人多到，无业失所，报馆攻击工党，决议暴动，请除殷商等外，严禁来免辱等语。希查明设法转商保护。外。鱼。

五月初六日华侨档

护滇督沈秉堃复外部遵查独龙水埭设对汛情形电

接十八日钧电。法使商设对汛一事，因查无案据，当行交涉司电蒙自关道增厚查复。嗣接该道电称：饬据麻栗坡副督办李朝兴亲往勘明，越境之拳美即漫美，华境之独龙即都篭，水埭即水洞，两处与漫美均不能针锋相对。且以边境相较，又偏入内地。惟查有玉皇阁地方，距都篭二十余里，距漫美亦二十余里。其地正当黄树皮、漫美大路，往来既便，设汛较宜，作为都篭保障，尚无窒碍，但未据法员商过此事等情。由该道查明电复前来，堃核查无异，应否复允？乞钧酌。秉堃叩。微。

五月初六日中越档

外部梁敦彦与伊集院议安奉路事东督开送办法十条请通融办理语录 附往来节略

宣统元年五月初八日下午五钟，日本伊集院使偕高尾亨翻译来署，梁大人接见。

伊云：顷接敝国奉天总领事电，称奉天制台照会敝国总领事，谓安奉铁路不能改用宽轨，并开送节略十条。其中所载俱与中日协约相反，实难通融。并闻奉天制台于初九日赴北满洲巡视，如此则此事耽延下去，不知何日可以定局。请贵大臣电告奉天制台暂缓离省，俟此事议结后再行动身。如必不得已，请将此事由抚台全权作主，庶可与敝国总领事从速妥议了结。

答云：制台、抚台其权相同，抚台本可作主，容本大臣姑电告之。

伊云：此事敝国早有风说，谓贵国不愿改用宽轨。今果由奉天制台开送节略十条与敝国总领事，谓系贵部所交。想贵大臣必已知悉。安奉铁路现已变军运性质为商业性质，不用宽轨，定属不便。贵国如此办理，恐难妥商。随面交所钞节略十条。

答云：既系商业性质，须视地方之情形如何、与商务之盛衰如何。如地方冷落，商务不旺，费多大资本改造铁路，亦殊不值。此事邮传部已经查过，谅必确实。

伊云：中日协约系当时贵国全权与敝国全权所订，改良工事四字，该协约中载之甚明。邮传部如有此等举动，贵部当据情告之。

答云：当时订约，本大臣并不在座，有会议录可查，容本大臣详查是否如此说法。

伊云：当时订约，庆王爷即为贵国全权领袖，贵大臣可以问明或由本大臣自晤庆王爷，亦无不可。改造该路期限原定二年，业已耽延日久，再不从速议妥，敝国实觉吃亏。

答云：耽延乃自己耽延。若贵国诸事稍肯通融，岂不早已议结。且已过期限，即不再改造，亦无不可。

伊云：日俄之役，敝国耗去生命财产无算，事定之后，敝国应享些商业上之权利。且订约之时，彼此全权说明该路将来可以接联韩国釜山铁路。今不如此办理，恐敝国舆论不服。本大臣今日预先声明，订约之时，贵国全权主张该路以五年为期，敝国全权主张二十五年后，乃彼此订明十五年，加以改良工事二年、撤兵一年，合计十八年。今贵国如此耽延，该路不能早日动工，敝国将来当要求展长年限。

答云：生命财产，贵国与俄国算帐〔账〕，曾记本大臣当时在京晤贵国内田公使，谓：俄国侵占贵国土地，敝国当仗义夺还贵国云云。今贵国一切举动，切勿贻人口实，谓贵国今日较俄国为尤甚，本大臣实深盼望。至于年限一层，既约中载明，自当照办。

伊云：节略内护路兵及铁路巡警两条，当时已议明与改良宽轨一事，分起商议。前此徐制台亦曾与敝国小池总领事商妥，今锡制台又要归并，应仍请分起商议。

答云：归并商议岂不甚好？如能商妥，即归并亦能商妥。如不能商妥，即不归并亦不能商妥。此种小事似无足轻重　。

伊云：事关交涉，不得谓小。

答云：虽然如此说法，但既属事中之事，何妨归并商议，便可早了一事。贵国无论何事不肯稍为通融，不占足便宜不止。本大臣今有一言：现在贵国较强于敝国，许多事件贵国可以让步，敝国不能让步。请贵国深味此言，实为至盼。

伊云：洵如所言，故敝国甚愿将诸悬案从速议结，务彼此和平商办。

附日本使节略

安奉铁路改造工程一节，向在奉天由本国总领事与东三省总督商议办法，迄未议妥。阳历六月四日，经本大臣往见梁大臣，详为面述，应速起工缘由，并请电致东省总督从速议妥，以符约章在案。兹准驻奉本国总领事来电称：本日由总督送到路事节略，开列十项，其提议与理不合之处甚多，实难通融。且闻总督订于华历五月初九日，前赴北满巡视一月后始能回任。因路事业经耽延日久，现若总督离奉，不知何日定局，实难预料等语。查改造该路一节，关系匪轻，不容再行耽延。应请电致东省总督，从速在奉议定。否则将商议决定事项，交巡抚作主，以期速结而重交涉，是为至要。

附钞奉天总督开送日本总领事节略

一、安奉铁路依《北京协约》而成立，为独立之铁路，非他路之枝路。

二、改良工事，须专照《北京协约》而行，可就原路改良，不许改造。照日本全权大臣之声明，酌要改良，不许改造全路。

三、各车站，由两国派出委员协定之后，设于便利之处。

四、沿路所用地亩，除铁路必须建造物所用之地外，不得购买余地。

五、安东六道沟，安奉铁路占有之地，中国政府即时收回。但该地之内，有已交地价者，由地方官查明缴还。

六、开工之先，由两国所派委员会同购地，须照章程公平给价。

七、照《北京协约》，查察、经理铁路事务之中国委员，须在开工之先派定。

八、照《北京协约》，安奉沿路之日本守备兵，即时撤去，中国政府另派兵保护之。

九、照《北京协约》，安奉沿路之地方，中国有自治之全权。故日本警察须一律撤去，中国政府另派巡警保护之。

十、照《北京协约》，两国速派委员，商议运输章程。

安奉铁路档

外部致锡良改造安奉路日使请由东省议结希复电

准日本伊集院使称：安奉铁路改造一节应由东省议结，现闻贵督将巡视北满，恐有耽延等语。可否暂缓离省，俟此事议结后，再行动身，抑由奉抚先与磋磨？电商尊处，希电复。外。佳。

五月初九日安奉铁路档

锡良程德全致外部安奉路事与日领提议十条电

得勘电后，又据日领催议，当饬交涉司按照前拟，缮具节略共十条：

一、安奉铁路认明系独立之路，非他路之枝路。

二、工程应按照条约，专就原路改良，不得改造。尤须根据日本全权大臣之声明，酌要改良，不得改动全路。

三、应设车站须彼此会勘，设于地方、铁路两相便利之处。

四、沿路所用地亩，除铁路必须建造物所用之地外，不得购买余地。

五、六道沟所占之地，中国政府现有要需，应即收回。如曾付过价值，由地方官查明照数发还。

六、议定开工时，应彼此派员会同购地，公平给价。

七、中政府应派员，查察、经理关于铁路一切事宜。

八、日政府所派驻扎沿路兵队，应即撤去，由中政府派队保护。

九、沿路由中政府自治，全权办理。日派警察应一律撤去，归我派警保护。

十、运输章程，应赶紧派员会议。

于本日由司与日领开议。日领首以第二条为无理条件，争辩良久。坚请删除八、九两条，认为题外应议之件，惟须另议。其余七条则允会同商办。并云，惟第二条不能转达彼政府云云。此案注意，彼此均在二条，我所欲争，彼必不让，词气决裂，亦在意中。惟我之一、五两条，意在禁其与南满、京义两路相接，即预防造桥之用，现在彼已允商。虽未知办到何等地步，然已伏争拒之根。良等仍当抱定宗旨，切实确商，苟可挽回，惟力是视。务乞钧部协力维持，预密筹示。良、德全叩。庚。

五月初九日案奉铁路档

外部致萨荫图俄加重茶税希商俄廷酌减并见复函

宣统元年五月初六日，准农工商部咨称：据汉口商务总会呈，汉口为红茶总汇之区，两湖祁宁各埠办茶者，无不以汉上洋莊为销路，以俄商为最大。现俄政府加重入口茶税，红茶每普加税钱二串五百五十文，每普为四十镑，共重四百四十八两，折江汉关秤不过二十八斤。照俄钞票计，一千合华银八两五钱，是红茶一斤进口，须加完税银七钱七分，百斤则七十七两。譬如俄商出华银三十两，购红茶百斤进口，加完税银，已在百金之外。税项几过价本数倍，销场定必大减，应如何维持、抵制之处，请察酌办理等情。查该商会所陈各节，自是实在情形，应否与俄使设法磋议，以期挽救之处，请查照核办等因前来。查汉口茶市，向以俄商为大宗销路，今俄政府加重茶税销场，自必顿减，于茶业前途甚有关系。前因俄边界征抽华货税项，曾电尊处向俄外部磋商。准电复称：此事俄政府已允展至俄历明年正月一号，另定章程征税等语。此项茶税是否在缓征之列，加税重过本价数倍之多，实所罕闻。能否向俄政府议商减轻，以纾商艰，而维茶业，尚祈台端审度情形，酌核办理，并希见复。

五月初九日税务档

驻藏大臣联豫温宗尧奏江孜亚东开埠宜设巡警以固主权折

驻藏办事大臣联豫、帮办大臣温宗尧奏，为江孜、亚东既开商埠，急宜速设巡警以固主权，恭折仰祈圣鉴事。

窃查藏印通商章程第十二款第三条开载：中国允在各商埠及往各商埠道中，筹办巡警善法，一俟此种办法办妥，英国允即将商务委员之卫队撤退，并允不在西藏驻兵，以免居民疑忌生事。现在商埠既开，况江孜、亚东两处，地当冲要，巡警自宜急办，庶英国卫队可期如约撤退，免贻口实，固我主权。惟西藏民俗否塞，终鲜开通，开办警务人才固形缺乏，财政尤觉困难。且汉人无多，语言各别，副目、巡兵等势不能不暂用番民，教以应守之警章，晓以当差之义务，以期轮流周布。该番民生长本地，言语、习俗、社会人情，皆所稔悉，可无扞格之虞。至正目以上，及司法并局所各员，则以川省调来之人，及去年所设警察学堂毕业之汉学生充当，庶于任用番民之中，隐示操纵在我之意。至经费一层，例以内地警政，原应就地筹款，江孜、亚东两处人户既属萧条，商务尚未兴旺，实属无从筹措。商埠巡警与外交、内治息息相通，就令款项支绌，亦应先其所急。近接四川督臣电称：以去年五十万为开埠之费，本年五十万为练兵之费。惟开埠用款不止一端，不知能否敷用，兹特饬该委员撙节估算开办常年额支活支各项经费，计开办建造局所及购置器物，约需六千余两，常年约二万余两，分别开列清册咨部立案。第常年经费仍无着落，拟请饬下部臣核议筹拨常款，以便持久。如果商务渐旺，再行设法筹捐，逐渐扩充前藏拉萨地方。奴才等察酌情形，似可暂从缓设，以节糜费。现仅拟于拉萨署内，设一警察总局以总其成，遇事仍可派员前往两处查核。至噶大克，亦在开辟商埠之列，现已派员前往调查，一俟查明，回藏再行开办。至商埠内工程局一项需款较繁，俟规画既定再行奏闻。除将两埠设立警察详细用款数目咨部查核外，所有照约设立江孜、亚东两埠巡警缘由，理合恭折具陈，伏乞皇上圣鉴训示。谨奏。

宣统元年五月初十日奉朱批：该部知道，钦此。

商埠档

邮部奏接收南满洲日本电线完竣折

邮传部奏，为接收南满洲日本电线完竣，恭折仰祈圣鉴事。

窃查上年九月间，臣部派电政局总办、候选道周万鹏在日本东京与日员，议订接收南满洲电线合同，业经臣部于是年十二月奏明，奉旨允准在案。查合同第九款内载：凡日本所造南满洲铁路界外电线，应于合同施行之时全数交与中国等语。臣部当即饬由电政局派东三省电报总管魏鸿钧、上海电政局总管洋员华德生前往接收，兹准东三省总督咨称：该委员等自本年正月二十日起，在大连湾地方与日员会议接收办法，所有日本应交回中国各线，分日按段接收，历时三月，始克竣事。计长春、昌图、开原、铁岭、新民府、奉天、辽阳、营口、安东、南尖等，共十处线路六百余里，业经一律妥收。铁路界外，日本电局数十处均即日关闭。至善后设局、借线各事宜，均已妥筹办理。谨恭折具陈，伏乞皇上圣鉴训示，谨奏。

宣统元年五月初十日奉旨：邮传部奏接收奉天省日本电线完竣，拟请援案给予日员宝星开单呈览一折，着照所请。外务部知道。钦此。

东省电报档

东督锡良致外部安奉路事先由程抚与日领会议电

申密。初九日电敬悉。安奉路事开议，十条业经电达在案。初八日良及程抚同交涉使与日领会议，据称，第二条不改轨，即不为改良。答以改良必改轨，原约并无明文，不敢创定。其余各条，某条应认，某条应驳，或再商议，可以逐一签回再商。彼云：第一条此路独立不为枝路，第八、九两条护路兵警须提开另议。余条是认与否，游移其词，并不著实。磋议多时，始云电达彼国政府，听候命令。则我处应俟彼如何答复，再行商酌电请钧示。兹事既难克日议结，而良此次巡阅亦不久即回。昨日面告日领，一切先由程抚同交涉使与该领会议，有要事由程抚与良电商，正与钧意相同，谅无耽延之虑。祈酌复日使为祷。再，良正在料理起程。先闻。良谨叩。青。

五月初十日安奉铁路档

锡良程德全致外部日领袒营林厂派警压制木把电

顷据东边道蒸电称：日领袒护营林厂，要求派警察赴上江，迭经驳拒。忽于本日派日警长一人、警兵三十名，并所用华警长一人、警兵二十名前赴帽儿山，各持枪械沿江陆行。兹复严诘，据称：非得上官命令不能撤退。现在一面飞饬拦阻，请与日领交涉，令其电饬速撤等语。当经饬司转告日总领照办。惟闻帽儿山一带华民已聚数百人，深恐日警前往，必肇衅端，省中鞭长莫及。日总领亦恐无权禁阻，万一别生枝节，殊难设想，除电该道赶紧分别禁阻解散外，用特电陈钧部，务请转告日使，速为禁阻，不胜至盼。良全。文。

五月十二日木植档

使日胡惟德致外部日因东事失欢各国现极力弥缝宜留意电

两三年来欧美各国，颇不满意于日本官民在东三省之行为，啧有烦言，甚至有英日解盟、美日失好之说。日政府引为深忧，故于欧美，则历派亲王周旋于英、德、法、俄、义、奥。日来开设英日博览会于伦敦，洵彼对英外交之成效。而于美，则历遣海陆军名将往游，近更议定美日实业家彼此往复访问之举，是谋联络美国之方，亦已无微不至。彼所以汲汲于此者，实掩西掣东之深意，在我宜有以预防，亦惟欧美各国是亲，与彼争胜于坛坫。迩来中英感情稍减，似亟宜设法转圜。凡中外交涉稍得助言，只在美国，或遇有互商事件，尤宜加意维持，不授人以离间之端。今者我势太孤，国际启阖，实隐关国势盛衰。德职在外交，一得之见，未敢缄默，是否有当，仍乞钧裁。德。文。

五月十三日东三省档

锡良程德全咨外部日据金州如何设法收回请示文

案查赵前将军任内，据金州满州〔洲〕协领英麟、代理汉军协领李得尊等禀称：窃因金州地方自甲午之乱，城池失陷、民罹水火、延颈待救者年余。彼时幸蒙朝廷偿款赎回，居民重睹天日，以为可以安居乐业。讵意二十四年春间，俄人假保险为名，租借旅大两口，复以租界必有隙地，随请以亚当湾、亚当山为隙地之界，金州地面划入界内，仅留金州城池一座。然有官兵驻守，犹存金州之名，遇事可与省城呼应相通。但以百姓之颠危，如水益深，如火益烈，当经前军宪依、副宪晋因查金州划归租界，民不聊生，奏准蒙皇上天恩，将金州军民拨往东流，围荒安插，民有生路互相额庆。乃于二十六年春，派到委员查核户口，已放领荒执照八九千张之多。忽有拳匪之变，俄人借此起衅，勒要军器，据官占城，金州复陷。以致官兵至今犹寄寓省城充差，以待收复，其民人之苦况，更不堪言状矣。迨日人胜俄，甫入金州，即煌煌明示谓：清日为唇齿之邦，俄人何得占据？故兴义师，以保东亚和平之基，救生灵涂炭。是金州之复旧、官民之转机，如期可待，人皆引领。惟思日人敦睦谊而出援师，亦非见利而不重义，岂能接踵效尤？其如万国公论何，谅日人必不处此也。夫俄人原约肯留金州城池，尚有大义所在，今之日人不将更有义举乎？且金州居民食毛践土，近三百年世受皇恩，岂忍一日为他人奴隶？民众盼望华官，如同饥渴，官兵盼望收复，得尽义务。若谓割弃此土无足轻重，而民落汤镬坐视不援，想亦我皇太后、皇上所不忍也。

顾念日俄业已和议，奉境均已撤兵，现当营口交还之际，而金州居民数遭兵燹，疮瘐余生，其望救之急，有如救焚，伏乞速赐，呈请归复以苏民困等情前来。职等详查所禀，委系实在情形。然此事关系收复大局，职等未敢僭预。惟既职任斯土，责有攸归，有此下情，亦复曷敢缄默。幸逢天使下临，恭读晓谕遵悉，宣上德通下情，准其具呈禀诉。凡属困难苦衷，莫不同声鼓舞，为此不揣冒昧，吁恳督宪俯赐查核，上为国计，下念民生，挽回金州危局，以复旧制，则万民幸甚，职等幸甚等情。赵前将军随即据情咨呈在案。兹据署金州右翼汉军协领兼署左翼满洲协领关防事务·蓝翎记名佐领阎传胪复以前情呈请前来。查金州城，现被日军占据，尚未收回。该协领系守土职官，迫切上陈，出自爱国之诚，自应设法收回，以慰众望。惟事关重大，应如何办理之处，相应咨呈钧部，谨请鉴核示遵，望速施行。

五月十四日金州档

外部复锡良程德全日使谓营林厂派警因我保护不力希整顿警察电

营林厂事来电均悉。据日使复照称：鸭绿江一带，警察不备，致有重大危险，敞国万不得已，必施相当之手段。是派往警兵，实以我保护不力为藉口。除照复日使杩，以擅派巡警越界侵权，应饬日领撤回警长、警兵，并转饬释王秉太等情。得复再达外，希转饬东边道，就近磋商了结。并速行整顿警察，切实保护，设法弹压，以靖地方。仍将商办情形，随时电部，余咨达。外务部。

五月十五日木植档

外部致署直督那桐日人高田案热河已获正凶电

日人高田被戕案，准热河都统电，正凶陈黑头已拿获，正饬讯供核办。兹准日本使照称：此等事甚为遗憾，行凶情形惨忍，请速电地方官与日领，慎商捕犯严惩，并与以相当赔偿了案等语。除电热河都统核办了结外，希查照。外务部。删。

五月十五日法律档

外部致锡良营林厂事日使请中国自办巡警保护电

删电谅达。营林厂事，现商日使，据云：派遣巡警，尚未接日领报告，中国如能自办巡警，日巡自当撤回。当答以保护弹压，中国地方官自担责任，务即电饬日领，先将巡警撤回。彼已允电日领。希饬东边道，迅派得力巡警驰往，切实保护弹压，勿致再滋事端，贻人口实，是为至要。外务部。铣。

五月十六日木植档

热河都统廷杰复外部日人私入内地被戕我已获犯惩官难再认赔电

删电敬悉。查此案，该已死日人，并未先期知会地方官，又复违约，在内地私自测绘，以致起衅丧命。虽惨毙情形可怜，究属咎由自取。现将知县撤任示惩，并缉获正犯，容俟讯明确供，按律严办。如此办理，已符公法而昭睦谊，碍难再认赔偿。即不得已，亦能略给死者抚恤之资，以示格外通融之意。是否有当，伏乞酌夺施行。除电商北洋并电饬李，令迅取犯供录报，暨会缉逸犯务获［外］。廷杰。铣。

五月十六日法律档

署直督那桐致外部中韩渔业东省沿海与直鲁不同应各就情形筹议电

中韩通渔事，前经杨前大臣咨商东奉，并饬熟悉渔业情形臬司何彦升议复。兹据详称：查通渔一事，名为中韩，实即中日。我国渔业组织尚未完全，猝与通渔订约，有三可虑：一、沿海渔户，类皆穷民，倚网罟为身命，随处皆结团体，日韩渔船恃约入境，必起争端。二、黄海、渤海港岔纷歧，盗贼出没，时有劫案，我无轮舰巡缉，日韩渔船遇盗在所不免。傥因有约应归保护，诘责要偿，为患胡底。三、日人经营奉盐，出产畅旺，正苦运销路窄。傥借通渔之名，出入直东领海，必致以渔船装盐，灌输江浙，侵入内地。厘税既无，价值自贱，随处洒销，败坏纲引，似应申从缓之议，俟组织完全，再订专约。若谓鸭绿江下游业渔者，华十之三，日韩十之七，彼虽禁我勿往，我难禁彼勿来。东三省与韩毗连情形，与直东不同，或当由东三省另筹办法等情。桐复加察核，该司议缓通渔，系为慎防流弊起见。惟奉天沿海与直东不同，能否亦暂从缓，抑可另筹办法。似应各就情形筹议咨复，候部酌核。除拟详咨达，并电东奉外，特先电陈。桐。咸。

五月十六日渔业档

锡良程德全复外部营林厂与木把构衅咎在日人何得藉口派警电

删、铣两电敬悉。查鸭绿江一带为我国土地，其应如何遣派警兵，切实布置之处，我国家自有权限，日人何得藉口干预？且前次木把在韩界拉去日人五名一事，皆因营林厂捞获华民木料，勒索挥费，绑去王秉太所致，其咎固在日人。我处当时即行设法将其救出，交还保护，不为不力。而日人所捆去之王秉太，至今尚未放回。虽称已逃，其谁信之。今日使反以沿江有重大危险，不得已必有相当之手段为词，继复以未得日领报告推诿，言不由衷，均属蛮不讲理。即使沿江果有危险情形，亦应知会我国派兵保护，彼亦何得遽行派警兵擅入内地？其蔑视国权，至于何极！务乞严诘日使，迅速将所派警兵撤退，王秉太即日释回营林厂，前次捞获华民之漂流木迅即发还，将凿孔之木赔偿损失，并减收捞费。嗣后不得再有捆绑华人，强取木料情事，以弭后患，而固邦交。除饬东边道速行整顿，警察驰往切实防范外，应仍请钧部力为主持，大局幸甚。良、全。十七。

五月十八日木植档

锡良程德全致外部安东木商控日人夺业已派员往查并改订捞木章程电

昨电想达。适安东木商联名呈控公司云，有插旗、打印、勒费、抢捞、抑价、增税各条事。恐有因情殊可悯，现已遴派施道世杰前往安东，查察木商所呈情形。并会同关道就近与日领暨公司，改订整理漂流木章程，减取捞费，妥定善后办法，以期免让别案。务恳钧部转告日使，请其电饬冈部领事，俟该员到安，迅与持平商办为要。良、全同肃。巧。

五月十八日木植档

粤督张人骏致外部会勘东沙岛日已派船请催海筹来粤电

东沙岛事，日人已派船，闻二十一日可到，由驻粤日领会同粤员，前往勘估。迭电萨军门催海筹速来。昨询，据烟台道电复：该船须俟派验火药洋员到验后，尽本月内开粤等语。此事系两国商定派员会勘，日舰越国前来，我船转致后期。按之交际、交涉，均非其道，关系邦交。现无战事，其重要似非验火药可比，请钧部迅催萨军门立电海筹，即刻起椗，兼程来粤，毋令外人违言，牵动东沙议案全局。切盼电复。骏。效。

五月十九日蒲岛档

外部复廷杰高田案日使已允惩凶结案希办抚恤电

高田案铣电悉。本部已据电照复日使，略言：正凶讯办后，案即了结，无庸议及赔偿。惟撤令系我内政，未便叙入照内，至应否略给抚恤之处，由尊处酌核办理，并望迅取犯供严办，以免口实。即电复。外务部。效。

五月十九日法律档

锡良程德全致外部以英里证华里应用何法计算电

奉省派李道凤年会同日副领事速水一孔，同赴临江勘绘界图一事，顷据李道电称：速水要求以英里证华里，约章成案汇览乙编卷二十二内，附中外度量权衡表，载明英一买尔合三华里。而表首列明，营造尺一寸合英三寸二分一厘七毫三丝二忽二微。中国以一千八百尺为一里，英以五千二百八十尺为一买尔。以尺寸合算，每一买尔实合华里二里八分九厘十毫五丝九忽二微，再三复核无异。约章所载一买尔合华三里之数，应用何法计算，始能符合，请核示前来。应恳钧部核复示遵。良、全同肃。皓。

五月十九日杂项档

留日东省学生会呈外部安奉筑路日拟任意行动请筹对策电

安奉铁路改筑问题，日政府已开阁议，取任意行动方针。我宜亟筹对待之良策，以保我主权，大局幸甚，东三省幸甚。留日东三省学生同乡会。

五月二十日安奉铁路档

驻藏大臣联豫温宗尧奏请设印度嘎里嘎达领事折

驻藏办事大臣联豫、帮办大臣温宗尧奏，为印度嘎里嘎达密迩西藏，华侨日多，拟请添设领事官，以资保护，恭折仰祈圣鉴事。

窃查英属印度以嘎里嘎达为京都，官商咸集，遇有筹议之事，均会于此。我国侨民现有四五千人，其在大吉岭者亦有五百余人。惟商务散漫、团体不坚，间受外人苛虐，亦苦无从申诉。去年奴才宗尧道经该处，各商民咸来谒见，佥称极思国家派驻领事官，当可随时劝导各侨同心联络，整顿工商，以冀前程发达，而不失我利权等语。盖南洋各岛之华民，尚俱有心于爱国也。奴才等以为，方今列强政策，首重殖民，凡商民所莅之区，无论多寡，必设官为之保护。如日本人之商于印度者不过百人，然在孟买埠设总领事一员，又于嘎里嘎达设领事一员，既以保护侨民，且以探听消息。即西洋各国亦无不设领事官于此间也。合无仰恳天恩，俯念海外侨民，加之覆帱，饬下部臣核议，与英使臣商定添设嘎里嘎达领事官一员，仍归出使英国大臣统属，以期划一而资保护。奴才等在藏与印度密迩相接，闻见较确，故敢冒昧陈请。是否有当，伏候圣裁。所有请设印度嘎里嘎达领事官缘由，理合恭折具陈。伏乞皇上圣鉴训示。谨奏。宣统元年五月二十日。

设领档

使比李盛铎致外部密陈日俄经营满蒙情形函

俄、日两国在森彼得堡密议，内地谣传必多。此间已确实调查，初拟为军事上之连合，继且有实行分割东三省之说。协定之后，即有明文公布各国。如往岁奥大利国占土尔其波、爱两省，往往为远东通信社得此消息，乃与柏林中央通信社同时发表。各报大为注意，俄人恐惧，诚以所谋未免难继，复将惹起舆论上之排击，良为不利。乃由政府出面嘱其森彼得堡通信社辨正，略谓：日俄密议瓜分满州〔洲〕，谣传不确，俄在远东政策，但求保其现势，决无暴厉急进之心，俄与中国深愿敦睦友谊，幸勿误会，云云。

观此则分割之议确已作罢，而两国协议，则又昭昭不可掩饰者也。闻此事实为俄所发起，日本不甚欢迎。盖其利害相反，在俄因以划分东北，免与日本相侵扰，以便壹意经营蒙古及我西北等处，既无后顾之忧，复可布置海参崴、哈尔滨一带防御，为所欲为。其不惮为戎首，以犯天下不韪，实以所处之地位使然。日本反是，彼决不以南满自足，即北满、蒙古，现时在俄势力之下，日本未尝不思攫取。往岁协约，不过暂舒其力，岂真与俄悉泯猜忌。事急则借俄以抗德美，稍与从容，正可饵俄以得转收权利。且其对付中国，实较俄为容易，又何利于分割此疆彼界，以缩小其范围乎？最近四国借款，德、英加入美国财团，俄于满洲外交已有孤立之势，急难相求，厥惟日本。然日后以另得借款，渐次与我融洽，俄更无可为计，此时我之外交不妨稍与日本圆活。俾其去俄，即我之手婉灵妙，实为良策。

细察俄政府业动谋我之心，若如上月俄陆军大臣苏恭里洛夫大将，及要塞总检查官惟郎德大将先后密赴远东，起程之前数日，俄皇迭次召见，与署理外务大臣在御前密议多次，其为有重要关系可知。俄之官报，方为政府授意鼓吹战事，以为增加远东军备之计。惟议院自由党则力主和平，反对战事，而内阁地位又复摇动。外部大臣久病，陆、海两面露于敷衍，巴尔干之纷争方兴未艾。赖此诸种原因，俄正未暇仓卒与吾开衅，特其日夜布置，有进无已，终必与我一试。急起直追，军事从速预备，尚未晚也。敬乞密回列宪前电如曾转军咨处，则此函乞候呈堂，复密特呈军谘处一阅为叩。

五月二十日出使比国档

外部复英使朱迩典考验各船吨数新例允照办照会

为照会事。

前准来函，以中国考验各船吨数，可否照本国政府现订新例办理等语。当经本部咨行税务处，旋准复称：已饬署总税务司，转饬各关税务司体察情形，申报以凭核办等情。业于上年五月初四日先行函复贵大臣在案。兹准税务处咨称：据署总税务司申称，案经转行各关确查，已据先后复到。均以所拟量船新章为妥，中国照办并无妨碍，亦与钞课无甚出入，且与各国办法既不两歧，则计吨科钞亦觉甚便，似可允照办理。如蒙允行，应即在各口出示晓谕：所有新造各轮船自出示日起，照新章办理；其前已测量挂号之船，自西历一千九百十四年正月初一日起，一律照新章开办等语，咨请查核，转复英国驻京大臣。俟议定后，希即声复，以便转饬署总税务司遵照办理等因前来。本部查贵国政府所订考验各船吨数新例，税务处既允照办，相应照会贵大臣查照，仍希见复，以凭转复税务处通饬施行可也。

五月二十一日税务档

日使伊集院致外部鸭绿江上流渐归平稳日警已撤回照会

为照会事。

鸭绿江上流地方派遣警官一事，宣统元年五月十六日贵部来照所称，各节均已阅悉。当经转询去后，查派遣警官，原因鸭绿江上流地方，有木把损坏情事，于帝国臣民之生命财产危害不浅。经安东本国领事与东边道交涉，始终未得要领，不得已出此临机之措置。如东边道果能设法切实保护，则所派之警察官当即撤回，无须赘言者也。近本国政府回电，于此事已发有训令致安东领事，电称：鸭绿江上流地方已渐归平稳，危险之程度亦较前减少，且道台所派之警察官已抵该处，我警察官当即饬令撤回等语。相应照复贵部，查照可也。

五月二十二日杂项档

锡良陈昭常致外部日人恃强占地造屋请备案并各项交涉早日解决电

顷准延吉边务吴督办禄贞电称：到防后以交涉重要，当经派员分赴调查日人举动。据光霁峪宪兵班长秦建斌报告，日宪兵藤谷浅吉在三道沟骨牌地方，强租韩民韩喜禄家居住。近忽强占该民地基造屋，前往理论，日宪兵自称：造屋非理，惟地主已允我随意修造云云。当传韩喜禄与日兵对讯，据韩民供，实系日人任意强占造屋，无法阻止。该宪兵班长面责日兵，又以奉有上官命令为词，不肯罢休云云。禄贞当以此案为国权所不容，因派施翻译至六道沟，诘问斋藤。讵斋藤以此次修造房屋，势在必成，若贵国不以为然，请报告政府办理可也。施翻译谓此事可在此处了结，无烦两国政府交涉，斋藤并不回答。此阻止三道沟骨牌地方，日人占地造屋之大概情形也。查去年火狐狸沟一案至今未结，日人凶策日张，其无理举动，我若稍有阻止，彼即以火狐狸沟一案相威吓。遂致有刀伤华民、强占民地、阻挠国权、殴辱警兵、拘留军队、苛敛韩民、擅筑警岗、侵越裁判，及一切扰乱治安等重案。禄贞初到边防，日人故意藉端尝试，势将演其火狐狸沟之故技，实属破坏和平。应请电达外部，速与日使交涉，饬令斋藤停止工程，免生意外。再，边务交涉丛生，皆由日宪兵、韩警为厉阶，并请与日使再申前议，从速撤退，以保主权。至此案现究应如何因应，请授机宜等因。查日人占地造屋，殊属无理。乃斋藤以报告政府为词，彼一面赶造其屋，使我为日后之交涉，居心叵测，隐患滋深。除电复吴督办将此案先行就地设法，从速了结外，用特电闻。应请钧部查照备案，并乞将以上各项交涉早日解决，边务幸甚，大局幸甚。良、昭常。个。

五月二十二日延吉边务档

锡良程德全致外部营林厂事撤警赔偿两层稍有眉目电

营林厂事迭经电饬东边道与日领磋议，顷据电称：撤警一层，日领面告，既承布置妥贴，自应撤回，现已电饬遵照。索回王秉太一层，日领谓营林厂坚不承认，当请总监府派专员确查实在，再行办理。交还捞木及赔偿损失一层，现已商由日领函致该厂，先将已损未损捞木交由临江县，转饬原主认领，其该厂应收捞费、应赔损失各款开单，呈由该道与日领会商核办等语，此案似已稍有眉目。惟王秉太系日员小林长藏在临江立据限三十日交出之人，其为被绑无疑。该厂始云逃回，继云放回，今并不承认，恐系被伤身死，难以交出。我处仍当力争，如无下落，当以致死论偿生命，始可服众。除仍饬将王秉太确切追索外，谨先转达纾廑。良、全同肃。个。

五月二十二日木植档

锡良陈昭常致外部日兵在延吉持械轮奸请与日使交涉电

顷准延吉边务吴督办电称：不意一波未平，一波又起。昨十五日夜晚据白草沟报告，有日人三名身着武装，手持枪械于十四日夜间闯入韩民金仁吉家，被金仁吉之弟夺其枪械，用枪托击伤一名，其余人曳伤者逸去。闻报后当即派查勘员周家泳、参谋官胡万泰分途驰往详查。兹据禀复，均称武装三人，其二名查系日本宪兵，一名系韩巡检，薙发归化日本者。该兵等以办案为名，于是夜至春融社，突入韩民金仁吉家，其势汹汹，全家恐惧。仁吉同居有弟一吉，及族弟洛用仁吉，洛用见势先逃，一吉及子侄被日兵捕缚，肆行拷打，惟洛用之妇年二十二岁，颇有姿色，因得获免。时已夜半，该宪兵等均已解卸械刀，并释去一吉之缚，令煮鸡子供膳，以一兵守坐。逾一时，韩巡检强曳洛用之妻于草室，距正房约丈十步。少顷，又招一宪兵去，情形暧昧。一吉为之气愤，因持所解下之械向灶下守兵猛力掊击，该兵立即晕绝，一吉大惧，抽身遁去。其草室中兵及巡检尚茫然不知，及出见宪兵晕倒。一吉远飏声张，恐干众怒，乃负伤者而走，并挟该妇同行。该妇不愿，因交韩乡约全昌铉处。又委员胡万泰往查时，路遇肇事日兵，讯知一名田北正直，受伤者名坂下七五。问何故狼狈如此，答云办案受伤，正欲详讯始末，该宪兵以伤重就医着急为词，仓皇别去。及至春融社收得洛用之妇，呈词纸中有：小的本以女人弱质，却之又却，不能担当，终被日人劫夺等语。察其情词，显有轮奸情事。该委员等，因该地韩民虑日兵复至，人人惶恐，酌留我宪兵六名晚驻，以为保护，一面回署具复。途中又遇日官一名，率宪兵八名向春融社去，禄贞恐其又滋事端，已复派员前往，相机应付，尚未得复。

窃此案无论金仁吉等是否善良，有无控案，日兵断无越境擅捕，恃威行恶之理。今竟在我境内身佩枪刀，夜闯民室，擅行拷打，并肆奸污，如此强横万难容忍。日人藉保护韩民为名，遍驻宪兵，而宪兵不法，至此已极。保护韩民者，固当如此耶？乃日人犹旦夕不遑，力谋增派宪兵分遣所如三道骨牌。既强行建筑，又于依兰河八道沟等处，意图派设。其用心只俟三道骨牌一占胜着，则彼宪兵足迹必遍全境。宪兵所到之地，即其国权所及之地，以国家根本重地，祖宗发祥故墟，岂能尺寸退让，任人蹂躏哉然！任彼如何冒进，在我惟知坚守，抵制日久，势必有决裂之一日。禄贞再四思维，如欲维持平和，非令彼撤退兵队不可。用再奉达，恳转外部与日使严重交涉，鹄候示裁等因。查韩民金仁吉果有犯法情事，日人亦何得越界擅捕，况夤夜闯入民室，横行骚扰，并称有轮奸情事。此等不正当之行为，其必非办案可知，迨肇祸后，日官非独不加惩治，复派宪兵前往。其袒护宪兵，虐视韩民，概可想见。现虽未据续报，遥揣案情棘手，恐难免冲突。除电复吴督办相机因应，据理与抗外，用特电陈。务请钧部迅与日使交涉，日兵、韩警从速撤退，并将此次肇事日宪兵等，饬令按名惩办，以后不得再用此等举动。维持危局，以安边氓，曷胜盼祷。良、昭常。个。

五月二十二日延吉边务档

锡良陈昭常致外部日人占地造屋关系至大请严重交涉电

前准吴督办电称：日人在延吉强占民地盖屋，设立宪兵分遣所，请电钧部与日使交涉，电请前来。当以此种案件，应就地设法从速了结，电复吴督办，并电达钧部在案。兹又准吴督办马电称：个电敬悉，三道骨牌日人强占民地，建宪兵分遣所一案，蒙转电大部备案，并嘱禄贞就地设法了结，自应遵办。惟此案已派员查悉，韩喜禄原系韩民蔡姓，自幼为华民韩姓养子，遂易韩姓，获有财产承继。并据韩喜禄呈诉云：今年四月，日宪兵欲租买未允，五月初旬，日宪兵竟强占建造房屋，无法拦阻，恳请追还，云云。查我国土地所有权，除租借地外未有准外人享受者，延吉僻处边陲，土地权尤不得不加意防范。昨以韩民租卖土地与日人有禀，奉大部电谕：此处非通商口岸，自应悬为万禁，现日人强占民地，更非租买可比，实属有意侵犯主权。况韩喜禄实与华民无异，尤当力任保护，以对归化者之心。若不将被占地基争回，不惟无以对韩喜禄，将何以对韩境十余万喁喁望治之边民。且此处若任其强占，以后随处可以建造，延境土地权竟将谁属？此案虽小，关系甚巨，此处与斋藤迭次交涉，彼词穷理屈，置之不理，而房屋建修如故。口舌既穷，若用武力将日人所造房屋拆毁，事关国际，或酿成意外事故，又非我帅慎重防务之至意。

前此边务交涉，虽由此处维持，其主持多赖大部。再四思维，惟有仍恳将前电所陈斋藤强横无理，及此案关系重要情形，电请大部诘问日使，转饬斋藤从速停工。一面再由禄贞设法阻止，或尚有挽回之一日。盖此案若非由大部与日使严重交涉，无以戢其以后进取之野心，仍请卓〔酌〕核等因。查日人占民地任意盖房，而又设立分遣所，意图扩张权力。若不严行禁阻，将来日见侵占，诚于边务关系至大。吴督办屡次诘责斋藤，彼虽词穷理屈，然仍赶造不止，是非就地所能了结。除仍电吴督办设法阻止外，用特电恳钧部，请即查照，迅与日使严行交涉，速将所造房屋拆毁，将所占民地退回原主，嗣后不得再用此种无理举动，以杜后患，而固邦交。并乞见复。良、昭常。驳。

五月二十三日延吉边务档

锡良程德全致外部日人拟从孤山筑路达金州电

顷据卸署孤山巡检面禀，现在日人拟从孤山修筑铁路，经庄河厅五百余里，直达金州，通安东、大连之轨。且称孤山附近南限海口，寒天不冻，当年日俄战时，日人即从此口登岸，为天然船坞，请预为经营等语。查孤、壮一带，即光绪二十四年中俄续约所称之隙地。日人现以满洲南路余利，不惜巨资，啖我华工包筑此路，尚未议妥。若此路一通，则奉省门户全失，害较间岛为甚。条约虽订明，隙地地段不让与别国通商及享用利益，然并无禁阻中国自行经营之说。似应由我酌量将此路自修轻便铁道，占用铺轨之地，默为抵制。是否可行，或应如何设法抵御，请钧部密为指示，以便随时筹画。至盼。良、全同肃。养。

五月二十三日孤庄铁路档

使俄萨荫图复外部俄加茶税请议商约以图抵制函

奉闰二月二十九日台函，饬查俄国加征入口茶税，是否专加华茶，并向外部设法磋商等因。查俄国税则第二十条，由欧洲运入俄境之各色茶，每普得征税三十一卢布五十戈比，砖茶每普得征税十一卢布二十五戈比。由亚洲七河省、沙漠省、伊尔古斯克省、阿穆尔省等处入境各色茶，每普得征税二十五卢布五十戈比，砖茶每普得征税三卢布七十五戈比，团茶每普得征税十五卢布。阿爹所即奥叠萨，系照由欧洲入境之例，海参崴系照由亚洲入境之例。荫详询户、商两部中人，佥称此项税则早经颁定，因从前亚洲各省有在免税之例者，故未一律实行。现在免税之例已删，无论何种货物、何国输运，均须照章纳税。至奥叠萨一处，则自一千九百二年起，即已照章征税等语。

按：此次俄删除远东各口免税例，所有入口茶税，虽系各国一律统征，并非专征华茶，然俄国所销之茶，实以由华运输入者为大宗。现在俄亚洲各省实行征税，华茶销路势将因之窒滞。荫与外部晤商，请其将茶税设法减轻。伊谓税则颁定已久，碍难议改。窃思征税一事，本属内政，俄政府以彼自有主权，不容外人干预，以大势度之，似非口舌所能争胜。查俄人在蒙古、新疆各处贸易，均不纳税。上年奉到部电，饬向俄外部磋商，俟将来续议商约时，将陆路税则一并议订，业由俄外部文复照允在案。现届条约期满，自宜亟订税则，以图抵制。盖我必有所挟持，庶彼或能退让，即不然，彼征税我亦征税。两国通商，原期利益相等，度彼无可藉口，而会议时当亦较易就范。梼昧之见，尚乞荩裁。附上俄国税则一册，籍备核统，祈代回邸堂各宪是幸。

五月二十三日税务档

日使伊集院与外部梁敦彦议东省各案请电程抚速办语录

五月二十六日下午五钟，日本伊集院使偕本多参赞、商尾翻译到署，梁大人、曹参议接见。

伊介绍本多参赞见梁大人后，即云：今日特为安奉路事而来，查安奉改筑轨道一节，前已与贵大臣谈过，四月中又照请派员勘查，大致预备已齐，专候开工。忽闻锡总督刻又出巡，虽云将此案交程巡抚接议，迄今尚未与日总领事商量，请电程抚，速行议结，俾可早日开工。

答以东三省悬案六件，均关紧要。铁路问题尚小，我总以同时商议，俾各案均了为妙。东三省各案，前由本部电驻日胡大臣，向贵国政府确询其宗旨所在，现在尚无眉目。贵大臣于别案不提，独催安奉路一案，我意不甚谓然。请贵大臣电告政府，将未结六案速行议结。本部一面电程巡抚，与贵总领事开议安奉路事。现在间岛之日本宪兵，屡有不法举动，中国政府甚不愿闻，如能彼此迁就，定可将各案议结。

伊又云：东三省悬案，非本大臣搁置不提。先由贵政府提议，交海牙公断，敝政府不愿，旋由贵政府撤回此议。日前曹参议来，称贵部将各案电胡大臣，与敝国外部商量，得复后再行开议等语。本大臣专候贵部通知，即可开议。至安奉改筑轨道之事，实本条约所定，为敝国既得之权利。若照东督所开十条办法，显系破坏条约，本大臣深为遗憾。现敝国深愿早日开工，故请速行商结，派委员查正，为和平了结也。日本备有照会在此，为欲易于明白，故特再面陈，倘不速行了结，恐致别生枝节。至敝国政府之宗旨，前由本大臣一再声明，谅贵大臣亦已知悉，今另由胡大臣向敝国外部询问宗旨，实不可解。

答以本大臣并非怪贵大臣将各案搁置不提，不过从前屡次开议，毫无结果。公断既作罢论，若再固执前议，恐永无了案之日。本部电胡大臣向贵部商量，正欲各案之速了耳。

伊又云：胡大臣询问敝国政府，原无不可，敝国政府之意，亦欲将各案速了，故极愿与贵大臣商议。至安奉路事，载之约章，毫无枝节。此次十条办法，显然令敝国政府为难，实有伤两国之感情，致敝国政府疑贵国有蔑视日本之心，恐于将来交涉必多阻碍也。

答以安奉路事，不过在解释条约上稍有辩论，何致有伤感情。日本宪兵在间岛种种违法，其伤感情处正不知多少，请贵大臣速行禁止，方为妥当。至其余各案，贵大臣如有新办法，深愿随时开议。

伊又云：间岛问题，前经屡次会议，敝国业将领土权让与中国，所争者只在管理韩人一节。本大臣以为，行政权全归中国，惟裁判韩民之权归日本。在敝国已极为退让，而于中国主权亦毫无妨碍之处。但中国报章，许多议论日本有侵略领土之意，实为误会。且安奉铁路与间岛等案，性质不同。一为多年悬案，一为节外生枝，不能相提并论。若安奉路事不速议，于别案恐亦有妨碍，两国均非所利。宜一面速了安奉路，一面再议各案为是。

答以贵国虽将领土权让归中国，而于裁判各节，不肯通融，则领土权亦属有名无实。间岛地方与通商口岸不同，不能仿行领裁判之法。

伊又云：感情一节，且勿深论。间岛问题，亦自有再议之机会。惟安奉路事，条约甚明，请速电奉抚商结为盼。且本国外部来电，言胡大臣所询各节，不得要领，宜详告胡大臣，俾敝国外部可以答复。

答以安奉事，当电程抚酌办，其余各案，一俟胡大臣电复到后，即行定期续议。

伊又云：当将今日商议各节，报告政府，贵部电程巡抚时，当开示办法，以该案重在改筑轨道。程抚称开列各条，均奉政府训令，若政府不示以办法，恐开议亦徒然也。

答以程抚尚无电来，当去询问。

伊又闲谈数语而去。

五月二十六日安奉铁路档

粤督张人骏咨外部钞呈西江添设白土口等四卡试办章程文 附章程

为咨呈事。

准税务处咨开、准外务部转据美柔使照称：据驻广州美总领事文称：美货由广州运至西江，停泊商埠，除完正税外，仍须完纳子口半税。若他国从香港澳门运至西江之货，只纳一正税，是美货比他国之货税仍属较多，云云。本大臣前准照复内称：税务处已定章程妥办，惟今已经年，尚未照章施行，甚望作速咨行，转饬该管西江税员遵照办理等因。相应咨行，查明声复，以便酌复该使等因前来。查此事，业由本处于上年八月二十六日电咨贵督，以本处现饬总税务司，电饬粤海关税务司出示：凡洋货到西江停泊埠，无论何处运来，除完正税外，未经纳过子口半税者，均应纳厘，以昭平允。希饬各局卡遵照办理等因在案。

今美使又以此事照询外务部，究竟各厘卡现在是否遵照办理，抑其中有何窒碍之处，并查明甘竹白土口、肇庆罗定口、德庆都城等各停泊埠，是否均设有厘卡，相应咨行，迅饬查明见复，以便办理可也等因。随于本年正月十二日准税务处文电开：美使迭以广州美货纳税较多，利益不均为词，务饬厘务局，速于白土口等四埠设立厘卡，俾港澳与广州洋货之运往西江停泊埠者，所纳税厘一律平均，以杜美使口实，仍希速复等因。又于正月二十日续准税务处哿电开：外部因美使屡次诘问，故迭催本处办理，务饬厘局从速妥议电复，以便转咨。如觅地需时，急切不能建立，亦希设法先行开征，以免美使再有藉口各等因，到本部堂准此，当经先后札行广东厘务总局赶紧筹办去后。兹于本年四月十五日，据厘务总局司道详称：白土、肇庆两处附近后沥，应作为后沥厘厂分卡；罗定、德庆两处附近都城，应作为都城厘厂分卡，由各厂原设之员司人等，酌量派拨经理。据后沥厘厂具报，肇庆、白土两卡均于宣统元年闰二月初一日开办。据都城厘厂具报，德庆卡于二月二十一日，罗定卡于二月二十七日先后开办。伏查现奉饬行，补设肇庆等四处厘卡。缘中英约章允将各该处，作为轮船停泊上下客货之处，自应照约按照长江六处章程办理。但长江六处分隶安徽、江西、湖广等省，西江仅与西省毗连，情形微有不同。且《广东厘则》，凡内地货物，如完足起验，坐两道半厘金，经过海口各厂不再重抽，又与长江六埠遇卡抽厘办法稍别。今补设各卡，系专为稽查洋商在四处停泊埠，上下货物未完半税而设。所虑各卡员司奉行不善，不特洋商有所藉口，且于西江经由厘厂完厘之民船各货，稍涉滋扰，即与长江六处办法不符。况肇属地脊民贫，风气强悍，自各卡开办后，业已借端滋闹。办理一或操切，深恐别酿事端。此项设卡章程，若不亟为厘订，则各卡无所遵守办法，不免参差。惟事属草创，一经奏明，宣布将来或须更改，恐致窒碍，是以迭奉行催，均未敢仓卒从事。

查西江自通商以后，梧州三水、江门接续设关，情形变更。目下酌订简章，自以按照长江六处办法为主，参以西江通商收税章程，斟酌厘订，作为暂行试办之章。拟俟一年后，体察情形，如有未尽事宜，或窒碍之处，再行酌改妥洽，专案详候奏咨，以昭慎密。奉饬前因，理合备列清折，详请察核可否。俯赐将补设四卡日期，先行奏咨立案，并请批示，以便饬行各厂卡一体遵照办理，实为公便等因前来。

正核办间，又准贵部有电开：准农工商部咨，据肇庆商务分会禀请转咨：可否将肇庆等处分卡归并河口税关，或后沥厘厂兼抽半税查验等情，请酌办见复，并钞原禀前来。正在核办间，又准英使面称：据驻广州英领详称：西江添办厘卡，出口席箔每捆抽四。先出口数目大减，日本商人正在力争此项生意，若不将此项厘金停止，恐席货不能出口，云云。查此事，前因美使来照，以美货由广州运西江，较他国从香港、澳门运往者，纳税较多，当经咨税务处核办，由该处行知尊处。于白石口等处添设厘局，自系专为稽征运往西江未完半税之洋货而设，该厘局将不出口之土货及出口席货加抽厘金，以致滞销。不惟不能限制洋货，反令土货受亏，办法非是，应饬查明，分别办理，并电复等因。准此。

查此事先于三月间，据肇庆商务分会总理刘振骈呈称：肇庆近设后沥分卡于邻近，各村零星杂货，均以出口为词，俱要抽税等语。当经批行广东厘务总局，迅速妥定章程，以免扰累。并以西江一带，原已设有都城、后沥、河口、马口、甘竹等处厘卡，凡民船所载土货，业经各厂征完厘金，所有白土等四卡，应准免再重征。其白土等处附近民船载运土货，在近处行销，并非洋商载运出口，如经现设分卡，并准一律免征，以纾民力。在案。续据厘务总局详复，派员前往肇庆，查明民船载运货物，来往各乡市镇，该卡并不抽收。缘肇庆向未设有税卡，忽见设卡抽厘，乡民无知，颇为疑虑。经委员明白宣示，该商会亦已大悟等语，是肇庆商会前赴农工商部禀请归并查验之事，自系未知。现设各卡办法，致多误会。惟肇庆一带，出口土货以草席为大宗，向由洋商购买草料，运赴连滩等处，织成草席，转运出洋。现在添设各卡，此等出口草席，装轮时均应纳厘，成本不无稍加。英使所称日商力争此项生意，恐于出口草席有碍，似亦实情。除先电请贵部，会商税务处核示遵办外，所有西江添设白土口等四卡试办章程，理合钞录咨呈。为此咨呈贵部，谨请察照，核明示复，以凭转饬遵办，望切施行。

五月二十六日税务档

谨将查照中英约章，补设肇庆、白土、罗定、德庆四卡，按照长江六处停泊埠，查验抽厘章程，酌拟暂行试办简章，呈候钧核。

一、光绪二十三年《中英滇缅条约附款》，允将肇庆府、德庆州、江门、甘竹作为轮船停泊处所；又光绪二十八年中英商约，白土口、罗定口、都城作为暂行停泊，上下客货之处，按照长江停泊章程办理等因。除江门已改通商口岸，甘竹作为三水分关不计外，现在奉行在于肇庆、白土、罗定、德庆补设四卡，应照长江六处。界连数省与西江仅东西两省毗连者，情形微有不同。现就西江各厂抽厘情形，参以西江通商各章程，斟酌损益，作为暂行试办之章。

一、《西江通商收税章程》内载，凡港澳往来西江、三水、梧州各埠，由此口至彼口，分别洋货土货征税办法。有应完正税者，有应完正半税者，应由现设各该卡委员，按照西江通商收税章程，随时考求详确，勿得误会。除洋货已有半税单，照章查验免厘，即准其装船或起岸放行。其有报单之土货，只准装船前赴所报出口海关，中途不准卸卖；如无单，照各货应照后开完厘章程办理。

一、现设四分卡附近各项驳船，必须由各卡挂号编列字号，以便稽查。应由各卡员随时认真办理，所有洋商装船起岸之货，均由此项驳艇发送，听候查验。倘有私有未曾挂号之民船，拨货送货漏完厘税者，该货入官，船户提究。

一、现设四卡专为稽查洋轮在停泊各埠，上下货物未完半税各货，应于土货装船处，洋货起岸处，补完各卡厘金。现拟凡出口土货，查无三联运照，进口洋货查无半税单，如该货业已经过厘卡两处或必须经过厘卡两处者，均于装船起岸时，饬令按照西江各厂现行厘则，值百抽二，完足一起一验一坐两道半厘金。如该货有须并完海口半厘、台炮经费、坐买等项者，亦应饬令照数补完，给予收厘单，以备呈验。此外，凡经由西江行厘各厂，查验完厘之民船各货，均不得再行重抽，以杜滋扰而清界限。

一、西江原已设有都城、后沥、河口、马口、甘竹等厘卡，现又补设德庆、罗定、肇庆、白土口四卡，共计九处。拟凡无单照之洋货起岸、土货装船时，应查明该货中途所经过之厘卡几处，一律饬令补完应纳厘费各款。倘到关及起岸时，查无完厘、完税各单呈验者，该货入官。其有以远报近，希图偷漏者，查出罚办。倘在不准洋轮停泊上下客货之处，私行上下货物者，该货入官，该轮船照章查办。

一、凡洋轮入口之货，无论由何处入口，但须经由该埠停泊者，统于起岸时报由该处厘卡查验。出口之货，无论由何处出口，但须经由该埠停泊者，均于装船时报由该处厘卡查验，一则防起岸后绕越走漏，一则货已装船，即为实在出口之据。

一、现设四卡内，肇庆、白土两卡，责成后沥厘厂禀派办事委员经理。罗定、德庆两卡，责成都城厘厂禀派办事委员经理。各该卡收支各数，均由后、都两厂另文专案，按月造报。每月所收厘金，除支销卡用外，尽数批解本局。如收不敷用，暂由该两厂酌量拨补，再行察酌详办。

以上各条均作为暂行试办之章，如有未尽事宜，及或有窒碍之处，自当随后相机酌改，分别请示核定，再行详请奏咨立案。

清宣统朝外交史料卷四终

清宣统朝外交史料卷五

宣统元年五月下至六月上

日使伊集院致外部安奉改筑事请饬东督速办照会

为照会事。

安奉铁路改筑问题，贵国政府饬令东三省总督以十款提议于奉天。敝国总领事本公使前奉敝国政府训令，屡次会晤贵部大臣，指摘该提议之失当，并反复缕述改筑线路以速副敝国政府之希望为最切要，曾请贵国政府熟思在案。乃迟至今日，该总督对于敝国总领事毫无开议之处，对此问题漠然不顾，诚出本公使意料之外。窃维安奉铁路改筑一节，原不待本公使之赘言，系依两国立约，为敝国政府既得之权利。前于本年正月中，贵国政府亦曾允准照请，遣派委员会同敝国委员勘查线路，其成案已于四月内申报于贵国政府。敝国此时亦只信赖贵国政府之公正及友谊，处处准备以待兴工。乃贵国政府突然提起极失条理之条件，以阻碍两国条约上敝国正当权利之实行。此等举动，实堪诧异。然敝国政府犹顾念两国之交谊，隐忍自制，此中情理，力求贵国政府之反省。深望贵国政府对此线路改筑问题，与有外交上性质之他种条项分别办理，以避事体纷错之嫌。此敝国政府所以令本公使谆谆致言者也。然仍长此漠视本件，则终非敝国之所能忍耐，尤为不待言者。用特再行请求贵国政府，即时饬令东三省总督，从速派员办理，俾得便宜实行改筑之事。为此请烦查照办理，并希从速见复勿延可也。

五月二十六日安奉铁路档

外部致伊集院日兵在三道沟占地盖房请饬斋藤停止照会

为照会事。

本月二十二日接准东督吉抚电称：准延吉边务吴督办电：据光霁峪宪兵班长秦建斌报告，日宪兵藤谷浅吉在三道沟骨牌地方，强租韩民韩喜禄家居住。近忽强占该民地基，盖造房屋，设立宪兵分遣所，前往理论，日宪兵自称：造屋非理，惟地主已允我随意修造。当传地主韩喜禄与日宪兵对讯，据韩喜禄供，实系日人任意强占造屋，无法阻止。秦宪兵长面责，日兵又以奉有上官命令为词，不肯罢休。当以此案关系国权，派施翻译至六道沟诘问斋藤，斋藤以此次修造房屋势在必成，请报告政府办理。施翻译谓此事可在此了结，无庸两国政府交涉。斋藤并不回答，仍一面赶造不止。似此实属有意侵犯主权，应请照知日本驻京大臣迅电斋藤，将所造成房屋拆毁，所占民地退回原主，以维友谊等因。查日宪兵于三道沟骨牌地方强占民地，任意盖屋，设立宪兵分遣所，经该督办遣派翻译，面诘斋藤，斋藤辄称势在必成，不肯停造。似此强横无理，实于我领土主权大有妨碍，且亦非贵国政府维持现状之本意。相应照会贵大臣查照，转电政府电饬斋藤，撤去已造之房屋，退回所占之民地，嗣后不得再有此等举动，以保和平而敦友睦，实为至要。即希见复为荷。

五月二十六日延吉边务档

外部致伊集院延吉日兵枪毙华警仍请办犯惩官偿恤照会

为照会事。

延吉日宪兵枪毙中国巡警一案，昨准照称：兹接本国外务大臣训电：此案特派委员会同调查一节，日本政府不认为必要，碍难同意。前已照复贵国驻日公使，兹特再为转达，希谅察此意，将此件承认作为完案等因。查此案经东督迭次派员就地详查，本极明确，前因贵大臣照称，彼此报告多有不符，故请派员会查，以昭公慎。兹贵国政府既不认会查为必要，本部只可认明东督所查各节，悉属实在情形。所有本部上年九月二十七日照内所开办犯、惩官、恤偿三条，应请转报贵国政府全允照办，此案方能作为了结。相应照复贵大臣查照见复可也。

五月二十六日延吉边务档

外部致伊集院白草沟日兵夜入民室骚扰请按律惩办照会

为照会事。

五月二十二日准东三省总督署吉林巡抚电称：据延吉边务吴督办电称：十五日夜间据白草沟报告云：有日人三名，身著武装，手持枪械，于十四日夜间闯入韩民金仁吉家。仁吉之弟夺其枪械，用枪托击伤一名，其余人曳伤者逸去。闻报后，当即派员分途驰往详查。兹据禀复称：武装三人，其二名查系日本宪兵，一名系韩巡检，薙发归化日本者。该兵等以办案为名，于夜间至春融社，突入韩民金仁吉家，其势汹汹，全家恐惧。仁吉同居有弟一吉及族弟洛用，仁吉、洛用见势先逃，一吉及子侄被日兵捕缚，肆行拷打。时已夜半，该宪兵解卸械刀，并释去一吉之缚，令煮鸡子共膳，以一兵坐守。韩巡检强曳洛用之妻于草室，室距正房约丈十步。少顷，又招一宪兵去，情形暖昧，一吉为之气愤，因持所解下之械，向灶下守兵猛力掊击，该兵立即晕绝。一吉大惧，抽身遁去。其草室中兵及巡检尚茫然不知，及出见宪兵晕倒。一吉远飏声张，恐干众怒，乃负伤者而走，并挟该妇同行。该妇不愿，因交韩乡约金昌铉处。又委员胡万泰往查时，途遇肇事日兵。讯知一名田北正直，受伤者名坂下七五，问何故狼狈如此，答云办案受伤。正欲详讯始末，该兵以伤重急于就医为词，仓惶别去。及至春融社，收洛用之妇呈词，纸中称：小的本以女人弱质，却之又却，不能担当，终被日人劫夺。察其情词，显有轮奸情事。该委员因该地韩民虑日兵复至，人人惶恐，酌留我宪兵六名晚驻，以为保护。一面回署具复。途中又遇日官一名，率宪兵八名向春融社去等情。查韩民金仁吉果有犯法情事，日人亦何得越界擅捕，况夤夜闯入民室，横行骚扰，并称有轮奸情事，此等不正当之行为，其必非办案可知。迨肇祸后，日官非独不加惩治，复派宪兵前往，其袒护宪兵虐视韩民，概可想见。请迅照会日本驻京大臣，将日兵、韩警从速撤退，并将此次肇事日宪兵等惩办等因。查日宪兵藉词办案，在中国境内持枪，夜入民室，实属侵犯国权，扰害治安，相应照会贵大臣查照，电饬斋藤查明按律惩办，以保和平而敦睦谊，并即见复为要。

五月二十六日延吉边务档

外部致胡惟德请日政府先认我在延吉裁判权再议各案电

东三省各案四月三十函悉。前因日政府不愿送交公断，有自行和平议决之语，故本部亦允再议。乃当此商议未定之际，彼于延吉日宪兵伤毙巡警一案，终无相当办法。近日，延吉又出有日宪兵在三道沟占地盖房、设立分遣所，及白草沟日宪兵夜入民室骚扰两案。日兵在该处侵犯国权，扰害治安，种种情形殊与日政府和平之意相反。若长此一面相持，一面进取，在我惟有仍请送交公断，以期速结而保和平。除枪毙巡警案及新出两案，另行照会日使外，务希执事按照前函向日政府切实磋议，请其将延吉裁判办法先行照允，再议其余各案。所议如何，即速电复，是所殷盼。外务部。

五月二十六日延吉边务档

锡良程德全致外部日人以安东为烟馆逋逃薮请诘日使电

顷据民政司禀称：昨委员查禁鸦片，行至安东日本租界六七道沟等处，现种罂粟二三百亩之多，又报市场内烟馆林立各等情。查禁烟功令何等森严，外人无不赞成，日本尤为关切。不图安东日人独纵吾民为之，且以市场为烟馆，捕逃之薮。转瞬烟膏收割，充溢市廛，禁令难施，未免有心容隐。除饬交涉司东边道切实与日领交涉，要求将烟苗刬除，烟馆禁绝外，倘该领置不闻问，务恳钧部向日使严诘，俾期禁绝，以重国权。不胜盼祷，先此奉达，并请鉴核。良、全同肃。宥。

五月二十六日禁烟档

外部复锡良等安东我未认为租界仍应施行禁令电

宥电悉。安东日本租界在我并未明认，禁该处烟亩、烟馆，但知照日领仍应由我官吏施行禁令。兹本部照会日使，告以中国在东三省地方有完全行政之权，为日俄和约所允认，想日本领事必能遵守此意，听中国官吏切实施行禁烟之令等语。希查照饬筹妥办。外。

五月二十七日禁烟档

外部复锡良等安奉路提议十款日谓违约希切商电

安奉路事来电均悉。日使照称：提议十款，本国政府以为失当，请从速派员会议，俾得实行改筑之事。又面称所开十条，显系破坏条约。若不速了，恐别生枝节各等语。此事彼既催议，似未便久置，希由尊处酌量情形，与日领切实磋商，以免藉口。外务部。

五月二十八日安奉铁路档

东督锡良等奏筹办吉林长春自开商埠恳饬部借拨的款折

东三省总督锡良、吉林巡抚陈昭常奏，为筹办吉林长春自开商埠关系重要签恳饬部借拨的款以济急需而维大局，恭折密陈仰祈圣鉴事。

窃查吉省开埠之区共计六处，曰吉林省城，曰长春，曰哈尔滨，曰宁古塔，曰三姓，曰珲春，皆经先后奏文开放在案。而吉、长、哈三埠则于光绪三十二年十二月间即经宣布开放最早地方，亦最关紧要。而三埠之中，哈埠为俄国铁路总车站所在，俄人以其形势利便，自光绪二十三年以后，附近铁路之地早经一展再展，逐岁经营，屹然已成重镇。及我宣告开放，自辟商埠，则已人取膏腴，我得边瘠，人有市场，我无商埠矣。

铁路附属之地称之曰租界，我国商贾之人目之为华侨，主客易位，名实混淆，交涉横生，动辄棘手，此不得谓非往日之失算也。若夫长春适为日、俄两国铁路之交点，日路北线实起于此，日之视长，犹俄之视哈。数年以来，日人一切规划悉步武俄人，而阴谋诡计则又过之。其车站界线以内，固已阛阓相望，商务勃兴，而附近车站一带地亩，该铁道会社又私以重价，诱我愚民暗自购入。盖其节节布置不遗余力，充其野心，可为戒惧。

至若吉林省城未经日、俄兵燹，又非日、俄两国铁路经行之地，我之主权最为完全。三年以前有俄人而无日商，近稔之中渐有来者，犹以交通隔阂，商务衰歇之故，来者无多。俟吉长铁路开工，各国商民联翩而至，而日人之最占多数，当可预料。届时外人麇集，我若无已经成立之商埠以为彼之归宿，势必杂居内地，蔓延全城。且人将代我购地，代我修路，代我建屋，代为设置巡警，我不自谋又不能禁人之代谋，哈埠其前辙矣。鉴哈埠之前辙，着吉长之先鞭，非实行开埠，克日计工，于三年之内一律成立不可。

臣昭常去年九月抵任，迭与前任督臣往复商量，皆以开埠一事，断不能以款项无著再事因循，乃饬交涉司暨西路道分头筹办。省城则于去年十月间当吉长铁路开议时，由交涉司邓邦述督同试署佥事傅疆预为筹画，在城之东北门外吉长铁路建设车站之处，勘定左右四旁地址、实测绘图、建标购地以为开埠入手办法，然后筹及修筑马路、建造屋宇、教练巡警等事。而以开埠局为承办之机关。现在计划均已大定，工程亦已包估，臣锡良巡视到吉，见其筹备一切，尚觉妥善。长春则于本年三月间，由代理西路道颜世清仿照省城办法，设局经营，惟以日人私购地亩已多，办理较难著手。臣昭常饬令该道到任之后，先于日人已购地亩之四围，悉行圈购，毋使再有侵越，而于圈定界内能设法购回者议价收回。臣锡良由奉至吉道经长春，亲自履勘，见该埠于东西北三门外至头道沟止，业已开始圈购。当经面饬该道于筑路建屋各事认真举办，并饬税务司筹划开关事宜，预备商埠成立以后，开关收税。该埠地处冲要，为东三省米豆杂粮出口必由之路，若能办理得手，将来成效必有可观。

目下，两埠局用开支无多，暂由吉省腾挪垫拨，若购地筑路、建屋设警诸要政次第举办，饬令司道等切实估计，无论如何核减，非有款各一百万必难观厥成功。吉省财力自改设行省以来，左支右绌情形，早在圣明洞鉴之中。近岁协饷既停，本年尤须筹解延吉边务经费，若欲于竭蹶万状之时，再拨开埠巨款，实属筹措无从。臣锡良到任后与臣昭常竭力筹商，裁汰冗员，归并局所。但所节经费只能藉资小补，未能挹注大宗。现在两埠正在筹办，断无停止之理，再四思维，惟有援照山东济南等处自开商埠请拨经费成案办理。东鲁为畿辅屏藩，吉省乃发祥重地，拥护主权，事同一律，而情事迫切，抑又甚之。明知部帑匮乏，同此艰难，但以中央之力为地方代谋，念及吉省开埠关系紧要情形，或可于无策之中设策援助。臣等忝膺疆寄，筹款是其专责，苟非智穷力索，何敢妄自渎请。只以吉省财政实陷于朝不谋夕之地步，而自开商埠又值稍纵即逝之时机，万不获已，只有仰恳天恩，饬下度支部拨借两埠经费各一百万两，分为三年，请领足数。一俟吉长设关后收有税捐，即便陆续如数归还，以重库帑。除饬该司道等将埠务各项经费估单，并租建章程，查照济南办法详请拟定咨部核办外，所有筹办吉、长两处自开商埠暨恳援案饬部拨借开办经费各缘由，理合恭折密陈，伏乞皇上圣鉴训示。谨奏。

宣统元年五月二十八日奉朱批：着照所请，该部知道，钦此。

商埠档

外部咨锡良准德使称东清租地合同有背德人应享利益文

为咨行事。

本年五月二十六日准德雷使照称：贵国政府与俄国政府所订划清在东清铁路租地彼此权利暂行之合同，及关于此事三月二十二日互换之照会，均经本国政府知悉。据本国政府之意，该合同内有数款与德国人民按约应享之利益背碍，故本国政府不能使德国人民遵守该合同章程，必经有约各国允准，方可饬令各国人民遵守。故谓该合同第十七款所载，将来尚欲拟定详细章程，应与有约诸国酌议商定为宜，备文照会等因前来。相应咨行贵督查照可也。

五月二十九日东省铁路档

外部致邮部据东省督抚电日本拟修孤庄铁路希查复函

密启者：

本月二十三日准东三省总督奉天巡抚电称：据卸署大孤山巡检面禀：现在日人拟从孤山修筑铁路，经庄河厅五百余里，直达金州通安东大连之轨。且称孤山附近南限海口，寒天不冻。当年日俄战时，日人即从此登岸，为天然船坞，请预为经营等语。查孤山一带，即光绪二十四年中俄续约所称之隙地，日人现以满洲南路余利，不惜巨资，啖我华工包筑此路，尚未筑妥。若此路一通，则东省门户全失，害较间岛为甚。条约虽订明隙地地段不让与别国通商及享用利益，并无禁阻中国自行经营之说，似应由我酌量，将此路自修轻便铁路，占用铺轨之地，默为抵制。是否可行，或应如何设法抵制，请密为指示，以便随时筹画等语。查孤山巡检所禀是否属实，本部无从悬揣，应请尊处就近于京奉等路各员内委派妥员前往，密查实在情形，详细见复，以凭核办，专此布达。

五月二十九日孤庄铁路档

日使伊集院致外部白草沟日兵骚扰事已申报政府照会

为照会事。

接准宣统元年五月二十六日照称：准东三省督抚电称：据延吉边务吴督办电称：本月十四日夜间，白草沟春融社地方，有日本宪兵二名及韩国巡检一名，以办案为名突入韩民金仁吉家滋扰等情。查日宪兵藉词办案，在中国境内持枪夜入民家骚扰，实属侵犯国权，扰害治安，请速电饬斋藤查办等因。查来照所称各节，本大臣并未得有报告，当即申报敝国政府，请向该地方调查事宜，俟有回报再行照复。惟该地方所属，现尚争议未定，在根本问题未经解决以前，仍当维持现状。凡为保护韩民应行之事，自当照旧办理，此节业经屡次声明在案。来照所引督抚要求撤退日宪兵等语，及贵国政府独以该地方为中国境内一节，本大臣不能承认。盖敝国政府对敝国执务人员常以宗旨和平，不酿事端为训戒，万一有来照所称骚扰等情事，必与以相当之处分，决不稍事姑容。惟据本大臣所得之报告，贵国人员常有虐待韩民及其他不当之举动，务请严加戒饬为盼。

六月初一日延吉边务档

日使伊集院致外部禹迹洞中日兵冲突请惩官恤偿事当为转达照会

为照会事。

前准照称在间岛禹迹洞中日兵员冲突事件，请派员会查等因，当于本年六月二十九日遵照敝国政府之训旨答复在案。旋于贵历五月二十六日准复照称：此案日本政府既以为不必会查，本部当以东三省总督报告，各节认为合于事实，仍维持前次提出之惩官偿恤等各要求等因前来。本大臣均已阅悉。查此案会查一节，客月中旬曾由驻日本贵国公使直接照会日本政府，已由日本外务大臣答复，且本使亦曾累次申明在案。贵部当可谅知日本政府之意，以为此案之真相甚为明白，日本无负担何等责任之理由。倘于此次再由两国派员会查，实为徒事繁冗，于事无益，甚或益生无益之争议。为彼此利益计之，诚不能不避开此层。总之，根本之间岛问题未解决以前，此等杂件之发生诚所不免，故间岛问题，本案之速结，实为当务之急。本大臣惟望贵国政府体谅日本政府关于此案之诚意，于此枝叶细事，勿仍徒执成见，强日本政府以所难，速将主要之根本问题以交让妥结之法从速解决。再来照所称，当为转达日本政府，以供参考。至于允诺，实无可期。相应照复贵部即希查照可也。

六月初一日延吉边务档

奉抚程德全致外部条约并无安奉改造宽轨之言请示遵电

廿八日电敬悉。安奉路事自锡帅出省，小池即赴旅顺，久未续议。后屡饬司催询，皆以电彼政府未得复电为词，直至二十七日午后小池来谒，开口即云：此事得彼政府电，称已由伊使迳与钧部交涉。并展转询全对于此事意见是否以不改轨为宗旨，最后忠告谓：中政府如派贵抚勘查，则此路须改宽轨，自能了然。并坚询，如中政府来问是否仍以不宜改轨相答，云云。词气之间，颇似确知十条乃外间主持者，故侦刺恫吓，兼而有之。查此事锡帅以八条咨商后，遵电开议改成十条。锡帅与全皆谓奉政府命令与之协商，日领始而不肯转达，继而延宕许久。今对全则云，迳与钧部交涉，伊使对部又云，速请派员会议，两说不甚符合。或伊使所谓派员会议者，乃请钧部另派，不愿在外续议，亦未可知。

日领既称由公使与部直接，系通知非催办，德全自不便遽与置议。十条中，彼不认者一、二两条，要求另议者八、九两条。一、二两条明知其不能承认，然关系过大，如听其联接改宽鸭江造桥即随其后，彼已明说。此路若成，自东京至奉不过四十小时，名为便商，实便运兵，用意险恶当在鉴中。日使谓系破坏条约，其实条约并无改造宽轨之言。二月间邮传部所派工程司黄丞国璋来奉查勘，递有说帖。其驳改良之非改轨，颇具理由，似尚非我失当。至别生枝节一层，此时彼恃强权，我鲜实力，固不能免。然能否藉此别换他项利益，或以二条要求允我一、八、九三条。将来鸭江造桥，能否预先商阻，或临时全力争持，东省门户全撤，京辅濒危，不敢不加审慎。日人既催续议，必难坚持到底。若不先后统筹内外，并力将如何换回、如何退让之法先行规定，贸然续议，势将全行允许，实所不安。久思，将详情奉陈，恳求方法。应请剖晰确示，俾有遵循。锡帅三数日即归，得钧电后再当妥筹磋商之法，会同办理。黄丞前后折呈各件，并有改宽后应商办法，似尚可采，即日钞寄鉴核，盼切复示。德全肃。初一日。

六月初二日安奉铁路档

锡良陈昭常致外部延吉日人添筑警楼实行警政电

近据吉林边务吴督办电称：今春日人于六道沟修有警岗一所，兹复展拓地基，动工建造。经多方交涉，始暂允停工二日，嗣复与斋藤竭力争论。斋藤谓奉政府命保护韩民，宪兵巡警亦奉命带来。该处人民繁杂，故建一略大岗楼，若以所为为不合，惟有请贵国政府向我政府谈判。又忽谓间岛问题三年未决，各执一是，若因此而有战事亦属无法云云，其强蛮情形，实似奉有该政府密令。然此事关系极重，当禄贞任事伊始，尤不合退让，除仍就近设法理阻外，请电达外部严与日使交涉等语。按斋藤越境，虽带有韩巡二十名，我政府并未承认。前时办理边务，因韩巡检之案屡次交涉，抵制甚力。今彼忽添筑警楼，实行警政，藐视我之主权益甚，自应极力阻止。惟斋藤始以奉有政府命令为词，继以战事为对，实属无赖已极。今当边务新更督办，日人自必百出手段，以为尝试。此次未能抵御，后更不易为力，似应内外合力与抗，俾稍遏其野心。已电吴督办，仍随时于事实上竭力抗拒，不可稍存推诿。特此电恳大部务与日使严重交涉，使彼知我边务决无退让，亦实奉有政府命令，则彼诡谋将无所复施。是否可行，尚乞电复示遵。锡良、昭常肃。艳。

六月初二日延吉边务档

东督锡良致外部安奉事原拟以改轨易其他之九条请在奉先议电

顷据程帅电开：昨日下午，日总领事来署面谈，安奉路事已由日政府电饬伊使向我外务部交涉，全当答以既在京中开议，彼此可省争执。小池复将第一、第二等条驳辩许久，要索甚多，最后忠告谓：全说现在轨线即可为运货之用，是否全之政见？全云：此固与条约不背，非我一人之私。彼又云：傥中政府派贵抚勘查，是否亦如此答复？此路贵抚一见即可了然，知其必须改宽。我政府属某转告贵抚，云云。全当告以若我外部下询如何答复，虽难预定，然难保其不将我意上陈。既为地方大吏，即有责任在身，言论当自由，利害亦所不计，词色稍有严决。彼始谓非敢干预，不过自抒所见，逊谢而去。全察其意，似探知大部口气或露出调查之说，预来侦察，微肆恫喝者，当时不能不急折之。今日复来信谓：原约改良即系改轨，为工商便利之计。全亦据约答复此事。该领许久不议，今来说便称迳向外部交涉。然至再至三，总要全认改轨，否则谓全不认原约，意殊叵测，应如何转达外部，乞酌裁等因。查安奉铁路改良事宜，关系我国主权者，在在皆是，亟宜趁此力图补救。前经提出应议条款十条，与日总领事小池开议，当时小池认议者六条，欲提出另议者两条，惟不改宽轨，及应认明安奉路为独立之铁路两条不认商议。经我竭力驳复，始允一体转达彼政府请示办法而去。我所提出之条款，皆根据条约，并不相背。今日领谓为违背条约，确为强辩。然不改轨，固日本之不利，宜其力抗。当初我之所以提出此条者，意在换其他之九条耳。日本若能允认其他之九条，则我不妨将改轨一层量予变通，否则只有始终坚持之一法。日使如提议此事，应请钧部力为主持，使其仍在奉议，将来万难议结，再归钧部与议，较有退步。如何乞钧部示复。再，此电务乞秘密，以免松劲，是所虔祷。良叩。东。

六月初三日安奉铁路档

外部咨锡良中俄满洲里界图本部查无底本文

本年四月初三日准咨称：满洲里一带边界久未清理，前请颁发俄国外部官书，并咨库伦办事大臣将雍正五年议设东路鄂博全案、嘉庆二十三年会勘之地图调取来东。旋准该大臣咨到蒙文钞册一本、地图一张，当经译成汉文。惟该图册新由蒙文汉译，是否与原本图册相符，猝难校正。此案为重要文牍，部中有蒙、汉对译完善底本，请核定见复等因。并将图册附送前来。查俄外部官书所载布约全文暨阿巴哈依图、色楞额两鄂博单蒙俄拉丁全份，又恰克图界约满、俄、拉丁文，前准萨大臣咨送前来。本部当于四月十三日将原件咨送在案。细查此次所送图册，图系雍正年间勘界旧图，并非来文所称之嘉庆二十三年会勘地图。本部所存之嘉庆二十三年会勘界图，则系自库勒库图河汉起，至乌鲁里河汉止。查乌鲁里岗乌苏在色楞额河西岸河汉，为土谢图汗、三音诺颜交界之地，与光绪三十年十月库伦办事大臣咨送到部，库伦所管中俄交界地图核对，知系由乌雅勒干卡伦以南即西经八度九度之间，与库伦东部无涉。又将库伦送来之图与此次所送雍正年间界图核对，所有东边五卡伦译名、方位均符。至议设东路鄂博全案，本部查无底本，所有蒙文汉译钞册无从核对。除将图册存部备考外，相应咨复贵督查照可也。

六月初三日中俄界务档

外部致胡惟德东省各案希催日政府速议电

漾、俭电均悉。顷准东督吉抚电称：日人于六道沟添筑警楼，当与斋藤争论。彼谓奉政府命保护韩民，语甚强横，请与日使严重交涉等语。除照会日使诘阻外，查日人在延吉节节进步，事机渐迫，所有东三省各案断难再延，希照前电催日政府速议。并请其电饬斋藤于延吉问题商议，未定之际不得有恃强之举动，以守和平。即电复。外。

六月初三日延吉边务档

外部复程德全安奉路事希权其轻重相机操纵电

安奉路事初一日电悉。前开十条思虑周至，彼不肯一一照允，自在意中。如皆以为奉政府命令不能改易，则彼责言日至，恐无结束之日。彼既催议，即希权其轻重利害，相机操纵，以期就范。仍随时电部核夺。外务部。

六月初三日安奉铁路档

外部致锡良日使已饬驻安东日领限期禁烟电

安东禁烟事初一日电悉。现准日使照复称：安东领事前拟将新市街之烟馆禁止，适华官提出新旧市街同禁之议，领事亦赞成，未知何故华官于协议事项未遽实行。日政府曾训令安东领事：华官虽缓办，我仍当厉禁。该领遂于本月初五日令该营业者限十五日一律闭歇。望贵部严饬东边道，将旧市街之烟馆实行禁绝，彼此通力合作，以达目的。再，栽种罂粟一事，接来文始知其事。现饬领事确实调查，如果属实，自当处以适当之措置等因。特电达，希转饬遵照。外务部支。

六月初四日禁烟档

奉抚程德全致外部黄国璋禀安奉事语多可采请核示函 附原呈五件

敬肃者：

安奉铁路开议情形，业于本日东电上陈。黄丞国璋前后所上各呈折，其语颇多可采，昨由卷中检得，从前未经转达，兹特照钞一分寄呈钧览。应如何续筹让步，磋商提议之处，仍恳从速酌核详示，俾得遵循，不胜盼祷。（照录黄国璋原呈五件）

六月初四日安奉铁路档

谨将禀邮传部堂宪禀稿缮折呈请帅鉴 其一

敬禀者：

窃卑职于二月间奉委会勘安奉路线，已将查勘各情形禀报在案。查安奉铁道辙宽二尺六寸，轨重二十五磅，其桥梁、涵洞工程材料均系就地取用，经过山岭盘旋上下而湾径，有小至百二三十尺者，坡度有二十六分之一者。盖当日只为行军取便利之计，现改为输运工商货物，不惟工程草率，势难垂久，而且湾径、坡度皆是权宜速成，尤觉危险。现按日本南满铁路工程司岛竹次郎改良办法，其新定路线相距旧道，远者数里之遥，近亦四五丈至十数丈不等。并据该工程司面称：拟用八十五磅之大轨、四尺八寸半之宽辙，与南满洲铁路同轨，是其于旧路外另筑宽轨无疑。查光绪三十一年原订条约，只载改良，并未声叙改轨，顾虽亦无不改轨之说，而详考正草各约，实有不改轨之明证。窃以兹事体大，主权攸关，若不及时力争，但恐后患靡穷，谨就管窥所及为我宪台陈之。

查条约草案，内载：日本国全权大臣云：此段铁路正在运兵回国之时，未能及时改良。又正约内载：除因运兵回国耽延十二月不计外，限以二年为改良竣工之期等语。既指明此段铁路因运兵回国未能及时改良，则非另筑新道已无疑义。若按该工程司新定路线与旧路，虽有依附穿插之处，究属判然两途。若谓另筑新道即系改良办法，则当时旧路运兵，新路亦可工作，何必展限一年后再为改良，此系旧路改良确切无疑。既已旧路改良，即不得另筑宽轨，此其明证也。且限期之长短，视工程之多寡而定，此乃不易之理。

查条约，以二年为改良竣工之期，为时甚促，显系就旧筑之路从事修补，如旧路之架木为梁、节木为柱者，改为石柱、铁梁；湾径过小、坡度过陡者，改为缓湾隧道等类，故工程无多，限内能竣。以此为改良，于原订词义亦甚符合。如照该工程司预测之图所定路线，须经浑河、太子河、细河、草河等河，所有桥工既多且巨。又大岭、福金岭、分水岭、大防身、鸡冠山一带，应凿隧道之地约有三十处，共长中里约二十里。其中福金岭隧道工程尤巨，加以测量购地备料等事颇需时日，统计新工至速非有四年不办。即人多工倍亦须有地展布，断非二年所能报竣。此亦不改轨之明证也。况条约既云：除运兵回国耽延十二月不计外，限以二年为改良竣工之期。则自光绪三十一年订约后，除三十二年为运兵耽延之期，扣至三十四年冬季，二年之限已满，改良之工亦宜告竣矣。卑职等会勘路线时，曾见有改移桥道，形迹尚可辨认，以此作为改良工竣未尝不可。然修时未曾知照，此时必不承认，第约中二年之限已过，改良办法即应告竣。此又可以驳诘之词也，有此种种理由碍难退让。惟勘定新路线，现已大半插标，若不从速阻止，则将来难免藉词要挟。除会同奉天委员沈道琪呈报督抚宪，转咨外务部照会日本驻京使臣，迅饬南满铁道会社将新定路线停止插标开工外，理合禀请堂宪查核，伏乞批示遵行。国璋谨呈。

三月十一日

谨将复勘安奉改良路线沿路一切情形缮折呈请宪鉴　其二

一、查安奉原线于浑河堡车站以南横过抚顺铁路。

一、查安奉原路车站共二十八处：奉天、浑河堡、陈相屯、姚千户、石桥子、火连寨、本溪湖、孟家堡、福金领、桥头、南坟、下马塘、连山关、草河口、通远埠、林家台子、秋木庄、大防身、二道沟、鸡冠山、四台子、凤凰城、高丽门、汤山城、五龙背、蛤蟆塘、沙河镇、安东县。

一、查碍路线车站废去福金岭、秋木庄、大防身、二道沟、蛤蟆塘、沙河等六处车站，其余二十二处仍原路车站之旧，拟添刘家河一处，共二十三处。奉天、安东为大站，本溪湖、草河口、凤凰城三处为中站，其余十八处为小站。

一、按图内预测线查勘经村屯二十六处：陈相屯、达子堡、苏麻堡子、下平台子、上平台子、榆树底、火连寨、本溪湖、西王坟、长垅地、康家堡子、桥头孙家堡子、张家堡子、冯家堡、背阴亭、下马塘、连山关、齐家堡子、草河口、和尚店子、通远堡、樊家台、金家河、黄家堡、高丽门，其中拆房最多者火连寨、本溪湖、连山关、黄家堡、高丽门。

一、预测线路逼近紧要坟墓三处：贝勒王爷六世孙墓、和硕颖亲王墓、李公文德墓。

一、穿山洞二十六处。其中惟分水岭、鸡冠山、福金岭、大防身四处，最长凤凰城一处，议准不穿。其余二十五处查看情形，尚有可不穿、可改短之处，须俟实测后方能作准。

一、查本溪湖、草河口、连山关、凤凰城等处，均有日本守备防警察兵，草河口并有小学校一处。商人半皆租用民房，间有自盖木房者，亦系占用民地，虽皆给价而价甚廉。其余小站亦有日人携眷经商者，大约贩木炭、劈柴者居多。

一、查大小车站拟占之地，均离村屯甚远、面积甚大，窥其情形，似隐有仿照南满铁路附属地办法，于每站暗施殖民政策之意。

一、查五龙背车站以南约半里许，旧有温泉一区。日人借军用为名，在该处盖有浴池旅馆等房。

一、查安奉间矿产，惟本溪湖一处煤质尚佳，现归日人开采。其办理规模尚未张大，仅有窑一座，每日约出煤一二十吨。至于土产，则惟豆饼、高粱，及凤凰城、汤山一带之山茧往来行销。因沿路无聚汇之处，转运仍以民车。现由轻便小道运送之货，惟劈柴、木炭及本溪湖之煤而已。将来改良路成，转输便利，商贾四集，商务必较此时更为发达。

邮传部委勘安奉铁路工程司黄国璋谨呈。

三月十一日

谨将会勘安奉路有违条约情形缮折呈请宪鉴　其三

邮传部会勘安奉路线委员·候选同知黄国璋、会勘安奉路线委员·奉天工程司总办·花翎存记道沈琪为呈复事。

窃职等奉邮传部堂宪宪台谕，饬会勘安奉铁路线，遵于二月二十四日会同日本南满铁路工程司岛竹次郎，由奉循原设铁道踏勘路线，于闰月初四日晚抵安东县。勘得该铁道辙宽二尺六寸，轨重二十五磅，其桥梁、涵洞工程材料均系就地取配。经过山岭盘旋、上下湾径，有小至二三十尺者，坡度有仅二十分之一者。盖当日只为取便行军一时之用。拟改输运工商货物，不惟工程草率，势难垂久，而其湾径坡度之不合规则，尤属危险万分，诚非改良不可。此旧路宜酌要改良之实在情形也。惟按该工程司预测之图新定路线核以旧路，远者相距数里之遥，近者亦距四五丈、十数丈不等。所占地段皆民间田园、庐墓。并据称拟一律改用四尺八寸半宽辙、八十五磅重轨，是明于旧路之外另筑新道，并非就旧筑之路酌要改良，违肯约章，殊属不合。查光绪三十一年原订条约，只在改良，并未申明改轨。顾虽亦无不改轨之说，然实有不改轨之证据。职等为国家主权攸关，恐其侵夺，管窥所及，不能不为我宪台陈之。

查条约草案内载：日本国全权大臣云：此段铁路正在运兵回国之时，未能即时改良。即订条约内亦载明：除因运兵回国耽延十二月不计外，限以二年为改良竣工之期，既指明此段铁路运兵回国，未能即时改良。其为改良此段铁路，非于此段铁路外另筑改良新路已无疑义。若按该工程司新定路线，与旧路已显判两途，则旧路无碍运兵，新路尽可工作。何必云此段铁路运兵未能改良，又何必云运兵耽延展限一年？此不改轨之证据一也。

查条约既载除运兵回国耽延十二月不计外，限以二年为改良竣工之期，则自光绪三十一年订约后，除三十二年为运兵耽延之期，扣至三十四年冬季，二年之限已满，改良之工宜竣。职等会勘路线，原设之路轨道已有改移形迹，尚可辨认，足征该国原拟就旧修改，并无改轨修筑之意。惟修时既未知照，现在必不承认。然二年之限载在约中，既改良之工应在限内，万难致辨。此不改轨之证据二也。

且期限之长短，视工程之多寡为准，此为不易之定理。查条约限以二年为改良工竣之期，为时甚促。显系只就旧筑之路从事修补，如旧路之架木为梁、垒土为墩者，改为石墩；铁梁湾径过小、坡度过陡者，改为斜径、隧道等类。故工程无多，限内能竣，按以酌要改良词义，亦甚符合。如照该工程司预测之图所定路线，浑河、太子河、细河、草河等河桥工甚伙，又大岭、福金岭、分水岭、大防身、鸡冠山一带应凿隧道之地，计有二十五六处，共长中里约二十里。其中福金岭隧道工程尤巨，颇需时日。况预测、实测亦须数月，统计非有四年不办。即人多工倍，亦须有地展布，断非二年所能报竣。约内载明二年竣工，可见无此工程。此不改轨之证据三也。

该国国度文明，种种证据载在约章，当能确守，万不致自相矛盾，贻人口实。或者该工程司仅计便于行车一面之义，预为测量，未谙条约所订酌要改良，系就旧整理，非舍旧谋新，确有明征，冒昧从事，亦未可知。惟勘新定路线现已大半插标，若不从速阻止，待其工作再行知照，将来恐以耗损工料为藉词要挟，实属有失主权。拟请宪台照会驻奉日本领事，并一面咨行外务、邮传部查照原约，照会日本驻京使臣，迅饬该工程司将新定路线停止插标，并禁令运料开工，以保主权而符原约。所有会勘安奉路线有违条约各情形理合备文，呈请察核。据情转咨照会，是否有当，伏乞裁夺施行。须至呈者。右呈奉天总督徐、巡抚唐。

三月十一日

谨将安奉路确有不改轨证据重申前议缮折恭呈宪鉴　其四

邮传部委勘安奉铁路工程司·候选同知黄国璋为呈具说帖事。二月初间奉派到东会同沈道琪查勘安东县至奉天省城日人新定路线，于闰月内勘毕回省，当将全路情形以及中日条约并非允筑宽轨各缘由先后禀报在案，未蒙批示。兹特重申前议。缕陈如左：

一、安奉铁路创建之始，系日俄交哄时，日本进兵所修行军铁路由安东至奉天二十八站，计长约五百里。

一、安奉铁路辙宽二尺六寸，轨重二十五磅。经过山岭盘旋上下，而湾径过小，坡度极陡。盖当日行军，只图便利，工作甚为简陋。故原约草案云择要改良，实非另筑宽轨，确系改良旧路。今辟新路、筑宽轨，核诸原约，似属牵混。

一、条约草案内载：日本国全权大臣云：此段铁路正在运兵回国之时，未能即时改良。又正约内载：除因运兵回国耽延十二月不计外，限以二年为改良竣工之期等语。查此路既指明未能即时动工，则非另筑新道，已无疑义。若按日本工程司新定路线，较比旧道虽有依附穿插之处，究属判然两途。如谓另筑新道，即系改良办法，则当时旧路运兵，新路亦可工作，何必曰展限一年后再为改良，此不筑宽轨新路毫无疑义。

一、此路须经过浑河、太子河、细河、草河，所有桥工既伙且巨，又如大岭、福金岭、分水岭、大防身、鸡冠山一带，应凿隧道尤为繁难。此外测量、购路、备料各事颇需时日。况山路崎岖，展布匪易，断非二年之期所能办到。原约以二年为改良竣工之期者，确系就旧路而改革也。

一、原约既云：除运兵回国耽延十二月不计外，限以二年为改良竣工之期。查自光绪三十一年订约后，三十二年即为运兵期限。由三十三年至三十四年冬季，此二年已过，则改良各工似应告竣，何得限外要求，另生枝节。

一、沿路矿产为数颇多，本溪湖之煤矿已归日人开采，改轨后全路附近之矿势必竭力开辟。此外警察守备现已筹备完全，若谓此路十五年后尚可赎回，似无庸鳃鳃过虑，岂不知既经背约于前，自必设词于后，使我不能赎回。而后已虽有公估之说，其奈我国势何。

一、五龙背车站以南约半里许有温泉数处，日人藉军用为名，建有浴池、旅馆等房。其余车站两旁占地尤多，若不明定界限，势必漫无稽考。南满铁路附属地之交涉可为殷鉴。

一、安东县本有二车站：曰沙河站，在旧市场之北；安东站，在新市场之东。新定路线拟废沙河站，移安东站于新市场之正南，即日人圈占地内。查此地上由山半、下至江边，周围估计约地二万余亩，比新市场有六倍之大。如架鸭绿江桥，则我东边门户已为所扼，防务、商务俱关紧要。

一、安东县现有两市场，曰新市、旧市。其新市即日人租用地内，在旧市场之南，以七道沟为界。旧市在沙河镇，即县治也，凡我商民多数聚此。如果允其废沙河站，再移安东站于日人界内，则旧市场立见消败，势所必然。出入他人地内，尤为受制无穷。

一、日人拟由陈相屯折入南满路之苏家屯转行至奉，名为可省购地、筑桥等费，其实陈相屯至奉站不过五十四里，如入苏家屯，计二十九里。按南满至奉站又三十六里，亦得另筑桥道方可畅行无虞，倘两轨同桥，似乎无此办法。总之，安奉一路本不得另辟新道，则南满同轨之说，更属不合。设如两路相接，其关系赎路计画，诸多窒碍。

以上十条，均系参考正、草各约不应改路、加宽之证据，以及原路情形，早在洞鉴之中。在工程司亦明知外人得寸进尺，蓄意已深，与之交涉颇觉为难。第工程司此次来奉，系蒙邮传部委勘此路，又令顾问交涉之工程，因未敢自安缄默。管见所及，是否有当，伏乞大帅鉴核采择施行。

四月二十六日

谨将履勘安奉改良路线须预筹商事件略陈管见呈请宪鉴　其五

一、改良办法须拟订条约也。查中日条约有安奉铁路改良办法，由日本承办人员与中国特派人员妥实商议、估价与赎还各等语，自应熟筹将来利害，与之磋磨一切。窃思铁道为经商性质，不得附有别项权利，并为日后应赎还之路。凡日本此时所可要求者，即为我国日后所可赎还者也。凡日后日本所不允我赎还者，即为此时所不应允其要求者也。凡非铁路车务所需之事务，即不得拦入铁路营业范围之内。凡非铁路工程性质所应有之事务，即不得拦入铁路营业范围之内。凡此皆应分别条款，先事商定，而后派员为之购地、设员，常川驻工、监修。虽不必尽复我已失之利，亦必当预防我将来之患。否则漫无限制，日人更肆。其得寸进尺手段，其害不可胜言，又何取乎妥商议价，与日后赎还之约。

一、宜预先订明为赎路地步也。谨按日人改良新路线，拟由陈相屯折入苏家屯，南满铁路可省购地及浑河桥工等语为辞。窃查陈相屯直至奉站计五十四里，由陈相屯折至苏家屯附南满路至奉站计六十五里，名为缩短，实则加长。不过附南满铁路之三十六里购地可省，而陈相屯至苏家屯之二十九里购地仍不能省，况两轨不能共行一桥，而此项桥工又不可少。如此所省者甚微。以安奉全路大工计之，非特不必计此区区，实免日人启修南满双轨之渐，诚不若以轻便旧轨由陈相屯直至奉站之为愈也。至横过抚顺铁路之处，将来赎路时循沿已久，日人当无异辞。惟赎回后安奉应与京奉接轨，势所必需。查京奉路站在南满铁路之西，安奉站在南满铁路之东，将来京奉与安奉接轨，仍须越过南满铁路。既安奉为我赎回之路，亟宜乘此时即向日人筹及赎路后与京奉接轨之问题，庶免日后轇轕。

一、安东站不宜在日租借地包围中也。查安东原有车站二：一曰沙河站，一曰安东站。市场亦分为二：一曰旧市场，系旧日沙河镇，今之县治也；一曰新市场，即日人租地，在旧市之南，中以七道沟为界。沙河站在旧市北，安东站在新市东，路线由沙河站西南行至新市，稍折而东南环新市西南面尽头，迴折而东北滨江，设安东站。日人拟废沙河站，移安东站于新市之正南；又自路线西南直至六道沟，强购民地殆尽。于是西南以六道沟为界，东北以七道沟为界，上自山半、下至江边，约地两万亩，较新市六倍之大，尽入租地。

查拟改设安东新站之地，宽阔平衍，东临江岸，停车以及上下客货固为甚便。而地势低下，夏秋水涨亦为可虑。且与旧市场隔绝，我商民货物出入租地境内，反主为客，其于我国计民生贻害无穷。考其圈地设站之势，于商民一面计画，固已一网打尽安奉权利矣。若于防务一面计画，且控我东边咽喉，为害尤甚。跨江之桥未通时，已据我边地门户，通则安东一埠已骎骎乎入于高丽界矣。虽有赎还之约，而期甚远也。即届赎路之期，而圈购地内日人经营各事业为无限之价值，岂易偿哉。窃意新市场由七道沟至铁路纵横各三里许，已先为日人辟作市场，经营已半，势难收回。其由铁路至六道沟一段，地亩虽经圈购，幸未经营建造，或可挽回于万一。自辟商埠、设边防，一以保我东边门户。附近六道沟兼有我商木排，江上架桥后为海轮停泊之所，实为商埠。与路线东北之日界对峙并立，尚不失我自有之商埠，防守我东边之门户。至于最后办法，我即据沙河之站为我安奉镇市之区，总应设站为辞，否则不应此路达至江边，即或准其修路至江边，而车站必设于沙河子，然后在沙河辟一轮埠，聊以补救。然终不如六道沟之于商务，固可与日争利，而于防务尤据胜势也。

一、沿路日商宜移入商埠以符条约也。查通商条约，凡非商埠之地，外人不得在该地贸易，沿江沿海一带办理均有成案可稽。一路查看日人之经商者，所在皆有，其藉口之端，不过有便军人而已。今既改营商之路，则此项日商应令移入商埠或奉天、安东，方与通商条约不相违背。约章具在，日谅难膜视。

一、应拆旧路须有展期也。查预测路线沿用旧路固多，而改道处亦正不少。凡其改道之处，一俟改良路线行车售票时，即须将轻便路以及一切保卫该路员房舍一律撤去，将地交还原主，以免别生枝节。如票售至本溪轻便铁道，即拆至本溪，票售至草河轻便铁道，即拆至草河之类。

一、改良新路宜预估价值也。俟路线实测后，与日人各估一价，交由监修员随时驻工查察，以为将来赎路准则，兼可监察日人非分举动。

一、不应设之警察兵宜速撤退以清权限也。查本溪、草河、凤凰等站均有日人警察派出所。铁路经过之处，固应设警察以资保卫。而警察关系我国内政，业经地方官逐渐筹办，日人擅行设立，律以公法，殊未尽当。路既改良，尤非军用可比。凡于各站所派之警兵，宜令一律撤去，至所设守备队及小学堂应否撤去，似亦须预为筹及。

一、车站用地宜有定数也。查沿路车站除安奉两端大站在商埠之内另议外，所有其中间小车站，拟定中站不过百亩，小站不过四十亩，以之布置路务必需之房屋，足可敷用。倘其在各站多购地亩，多营非铁路之事业，既与铁路经商性质不类，且于日后赎回该路时多添意外。赎款更何论其种种弊端乎?

一、购地宜颁发准尺以归划一也。查修路购地，每有因丈尺不一致启弊端，往往以小故而牵连大局。拟请颁发准尺或工部尺、英尺，盖用火印，饬令地方官一律遵照丈量。如用工部尺，照例以二百四十弓为一亩；若用英尺，以六千五百一十方尺为一亩。

一、购地拆房宜分等定价以昭公允也。地有肥瘠之不同，房有宽敞之攸分。地宜分为三等：园地为上等，种五谷为中等，山荒河坡之地为下等。上等每亩价若干，中等每亩价若干，下等每亩价若干。房分五等：新瓦房为第一等，旧瓦房为第二等，新草房为第三等，旧草房为第四等，灰棚为第五等。一等每间价若干，二等每间价若干，三等每间价若干，四等每间价若干，五等每间价若干。再者塞井一眼，拟酌价若干。

一、地有青苗亦宜给价也。地价拟分二等：菜蔬为上等，五谷为次等。上等每亩价若干，次等每亩价若干。若树木之类，经地方官查树木之大小，随时酌夺可也。

一、量地宜筹经费以免病民也。查丈量地亩，必须假手书役。若不筹有经费，书役上下其手，农民即受其害。须由日人于地价外津贴。

六月初四日

使和陆征祥奏和外部侵犯使臣通信已严词诘问片

陆征祥片　。

再，国际公例，使臣代表一国有机密通信之权，无论文牍电函，驻国不能侵犯。今和外部于臣所发给华侨各商会文电，皆得其稿译以洋文。似此所发商会文电可得，即所致政府文电亦无不可得，使臣在外将无权与政府机密通信，不但侵犯使臣权利，万不可忍。况交涉正当重要，往来文电必多，若不杜绝于先，此后更无忌惮。彼于我国官员前赴彼属考察，苟见侨情爱戴，辄于臣致微词，谓其越权逾限。今彼疑虑过甚，乃至自忘其侵犯使臣权利，欣然执以相示，理应遵照通例，严词诘责。除先由臣微词致诘外，应否再行严诘，使彼知警，不敢藐视我国外交。至词气之间，臣自当慎加斟酌。谨附片密陈，伏乞圣鉴训示。谨奏。

宣统元年六月初四日奉朱批：览。钦此。

出使和国档

外部致伊集院日筑六道沟警楼希电斋藤阻止照会

为照会事。

六月初二日准东督、吉抚电称：据吉林边务吴督办报告，日人于六道沟修有警岗一所。兹复展拓地基，动工建造。迭经与斋藤争论，彼谓：奉政府命保护韩民，该处人民繁杂，故建一略大岗楼，云云。语甚强横等情。按斋藤越境添筑警楼，实行警政，藐视我之主权益甚，请向日本驻京大使诘阻等因前来。查现在延吉问题，两国正在商议未定，此际对于该地方，自应保守现状，方可表示和平。乃前日甫出，有日宪兵在三道沟设立分遣所一案。兹复有六道沟添设警楼情事，种种强横，殊非贵国政府保守现状，表示和平之意。相应照会贵大臣查照，希即电知斋藤，于延吉问题商议未定之际，不得有此等恃强侵越之举动。并希见复为要。

六月初四日延吉边务档

日使伊集院复外部斋藤占民房设分遣所已报告政府照会

为照会事。

宣统元年五月二十六日准照称：准东三省督抚电称：据督办延吉边务吴电称：三道沟骨牌地方，有日本宪兵藤谷浅吉者，强租韩喜禄之房屋居住。近又强占该民之地建筑房屋，设立宪兵分遣所。当召唤地主等查询情形之后，派员至六道沟向斋藤诘其不法。斋藤非特并无何等回答，仍督修工事不止。如此故意侵害中国之主权，请速照会日使，电饬斋藤，拆毁既成之房屋，将占居之民地仍还原主等语。相应照会贵大臣查照等因。本大臣业经阅悉，查豆满江以北，系属于争论未定之地域。前经屡次照会，并当面声明，根本问题未解决之前，日本政府须派遣吏员，任保护、管辖韩民之责。宪兵分遣所之设，即是此意。且时当炎暑，我宪兵在彼须有必要之房屋，此实不得已之事。不然则我保护韩民之员弁，即无避雨耐暑之法。故于提出抗论，本大臣不能首肯。况在间岛之日本吏员，如来照所称，以暴力强占房屋土地，不特本大臣确信其必无此事；即有此事，间岛领土权问题未定以前，此乃日本官吏与韩民间之轇轕，无贵国政府责我之理由，不言而喻。今已将此事报告敝国政府，俟有回报或能餍贵国之意，亦未可知。惟本大臣屡次声明今日之重要，在妥结间岛之根本问题，徒因细故争论是非，此乃节外生枝，实于大局无裨。贵国政府亦希深思熟虑，一面谕戒在间岛之贵国官吏。同时对于间岛问题，允许我正当之提议，早日解决，是为至盼。

六月初五日延吉边务档

东督锡良致外部日兵闯入和龙峪经历署伤官戕兵请严重交涉电

顷接延吉吴督办萧电开：五月二十九日早一钟接和龙峪台拨耿哨长相武飞报：昨晚八钟，突有日本宪兵闯入和龙峪府经历署，枪毙捕盗营兵曲得胜，刀伤外委杨景泰各节。当即派员分途驰往弹压调查，并相验、医治死伤官兵。一面通知斋藤，令彼派员同往调查去后。旋据该经历曹得湇禀称：因光霁峪养正学堂季考，前往监试。忽接警报，有日本宪兵多名，持枪行凶、擅闯衙署、枪毙官兵情事，当即驰归，于翌晨抵署等情。并据派往之刘参谋一清、警察队司令官陈蔚、胡殿甲等所禀各节，择要电陈：先是二十八日下午四钟，和龙峪街华商毕成赴距街三里之小八道沟，向韩民金彦京索账不予，因在京耘草地上互闹。京至日宪兵分遣所，邀日宪兵一名与韩人全成哲前来，见毕成能作韩语，均诬其必系韩民，改作华装为中国人当奸细。全成哲手持锄柄，日宪兵用刀背，不由分辩，并肆凶殴，又拖毕成发辫，声称将解至彼分遣所杀头，治以奸细之罪。金彦京之弟惧祸来衙报知我巡警。派警兵二名追往保护，日宪兵一言不发，拔刀乱砍我巡警。张得祥夺其刀，彼持枪将放，又被派警王得胜所夺。该宪兵以武器全失飞驰而去，只得将毕成救回，并将韩人全成哲带署，询其其起事颈末。甫及日昏，突来和龙峪东沟猪宪兵分遣所曹长深津银平，率宪兵三名，韩派查一名。二兵持枪立门外，该曹长等率同派查持枪闯入衙署。门岗王得胜举手为礼，不顾，直入大堂。哨长耿相武、外委张景泰以府经历不在，延彼入客厅，又不愿，且向内奔。当拦阻彼深入，彼持枪。曹长深津银平即拔刀，从后面砍落外委左耳右腮，连砍头部手足数刀。时因该经历公出，署内空虚，仅有巡警二人，一立门岗，一看守。全成哲未克暂离，外委既伤，阖署汹惧。耿哨长复连被刀砍，幸闪避未中。捕盗营勇曲得胜见势危迫，欲闭大门，以防外兵再入。刚奔门首，辄被门外日兵举枪迎击，子弹贯澈小腹，回屋登时殒命。署内，日曹长等闻门外枪声，疑有他变，在署内连放二十余枪，贯射厅堂上房等处殆遍，旋亦仓皇走出。适有捕盗营勇刘晰顺一名在街连放数枪，以示虚声。日兵不测虚实，始相率向东沟分遣所驰去。此当时肇事之原因及实在情形也。

此间所派调查员参谋官刘一清、总事务官胡殿甲，约集斋藤所派境野、宪兵少佐坡东、翻译等，一同至该署看验。其大门内曲得胜负伤奔回，一路血迹。大堂后，张外委受伤处血迹，侧屋及上房窗板、木柜枪子痕迹及门墙刀痕血点，历历不爽。复同验视死伤人等，境野将其受伤部位，及枪子出入处记簿，即藉口日暮须回，明日再查起事原因。刘参谋欲当即复查，境野辞以疲倦。刘又因斋藤有日兵亦受打伤等语，请其眼同验明。又以不知受伤宪兵现在何处为词，刘参谋力驳其虚，坚欲一验，境野到底以疲倦辞说，定明日再同查验而去。

又据报，张外委伤重恐难痊可，毕成虽无性命之虞，伤亦沉重。曲得胜尸身俟延吉厅陶丞邀同日官相验后，即行成殓。此调查第一次报告之情形也。俟与日官如何提议交涉，尚须俟调查各员回署得其全盘方能决定。除以后准据事实情形随时指示机宜外，合先电达等因。查日人藉端先诬华人毕成为奸细，是非不辨、痛施毒殴，经我巡警闻信前往，将毕成救回。乃和龙峪东沟日本分遣所宪兵曹长深津银平，遂挟嫌率领兵警多名闯入该署。幸该经历公出，未被伤害。乃即枪毙营兵，刀伤外委，至闻门外枪声，始仓皇走出。其野蛮行为，惨忍举动，殊堪发指。况华人能操韩语者甚多，延吉是我疆土，两国并未开战，何来奸细之称。其有意启衅，可知日人自去年火狐狸沟闹事以后，因此益无忌惮，恒欲演其故技，使我不敢与抗。俾获遂彼野心，扰乱我边圉，残伤我壮士，言之伤心。此次若不与严厉交涉，使彼抵偿，则将来非但该处内政将不堪设想，恐我之军士人人寒心，谁肯效命。界务问题关系重大，其成败得失间不容发，自在钧部烛照之中。务请迅速严诘日使，令其将此次肇祸宪兵曹长等处以死刑，以抵偿我死于非命之营兵。一面速将界务问题设法解决，以救危局。日本素称文明国，法律所在，自不能袒护罪犯，以伤两国感情。除电复吴督办再行详查，随时电告，一面与斋藤严行交涉外，乞查照速赐办理。并请电复为盼。良叩。初四日。

六月初五日延吉边务档

使日胡惟德致外部与日外部议越垦韩民事彼允详复电

延吉裁判一案，与日外部面议三次，并行文照会。顷复称：从来之越垦民，应照中韩商约第十二条办理等语。德即按照二月二十七日钧部致伊使节略内第六条详加驳诘。窃思此事之解决，首在证明该处人民之所属。彼瞷我无国籍可据，欲将越垦民仍为韩人，故援条约为词。然我有从前习惯可为铁证，现在似应于该处人民居住年代，及置产纳税等项详细调查，开具清册，以为辩论之证据。宥电两案，德已与切实磋商，彼允详细查复，俟复到再闻。德。

六月初五日延吉边务档

外部致胡惟德日官兵闯署伤官戕兵请向日廷严重交涉电

初五日电悉。顷又准吉抚电称：五月二十八日晚，突有日本宪兵闯入和龙峪曹经历衙署，值经历公出，日宪兵曹长率宪兵三名持械直入上房。该曹长拔刀砍落外委张景泰左耳，踢伤头部数处。日兵枪击营勇田得胜身死。请与日使严重交涉，并将界务速为了结等语。日人在延吉强横举动愈逼愈紧，大有藉端寻衅之势，倘界务不速了结，恐激事端，将难收拾所有东三省各案。本部急盼尊处有切实复电，方能与伊使续议。希查明迭次函电，向日政府催询，务必得其要领，于两三日迅即电复。至此次日官兵入署伤官戕兵各节，案情较重。除照诘日使外，并希向外务省严重交涉，要求惩办。并再声明，界务未决以前，彼此维持现状之宗旨，转饬该处日官勿再生事为要。外务部。

六月初六日延吉边务档

黑抚周树模致外部俄人占瑷珲六十四旗请据理力争函

敬复者：

顷奉钧谕，祗悉一切。瑷珲江东六十四旗一案，查咸丰八年中俄瑷珲条约所载，黑龙江左岸，由额尔古讷河至松花江海口，作为俄罗斯属地，其下即声明：惟由精奇里河以南至豁尔莫勒津屯原住之满洲人等，照旧准其各在所住屯中永远居住，仍归满洲大臣官员管理，俄罗斯人等不得侵犯。又咸丰十一年条约所载：东界定为由什勒喀、额尔古讷两河会流处，即顺黑龙江下流至乌苏里河会流处，其北边地属俄罗斯国，其南边至乌苏里河口所有地方属中国。其下复声明：以上专指空旷之地而言，遇有中国人居住之处及中国人所占鱼猎之地，俄国均不得侵占各等语词。又于光绪九年、十五年各分界一次，江东各屯与俄人属地均有犁记可证前漠河金厂督办李道金镛划界，以洋犁勘分，名曰犁记，图册可凭。是各屯虽在江左，然历次界约均有特别条款，实与划归俄属者不同。庚子事起，除俄人招集华工无凭查考外，各屯旗户悉被俄人驱逐入江，残其生命七千余人，据其财产三百余万，一切所有权利均被俄人侵占。违约之咎，实在俄人。所有各该屯旗户损失，自应由俄人如数赔偿，俄人侵占地亩，自应悉数交还满洲人照旧居住，仍归满洲官员照旧管理，方昭平允而符原约。今驻京俄使乃谓：其已经离开该地者，自不能仍享此占地之权。光绪二十六年，江左华人弃地逃回中国，现已将该地交俄民居住，碍难交中国，云云。实属蔑视条约，断难认许。

窃谓条约上既准各旗户在该地永远居住，则该地即为旗屯永远之业。且前次离开该地之华人，因系俄人以强力驱逐，并非自行离开。今日请复旧业之华人，即系从前原住之华人。乃近年迭次照请交还，迄不照交，逐年迁民移住其地，谓非侵占，而何夺其地而据之久假不归？所贵乎条约上之保护者安在？且详查日俄交还东三省条约第一款，曾载明：东三省地方一如俄军未占据以前，仍归中国官治理等语。该屯地方，原系归满州〔洲〕人居住，该屯旗户原系归满洲大臣官员管理，自应如俄军未占据以前，一律交还中国，方与前后条约相符。现在旗民麇集江右者，计有四千余户，索求归业为时已久。江左并无现居旗人，应请大部据理力争，以保主权而符原约。不胜企祷。

六月初六日中俄界务档

日使伊集院致外部改造安奉路事请速赐复音照会

为照会事。

前此屡次商议改造安奉铁路一事，本月十三日曾面交五十九号照会于贵部大臣，请速命东三省总督派员着手起造工事。当时并面与贵部大臣表明，应允许我所要求之理由。蒙贵部大臣体谅敝意，允即电程巡抚，迅速妥定。嗣后接准驻奉天日本总领事电，称该巡抚尚未接到贵部训谕，因之总领事与之会商亦归徒劳。且贵部对于本使前次之照会，至今亦未见回答，本使深以为憾。本案不可迁延之故，早经本使反复申述在案。此时惟望将此照会速赐复音为荷。为此照会贵部，即希查照可也。

六月初六日安奉铁路档

外部致胡惟德和龙峪案希商日外部按律偿抵电

和龙峪日官兵滋事案，初五日电计达。顷准东督电称：此案查据委员报告：二十八日，和龙峪华商毕成，距街三里之小八道沟，向韩民金彦京索帐〔账〕，不予，互闹。京至日宪兵分遣所，邀日宪兵一名与韩人全成哲前来。见毕成能作韩语，均诬其必系韩民改华装，为华人当奸细。全成哲手持锄柄，日宪兵用刀背，并肆凶殴，又拖毕成发辫，声称将解分遣所杀头。金彦京之弟惧祸，来衙报告。我巡警派警二名追往保护，日宪兵拔刀乱砍，我巡警张得祥夺其刀。彼持枪将放，又被派警王得胜所夺。该宪兵飞跳而去，只得将毕成救回，并将韩人全成哲带署询其起事。顷末，甫及日昏，突有日宪兵曹长带同宪兵等入署逞凶情事。现张外委伤重恐难痊可，毕成伤亦沉重等语。查据东督续报各节，此案实有原因。惟无论如何，日官兵擅入华官衙署伤官戕兵，均有应得之罪。况其事体由日宪兵凶殴华商毕成而起，咎亦在彼。希一并查照前电，向外务省要求按律偿抵以重人命为要。外。

六月初六日延吉边务档

外部致锡良延吉越垦韩民希详晰调查迅复电

胡使电称：延吉裁判一案照准日外部复称：从来之越垦民，应照中韩商约第十二条办理。日人以我无国籍法可据，欲将越垦民仍为韩人，故援条约为辞。然我有从前习惯可为铁证，现应就该处人民居住年代及置产纳税等项，详细调查，以资辩论等语。东省各案，因延吉裁判一节，久未议决，悬搁至今。现拟订期复议，胡使所请调查各项，应由尊处转饬查明，迅即电复。外。

六月初六日延吉边务档

外部致伊集院订期会议东省未定各案函

东三省未定各案前准照称：此事从贵国政府之便，无论何时再开会议，其时日请定后示知等因。此事本部极愿早日议结，现又迭准东省报告：延吉一带，日宪兵屡生事端，尤宜将各案从速解决，以维友谊。除一面仍由驻贵国胡大臣向贵国政府商议外，兹订于本月初十日星期一三点钟在本大臣寓会议，即希贵大臣届时贲临，并望见复为要。

六月初七日延吉边务档

外部复锡良陈昭常日使藉词诿过嘱吴督办稳慎电

初四日支电，并吉抚支、东督初四日电悉。当照会日使并电胡大臣，要求严办。正缮发日照会间，准该使照称：边务督办吴禄贞办事不当，且无解释纷争之诚意，凡日本吏员，因保护韩民所为之正当行动，常为该员暴力所妨害。据最近报告：本月十五日新兴坪分遣所一宪兵，与韩巡警一名，共挟有犯罪嫌疑之一韩人，同赴分遣所。行至中途，遇他拉子中国派办处之巡警五名，率华人十数名，拦途邀击，夺去该嫌疑者，殴打宪兵，且加以刃伤，并夺其带剑及手铳等件，韩巡查因之遂致行踪不明。我宪兵班长乃于同日申刻，仅带宪兵三名、巡查一名，亲赴该派办处。进门后，仅带一宪兵、一巡查，以稳和方法请见长官。因其不在，方期归去。忽见华兵数名拔刀前来，伤我宪兵一名。班长不得已，亦拔刀抵制，方得救护该宪兵。此时派办处内之华兵，急向我宪兵开枪射击，班长等乃乘夜遁走。中国官宪横暴手段，足见一斑。又吴督办拟在间岛全部并珲春地方，煽起抵制日货之举动，且布防谷令。又拟在间岛西部招募马贼，逾境袭击在韩国茂山之统监府营林厂。要之，吴督办迹近挑拨贵国政府，倘任其所为，我国官宪不得不采用适当之措置，以为抵制，则两国难保不陷于不快之局等语。

又准胡大臣复称：诘据日外部称：现因延吉华兵日增，故彼亦增兵。该处屡生事端，其曲不尽在日人，如中国派员往查，自可明白实情等语。查日使所称新兴坪一案，即来电日兵入署伤兵戕官之案，彼此报告大相悬殊，究竟确情如何，在我自应详切查明，方有办法。至来照痛诋吴督办横暴各节，日外部又有华兵日增之语，当系藉词饰过。现在议决界务，我屡以彼此维持现状为言，应电该督办，事事稳慎，以免口实。除将此案及以前各案往返照会一并钞咨外，希查明核办电复。外。

六月初七日延吉边务档

使日胡惟德致外部日宪兵伤官戕兵竟诬我增兵电

三十日电悉。顷至外部，诘责日宪兵伤官戕兵一案。据称彼已得信，业由伊使与钧部直接交涉，并称现因延吉华兵日增故，彼亦增兵。该处屡生事端，其过不尽在日人，实在情形，如中国派员往查，自可明白等语。界务日棘，当再向外部切实交涉并闻。德。

六月初七日延吉边务档

使日胡惟德致外部日韩交换觉书本日宣布电

日韩交换觉书五条，本日宣布：韩国司法及警察权，统委任日本，故韩国军部、法部，均撤去。该条款即译寄。德。

六月初八日日韩合并档

锡良程德全致外部安奉事俟其就商时互换利益电

江电敬悉。安奉铁路改良事宜，我拟十条早知日人不能尽数认诺，在我亦并无不能改易之说。惟当时日领欲剔一、二两条，我未应允，请其将十条全达彼政府，随后亦应并议。盖日人狡猾，留此两条，他条或可望其应允。若初次即允改轨二条无效，余难挽回。至称政府命令一层，系按照条约，应彼此各承本国政府命令，始能开议。日领辩驳时，每以政府命令为辞，我亦不得不以此为对。好在我处所拟，皆根据条约，并无不合，日人亦难为意外之责言。至此次日领并未催议，第言由彼公使与我政府交涉，外间似不便强彼协商。现良巡行已归，如小池日内来见，当再相机与之续议。此间，英美各领谈论，颇不以日改轨为然。暂时相持，俟其就商时互换利益，藉以结局。是否乞鉴核为荷。良、全同肃。阳。

六月初八日安奉铁路档

使美伍廷芳致外部抵秘面驳苛例前约照旧履行电

抵秘后迭与外部力驳苛例等事，因彼巧辞延宕。本日去谒总统，面驳一时许，乃有转机。查秘政府迭加照费及颁禁令，皆系故徇党见、冀绝乱端，复藉词中秘约逾期作废，谓我为无约国，以便擅发禁令，虐我侨民。因第十八款，英、日文均载有十年期满如无更改，只再行十年之语，廷力驳以通好条约向无期限，况汉文并无此语，西文为误。连日历引成案、公法坚持力驳，现彼已折服，犹未明认。察其命意，非禁止华工不能转圜。拟遵大部二月二十日电大旨，与订专章，自行限制，以保主权而裨商务，为收回苛令之媒介。并声明前约照旧履行，徐图商酌核减照费及一切善后事宜。似此统核兼筹，庶足定彼乱党之心而舒我商民之困，征诸侨商舆论皆同。如钧意许可，敬乞代禀，请旨授权议订，俟商妥再电请核准。廷芳。豪。

六月初八日华侨档

外部复伍廷芳秘鲁华工若嫌过多应自行限制电

豪电悉。秘政府苛待华侨，赖大力转圜，所争极是。二月部电系指坎拿大而言，且当时不过电尊处查酌。迨后本部细思，仍恐各国援以为例，利少害多，未与坎员定议。至秘鲁华工，若嫌过多，亦应自行限制，不必与订专章，致多窒碍。希再筹善法，与之磋议。外。庚。

六月初八日华侨档

川滇边务大臣赵尔丰致枢垣乍了事请饬联豫等善为开导电

顷奉元电，谕旨敬悉。乍了地方，因距藏遥远，素称羁縻，未能干预其事。尔丰前奏请拨归边务管辖，只期相距较近，调查联络，易资控制。且名义上既归川边内属，则遇事变，管辖保护自易著手。至其土地、人民、政府事，仍拟暂不干预。其添兵保护镇摄各事宜，拟俟遵旨派员前往。晓谕后酌度情形会商四川总督、驻藏大臣，详慎办理。此时暂不派兵，免滋疑虑。江卡练兵已非一日，尔丰早已预饬各营严为防范，当不至侵入边界，惟将来有无梗阻藏路之举，殊难逆料。第该处系属藏地，拟请旨饬令驻藏大臣联豫、温宗尧传齐商上，谕以朝廷德威，善为开导，使知感畏，究未卜能否解散阴谋、消弥隐患。谨请代奏。尔丰叩敬。

六月初十日西藏档

东督锡良致外部纳租韩民即可为入籍铁证电

延吉韩民越垦事，当经电询，吉抚复称：图们江自同治八年韩国内地大饥，故韩民犯禁越垦，自此相继入境者每年皆有。考其居住年代，最久者实当在同治年间，惟小白山东、图们江源一带，当穆克登查边时，即有禁止越境之语。前其地越垦韩民，想康熙年间即有之。前昭常在边曾调查，有每年韩民入境表，惟未编订完竣。当电嘱吴督办饬员编就送览。至我国虽未明定国籍法，而置产纳税实为完全之入籍证据。

查光绪十六年，经吉林将军奏准，凡越垦韩民，辫发易服者，许其领我地照，纳我租税，一律认为入籍，否则驱遣回国，不准私垦。自兹以后，越垦者除佣工外，无不领照纳租，历年办理有案。虽我国素待远人宽大，犹未逼其辫发易服，而所有行政司法，居此土者，因无一不服我国权。至光绪二十八年奏设延吉厅后，主权日益巩固，而越垦者亦无人无事不服从，与我国人初无稍异，安有更认为韩民之理？不得称为从前之习惯等语。查奏案既有领照纳租，认为入籍，否则有驱逐之明文，则现在领照纳租、未经驱逐之韩民，即可为入籍铁证。原不必拘于辫发易服一语。先此奉达，请即鉴核。余俟详查再电。锡良肃。

六月初十日延吉边务档

学部咨外部提回华俄银行息银拨充大学堂经费文

准贵部咨称：华俄银行禀称：所有中国五百万两之息银，历经遵奉札饬拨归铁路俄文学堂常年经费二万五千两，下余全数拨归大学堂，听候提用，历经遵办在案。兹当一千九百零八年交息之期，计共合库平足银二十一万四千八百二十八两六钱三分。除照案留拨铁路俄文学堂常年经费二万五千两外，下余银十八万九千八百二十八两六钱三分，应否仍行拨归大学堂，候示遵行等因。本部已札复，该行代办将此次应缴息银，除照案提拨俄文学堂二万五千两外，下余银十八万九千八百二十八两六钱三分，尽数拨交大学堂应用，相应咨行查照，派员赴该银行，照数提存等因。本部于五月二十七日派员前赴该银行，照提银十八万九千八百二十八两六钱三分，业据该银行立具单折呈交本部。相应咨明贵部查照可也。

六月初十日教育档

外部致伊集院安奉路事希饬日领订期开议函

径启者：

安奉铁路一事，本部业经电达该省总督，速与贵国驻奉领事商议。兹准东三省督抚电称：日领每每推宕，并不来议。如小池领事日内来见，自当与之续议等语。现锡总督巡行已回奉天，希饬日领订期开议，以期早结。

六月初十日安奉铁路档

日使伊集院复外部安奉事已电驻奉日领事开议函

径复者：

昨准来函称：安奉铁路一事本部业经电达该省督抚。兹准电称：日领每每推宕，并不来议，现锡督已回奉天，希饬日领订期开议等语。本大臣据此业经电达驻奉天本国总领事，速与督抚订期开议。即希贵王大臣查照，仍望电达该督抚速行开议，以期早日定局为要。

六月十一日安奉铁路档

锡良程德全致外部报与日领晤商安奉路事情形电

申。顷间小池来署，良虽在假，仍勉支接晤。入座后先谈别事，次及安奉。遽询曾否得政府命令，全答以贵领前次来说，已云由伊使与我政府交涉，现我政府并无命令。小池云：前次亦未说定必须公使在京办理，若第二条小有商量，即在奉办亦可。看其用意，因良归，特来转圜，良等旋告以此事若贵领必欲先删二条始开议，则我实有为难。若将十条并议，何者可允、何者可商、何者必不允，则我必转达我政府，自能接续开议。小池又云：现尊意欲以二条换他项之利益，惟于公司有关系之利益可换，无关系者则不能换。答以姑将十条逐一答复后再商。小池允其归后斟酌妥当电告彼国政府，再行晤商。此本日会晤情形。彼注意在第二条不肯放松，然换利益之说，出自伊口，前电所筹以一条换九条一层，或冀稍有头绪。先此详陈，诸乞钧核，并求秘之为幸。良、全同肃。十一日。

六月十二日安奉铁路档

日使伊集院致外部据日领电安奉路事晤东督奉抚与贵部所称全然龃龉照会

为照会事。

宣统元年六月初十日接准函称：安奉铁路改筑问题，已由部中电饬奉天督抚迅速妥商。该督抚回电称：日本领事每每推宕，未见来议，如于日内来见，当会议等语。现锡总督已回奉天，请转饬奉天总领事订期开议，以便早结等因。查此事，于当日会晤贵部梁大人时，曾经彼此谈论，回署后当即电致小池总领事，令其迅速会见。乃据该总领事回电称：程巡抚并未来会，该总领事乃于昨日往见该督抚，而该督抚又以未接贵政府之训谕为辞，故未得其要领，与前所称全然龃龉。本大臣不胜诧异，窃维此事关系重大，不可延宕。曾由本大臣屡请注意，而贵国当局仍复漠然不顾，徒以暧昧模棱为事。向敝国代表之所声称，彼此言不一致，诚本大臣之遗憾也。希将本大臣从前各照会详细翻阅，即行见复可也。

六月十二日安奉铁路档

澳门勘界大臣高而谦呈外部澳门附属地应否承认乞裁夺电

葡使说帖大端，以澳门全岛所有附属地全系得自海盗之手，原始即有占据管理之实，中国又复承认在后。援引公法、历史、条约、水陆形势，以及一向行政与华官明允默认情节，以证其曾有占据之实，并不得不占据之理，无非以符相连岛屿，自应保存。

查澳门原系租借各岛，亦并非无主之地，无论其始是否有心占据，未经主国明允，何得收入版图？所引公法均无效果，不难驳拒。惟条约既允属地，又未指明，殊费讲解。默察舆情，切近者谓难废约，志在保海权，惟仍居少数。在远者主张旧址索取侵地，则众口一词，薄海内外函电纷驰，莫不以尺寸勿让为言。谦身处局中，觉反汗之不易，虑旁观之有辞，愈欲于原址之外搜求属地，以为抵塞。既恐识见迂谬，贻误事机；又虑贪得无厌，难以为继。现在彼族指索之地，已见明文，应付之方，自宜立决。究竟应否于原租界之条约所允，彼族已占之陆地如村庄觅地与之，示不食言；抑须先全行驳拒，且俟相持不下之时，允给关闸以内之地，俾期就范？或操或纵，一出一入，所关均属至大，实难率决，理合呈请核示祗遵。再，龙田、旺厦等村十三年以后，尚在香山完粮，在我自视为新占。惟潭仔、过路环二岛，均有彼族旧占之地，应否即时提议，与龙旺各村互相抵换，保我主权，并乞裁夺。又查，葡使亦系事事请示，故每星期议一次，且可延缓，理合附陈。而谦谨禀。真。

六月十二日澳门档

川督赵尔巽致枢垣川兵进藏倘阻抗恐有战事电

川兵进藏已定期本月起程。惟藏番近来猜疑益甚，所有在炉购茶番商，均四处密探川中行事。其在江卡练兵铸炮，声言防备官兵进藏，又阻止安设电杆，形同化外。迭准驻藏大臣函电，均深虑川兵此行必有战事，意在痛剿而进。且有变速祸小，变迟祸大之议。兹值川兵将次起行之际，如能节节晓谕，相机前进，固可不开兵衅。万一藏番敢于阻抗，究竟应否准其迎头痛剿，转战前进，以张国威；抑或停顿半途，另筹进步？兵机间不容发，不能不预请宸断，以免临时贻误。至该军出关以后，并拟由边务大臣拨派边军防护策应，又为经划乌拉粮运以利师行。惟边地纵横数千里，防兵本单，一经抽调愈恐不敷分布。再由川中添派营队，择要填扎，以备不虞。总期远征之军，恃有后援，得以一意深入，风驰电掣。既至拉萨，则藏番虽有阴谋，而驻藏大臣亦有实力，以制其后。所有川兵进藏，恐有战事，请旨示遵缘由，谨请代奏。尔巽。蒸。

六月十四日西藏档

外部复高而谦与澳不相连各岛无论已占未占均予力驳电

真两电均悉。所筹极周洽，驳语亦精当。至应付之方，宜先查明旧日界址，作为澳门于原界之外。查彼最先占据之地作为附属，示不食言，其与澳不相连各岛，无论已占未占，一概极力驳拒。潭仔、过路环两岛，彼虽旧有盗占之处，亦不过一隅，区区数亩之地，断不能指为旧占全岛证据。能一并拒绝最好，倘万不得已，只可于澳门附近觅地，照所占亩数抵换。希即照以上宗旨与葡员磋议，随时电部为要。外。寒。

六月十四日澳门档

使日胡惟德致外部丞参禹迹洞中日兵冲突案日政府不允会查函　附觉书及函二件

四月三十日发东字第十三号函，知已承察，及延吉禹迹洞事派员会查一节，切商日政府仍未照允，业于五月二十三日电达钧部。此事因小村卧病，迭晤石井外务次官，据理力争。石井谓：当时中国兵弁携有兵器，为日宪兵所夺获，确有实据。所称中国兵弁系属徒手，足见中国官员报告之未实。此事事理明白，若再派员会查，徒滋纷扰。且延吉问题，宜从根本上解决，勿于枝叶上纠议致延时日。弟驳以中国亦查有确实凭据，的系徒手，况此案死伤者为中国兵弁，而日宪兵并未受伤，尤为中国兵弁徒手之确证。现中国犹请两国派员会查，足见办法极是公平。而日政府竟拒而不允，不但不能坚人之信，且益滋他人之疑。因会查之后，未免真情毕露也。如此人命重案，日政府尚无相当办法，似非贵国和平之宗旨。假使日政府易地以处，安肯遂罢！石井仍以事理明白，强辞坚拒，嗣又经弟屡催，旋送来觉书。当又照会小村严词驳诘，小村复文仍未允照办。兹将往复文件一并录送冰案。延吉裁判办法案，业与外部订期晤商，俟再详闻。答礼专使振贝子此次抵东，日政府接待甚周到。特派式部次官伊藤博邦、式部官子爵稻叶正绳为接伴员，又派军舰二艘至门司港外迎迓。专使于马关登陆，旅馆一宿，道经西京休息二日。到东京时，依仁亲王代日皇赴车站迎接，贞爱亲王亦出迎，各大臣暨官绅出迎者数十人。次日，觐见日皇。宫中午宴，日皇、日后，贞爱、依仁两亲王皆陪宴。贞爱、依仁两亲王，外务大臣，均设晚餐相款，其余一概辞谢。使馆设晚餐，请贞爱、依仁、载仁三亲王，各大勋位，各大臣，各国大使、公使到者五十余人。是晚，又设茶会，到者三百余人，专使一一握手接见，极为欢洽。五月二十一日，专使自东京起程，赴箱根休息三日。二十六日至神户登舶内渡，计期出月安抵都门。统祈转达堂宪为荷。附钞件。

六月十四日延吉边务档

日本外务省送来觉书

日清两国兵员在间岛禹迹洞冲突之件，外务大臣于明治四十一年十月二十八日回答贵公使。书翰内所记载者，事理明白。此次特别派员会查，帝国政府不认其为必要。是以对于本月十日贵公使与石井外务次官面商之趣旨，帝国政府实难同意，殊觉遗憾。

复日本外务大臣函

敬启者：

昨接明治四十二年六月十六日贵省觉书称：延吉厅禹迹洞中日两国兵员冲突一事，仍照明治四十一年十月二十八日附机密送第二十六号书翰之意为辞。本大臣按该书翰之辞意，已于上年报告中国政府。倘中国政府信以为然，断不至再向伊集院公使交涉，亦不必令本大臣重提。所以一再不止者，在中国政府实有确凿可据之端，不欲固执一己之见，遽向贵国政府要求仍请派员会查，实出于和衷协商之办法。此愿贵大臣深加谅察者也。倘本大臣据贵觉书之辞报告中国政府，不独不能坚中国政府之信，恐愈启其疑，将以为贵国政府冀淹没此事之真迹，故不欲派员会查。是则中国政府岂能默然，势必再向伊集院公使交涉，或仍令本大臣提议，徒费唇舌。本大臣以为，贵政府于此事既理直义足，而派员会查又非难事，应请照诺以示公允。特此奉达。敬颂日祉。

日本外务大臣复函

敬启者：

日清两国兵员在间岛禹迹洞冲突之件，贵历宣统元年五月一日第三十七号来文，又悉一切。本件自昨秋以来，帝国政府已累次宣明，事理明白，无实地会查之必要，如本月十六日所附觉书业经回复在案。如此事件之发生，与关于间岛之根本问题未决无涉，因贵国政府将该地方速定为贵国主权之下之行动而生者也。而间岛问题至今尚未解决者，因贵国政府对于帝国政府以交让之精神提出之妥协案，未加诚实考量故也。贵国政府对间岛问题不取解决之方法，反喋喋于如本件之枝叶问题，此本大臣之所深为遗憾者也。至于如阁下所言之据帝国政府觉书之词报告贵国政府，不独不能坚贵国政府之信，恐愈启其疑，将以为帝国政府冀湮没此事之真迹，故不欲派员会查等语。最出本大臣意料之外，特此奉复。

驻沪古巴领事戴海度致外部奉派领事文凭译送鉴核希予承认照会　附文凭

为照会事。

案准前总领事希碧格奉调他往。遗缺奉大总统谕，派本总领事为中国总领事驻扎上海。当经奉有文凭，兹特译录汉文一并送请察阅，即希赐给承认。文凭连同原凭一并检还，以便本总领事可在中国办理本国通商事务。本总领事履任伊始，敬为敝国政府，恭祝贵国大皇帝万寿多福。合并照会贵亲王，请烦查照施行。

六月十五日各国领事档

照录戴总领事文凭

大古巴国大总统若瑟米坚尔高密士为颁给文凭事。查国际交涉，应有派往中国总领事在上海驻扎，现因麦拿爱戴海度伊加而西耶富有能力而聪明诚实，业由议院通过准在上海驻扎，派为古巴总领事。为此，谕派准其承任该缺，享受本分之利益特权。并谕仰本国官员，兼所有悬古巴旗之大小各船舰船主，以及古巴人民均承认该员戴海度为总领事。本总统敬请大清国大皇帝及所有各官员，准该戴海度承任该缺，得保安宁，无有为难兼无任他人为难，以为相当之保护，与本总统优待大清国大皇帝所派驻古巴领事一律无异，相应给与文凭加用国玺本。总统与外务部大臣一律签名于左。

阿凡纳一千九百九年三月二十号自阿凡纳给。

大总统御名，外务部大臣威廉士签名。

清宣统朝外交史料卷五终

清宣统朝外交史料卷六

宣统元年六月中

外部奏中巴拟订公断专约请旨办理折 附条约

外务部奏，为中巴拟订公断专约，请旨办理，恭折仰祈圣鉴事。

窃臣部准巴西国驻京使臣贝雷拉来署，面称奉其政府之命，援照保和会公约请与中国商订一公断条约，务求照允，并将所拟公断条约洋文草底照送前来。谨按保和会和解国际纷争条约第四十条载有：缔约各国可另立专约，遇有可交义务公断之事，归诸公断等语，上年我国曾与美国订立此项专约。经臣部奏明，将来他国亦可援引办理在案。兹巴西国复以订立公断条约为请，具见和好之诚。臣等将原送洋文草底译汉，细加核阅，所拟四款均属妥协，可以照订。谨缮呈御览，如蒙俞允，请钦派全权大臣会同该使将该约画押。约内载明，妥定后，应由两国批准在巴西京城换约。现在出使大臣刘式训奉命前往巴西国答谢。拟请将此约画押，即按向章请用御宝作为批准寄交。刘式训乘其尚在巴京之时就近互换，以省周折，而符公例。伏候命下臣部，即遵照办理，谨奏。

宣统元年六月十四日奉旨：依议。钦此。

中国巴西交涉档

中巴公断条约

大清国大皇帝陛下、巴西合众国民主总统为欲按照一千八百九十九年七月二十九日在海牙签押之国际保和约第十五款至第十九款及第二十一款，又一千九百七年十月十八日在海牙签押之国际保和约第三十七款至第四十款及第四十二款所载主义，情愿彼此订立公断条约，简派全权大臣衔名如左：大清国大皇帝钦命全权大臣外务部左侍郎联芳，巴西合众国民主总统特简驻华公使全权大臣贝雷拉彼。此将全权字样对换校阅，实属妥协。兹将商订各款开列如左。

第一款 凡法令上之争论或两国条约解释之争执，势难由外交官和平了结，均可向一千八百九十九年七月二十九日条约中在海牙所设之常川公断衙门投控，并请审断。但须无碍两国国本上之利益、国权之独立、国家之荣誉，亦不得干涉第三国之利益。此外如缔约两国中有一国情愿，亦可将本约所订公断之件，送交他国君主或友邦政府，或从海牙公断署中所列公断员名册外另选一人或数员审断。

第二款　凡遇有争端，缔约国于投控海牙公断署或他项公断员数人或一人之前，应先立一专章为之签押，叙明争执理由、审定公断员权限及一切应行遵守之细则。此项细则即组织公断所之时限，或遴选公断员一人或数人以及诉讼法等皆是。

本款所有专章，凡中国所应具者，当由中国大皇帝斟酌合宜格式及办法主持施行。其巴西国所应具者，当由巴西总统得国会认可而后办理。

第三款　本约自换约之日起，以五年为限。如限满前六个月未经缔约国声明废约者，则作为续订五年。嗣后期限照此计算。

第四款　本约俟两国按照正式妥定后再请批准，一俟批准后即在巴西京城换约。本约用三国文字膳写：一葡文、一华文、一法文，共作四分。约中如有碍难解释之处，当以法文为凭。

为此两国全权大臣将本约亲笔画押，盖用关防。

宣统元年六月十八日，西历一千九百零九年八月三号。

大清国钦命全权大臣外务部左侍郎联押，大巴西国钦命驻华全权大臣贝押。

按：此约原议在巴西京城互换，嗣因巴西外部言此项公断专约须交议院核定，尚需时日，其时刘公使式训在巴不能久待，由巴西外部备文声明，俟该国总统批准后，邮寄法京互换。经刘公使电达外务部得允复准。宣统三年十月二十日西历一千九百十一年十二月十四日驻法代办使事戴陈霖与巴西驻法代办达旒格芬在巴黎互换，缮立文凭为据，是以与原奏所称乘刘式训在巴之时互换之语不符。谨注。

黑抚周树模致外部请修筑锦瑷铁路之齐墨一段函

敬启者：

按近议借款修筑锦瑷铁道，据工程师全聂尔调查路线报告，由锦州至齐齐哈尔约二千一百里，由齐齐哈尔至墨尔根约五百里，由墨尔根至瑷珲约五百里，总计全路路线约长三千余里。为边防计，以修筑全路为宜。为速成计，以分段同时并举为宜。为养路计，以先修齐墨由齐哈尔至墨尔根一段为宜。盖由锦州经洮南达齐齐哈尔，所过类皆荒漠之区，虽移民垦殖，地利随时可兴，然必须迟至数年之后。将来铺轨行车，每岁养路之款所费不资，铁道所用煤炭尤为消耗大宗。近闻调查锦西煤矿，据言煤质系属中等，现今尚未开采，势不能不远购开平滦洲之煤。数千里之铁道而无佳矿以供其用，非所以维持路政。异日筹还本息，当更为难。设能先修齐墨一段，可就近采运甘河之煤，而讷谟尔河、嫩江沿岸膏腴之地皆可开辟。既筹养路之费，复供行车之需，杜外族之觊觎，辟无尽之宝藏，洵今日之要图也。若必由南而北，循岸渐进，则齐墨一段恐须数年后始能兴筑。所节省者，仅运输材料之费，而此数年中煤矿之利已坐弃于地，为可惜耳。

再锦瑷路线，俄人竭力阻抗，以迫近俄边为词，一则恐我得军事上之便利，一则恐夺彼东清铁路之运输。将来我纵让步，即不筑至瑷珲，断不能不筑至墨尔根。缘墨城在内兴安岭以内，距瑷尚五六百里，系属江省腹地，非外人所能干预。若不至墨城，则甘河之煤仍无出路，不惟利弃于地，养路之费一无所出，此路何以自存？近日有传说，只筑由锦至齐路线者，如果属实，则所过尽属荒凉，于边防、垦殖诸事，难期发达，将徒滋劳费耳。

六月十六日锦瑷铁路档

锡良程德全致外部安奉事拟先议九条再议改轨电

安奉铁路事，今日小池又到晤谈，交出说帖一纸。内称彼政府之主张正如该领所声明，清政府提议条件，皆是作难藉阻改筑之实行，此时何得议及条件细目。清政府如有诚意，应将该条件概行收回，而于改筑之实行一层，即表同意。表同意后则日政府再于各条件互相商议，亦无不可等语。小池指此说帖为彼政府训条，与前互换利益，用意迥绝。综计小池议过五次：第一次在司不认二、八、九三条；第二次于三条外增第一条；第三次言彼政府令伊使在京办理；第四次又云可在外办，并有互换利益之言；第五次又复翻悔，欲将条件概行取销，俟改筑实行，再行面议。忽而代表政府，忽而请命政府，变幻离奇、莫衷一是。在彼与政府及公使消息灵通，有所主持，政府无不承认，敢于随意允换。我虽临机因应，终无确实依据。现拟仍抱定以一条易九条办法，派司前往，要求先议九条，再议改轨一条。彼用公使向钧部办延吉交涉技俩，我亦以此应之。兹特先将今日情形电陈，俟该司所议如何，即行奉达，祈鉴为幸。良、全同肃。

六月十六日安奉铁路档

外部复伊集院安奉事奉省督抚与日领事并无龃龉照会

本月十二日接准来照，以安奉铁路改良事，据小池总领事电称，奉天督抚又以未接政府之训谕为辞，与来函所称全然龃龉等因。查此事本月十二日接准奉天省督抚电称，小池总领事来署晤谈，曾告以若将十条并议，何者可允、何者可商、何者必不允，则必转达政府，自能接续开议。该总领允其归后斟酌妥当，电告本国政府再行晤商等语。是该省督抚曾将前开十条如何议法询及小池总领，而小池总领以电告政府为辞，必俟有政府回音再能晤商，并非奉天督抚托词推宕，与本部前函并无龃龉之处，相应照复贵大臣查照可也。

六月十六日安奉铁路档

澳门勘界大臣高而谦呈外部葡使谓久占之地即有主权应调查再议电

寒电敬悉，谨遵照办。今日会议当将驳案宣示葡使，谓照约办理，两使之见既同，先查澳门原址，再察属地。两使所见，亦尚无异，惟在葡使之见，澳门原址系属全岛并非半岛，则其所属自不在原岛之内。且谓关闸系明万历二年中国所建，以为两国界限，此时全岛已归葡有，所属必在各岛。条约不用岛字者，因当时或疑群岛中有未为葡国占据之故。旋因占租两说争持甚久，葡使意甚坚，谓所纳者系船钞，并非地租，并索租约。且言占据之说，已承认于节略及条约矣。盖该约中国系承认葡国有永远占据澳门及其属地之权，并非此时方允葡国得以占领也。此外各处，设立炮台，海陆均有巡兵，谓非占据而何？如澳门果系租借，则中国自有主权，何必与葡立约以防鸦片？光绪三十年商约亦曾声明澳门内港口岸之主权，其余若解犯等事，经列任粤督明文承认者，指不胜屈。此外若谓炮台置水陆巡防，澳门潭子过路环各岛上炮台耸立，中国未尝驳拒。历年已久，非被占据而何，无非欲声明确系占据。援引公法，久占之地即有主权。嗣因彼此均有说帖，各须研究，俟下星期再议。谦当即上省调查案卷如何情形，容当续陈。谦禀。筱。

六月十八日澳门档

外部致胡惟德日人于延吉调兵运械希商日外部撤兵电

东督、吉抚电称，十一日早有日官兵由会宁渡江越境，日官一员着宪兵制服整队而入，携带马枪六十三枝，手枪六十八枝，军刀六十九把，载子弹牛车二十一辆，白宪兵长前往诘问，日兵已抵六道沟，不及阻止。当又诘斋藤，据复延吉马贼欲将蠢动等语。该处地方甚安谧，并无马贼综〔踪〕迹。观近日举动，陆续调兵运械，势将生事挑衅等因。现本部正在会商界务，日人辄无端运送兵械，并托言马贼将欲蠢动，其用意殊不可问。除严照日使，电饬撤退外，希切商日外务部电饬斋藤撤回。日兵告以彼此始终以和平为主旨，勿再调运兵械，致滋事端。即电复。外。

六月十九日延吉边务档

锡良陈昭常致枢垣外部日人向延吉添兵运械请维持电 附旨

窃据督办吉林边务大臣吴禄贞电称，先后据密报员稽查员报称日人动辄添兵，意存挑衅。朝鲜会宁清津等处俱已戒严，十一日早六钟有日官兵由会宁渡江越境者，洋官一员，均着宪兵服制整队而入，携带马枪六十三枝，手枪六十八枝，军刀六十九把，载子弹牛车二十一辆。我处宪兵白班长赴日宪兵分遣所诘问，日兵已抵六道沟，不及阻止，即欲派兵往阻，而左右兵力不备一队，寡不敌众束手无策。惟有备文诘责日员斋藤。昨接斋藤来函，延吉马贼将欲蠢动等语，禄贞到防后地方甚为安谧，并无华贼出没。窥其用意，无非为日后进兵张本。综观近日举动陆续调兵运械，又欲蛊惑，马贼扰乱治安，生事挑衅，势将破坏和平，藉词占领，祸患之来迫于眉睫，非由钧部迅速设法维持，大局不堪设想等情。查日人近在延吉强占民房，伤官戕兵种种无理举动，迭经电咨钧部与日使交涉，并饬吴禄贞事事稳慎妥办在案。此次日人复添兵输械，闯入我国领土，并捏称马贼蠢动，居心实为叵测。延吉兵力单薄，既难拦阻日兵，且恐轻开边衅。而日人之横肆强蛮，系因间岛问题尚未解决，不认我国领土，故敢妄设宪兵，擅运枪械。界务一日不决，则日兵一日不退。我愈退让，彼愈强横，藉故生衅，何患无词？诚恐祸在旦夕，相应请旨，饬下钧部迅将界务设法议决，一面严与日使交涉撤退延吉日兵，以弭衅端，大局幸甚。再，昨奉初七日钧电，已由良转电昭常派员确查，合并声明。锡良、陈昭常叩。

十七日发，六月二十日奉旨：日人在延吉添兵戕弁。种种情形无非意图挑衅。现值磋商未定之际，不可使有借口。著锡良等严饬吴禄贞妥为应付，力求稳慎，勿得少涉大意，以防叵测。钦此。枢。号。

六月二十日延吉边务档

外部致伊集院日兵携军装至延吉希饬撤回照会

为照会事。

本月十八日准东督吉抚电称，据报称，十一日早六钟有日官兵由会宁渡江越境者，日官一员，着宪兵服制，整队而入，携带马枪六十三枝，手枪六十八枝，军刀六十九把，载子弹牛车二十一辆，我宪兵白班长赴日宪兵分遣所诘问，日兵已抵六道沟，不及阻止，当备文诘问日员斋藤，昨准复函，延吉马贼将欲蠢动等语。该处地方甚为安谧，并无马贼出没。综观近日举动，陆续调兵运械，恐将寻事生衅，破坏和平等情，应请切实与日本驻京大臣交涉，商令撤退延吉日兵，以弭衅端等因。查延吉界务正在会商解决，日本官兵不应托故携带枪枝，载运子弹，前往六道沟地方。此等举动似属有心挑衅，殊与贵国政府和平商办之意不符，相应照会贵大臣查照，迅电贵国政府，电饬撤回该处日兵，以保和平而维友谊，即希见复为要。

六月二十日延吉边务档

署总税务司呈外部详查延吉厅属地方情形请鉴核文　附清折

为呈报事。

奉本年二月十七日钧札，内开：本部现拟调查吉林延吉厅属地方，何处宜于开设商埠，相应札行署总税务司转饬驻吉林税务司，前往该处查考情形，迅即详细申复本部，以凭核办等因。奉此当即转饬该署税务司亲往履勘，详查申复去后。兹据将延吉全境之山川、道里、城镇、官署、居民、厘税等名称数目暨今昔沿革，以及地方略志、贸易兴衰各情形详细查勘完竣，列折呈报，并绘具图说，一并送呈前来，合由署总税务司将原具清折暨所绘吉林边界实测略图，备文附呈，贵部鉴核可也。

附原具清折一件，吉林边界实测略图一件。

六月二十日延吉边务档

调查吉林延吉报告

位置

延吉厅位置，北有长白山东干之穆克德享山，婉蜒东向，与绥芬宁古塔界；东有老黑山支脉之佛多石岭，与俄罗斯界；南则有长白山东麓巨川之图们江，向东流去，为中韩两国天然之界限；其西则有长白山支脉之哈尔巴岭，与敦化县界。

区域

延吉地方东西八百八十里，南北七百四十里。

交通

观览舆图，则知延吉境内除图们江支流之布尔哈通河、海浪河、嘎呀河、红旗河诸流域外，山岭错杂，平原鲜少矣。地势如此，则求一便于交通之道固不可得，以言商务似亦不无障碍。三十年前，延吉领土之大半为国朝根本重地，殆与世界断绝交通。其以南之地在东省一隅，土脉极其肥沃，然既经封禁，复距他省遥远，交通不便，以此数故，成为商务上天然之障碍。迫至光绪初年，方始弛禁放荒，溯及未经弛禁之前，所有布尔哈通河以南之情形如何，只吾揣测之词，并无真确调查。一言以蔽之，二百年来以迄弛禁，其图们江流域咸镜北方韩民越境情事在所不免。韩民渡江居住中国领上，盖有利焉。彼岸山势峭峻，草木不生，即平原之地，亦不宜于农业，与中国一江之隔，过渡甚易，冬令结冰，任便往来，一经渡江，则沃甸膏原，饥寒可免。故贫民越境，势有以使之然耳。当彼为中国藩属，于日人首次侵犯之际，中国官吏轻视越垦韩民，但令其照则升科，遵守中国法律，便与他处华民一律看待。而韩民之来此边地者，即以官吏相待最优，遂皆就此奇遇。见最近户口册，韩人之众竟较华人为多，可以知其故矣。韩民户口计八万九百四十四人，强半在图们江海浪河流域之膏壤。韩民性情懒惰，无所事事，交通之道非其注重，故于未设边务公署。并陈督办未至该处之先，所有延吉岗等各处即布尔哈通河以北延吉厅驻扎地全无联络之态。以此晚近以来，韩人住在之地情形涣散，各有乡约，各有政体，设有人欲至延吉一带，至为不易。何以故？山岭峻急，既未平治，河流纵横又无桥梁，交通甚不便耳。自延吉岗至图们江南岸之会宁府，大路一百五十里，以阴雨时论，运货车辆须行三四日。因布尔哈通河、海浪河等雨过水涨，而平原之路尽为涂泥，行车为之阻滞。计自延吉岗至六道沟，即日人握为根据之地，中有帽儿山岭，越岭为海浪河流域之平原，直达六道沟，为和龙峪之咽喉。和龙峪为分防厅之驻所，沿和龙峪大路至火狐狸沟岭一带，山路有数处已经平治，以备运输，然仍有峻急崎岖之处。出岭则见高丽诸大山罗列当前，其下即为图们江，于康熙末年已定为中韩天然之界限。由此行二十里至稽查处，乘舟渡江即至会宁，计八里。会宁至清津修有压车铁道山路一百七十二里，经茂山岭，途中仅见富宁一城。茂山、富宁间之山路难行尤甚，而富宁以下悉为平原。清津居太平洋面，于光绪三十四年辟为通商口岸，乃一不冻良港，停泊大船最为相宜。自此至海参威，仅行十小时或十二小时，至元山十六小时，至日本约行二日。故日本政府对于该港极力提倡商务，已有多数日人前往经营，皆日本大商之分行。署税务司于本年西历五月亲莅其地，见有若许大船停泊，岸下中国侨民约有一千五百人。本年夏间，日人拟由清津开一航路径通日本。清津一带瘠苦异常，出口货物寥寥无几，近日以来与六道沟一处稍有商务之可言，以该处谷食运至清津，以供给于韩人也。往来延吉、清津之货物，此后概免纳税，以期联络商情，此节已宣布矣。缘俄人封锁海参崴以来，则日人几欲结延吉与日本之商务为一气耳。自延吉至韩国之道里，如上所述矣。

查往来六道沟、清津间之路，非特其一第以不便行车之故，于商务皆无关系。延吉各要地之情形，容后略论。自吉林省城至延吉之驿路，以冬夏皆便于交通者，言仅有一路。途中情状，阴雨之时，视东省其它各路相伯仲。更有难处，当森林密茂之际，胡匪猖獗，或则百人，或则二百人，出没其间，抢劫行旅。在吉林地方官，对于此事非不极力剿捕，以期尽绝根株，巡防各兵于此道常川梭巡。然省延道途长远，跋涉艰难，纵巡防极为出力，究不能永久严密。往来政界中人多以兵护送，胡匪不能抢劫，其被抢劫者多系商人，言及商人贸易于危难之中，亦云苦矣。途中胡匪如是可畏，于省延商务之生机，岂无障碍乎？且经峻急山道如老爷岭、长岭子、张广才岭、哈尔巴岭、五虎顶子，又有松花江双岔河、阿拉河、珠勒得河、大石头河、牡丹江、布尔哈通河等河流内，除松花、牡丹两江外，概无渡船。夏令大雨时行，河水涨发，行车阻滞，动留数日。山川之外，路多淤泥，车陷其中几不能出，有时骡马牲畜俱没泥下，此驿路也。其间淤泥倘经稍事修理，尚便行车，其它省延道路以泥水之故，冰泮以后，皆不能履行。计有一路沿松花江右岸，行一百二十里至杨木沟，折而东向以达延吉，但中有淤泥亘八十里，所谓黄花松甸子者也。冬令结冰，车辆经此至延吉，只行五六日，较之八百里驿路约行七八日者，自是便捷，但冰解以后此道行人绝迹矣。一路情形等，于吉林各处亦多胡匪，驿路直至额穆索，并无较大村落。额穆索握省城珲春、宁古塔间交通之孔道，然不见繁盛。光绪三十三年几为胡匪削平，因未肯纳捐于匪也。自额穆索至延吉驿路，经过大桥旁去二十七里为敦化县城，此外则无巨村。敦化县户口约有九千余人，多以栽种罂粟为业，盖该处为著名产罂粟之地。然当此禁种之时，若不设法维持，人民之生计，将见日形衰败矣。敦化气候较寒，播种五谷不若延吉之为愈。以高粱一宗言之，于短数暖日之中无暇发生耳。宁古塔亦有通延吉之道路，大清邮政之路即设于此。其路不利商务，比较他路其难尤甚。延吉至珲春，大高岭外皆属易行，大高岭为吉林诸峻岭之一，岭上树木为农人采伐已尽，胡匪因之绝迹。珲春至岩杵河约一百二十里上下，其间中俄交界之处，于庚子变乱后曾为俄人占据。凡难行之地，皆架桥梁，迨俄兵退去，其桥无人修葺，现已塌陷。毛口崴去岩杵河三十里，居于土股尽处为一海口，乃极小网渔之地，与珲春亦通贸易。自毛口崴至海参崴，每星期小轮往返二次，晴朗之时约行七八小时。冬令毛口崴封冻，则俄国邮路由岩杵河以达柔斯多讷牙，即乌苏里铁路车站处。珲春四外土地腴沃，农产除供本地食用，饶有盈余。小麦运往西伯利亚，以机器磨成面粉制作面包，为俄人食料之大宗。今海参崴封锁，则贸易须寻别路也。日本货物近由温贵口以车载运，渡图们江至珲春，计一百六十五里，该口亦为网渔之地，与图们江口相去匪遥。传说系避风港口，无论何项船只悉可停泊。

水道

延吉境内之水道最重要者为图们江，发源于长白山，流一千六百里而入太平洋。其上流红丹、石乙二水之间，系二百年来争论之地，头绪纷繁，因在本论之范围外，兹不赘述。图们江支流计百有三，江流如此其大，今谓于延吉一带决无用处，其谁信乎？然江上只有渡舟，别无船舶。盖水流湍急，势颇险恶，江底流沙来去无定。自发源处至江口，以今之情势论，不易行船。相传江海之交有拦江沙，乃上流泥沙淤积而成。设欲疏通，需款颇巨，抑且疏通之后，其于珲春并其它延吉各处终能有益与否，殊难预定。图们江之状况，已如上所述矣。而自阳关坪下直至江口所有左岸一带流域，悉属俄国。总而言之，东省此一隅也，在中国则无领海，故言图们江左岸之利益，不得不与他国分占同享。珲春城建于红旗河右岸，红旗河通称珲春河，为图们江之一大支流，木排自河之发源处顺流，能至珲春。珲春至河口，水势似深，可行小船。闻今春有三板船由珲春顺河入江，至往温贵大路之对岸十八道，直至图们江红旗河，详细情形未经测验，难以悬揣。其余延吉各河流如嘎呀河、布尔哈通河、海浪河俱不能行船，有处不用渡舟即可涉水。以上各河流水涨之时，上游木排均可驶下，惟近年来日形干涸，诚以上流森林尽被采伐之故。东省各处森林同坐此病，于将来水道之利益殊有滞碍之处。

运法

在吉林一省之道路，如上节所陈者，其最合宜之运法则有驮运，此外又有京式小车并韩国之笨重牛车。凡此土法之运输，无怪乎商务之不发达耳。欲振兴其地，须通火车，否则任至何时，犹如今日。

物产

延吉重要物产别为二类，农产、矿产，特分而言之。延吉境内之沃壤，至今日已经开垦者约不过八分之一，居民于其所领荒地，无力悉行垦种。图们江北延吉厅各地，几遍为韩民，而华民转不及十分之一。南延吉膏腴之地，俱为韩民占种，故不知者至恍如身入韩国。除东盛涌街、头道沟、和龙峪等一隅之地外，华人盖寡，其驻扎韩民居留地之边务人员及军队等，自不在此例。韩民渡江耕种之地计有二种：一越垦，即韩民渡图们江在中国领土内私垦之地；一招垦，韩民应华民之招而为佣佃者，因华民承领荒地无力耕种也。光绪十一年，和龙峪设通商局以维持中韩之商务，派委员一员驻和龙峪督理其事，并设分局于光霁峪与西步江即珲春西二十里之地，所有中韩贸易之事统由以上三处管理，并订章程征收税项，但收数无多。考北洋大臣李鸿章奏稿略称，由光绪十四年仍每结由山海关解交经费银二千二百两，税收之少自可想见。又置三板炮船巡视图们江，专司缉私边防之责，乃行之未久即行裁撤，不知何故？二十年，其事中止之后，设越垦局管理韩民私有渡江垦地之事，行之数年又经裁撤。二十八年，延吉岗设厅治，兼设分防经历，驻扎光霁峪，三十年移驻和龙峪。以上沿革情形，若一一言之大为不易，而寄居韩民于当年服从中国官吏之管辖，则确乎无疑矣。延吉土脉膏腴，五谷兼产，如高粱、小米、元米、大麦、小麦等皆可栽种。小米为韩民食品大宗，延吉各地多种此粮，除当地食用外，运往韩国。若豆子则出产无多，非其必需之物，仅供华人所用而已。各地又产罂粟，但值此禁令森严，将年少一年矣。延吉贵重物产，则有人参，即野参，产于长白山一带。矿产有金、银、铜、铁、煤、铅等，容后乘便言之。

署税务司亲莅各处六星期之调查详录于后：

延吉岗　东盛涌街　六道沟　和龙峪　火狐狸沟

稽查处　怀庆街　光霁峪　马　牌　头道沟

天宝山　铜佛寺　凉水泉子　黑顶子　珲　春

延吉岗一处名称不一，曰北岗、曰南岗、曰局子街、曰延吉厅，只东西一道长街屋宇，则两旁杂列，全不整齐。本街据吉林与珲春交通孔道，计距吉林八百里，距珲春二百四十里。如一村落，户口华民二千零三口、韩民十一口，日人宪兵二三名、邮政执事一名、药商一名、果子商一名、妓女十数口。近日以来，筑室建房接踵兴起，发达之情形有如山蘑，实边务公署有以致之，而边务公署之设，又缘于日人所倡之间岛问题一事也。边务公署建于布尔哈通河沿岸，依连兵营，附近一带商铺林立，盖以供员役军人之取求也。

延吉入埠货物之大宗

入埠大宗，食盐、煤油、洋蜡等均由海参崴运来；布疋如花旗布等由海参崴来者十分之六，余由吉林运来；棉花由会宁吉林运来；白糖、纸烟亦由会宁吉林运来，内十分之七出自中国各地经此转运；茶叶由吉林运来。以上入埠货物，约计每年价值，食盐十万、吊煤油四万吊、洋蜡布疋五十万吊、磁器二万吊、棉花五万吊、白糖三万吊、烟三万吊、茶叶四万吊。以上各种每年共约价值八十四万余吊，每吊照现今行情，约合小洋三角一分。

延吉出埠货物之大宗

出埠货物之大宗则有小米、元米等。小米系供韩人食用，运往韩国；会宁、富宁、清津等处元米运往海参崴；元蘑、木耳、黄蓍、人参、鹿茸运往吉林。出埠小米每年约计价值三十万吊，元米十万吊，元蘑、木耳、黄蓍等十万吊。所有出埠各货之价值，均约略合计，无详细之调查不得指为的确，出口粮货，则视韩国之情形以为比例。以上入埠出埠之贸易表，珲春不在此内，另述于后。

延吉之税捐

延吉税捐与吉省各处相同，举其大纲而言，有七四厘捐、九厘捐，由省派员征收。又有十厘归商会办公经费。该会设于延吉岗，光绪三十年开办，上开各捐百货均须照纳。捐项之外，则有以下各税：如黄烟每斛收中钱三十二文，杂烟值百抽十，烧酒按烧商所得之酒每斛征收税银一分四厘，杂酒值百抽十。斗税即粮税，分为三等：上等油麦、小麦二项，每斗收中钱三十文；中等粳米、小米、元米、稗米、包米、楂秫米、小豆、芸豆、吉豆、线麻子、大麻子、西天谷、芝麻苏子，每斗收中钱二十文；下等大麦、红粮、包米、稗子、荞麦、元豆每斗收中钱十文。除以上各捐税，又有蓝靛、豆油、鹿茸、皮张等另开税则一分，土药税每两值百抽十，土药捐每两征银二分三厘七毫五丝，所有以上各捐，光绪三十四年收中钱十二万吊。比较常年，轻畅收三万吊，其余各税收数不过四万吊，他如牲畜、木植，隶于延吉厅为办公经费，每年约收二万五千吊。约计延吉岗每年共收中钱二十万吊之谱。

综观所述情形则布尔哈通河以南，除边务各派办处外，华人甚鲜，是南延吉已多韩民矣。虽然韩民并未尽居于此，延吉以北各远地与黑顶子一带，岩杵河左近并各俄界，莫不有韩民踪迹，即深山幽谷之中，亦皆有少数韩民耕种其间。现有若许韩民携眷渡江而至延吉，以避日人之压迫，诚以北韩加税，民不聊生，遂络绎来此乐土。

铜佛寺

延吉至省城驿路，由延吉岗行四十五里至一村名铜佛寺，为延省驿路之门户。乃自日人所倡间岛问题开议，而延吉岗设边务公署以来，该村商务之大，竟以此日形缩小，强半荒闭而迁往延吉岗。其所存者，则以该处土脉腴沃，兼营农业也，故在该处领种土地者大都华人。铜佛寺去六道沟、天宝山不远，往来便利。

天宝山

自铜佛寺至天宝山，两渡布尔哈通河渡口，一在铜佛寺西五里许，一在老头沟，约距延吉岗六十里。过老头沟渡口则有陆军盘查，盖自徐督宪封禁天宝山，除限定日人居留其中，因系称为订有合同者外，他人一律禁止入山。此一问题未经解决之先，准其日人七名内工人四名在彼住守，现居天宝山庙中，与矿务总局来往只准运食物。天宝山至老头沟三十四里，自老头沟渡河直至山底，此于昔时已经平治，行走较易。自头道沟沿山而行，亦通天宾山，但只能行驮子且渡细鳞河，故此路常不适用。老头沟乃行车大道，内除一二段被水冲毁外皆属易行，遂成为必由之路。天宝山银矿，于光绪十三年经陈光第设立公司从事开采，纯用土法，微见沙子。十四年归槽以来，未谙烧炼之法，银质无由而出。直至十六年七月，势在危急存亡之秋，适有人自古北口来，教以炼矿之法。自此而后，每日出银四百两乃至八百两，十七、八年间产额愈旺，于是以重价由上海购运机器锅炉。不幸首次开机，锅炉炸裂，机器俱焚，矿坑愈深，其累愈甚。积水没坑，苦无机器吸取，犹持土法采掘，产额日减，而矿工已裁去其半。二十三年，坑中积水过大，万难采掘，事遂中止。陈光第知无机器不能着手，即往上海约请美国矿师同至矿山查验情形，拟购运机器接续办理，不期该矿师回至上海病故，事又未举。自此以还，八阅年华，一无动作。三十二年，陈之幕友约有英矿师二人至彼查验，乃未几归去，不知何故。后至日本中和公司前往开采之时，一切情形俱在五里雾中。或谓陈光第无款采办，遂与日人订立合同。计自接办之后凡七阅月，乃奉徐督宪谕，封禁矿山，禁止开采。自三十二年九月起，至今未曾开办，传闻陈光第已潜逃矣。陈光第对待工人，声名甚劣，拖欠工资至数万两之多，此人所共知，确无可疑者也。老头沟一带煤矿，业经开采，销延吉岗一带。

东盛涌街

东盛涌街在延吉岗之南，相距二十五里，居于海浪河流域之平原，西距六道沟十六里。本街有烧锅三家、豆油坊二家，附近出产之大宗为高粱、大麦、小麦、豆子。

六道沟

六道沟居海浪河流域之平原，距延吉岗四十五里，按照前论系往韩国会宁大道，火狐狸沟岭之门户。其在延吉一方面，为日本之根据地，远望大楼崇高壮丽者，日本人之出张所也。其楼上下二层以木为之，楼顶则铺以铅板，建筑之费出自韩国，旁有邮便局、电报局。邮便之法颇称完善，由六道沟径通韩国，逐日递信一次，并设分局于延吉岗，局中承办包裹汇兑，各件汇费概有规则，并不甚重。邮路自六道沟至会宁系用马差，驻各要地之日本宪兵与六道沟俱通电话，驻六道沟宪兵与延吉各处同一办法，参酌情形随时增减。现在驻扎之数二十余名专司巡查之任，又韩国巡警三十名皆一进会中人。一进会者，日本人之傀儡也，边务派办处设于西北高原之地。六道沟逢集日期颇形兴旺，韩人云集，约数百人彼此买卖交易。平日韩人户口约二千人，日本于该处设施医院，以调治韩人之疾病，立小学堂以教育韩人之儿童。街内日商约二三十家，与清津略有商务，专供出张所之取求。其与韩国贸易细额，无从调查，然零星杂货于商务亦无关系。至韩人取求鲜少，其心易餍，观其住房，格式之卑陋可以了然。该处华人户口不止百人，出产大宗为粳米、小米，垦成之熟地六千九百六十五晌，本地犹之南延吉各处，中日各异其名，日人称为龙井村，谓其地居于间岛。

头道沟

头道沟距六道沟四十里，越东岭巅眺望，一片山谷中即海浪河流域之平原，村落历历在目者，系东古城子头道沟。西古城子出产大宗为土药，生植繁盛，每年输出总数占产额三分之一；次则小米，出产亦旺；又次即高粱、豆子等等。小米有三分之一运往韩国，山中采取之木料，于海浪河深涨之时移放木排，可以顺流而下。该村有烧锅二家、油坊七家，土著华民经营农商多以此而致富焉。附近韩民约九千余人，华民垦种熟地约一万一千余晌，而近处荒地犹在多数，惜无人耕种耳。延吉岗商会于该村设有分会，入埠大宗货物等。于延吉岗驻扎日本宪兵三四名，又有日本药商一名，暨工人一名，与延吉相类之妓女数口，一进会约百余人。头道沟西南有三道沟，出产金矿并极佳之煤矿，第以交通不便，未得运往延吉等处。其金矿传说最优，此等矿产无主管辖，任人采取。二道沟一处，昔时原有道路径通奉天，后以封禁重地断绝交通，而今欲得此赴奉之捷径，已去人测绘矣。履头道沟大路，可以达外六道沟，外六道沟居图们江畔，即茂山府之对岸，此路人烟稀少，跋涉维艰。

和龙峪

和龙峪去六道沟三十里，往会宁之孔道，延吉分防经历，即驻该村。户口计华民百十有一人韩民，以辖境计之，二万八千九百四十四口居处于近乡之中务农为业。一带地方五谷皆产，买卖则以物交换，不见货币。韩人自会宁贩运棉花至图们江而换小米，分防区域之内共计纳租地二万六千一晌，假江在内。假江一岛居韩国钟城之对岸，年纳租银八百两于地方官。此外之地，每年共纳租钱一万五千三百吊。除以上各地租，则有渡口捐，每年共纳银一千两，作为和龙峪分防经历办公经费。七道沟、八道沟、杉松背森林极为密茂，于边务公署未设以前，日韩人民任意砍伐，时且有运往韩国者。而现在中国地方官为保护森林起见，已经禁止，凡有砍伐木料者，均须预先请领谕单。

火狐狸沟稽查处

去和龙峪约十里许地，名东沟者，驻有日本宪兵分遣所，想系稽查往来韩国者之用。由此至火狐狸沟岭底，即入岭道，虽属峻急，而行车尚可驰驱。出岭则见韩国诸山峰峦对峙，中隔一水即图们江。该处设有稽查所，犹前所述，实为延吉贸易之独一关键，所有往来延吉韩国货物必经此路。在稽杳所晤谈，据稽查员李荣成云，咸盐为入埠大宗，产自韩国，由清津会宁运来延吉各处，中韩人民一律食用，任便运输，概无捐税。每月约来食盐三百余石，牛皮每月由韩国运来者计五百余张，青鱼亦为入埠之大宗。此外运来日本货物则为布疋、煤油、白糖、纸烟等，至每色运来若干。因日人不准查验，无由知其数目。延吉出埠货物，小米是其大宗，每月约有三千余石运往韩国，豆油亦有出埠者，然为数无多。出埠小米，每斗纳税中钱二百文，由前载东沟税卡征收，火狐狸沟至稽查处二十里，自此沿图们江左岸而行，计有渡口三处。其一通高岭镇，车驮大都经此渡江；其二上溯江流十里为日本渡口，日人设立暖阁以备宪兵休憩之所，渡江系用坚固滑钢，过渡后直至会宁一律修理平坦，行车便甚；其三沿江又溯五里至稽查处，系中国官渡。又溯八里即日人于上年设立浮桥之处，桥经地方官请求，即行撤去。稽查处至会宁八里，会宁至日人原设浮桥处，俱已铺设压车铁道。稽查处附近煤矿，今已发现，以交通不便之故出煤无几。上年日人拟欲开采，当经华官阻止矣。

怀庆街光霁峪

自火狐狸沟至怀庆街，其间无路可通，必回至和龙峪折而东北，行经八道河子至图们江沿，则去怀庆街光霁峪不远矣。光霁峪与韩之钟城对峙四面山崖，韩民散处贸易，情形一如各地，只有少数谷食运往韩国。光霁峪设有初等小学堂，教育韩人子弟，乃边务公署所办，现今有学生八十名。光霁峪一带弥望平原，土极肥美，故韩民之生聚于此者，日益繁众而咸务农业。

马牌

自光霁峪至马牌，依次而言，其在延吉亦列为要地，中间山路峻峭，行车甚危。马牌一带韩民户口，计二千四百人，自马牌至延吉岗，道路易于行走，缘俄人占据延吉岗时曾经平治也。依近马牌，出有煤矿，于光绪二十五年开采，乃未几停办，未审何故。马牌至珲春，为冬令封江必由之路。以上所述，于日人捏称之间岛各要地商务情形，不过略举其梗概，期免烦言，而今特叨叨于此等远地之交通，自知不觅琐屑。所以然者，因有如是之状况，则贸易决无发达之一日。本论无待研究，一经寓目，当可立见图们江布尔哈通河之富裕矣。

珲春凉水泉子

自延吉岗至珲春，其间可以首屈一指者，仅有一村，即凉水泉子也。隔江与韩之稳城对峙，其余散处稀疏，每不过二三家。未至珲春，途中少见耒耜之迹，盖山荒原野，多为沙石，而壁立峰峦竟有不可陟彼之处。凉水泉子户口，计四千五百十四人，半系韩民。出产大宗，犹之延吉他处，仅有谷食些许，渡江运往韩国稳城。

珲春于西历一千九百五年中日协约开放商埠，以地理论，该处实为可幸。何也？海洋之上自无口岸也，毛口崴网鱼小村，可以当其出口，且有往来运道径通珲春，但商务情形不能臻于隆盛，身临毛口崴者自可明了。往来船只皆极小火轮，附近海湾风浪又大，船至其间每数四返棹避风，较大货船载重不上百吨。晴朗之时，犹前论每星期往返行船二次，此盖指冰解以后而言。星期二、五等日上午七点钟，自毛口崴开船；星期一、四等日上午七点钟，自海参崴开船船价头等俄币五元，三等一元五角，有时加行一次。其至毛口崴者，向无大船，而毛口崴除海参崴、岩杵河、挥春外，与他处亦无交通。岩杵河地方关系重大，为军事上之要塞，传闻驻有俄兵一万余人。自乌苏里全境封锁后，贸易之门径几乎杜绝。据珲春商人云，拟欲开拓他路以便贸易，或者谓温贵口可开作贸易之出口，又有南延吉与吉林亦可为贸易之线路。查海参崴加税之后，日本货物之运往延吉者迥异从前，概不经由崴口矣。第不可以遗忘者，珲春孤立一隅，据最近调查户口册，计一万五千四百二十九人，十分之七居于旗籍。况其地按俄国条约，适在百里免税之内，计距俄界四十五里。至图们江三十里，乃为中韩之界限，且无洋商，不过下流日人与寥寥韩人而已。珲春之孤立彼处也，毗连俄韩，与战略上有莫大之关系，昔时筑有炮台，庚子之变已经平毁，至今尚未重修。

黑顶子

本处区区一村，居于交界之上，在珲春以南，相距九十里，经大盘岭有通珲春之路。黑顶子系越垦地，韩民寄居于此者约三千人。自此至岩杵河，车路六十里，至俄界十里。其附近一带地势低洼，一遇图们江大水涨发，泛滥无际，至今有水泡九处，即以前所积之余水。近处韩民，居留地方约有二三，悉务农业，去黑顶子五里至十八道，即渡图们江而至韩国，前往温贵口之大路也。图们江宽幅约一里，近江可垦之地为数甚多，昔时曾有开放商埠之议，坐贾之利益并不为大减，视图们江自珲春至黑顶子间之能否行船而定，地接韩之庆兴府，故亦为军事上之要冲。今者左岸俄国置有兵房，经中国地方官请求方始撤去。庚子以先，中国驻兵一千余人，黑顶子以南七十里之地方，俱为中国领土，自彼以下至图们江口，则为俄国之领土矣。谷食系黑顶子大宗出产，其南之圈儿河出产珠子。

延吉现状概论未结之先，请略言圜法。查贸易情形，除前之碍难，则有圜法之紊乱，如改良此等圜法，亦众人之所希望者也。中外货币杂乱行使，吉林官帖充斥延吉，至中国银元则不多见。布尔哈通河之南，所有日本、俄、韩各纸币一律通用，以此延吉圜法消长无定。有如是之情形，宜其商务之不发达也。

综观今日状况，则于延吉各处开设商埠一事，据署税务司之见，应须从缓办理。至如何之布置，端视将来之情形。此时于延吉各地可以通商者，仅珲春一处，自彼开放之日迄今已经四年，并无洋商乘此进步以经营商务于珲春，然日本一二零星小贩则不计也。因揣于贸易之中别寓宗旨，延吉、布尔哈通河以南开放数处小商埠之目的，愿即取消，盖以增多困难，抑且縻费过巨，于一般人民毫无益处。惟是外交、商务之问题，实有密接之关系。税务之范围推广，外交之视线自清，是以为今之计，所有布尔哈通河以南之地一律开作商埠，至西边界限，可俟后议。应请就商日人，将会宁亦开埠通商，诚如是也，则将来两国商务上之交谊可以扩充，此事于中国主权毫无违碍。盖振兴其地之责任，自担于中国。但切须注意者，各国商人之前往彼处，日本而外受益甚少，故开放南延吉后若许年间之利益，均为日人所获得，以其道途便捷易于前往。今日中国于延吉分所当为者，亟须研究交通之一道，而后物产之大利以辟，并移殖北省人民，其已至该处者，则许以特别之权利。缘至今日，此东省之一隅，向恃韩民耕作，何以故？华民实鲜少耳。

外部致伊集院营林厂绑王秉太事请迅为究办照会

为照会事。

案查奉省临江县属营林厂事，本年六月十五日准东三省总督奉天巡抚来咨，以木把王秉太一名被该厂绑去，阅时两月未准交还，而凿孔损坏之木植，尤为木把生命所关。且王秉太因木植漂流韩岸，渡江认领，本无错误，营林厂辄行绑去，前已激成木把之报复。我地方官妥为保护，幸将日人六名送回，而该厂绑去之王秉太至今尚无下落，若非拷打致死，定是有意扣留，如此办法何以服木把之心。至认领漂流木植，既有捞费，其凿孔损坏之木植，尤当议及赔偿，请照会日本国驻京大臣，转致韩统监府妥为办理等因前来。查此事前准该省来电，迭经照会贵大臣在案，嗣准照复，称已转行统监府详查，俟接复文再达等因，迄今尚未续准照复。兹据东督等咨称各节，是该厂不法行为，固已毫无疑义，且日本宪兵长小林长藏等，曾与临江令立有字据，允以十日为限，定将王秉太交回，并赔偿损坏之木植。乃事阅两月，并未照办。此等人命至重，曲直分明之案，尚且任意膜视，恃强不理，何以服人心而昭公道，无怪两国感情总未能融洽，每每枝节横生也。为此照会贵大臣查照，希即转达贵国政府，转致韩统监府，迅为秉公办理，勿再延宕，并望见复为要。

六月二十一日木植档

日使伊集院致外部日政府拟自行改筑安奉路照会

为照会事。

安泰铁路改筑问题，本年正二月间曾与贵国政府迭次交涉，本使深体本国政府顾重友谊之旨，屡向贵国政府开诚布公，沥陈此案情理之所在，并说明贵国政府所以必须容认帝国政府要求之理，乃亘数月之久，贵国政府竟漠然视之。若藐视帝国政府和衷隐忍之诚意，左右托辞，旷日弥久，故至今日依然案悬未结。现又奉本国政府训电饬，将下开各节转达于贵国政府：帝国政府以安奉铁路不仅为清韩两国铁路之联锁，且当欧亚交通之要冲，故极欲改筑轨道以应各国商务之需要，增进东西交通之便利。本年正月以来曾向贵国政府声请协助，以符两国之成约，乃贵国政府徒藉词延宕数月之久，迁延答复。至六月二十四日，始由东三省总督拟定办法，答复前来，查其内容颇为失当，即如撤退守备兵及铁道警察等事，与改筑线路毫无关系。考诸《北京条约》之精神及帝国政府累次之声明，断非帝国所能允认。而贵国竟提此等问题以为改筑工事之条件，且于改筑工事最要之取宽轨道，并技术上最要之更正线路，均目之曰非改筑，一并拒绝。抑知改筑安奉路线，实属于我条约上之权利，贵国政府竟欲藉词妨害实行，其不当不待辩论。虽然帝国政府重顾两国之友谊，总期以贵国之协助，实行改筑之事，故不惜反复开陈，以求贵国政府之反省。然贵国政府依然固执从前之态度，自交涉开议以来，业逾七月有余，迄今仍未允我所请，是贵国之意实在阻碍改筑路线，蒙晦成约，毫无可疑之余地。帝国政府遗憾之下，不得已顾世界交通之便利，据条约上之权利，决定不俟贵国之协力，自行改筑安奉之线路。以上特奉帝国政府之命照会贵部，即希鉴察可也。须至照会者。

六月二十一日安奉铁路档

日使伊集院致外部日兵携械进间岛事已转达政府照会

为照会事。

本月二十日接准照称，准东三省总督电称，华历十一日有日本宪兵一队携带军器并弹药车，自会宁渡江进入间岛，实为侵害地方安谧，破坏和平之举动，请转致日本政府速行撤去等因。查此事本使至今尚未接得详报，然即谓实有其事，际此间岛领土权问题尚未决定之时，因保护韩民之故，我国宪兵偶有增减移动，亦属事所当然。来照遽引此断为侵害地方静谧，激发事端，实本使所不能首肯者也。来照所称各节，自当转达本国政府，俟有回报再行奉闻。为此照复，即希查照可也。

六月二十一日延吉边务档

锡良陈昭常致枢垣外部日人对延准备军事行动乞示机宜电

日人在延吉输械添兵，昨经电奏并电大部速与日使交涉在案。兹据吴督办禄贞十三日电称，据稽查处报告，日本婆渥兵轮运来陆军五百余名，已至会宁，将开赴茂山驻扎。茂山距我六道沟仅一江之隔，向为延吉西境马贼出没之区，又为朝鲜茂山、甲山通夹皮沟娘娘庙，以达吉省之要道，与奉天临江、通化二县只长白一山之隔。其地山岭丛杂，森林密茂，本不足屯扎大军，而乃竟移驻五百余人于此。盖日人于奉天鸭绿江沿岸素有陆军官长混迹马贼之中，给以资财枪械，暗中联络。前在奉时，菊帅电向大部提及并嘱禄贞留意。到防以来，严密访查，延吉境内布置周密，颇难成事。此次日人派兵至茂山屯驻，其用意竟欲联合奉吉二省马贼，窜入延境，扰乱地方治安，彼可藉保护韩人为名，添派大兵越境，为实行占领之计。现已拨工兵四十名，假修道为名于六道沟暗地保护，又调白草沟炮手队四十人，至该处搜剿马贼，并派员谕娘娘庙等处练长严加防范。惟日人蓄谋已久，不知能销患于未形否？又茂山附近东景德地方，原驻有巡防队四十人，昨据该员报告我兵向韩人购买粮草数车，将至营时被日宪兵劫去。次日又购数车，日宪兵将韩民输户拷打，意在断绝我兵粮草。一俟彼此稍有冲突，彼亦可藉词添兵越境，现已购粮输送东景德供用，并派员向斋藤诘责矣。近又据六道沟事务员报告，日人在该处附近捕获俄人一名，则俄人之注重此地，日人之严防侦探可知。总之，自俄人闭封海参崴为军港后，对于延吉百出诡谋，图挑边衅，务欲乘机占领。而此地实足制海参崴之命，俄人万难坐视。日人若进兵占领延吉，俄人必以重兵进据珲春、宁古塔以取均势，则吉林南边转瞬即变为日俄二家之战境，而我国首受其祸，不独延吉一隅万难保守，且恐牵制三省大局，并非禄贞所忍言者。今欲保全和平，必须阻止日人之进取，而沿江一带进兵要道如稽查处、光霁峪、凉水泉子、飏山等处防营，多者不过三五十人，少者仅一二十人。此外军队驻扎本城，纵横约二三里，布防多至六十余处，每处所有不到五十人以上，防务处处吃紧。若稍有调遣，则恐有顾此失彼之虞。禄贞左右军队，合计马步队不及二百人，一旦祸生不测，实有束手待毙之势，此时或仍增兵，恐起交涉。彼竟明目张胆任意添兵，若非厚集兵力，注重江防，令其野心稍戢，边务大局万难维持。危迫如此，因应无方，如何因应，务恳飞速电示机宜，以便遵循等因。查延吉兵队，我处从未增拨，吴禄贞此次到延，屡次切嘱办事务须稳慎和平，前案虽有冲突，究系兵警口角，并非出自官长。乃彼复增兵不已，吴电占领一层纵出过虑，恐欲以虚声恫赫，促我解决，使我急不暇择，堕其术中。现在仍严电吴禄贞，务自忍耐，听候大部，一面将境界问题早日决定，一面饬彼将现调日兵尽数撤回，仍以维持现状为主。至延吉兵力单薄，究应如何应付，应请电示机宜，以便遵守办理。锡良、昭常二十日。

六月二十一日延吉边务档

使日胡惟德致外部日外部谓我在延吉增兵故取均势电

十九日电悉。德即向日外部切诘，彼称伊集院公使及延吉日官尚未来告，容即电询。并称日兵内进，容或不免，因延吉边务大臣有增兵六百名之举，故日本亦应添兵以示均势等语。我在延吉增兵是否确实，希电复，以便措词。德。

六月二十一日延吉边务档

外部致伊集院延吉案如全允其他各案中国亦当互让节略

东三省未定各案，前准节略内称，此事所以决意拟允贵国之望，收回关于土地根本问题之争议，只主确定保护韩人一事者，实为希冀妥结此案，并便解决其余各案起见。乃贵国固执己见，竭力主张韩人裁判权须操于中国，无所退让，以致其余各案终难解决。至拟于通商开放地以外之各处，酌设我警察署，以便取缔韩民一事，若贵国政府究有不便，照允之处，不妨告明本大臣，自可详陈政府务从尊意，谅我政府未必坚持原议云云。又本月初十日准贵大臣面称，本国让步者于前节略内已详细开明，贵国政府究于各案有何让步，请商见复各等语。查延吉为中国领上，该处越垦之民应归中国裁判，种种理由迭经向贵大臣详叙，无烦再述。中国前允在延吉自开商埠一二处，埠内各国人民照约办理，本系顾念两国交谊之办法，就延吉一案而言，实属无可再让，贵大臣节略申明领土属于中国，本部具佩贵国政府主持公平之意。惟所称商埠外可不设贵国警察等语，本部实不能认为让步。盖延吉即可酌开商埠，亦系按照自开商埠办法，埠内警察且应由中国自设，埠外更不待言。且领土权中最重者为应有之裁判一端，贵国乃坚持不允，则所谓认我有领土权者，名为让步，实际中国政府岂能满意乎？此本部所以于贵大臣节略难于作复也。至贵大臣所询他案，中国有何让步一节，本部兹可声明：如贵国政府允将延吉一案按本部上次节略所开各节全行照允，足满中国政府之意，则其他各案本国政府所视为一律重要理由满足者，亦当于无可退让之中竭力酌量退让，如左开各条以答贵国和商延吉之美意。

一、新法铁路。中国可允将拟造由新民屯展至法库门一路暂行缓议。

一、大石桥支路。中国可允将此路让作南满支路，俟南满铁路期满时一律交还中国。

一、抚顺、烟台煤矿。该两矿本系中国产业，今因顾重两国交谊起见，中国可允让由中日两国人合办，照安奉铁路沿线矿务一律办理。

一、安奉铁路沿线矿务。此条贵国政府已允，可与南满洲铁路沿线矿务同商人合办，现抚顺、烟台两矿中国既让归合办，自可一律商订章程。

一、京奉铁路展至奉天城根。此事无非为便于交通起见，既与南满路线毫无妨碍，前节略所称各办各站一节，谅贵国政府可以照允。

以上各案，如新法铁路、大石桥支路两案已全行让步，抚顺、烟台矿务及安奉沿线矿务亦已让至极步，此系重念两国友谊，故不惜置本国可以主张之理由勉徇贵国政府之意，如此推诚布公，谅贵政府定能满足。惟延吉一案中国视之特重，迭经声明日本如将此案按照中国之意全行让步，则其余各案中国亦当互让在案，贵国政府能照此互让议结，诚可表示和平公允之据。如此延吉一案，商埠外越垦之民仍坚持应归日本裁判之议，则中国于各案所据理由本皆满足，本部亦惟有坚持前议而已。想贵国政府及贵大臣素重两国交谊，当能与本部同意速行解决，是所至望。

六月二十二日延吉边务档

外部复锡良程德全安奉路事应照约妥商希与日领速商电

安奉铁路事来电均悉。昨准日使照称：奉政府训电，东督所拟办法，如撤退守备兵及铁路警察等事，与改筑线路毫无关系，中国政府藉词延宕，意在蒙晦成约，本政府决定不俟协力，自行改筑线路等语，当经本部照复，其文撮要节录如下：此路贵国于二年内商办，此次日领与该省督抚提议，亦多方延宕，是延迟之故不能归咎中国。此路由军用改为商用，应视商务盛衰为改良标准。如必须改宽轨道，尽可推诚熟商，何必遽然独断，致违条约？妥商之文，惟改宽轨道须与京奉路相同，以归一律。至更正线路果为工程所必要，自可照约派员妥商，断不容藉词更改线路，致背立约本意。以上两端既经明定大旨，其余细目自易妥商。应饬驻奉日领，按照中日条约，并此次声明大旨，与该省督抚迅速议定，以期早日开工。再，守备兵指旅长一路而言，他路不能援照，约内亦并无明文，铁道警察将来自当由中国派遣等语，除将来往照会钞咨外，希查照与驻奉日领从速商定，并电复外务部。

六月二十二日安奉铁路档

外部复伊集院安奉路改线照约由中日派员妥商不容任意更改照会

为照复事。

接准来照：以安奉铁路改筑问题，接奉政府训电，东三省总督拟定办法，如撤退守备兵及铁路警察等事与改筑线路毫无关系，意在蒙晦成约。帝国政府顾世界交通之便利，据条约之权利，决定不俟协力，自行改筑线路等因。查安奉铁路改良一事，载在中日会议附约，其约内声明，该路改良办法，应由日本承办人员与中国特派人员妥实商议，所有办理该路事务，中国政府援照东省铁路合同，派员查察经理等语。推原立约本意，此项铁路十五年期满估价售与中国，是与中国极有关系，故改良之办法必由中国派员妥商，以期彼此有益。本部迭电东省督抚与日本领事商议，即是遵照条约办理。来照谓中国政府藉词延宕数月之久云云，查此路贵国于二年内并未照约商办，此次驻奉日领与该省督抚提议，亦多方延宕，是延迟之故不能归咎中国政府。至来照谓安奉铁路为各国商务之要，需增进东西交通之便利，中国政府甚表同意。所称取宽轨道并技术上最要之更正路线等语，查条约既载行军铁路改为转运各国工商货物，则此路由军用铁路改为商用铁路，应视商务盛衰之情形为改良之标准，此理曾经面达并非意存固执。如因商务必须改宽轨道，日本尽可推诚熟商，何必遽然独断独行，致违条约。妥商之文，贵国既视改宽轨道为至要，中国政府亦不愿过拂此意，惟改宽轨道须与京奉路相同以归一律。至改正路线一节，果为工程所必要者，自可照约由中日特派人员妥实商议，断不容藉词任意更改线路，致背彼此立约本意。以上两端，既经明定大旨，其余细目自易妥商，贵国政府亦当满意。除由本部电达东省督抚与贵国领事接续妥商外，相应照复贵大臣转达贵国政府转饬驻奉领事，按照中日条约，并此次声明大旨与该省督抚迅速议定，以期早日开工。来照谓不俟中国之协力，自行改筑线路云云，未免过当，谅非贵国政府顾全睦谊之意。再守备兵及铁道警察等事，亦系应行提议之事，不得谓毫无关系。守备兵只指旅长一路而言，他路不能援照，约内亦并无明文。铁路警察将来自当由中国派遣，合并声明，须至照会者。

六月二十二日安奉铁路档

外部致锡良陈昭常延吉事日外部所称增兵究属何指希查复电

延吉事十七、二十两电均悉。本部已据前电照诘日使，请其撤兵，并电胡大臣切商。日外务部旋准日使复称：此事未接详报或因保护韩民之故，日宪兵偶有增减移动，亦属当然云云。又准胡大臣电称：日外务部谓未接报告，恐因延吉边务大臣有增兵六百名之举，故添兵以示均势，究竟我增兵是否确实，希电复，以便措词各等语。查此次来电有延吉兵队从未增拨之语，日外部所称增兵六百名究属何指，抑有误会之处，希再饬查明电复。外。

六月二十二日延吉边务档

锡良陈昭常致外部和龙峪日兵行凶案证据确凿录呈函诘斋藤原稿电

延吉线阻半月，因水灾尚未修通，吴督办来电辗转投递，迟速不一。兹接初五日电如下。

和龙峪命案现刘参谋归报，与日宪兵境野少佐公同调查各节，与前电虽微有出入，事证已极确凿。业已据报，将此案原委及日宪兵不法行为，函诘斋藤，用将原函录呈钧鉴：

五月二十九日清晨接和龙峪来报云，前晚八钟和龙峪突有日宪兵四名、韩通事一名，闯入经历衙署内堂，枪毙捕盗兵勇曲得胜、刀伤外委张景泰一案，当经本督办派刘参谋官前往贵处，请派员同往调查此案。兹将刘参谋与境野公同调查情形，各节详述于后。

先是二十八〈日〉下午四钟，和龙峪街华商毕成赴小八道沟向韩民金彦京索账，与彦弟玉官在田间闲谈。忽有韩人全成哲前来，全成哲向恃贵宪兵威势，凌虐华韩人民，且素与毕成有隙，见面时互相口角，全成哲持锄扭打毕成。适贵宪兵久重笃信亦至，不问情由即用刀背助殴。嗣有韩民辛世丰命扭毕发辫，声称解往宪兵分遣所治罪，宪兵在马上指示。旋有人报知我巡警，警兵王得胜、张得祥，因出保护，值辛世丰脚滑松手，毕成遂逃向巡警兵公所。宪兵回马前追，我警兵前阻，全成哲持锄即打，当被张得祥夺来。贵宪兵遂抽刀砍来，王得胜夺之，宪兵落马后持枪将放，又被张得祥所夺。贵宪兵以武器全失，驰去。我巡警只得将毕成救回，并将韩人全成哲带署。此次我宪兵救回无辜之毕成，带回凶殴毕成之全成哲，并夺回贵宪兵长枪短刀，此我巡警正当之职务也。不意时甫日昏，突来外沟贵宪兵分遣所特务曹长深津银平，率宪兵岩崎喜吉、西村清助、福田等三名，韩通事一名，均带武器，留岩崎在大门外把守，余均闯入衙署。两骑马宪兵，西村清助至二门下马，戒严而立。该特务曹长率上等兵福田及韩通事并不通知，直闯内堂。我张外委嘱语通事向贵宪兵所带通事云：许老爷公出，贵官有何话说，请到客堂稍坐。日通事开口恶骂云：此事何用交涉！我通事不能阻止，耿哨长因向前理阻，此去则我官上房不可再入，仍请贵宪兵至客堂。宪兵福田以耿阻彼深入，持枪将击，张外委见其情形，乃力抱福田之身阻其施放，至彼此揪扭倒地。清津银平即拔刀从后面砍落外委左耳并右耳腮，张外委受伤释手，又被曹长连砍头部四刀。耿哨长从后劝解，亦被该曹长乱砍数刀未中。当时我经历公署内空虚，仅有巡警二名，一立门岗，一看守，全成哲未克轻离。捕盗营勇曲得胜恐贵宪兵来者愈多，至大门探望，刚奔门首即被贵宪兵迎击殒命。署内曹长等闻门外宪兵开枪，亦放枪轰击，并枪射上房及收发所，弹痕历历，幸未伤人。适捕盗营勇刘景顺一名，在门外见曲得胜殒命，贵宪兵又欲向伊开枪，始行还击。迨枪声停止，贵宪兵等打哨率往东沟分遣所驰去。此曹长深津银平率领宪兵携带武器闯入署内，伤毙我国官兵之实在情形。而其所以胆敢暴行凶横无状者，询系奉有境野命令，故敢出此用，将贵宪兵前后不法行为列举于下：

一、全成哲因与毕成有隙，相遇即行殴打，贵宪兵助其凶殴，致毕成受伤甚重，此贵宪兵不法者一。

一、贵宪兵在此无逮捕我人民之权，华商毕成即令有罪并非贵宪兵所能过问，况毕成既无罪犯，横被凶殴，擅行逮捕，且行且打，惨无天理，此贵宪兵之不法者二。

一、贵宪兵既无逮捕我人民之权，遇我巡警即应将毕成交出，何得径行带往分遣所？况毕成已乘势逃至我巡警前，贵宪兵又骑马追赶，举动凶猛，必欲将我理应保护之人民夺去，此贵宪兵不法者三。

一、贵宪兵追赶毕成，与我巡警相遇时，我巡警和平阻止，而全成哲持锄行凶，贵宪兵不惟不加拦阻，且有拔刀用枪种种暴动，此贵宪兵之不法者四。

一、经历衙门为我朝廷行政重地，贵宪兵曹长率领多人携带武器，乘许经历公出衙署无人之时，擅入内堂，恃其暴动，蹂躏我行政公署，藐视我国法权，此贵宪兵不法者五。

一、贵宪兵入署时，先置一名于大门外，又置一名于二门内，意在断绝衙署内外交通，其决意行凶，预谋暴动可见，此贵宪兵不法者六。

一、贵宪兵进署时并不通知，直闯内堂，我韩语通事请其至客堂稍坐，贵通事开口便骂，若非受有用武命令何得野蛮如此，此贵宪兵不法者七。

一、贵宪兵闯入内堂复欲深入，耿哨长仍请其暂至客堂稍坐，贵宪兵不依理论，即持枪相向，预备开放。张外委徒手在后，见势紧迫，遂抱持枪宪兵阻其施放，意在和平解决。贵宪兵不从，二人遂交扭倒地。贵曹长果为交涉而来，即应从旁排解，乃竟持刀砍落张外委左耳并砍右腮，且张外委既受伤释手，又复连砍头部数刀。贵曹长对于徒手解救受伤释手之人如此行凶，实属决心谋杀，此贵宪兵之不法者八。

一、贵曹长既在署内行凶，贵宪兵又在署外开枪，我捕盗营勇曲得胜闻听枪声出门探望，刚至门首即被贵国在门外埋伏之宪兵枪毙，足见贵宪兵早为预备实行谋杀，此贵宪兵之不法者九。

一、我署内既无抵抗之人，上房乃妇女所居，收发所为办理文牍之所，贵宪兵并向此处射击不知是何居心，此贵宪兵之不法者十。

由此观之，贵国官兵人等，始则同全成哲将华民殴打逮捕，继又向我巡警擅用武器，终则由境野少佐命曹长等率领多人携带武器闯入衙署伤毙官兵。此等不法行为，实为世界文明各国所未有，中日两国国际所不容，乃出诸贵官及宪兵队长境野命令，其居心诚不可解。如此暴动不法殊甚，本督办闻之不胜骇异之至，惟以维持邦交，以全和平起见，应先行通告。至此次贵处所行种种不法及行凶各宪兵等，应如何秉公处治之处，务祈迅速明白答复云云。此外所有应向日人要求条件及与斋藤交涉情形，容再续陈。将此函转电外部，备与日使交涉为祷等因，祈察核备案。良、昭常。号。

六日二十二日延吉边务档

外部致胡惟德安奉路改良事请日廷饬日领照约议定再行开工电

安奉铁路改良事，按照条约应由中日派员妥商。前由东省督抚开出办法十条，与小池总领提议，该领旋议旋翻，莫衷一是。昨准日使照称，该路为交通要冲，日政府极欲改筑轨道，增进便利，中政府藉词延宕数月，始由东督拟定办法，其内容颇为失当。如撤退守备兵及警察等事与改筑线路无关，日政府所最重者为取宽轨道并技术上最要之更正，现决定不俟协力，自行改筑线路等语。日本于此路逾限始行商办，耽延在前，乃不待会商妥协，辄称中国有意延宕，决定改筑，未免恃强违约，贻笑邻邦。除由本部允准改宽轨道，与京奉路一律更正路线，果如工程所必要，可派员妥商，惟不容藉词任意改线等情照复该使外，希向外部婉达，请饬日领按照原约并此次声明大旨，与奉省督抚将改良细目从速妥实议定，再行开工并电复。外。

六月二十二日安奉铁路档

锡良陈昭常复外部自吴禄贞到延迄未增兵请商日外部饬撤兵并警楼停工电

二十二日电敬悉。延吉兵队自吴禄贞到防后，迄今未添一兵，日外部谓我增兵六百名，全属子虚。请电胡大臣切商日外部，饬斋藤将现添兵队尽数撤回，添建警楼立郎停工，仍以维持现状为主。良、昭常。

六月二十三日延吉边务档

外部致胡惟德据东省督抚电延吉未增一兵希商日外部撤兵电

顷准东督吉抚电称，延吉兵队自吴禄贞到防后，迄今未添一兵，日外部谓我处增兵六百名全属子虚。请电胡大臣切商日外部，饬斋藤将现添兵队尽数撤回，添建警楼立即停工，仍以维持现状为主等语，特转达即照办。外。

六月二十三日延吉边务档

日使伊集院致外部安奉路事俟接有回训再告照会

为照会事。

安奉铁路改筑起工一事，基于敝国政府之训令，业于昨六日照会贵部在案。宣统元年六月二十二日接准照复，当已阅悉，并将情形电达敝国政府，俟接有回训再行奉告可也。

六月二十三日安奉铁路档

使日胡惟德致外部安奉改筑日拟先行开工当驳以背约乞钧裁电

顷小村面告，安奉铁路改筑一事，不独为中日利益，并关欧亚交通，甚为重要，迭在奉天、北京商议，且屡次敦促，迄今无成议，转增阻难，必至旷日无成。日本业于今春预备兴筑，刻下势难再待，故决计先行开工，已电伊使照会在案。惟日本意在中日交谊，推诚相与，益求亲密，此举实出万不得已，绝无他意，请为转达等语。当驳以此举有背原约，甚非和平交涉，且恐枝节横生，从此多事，邻好岂愿出此？且中国现与他国铁路悬案尚多，贵国如此作俑，更不能不虑人效尤。如果真心交好，此议务必作罢。彼称今日约晤，并不欲与贵公使争辩，但请将本国宗旨转达北京政府云。此事应如何设法妥商，勿任彼擅自开工，以符原约而免枝节，乞钧裁。德。二十一日。

六月二十三日安奉铁路档

外部致锡良程德全安奉路改筑以绕线设站占地为最要希相机争持函

清弼制军、雪楼中丞阁下：

敬启者：安奉铁路一事，日人以我不允改轨线为藉词延宕，并称撤退守兵警察与改筑线路无关，决定自行建筑等情，所有本部与伊集院使来往照会，业经撮要电达，并抄录原文咨行备查在案。查改宽轨道暨更正线路两端，如为该路不可少之办法，自未便一味固拒。现我既允其派员妥商，则大旨已定其中，细目与议之时，尤宜格外详慎，以期操纵得当。原议以二年为改良竣工之期，迟延至今，其竣工之期自应仍以二年为限。详阅勘路委员黄国璋等原呈，知日人命意，拟由陈相屯折入苏家屯，以附南满铁路，名为缩短，实则加长。且所省极微，诚不若以轻便旧轨，由陈相屯直达奉站之为愈。又拟废沙河站，移安东站于新市之正南，且自路线西南至六道沟，强购民地殆尽，约两万亩尽入租地。是其圈地设站，实于安奉全路利权一网打尽。尊处原拟节略三、四、五三条本为预防地步，菊人尚书与弟等晤谈此事，亦肫肫以绕线设站占地三项为虑。是此三项关系至为重要，务希执事于提议时相机争持，免入彀中。至守兵、警察两节，彼既认为题外应议之件，允与另议。若与同时议定，转恐为所牵制，致难收束，应否先与订定，分作另议条件，统希荩筹核夺为幸。

六月二十三日安奉铁路档

川滇边务大臣赵尔丰致外部闻英美人突入藏地蛮民惊骇拟请商各使须领详明护照电

据察木多粮员刘廷灏禀称：五月初七日，突有美博士罗佛、英牧师徐丽生至该台，蛮民颇为惊骇，大有肇事之意，经粮员再三开导弹压，始无他虞。罗佛等径欲兼道入藏，复经粮员婉拒，又拟由江卡赴巴塘。该员告以藏人在彼练兵，去必生害，徐牧师始由德格回巴，罗佛闻尚在察。查外人游历，照约须有护照，且须指明省分，前经大部咨行，不发西藏护照，此次大部所给罗佛护照，亦无西藏字样。边藏非内地可比，巴里早有外人传教，然巴塘尚有两次杀毙教士之事，何况察川等处蛮民无理，粮员无约束之权。该博士等蓦然前往，倘为蛮民所害，徒生交涉。应请大部转商各国公使及咨行各省，凡外人欲向炉边以外游历者，必须在四川总督及边务大臣处领照，并将游历之地名如巴里等处明白填注照内，不能仅填四川省分。而关外各地游历，向在该处之外国人如向各蛮地，亦非告知就近文武允许派护，不能自往，以昭慎重。倘无护照或有护照非填明关外各口，私自往来者，遇有危险，无论已否设官之处，不任保护之责。尔丰为体察情形，慎重交涉起见，是否有当，乞钧裁。尔丰。元。

六月二十三日西藏档

使日胡惟德致外部据小村称安奉轨道可照办电

二十二日电敬悉。遵即切商小村据称，安奉轨道可照办，线路可照黄委员与日技师已经勘定之图办理，细目可由东三省督抚与小池总领事妥商，尚无异议，谨闻。德。

六月二十四日安奉铁路档

外部致胡惟德安奉事日登报宣布已电各使声辩电

安泰事已详廿二电，顷接日伊使复称，已转达政府，得复再达等语。日政府有无回答，现阅日本以一面之词宣布各国，并登报章，已电各使切实声辩矣。外。敬。

六月二十四日安奉铁路档

锡良程德全致外部安奉路事如晤日使请将奉议让步告知电

安奉路事。十九日饬司往晤日领，提出甲乙两办法为让步：甲、日政府允认九条，则我允认第二条；乙、我暂允第二条，俟九条议决，再行开工。请其与彼政府商量答复。小池初仍坚持开工后再议九条，否则不能转达。复谈良久，允转达后答复。惟今已三日，尚无何项答复，似该领已无诚意商办。前该领见良等时，明言可以互换利益，兹不惟不认，且以迁延为词，难保其不另怀诡谋，特先电陈。如与日使晤谈，请将奉议让步情形告知，勿令说我不愿商议为幸。良、全同肃。

六月二十四日安奉铁路档

外部致萨荫图安奉路事日本恃强蔑理希告各国电

奉天至安东一路，于光绪三十一年十一月由中日全权议定，将行军铁路允改经商铁路，由日本修筑。约内载明满十五年售归中国，并声明于二年内开办，其一切改良办法由中日派员妥实商议，并可由中国派员查察经理等语。日本逾限未议，至今春始来提议。中国顾全邦交，仍允照约与之商办，立即由邮传部派员会同日员勘路后，由东督与日领商议办法，屡屡延宕，并不肯应中国所请，将不设护路兵与铁路警察由中国自办两节同时商定，以至数月未能解决。乃日本突于本月二十一日照会本部，谓中国故意延宕，拟不俟中国政府之协力，自行开工等语。当即照复，大旨以此路改良办法，为商务计，虽无须改宽轨道，然日本既以改宽轨道及更正工程上之路线两端为重，中国亦不愿过拂其意。惟轨道必须与京奉相同，更正路线须确为工程上必要之处，不得任意更正全线。其护路兵系允设于长春至旅顺一路，他路不得援例。铁路警察将来须由中国派遣，并声明中国不任延宕之咎。查安奉路日本逾期来议，我亦并未拒议，该路虽不必定改宽轨，中国亦勉徇其意，原期彼此和衷商办。不意日本恃强蔑理，不顾条约，反以一面之词布告各国，自护其非。其实此路名为经商，实便用兵，且南满一路，日本不按原约侵权日甚，故我有鉴于此，不得不将护路兵及警察两事提前声明。日本如果受商，则此事早已定议，岂得转以迟延之咎诿诸中国，自便私图。现中国仍以照约妥商，和平解决为宗旨，希将实在情形详细布告各国以伸公理，并登报声辩为要。外。

六月二十四日安奉铁路档

日使伊集院复外部安奉改筑问题请速承认照会

为照复事。

安泰铁路改筑问题，本使曾于初六日遵本国政府之训令照会贵部。旋于中历六月二十二日接准贵部复文，当即电达帝国政府。兹奉回训，特照下开各节答复：本问题至于今日之地步，问其责任所在，本使已于初六日提出之公文内详细陈述，今再议论此点毫无实益，亦非帝国政府之所愿。且现在贵国政府声明，承认改筑安奉铁道为各国商务之急需及东西交通之便利，于改宽轨道、更正线路不再固持异议，实帝国政府深为满足者也。查改宽轨道，帝国政府本拟将安奉线路之轨道照南满洲铁道之本线一律办理，南满本线之轨道实与京奉铁道全然相同。就此点而论，帝国政府之企望与贵国政府之主张适相一致，帝国政府不胜欣悦之至。又更正路线一层，其范围亦以确系技术上认为必需者为限，即此次帝国所拟施行改筑之工事，亦本系照本年三、四月间两政府派员会同踏勘。贵国委员曾经申报于贵国政府认为妥当之线路，今日可无须再行派员商议，故帝国政府切盼贵国政府顾念改筑工事之急需，从速承认经前委员查勘妥协之线路。如经贵国承认其轨道及线路之问题确定，以后则一切购买土地暨其余细则，帝国政府当饬驻奉领事与该处督抚妥商，绝无异议。本使深信贵王大臣必能照帝国政府之来意办理，使此案从速解决，以昭两国向来之睦谊。以上系奉政府之命照会贵部。即希速行照允，见复为盼。须至照复者。

六月二十五日安奉铁路档

锡良程德全致外部闻日廷照会各使谓安奉先行开工请将议过情形布告各国电

二十二日电敬悉。昨电想已达览。本日由司派员往询小池，彼政府有无答复，小池始颇支吾，继云已由政府电知公使照会贵政府，即此项之答复。我处旋以此事未归北京办理，日政府命令竟不直达贵领，则贵领究竟有无与议之权亦可直告，何必故为迁延转致耽误。并将钧电大意告知，言我政府促我向贵领开议，勿再失信。小池准允日内必将彼政府诚意确实回复。又彼铁道会社总办镰田今午来谒，公司奉彼政府命令，安奉立即开工，关于购地各事，望中国官府协助等语。良等告以此事现正与领事会议未定，贵国素行文明，想难强迫开办，并询无开工日期，随即辞去，特以附陈。正译电间，忽据某国领事来司报告，接彼国驻日公使函云：日本政府现在照会驻日各使，中国对于安奉路事种种无理，日特申明先行动工，再议各种条件，并言决不多用兵队武力等语。某领言日所云中国无理情形，与在奉所云不合，事多谣谤，贵国亦应将议过情形照会各国，以凭解释等语。现将开议后历次情形先告胡使，应如何布告各国，即请钧裁。某领事来告，意甚切挚，并求勿泄为叩。再顷，又探得确信，南满会社已于昨日命工程师开工，究应如何诘问、抵制之处，并求迅示机宜。良、全同肃。

六月二十五日安奉铁路档

外部复锡良程德全日使谓安奉路事中国认为妥当果何所据希询复电

安奉路事来电均悉。顷日使照称：改宽轨道与京奉同可照办，更正线路确以技术上必需者为限。本年两政府派员会勘，华员曾申报中政府，认为妥当之线路无须再商，如贵国承认轨道及线路之问题确定，以后则一切购地暨其余细则，当饬驻奉日领与督抚妥商等语。并准胡大臣来电，据小村所言意旨略同。查黄委员国璋原呈，曾称新定路线诸多不合，尤不以绕出苏家屯为然，邮传部亦同此意。如以技术上必需为限，只可照直线略有改易，如舍险就平之类，若绕出苏家屯则违安奉之义。兹该使谓中国认为妥当，果何所据，希详询黄委员，速电复。再宣布一节，昨已分电各驻使登报申辩矣，并闻。外。

六月二十五日安奉铁路档

外部奏照约酌设和属总领事领事各员缺折

外务部奏为照约酌设和属总领事领事各员缺事。

窃中和领约，经外务部于本年四月间奏明，画押、批准，寄和互换在案。约内载，批准互换之后，自第四个月起实行。又载，凡各国现时派驻领事及将来派驻领事之口岸，中国均可派领各等语。现各国在彼设领地方已有七处，中国创设之始，应视彼处设官辖地之制，参酌分别择要设立总领事、正领事等员，并规定驻扎地方、管辖区域暨各该领馆员缺，以资遵守。查和属巽他群岛口岸繁多，彼分行政、视学、司法三大纲，画区分治。而于巴达维亚、泗水、把东等处为商务重要之区，与华侨尤有关系。兹拟于爪哇岛设立总领事一员，即驻扎巴达维亚管辖本岛三宝陇以东地方，及婆罗洲和属全境、万里洞全岛，并其附属各小岛；丁泗水设立正领事一员，管辖本岛三宝陇以西地方，及西里伯和属全境，马渡拉、巴厘、龙目并其附近各小岛；又于苏门答腊之把东地方设立正领事一员，管辖本岛全境及邦加，并附近各小岛。以上各地均系华侨荟萃、商务丛集之所。其总领事馆拟设二等通译官一员、二等书记官一员，正领事馆拟各设三等通译官员、三等书记官员均作为额缺，至各该馆公费员薪，均参照现驻各国领署办理。如蒙俞允，即由外务部拣选妥员，奏请派充。此外如尚有应行增设领事之处，再随时酌量情形，奏明办理。所有拟请照约酌设和属总领事各员缺缘由，理合缮折具陈，伏乞圣鉴。谨奏。

宣统三年六月二十六日奉朱批：依议。钦此。

设领档

外部复高而谦葡若藉他国势力强占小岛人心不服希婉劝葡使电

来电均悉，顷英使面称，澳界事若照华官所拟办法，恐难办到。当答以此事现由高大臣在澳与葡员会议，本部不便再行议及。惟就我私意，葡人在澳不过居住贸易，按约得久享此益，万不可有贪土之想。既非在彼屯兵，欲筑军镇，何取于附近小岛？今粤民对于此事甚不安靖，若恃他国势力强占无益之地，粤人心必不服，将来必不相安，不如与高大臣和衷商订为宜等语。希照此意婉劝葡使，以期就范。外。宥。

六月二十六日澳门档

闽督松寿致外部据驻福日领通告安奉铁路案电

二十五日，驻福日本领事天野来署称，奉该国政府电，安奉铁路一案已照会我政府矣，应通告我国疆臣等语，并面交照会我政府节略译文一纸，用特电闻。寿。

六月二十六日安奉铁路档

外部复松寿请告日领疆臣无参预安奉路之权电

二十五日电悉。日领照会通告，殊属不合。应由尊处复以此案由中日两国政府交涉，应由两国政府商办，疆臣无参预之权，此照不便与闻等语，以杜侵越，业由本部通电各省矣。外。

六月二十六日安奉铁路档

清宣统朝外交史料卷六终

清宣统朝外交史料卷七

宣统元年六月下至七月上

锡良程德全致枢垣外部安奉事日允定两层办法电

安奉事，昨今两日迭饬交涉司派员，前与日领商办，日领允定办法两层：一、除第二条归我允让外，余九条彼已认者五条，只一、五、八、九四条须候彼政府意旨，本约三日内即行开议。日领甚满意，有明日即可会商之语。二、以会议之日作为允让第二条之日，该公司可于会议之次日开工，现如已开，即暂停办，若仅止运料，我亦不阻止，以省冲突。此次日领词意甚诚，现已允让，断不再施强硬手段，谨先驰电，并请将此案细目仍归奉天议结，彼此方易接洽，余俟会议后再行详陈，祈鉴核为叩。良、全同肃。宥。

六月二十六日安奉铁路档

锡良程德全复外部安奉路线日领已允不绕苏家屯电

二十五日电敬悉，更正线路一层，钧意只可照直线略为改易，舍险就平，至为钦佩，外间所争亦是为此。现日领口气，已允不绕苏家屯，业经屡次申说，小池并无异议。中国认为妥当，毋须再商，以免另生枝节。好在黄国璋原呈具在，此层可请钧部声明，由外妥议，小池当不至翻悔。现黄丞请假回京，钧部可就近传询，并请促令回奉为祷。良、全同肃。宥。

六月二十六日安奉铁路档

奉抚程德全致枢垣外部东省为各国视线所集谨贡愚忱电

德全为酌改奉抚一事，屡与总督筹商，于谢恩折内先行声叙，一俟商定，即行上闻，奉旨：知道了，钦此。遵即筹议办法，准总督面称，奉抚是否裁撤，现已奏明请旨，应即静候等语。窃德全奉命来东蒙谕：总督情形不熟，前往帮助。当即奏明：久病新瘥，恐于水土不宜。趁此夏令，前往数月后，诸事接洽，即恳恩回京销差。现在总督业已周历三省，奉抚又议裁缺，不日即可回京。瞻念阙廷，勿任感恋。惟德全有不能已于言者，三省形势，日俄分道经营，在我亟应一气贯注，故设督以总挈大纲，复责三抚以地方之事。奈财力有限，原议章制，多未实行，即行之亦尚有窒碍，亟应量为变通，以期推行尽利。查三省寥廓，若总督专注一隅，则吉江两省势必照顾难周，举凡外交、军政、财权、边务、蒙务，既不能厚集资力，以赴事机，复不能出其全神，以谋统一。合而复分三省，将自为风气，散而不整，外人更从而生心。又况农业、森林、矿产、学校，关于实业、教育各事，固应不务形式，亦当急求精神，若不设法维持，不惟已投之资，尽成虚牝，而文明发达，从此更无希望。德全本拟先筹官制，冗者裁之，滥者汰之，行政经费，三省务期自筹，而又必谋督权之尊重，机关之敏活。权限则务必分清，司道俾各担责任，积诚相与，共矢精进，后择实业大端，确有把握者，仰求朝廷主持，筹备巨款，以资兴办。但使委任得人，群材效用，团体一固，人心奋兴，东局虽危，或可勉图补救。今将抚缺议裁，吉江两抚，权限如何划分？外交、军政、财权、边务、蒙务、盐务是否仍谋统一？实业、教育各事，是否仍由总督主持？江省行政经费之不足者，奉吉能否协济？同署办公之制，是否仍旧实行？宣布立宪，本从官制入手，本年考察宪政李大臣家驹亦曾奏请提前预备，现在虽不能完善，亦当不悖于宪法。东省举动为各国视线所集，务望通筹兼顾，缕析条分。议定后尤乞明降谕旨，俾有遵循，并免外人窃议。至若虑总督耳目难周，或更置辅佐，以代巡阅，虑巡抚裁缺不便，或饬奉抚酌带司道，各就原有养廉薪俸，移住洮南。蒙疆有大员坐镇，虽不事张皇行省，而垦务商业或可藉此发达，一得之愚，未知当否？然既有所见，不敢不聊贡愚忱，以备圣明采择，敬请代奏。德全二十五日。印。

六月二十六日东三省档

澳门勘界大臣高而谦呈外部葡使悍言占据因有所恃应驳拒电

葡使所敢悍言占据者，一恃我无租约；再恃本约洋文系承认占据，商约复承认港口附属地字样，英文又可解为不相连等处；三恃公法向来辟地殖民，久占应得主权；四恃粤从前有明许默认之事；五恃租金久远不纳，已逾公法合例限期；六恃若交海牙会判断，彼可处优胜地位。现在无论如何，自应竭力驳拒，一面预筹办法，呈候大部主持。谦。径二。

六月二十六日澳门档

澳门勘界大臣高而谦呈外部澳门事似以延宕为愈电

延宕办法：此案结已失地，不结亦失地。盖澳门全岛、青洲、潭仔、路环，久被占据，在其掌握之中，恐无索回之望。大小横琴，尚非十分扼要，两国均不十分重视，若仍旧不动，彼此当可涣然，不至再起争端。至于对面山，我现有兵驻守，彼难逾越，若由华使一力驳拒，至于相持不下之日。拟以意见不同，自行求退，呈请政府另简贤员续议，政府即以葡之要索出于条例之外，延宕不派，待时再议，亦息事宁人之策，似比即结为愈。谦禀。径四。

六月二十六日澳门档

外部致直督那桐江督张人骏鄂督瑞澂粤督胡湘林如接安奉事照会应复以疆臣不便与闻电

据闽督电称：日领称奉政府电，安奉一案，已照会我政府，应通告我国疆臣等语，并交照会我政府节略译文等情。查安奉案，日本政府未经两国议定，竟照会我国，将不俟我国协力，自行开工，业经本部驳复。嗣接复称，已奉政府训令，允再开议此案，不应通告疆臣。尊处如接此项照会，应即由尊处复以此案由中日两国政府交涉，应由两国政府商办，疆臣无参预之权，此项照会不便与闻等语，以杜侵越为要。外务部。

六月二十六日安奉铁路档

外部复锡良程德全安奉设车站事希与日领熟商电

两宥电均悉，安奉案日使照复，亦甚满意，并称由日领与尊处商议一切。本部已饬黄丞迅即回奉，备议苏家屯一节，日领既无异言，自当仍与切实声明。改设安东车站一节，据黄丞面称，安东县治原站，亦足敷扩充站基之用，如日领坚执移站，可与商将日人圈购之地，酌量照价购回，作为车站用地，并为将来开作各国通商埠之用，以为抵换利益之计。如能照此就范，似属有益，希由尊处熟筹，与日领逐次进商，以期速结。惟不必声明系由本部授意，以为转圜地步，并随时电达本部为要。外。沁。

六月二十七日安奉铁路档

使英李经方致外部英报云安奉路若允日设兵难望俄兵撤退电

二十四日电悉，当遵达外部，并设法广布。阅本日《泰晤士报》驻京访事人专电云：日本使署以中国复文迅速，措词和平，甚为惬意。安奉路改造，中虽允从，然设兵保护，则未许可，此事或将暂搁。按约日人允与俄人同时撤退路兵，今若允日设兵，将来难望俄兵撤退。路工已开办，并无龃龉，中国办理此事异常迅捷，实为可贺云。方。

六月二十七日安奉铁路档

澳门勘界大臣高而谦呈外部海牙判断恐各国袒葡不如自与磋议电

海牙判断，欧美之于东亚，本有不同种族之成规，益以中国政治未尽修明，必以此地属葡为优。葡人布局已久，既有可藉之词，必有袒葡之意。澳门为无税口岸，便于通商，一也；英人虑葡穷蹙，将地献于他国，于已不便，二也；法人在彼有电灯公司之利益，三也；葡人拟开内河，已与法、荷议明，购彼黄浦江浚河机器，包修河道，法、荷均有利益，四也；有此数大国主持其间，海牙会必为葡国之辩护士，难免全败，反不若自与磋议，尚有得半失半之望。谦禀。径六。

六月二十七日澳门档

外部致东三省督抚爱珲等处设关及松黑行船章程俄已允认希饬关道妥为因应函 附与俄使往来函及致税务处函

爱珲、哈尔滨、三姓、拉哈苏苏分设关卡，及议定松花江、黑龙江行船章程等事，本月二十二日业将本部节略及俄使来照钞咨在案。此事前后辩论情形，前咨未及详叙，请再言其崖略。查爱珲等处开关日期，迭经本部照会俄使，俄使来照，于所订《松花江行船章程》，坚不承认。且引咸丰八年《爱珲和约》第一条及光绪七年《改订条约》第十八条，来相诘责本部。当驳以中国并未全废《爱珲条约》，惟日俄订立《朴资茅斯条约》，已将中俄在松花江独得行船之权利让出。现时俄国在满洲所处地位，较之一千九百三年以前，实不能相提并论。兹中国在各该处开通商埠，系实行中日会议条约之事，与两约无涉，所拟试办专章，亦未指明何国船只应否准在松花江行驶。惟行驶该江内之船，均须遵守此章，并饬裴署总税司缮具洋文，给与阅看。该使则谓，朴资茅斯之约，日使亦曾强词讲解，我固未尝允认，中国何能牵涉此约，而置前两约于不顾。断断辩论，相持不决，本部以各该关卡业已次第开办，彼若迁延不认，势必阻碍全局，遂拟一节略草稿，面与磋商。只令其允认关章，新旧约均置不论，该使始允复翻，多方支展。争到尽头，必欲引咸丰八年及光绪七年两约，力请删去，坚不肯承本部公同详酌中俄两约于我尚有利益之处，断不能全废。该节略中虽引及两约，并未指定松花江只准俄国独占利权，不准他国行船贸易语句，尚属活动。至黑龙江系中俄交界，与松花江之在东三省境内者，略有不同。节略内既分两笔声叙，则俄亦已默认两江有别，其行船章程亦应由中俄接续提议，当令该使照原稿另缮英文，经本部复校，并迭饬裴署总税务司反复推勘，尚无流弊，是以缮正节略，函送该使。现该使既将该章允认，所有以后彼此商酌之处，务希随时转饬，哈尔滨关道及税务司等筹酌机宜，妥为因应，是为至要。

六月二十七日税务档

外部致俄使缮送爱珲等处设关及松黑两江行船节略函

所有面订爱珲、哈尔滨、三姓、拉哈苏苏分设关卡及松花江、黑龙江行船等事，业经贵大臣允认，兹特缮具节略函，送贵大臣查照，并希电饬各该处俄员遵照可也。专此。顺颂日祉。

六月十九日

附节略

爱珲、哈尔滨、三姓、拉哈苏苏，因开通商口岸分设关卡，并订试办章程一事，迭经本大臣与贵大臣面商议定，贵大臣允即将以上各关卡及所拟《松花江行船章程》允认，惟按照咸丰八年、光绪七年和约条款，于俄商窒碍之处提议商酌。是以本大臣转饬该处税务司，于该章程内查有于俄商窒碍之处，当详细商酌，拟禀核改，以期妥协。至黑龙江系中俄交界，其行船章程，应按照以上所引两条约，由中俄两国商订，本大臣允即时提议可也。俄使复外部爱珲等处设关及松黑两江行船事已饬允认照会，爱珲、哈尔滨、三姓、拉哈苏苏，因开通商口岸，分设关卡，并订松花江行船一事，于本月十九日准函送节略一纸前来，相应声明。参照该节略内所开各节，本大臣已转饬本国官员，将该章程允认，惟将来所有会商酌改如何之处，应有反为之能力，即系由该章程颁布之日起实行查照会内称应有反为之能力，即系由该章程颁布之日实行两句之意，是谓将来商改条件有转先实行之效力，以暂行章程颁布之日，作为商改条件实行之日。如将来商订减征税款等条件，其实行之日，当以颁布暂行章程之日为始，不自改订之日引用。谨注。并希贵王大臣转饬该处税务司，即将该章程会同本国官员商酌可也。

六月二十日

外部致税务处哈尔滨设关松黑两江行船事俄已允认函

哈尔滨等处设立关卡及松花江黑龙江行船等事，本年六月十八日迭准来文，以东三省总督等及滨江关道先后来电，请速与俄使商定等情。查此事前准俄廓使来照，于所拟办法，坚不承认。经本部再四磋磨，始行议定办法，开具节略函送去后，现准该使照复。称已转饬本国官员，将该章程允认，惟将来所有会商酌改如何之处，应有反为之能力，即系由该章程颁布之日起实行，并希转饬该处税务司，即将该章程会同本国官员商酌等因。俄使既将该章程允认，应由贵处转饬裴署总税务司，会同俄员妥商办理，除分电东三省督抚外，相应钞录原送节略，咨行贵大臣查照，并声复本部可也。

六月二十二日

外部致出使欧美各大臣中日交涉六案已让至极步特详达电

中日交涉六案：一、间岛界务；二、新民至法库门铁路；三、抚顺煤矿；四、营口大石桥支路；五、安东至奉天铁路沿路矿产；六、京奉车站移至奉天城根。彼此交涉，经年迄无结果。查间岛即延吉厅，原为中国领上，有光绪十三年中韩会勘界图，并中外图志为证。日本始则强以该地为韩属，继以中国图证确凿，遂认中国有此领土权，惟该地与韩仅隔图们江，韩民历年越境垦种，其数不下七八万。在韩国附属于我之时，该越垦民我固视若子民，即自二十一年韩独立以后，该处垦民亦均服我裁判，受我管辖。光绪十六年，由吉林将军奏明，该处越垦，皆当按照中律，升科纳税，受田为氓，是时薙发易服者颇众。嗣以日俄战役，垦民有回韩再来者，遂又复其故装。然我国固已载入名籍，而该民等复领地耕种，服我裁判管辖，相安如故。今日人以领土权认我，而欲攫我数百年来之裁判权，故中国不能承诺。然中国已允日本在该处酌量开设各国商埠一二处，已向日本声明，韩民将来若在埠内居住者，其裁判法亦照约办理。至散处埠外领有中国地权者，既与各国居住人民不同，自当仍照旧例办理。若日本能应允此层，则此案不难即结。新法路已允日本所请，从缓商议。抚顺及烟台两矿，抚矿为华商王承尧私产，烟矿亦并未让给于俄，日本何能据为战利品？现在中国亦已允与合办大石桥路，原为东清路运料之用，与俄约明过八年即应拆去，乃日本欲以该路接为南满支路，论理亦当驳拒，今中国亦已允如日本所请。安奉沿路各矿，已允均由中日合办。京奉站现在距奉天城约八里，交通不便，我移我站。日人以须越过南满线，出而抗议，要我与彼合站，或允南满线亦通至城根，实属不顾公理，阻碍交通。综此六案，在我理由完全，在彼均恃强违约。我顾念友谊，已勉徇日本之意，将新法缓议，大石桥允让，抚烟矿及安奉沿线矿已允合办，中国事事让至极步，无非欲复我间岛裁判权而已。即按照中韩条约十二款载明，边民已经越垦者，听其安业，俾保性命财产，以后如有潜越边界者，彼此均应禁止等语，是越垦民之性命财产应归中国保护。约中亦已明认，故中国政府于裁判权一层，理由正当，决不退让。日本在该处添兵及戕毙中国官弁之案，不一而足，中国则始终以维持现状，和平解决为宗旨。以上情形特先详达，以备尊处随时声辩，免致偏听误会。外。沁。

六月二十七日延吉边务档

日使伊集院致外部详叙各项悬案以为会议基础节略

西历八月七日，接准贵国政府于此次节略内，始将关于各悬案之主见明白开示，其内容亦较从前所主张者略为和平，实本使深为满足者也。本使素体帝国政府之宗旨，期以十分之诚意，妥结各案，亦不惮烦言者。然妥协之捷径，须先将彼此意见之悬隔，互相表明，而后可觅和平调和之方法。故本使于下开之各项悬案问题，拟先将从前会商之地步，及对于此次节略之意见详细叙明，则嗣后会议即可以此为之基础，较为便利。

一、新法铁道

由新民屯至法库门之铁道，系与南满洲铁道竞争利益之并行线路，考诸日清交涉会议录所载之约款，实为扞格，故帝国政府非不欲表同情。惟所顾虑者，如贵国政府将承办该路之一切工事，一朝与英商订约，其结果当不少困难情事。本国政府维持会议录之约款，求其两全之道，拟一格外通融之办法，以全两国之交谊，曾令本使提出甲乙二种之妥协案参照二月初六日本使节略第一项，以供贵国政府之采择。查此次贵节略内已表明不设该路之意，则前之妥协案可无须再行商议。惟贵节略内暂行缓议一语，未免涉于含糊。于贵国政府，表彰尊重约章之美意，不无遗憾。请将该语改为中国政府确然罢敷设该路之议，并按照日清协定之旨趣，南满洲铁道期限未满以前，不与日本政府预先商议，不得敷设与该路并行或竞争之干线支线，如此文意较为明晰。以上系为确守既成之约款，杜绝将来之纷争起见，谅贵国政府定当慨然照允。

二、大石桥枝线

贵国政府容日本政府之请求，承认大石桥、营口支线为南满洲铁道支线，允其与该铁道一律存留，本使实深满足。再，曩者本使曾提议以本支线现在最末端之停车场即车站，移设近于营口之地点，以济商务之急，此议想贵国政府必无异议也。

三、抚顺及烟台炭坑

此两矿屡经本使言明，系遵照《波次茅斯和约》第六条，并非《北京条约》第一条之约款，改归帝国政府所有，苟有欲纷更此权利之议论，断非帝国政府所能忍受。贵国政府因承认转让此等炭矿之后，或感受多少困难之事情，亦未可知。然此乃非《北京条约》应有之结果，今欲藉辞脱免，甚非所以昭明国家信义之道。故此次贵部对于此案之提议，本使甚为意外，且亦断不能承允参照二月六日节略第四项。但帝国政府于贵国政府顾虑关于抚顺炭矿当初事业，有关系之个人之利害一节，帝国政府亦表同情，今拟一面遵照条约，坚保我正当之利权，一面对于个人为相当之救济。彼人当初之出资额共若干，已经我政府查明矣。我政府欲以如此办法对于此案，以绝贵政府之烦累，而昭睦谊，同时并尊重贵国为地主之地步。对于抚顺烟台两矿之采炭，愿纳一定之金额于贵国政府，惟其金额不能超过于地方之税率，且应与贵国政府在其他地方，对于同样事业，或从社会，或从个人所征收者两相比较，在不得逾多之范围内，两国另行协定之。再，此等采炭之输出，贵国政府对此课税，其税率不能比开平炭及青岛输出炭之税率更高，应一体给以优遇。

四、铁路沿线矿务

关于此案，日本之提议，曾于二月六日本使以节略第五项申明，愿以前年东三省督抚与日本领事所议定之纲领为基础，订立安奉铁路沿线矿务之合办章程，贵国政府幸能予以同意，则应除去条约上应归日本所有不能合办之抚顺、烟台两矿。再以南满洲铁道干线沿线之矿山，亦一律办理，协定彼此共适之合办章程。此上所述大意，本使与贵部之间倘能合意，则详细章程即可遵此大旨为基础，由东三省总督与日本领事妥实商订。

五、京奉铁道延长至奉天城根

关于本件，贵国政府之希望，帝国政府大体极表同情。惟实行之时，必须以交通之需要及地方之现状为基准，兼顾京奉、南满两铁路之利害，以求彼此不相扞格之方法。曩者曾经我国提议，或以两铁路之车站，为共同或互相密接，并情愿尽力供给便宜，以成此事。其中情意，当在贵政府之谅鉴中，现在宜先定前述之大旨，实际办法即以大旨为基础，由地方上之彼此当局者与技术家妥实商订。此种办法于本件之解决，乃稳健而迅速之捷径，贵部定可表同意也。

六、间岛问题

关于间岛问题，贵部此次节略，有一二重要错误之处，切须订正者，即间岛领属问题。本使向所声明者，系俟贵政府对于间岛韩民保护一事，暨其它敝国政府所认为重要而业经提议者，并新法铁道以下五案件，应允敝政府所主张，始能承认间岛领土权，以便一并妥结各项悬案。此事前经迭次会晤声明在案，前此一再提出之节略内亦已言明，毫无可误会之处。而贵国当局者动视本使前次所声明，为已切实让步，因此于七月二十六日会晤时，曾对梁大人辩明此节。乃此次送来贵节略，犹有贵大臣节略申明领土权属于中国本部，具佩贵国政府主持公平之意等语，甚为诧异，兹再声明：贵节略中措辞全属误会，本使断难承认。又贵节略中，有惟商埠外可不设贵国警察等语，本部实不能认为让步云云。实则本使前次节略之意，原为商埠以外各地，为管束韩民而设之日本警察署，若贵政府实在不愿，当由本使申请敝政府，务当竭力图称贵意。以上所言，原系未定之事，贵节略所述殊欠正确参阅四月初五日本使交与梁大人节略后段。此亦足见本使推诚和协之衷，终未见谅于贵王大臣，实深抱憾。

前段所云间岛问题，须俟贵政府于领土权问题外，关联于间岛善后事宜之为我所已经提议各项，并新法铁道以下五条件，允如敝国提议，始能承认豆满江北一带之属于贵国领域。而各项之中，关于间岛之敝国政府提议各节，迭次会商让步之后，比诸原提议已达退让极地，兹特明白开示如左，以备贵国当局之参考。

甲、豆满江北一带之地，定为属于清国者，清国政府应公认该地方日韩两国人之杂居及营业，强制其改良风俗参阅二月初六日本使节略第六项第一点。

此项敝政府为体谅贵国所顾虑，冀可容易妥协起见，将来韩人之杂居地域应加缩小，仅限于现今稍稠密之地，即东界艾呀河北，沿老爷岭以西，沿老爷岭至定界碑一带。其老爷岭以西所谓西间岛全部及艾呀河以东之地，虽有韩人杂居，将来可由杂居界内划出，特此声明。又日本人拟除开通商场外，不再要求一切内地杂居，以示让步参阅三月初一日面交梁大人节略。

乙、中国政府开放龙井村、局子街、头道沟、百草沟、下泉坪、铜佛寺等六处为通商地，日本政府得于龙井村设领事馆，于其他地方设领事馆分馆，复于通商地以外之各地方设警察署，及警察官驻在所，使保护管理杂居之韩民。一般日本人之居住，则仅以通商地为限参照三月初一日面交梁尚书之节略。本项末段于通商以外之杂居地，设立警察署等一节，如贵国政府不愿，本大臣当劝告政府请其撤回此事，于四月初五日之节略中曾经言明。又日本人之居住，仅以通商地为限者，盖以最初之提案前段甲项，为莫大退让也。

丙、豆满江北一带之地方，凡日韩人民从来所获得之财产及著手之事业，中国政府宜承认之参照二月初六日本大臣之节略第六项第三点。

备考：本项所谓财产云者，指土地房屋之类，又着手事业之最重大者，即日本人中野之天宝山银矿是也。此项矿山于二月十八日会商时，梁尚书曾言明从中国章程合办，于主义上别无异议。

丁、中日两国政府互约，对于豆满江地方，与其他之中韩地方之交通及贸易，不得为致生障碍之施设参照二月初六日本大臣之节略第六项第四点。

备考：本段举例言之，如不妨害豆满江渡船之自由，及不禁止韩人将谷类粮秣等运出江南等类。

戊、吉长铁路延长至韩国会宁参照二月初六日本大臣之节略第六项末段。

备考：二月十一日会晤时，本大臣曾言本件为间岛善后关系之要项，于经济上及其他之关系上，帝国政府颇视为重要。倡中日合办主义，力求贵国政府之应允，梁尚书答以容研究后再当商议。嗣于二月十八日会议，梁尚书谓本铁路由中日合办一节，东三省总督颇有异见，当经本使请求再思，梁尚书允再为悉心考察。

领土权问题之外，凡敝国政府所提议，均系保护韩民之要端，为敝国政府之义务，亦有为间岛领有权未定之过渡时期，整理自然发生事态，不得已之处置，兹不赘述。若夫豆满江北一带，中韩国境问题，其争议自古已然，彼此主张难以定其是非之所在。敝国政府虽于争论间岛地方所属，尚有议论之余地，因望以和协之精神，将各种纷争一举妥结，以期两国素来之交谊益臻巩固。一面鉴贵国政府累次之声明，于贵国对于间岛领土权问题关切之旨，深表同情，因不惜吃亏。声明如贵国允许前开甲乙丙丁戊各项及新法铁路等五案之提议，即将主张领土权问题撤回参照二月六日之节略。其后更屡次让步，勉力图副贵国之希望，因由本大臣声明，将来韩人杂居区域大可限制参照前段甲项。日本人之居住，允以拟开之商埠为限，即设置警察一层，亦可斟酌贵国政府之希望。凡所以图两国之妥协者，实已无所不至。不幸贵国政府于争议之地，掌握领有权以外，尚欲收揽杂居韩人之裁判权，固执不让，以致该案永无了结之期，深为遗憾。窃惟韩人裁判权一项，由敝国言固为保护韩民之关键，极形紧要。然就贵国以言，不过以韩人为被告之民刑诉讼事件，归日本领事官之管辖，实于既行中韩条约当然之结果上，并无超轶之处。乃贵国政府不此之计，固执此点，而于其他事项，亦不示显著之交让，庸令豆满江北一万有余方里之领土权所属，至今未决，即悬案之全部亦依然呈固结不解之状。本大臣顾两国之邻交，念亚东之大局，不能不深遗憾者也。本大臣深愿贵国谅敝国政府推诚和协之衷，以虚心坦怀，交谊妥协之精神，速讲彼此息争之道，无任盼望之至。明治四十二年八月十三日。

六月二十八日东三省档

军谘处致外部据东督电日本添兵驻茂山请示机宜业经酌复录送复电函 附原电

本月二十日准东三省总督电，据吴督办禄贞电称，日本添兵驻茂山，请示机宜等因。现本处酌拟办法电复矣，兹将原电照钞，送请钧鉴。至贵部如何电复东督，亦请照录原文，密送本处。此后与日使如何交涉，并祈随时密函示知为盼附密钞原电一纸。

奉天锡制台鉴：

密。二十日电悉，荩筹甚佩，朝廷廑怀延边，若因彼运械添兵，我亦遽增兵力，转恐有所藉口，益复增进不已，则交涉更增困难。且恐因延吉一隅掣动大局，所关殊重。尊电卓见，拟一面商彼将现调日兵撤回，仍以维持现状为主，洵为扼要办法。请即饬令吴督办务须通筹大局，就现有兵数不动声色，严加扼守，密为侦察，尽其外交方法暂与委蛇。务须保持现状，俾彼不致藉端要求，再一面由外务部设法与彼驻京公使办理，以期撤退此次增兵，并从速解决境界问题，方为妥善。特复请酌，此后情形如何，仍希随时密电本处为盼，军谘处印。

六月二十八日东三省档

外部致伊集院安奉路改线既为技术上所必需应由东督会同指定照会

为照会事。

安奉铁路改良一事，接准复照，以改宽轨道，拟照南满洲本线，一律与京奉相同，两国政府之主张适相一致。又更正线路，确以技术上认为必需者为限。此次所拟施行改筑，系照两国政府派员会同踏勘，曾经申报，政府认为妥当之线路，无须再商。如承认轨道线路问题确定以后，则一切购买土地暨其余细则，当饬驻奉领事与该省督抚妥商等语。查安奉轨道若与京奉一律，即与南满洲轨道相合，足符贵国政府之企望，自可照此定议。至更正路线一节，本年三、四月间，虽经邮传部所派之黄委员与日本技师会同履勘，曾由该委员与日本技师声明在先，此次所勘之路尚有未能遽定之处。现既准贵大臣奉政府训条，声明所改之线路系为技术上所必需立以为限，中国政府亦甚同意，自当由该省督抚会同小池领事，按照该路线确为技术上所必需更改之处，详细指定，以归妥当。除由本部电知该省督抚外，相应照复贵大臣查照，转达贵国政府饬知小池总领事。再，来照称购买土地暨一切细则，均可妥商云云，具纫公谊，即希转饬该总领遵照办理。

六月二十八日安奉铁路档

日使伊集院致外部安奉路改筑事已电达政府照会

为照会事。

安奉铁路改筑问题，八月十日本大臣曾以第七十八号照会贵部在案。宣统元年六月二十八日接准贵部照复后，当即电达敝国政府，想敝国政府必有训令饬知小池总领事，此后本件之会商亦当进行无碍，相应照会贵部查照可也。

六月二十九日安奉铁路档

锡良程德全致外部安奉路事日领递到节略五条电

沁电敬悉，大咨及漾函亦奉到指示各节，深为钦佩。本日上午，小池来诣，递到节略一件，内凡五条，兹就原文改正如下：一、筑该铁路轨道应与京奉轨道相等；二、该铁道路线，应以两国委员前已会同勘查测定之路线为准，至由陈相屯到奉站路线，应照原线改宽，不得绕越别处；三、俟此项节略彼此签字盖印之日起，应即开议其他应议各条件；四、俟开议其他条件之第二日起，即将该路开工上紧赶办；五、俟开工后，中国可令沿路各地方官妥为保护。为改正者，第一条原文有南满干路相等字样业已删去；第二条声明陈相屯至奉路线照原线改宽，即为杜绝苏家屯绕越起见，余则字句之间，无关出入。下午派员往领署商酌，小池尚无驳难之处，惟云仍俟通告政府，明日回复，即可彼此签字盖印。如来不及，下星期一亦可开议。嗣后开议，即饬交涉司遵照钧部指示，逐日在司会商，并于会议录签字备查，总期速结，以慰台廑。良、全同肃。勘。

六月二十九日安奉铁路档

外部致邮部日使抗议修筑由海龙至铁岭铁路函

据日本伊集院使面称，近接东省铁岭领事官报告云，邮传部拟由海龙城至开原，由开原沿南满线直达铁岭修造一路，近已派员往勘。查此路线与南满路为并行之路，贵国如欲修造时，必须先与日本商议，否则必至又生如新法为难之交涉等语。该使所称情形，究竟有无其事，即希函复，以便转复该使，此颂勋绥。

六月二十九日开海铁路档

库伦办事大臣咨外部报有日人在内蒙学习蒙语文

兹据车臣汗盟长王多尔济帕拉木等呈报，本部落盟长王多尔济帕拉木协理员呈报，本年五月十四日锡林果勒盟乌珍穆沁亲王转解送到洋人一名。据伊声称系日本学生，名永士齐吉，由天津洋务局领有凭照，以便留学蒙语，并在蒙古各处游历，于本年二月二十二日由京起程，声称由内蒙喀拉沁王、翁牛特王、巴噶林王、乌珠穆沁王旗等处经过。除速即呈报盟长外，应俟该日本学生永士齐吉由该牧起程出境时，另行呈报，合并声明等因，前来相应咨呈钧部查照。

六月二十九日杂项档

锡良陈昭常致外部延吉日人益肆凶横俄人亦思窥伺珲春请速解决界务电

二十八日，据督办吉林边务吴禄贞电称，据驻珲春陆军第一标裴统带电称：本月二十一日有俄官一员带俄兵、韩民十五人，至况馆坂埋插红、白旗三四处，当由驻黑顶子第三营队官会同派办处萧事务员前往确查。旋又据裴统带电称：韩国义兵首领李范允迭次传饬东三道沟，皆经统带阻止。刻下卡伦地方，俄人军队日多演练，以耀军威，日本军商又多方故寻口实，韩国乱党复频来骚扰，布散谣言。统带掌握之兵除分防外，仅足百名，万一有变，防兵固不能调珲城，又不可空虚，赤手空拳，镇边无策各等语。查日人暗增兵岗，野蛮不已，俄人藉日人之增兵为口实，忽插国旗为异日抵制地步，显有蠢蠢欲动之势。该统带所陈兵单，不敷分布，委系实情，恳指授机宜，俾得因应等因。又二十九日，据吴督办电称，准珲春郭副都统电，据萧事务员报告，俄官兵数名查勘国界，插立红、白旗三四处。查系由沙草岸东北岭起，至阳关坪后屯土岗，止成一直线，共插三旗，约占去地三百余顷。当即拔旗平垒，并与俄官辩论，告以须会同勘改，俄官即回源渠河报知廓米萨尔等语。查阳关坪左近哈桑湖地方，以界限未测，久与俄人争辩，此次越界插旗虽经拔去，而来日方长，恐难杜绝后患。拟电饬该处事务员查明界务，并电郭都统会衔函诘廓米萨尔，严戒俄员勿再有此举动。惟俄人此举实为抵制日人起见，延吉界务若不早日解决，则俄人势将相逼而来，恳将此情达部为祷等因。同日又据吴督办电称，顷接六道沟飞马来报，云昨晚九钟我宪兵出街巡逻，突被日宪兵多名殴打，胡参谋万泰闻信前往理阻，亦被凶殴。胡既为所辱，以日宪兵不可理喻，拟与彼上官交涉，刚至派办处，日宪兵又纠集多名，各持手枪将我派办处头门围住，其势汹汹，意图挑衅。我警宪等皆愤欲与争，胡参谋极意镇静，力持和平，命令警宪倘伊等不入我门，不先以武力相加，决不准擅行用武，至不得已，始准以正当防御等因前来。六道沟距此四十里，事隔五点之久，此时成何变局尚难预算。万一不幸，宪兵欺凌太过，致启衅端，我仅派办处内巡警二十余人，宪兵八名，较日人之兵数不过什一，加以一带韩民皆彼爪牙，以众凌寡，势必尽被戕伤。当时事务员因就医，事务官因请饷，均各先后回署。禄贞闻报后当命事务官驰往，相机因应，并派去事务官彭树模带同译官范恩溥前往与斋藤和平交涉去讫。查日人在延吉凶横无状，不一而足，曾经先后电陈在案。而六道沟为尤甚，一月以内我官警被〈彼〉兵任意殴打，派办处被彼兵众包围者三次。前此均经禄贞极力维持，和平了结，毫不顾忌，屡肆横暴。派办处为国家行政之区，官宪为国家行政之人，一再侮辱，殊与国际有关。禄贞到防后，事事平和，乃我愈平和彼愈激烈，士气愤极，虽经极力抑制，恐亦将有不了之局，如何处置，并候钧裁等因。查该处边务，日人既益肆凶横，俄人复意图侵占，种种情形实属有意挑衅。如果衅端一启，日据延吉，俄必进占珲春，两强竞争，祸患实为叵测。除电饬吴督办事事稳慎，坚忍维持，勿使为彼藉口外，仍乞大部将延吉界务设法早日解决，以戢争端而保边圉，不胜幸祷之至。良、昭常叩。艳。

六月三十日延吉边务档

邮部奏拟定吉长新奉铁路借款细目合同折 附合同凭据偿还表章程

邮传部奏，为拟定吉长、新奉铁路借款细目合同缮单，恭折具陈，仰祈圣鉴事。

光绪三十三年三月，外务部与日使订立新奉及吉长铁路协约，内称应由两国订立各该铁路借款合同等语。嗣以协约办法，尚有应须更改之处，因由臣部与日使重订续约七条，声明借款细目合同，彼此委员另行商订，于光绪三十四年十二月奏明，奉旨允准在案。臣部当派京奉提调知府卢祖华等，与南满洲铁道会社委员开议。复因该路关系奉吉两省交通行政，于利害所在，不厌详求，经饬就近随时秉商东三省吉林督抚臣，并添派籍隶吉林之候补道员徐鼐霖，随同参酌，以资取益而期周密。计磋商迄六阅月，会议至数十次，往返争持，几于笔舌俱瘁，始克定议，当拟订吉长铁路借款细目合同十二条。大致系吉林借款以二十五年为期，吉长行车进款，应放存长春或吉林之正金银行。但此款系为该行平日不收之货币，则不存放该行，亦不能援协约第三款，令吉长路局照数补存。又该行存款除开支及备还本息外，听候中国国家拨用。新奉借款以十八年为期，每年应还本息按月划出，放存天津正金银行等语。以上各节争执最烈者，惟吉长行车进款存放正金银行一事。初议时，日人要求凡进款皆须存放，又必须日圆，该银行方允照存。臣等以奉吉两省向用龙元官帖及小银元，若必须日元方允照存，不特兑换折亏，且于国弊〔币〕流通殊形窒碍，辩驳多次，日人始允照现订第六款办法。其余各项如借款交与我国驻日使臣，还款由我在大连或日本交付，则何时汇兑由我自主，正金不能操纵镑价；如合同内未尽事宜，凡关于还本还利始由局长与南满铁道会社商酌，则会社不能藉口更易；其他各事，如彼此争执，公举公证人判断，则可不牵入国际交涉，均根据历次所订协约，酌加细密。当先将合同草稿咨送外务部、度支部查核，旋准复称均属妥协等因。兹谨将两路细目合同缮具清单，恭呈御览，如蒙俞允，即由臣部钦遵派原议委员与南满洲铁道会社委员签押，并咨行外务部照会日本使臣查照。所有拟订吉长、新奉铁路借款细目合同缘由，理合恭折具陈，伏乞皇上圣鉴训示。谨奏。

宣统元年七月初一日奉旨：依议。钦此。

吉长铁路档

中日吉长铁路借款细目合同

中国邮传部以下单称邮传部所派后列委员与南满洲铁道株式会社以后单称会社所派后列委员，按照中日两国政府于光绪三十三年三月初三日，即明治四十年四月十五日所订之新奉吉长铁路协约，又按光绪三十四年十月十九日，即明治四十一年十一月十二日所订之续约以后单称续约，就吉长铁路借款之细目订立合同如左：

第一条　照续约第一条，会社允借修筑吉长铁路线所需半数之款，日本货币二百十五万圆，每百圆按九三扣付，在日本东京交与驻日本中国公使，中国公使即将合同所附之甲式凭据交付会社。

第二条　此合同成立之后，以照会日本驻北京公使之日起，于一个月内将以上所订之借款，即照中国政府所订日期全数一次交清。

第三条　借款以二十五年为期，由借款交清于中国之日起，搁置五年，自第六年起始偿还其本金数，均匀分四十次还清，按阳历每半年照附表交付，其已还之本即于交还之日停止利息。

第四条　借款利息由借款交付与中国之日起算，按阳历每半年照附表交付一次。

第五条　中国邮传部铁路总局局长以下单称总局，或吉长铁路总办，须将应还借款之本息给付大连或日本东京之会社，均听中国政府之便，会社即照附表届期所还之本息，按合同所附之乙式及丙式凭据交付吉长铁路总办。

第六条　吉长铁路之营业收入即行车进款，当预存于在长春或吉林横滨正金银行分行或代理处，但当该银行分行或代理处不得收受为存款之货币，则不在此限。而会社并该银行援照协约第三款己目，不准使吉长铁路局以不收之金币代而为他项之预金。前项之预金中除支用吉长铁路之经费，其余额中对于借款本利六个月存放为预金尚有剩余时，吉长铁路总办待局长之命得充中国国家之用途。对于第一项之预金，该银行于办理该预金之分行或代理处，随时依照所公布之率给付利息。前三项限在该银行之营业年限内适用，但该银行延期其营业年限时，可使继续适用，该银行至营业年限不延期其营业年限时，会社可指定他银行代之。

第七条　关于本合同中本利偿还之事，尚有未尽事宜时，会社及总局可随时协商办理。

第八条　本合同各经本国政府之承认而生效力。

第九条　本合同盖印之后，总局局长报告本合同之各条项于邮传部尚书，经谕准而后实行，其上谕当由中国外务部通告于北京驻扎日本公使。

第十条　本合同俟借款本利终结同时失其效力。

第十一条　本合同之正本作成日、清文各四份，北京驻扎日本公使、会社、总局及清国外务部各保有一份。

第十二条　本合同字句之解释上生争议时，须由总局及会社各举局外人一名出为调处人。如调处人商议不决，再由两调处人共举一局外人充调处长。若遇两调处人于选举之意见不合时，即就各选举之一人用掣签法选定一人。此三人会议判断以多数为准，彼此遵守不得异议。

宣统元年七月初三日，明治四十二年八月十八日。

中国邮传部委员候选知府卢祖华押，日本南满洲铁路株式会社理事野村押。

吉长甲式凭据

一金二百十五万圆正。

本凭据按光绪三十三年三月初三日，即明治四十年四月十五日，中国政府并日本政府订立之新奉及吉长铁路协约；又按光绪三十四年十月十九日，即明治四十一年十一月十二日之续约，并宣统　年　月　日，即明治　年　月　日之吉长铁路借款细目合同，宣统　年　月　日，即明治　年　月　日所奉之上谕，借到修筑吉长铁路辽河以东线需款之半数，本大臣既收到贵会社一百九十九万九千五百圆，按九三扣付之数，在日本东京立此凭据，其要条开列于后：

一、借款以二十五年为期，由借款交清于中国之日起，搁置五年，自第六年起始偿还其本，全数均匀分四十次，按阳历每半年照附表交付。

二、借款之利息则由　日起，按每百圆以周年付息五圆核算，其交息之日则按阳历每半年照附表付完。

三、所有借款本息均听中国政府之便，或在大连或在日本东京之南满洲株式铁路会社给付。

明治　年　月　日

宣统　年　月　日

驻日本东京大清国公使　印

此致　南满洲铁路株式会社总裁　查照

吉长乙式凭据

领收证

今收到日本货币五万三千七百五十圆正，系宣统　年　月　日，即明治　年　月　日所借修筑吉长铁路辽河以东线需款之半数，即日本货币二百十五万圆内之第　次还款。

明治　年　月　日

宣统　年　月　日

南满洲铁道株式会社总裁　印

某某人　查照

吉长丙式凭据

领收证

今收到日本货币　圆正，系明治　年　月　日，即宣统　年　月　日所借修筑吉长铁路辽河以东线需款之半数，即日本货币二百十五万圆内尚有未还之借款日本货币　圆之利息以上之　圆系自明治年　月　日，即宣统年　月　日起，至明治　年　月　日，即宣统　年月　日止之利息。

明治　年　月　日

宣统　年　月　日

南满洲铁道株式会社总裁　印

某某人　查照

吉长铁道借款偿还表

年次	期日	利子	元金偿还额	计	未偿还元金
		圆	圆	圆	圆
第一半年		五三,七五〇.〇〇	〇	五三,七五〇.〇〇	二,一五〇,〇〇〇.〇〇
第二半年		五三,七五〇.〇〇		五三,七五〇.〇〇	二,一五〇,〇〇〇.〇〇
第三半年		五三,七五〇.〇〇	〇	五三,七五〇.〇〇	二,一五〇,〇〇〇.〇〇
第四半年		五三,七五〇.〇〇	〇	五三,七五〇.〇〇	二,一五〇,〇〇〇.〇〇
第五半年		五三,七五〇.〇〇	〇	五三,七五〇.〇〇	二,一五〇,〇〇〇.〇〇
第六半年		五三,七五〇.〇〇	〇	五三,七五〇.〇〇	二,一五〇、〇〇〇.〇〇
第七半年		五三、七五〇.〇〇	〇	五三,七五〇.〇〇	二,一五〇,〇〇〇.〇〇
第八半年		五三,七五〇.〇〇	〇	五三,七五〇.〇〇	二,一五〇,〇〇〇.〇〇
第九半年		五三,七五〇.〇〇	〇	五三,七五〇.〇〇	二,一五〇,〇〇〇.〇〇
第十半年		五三,七五〇.〇〇	〇	五三,七五〇.〇〇	二,一五〇,〇〇〇.〇〇
第十一半年		五三,七五〇.〇〇	五三,七五〇.〇〇	一〇七,五〇〇.〇〇	二,〇九六,二五〇.〇〇
第十二半年		五二,四〇六.二五	五三,七五〇.〇〇	一〇六,一五六.二五	二,〇四二,五〇〇.〇〇
第十三半年		五一,〇六二.五〇	五三,七五〇.〇〇	一〇四,八一二.五〇	一,九八八,七五〇.〇〇
第十四半年		四九,七一八.七五	五三,七五〇.〇〇	一〇三,四六八.七五	一,九三五,〇〇〇.〇〇
第十五半年		四八,三七五.〇〇	五三,七五〇.〇〇	一〇二,一二五.〇〇	一,八八一,二五〇.〇〇

年次	期日	利子	元金偿还额	计	未偿还元金
第十六半年		四七,〇三一.二五	五三,七五〇.〇〇	一〇〇,七八一.二五	一,八二七,五〇〇.〇〇
第十七半年		四五,六八七.五〇	五三,七五〇.〇〇	九九,四三七.五〇	一,七七三,七五〇.〇〇
第十八半年		四四,三四三.七五	五三,七五〇.〇〇	九八,〇九三.七五	一,七二〇,〇〇〇.〇〇
第十九半年		四三,〇〇〇.〇〇	五三,七五〇.〇〇	九六,七五〇.〇〇	一,六六六,二五〇.〇〇
第二十半年		四一,六五六.二五	五三,七五〇.〇〇	九五,四〇六.二五	一,六一二,五〇〇.〇〇
第二十一半年		四〇,三一二.五〇	五三,七五〇.〇〇	九四,〇六二.五〇	一,五五八,七五〇.〇〇
第二十二半年		三八,九六八.七五	五三,七五〇.〇〇	九二,七一八.七五	一,五〇五,〇〇〇.〇〇
第二十三半年		三七,六二五.〇〇	五三,七五〇.〇〇	九一,三七五.〇〇	一,四五一,二五〇.〇〇
第二十四半年		三六,二八一.二五	五三,七五〇.〇〇	九〇,〇三一.二五	一,三九七,五〇〇.〇〇
第二十五半年		三四,九三七.五〇	五三,七五〇.〇〇	八八,六八七.五〇	一,三四三,七五〇.〇〇
第二十六半年		三三,五九三.七五	五三,七五〇.〇〇	八七,三四三.七五	一,二九〇,〇〇〇.〇〇
第二十七半年		三二,五〇〇.〇〇	五三,七五〇.〇〇	八六,〇〇〇.〇〇	一,二三六,二五〇.〇〇
第二十八半年		三〇,九〇六.二五	五三,七五〇.〇〇	八四,六五六.二五	一,一八二,五〇〇.〇〇
第二十九半年		二九,五六二.五〇	五三,七五〇.〇〇	八三,三一二.五〇	一,一二八,七五〇.〇〇
第三十半年		二八,二一八.七五	五三,七五〇.〇〇	八一,九六八.七五	一,〇七五,〇〇〇.〇〇
第三十一半年		二六,八七五.〇〇	五三,七五〇.〇〇	八〇,六二五.〇〇	一,〇二一,二五〇.〇〇
第三十二半年		二五,五三二.五〇	五三,七五〇.〇〇	七九,二八一.二五	九六七,五〇〇.〇〇
第三十三半年		二四,一八七.五〇	五三,七五〇.〇〇	七七,九三七.五〇	九一三,七五〇.〇〇
第三十四半年		二二,八四三.七五	五三,七五〇.〇〇	七六,五九三.七五	八六〇,〇〇〇.〇〇
第三十五半年		二一,五〇〇.〇〇	五三,七五〇.〇〇	七五,二五〇.〇	八〇六,二五〇.〇〇
第三十六半年		二〇,一五六.二五	五三,七五〇.〇〇	七三,九〇六.二五	七五二,五〇〇.〇〇

年次	期日	利子	元金偿还额	计	未偿还元金
第三十七半年		一八,八一二.五〇	五三,七五〇.〇〇	七二,五六二.五〇	六九八,七五〇.〇〇
第三十八半年		一七,四六八.七五	五三,七五〇.〇〇	七一,二一八.七五	六四五,〇〇〇.〇〇
第三十九半年		一六,一二五.〇〇	五三,七五〇.〇〇	六九,八七五.〇〇	五九一,二五〇.〇〇
第四十半年		一四,七八一.二五	五三,七五〇.〇〇	六八,五三一.二五	五三七,五〇〇.〇〇
第四十一半年		一三,四三七.五〇	五三,七五〇.〇〇	六七,一八七.五〇	四八三,七五〇.〇〇
第四十二半年		一二,〇九三.七五	五三,七五〇.〇〇	五六,八四三.七五	四三〇,〇〇〇.〇〇
第四十三半年		一〇,七五〇.〇〇	五三,七五〇.〇〇	六四,五〇〇.〇〇	三七六,二五〇.〇〇
第四十四半年		九,四〇六.二五	五三,七五〇.〇〇	六三,一五六.二五	三二二,五〇〇.〇〇
第四十五半年		八,〇六二.五〇	五三,七五〇.〇〇	六一,八一二.五〇	二六八,七五〇.〇〇
第四十六半年		六,七一八.七五	五三,七五〇.〇〇	六〇,四六八.七五	三一五,〇〇〇.〇〇
第四十七半年		五,三七五.〇〇	五三,七五〇.〇〇	五九,一二五.〇〇	一六一,二五〇.〇〇
第四十八半年		四,〇三一.二五	五三,七五〇.〇〇	五七,七八一.二五	一〇七,五〇〇.〇〇
第四十九半年		二,六八七.五〇	五三,七五〇.〇〇	五六,四三七.五〇	五三,七五〇.〇〇
第五十半年		一,三四三.七五	五三,七五〇.〇〇	五五,〇九三.七五	〇
统　计			二,一五〇.〇〇〇.〇〇		

江督端方致外部安奉事已电日领劝其政府和平商办电

顷接南京日本井原领事电称，敝政府改筑安奉路事，势不得已，所致卑人，甚为惋惜。敝政府之意，实非有害善邻，并闻那相商办此事，甚慰。际此东方多事，能早了一日，即能少滋一事，乞鼎力劝商，俾此路速结，以免滋生意外扰害等语。虽未正式通告，然亦不便默认，现已酌照钧电示意，电复该领，并请其转劝该国政府和平商办，庶可早结云。特奉闻。方。

七月初一日安奉铁路档

使比李盛铎致枢垣外部在比京创办远东通信社电

二十四日钧电遵告比外部，并译函送各报馆。查欧洲各大国皆有通信社，为外交机关，铎本年三月在比京捐廉创办远东通信社，择华报所载事稍有征者，每日译寄，遇有西报误会之事，通信辩驳。数月以来规模渐具，与英、法、德、俄和比、瑞士各大报馆通信者三百余处。日前《伦敦时报》妄议外务部各堂，当即通信痛加驳斥，彼乃无辞。安奉路事日本布告后，《巴黎时报》频议我之非，业令通信社极力声辩，旋照钧电译送，昨日各报均已登载。以后情形如何，可否电示，以为辩论之助。此外交涉事件，如有应行宣布预占地步者，随时电知，饬通信社译告各报馆，似亦弭患未然之一策，当否乞钧夺。盛铎。艳。

七月初二日安奉铁路档

外部致出使欧美日本各大臣及直江鄂粤闽各督安奉护路权必当力争电

安奉路事已允改宽轨道，与京奉一律，路线以工程上所必需更改为限。现在东省商定大旨，即行开工，余节续议护路。沿路各权实为至要，将来必当力争，特闻外务部。

七月初二日安奉铁路档

锡良程德全致外部日人于王士屯一带改宽轨道乞示电

申。本日小池来司会晤，据称已得彼政府回信，将本处送去节略第二条为两国应概行，承认两国委员前已会同勘查测定之路线，至陈相屯以西路线，应由两国日后协议妥定等语。其余各条仍系字句出入，该司并未与争，惟请于协议妥定下加以但不得在苏家屯绕越一语，并云此系奉谕声明，不绕苏家屯亦系贵领及南满总裁佐藤允可之件。该领仍云须电告彼政府始能签印，约以明日再晤而去，特先奉达。又此路虽该领面称，现只运料并未动工，惟据承德县禀称，由王士屯至三家子一带现已改宽，每日有数十人在彼工作。查王士屯系抚顺路旁屯铺，而三家子则系安奉正线路，作定形线已修十数里。王士屯距苏家屯颇近，名为支线实则相连，虽甫造即拆，难期允办。而抚顺为南满支路，此路又为抚顺支路，开工既未通知，又不预先购地，私相联属，其意何居？应俟开议后仍令拆去，方免轇轕，是否如此办法，并乞钧示。良、全同肃。东。

七月初二日安奉铁路档

外部致伊集院中国自开延吉商埠后拟订韩民词讼等事办法节略

延吉垦地之韩民，除愿入中国籍者不计外，其余在将来商埠外居住者，仍当按照向例服从中国法权，归中国地方官管辖裁判。中国官吏亦当将韩民与华民一律相待，所有应纳税项与华民同，一切行政上处罚、违警等罪，以及寻常案件，均由中国官吏处分。惟命盗大案，韩民与韩民，及被告系韩民，罪在监禁十年以上，民事诉讼财产过十万元以上各案件，由中国官判定后知照日本领事。如有能指出不按法律判断之处，可照会该省交涉司，转由提法司派员复审，领事到堂观审，以昭信识。将来商埠由中国自行先开二三处，划定埠界，埠内允各国设立领事，照约通商。所有行政、警察及各项工程，由中国自行办理，其领事馆内可附设司法警察，专司传讯该国居留人民，惟不得出至商埠以外。

七月初二日延吉边务档

外部致高而谦葡人所占潭仔路环可以龙田旺厦抵换电

径七电并勘电均悉。所陈各节，自系通筹全局之论，此事激烈、公断两层，皆不相宜。又不可径行延宕，惟有和平磋商，以期得尺得寸。查约内本许葡人永居管理澳门，是澳门与旅大、广胶性质不同。葡人决不肯认为租地在我，亦不能不照约立论，所争但当在于界址。前次来电，论潭仔路环等岛可以龙田旺厦抵换，本部复电亦略及抵换办法，现应照此商议。如能就范固善，万一坚不退还，只可通融，将该两岛内已占之处作为葡人往来停留私产，不能作为附属。其大小横琴等岛，自当极力驳拒，此外均照本部寒电宗旨，与葡使磋磨。至英人干预一节，执事于港督之请，业已婉却。如英使再来提及，本部仍执前电之意，以为因应。统希查照，并电复。外务部。冬。

七月初二日澳门档

外部致锡良程德全王士屯若非安奉正线应商令停工电

安奉路事，东电悉。所订各节略，若于要旨无甚出入，即可签定。王士屯若非安奉正线，彼遽行改宽，即无理解，应饬于开议后商令停工，以免与苏家屯影射。惟抚顺矿彼不愿退，其志颇决，将来恐难争回，如须造运煤枝路，亦应另案商妥，方能兴工，合并密闻。外。冬。

七月初二日安奉铁路档

使日胡惟德致外部日报讥评安奉事请示情形电

日本各报为安奉事，漫肆讥评，诋我外部人员尤烈。近日安奉情形，仍希电示以资接洽。德。冬。

七月初二日安奉铁路档

锡良程德全致外部日领言不愿将不得在苏家屯绕越一语入约电

顷小池来言，彼政府回电，不愿加以但不得在苏家屯绕越一语，不得已请将原文陈相屯以西改为陈相屯至奉天，以清界限。彼又云，如必须改，仍非请示政府不可。查以西二字范围较广，且自陈相屯至奉一路并非正西，故不得不加以斟酌。该领动以请示为延宕之计，一字不肯通融，现惟有听其请示。万一彼仍不允，是否即行签印定议，仍乞示遵。再，彼国报纸造谣鼓吹，致各国领事俱信其言，时来探问，而我报纸反禁登载，外人有谓我代彼守秘密者。前民政部之禁，似应暂弛以申舆论，并请酌裁。良、全同肃。冬。

七月初三日安奉铁路档

外部复锡良程德全路线须握定安奉字样为宗旨电

申、冬电悉。自陈相屯至奉不用以西字样，自较干净。如仍坚执不允，亦须就日使来照所称以技术上所必需更正之线路为限之语，坐实定议，以期就范。见伊使已告以必须扼定安奉字样为宗旨，若绕他处，便非安奉。渠诿之技师，华报弛禁，已知照民政部酌办矣。外。

七月初三日安奉铁路档

赵尔巽赵尔丰致枢垣外部报川兵已赴藏电

奉十五日电传谕旨，敬谨遵办，川兵头起已于六月二十六日起程。进兵之路，察木多以内，拟取道德格至察，绕过江卡，以免横生事端。察木多以外，亦当与联温两大臣商定，取道类伍亭入三十九族，由三十九族入藏界至拉萨。惟藏番近来疑川中，甚有愿据站之说，军行所至，难免不设法阻遏，尔巽前电请旨办理，原为以备不虞。至由察至藏，系在川边界外，过察以后，川军即难为力，拟电由联温大臣就藏中已练兵队接应照料，边兵仍在察遥为声援。再，此次所送兵队，已咨由联温大臣晓谕商上，系按照《藏印通商条约》办理。商埠酌设巡警，以为撤退英兵，保安清净藏地之意。如此晓谕，不识藏人能否不生他虑。谨请代奏。尔巽、尔丰谨肃。

七月初三日西藏档

中日议定安奉铁路节略

大清国东三省总督锡及大清国奉天巡抚程，与大日本国驻奉总领事小池，兹各奉本国政府之命，关于安奉铁路一事，订定左列各项：

一、筑该铁路轨道，应与京奉铁路轨道相等。

二、该铁道线路，两国政府承认，大致应以两国委员前已会同查勘测定之线路为准，惟陈相屯至奉天之线路，应由两国日后再行协议妥定。

三、本节略彼此签字盖印之日起，应即开议购地及其他一切细目。

四、本节略彼此签字盖印之第二日，即开议购地及其他一切细目之第二日起，即将该路工事上紧赶办。

五　中国应令沿路各地方官，关于该工事之施行妥实照料。为此缮就中、日文各二分，彼此签字盖印，各持中、日文一分为据，以昭信守。

宣统元年七月初四日。

大清国东三省总督锡良、奉天巡抚程德全。

明治四十二年八月十九日。

大日本国驻奉总领事小池张造。

安奉铁路档

商部咨外部据长崎华商总会沈炽昌等禀澳门勘界请勿让步文

为咨行事，宣统元年七月初一日接据长崎华商商务总会总协理沈炽昌等禀称：职董等为澳门隔海地面，中葡勘界开议有期矣，惟据该处旧界，三巴门、水坑门内为澳门，诚为葡人居留之所，至青州、潭仔过路环、大小横琴、西沙、澳石与澳门海面等处，条约未载，乃葡人越界侵占，尽为已有，以为属地矣。今葡人竟以属地二字遂生入寇之心，其贪得无厌，有何底止。兹者朝廷特派钦使与葡人勘界开议，若此次稍示退让，将来我国土地之大，外人窥伺之多，交涉之繁，益形棘手。乞迅咨外务部，即请转咨粤督及钦使，坚持勿让分毫，以争主权而保土地等情前来，相应咨呈贵部，查照办理可也。

七月初五日澳门档

使法刘式训致外部丞参报法首相克雷孟素解职函

五月十四日肃布黎字第七十八号函计邀青鉴。法首相克雷孟素氏执政将届三年，本月初下议院核议政府已办拟办各事，大为赞成。论者咸谓政府根深蒂固，一年之内决无摇动矣。孰料散院之日，因整顿海军一事，前外部大臣德嘉赛氏与首相舌战之余，竟至推翻政府，殊非意料所及。查德嘉赛氏曾任外部七年，主排德政策，因摩洛哥事被德廷挤逼去位。今春经议院派往各军港查阅海军腐败情形，查毕责问首相因何历年毫未整顿。首相答谓海军腐败系历任政府所酿成，当时德嘉赛氏身任外部，知其腐败而悍然不顾，主张危险政策，几肇邻衅，以至全国大受挫辱，尚何颜向我责问云云。首相当众追述此丧气之事，以羞辱前任外部，大伤议员感情，因此决议之时，以为非者竟占多数，政府遂全班告退。总统以各部全体政策近为两院所赞成，今首相去位系因与德嘉赛氏舌战失体所致，非出于政党意见之变更，故准克相解职，而以法部大臣伯利安氏代之，外部大臣毕盛氏联任，其余兵、海、户、藩、商各部均有更换。弟查新相伯利安氏系社会党员，办理政教分离事宜，为历任首相所倚任，克氏去时荐以自代者，想内政、外交必仍旧贯也。奉函及咨到奏定报告章程，俟格式本寄到后，谨当督饬馆员并转令日、葡分馆代办遵照办理，乞代回堂宪鉴察是荷。

七月初五日出使法国档

外部致刘式训滇路事允偿二十万两惟须交还军粮城电

江电悉。迭与潘使晤商，滇路事允偿二十万两，惟须将军粮城交还。其塘沽地段已告潘使，诸多窒碍未便让给。至设领一层，我要求西贡、河内两处，彼只允河内一处，如能商允两处尤好。外。

七月初五日河口档

邮部致东省督抚安奉改线应由日人绘图送核后兴工电

申冬电悉。改去以西二字，自较明协。外务部意，该领如仍坚执不允，亦须就日使来照所称，以技术上所必需更正之路线为限之语意，坐实定议，自系权宜收束之法。但路线关系甚巨，技术上所必需更正一语，其界线易于出入，应请于与日定议时声明。如因避陡坡、狭道或改易湾道，半径稍有挪动，方为技术上所必需，其他不在此例。总以抱定黄国璋上次会勘路线为主，至应如何更正，伊集院现委之技师，能订明预先由日技师绘图送交尊处核定，方行兴工，似尤妥协。地方官有保护购地作工之责，彼之路图似不能不允先送贵处阅看也，此节应如何斟酌措词，一面询之黄国璋藉备采择。再，本部四月二十八日咨行尊处对待办法八条，未知现在议至如何地步。又黄国璋会同沈道履勘路线后，所上条陈图说均关紧要，尊处已否办到若干？其安东设站一层，尤须特加慎重，现拟如何办法，统乞筹示，切盼。

七月初五日安奉铁路档

锡良程德全致外部与日领议安奉路改筑事已签印交换电

本日，小池到司已允将以西改为至奉天，即于午后彼此签印交换，其原文照录于下：一、筑该路轨道，应与京奉铁路轨道相等；二、该铁道线路，两国政府承认，大致应以两国委员前已会同查勘测定之线路为准，惟陈相屯至奉天之线路，应由两国再行协议妥定；三、本节略彼此签字盖印之日起，应即开议购地及其他一切细目；四、本节略彼此签字盖印之第二日，即开议购地暨其他一切细目之第二日起，即将该路工事上紧赶办；五、中国应令沿路各地方官，关于该工事之施行妥实照料，请查核为幸。签换后，又约该领到司斟酌开议次第，现拟将我所提出之三、四、六、七各条关于购地事件提前商议，余按次第续商，并约其早派工程司会同黄丞前勘未定之路线，该领均已允告彼政府，请示后再来会议，并陈。良、全同肃。支。

七月初五日安奉铁路档

锡良程德全致外部日于安奉抚顺行联络之实拟默与坚持函

安奉路线一事，黄丞到奉传述钧部指示，不以绕越苏家屯为然。当经遵照钧意饬司，于开议时切实声明，而小池总领事辄以彼政府不愿列入不再绕越别路之语相答，业经据情，电陈在案。顷奉钧部电示，王士屯若非安奉正线，彼遽行改宽，既无理解，应饬于开议后商令停工，以免与苏家屯影射。惟抚顺矿彼不愿退，其意颇决，将来恐难争回，如须造运煤枝路，亦应另案商妥，方能兴工各等因。查此次该铁道会社在王士屯、三家子之间接修弧形铁道一节，据交涉司派员会同承德县往查，曾经绘具图形送核，兹特摹绘呈览。此路由王士屯经五里台至三家子，不过十里左右，即图中蓝线，然王士屯为抚顺线路，而五里台、三家子则已入安奉正线。虽询据此路暂时敷设，实为运料便利起见，而不啻与旅长路线相接，将来请其拆去恐已为难。至不绕苏家屯一层，屡次晤商，该领及铁道总裁均已应允，此次不愿声明之意，则经详细推测，又得大略。盖日人现在计划，自五里台以西不拟再行修筑，欲于王士屯至浑河桥口更筑以弧形之路（即图中红线），以达奉天。此语出自该会社之口，而证以不允声明不再绕越别路及不允改陈相屯以西，而改为陈相屯至奉天之意，颇相吻合。伏思钧部不允绕越之意，不过绝其联络旅长而已，乃体察情形，则彼藉安奉与抚顺两路交互之际，添一弧线，即已行联络之实，而仍可避绕越之名，其计甚巧。现在惟有俟开议后，饬黄丞与日工程司订期再往会勘，默与坚持，不令修筑红色弧线，以杜蒙混。其抚顺一线，则俄人修筑在先，煤矿既难争回，此路本系宽轨，即使两弧线均不许其接筑，亦自可借此线以通旅长。钧部所称运煤枝路须商妥方能兴工者，此事因仍已久，更难与之置议，深恐电文简略不明，特将详细情形奉陈，并绘图一纸，以备查阅。敬候钧示遵办，不胜至盼。专此。敬请钧安。

七月初六日安奉铁路档

外部致锡良陈昭常日使允电延吉武官不得生事电

延吉交涉，渐有头绪，日使已允转电该处武官不得生事，希转吴督办镇静维持为要。

七月初六日延吉边务档

使和陆征祥咨外部和人治理属地分为二等情形文

和属爪哇各岛设领一事，现正从事交涉。查他国领事之在彼驻扎者，固已棋布星罗，兹据就近调查并参以彼中订约之数，分别造具二表，曰和属南洋设领各国一览表，曰各国领事所驻和属南洋各埠一览表。计已派领事之国一十有九，日本虽未派人而领约已定，故亦汇入，共二十国。所驻之埠，爪哇较多，苏门答腊、西里伯次之婆罗洲，则尚未之及。惟其中犹有可注意者，土、波、暹三国虽有领事，而其侨民仍不能与欧人平等。日本虽领约方定，而其侨民之享欧人平等权利者已十载于兹。盖和人治理属地，法律略分二等，最初者为欧人一等，亚人与土人一等。自一千八百九十九年改定该律，将日本人归入欧洲人内，于是欧人与日本人为一等，其余亚人仍与土人为一等。各国领事固有保护其商民之权，而其治理属地章程、处置何国侨民于何等地位，要仍为有土者之主权所在，故其法律改正，则未有领事之日人莫敢玩侮。其法律不改，则如土、波、暹等虽有领事，仍多枝节。除再另行详陈外，为此将所有和属南洋设领各国及领事驻地二表咨呈大部，谨请察核为荷。

七月初七日设领档

锡良程德全致外部邮部安奉非南满支路应撤兵警日领允商彼政府电

安奉路事，自将前议二条交换后，即与日领约明一切细目，饬令交涉司随时会商。计议过三次，除购地已由我处设局派员并妥议购地章程，正在核办外，其沿路所用地亩不得多购一条，亦由佐藤承认。旋据满铁会社送来购地及设站两图，又经饬令黄丞国璋酌核，仍嫌所购之地太多，开具理由，驳请减购，尚未得复。又应派查察经理之员，及派员会议运输章程两条，日领亦允照办。惟奉无合用妥员，拟即委黄丞查察经理，乞大部酌示再定。此外如撤兵、撤警及声明非南满枝路三条，日人始而延宕缓议，托词请示政府训令。昨经该司前往领署催议，该领直称此路实系南满枝路，故日本政府不能允撤兵警。经该司辩驳甚力，谈论甚久，日领辄云，枝路虽未载明条约，彼政府早已默认，既系南满枝路，自无撤兵警之理。该司告以条约系两国政府所定，不能以贵政府个人意见消去条约能力，从前撤兵警既属条约允许，即此路非枝路之确证，日领无词，始允函商彼政府，得复再议。该领云，电商不及函商之详实，则仍用延宕之计。又索回六道沟地一条，日领亦不允认，盖此地即当鸭江造桥之处，在我收回彼即诸多不便。此条辩论良久，日领亦归诸上请政府核示之列。此迭次商议之情形也。至查勘陈相屯以西路线一层，由黄丞与日技师往勘，日技师直欲并入南满干线，以实行为枝路之据。盖此线若经我允，则枝路即系确定，所争撤兵警各条，自归无效。黄丞现已携图归京面陈钧部，不难问悉狡谋，一力坚拒。正译电间，奉钧部歌电敬悉，不知日使所称河桥，系在何处，抑仍指鸭江而言，安奉无必须与干路接贯之理，所请添置河桥，意极牵混。如系江桥，则此桥既成，国防尽失，虽有他项利益，亦不足以抵偿损害，必为他国所笑。且桥成后与彼京义相接，是安奉不独为南满枝路，直京义干路，更何望其撤去兵警，挽回利益耶？仍请钧部慎持勿允，日使知江桥不在约中，以道歉为进取，似可勿堕其术中也，仍乞示复为叩。良、全同肃。鱼。

七月初七日安奉铁路档

澳门勘界大臣高而谦呈外部中葡仍争辩占租及附属字样电

昨日会议，彼此仍在争辩占租及附属字样，未有归宿。盖彼若不先示让步，我一转圜便难收拾，其不得不力持者，势也。惟事已急，辞亦将穷。葡使昨将赫德自到澳门商议税务与澳督文件及总署电稿、金登干在葡京议案与赫德来往电文、葡使到京定约节略、英政府介绍文书，一一钞示，请即电部取卷核对，无非欲明此约系承华政府意旨成立，并非出于葡国之要索。至于澳门系全岛，对面山亦可予葡，赫德文中均曾叙及，皆出诸中国代表人之口。照约论约，葡政府并无丝毫滥索，今日葡使尚愿和平了结等语。查旧卷之中，赫德确有节略，声明经占各岛尽为葡有。惟所谓对面山及全岛字样，旧卷皆无。未知当日曾否禀报，总署部中有无案卷可稽，并应否承认赫金公文议案？伏乞示遵。昨已示意葡使会期之外，可以彼此任便往来，盖欲于会外商议，免致登入议案。此次洋文说帖既多且长，尚容细译，合并附闻。谦。虞。

七月初八日澳门档

美使费致外部张荫棠使美本国政府甚乐接待照会

为照会事。

接准照称，奉旨伍廷芳来京另候简用，张荫棠着补授出使美、秘古、墨大臣等因。贵国既饬令伍大臣旋京另用，以张大臣派充出使美国等任，本国政府甚乐于接待。想张大臣将来抵美，自必能使中美邦交益臻敦睦，相应照复贵亲王查照，并希向张大臣代为致贺可也。

七月初八日出使美国档

锡良程德全致外部抚顺烟台煤矿请于还本外争回税款电

延吉问题，承大力维持，渐已解决，并能保我疆土之权，甚为欣幸。抚顺、烟台煤矿恐难争执，可否于认还本之外，将战后应征矿税一律要求照奉补纳。即其大宗进款，将来归何处拨用皆可，权利所在，应恳预筹，与之交涉，免致事后又归无效。闻不日定议，特先密陈，祈采择为幸。良、全叩。庚。

七月初九日延吉边务档

锡良程德全咨外部开浚辽河请复美英德日各使文

案准贵部咨开，宣统元年四月初四日，准美柔使照称：本大臣兹与英、德、日本各大臣会商营口，辽河行船一事，均愿请速行，设法维持。近年来东三省大吏已明晰，辽河旁出支流，有碍行船，若速设善法办理，亦能免此困难。并悉营口情势，因河流旁出处所距正河边岸有三英里之遥，若不急行设法，定致运务不能灵通，于此盛兴口岸受损，殊非浅鲜。该处口岸现既有日形浅涸之病，沿岸所设卸货码头自必全归无用，于中外商人建造资本，岂不大半虚掷该河。若欲改去分流河道，须待新河大定，数年方能移设码头，至此时商人已去而之他，难以复归。营埠在此数年，每年由营河经行之船约有二万五千余只，现在只剩有五千余只之数，均因此路不易行船之故，万不可不集工兴修，以免该埠将来之衰败。现据专门工程师勘估，如速行开工，经费尚不甚巨，只须有二十万银元，足敷应用。驻营口美、英、德、日本四国领事迭与地方官相商，该员亦视为至要，均已禀知督宪。惟于筹款兴工办法，尚未商定，该埠衰象现已日深，若延至不能不修之时，所用经费必行过巨。在营口商务，四国居多，所有货物惟恃河流输送，甚望本年夏季所兴之工就绪，俾辽河水不旁流，再将正河应行酌修，方保河流永远顺轨等因前来。查辽河支流旁出，有碍行船，如能设法兴修，于中外商务均大有裨益。据该使来照，谓英、美、德、日本各领迭与地方官相商，该处经行之船约有二万五千余只，工程师估勘经费亦不甚巨。究竟此事情形如何，相应咨行贵督查照，转饬该地方官详速查勘核办，仍咨复本部，以便转复该使可也等因。准此，当即札饬奉锦山海道立即遵照，会集商董，务将辽河应行疏浚事宜，暨如何筹款方法，克日妥议，绘图贴说，呈候核办，商务攸关，勿任违延去后。兹据奉锦山海道呈称，并奉直隶督宪札同前因，查营口系航路交通之商埠，运输货物惟恃辽河，辽河运道为三省商业之咽喉，实为营埠商业之命脉，关系匪轻，疏浚诚不可缓。去年冬奉前宪台札，据英工程司秀思查勘报告，修浚全河工程分作三段：一、双台子河筑滚水堤工程；二、间于通江子、营口淤浅各处疏挖工程；三、营口、京奉铁路车站附近之鸭岛修筑工程。三项之中，以双台子工程为最要，盖双台子河实为辽河旁出之支流，下游水力微薄，不能冲刷河泥，日积淤浅，大率由此。此项工程估需工款十万元，奉饬由职道就地筹款兴办。业筹议息借商款，抽收辽河来往牛槽船捐为抵还，分六年清偿，详订船抽章程，并治河规则呈奉宪台，批准照办，现正鸠工庀材，赶速办理。其间于通江子、营口等处疏挖工程及鸭岛修筑工程，估需工料各款三十余万元，现亦赓续筹办。惟因工大款巨，筹备不易，尚难克时定议。至来往辽河运载之牛槽船，从前极旺时约有八九千艘。甲午后逐渐稀减，庚子后河道梗阻，毁坏更多，近年河运无利，船户以折阅改图，亦复不少，调查现在实只二千八九百艘。所有奉饬筹办疏浚辽河情形，并查明现在辽河来往船只数目，除分呈直隶督宪，理合呈请宪台查核示遵，并请咨明外务部查照转复，实为公便等情。据此，除批据呈已悉双台子河滚水堤现已开工，仰即督饬各员认真经理通江子、营口等处疏挖工程及鸭岛修筑工程，一面赓续筹办，俾维航业而竟全功，候一并据情咨明外务部，查照转复，仍候直隶总督部堂批示祗遵［缴］等因印发外，相应备文咨复贵部，请烦查照，并希转复该使可也。

七月初九日杂项档

外部复高而谦澳门前案并无各岛字样须划清旧占新占与葡磋议电

虞电悉。查十三年中葡议约时，赫、金除陈四款外，并无他项声明之语。惟赫总税司有节略呈署，云在葡京两国会议，缮立节略画押之日，乃系西历一千八百八十七年三月二十六日，即华丁亥年三月初二日，是时所有葡国已经居守管辖各处，即为澳门之属地等语。本部前于闰二月十九日函内业经叙及，兹葡使既提前案，查该节略内并无各岛字样，但以画押日所已占者为限。若执此作据，则十三年以后新占之地自无由滥入属地。界内现在须分清旧占、新占地段，如能照本部寒电抵换因应，必不得已，即照冬电办法与葡磋议。外务部。蒸。

七月初十日澳门档

外部致邮部日使抗议修筑新法锦洮铁路请查核函

敬复者：

锦洮路事，迭接来咨并函送贵部与东省督抚往来电底，具征荩筹周至，极为纫佩。日人派员在彼处侦察，其提防之处确是无微不至。前伊集院使与本部会晤曾云，不特新法一路与南满有碍，不能允认，即锦洮一路亦仍在南满平线之列。如中国实在有意兴修，日本亦必阻止等语。是此路若未经日本认可，亦万难率行动工，致多阻碍。闻东省拟借外款，奉借奉还，若有此举，亟宜从缓办理，免至面面为难。除电东督外，为此函达贵部查核，即希从速密商东省，以昭慎重，无任歧盼。此泐，顺颂勋祺。

七月初十日新法铁路稿〔档〕

外部致锡良陈昭常日使谓延吉日警被捉希查复电

日使面称，间岛地方，中国官吏因此案将结，领土权归还中国，对于日韩官民时有苛待、骄傲情事。又华官捉去日警一名，尚未释放等语，究竟该处现在彼此官民相待如何，所称日警被捉，是何情节，希即查明电复。外。

七月初十日延吉边务档

外部致锡良延吉商埠日使拟开六处应减何处希核复电

延吉商埠，日使拟开局子街、龙井村、头道沟、白草沟、铜佛寺、下泉坪六处，本部迭与磋减，并以白草沟在布尔哈通河之北，商令删去，彼坚执不允。惟称可于铜佛寺、下泉坪两处内酌减一处，究竟该两处应减何处，抑宜两处同减，希速酌核，两日内电复。外。

七月十一日延吉边务档

东督锡良致外部延吉界务已饬坚忍维持日使谓接待骄傲日警被捉已饬查电

初九日电敬悉。近因界务解决在即，迭次电嘱吴督办严饬所属官弁，事事坚忍维持，勿使藉口，吴督办来电亦坚持此旨。日使谓接待骄傲，恐系臆测之词，日警被捉，吴督办并无报告。日使所称，不言明情节，亦不言事在何时何地，恐亦未确。除电吴督办查明有无其事，并严饬所属，遇日韩官兵务须照章接待外，谨先电复。良。真。

七月十一日延吉边务档

延吉督办吴禄贞呈外部日要求延吉开埠有四处不可许电

冬电悉。钧部与日使提议解决界务，延吉交涉庶可和平，曷胜欣幸。查日人要求开埠六处，所谓下泉坪即我之光霁峪，局子街即延吉厅治，龙井村即六道沟，其余三处名目相同。惟此次彼此指定设埠六处，延境繁要地域，俱为所据，以之控制全境，大有綦布星罗之势。此处为国防重地，加以地方僻陋，商业萧条，本无庸开设商埠。现议决界务，日使既经提议，自不能全行拒绝。而其中最不可允者，如百草沟，北距厅治约二百里，为通宁古塔要道。附近三道湾森林矿产最为丰富，七道沟西距厅治约百里，其地华民富户较多，为延吉精华所萃，又为至奉天及夹皮沟交通之要区。铜佛寺在厅治西北约五十里，为延吉至吉林驿道所必经。至延吉厅治，尤为行政重地。此四处实不可允许，愚意与日使提议时，只宜先允六道沟及光霁峪二处。彼或以为未足，再加和龙峪亦可。至来电云何处韩民为最多，查日人指六处，除斋藤所驻六道沟以外，若仅就各处街市所居韩民而言，多者不过二三十户，少者仅一二户。若论各处附近所居韩民，则延吉厅治一社约有七千余人，六道沟一社约有五千余人，铜佛寺各社约有一千余人，光霁峪各社约有一万余口，头道沟各社约有八千余口，百草沟各社约有五百余口，此各处附近韩民之略数也。总之，开设商埠之利害，当以日人对于韩民之权限若何而定，今延吉越垦地方，约有韩民五十余户，招垦地方，约有韩民二万数千户，实较华民为多。若所有在此韩民悉认为归化我国，则虽多设一二领事，尚无大害。若日人以此地韩民尽须归彼保护，则其权力及我全境，虽任设一领事已足夺我行政司法之权而有余。以禄贞愚见，钧部与日使提议，似宜先言明日人对于韩民之权限若何，再酌允开埠数目，以为结断之地。其订明权限之法，若能如钧部去岁所议，自界务解决画押之日起，以前韩民悉归我国管理，以后越境者归日本保护，此策之上者也。或将允开商埠之处划明一定区域，为保护权所及之地，以外概不得干预，此策之次者也。其不得已，则宜在我境内享有土地之韩民，援光绪十六年总理衙门成案，悉作为归化人。其虽无土地权而有归化资格，愿入我国籍者亦可作为归化。此外往来无定之侨民，始可允其领事保护，则彼虽有领事裁判权，只可及于侨民，而不能及于归化之人，此亦最不得已之办法也。至开埠、工巡、卫生等事，仍宜由我国自办，以保主权，公等擘画周详，谅能折冲樽俎。彼恃狡诈，无俟多赘，惟谈判情形时望电示，以便聊献刍荛，无任祷盼。禄贞。虞。

七月十二日延吉边务档

清宣统朝外交史料卷七终

清宣统朝外交史料卷八

宣统元年七月中

使日胡惟德致外部报延吉日兵滋事四案与日小村商办情形函　附往来函稿四件

六月十九日寄东字第十五号函，计承察及二十二日因安奉线改筑事往晤小村，业将彼此辩驳情形电达钧部在案。是日，并诘问延吉日宪兵屡次滋事，日政府岂能置之不问？六道沟所增日宪兵应电斋藤，即日撤回，小村谓此等小事无关紧要。答以数日之间，日宪兵滋事四次：一在三道沟占地盖房；二在白草沟骚扰民家；三在六道沟添筑警楼；四在和龙峪戕伤官弁。中国政府皆视为重要，万不能不严予惩办。至增派宪兵，难免多生枝节，务望即日撤回。彼允调查详复。嗣接复文，延吉四案，彼逐条强辩，并谓：中国官宪以后能和平处事，则六道沟所增宪兵自必撤回。又称：自珲春至局子街，中国次第增兵已达六百等语。无非藉词延宕。嗣奉钧部二十三日电，又往外部切商，告以接本国政府来电，中国实未增一兵，应请电饬斋藤，速撤所增兵。现经行文照会，尚未得复。兹将往复文件抄送冰案，统祈转回堂宪为荷（附上钞件两折）。

七月十二日延吉边务档

日本外务省来文

敬启者：

帝国宪兵在间岛三道沟占领土地，建设分遣所；又帝国宪兵在同地白草沟深夜骚扰民家；又帝国陆军所属员在同地建设警楼；又帝国宪兵在同地和龙峪闯入曹经历官署等件，准贵历六月初六日第四十三号来文，均已敬悉。惟贵来文内所记各件，我国已详加调查。实如别纸之所记载，则贵函内所记各件，或全为无根之事，或事虽相似而其实则是非颠倒，我国毫无妄动，宁可谓在间岛贵国官宪措置之不当也。其详细情形记于别纸，请台览后即转贵国政府，是所至盼。又在间岛，贵国官宪之行动屡次欠妥当。自边务督办吴禄贞就任以来，其行动往往有故意激成事端之嫌。如此等事态，陆续发生于贵我两国之关系上，甚可虑也。务乞转请贵国政府，对于在间岛贵国官宪严加戒饬，以便关于间岛根本问题之解决，不胜希望之至。特此奉复。

明治二十二年八月十二日

一、所谓日本宪兵在三道沟占领地土，建造房屋为分遣所之件。

在间岛，统监府派出所未曾派兵驻在三道沟。惟于局子街东方约六里之龙岩坪，为调查户口，日本曾派宪兵二名。彼等仅宿于韩人家内，并无占领土地、建造家屋之事实。

二、所谓日本宪兵在白草沟深夜骚扰民家之件。

客月一日本邦巡查一名，随带韩国巡查一名，并为援助之宪兵一名，以逮捕犯人之目的至白草沟。宪兵因调查犯人之行踪，以韩国巡查为通译，在屋外空地寻问犯人之妄动。斯时，本邦巡查在离此稍远之地调查其他韩人。突然一韩人执在其傍宪兵之铳，殴打本邦巡查，使负重伤，此为实有之事。在日没时，并非夜间，而与犯人有关系之韩人，恐将来有处分，故反诉我宪兵乱入其室，诉于白草沟之派办所者也。当清国兵妨害我派出搜索该事件犯人之宪兵之举动，我派出所员太田大尉对吴禄贞氏抗议时，吴氏之代理者亦云，韩人曾诉宪兵乱入其室，同大尉辩其为妄动，吴氏未曾回答。

三、所谓陆军所属员在六道沟建造警楼之件。

所谓警楼，虽不知为何物，或指报知火灾之警钟而言也。若为警钟，高约三间，每间六尺之梯上挂一小钟而已。前年于统监府间岛派出所内，及居留日本人市中，曾各设一个，其他未尝建筑如楼之物。

四、所谓宪兵在和龙峪闯入曹经历官署之件。

客月十五日午后五时，新兴坪分遣所宪兵一名，与韩国巡查一名，带领犯罪嫌疑者到分遣所时，有太拉子清国派署之巡警五名，及清国人数名，在途中抢夺该嫌疑者，殴打宪兵且以刀伤之，夺去军刀小铳，并将巡查捕入太拉子衙门内。故新兴坪分遣所班长于同日夕刻到太拉子派遣所，留宪兵二名于门外，率宪兵一名及巡查一名进内交涉。清兵即施其暴行，且以刀伤宪兵面部。我班长不得已，亦拔刀伤清兵以援助该宪兵。斯时，清兵在署内向我宪兵放枪射击，我宪兵亦应射之。班长等乘夜始归，被捕去之韩国巡查，目下尚拘禁在局子街统监府派出所。为请释放，同事人已交涉二次，至今尚未解〔释〕放。

致日外务省文

敬启者：

顷接北京外务部来电：据东三省总督及吉林巡抚电称：六月十一日朝，有日兵由会宁渡江越境，身穿宪兵服制整队而入，携带马枪六十三枝，手枪六十八枝，军刀六十九把，并载子弹二十一箱，前往六道沟。中国宪兵虽欲阻止而不得。曾经函询日本兵官斋藤氏，据复称，马贼将欲蠢动等语，实则该处地方甚为安谧，并无马贼。以上情事中国政府业经照会伊集院公使外，再令本大臣切商贵大臣。现中国政府正在与伊集院公使会议东三省各案，以期早日和平商结。倘贵国兵士迭次肇衅，以致案情愈繁，恐致解决愈延时日，实非中日两国政府之本意。尚希电饬驻扎延吉厅斋藤大佐，将前往六道沟之兵士迅速撤回，免滋事端，不胜盼切。

宣统元年六月二十一日

日本外务省复文

敬启者：

准贵历六月二十一日第四十八号来文，内开：于贵历六月十一日朝，有日本兵由会宁渡江入间岛六道沟，切望事件将来不至纷纠，命急速撤回该兵士之件，已敬悉矣。帝国政府在间岛设统监府派出所以来，专以保护韩民为目的，曾命派出所员务以平和处事，以待间岛之解决。而如本日密送第五四号回文，内开：该地方贵国官宪之行动不仅有意激成事端，且由珲春至局子街次第增加兵力。至客月中旬止，在局子街之兵数合计已达六百。我统监府派出所亦因遂行保护韩民之义务，仅增派少数之宪兵。不过对于贵国官宪挑拨之举动，出于防卫上不得已之措置也。贵国官宪若一改从前之态度，诚能以平和之精神处事，则帝国政府于撤回右所增之宪兵一件毫不踌躇。特此奉复。

明治四十二年八月十二日

复日本外务省文

敬启者：

阳历八月十二日接机密送第五十三号贵函称：贵国官宪如能和平处事，日前派往六道沟之兵不难撤回，云云。本大臣按：中国政府笃念邦交，无不夙以和平为主，早在贵大臣洞鉴之中，无待本大臣之赘言。昨接北京外务部来电，称边务大臣吴禄贞到任以后，在延吉地方并未添增一兵，更无挑拨之行动。然则贵大臣应按照机密送第五十三号贵函见诸实行，即请电饬斋藤大佐，将前往六道沟之贵国兵士全数撤回。且添筑警楼一事，中国政府视为重要。应请一并电饬其中止，勿再添筑，以免滋扰，专此奉布。

宣统元年七月初一日

使美伍廷芳奏行抵秘都呈递国书情形折

出使美、日、秘、古国大臣伍廷芳奏，为微臣行抵秘都，呈递国书情形，恭折具陈，仰祈圣鉴事。

窃臣于宣统元年四月十三日，自美都华盛顿起程前赴秘国，业经具折陈明。旋于十五日在美国纽约海口，附搭美国公司轮船南渡。二十一日抵哥仑埠登岸，即日换坐汽车，驰过巴拿马地峡至巴拿马国都城，地当赤道之下，南北美洲之中。现在运河尚未开通，过客必须于此候船。商旅骈阗，人物殷阜，华商亦数逾三千人。原属哥林布国，近经自主，我国［虽］未与订有条约。臣默计，须在此候船七日，因乘便调察华侨商业情形。并于二十四日由驻巴美使介绍谒见该国总统，藉资联络保卫，极承优礼接待。当于是日电请外务部代奏在案。旋于二十八日乘英国公司轮船南驶，沿途风浪敉平。自入秘界，经过卑达、厄定、八哥、麻猷及沙剌威厘各埠，皆有华商登舟求见，坚请登岸巡视，出于至诚。盖不睹圣朝使节南来，殆十数年于兹矣。臣用是不敢惮劳，均徇其请，骇浪之中，即以小舟引渡，咸得亲与慰问抚循。各埠华商多者数百人，少者亦数十人。我国虽未设有领事，业经先后由臣商请美国政府转饬该国公使、领事等保护，或派名誉副领事代理。据商等面称，亦颇资得力，足以仰纾宸廑。五月初七日，行抵秘国嘉里约埠，驻该国参赞领事率同商董及彼国特派有招待使等，预备专车迎伺。即日驰至利马都城，秘都华商数逾万人杂遝迎谒，臣因得详询近状。备知该国前月虽经变乱，现在民情尚不骚动，华侨亦安谧如恒。虽年来生计懋迁稍绌，而熟计兼权犹占优胜地位。

此间距中国约六万里，寒暑互易，终岁无雷无雨，视欧美诸洲亦若别一世界。诸侨民感荷覆帱，无远弗届。臣接晤之下，知其去国愈远，眷恋益深，实根天性。惟有广宣德意，振其尊亲之本，勖以安分营业，亦各欢欣鼓舞。翌日，照会外部，订见该国总统日期，旋准复文，定于十五日未刻接见。届期由其接引大臣率领宫车两辆来迓，臣随带驻秘二等参赞官黎熺，驻美三等参赞官桂埴、嘉里约，领事何鋆培，代理三等通译官钱树芬，恭赍国书二道，前诣彼宫。总统免冠出见，臣捧递国书，总统肃立祗受，臣随以英语宣布圣朝怀柔之德，两国敦睦之忱。总统亦答诵如例，握手致敬，延入后殿，并坐叙谈数刻，情意殷拳，敬询皇上圣躬安泰，谆谆属臣转奏。并谓臣历聘各国，研精法律，故能办理交涉，措置得宜，久深仰慕，奖慰有加。参随以下亦得与陪坐，一一劳问。词气谦和，情文周挚。礼成而退。仍由该接引大臣及另派马兵军乐一队，送归使馆。除将颁答各词译汉咨呈外务部外，所有行抵秘都呈递国书情形，理合恭折具陈，伏乞皇上圣鉴训示。谨奏。宣统元年五月十六日。

七月十二日出使美国档

使美伍廷芳致外部秘鲁华侨被虐曾谒总统晤外部驳论苛例情形函 附往来照会五件

敬再启者：

廷此次迭奉钧电敦促赴秘，系因新立苛例，华侨被虐两节。秘都华商数及万人，甲于他埠。当廷抵秘时，杂遝迎谒，塞道为满。廷连日分见其久客殷实，明白事理者多人。详询近状，备知该国始以党争肇衅，终仍虐及吾民。由内政不善而牵动外交，复欲借外交以推翻其内政，原因复杂，未易覼缕。幸现时已不骚动，侨情亦安谧如恒。且自廷抵秘时，该国即连日由户部大臣派委干员，详查各商店损失实数，以便议偿。廷心知其意，特置其小者，而规其远大。于十五日谒见总统后，十九日即迳往外部，驳论苛例及中秘条约事。

缘此次苛例之颁行，其根原在于靖乱，而特借径于中秘约章，业已届满为言。盖中秘条约第十八款，就英秘两文解释，本少有歧义也。故欲去苛例，必先辩明条约，乃克抵其中坚，连日往复论辩，极费唇舌。幸彼于条约一层，竟不再设词搪塞，宣露实情，纯为靖乱起见矣。惟此次乱端所自，固由内政不善迁怒吾民，而其原因亦实由于前月此间华商合资公司轮船来秘，载有搭客一千余人。其中不无游民无艺及穷无复之之人，而其效皆足与都市贫民争近利。计秘国人口不过三百万，不如吾国内地一小行省，而版图乃过于吾国数行省，原不至有过庶之患。征之彼国公正绅商，所见皆同。独惜其内政未尽修明，天然物产又非繁富，加以一切工业、农林多未振兴，乃患贫弱且多惰民。盖其生聚教养，诸大政犹未暇讲求也。吾民勤俭耐劳，其计利之精，即欧美犹或惮之，无怪彼国都市游民之日患其朘吸已。该政府既稔此实情，亦不得不稍恤穷黎之隐，以定其趋向，此苛例之所由来也。廷日来与该部论驳，已不遗余力。

前奉钧部元年二月二十日电饬，详筹坎拿大禁工办法，当于二十四日敬摅管见，电复在案。此次秘国虽与坎微有不同，即与之订限制约章，亦万不至杜绝来路。拟谨遵钧部意旨，一面先允其略仿日本、西美办法，自行限制，以保主权而维商务，且为废止苛例之媒介。又廷尝细核，我国秘约第十八款，汉文与英日文字实有不尽相符之处，而第十七款又声明彼此解释若有疑义，当以英文为准。若不趁此时机设法补救，诚恐仍留他日外交上之障碍。现彼虽已面从，犹未明认。廷拟趁拟限制工章时，声明前约仍旧赓续履行，以保我固有之利权，而免其他日之狡逞。廷因连日面谒外部，见其语多推诿，特约期亲谒总统，直接论驳。业经复文，定于初四日接见。一俟事机大顺，再行电达钧部，兼乞主持。似此统核并筹，庶足以定彼国乱民之心，而舒我国商民之困。否则迁延时日，于实际上仍无稍补。不如因势利导，使苛例废止一日，则商困早舒一日。廷更当博访周咨，征诸明白解事侨商意见，以规久远而杜流失。庶有以仰体朝廷惠绥侨寄之深心，而慰堂宪关怀大局之至意。是否有当，统俟大纲就绪，再行电请钧部，饬下祗遵。谨先缕陈，并将连日问答各辞及照会文稿译呈，统希代回堂宪是荷。并叩勋安。五月二十一日。

七月十二日华侨档

致秘外部驳除苛例照会

为照会事。

照得本大臣于礼拜二日与贵大臣所理论之事项，兹谨按照贵大臣之意旨，备文照会贵大臣查照。查贵政府前于五月十四号颁发之饬谕，令进口华人每名须有英金五百镑呈验，始得入口。综其命意所在，直欲实行禁绝我国人进口而后已。该饬谕既猝然颁发，又并未先行商准我国政府，遂致我国政府及我国臣民不胜骇诧。而我国居留是邦之人尤不胜惊惧，即谓贵政府此举为异常专擅，谅贵大臣亦当相宥其言之过也。所以然者，以其不独违反两国所立条约文义，及阻碍两国商业交通，即衡之国际公法亦显相违犯也。本大臣亦尝闻贵政府之颁发此饬谕，意欲藉此安绥贵国反对我国居留工人之一部分臣民，以冀免其将来或致更有暴动，藉以保卫我国居留之民，本大臣未尝不钦佩贵政府之善意。所不可解者，则以就当日情势言之，此固非惟一而最善之方法也。本大臣亲抵是邦，备悉华人之居留是邦者，无论为商、为贾、为游历、为工人，咸为兴利有用之人，而大有造于贵国。且贵国臣民亦绝欢迎而爱重之，虽其中或不无反对之者，此曹为生计上直接之竞争，实亦不过居其最少之数。但本大臣洞知贵国现在需工正急，使其人苟非游惰无艺，万不致无人觅雇，致令闲旷。准此为言，则反对华工，固知其非正当之理法矣。且非特此也，查五月二十九号之暴动，反在颁发禁工饬谕之后。准此为言。是该饬谕非独不能呈止乱之效，且召乱萌，正得其反矣。凡此诸端，皆本大臣以为此饬谕之必当废之佐证也。虽然本大臣于前日会晤，亦尝念及如贵大臣以为必须设法以安抚此一部分之国民。本大臣深知我国政府固无不乐意与贵政府和衷商议，务令此节各得如其意之所欲，由我政府允愿自行设法，限制出口。至其详细办法，一俟彼此大纲就绪，再行妥商可也。为此理合备文，照会贵大臣，请烦查照，先将该饬谕即行废止，并请迅复。须至照会者。

宣统元年五月二十一日，即西历一千九百〇九年七月八号

致秘外部辩明中秘条约仍得续行照会

为照会事。

照得中秘于一千八百八十四年所订立之条约，本大臣于前日会晤时，承贵大臣面告以贵部遵办案卷，谓该约第十八款所载，自批准之日起，二十年期满后即行作废，系按照贵前任大臣意旨等由。查该条约声明中日文如有不同之处，当兼看英文。而该约第十八款英文所载，则谓日后两国各于现议条约内有欲得变通之处，应自互换之日起至届满十年为止，先期六个月彼此备文，知照如何酌量更改，再行筹议。若未曾先期声明，则此约赓续履行十年等语。本大臣几经慎读熟思，敢断该条款之真实意义，不过使两立约国于届满十年之后，彼此得便宜修改。而此约赓续履行十年语，意乃系限修改时期而非限此约之生命也。且该约首段亦既声明，此各和好通商行船条约，意在立彼此交通往来之基本。准此为言，固知两国当日断无意令彼此邦交睦谊，仅有以二十年为限之理。诚以此事固国际上所未闻，而与公法亦相违反者也。本大臣更有言者，则于将赴贵国濒行

之先，尝访之有名国际公法学博士于美都，彼此细意研寻该约英、日文之后，亦谓此系永远条约而不得立限以定其久暂，与本大臣意见正同。今请引证此第十八款之汉文本义，此即本大臣于七月六号校译正确，并缮出一分面交与贵大臣者，而此意当益较然大明。据称，日后两国若于现议章程条款内，有欲行变通之理由等，审是则彼英、日文所载此约赓续履行十年之语，汉文惟以仍照此次议定办理之言代之。于此可见，敝国当日全权大臣李中堂固以此为永远无限之约甚明，即与之会议此约之葛大臣亦必了然。于文虽异辞，而实意本为同物也。本大臣用敢申言，苟得平心之士，对于此节当不能更为立异之理解矣。本大臣自得与贵大臣会晤，以讨论此问题，又并尝征引近事以譬解于贵大臣。之前于本月十八号之会晤，甚喜得闻贵大臣既经探索之后，亦与本大臣为同一之解决，即所谓此约仍有效者是也。本大臣前日并得闻贵国大总统之意见，亦无不同，此亦为本大臣快心之事。为此理合备文，请烦贵大臣查照。谨请贵国政府声明，以上既经反正各情形，两国条约仍属有效。并请按照各款实行，以符公义，庶使两国邦交友谊和好，一如前日，不致稍有妨碍，实为公便。须至照复者。

六月初六日，即七月二十二号

秘外部复称中秘条约仍得续行照会

为照复事。

照得接准贵大臣本月二十三号第二十一号来文，内称：一千八百七十四年六月二十六日，敝国全权大臣葛尔西耶与贵国全权大臣李所签署之中秘《和好通商行船条约》，蒙贵大臣将贵政府以该约为仍有效力之理由，用相驳难，以反对本部前任大臣所主持之意见等因。准此。查贵大臣未抵敝国之先，本大臣亦尝备文声复贵署，谓此一千八百七十四年之条约，业经断绝，其理论所根据系按照第十八款所言，该约之生命自批准交换之日，履行二十年即应届满。在当时本大臣固亦尝为如是之理解，嗣与贵大臣会晤，备承指证驳论。本大臣乃更复将此问题从新研究，现已研寻有得，用特敬谨备文声复。查该第十八款英、日文所载，依文解说，敝署从前读法原无丝毫偏倚之处。惟照贵大臣所译示，该约之华文钩稽比较，乃显生差别。且其内于此约之生命，亦并未为之立限，乃恍然于当日彼此两国全权大臣会议此约时之真实意念情形，亦当不至立此种年限。本大臣既经细意考索，允当明认，若贵大臣欲本部署立正式文件，声明该约仍旧赓续履行，本部即当遵办，并无反对之意。为此合行照复，请烦贵大臣查照，并乞将本大臣此意转达贵国政府，以表敝国政府之善意，而维我两国之邦交睦谊，实为公便。须至照复者。

六月十九日，即八月四号

致秘外部请撤废禁止华人入境饬谕照会

为照会事。

照得本大臣于七月八号及二十三号均有照会送呈贵部，内开各情，谨请留意，并希见复。又日前贵总统与贵议院之国事布告中，有下开一节殊关重要。本政府见外间舆论异常一致，而自中国前来之新客到时，又须禁遏暴动，乃于五月十四号颁发饬谕，阻止中国出口之民来秘。该谕业已照呈议院裁定，及派委内务大臣布告一切等语。查该谕乃明背中秘两国现行条约，本署与贵大臣正在磋商，尚未了结，本大臣觉付交议院裁定，似为时尚早。以贵政府凡事皆能秉公办理，而于条约上尤见信守，对此问题自能和平解决，届时披告议院尤为妥善也。如贵政府不以此议为然，而必欲将此问题交付议院，俟其将本年五月十四号所颁之饬谕裁定，到时并请将本署辩论该饬谕之照会文件录送议院，使其备知内开各理由，系根于《天津条约》与国际公法，为无可置议者。谅贵大臣必能秉公办理也。为此合行照会贵大臣，请烦查照施行，须至照会者。

六月十五日，即七月三十一号

秘外部复称撤废禁止华人入境饬谕照会

为照复事。

照得接准贵大臣七月八号第十九号来文，请将敝政府本年五月十四号所颁发禁止中国人民入境之饬谕即行废止。贵大臣并以此举为异常专擅，谓不独违背中秘一千八百七十四年六月二十六号所立之《和好通商行船条约》文义，即与国际公法亦不相容等因。本大臣准此，查当日乱事之起，系直趋于利马贵国一部分居留之民。当此之时，敝政府念，莫如立限贵国入口之民以绝乱源，以徐俟议院之决议，意必能于贵国居留之民多有所助，庶亦得完吾保护之责，此本大臣之不得不为贵大臣申言者。且非特此也，本大臣方谓敝政府得显其能力到于今，兹犹得自完其责，以切实保护贵国居留之民为最愉快。盖由浸渍于一千八百七十四年所订之条约之精意犹存也案：此暗指当时谓约已满也，辞令极妙。今贵大臣乃以此乱事为所呈之效一，若五月二十九号之暴动，致令贵国居留之民有所损失，为颁发限止贵国入口居民之饬谕所致，与敝政府之意旨乃正得其反。似此情形，本大臣乃不得掇拾事实，以冀贵大臣之垂意。查反对贵国侨民乱机之最剧烈者为五月九号，其所损失系与此乱事为直接之系属，我政府惩前毖后，乃颁发该饬谕于同月数日之后。若论二十九号暴动使贵国人民所受损失，不过出于少数坏法乱纪之余孽，恒乘政党之骚然不靖，间接而施其狡黠之谋。该饬谕意在杜绝乱萌，固不能谓为反以召乱也。至于贵大臣来文，谓贵政府有意自行设法，限制出口人民来秘一节。本部觉此举对于种种方面均甚周妥，若贵大臣有所咨商，本大臣极表同情。至贵大臣所称拟定办法，本大臣深信，将来必能易臻妥洽也。为此合行照复，请烦查照。须至照复者。

六月十二日，即八月七号

东督锡良致外部闻日人拟修延吉路乞坚持勿允电

延吉问题现议到何地步？顷闻小池在司法处亦云将结，惟口气中，露出开放及修路两层。从前本有欲由会宁修至吉林之说，又有由延修至宁古塔之说，未知此次要求及此否？路事关系最大，若由延吉至吉林再允彼修一路，无论合办或借款，则奉吉两省全被日轨包抄，更无一线生路，且恐俄人必藉口肆意要求。既闻日领语及，不禁惶惧，用特密布，遥想钧部及我公对于此事定有斟酌，无俟续陈。然务求坚持勿允，宁以别项掉换。愚虑如此，诸乞审择。倘此举毫无影响，即可罢论。良叩。真。

七月十三日延吉边务档

东督锡良致外部日使面询各节系斋藤捏造之词乞查察电

据吴督办禄贞文电称：延吉近日情形，自六道沟日宪兵殴辱胡参谋后，经禄贞派员多方交涉，彼于此处已稍稍敛迹。惟近接各派办处报告，日人由会宁拨遣兵队或十余名，或二十名成行不等，并携带车辆装载枪械子弹越境之举，时有所闻。又常使宪兵十余名，或二十余名到处出没，煽惑韩民阻挠政权，并云清津兵已备齐，尔韩民可以无恐等语。又在七道沟增设愈〔宪〕兵分遣所，已派驻二十余名，东盛永地方亦谋添设。现界务既由两国政府议决，而斋藤犹有此等举动。窥其用意似阳予我政府以解决之虚名，而阴行其狡诈急取之伎俩。或欲巩固其实力，即界务解决，而彼越境兵警终不肯撤退，以为日后侵略之地步，亦未可知已。据理函责斋藤，现尚未接回复。禄贞迭奉朝廷训谕及我帅诰诫，期以稳慎和平办理，未敢稍形激烈。惟有连日派得力人员分往各处抚慰韩民，训令兵警，妥为维持。并传令各事务员遇事谨慎，不令彼有所藉口。于我兵警等所占区域相距较远之处，则令其逐月会哨联络声援，以期于和平之中仍无松懈之意。但我愈平和，彼愈急进，我愈谨慎，彼愈放肆。目前虽经百端维持，暂免于事，然病根渐深，则发而愈烈。我帅慎重边防，深明大计，伏乞随时设法指示机宜，以便应付。

又据元电称，蒙外务部电开日使面询各节，全系斋藤捏造之词。彼近日擅行种种不法情形，恐我据理诘责，乃饰词诬人，以为先发制人之计，狡赖无耻，殊堪痛恨。查我处对于日韩官民，毫无所谓虐待情事。惟上月有日人桥本在光霁峪地方，携带武器，窥伺营房。该处队官以其形迹可疑，略加盘诘，彼即出言无状，当将该日兵送至边务公署。桥本与陶丞原系旧识，由陶丞以礼接待，日人自知理曲，即由公署辞去。越日，斋藤来函，谓虐待日本绅士。经禄贞将前后对待该日人情形详复有案，嗣又有内村保俗郎在六道沟、延吉各处，自谓日本绅商，招谣撞骗，积欠华民及我国官商账项甚多。嗣在珲春游荡娼寮、旅馆，不给钱财，经当地巡警查悉电禀前来。因告知宥太田，彼亦谓其素行无赖，嘱我捆送交付。禄贞以日官在此并非领事性质，未便交付，将内村护送出境之。二人者，桥本携带武器，窥伺营房，不服盘诘，固属罪有应得。然至公署时，待以客礼，和平使去。内村招谣撞骗，素行无赖，日官嘱我捆送，我仅护送出境，亦属格外优容。至斋藤怂恿韩民扰乱地方之举，不一而足。除日人所派都社长尹铸铉倚仗声势，擅作威福，屡戒不改，控案如鳞，暂留待质外，其余由各处解送前来。情节较轻者，略加告诫，随时释放，更属宽宥之极。禄贞正以解决界务在即，极力维持和平，何至刻待日韩官民，致彼有所藉口。谓捉去日警一名，当即指全成哲而言。全成哲因殴伤毕成，致酿和龙峪交涉重案，此案既未了结，则全成哲为肇事要犯，似未便即行释放也。以上所陈，请转达各等因，乞查察。锡良。元。

七月十四日延吉边务档

东督锡良致外部日要求白草沟等处开埠宜拒绝电

文日奉十一日电，当转吴督办查复，并据电称：文电敬悉，日使要求开埠各地点，其利害已详虞电。至白草沟，居延珲、宁古塔之中心，占形势握交通，于军事上有绝大关系。彼之所以坚持要求者，岂独谋我，兼以图俄。我若许之俄人，亦必要求一相当之处，以为抵制，前于黑顶子插旗侵略，此明验也。查白草沟一带，既无街市，又无村庄，散处该地韩民不过数十户，极荒凉之区，辟作商埠实非易易。而日人不惜烦难，其别有用意，亦可想见。吉林林矿素称丰富，白草沟尤为东南一带林矿最著之区。我若整顿边务以为善后之计，自应从实业入手。倘允开埠，将来必多要挟，此又须留意者也。铜佛寺乃延吉通吉林之咽喉，距六道沟与局子街均仅四十里。该两处既允开埠，此处似宜拒绝。下泉坪，即光霁峪滨图们江北岸，固属国际要地，然沿江门户既已洞开，此处不妨许之。头道沟为吉林北部之屏障，图们天堑，既无险要可扼，此处若任其侵入，势必连奉、吉为一气，北满半壁我无插足地矣，我林矿尤其小焉者也，伏乞转达等因。祈查核办理，示复为祷。良。愿。

七月十四日延吉边务档

澳门勘界大臣高而谦呈外部澳门内河不能轻弃只得停议电

日昨葡使来寓私会，坐谈极久，所商不作公事，与未曾有此言无异。彼此先将为难情形反复陈说，剖肝露胆，不相虞诈。公断一层，喻以理，晓以势，可期作罢。结果彼肯将对面山大小横琴归我，而欲于对面山岸旁得一片土以为犄角。我未允，而允输以淡水，并不建炮台，尚未就范。我肯将澳岛青洲潭仔路环全归于彼，事垂成矣，而败于海界及内口。我欲将外海内河公共，彼谓海界为公法所定，不能以私意曲动，内河彼所必需，无内河即无澳门，宁一并全失。最后见实万无可再与磋商，停议，彼亦应允。惟须由我发端停议之后，又须两国开导其人民，仍守不更动主义，以免龃龉而伤和好。谦意内河既万不能轻弃，只得停议待时。但将来能否敦睦过日，殊无把握。此系地方政事，新督不日可到，容与熟商再议。合先将情形报告，伏候训示祗遵。谦禀。侵。

七月十四日澳门档

外部复美署使费送哥斯德黎加国驻沪商务委员凭照请转达照会

为照会事。

前准来照，以哥斯德黎加国派有李福利充驻上海名誉领事，兹将该国所发该领凭照一纸，及该国外部所致文件转达。如有回文，即送交代寄等由。查中、哥两国尚未立约，未便派设领事。惟本国政府因哥国政府联络商务之意，甚表同情，拟将设立领事驻沪一节，改为商务委员一员，驻扎该埠。兹将复该外部照会一件，附该领凭照一件，照送贵署大臣查收。希即转达哥国外部可也。

七月十五日各国领事档

外部致直江东粤闽鄂各督日使云有学生因东三省交涉提倡抵制日货希留意电

日使面称：接沪领电，中国留日学生六名回沪，因东三省交涉案件，提倡抵制日货，并《神洲日报》极力耸动，沪道及商务总会虽力任制压，仍未息止等语。东三省交涉各案，现经本部与日使和平商议，已有头绪，恐外间或有误会致生事端，特电闻，希留意。外。

七月十五日东三省档

外部复高而谦勘界以新旧占地为限以澳门本岛为范围宜坚忍磋磨电

侵电悉。所商各节虽系私谈，然彼此均报政府，则实为界务全局之关键。在我自应握定宗旨，以为迎拒。究竟来电所称，澳岛青州、潭仔路环全归于彼，是否均指全岛而言？查青州及澳岛内之龙田、旺厦皆系新占，潭仔路环所占不过一隅。故本部前电主张计亩抵换。即使不能抵换，亦只可将潭仔路环已占之地为彼往来停留处所。且须声明不作附属，断无推及未占之全岛一并归彼之理。至澳门属地划于本岛水界，我所不认，若以内河外海允归公共，已属让到极步。对面山大小横琴，彼向未占，与澳门无涉，今彼竟作为已占，倡言归我。我于对面山，复允不建炮台，则彼之争内河转似有词，其得步进步，伊于胡底。总之，此次勘界，必以新旧占地为限制，必以澳门本岛为范围，执事前电与本部宗旨本相符合。界址出入，关系重大，数百年悬案不必取决于立谈，无论如何为难，总宜坚忍磋磨，期于外不食言，内无失地。万一旷日持久，坚不就范，势必出于停商，亦当使后人得所措手。来电意义未甚明晰，务即详为解释。如所谈实有稍逾分际之语，亟须向该使声明，万不作准，勿使于正式磋议有所牵制。一切仍与新督熟商妥筹办理，统即电复。外务部。铣。

七月十六日澳门档

使美伍廷芳致外部秘鲁应办事已磋商就绪译呈证明书电 附证明书二件

前奉庚电，允以自行限制，原不必与订专章，具见荩筹周密。遵即迭与秘外部磋商，中因玻、秘争界，由阿根廷国公断，玻民不服，几至兴衅，全国震动。日夜筹防筹议，一切交涉亦均停办。幸玻易总统，复得美暗中调和，近乃得与彼续议。查《中秘条约》，我国所得利益最优，与他国情形不同，办法自异。原不致有他国效尤之弊，惟不可不慎终图始，妥筹更善之方。现在办法，系委其先立证明书一分，由延与秘外部彼此应有之权协同明认。《中秘条约》业遵汉文解释，仍旧履行，以免日后再有违言而昭信守。盖无约之国，即不能强其予以应享利益，此为入手第一要着。兹幸得就绪，业于七月初二日会押为据，廷得地既宽，因得进规其次。驰〔弛〕禁谕、免镑金，来往自由，核减照费，一切苛例均当次第分别驳除，据约力争，以除商困。惟既不互订专章，若更无会押文件，仍无以杜他日之狡展。即亦不能要以苛例之删除，此诚为外交上所不能已之事。廷一再思维，计惟有由廷就地按照彼此情形，妥慎熟商，拟定办法大旨，声叙书中，庶能使其悉就我范围，以期经久远而杜流弊。且此举系为保持条约固有之利益起见，别国亦万难援以为例，允为目前最妥慎之办法。廷再四磋商，往来问答，文牍盈帙，竭尽心力，几于舌敝唇焦，方克臻此，更不敢过事迁延，深恐稍纵即逝。此第二书，系声明我国允愿自行限制及声叙办法，以羁縻之权自我操，我行我法。廷幸托堂宪发踪指示，得挽主权，五百镑之苛例，即得尽销除；一百二十元之照费，亦不存十一。

交涉至此，诸侨民目睹实情，莫不喜出望外，咸颂朝廷及堂宪关心侨寄出水火而登衽席，恳请代奏感颂之忱，环乞廷及早定议，免滋狡赖。

廷即于十三日会押，其办法：

一、中国政府愿自行停止出口工人来秘。

二、华人往秘，先到本省总商会报明，请发护照。

三、商会查明出口人是否到秘谋以苦力自给者，若确非此项人，且有殷实人具结，即代请劝业道发给护照。

四、来秘之人领得护照，先到驻中国或香港秘领事验押，缴费一镑，约合银十元。廷查近日华人来秘，须赴香港秘领事查验，诸多阻难，流弊无穷，怨声载道，并勒缴照费竟加至一百二十元之多。是以二、三、四款声明自后，无须赴秘领事请照，由中国官查明给发，只准收十元作为签押费耳。

五、由秘回华，如欲再回秘，只须先到中国领事署报名，领取护照，由该领送秘外部验押然后发给。查华侨返国回秘不易，特定此以利往来。

六、凡领有护照，自中国到秘时，由船政官验明注销。查华人到埠，屡被阻留，仍特声明，携有护照，只准注销。

七、此证明书所指工人，系专指无业之人欲到秘营谋苦力之工者而言，余概不限制。

八、妇女、孩童及官员、随从不必请领护照。

九、华人在别国，除工人外均可来秘，惟先向驻该国使领处或代理华人事宜处请给执照。若无此项官员，则秘领事亦可发照，只准收费五元。查旅智利等国华侨，常欲来秘不获，迭接禀请设法。是以添入此节，以利遄行。又延与秘外部并声明，五月十四号，呈验五百磅〔镑〕苛谕，并无效力。又札往驻香港及驻中国秘领事及船政官等，遵照以上各节办理，及一切涉于反对此证明书所开各节之举动，概行废除。除将该证明书二份译汉，备文咨呈分转外，谨先将办法电陈钧部，电咨粤督，按照所开各节，切实迅速举办，以免藉口而舒商困。廷在秘应办事件完竣，所有秘馆应行公事，仍照向章，饬参赞黎熺妥慎办理。廷即定于七月十六日由秘都启行回美。乞先代奏。廷芳叩。元。

七月十六日华侨档

中秘条约证明书

大清国钦差大臣伍廷芳，大秘国外部大臣玻立士，为会押事。兹因中秘两国于一千八百七十四年二十六号所立《和好通商行船条约》之年限，有未尽明显之处，意欲解决完善，乃会议于秘外部，彼此协同声明如左：

按照伍大臣日前照会，秘外部之文内称：中国政府向以该约第十八款所言，若彼此未曾先期六个月，知照有意更改之句，并非谓该约以二十年为限。况该约汉文所译述，乃指若先期六个月未曾备文知照，则此约仍照旧履行也。

外部大臣谓：本署就该约款之日、英文本意，虽向主持该约自署押之日起二十年后即行届满之说，嗣得见汉文译述之辞，又更复研求当日未署押时会议之种种事实，始恍然大明于当日议约大臣实无意为此约立二十年之限也。据以上之理由，两大臣协同声明：中秘两国明认一千八百七十四年六月二十六号全权大臣李鸿章、葛尔西耶所署押于天津之《和好通商行船条约》为有效力。该约内容所载仍当赓续履行。两大臣各秉所受于本国政府应有之权，于中历宣统元年七月初二日，西历一千九百零九年八月十七号立此证明书两份，署押盖印为据。

中秘废除苛例证明书

大清国钦差大臣伍廷芳，大秘国外部大臣玻立士，为会押事。兹因五月十四号所颁发停止中国人民入口来秘之饬谕，为大清国驻利马使署所抗议，乃会集讨论于秘外部，彼此声明于左：

伍大臣重申日前照会秘外部之文内开如上所称之饬谕，中国政府以为违背中秘两国于一千八百七十四年六月二十六号所订立之《和好通商行船条约》，且与万国交通之正道大法亦不相容，用是请废除该谕。虽然，中国仍愿自行设法限制中国人民出口来秘，将来所有人民出口来秘，将来所有人民出口事宜，拟按下开各条办理：

一、中国政府允愿自行停止出口工人来秘。

二、凡中国人欲往秘国者，须先到该省总商会报明，请发护照。

三、该商会当查明该出口之人，是否到秘须谋以苦力自给者。若查明确非此项之人，且有殷实人出具甘结，该商会即代呈劝业道发给护照。

四、来秘之人领得护照后，当先到驻中国或香港秘领事验明签押，应缴验照费一镑，即秘银十圆。

五、由秘回华之人，如欲再回秘者，须先到中国领事署或代理领事署报明，领取护照，由该领送至秘外部验押，然后发交。

六、凡领有护照自中国到秘者，到埠时应由秘国船政官验明注销。

七、本证明书所指之出口工人，系专指无业之人，欲到秘谋作苦力之工者而言，其余概不限制。

八、凡妇女、孩童来秘，及官员、随从之人不必请领护照。

九、凡中国人，除工人外，欲由巴奴玛、智利、厄瓜多及不论何国来秘者，携同妻子、眷口、使役人等，无论为游历或有所营谋，均须向驻该国中国使署，或领事或代理领事请给执照。若无此项官员，则向别国领事或外交员代理中国人民事宜者，请给执照。此项执照，当启程时须先送驻该国之秘国公使或领事验押。如该处并无中国官员，又无代理中国人民事宜之外国官员，则秘国领事亦可发给此项执照，惟发照或验照只须缴费秘银五圆。

外部大臣乃重复申言，秘政府之所以颁发该饬谕之理由，而其中尤为重要者原为杜绝舆情，使不得更复有仇恨反对旅秘华侨情事，以保其安生乐业，而免惊扰危惧。既据伍大臣称：中国政府有意设法自行限制人民出口，及按照所拟定之办法。本大臣相应与伍大臣声明五月十四号之饬谕立停效力，并愿将以上所开各节颁行驻港及所有驻各处秘领事及船政官员，饬其遵照，切实办理，并将一切涉于反对上开各款举动概行废除。两大臣各秉所受于本国政府应有之权。于宣统元年七月十三日，即西历一千九百零九年八月二十号立此证明书两份，署押加盖私印为据。

东督锡良致外部日求开埠六处白草沟断不能许电

准吴督办删电称：前上元电详陈白草头道沟及铜佛寺不宜开作商埠情形，谅蒙转达外务部。日使要求开埠六处，以至不得已而论，则白草沟与头道沟两处断不能许。若二者之中仍难全减，宁可许头道沟而不可许白草沟。惟既允通商，则界务宜照十三年中韩勘界定议，或以红丹水，或以石乙水决定国界，以了结二十年来界务成案，庶可永绝后患。再延吉富源甚广，若能振兴实业，商务必大有起色，出口货亦将日渐增多。似宜与日使提议，要求将朝鲜会宁、庆源、庆兴三处开作商埠，以为相当之抵制。是否有当，伏乞钧夺达部，仍备采择等因。乞酌核办理为祷。良。

七月十六日延吉边务档

川督赵尔巽咨外部英德兵轮游弋嘉定府业经禁阻如英使提议请驳拒文　附与英领来往函稿四件

为咨呈事。

案照条约，未通商行轮各内河，无论外国何项船只不得驶入停泊。本年六月间，本省嘉定府城外有英、德两国兵轮驶泊多日未开等情，本督部堂即谕令洋务局函商英、德两领事转告兵轮，即日开回重庆。十四日接英领施米德来函并引《天津条约》第五十二款为词，当经本督部堂将该条约意义细为解释驳复去后。十六日，接嘉定府电，英、德兵轮均于是日开回重庆。十七日又接英领来函，谓彼此解释条约意见不符，该兵轮已经回渝，毋庸再议。本督部堂函复：《天津条约》第五十二款意义极为明确，并无别项解释。此次兵轮既经回渝，可以毋庸再议。惟将来该国兵轮如再驶泊不通商各处，仍照前函办理。兹据英领来见面称：每年兵轮皆来嘉定等处游弋，此次不准，彼无权解决此事，已禀报该国公使等语。查外国船只驶入川省内河。向未接有各领通知函件，该国兵轮即或偶称水大上驶，亦属私自往来，不特与条约不符，抑且违犯国际公法。查兵船享有治外法权，未商通各处，若准其任意驶泊，既负保护之重任，且于地方颇多窒碍。相应将往来函稿钞录咨呈，以备查阅。如英使向大部提议此事务，祈按约解释驳拒，实为公便（附钞送往来函稿各二件）。

七月十七日行船档

英领事施米德来函

径复者：

昨准洋务总局函称：奉督宪谕，近闻英德兵轮驶泊嘉定多日，尚未开行，与约章不符。饬由局知会贵署总领事转嘱该兵轮即日开回重庆等因。用特函达查照，转告速即开回重庆，勿在嘉定停泊。并阻以后不必再行驶入内地等由。查数年以来，有英、德等国兵轮于宜昌、重庆以上大江支河往来行走，至嘉定以及各内地江口等处驶泊，均系为《天津条约》第五十二款所准。近年每届夏季，有令兵轮在嘉定停泊数礼拜规矩。此次务克船名译音驶泊嘉定，遽而提议及此，不以为然，本署总领事实为诧异。至于威瑾驶至贵州之仁怀厅一案，卷查有前署总领事德接准来文，当经照复。只以拟即转行本国驻渝领事，姑先将此情形转告威瑾兵轮管带那克士君等语，并无允为转答照办字样。英国兵轮任便往来驶泊各地，系属按照上述之条约所准行，本署总领事断难认贵国官吏有限制之权也。是以未便允照来函所请办理。相应函复贵督部堂，请烦查照为荷。

六月十四日

复英领事施米德函

径复者：

顷接来函，谓按照《天津条约》第五十二款，贵国兵轮可以任往便来驶泊各地，是以未便允照来函所请办理等情。本督部堂查核条约第五十二款，内开英国师船别无他意，或因捕盗驶入中国，无论何口，一切买取食物、甜水、修理船只，地方官妥为照料等语。所谓无论何口者，系指海口而言。如沿海土地等处是也。上文捕盗二字乃指追捕海贼公海之中，故万国得而捕之，若内江内河之盗，何须外国兵轮代捕？下文甜水二字对于海水而言，若内江内河水本可食，何须买取？以此证之意义，甚为明白。即宜昌、重庆本不在该约之内，但既经通商，自可准外国兵轮往来保护。其未通商之处，绝无牵混之理。内河湖流与土地无异，非通知允许，照例无论何项船只不能驶泊，想亦贵署总领事所习闻者也。尚希查照局函办理，以符约章是荷。

六月十四日

署英领事施米德来函

径复者：

接准来函。所谓《天津条约》第五十二款之义并尊意所云等由，是贵督部堂与本署总领事意见未相符合，碍难认允，敝意仍守初次致函台端之宗旨。近闻务克兵轮于六月十六日已由嘉定开回，所以务克此次嘉定一事，应毋庸再议。查务克兹之开回，系因照其先订之行驶驻泊，乃有六月十五日大雨，河水盛涨，故应趁机开行。专此布复，请贵督部堂查照可也。顺颂日祉。

六月十七日

复英领事施米德函

径复者：

顷接来函。谓本督部堂所论《天津条约》第五十二款之义，与贵署总领事意见未相符合。近闻务克兵轮六月十六日已由嘉定开回，所以务克此次嘉定一事应毋庸再议等由。本督部堂查《天津条约》第五十二款意义极为明确，并无他项解释。此次务克兵轮已经回渝，可以毋庸再议。惟将来贵国兵轮如再行驶赴内地不通商各处停泊情事，本督部堂仍照六月十四日所复贵署总领事之函办理。用特布复，请烦查照可也。顺颂日祉。

六月十八日

锡良程德全致外部驻奉各领谓延吉议约失败俄将生心请详示电

间岛问题已否决议，何日签换？除彼此电商各款外，内容细目若何？久闻议决有期，迄今未荷示。及而驻奉各领时来探问，有谓承彼国钦使电告业已签字者，有来斟问其中条款是否确实者，并有讥刺此次条款为大失败者。似此情形不惟俄国势必藉口，列强亦将从而生心。况又民气不靖，亦在意计之中，窃恐愈速了事，反致枝节横生。良等惶惑异常，莫知所措，惟有求将近日所议各节与彼此争持未决条件一一详告为盼。良、全。铣。

七月十七日延吉边务档

吉抚陈昭常致外部闻部议许日人修吉会路沥陈利害及日俄相谋情形电

接锡清帅电，告延吉界务，已将解决。钧部有允修筑吉林至会宁铁路，援照吉长协约由日本借款一半之说。在钧部主持全局，权衡轻重，自有不得已之苦衷。而昭常有守土之责，且曾戍延吉，于本省利害情形，知之尚悉，兹当关系至要，势不得不有所进言，幸谅察之。

查日人初因中韩界务有隙可乘，遂力据我领土。彼既开清津航路，复以铁轨联贯会宁，而要求吉长铁路借款利益更已得手，得陇望蜀。遂思并占吉会铁路之利权，较之强占一隅土地者，其利益尤巨。因变计以修路为解决界务之前提，用心诚为叵测。惟界务与修路绝无关系，即令万分迁就，亦只能于界务范围以内，如开埠及保护韩民等事，少予以利益。若必举一较为重要之利权以尽酬报，则转不如明丧百数十里土地以免后患者之为愈也。至吉长协约第三款，系指添修吉长枝路而言，吉林至会宁将及千里，自是另一干路，安得援引。前此吉长协约因欲赎新奉铁路，该路已为日人占有，尚可要求对待之报酬。今延吉边界并非彼有，究应谁属，自有证据。倘因解决此未定之问题，乃转丧失以外最要之权利，则轻重之间似嫌不类。且吉林今日尚能自谋生活者，正因彼之南满铁路仅达长春，吉林各地交通不便，彼尚未能实行其计画。一旦此段铁道既成，彼复享有借款之权利，则西自大连、安期两线，穿奉省以至长春，更贯吉省而至会宁，吉、奉两省将无不在彼范围之中。彼更可进而要求吉长、吉会枝路之添修及借款，则其殖民并商务之事业蕃衍于吉林，其速率正未可限。况此路既成，则彼之人民货物由清津、会宁，即日可达吉林。较之仅要求开埠于延境者，其利何止倍蓰？因而我之受害更速且大，然此犹害之小者也。

所最患者，俄人报复日本之心日胜一日，自将海参崴改为军港，以后增兵无算。且由西比利亚输运东方之军械、子药络绎不绝，其意盖欲于数年间在我吉林境内一雪战败之辱。而日本之觊覦延吉者，亦欲得此，以为屯军根据地，而有以制俄。然俄之东清铁路已直贯我东边，而日本于我吉林境内运输不便，有事时为一缺点。今因证据不足，延境势难强占，遂变计要求此路。果此路成，一旦有事，彼即可进兵先据吉林以占胜著。然俄人对此实有利害关系，久已耽耽旁视，俟我界务之结局如何。今果出此，岂能忍默，或亦将藉口利益均沾，以要求相当之权利。不然，日、俄相谋愈急，默祸愈速，而我之后患岂复堪问？鄙见如何，或系杞忧，然今日情势显然，抚斯土者实不能不为此意外之虑也。再者，前因吉长借款，本地绅民颇有不愿，立会抗议将及一年，此事当在洞鉴。昭常到任后，多方解劝，始得相安，而人心终有不服。今若吉会铁路借款之约一出，绅民怨望当较前更甚，在上者无词以安抚之，亦一可虑也。兹闻事虽定议，尚未签约，倘蒙俯采刍荛，与彼力争，或犹可及。务恳远念边要，设法改议，以全大局，无任叩祷。是否有当，并候钧示。昭常肃。谏。

七月十七日延吉边务档

驻和代办唐在复呈外部设领不可缓国籍须让步文

敬再启者：

和属设领一事，迭经钧部指授机宜，由陆大臣就商和外部磋议经年，领约始行定稿。嗣因和政府索添附则，梗议至今。查附则稿内，和属人民不得视为中国人民一语，盖欲我明认其新订属籍之律，将生在和属之中国人民改隶和国版图。和人以领约牵连侨籍，允之则我失侨心，不允则彼拒领约，其用意甚狡，而其事亦殊可虑。方今民智渐开，国家思想发达，政府自不能因和属一隅，而阻多数侨民内向之心。惟就和属立论，我若守宁不设领，永不弃侨之旨，争持到底，则领约永无成议，而仍不能阻和律之在其属地推行。壤地相隔，干涉为难，侨民之在彼律范围内者，将不失自失，此不便一也。其不在彼律范围内者，自无虑新律之迫压。惟领约不成，将失领事保护之希望，愚民不明事理，觖望必甚，此不便二也。侨民所最不平者，在和人特设之例，如登坡居留之字据，行动迁徙之限域，以及警察裁判之种种苛虐。现和政府虽有减除禁限之议，恐只为已归籍华人地步，彼等为新律所迫，已露愤激不平之气。和人诱以甘言，餂以近利，事必不免。至于侨民之未入和籍者，能否均沾利益，殊未敢言。又此后华民在彼既有本籍、客籍之分，和官歧视必深。若无领事为耳目，难保无枉法偏枯之事，是又不可不思患预防者也。

总之，设领事不可缓，而国籍必思让步之方，与其全体尽被吸收，不如预与划清界限。欧人本有因国籍律冲突而订约解决者，从前法国由血统主义兼采托生主义。凡生于法国之外国人在法所生子女，应作法籍人民，与瑞士之纯全血统主义相背触。瑞人立约相让，明认法国律文是本国国籍律，可为专约改动，欧洲亦有成案。我国为争领约起见，亦于国籍律之推行，稍加限制似不为过。今我以允让，免国籍之纷争，而于让步中仍定限制。华侨等一日离和属，即一日复归于我国籍范围之内，倘能办到此层，或亦两害就轻之道。愚昧之见，不识可备采择否。参赞查东西各国生齿浩繁者，无不明定出籍规条，宽其限制，以为扩张国势，占取商权之计。我国国力未充，侨民不得他国人民同等待遇，尚难筹议鼓励出籍办法。惟小民无知，趋近利而私入人籍者，已难悉数。幸赖国威，南洋英法等属，如新嘉坡、西贡等处，出籍华民喁喁向风，仍不失爱戴宗邦之意，和属侨民当亦不至于改籍后沦为异族，是则可免隐忧者也。唐在复谨肃。

七月十八日国籍档

锡良程德全陈昭常周树模致枢垣中日东三省交涉部守秘密关系存亡请旨饬部妥筹挽回电

东三省日本交涉各案，经外务部与日使议商，内容各情部守秘密，外间无从揣测。惟知间岛问题中，会宁至吉林一路已允合办，开埠亦允五处。而得诸各领代传闻者，有韩民裁判仍是会审、日人营业允其照旧、辽河以西不允造路各节，此外尚多让步。虽不知确否，而日人无求不遂，外人讥讽颇多。会吉一路，尤足制我吉林死命。锡良、昭常得此信后，先后电部力争并详询现议情形，迄今三日未奉部复，尤为惶惑。此事关系三省存亡，若彼之铁路节节灵通，我不准丝毫施展，我即束手待缚。俄必出而干预江省、蒙疆，俄思占据，固不待言。且闻宁珲一带，俄兵增加无算，运输军械、子弹不绝于路。万一乘机倏发，又将奈何？此次所办交涉只属界务问题，日人手段险狠。阳以领土许我，而要索此路，阴遂其包抄之计。各路告成，即统监韩国之法以处三省，祸在眉睫，患在腹心，此种允让与战败后条约何异？反复忧思，实难缄忍。伏思国家交涉，外务部虽有全权，而疆臣亦有守土之责，详询既不见答，鄙意实不可知。若待签约再陈，事势已去，锡良等负疚甚重。惟有仰恳朝廷力为主持，饬下外务部更求妥善办法，以期挽回。即令悬而不结，亦觉害速而轻。明知部臣为难，然利害轻重不可不察。现在民气正嚣，安奉一案尚有抵制之说。去年吉长路几费唇舌，得以解散，此约宣布，更将哗乱生事。倘外间所传不实，即治锡良等以轻躁之罪，亦所深愿。因关系三省全局，用特联衔上陈，谨请代奏。锡良、德全、昭常、树模等同叩。十九日。

七月二十日延吉边务档

外部致锡良陈昭常吉会铁路条款仿照吉长办法电

本日与日使签定条款，另电计达。吉林至会宁铁路，吉抚谏电所论已悉。东三省两强逼处，后患方长，日欲展造此路，用意自在防俄。惟若不允其要求，延吉必无撤退警兵之望，彼此冲突，事变即在目前。万一藉端占据，我又何以应之？边衅一开，恐非割让土地所能免患。来电因论吉会利害，至欲举沿边百数十里弃之，无论国家疆土尺寸，皆不可弃。延吉西接长白，密迩发祥重地，何敢轻言？现定该路条款，将来仿照吉长办法，路权并未损失，但能操纵在我，究非即属他人。路亡地亡之说，殊不足据。本部权衡轻重，业经详酌，定议断难再改。至绅民立会抗议，多恐未明事理。是在地方大吏勿徇浮言，以淆观听，亦息事宁人之一道也。希查照。外。

七月二十日延吉边务档

澳门勘界大臣高而谦呈外部澳门全岛我无行政陈迹可寻应另筹办法电

铣电敬悉。葡使确有报告其政府，曾问及我，对以政府意旨与此悬殊。若彼此私见能合，再行徐徐商请。事之济否，毫无把握，将来晤及，但须与言。默揣舆情，万难允认，无庸商及政府。至于正式文件，自不牵及，请释虑。前电用京密，不转护督，候面交阅看者，盖不欲存案也。所指各处，系属全岛。青洲面积不及一方里，前明已建造寺宇。光绪初年，收士敏土厂租，惟筑堤在光绪十三年以后。潭仔路环久经占据，彼有炮台、兵房，一向管理全岛，在我并无行政陈迹可寻。计亩抵换，彼必不允。龙田、旺厦十三年以后尚有在中国完粮者，彼亦一面收税。此外，县中尚查出户口册一卷，惟该村等现已大半变成马路，在四面炮台之中，故彼藉口早被占据。此事之难，在于彼有实迹，我乏案据，又恐公断。故思和平延宕二办法，是以有此私议。盖不欲于议案内有陈迹，即恐得步进步之故。私议原经约明，毫不作准，现在自应另筹办理。新督甫到，仓卒未能熟商，容商有办法再陈。谦禀。篠。

七月二十日澳门档

外部复高而谦青洲潭仔路环不得割予应妥筹电

篠电悉。青洲潭仔路环各全岛，虽久为葡人所管，究属私行强占，不得以其私占有迹，概行割予。且约中亦仅言永居管理，虽与租借有别，然亦与割让不同。此事上关国家疆土，下系舆情，自应格外审慎，妥筹兼顾。公断一节，固宜设法预行拒绝。即万不得已，至移地会议，甚且至于停议，亦均应由彼使先发其端，不宜遽出诸我口，致彼有词可执。希仍照前后各电坚持，并与粤督熟商办理。外。号。

七月二十日澳门档

锡良程德全致外部日人欲于鸭绿江造桥有无附约乞复电

据钱道翀电，日人欲于鸭绿江建铁桥以通大车，刻于韩岸新义州已建造木墩四个，我岸六道沟稳木墩一个。查光绪二十一年，中日条约并未议及修桥，刻已动工，请电告外部商办等因。查鸭绿江一江为中、韩两国国境，河流吉、韩，韩国欲在江上有所设施，亦必须受我国之许可。今日人竟跨江造桥，并不知会我国，遽尔动工，其蔑视国权至于何极？钧部与日使所订约内，有无此件附约？如已许其造桥，即请明白宣示，以便饬知地方官遵照。否则惟有仰乞钧部力争，藉免后患，并速电复。叩祷。良、全。号。

七月二十日延吉边务档

外部致各省督抚与日使议结延吉界务情形电

延吉界务一案，本部与日人争持两年有余。现始与日使议定条款，会同签押。该款大旨，两国以图们江为国界，其江源自定界碑，至石乙水为界，江北仍准韩民垦地居住。该韩民服从中国法权，归中国地方官管辖裁判。中国允开放商埠四处，准日本设立领事馆。协约签定后，统监府派出所及文武人员从速撤退。此案关系最要，因将其余交涉各案权衡轻〈重〉，酌定办法，始得有此结束，办理尚属和平。恐外间或有误会，鼓动浮言，特将大略电闻，希查照。外。

七月二十日延吉边务档

外部致各出使大臣延吉界务已结如各国政府询及希酌量告知电

延吉界务一案，本部与日人争持两年有余。本年准日使开送东省未结各案，要我以同时商结，彼此磋议良久。该使欲我先允将吉会铁路、抚顺矿务酌量让步，彼始认我照光绪十三年会勘原案定界，并将垦地韩民归我管辖裁判。查延吉西接长白，密迩发祥重地，在我万无放松之理。至吉长展路，根于前约，抚、烟两矿，彼恃为战利品，势难收回。但能妥定办法，则于主权尚无损碍。当与订明：吉路展至延边，与韩会宁联络，悉照吉长路办理。抚顺矿案订明：尊重中国一切主权。日使见我有此让步，遂于裁判越垦韩民一节不为异议。惟我自开商埠四处，准其设立领事，其余各案互有退让。协约签订后，统监府派出所文武人员从速撤退。本部权衡轻重，非此不能结束。现已商订条款，于二十日签押。如各国政府询及，希将此案大概情形，及中日两国和商议结之意酌量告知为要。外。

七月二十日延吉边务档

外部致锡良陈昭常胡惟德节录延吉界务及东省五事条款希查照电 附信稿二件

延吉界务及东省五事条款已定，本日画押，节录如下：

延吉条款

一、两国彼此声明，以图们江为中韩国界，其江源地方自定界碑起至石乙水为界。

二、中国从速开放龙井村、局子街、头道沟、白草沟各处准各国人居住、贸易。日本可于各该埠设立领事馆或分馆。其开埠日期应行另订。

三、中国仍准韩民在图们江北垦地居住，其地界四址另附图说。

四、图们江北地方杂居区域内，垦地居住之韩民服从中国法权，归中国地方官管辖、裁判。中国官吏当将该韩民与中国民一律相待，所有应纳税项及一切行政上处分，亦与中国民同。至于关系该韩民之民事、刑事一切诉讼案件，应由中国官员按照中国法律秉公审判。日本领事官或由领事官委派官吏，可任便到堂听审。惟人命重案，则须先行知照日本领事官到堂听审。如日本领事官能指出不按法判断之处，可请中国另派员复审。

五、图们江北杂居区域内，韩民之地产房产等，由中国政府与华民产业一律切实保护。并在沿江择地设船，彼此人民任便来往，惟无护照公文不得持械过境。杂居区内所产米谷，准韩民贩运。如遇歉收，仍禁止柴草援引照办。

六、中国政府将来将吉长铁路接展造至延吉南边界，在韩国会宁地方与韩国铁路连络，其一切办法与吉长铁路一律办理。至于何时开办，由中国酌量情形再与日本商定。

七、本协约签定后，即当实行。统监府派出所及文武人员亦即从速撤退，限于两月内退清。日本政府在第二条所开商埠，亦于两月内设立领事馆。

东省五事条款

一、中国政府如筑造新民屯至法库门铁路时，允与日本国政府先行商议。

二、中国政府认将大石桥至营口支路为南满洲铁路支路。俟南满洲铁路期满，一律交还中国。并允将该支路末端展至营口。

三、抚顺、烟台两处煤矿，现经中日两国政府和平商定如左：甲、中国政府认日本国政府开探上开两处煤矿之权。乙、日本国政府尊重中国一切主权，并承允上开两处煤矿开探煤斤，向中国政府应纳各税，惟该税率应按中国他处煤税最惠之例另行协定。丙、中国政府承允上开两处煤矿开采煤斤，出口外运时，其税率应按他处煤斤最惠之例征收。丁、所有矿界及一切详细章程另行派员协定。

四、安奉铁路沿线及南满洲铁路干线沿线矿务，除抚顺、烟台外，即应按照光绪三十三年东省督抚与日本国总领议定大纲，由中日两国人合办。所有细则，届时仍由督抚与日本国总领事商定。

五、京奉铁路展造至奉天城根一节，日本国政府允无异议。其应如何办法，可由该处两国官宪及专门技师妥为商定。

附信稿二件

一、商埠地段，及埠内工程、巡警、卫生等事，由中国政府自行办理，其章程亦由中国自定。拟定后与驻该处领事协商，以期接洽。

一、日本国政府允向于当初抚顺煤矿之中国人王承尧付银若干，惟此项银数可按该民出资之数从优协商酌给等语，希查照。外。

七月二十日延吉边务档

外部奏中韩界务暨东三省交涉五案议定条款折 附旨暨条款照会五件

外务部奏，为图们江中韩界务暨东三省交涉五案条款，业经定议签押开单，恭呈御览，并沥陈办理情形恭折，仰祈圣鉴事。

窃臣部与日本使臣伊集院、彦吉议订图们江中韩界务暨东三省五案，各条款业经遵旨，于二十日画押。讫伏念自延吉界务争案起后，与日人磋议两年有余，均由臣部随时奏请训示办理，兹幸协约告成。谨将该条款开具清单，并综举前后情形，为我皇上披沥陈之：

查中韩向以图们江为界，江北延吉一带土旷人稀，在昔本为封禁之地。自光绪初年以来，韩民越垦者日多，始有界务之争论。十三年，经中韩派员会同勘界，江界虽明，而江源红土、石乙二水之间相持未决。迨日俄战后，日本统握韩国国权，遂以界务未定为词，强名图们江北地方为间岛，附会穆克登碑东为土门之语，别指他水为土门。复藉口韩人李范允之乱，派遣员弁于六道沟等处，声言保护韩民。然该处韩民向来领垦我国土地，服从我国法律，实与他处侨民有异。在我所必争者，不仅在于领土之定界，尤当在于管辖之实权。而日人方以保护韩民为其固有之义务，断不肯轻于放弃，此则延吉一事，其造端已有非常棘手者矣。

臣部既执古来历史、国朝掌故，及十三年勘界成案，以争图们江北之应为我领土。复执中韩来往文牍及两国条约，以争越垦韩民之应归我管辖。往复辩驳，至于经年。卒乃因东三省日俄战后有未定者数案，皆关于路矿之事，日人谓必与界务同时决定。其中彼所重视者，首为请我展造吉长至会宁之铁路，次为所取抚顺、烟台之煤矿。至彼所示为转圜者，仅认延吉为我领土。请于其地酌开商埠而裁判韩民之权，尚不肯让。其所要于我者，则必将各案全行允诺。且当彼此商议之际，日本员弁在延吉者与我国官兵数相冲突。始有火狐狸沟日兵伤毙巡警一案，继有和龙峪日兵擅入衙署伤官戕兵一案，此外小案不可殚述。向彼理论，则以根本问题未决为解。嗣乃愈逼愈紧，竟有添调多兵之举动。界务一日不定，边境一日不安，两国且恐因此而生意外之事。臣等以为事必筹乎缓急，害必权其重轻。延吉西接长白，南滨图们，为我朝发祥之地，首定之区。其领土权必不容有损。该处韩民皆受廛为氓，无人民即无土地，其管辖权亦必不容有损。然彼既有所挟持，以相市我，岂可恃口舌以空争？万一迁延不决，枝节横生，转恐无从收拾。

总计东三省各案，如安奉沿路矿务，本已立有章程。新法铁路正在改筹办法，大石桥展路与京奉移站利益尚堪相抵。其稍为重要之件，自系吉会铁路及抚顺煤矿。顾一则吉长铁路协约内已有展造明文，并非无因而至。一则彼已据为战胜所得之品，势实不能归还。即使无可挟之端，亦恐难于终拒。况值事机急迫，只可两害从轻。臣等再四筹维，舍彼此互让，急谋收束之外，实无他法。当与日使协商，必俟延吉一案公认图们江及石乙水为交界，以巩领土之权；并声明垦地韩民归我裁判，以收管辖之权，然后可将吉会、抚顺两案酌量让步。辩论数次始克就范。此臣部磋商延吉界务暨东三省各案之前后情形也。

现在两项条款均已签定，在臣部迭秉宸谟，力顾大局，其委曲求全之处，当在圣明洞鉴之中。惟外间浮议滋多，容有指约款中吉会、抚顺两条为非计者。不知吉长展路根于前约，日本之意即属会宁，其要求必不可免。今与订明，仿照吉长办法，是仍系借款自办，操纵在我，并未有失路权。抚顺、烟台两矿彼已列为南满铁路之营业，此时势难争回，所虑者侵我主权耳。今欲订明尊重中国一切主权，及应纳各项，则该矿亦不至有所牵碍。至其他条款，如开埠处所，听审办法等节，均于会议时斟酌字句，反复争辩，总期争一分得一分之补救。此则臣部虽事处万难，而仍不敢不出之审慎者也。

抑臣等更有请者，从来外交、内政，本属息息相通，必内政日起有功，而后外交易于措手。东三省固为强邻逼处之地，然疆臣果能事事整顿，为地方渐充实力，以与外人争衡，则成约具存，主权未失，尽可奉以周旋。傥不能未雨绸谬，及时布置，则虽藏空文于盟府，亦难恃为绥边固圉之资。应请饬下东三省督抚于殖民兴商、练兵选吏诸要政，切实办理，以杜隐谋而消后患，大局幸甚。所有图们江中韩界务暨东三省交涉五案条款定议并办理情形，理合恭折具陈，伏乞皇上圣鉴训示。谨奏。

宣统元年七月二十一日奉旨：依议。钦此。同日又奉旨：外务部奏称，图们江中韩界务及东三省五案条款开单呈览，并陈办理情形一折。吉林延吉地方，韩民越垦有年，前因图们江界务，经外务部与日本使臣交涉，久未就绪。本年该使臣请与东三省未定各案同时议结，当以此事关系重大，责成该部从速筹商，并由该王大臣等随时请示机宜，悉心妥议。兹据奏呈条款，朕详加披览，所订图们江源以石乙水为界，及垦地韩民为中国地方官管辖裁判各办法，均尚扼要。至吉林至会宁铁路，将来援照吉长铁路办理，抚顺、烟台煤矿声明尊重一切主权，于百让之中仍寓防弊之意。其余各款亦均妥协。朝廷顾念根本，慎固邦交，于此事权衡轻重，一以和平为宗旨，该督抚亦当共体此意。总之，外交之得失，视内治为转移。倘能于殖民兴商，练兵选吏诸要政，切实整顿，极力扩充，则虽强邻环伺，将无可乘之隙。倘或玩愒因循，放弃权利，纵有成约，亦属空文。该督抚身膺疆寄，责有攸归，务须未雨绸缪，及时布置，毋托空言而忘实效，毋狃近虑而昧远图，是为至要。特此谕令知之。钦此。

延吉边务档

图们江中韩界务条款

大清国政府及大日本国政府顾念善邻交谊，彼此认明图们江为中韩两国交界，并妥协商定一切办法，俾中韩两国边民永远相安，共享幸福。所订各条款开列于左：

第一款　中日两国政府彼此声明，以图们江为中韩两国国界。其江源地方自定界碑起，至石乙水为界。

第二款　中国政府俟本协约签定后，从速开放左开各处，准各国人居住贸易。日本国政府可于各该埠设立领事，或领事馆分馆。其开埠日期应行另定。

龙井村、局子街、头道沟、百草沟。

第三款　中国政府仍准韩民在图们江北垦地居住，其地界四址另附图说。

第四款　图们江北地方杂居区域内之垦地居住之韩民，服从中国法权，归中国地方官管辖裁判。中国官吏当将该韩民与中国民一律相待，所有应纳税项及一切行政上处分，亦与中国民同。至于关系该韩民之民事、刑事一切诉讼案件，应由中国官员按照中国法律秉公审判。日本国领事官或由领事官委派官吏，可任便到堂听审。惟人命重案，则须先行知照日本领事官到堂听审，如日本国领事官能指出不按法律判断之处，可请中国另派员复审以昭信谳。

第五款　所有图们江北杂居区域内韩民之地产房屋等，由中国政府与华民产业一律切实保护。并在沿江择地设船，彼此人民任便来往，惟无护照公文不得持械过境。杂居区域内所产米谷，准韩民贩运。如遇歉收，仍得禁止，柴草援引照办。

第六款　中国政府将来将吉长铁路接展造至延吉南边界，在韩国会宁地方与韩国铁路连络，其一切办法与吉长铁路一律办理。至应何时开办，由中国政府酌量情形，再与日本国政府商定。

第七款　本协约签定后，本约各条即当实行。其日本统监府派出所及文武人员亦即从速撤退，限于两月内退清。日本国政府在第二款所开商埠亦于两月内设立领事馆。

为此两国大臣各奉本国政府合宜委任，缮备汉文、日本文各二本，即于此约内签名、盖印，以昭信守。

宣统元年七月二十日，明治四十二年九月四日在北京立。

大清国钦命外务部尚书会办大臣梁敦彦押，大日本国特命全权公使伊集院彦吉押。

东三省交涉五案条款

大清国政府及大日本国政府兹将在东三省地方，彼此有所关涉五事定明，以免将来误会，俾两国邻交益加巩固。议订各条款，开列于左：

第一款　中国政府如筑造新民屯至法库门铁路时，允与日本国政府先行商议。

第二款　中国政府认将大石桥至营口支路为南满洲铁路支路，俟南满洲铁路期满，一律交还中国，并允将该支路末端展至营口。

第三款　抚顺、烟台两处煤矿现经中日两国政府和平商定如左：

甲、中国政府认日本国政府开采上开两处煤矿之权。

乙、日本政府尊重中国一切主权，并承允，上开两处煤矿开采煤斤向中国政府应纳各项，惟该税率应按中国他处煤税最惠之例另行协定。

丙、中国政府承允，上开两处煤矿开采煤斤出口外运时，其税率应按他处煤斤最惠之例征收。

丁、所有矿界及一切详细章程，另行派员协定。

第四款　安奉铁路沿线及南满洲铁路干线沿矿〔线〕线〔矿〕务，除抚顺、烟台外，即应按照光绪三十三年即明治四十年东省督抚与日本国总领事议定大纲，由中日两国人合办。所有细则，届时仍由督抚与日本国总领事商定。

第五款　京奉铁路展造至奉天城根一节，日本国政府允无异议。其应如何办法，可由该处两国官宪及专门技师妥为商定。

为此两国大臣各奉本国政府合宜委任，缮备汉文、日本文各二本，即于此约内签名、盖印，以昭信守。

宣统元年七月二十日，明治四十二年九月四日。

大清国钦命外务部尚书会办大臣梁敦彦押，大日本国特命全权公使伊集院彦吉押。

日使致外部照会

为照会事。

照得本大臣现奉本国政府允准声明左开事项，日本国政府允向当初抚顺煤矿之中国人王承尧付给银若干。惟此项银数可按该民出资之数，从优协商酌给。须至照会者。

七月二十日

外部致日使照会

为照会事。

本日签字之协约第二条内，开商埠地段及埠内工程巡警卫生等事，由中国政府自行办理，其章程亦由中国自定。拟定后与驻该处领事协商，以期接洽。即希贵大臣查照。

七月二十日

外部致日使照会

为照会事。

天宝山矿务如无轇轕，中日合办原无不可。惟倘或遇有碍难照办情事，应由两国另行妥商。即希贵大臣查照。

七月二十日

日使致外部照会

为照会事。

准宣统元年七月二十日贵爵大臣照会内开：天宝山矿务如无轇轕，中日合办原无不可。惟倘或遇有碍难照办情事，应由两国另行妥商等因准此，本大臣均已阅悉，相应照复，贵爵大臣查照可也。

七月二十二日

日使致外部照会

为照会事。

准宣统元年七月二十日贵爵大臣照会，内开：本日签字之协约第二条内，开商埠地段及埠内工程、巡警、卫生等事由中国政府自行办理，其章程亦由中国自定。拟定后与驻该处领事协商，以期接洽等因，准此。本大臣均已阅悉，相应照复贵爵大臣查照。

七月二十三日

吉林绅民呈外部请勿允日人修吉会路以救危亡电

闻延吉交涉已解决，许日人接展吉林至会宁路权，许开五埠，许裁判会审，许天宝山开矿。阖省传闻，人心惶惶，以为政府明弃我吉林矣。吉林系根本重地，大错一铸，后患何堪设想？其中利害请为钧部陈之：夫路权所及，即兵力所及，此实际之无可掩饰者。吉省近日犹得偷安者，徒以东南一面，目下犹未得手。今许吉会，直是四面包抄，全省归其束缚。岂不谓借款合办，我犹有权，不知国际交涉，强弱异势即主客易位。吉长一误，吉会再误，此后荼毒之惨，何可胜道？至五埠皆延吉左近，精华且有溢出界务范围之外，因界务而牵及界务以外之地，失计未有过于此者。且裁判会审，直是租界，何名开埠？近方日筹收回领事裁判权，而反代之扩充之，尤足为全国之阻。至天宝山矿，富甲全球，许之尤为可惜。凡此者，皆仅据片面交涉言之。年来俄人于珲春界外朝夕练兵，其意何居，概可想见。今见日占优势，有不乘间要求者乎？彼要求，而我又许之，则北满亦危。不许，则我祸即起于吉林，又何以待之？若英美各国近日甚注意东省，亦必援引利益均沾之说，纷纷要索，是我不啻以此约投饵无数虎狼之口而引之也。绅民等祖宗坟墓，身家性命所系，存亡呼吸，思之痛哭，此约誓死不能承认。钧部主持全局，叩恳乘尚未签押之际，取消此议，俾挽将亡之吉省，藉拯救垂死之民命。吉林幸甚！全局幸甚！敬候示复。吉林全省绅民公禀。

七月二十二日延吉边务档

外部致马廷亮延吉界务及东省各案一律议结电

延吉界务一案，本部与日人争持两年有余。本年准日使开送东省未结各案，要我以同时商结。彼此磋议良久，我允将吉会铁路、抚顺矿务酌量让步，彼始认我照光绪十三年会勘原案定界，并将垦地韩民归我管辖裁判。我惟自开商埠四处，准其设立领事。协约签定后，统监府派出所文武人员限两月内从速撤退。其余各案一律议结。现已商定条款于二十日签押。特此电知。外。

七月二十三日延吉边务档

外部奏请设立德属南洋各岛领事片

外务部片。

再德属南洋各岛，现在议招华工，自应设立领事驻扎保护。萨摩一岛向有华工多人，屡以德人苛待，来部呈诉。经臣部咨行，粤督派员前往调查，详情声复到部。旋据德国使臣雷克司来部，商请续招华工数百名，前往萨岛佣作，并先行设立领事，藉资照料。查有同知职衔林润钊前经派赴该岛，于情形尚为熟悉，拟请派为署理，驻扎德属南洋各岛领事，前往萨岛开办。所有应募华工，统归管辖，遇事仍禀承臣部，及出使德国大臣妥慎办理。如蒙俞允，即由臣部援案刊刻关防，颁给该员收执，钦遵前往。并咨行出使德国大臣，遵照照会，德国政府认准接待。理合附片陈明，伏乞圣鉴训示。谨奏。

宣统元年七月二十四日奉朱批：依议。钦此。

设领档

使俄萨荫图致外部俄报登载安奉路事有误处已更正电

接奉大部二十四日电：安奉路事，日本既逾限，始议复不肯和衷商办，反以中国故意延宕，布告各国，以护其短。蔑理恃强，不胜愤懑。当即遵告俄外部，并备文照会。一面译成俄文词句，取其显豁结构，取其通贯，使人一望而知其命意之所在，付登俄《列赤报》（即《言报》），因日本通告亦为该报所登也。先是二十二日《早新时报》（半报官）以得风气之先，已将此案交涉著说。虽以强弱之势，于中国不无微词，而论断此事，则一秉大公。他报亦有登者，不过访员短电记其事由而已。言报所载日本通告，并无中国延宕字样。荫当设法觅阅原文，实系报馆中人代为删去，曾于二十六日肃电奉达。二十七日《言报》照登我之布告，未曾增损一字。前者《时语报》钞袭《言报》所登日本之通告，据以登载，故今亦令该报将我之布告照录，二十八日出版，读其全文亦未增损一字。夫同一布告事件，同一紧要关键，而或代删改，或录全文，舆论从违，可想见也。兹谨检其原报附呈鉴察。二十八日复奉沁电：承将中日现在交涉六案，详细示悉，以备随时声辩。我已处处退让，彼犹步步逼人，应付之难，端资荩画。日内情形如何，不胜悬系之至。统望代回邸堂为幸。荫图。

七月二十五日安奉路档

外部复锡良程德全日人在鸭绿江造桥并无附约电

号电悉。日人在鸭绿江建桥，此次约内并未提及立有附约，已由部照诘日使矣。俟得复再达。外务部。

七月二十五日延吉边务档

邮部复外部密查日人计划奉天孤庄铁路及南隈子海口情形函　附钞件

前奉钧函，以日人计划孤庄铁路一节，属派员前往密查，当即遴派陆检讨梦熊往奉实地调查。兹据禀复：日人前在南隈子、孤山各处曾有埋立木桩，招筑土工情事，而现在尚无真实举动。该检讨并有陈说数条，特为钞送台端，尚祈察酌是幸。

七月二十六日孤庄铁路档

附钞件

交通研究所评议员陆梦熊谨禀堂宪大人钧鉴：

窃于前月八日奉委密查日人计划孤庄一带铁路及南隈子海口情形。委员即驰往奉天晋谒奉抚，面商机宜，并会同奉省所派内阁中书陆家鼎，先赴大连、金沙、貔子窝等处察看情形，旋由海道至安东起陆，折往孤山庄河一带实地调查。谨按照外务部函开各节，详细为堂宪陈之：

查日人计划孤庄铁路之风说，均得之传闻，并未有真实之举动也。去年二月，有日人二名借牧养避暑为名，在南隈子地方埋立木桩，嗣经东瓜州巡警局巡警长拔去后，日人亦未复至。及四月间，有南满洲铁路总局日本人野林洁已、井阪秀雄二名，由安东至孤山查询地方情形。据称由安东分枝铁道通达岫岩皮口一带等语，此去年五月间事也，曾经堂宪在东督任时，派员查明在案。及今年春间，日人欲令王化成者承办安东至孤山一线土工，王本华人，而实为日人之爪牙。曾由彼招人包筑，以价格不合未得成议。迄今已阅数月，未闻有何举动。现方并力改筑安奉一带，暂时恐无余力兼顾及此。

然窥测日人用意，难保将来之不肆其西封也。盖自安奉开埠而后，安东、凤凰厅一带货物既尽由安东输出矣。惟岫岩、孤山、庄河等处，以运道不便，仍由孤山出口。铁路一通，则今之由孤山出口者，势必越孤山而藉铁路以东走安东，安奉铁路可多吸货物，此一原因也。且安奉改筑阔轨，则今之狭轨无所用处。运归本国，所费不资，以之敷设他处，则费省而事易举，此又一原因也。若果安东以西开通铁路，则东省门户之失，自不待言。即就商务而论，孤山市面即有不能维持之势，但现在均得之传闻，未便动国际交涉。似宜咨行东三省督抚，饬地方官采访消息，随时呈报，以便据理争阻。

若云自修轻便铁路，以为抵制之方，则非委员所敢赞同此说也。查安东起点经孤山、青堆子，越庄河、花园口以达金州。日本租界约长四百六十余里，若筑轻便铁路，以每里五千元计，已须二百三十余万。而孤山以西，人烟寥落，商业均不如从前。客货有限，每年入不敷出，自在意计之中。本部正在筹办要线，断无余款以办此赔本之路，试问东省有此财力乎？不第此也，铁路之有枝线，所以吸集客货，为干线之补助机关。今该处形势，东有安奉，西有南满洲路线，而我国筑一狭轨铁路介乎其间，适所以为安奉、南满二线接通运道，便于吸集客货而已。是此路之筑于国，我无丝毫益处，而反与日本以莫大之便利，亦何必为此无意识之举哉！为今之计，惟有阻止外人，使勿兴筑，使日本亦不得无端攘夺无条约之路权，而况中俄续约明明指定为隙地者乎。其次请言南隈子海口。南隈为孤山南界之尽头处，距孤山市镇约三十余里。该处冬天冻时极短，惟口外有沙滩，潮来则水深，潮退则水浅，故轮船不能近岸。且去孤山市甚远，交通之处在在为难。此等口岸，苟投以巨资，用人工改筑，并陆上敷设铁路通孤山市街，未始不为良港。若任此天然形势，恐难利用也。

所有会查日人计画，孤庄一带铁路及南隈子海口情形，敬谨录呈钧鉴。

七月二十日

清宣统朝外交史料卷八终

清宣统朝外交史料卷九

宣统元年七月下至八月

科布多办事大臣锡恒奏陈俄商违约私盖房屋已商令拆去恳饬部立案折

科布多办事大臣锡恒奏，为查明俄商违约私盖房屋，饬属和平商令拆去，密陈办理情形，叩恳天恩敕部立案，恭折仰祈圣鉴事。

窃维阿尔泰地方等，鸿荒之初辟，迫虎视之强邻，内治之弼教设防，固应规筹久远，外交之信孚术驭，尤贵因应咸宜。溯奴才奉命西来，正俄人发端，诈索科属边界阿拉克别克河。之后，彼族既蓄意险固，侵占是图，而科城复徒事委蛇，挽回无术。比年以来，视俄外貌，似仅经营贸易，未肆狼贪，而揆其鲸吞蚕食之心，何尝一日少辍。稽诸以往，诡计万端，始则贸迁之所，潜造房屋，预为占地张本。继则稍稍展拓，借故责难，必至据为已有而后已。我总兵舌敝唇焦，终归无补，前此之失地盈千，徒成恨事。而后之得步进步，更不胜防。即以阿拉克别克河一案而论，该处距科城约二十余站，当光绪二十年以前，窥我幅员辽阔，觉察难周，纵令彼属人民越界修盖房屋，托言照料税务，中属蒙、哈无敢过问。即有一二明白事理，冀生阻力者，尤不难贿嘱势逼，强其缄默。迨至喧宾夺主，局势已成，乃谬指阿拉克别克河迤东之黑水塘名奇台喀河者，称为交界。翻谓中哈越境住牧，设词恫吓，逼胁迁腾。绳之以约而不遵，按之以图而不顾，遂使险阻地利一旦轻掷于人，弋敦睦谊之虚名，受无穷之实害。抚今忆昔，愤懑殊深。西北沿边似此疏于远略者，如光绪年伊犁之霍尔果斯河界务、近年塔城之奇布勒嘎什草场，何莫不然！

窃念阿山逼处俄疆，从前属科属塔，相距均形穹远，所有交涉案件，俄官率多袒护，未能两得其平。而在蒙、哈游牧贸易之俄人，有无违约举动，亦未随时清查。前鉴匪遥，亟应预为防范，奴才曾通饬各属查明，倘有俄人盖房占地之事，据实呈报去后。旋据各属报由中俄蒙汇单，呈经奴才核阅，除无俄商盖房之处严申禁令以杜将来外，计科布多河之库布克及乌梁海左右翼游牧，察罕河之毕拉奇尔萨克赛河、布拉喀河、图鲁巴淖尔等处俄商，均盖有土房木房各二三间，委系私修，并未禀明有案。据该管昌吉斯台卡伦侍卫玉龄、散秩大臣额尔克舒、诺巴勒丹、多尔济、哈萨克比、阿哈拉克齐、苏喀尔拜等呈请核办前来。查光绪七年中俄条约第十三条，内开张家口无领事，而准俄民建造铺房行栈，他处内地不得援以为例等语，约章具在，自应据理商令拆毁。且阿尔泰正值开办伊始，如再仍前坐误，诚恐后来迎拒掣肘，更有甚于从前者，年复一年，势必愈难结束。奴才前次道经科塔、新疆一带，访闻洋务案件。凡于我有益者，动辄借故推缓，而于我无益者，又复坚韧要求。即如占地盖房之事，几至无处无之，一经官中盘诘，辄贿华人承认。虽赖历任各疆臣力顾时艰，让小争大，不令过有亏损，然卒未能使彼遵约更正，盖亦由来久矣。奴才反复熟思，与其文牍相商，必仍归无济，何若先责中属蒙属官目，听其违约建房，并不呈报之咎，仍饬各与俄商，和平商令拆去。如此权宜办理，或可弭患无形。奴才非不知外人之性情狡狯，难保必无后言，第念国家疆土所系，万不敢畏难苟安，但顾眉睫。况当年该俄商盖房时，既未禀经两国官员照会允准于前，则今日之不待照会，饬属商办于后，其曲似不在我。奴才规定方针，复即严饬该蒙、哈官目及卡伦侍卫等妥慎商办，并加面谕不准稍涉孟浪各在案。该官目等自奉文后，随向该俄商等委婉告知条约，均皆俯首无辞，惟其中间有因贩货回国者，有恳求缓以时日者，以故迟之又久，始于本年春夏间先后呈报。已将查出各俄商违约私盖房屋和平商明拆去，均取有该商字据存案。此外尚有卡伦侍卫玉龄续报，俄人玛塔庇等于察罕哈巴河南库博克地方砍伐树木，就河之北岸建造房屋一起，已饬详细查勘，是否中国界内，尚未禀复。昨者新设驻乌里雅苏台俄领事官多罗贝业福来阿时议及此案，曾有因迁房损失财物之语。奴才随令局员据理照复，并与面辨曲直。该领事官亦经承认，彼属商民擅自越境盖房，委系违约。已商订分饬中国蒙、哈官目与俄商照前和平商议，不必遽成交涉，其续报新修房屋，如在中界亦允照约阻止等语。奴才惟有督饬属员随时相机办理，总期将已占地址一律收回，有益边局，无碍邦交为准。无论嗣后蒙、哈倘有私许外人潜盖房屋，及中属人民所盖房屋，阴与外人合伙，一经查出，立予分别奏咨惩办，用儆效尤。惟是案关边地重计，亟当据实密陈，恳恩敕部立案，以昭慎重。所有查出俄商违约盖房，饬属和平商令拆去各缘由，除咨部外，理合恭折具陈，伏乞皇上圣鉴训示。谨奏。

宣统元年七月二十七日奉朱批：外务部知道。钦此。

防务档

外部致锡良程德全日使照称鸭绿江造桥系经理人误会电

鸭绿江造桥事昨准日使复照称：如在中国境内未经妥商，遽行举办，断非敝国本意。果有其事，当系经理人之误会，实深抱歉。已电达政府，得复再达等语。希查照。

外务部。沁。

七月二十七日安奉铁路档

使英李经方致外部宝林公司承筑锦齐铁路日本请用日工程司函 附函稿三件

昨上英字八十二号函，谅登记室。日前宝林公司经理人来见，据称：前蒙中国允准承筑锦齐铁路，业已数年，因日本藉端干涉，是以未能开办。昨日，日本使署参议雅麻萨复来公司面称，若能允准日人同沾其利，建造之时雇用日本工程司，则日本政府当不为之阻挠等语。当即告以若欲本公司与日人合办，非由中国政府相请，本公司不能办理。又《泰晤士报》近日登有访事人所撰之满洲铁路问题，论说殊多偏见，亦经本公司函该报驳辩。本公司并将与雅麻萨所谈各节告知本国外部大臣，兹特请将以上之事代为详达大部等语去后，复来一函，大致相同，并附致驻英日本使署参议及致《泰晤士报》馆函各一件前来。查锦齐铁路之事，宝林公司承办在先，故于日署参议之求，则推诿中国以相拒绝，而于《泰晤士报》所登亦复逐条斥驳。虽不免为一己之利益起见，然对日署参议之言，尚为正大，登报之函，亦甚公允。既据恳请代达，用特照译来件，附印洋文共六件，统祈察阅，并代呈堂宪为荷。

七月二十八日锦齐铁路档

照译西历一千九百零九年八月十九号即宣统元年七月初四日宝林公司来函

敬启者：

今晨仆与海烈臣晋谒钧座，承蒙赐见。今特按照所属将以下一事密为奉告：上星期二即七月初二日下午，日本使署参议雅麻萨前来见仆，所谈各节悉载于附呈之函件内。昨日下午往见外部大臣，亦将仆与雅麻萨所谈各节一一相告。仆致雅麻萨之函，本公司现已钞寄爵绅法伦许。仆愿贵大臣可将仆所奉告雅麻萨及外部大臣者，详晰电告外务部。仆谓：与他国人合办一节，非经中国政府明白见示，本公司不欲提议。数年以来，本公司对待中国忠心耿耿，历久不渝，想为贵大臣所深悉。将来本公司之措施必永远如是，请贵大臣深信此言也。《泰晤士报》近载有该报特派之访事人所撰之满洲铁路问题论说，仆于上星期二致该报一函，辩驳其说之非。兹特钞呈钧鉴。是日，该报简端论说亦将该函评论，想已鉴及代中国所争者，持论公允。经本公司迭次致函该报，使大众留意中国之意，想外人得以知之较真者，本公司窃以为相助非浅也。谨启。

宝林公司签名。

照译西历一千九百零九年八月十八日即宣统元年七月初三日宝林公司致驻英日本使署参议函

敬启者：

昨日台端前来所谈各节，仆以为应行一一笔记较为妥当。台端云：本公司于揽造锦齐铁路，若肯准日人同沾其利，建造之时雇用日本工程司，则贵国政府当不为之阻挠。当即告以，若欲本公司与日人按照所言合办，非由中国政府相请，本公司不能办理，亦不能创议其事。盖以本公司与中国政府往来素称友好，凡关系中国一国之计划，非奉中国政府详示，本公司不能举办。如中国政府见示，谓可如是合办，本公司自必可以和衷商酌，遵行一切也。此函本公司已钞录一份寄与本公司驻北京代表爵绅法伦许矣。谨启。

照译西历一千九百零九年八月十九号即宣统元年七月初五日泰晤士报所刊本公司寄去之函

敬启者：

本月十二日，贵报所载之特别访事人论说，其中所述各节关系重大，若果信而有征，则将有国际交涉，此乃我政府力图防维者也。该访事人之论说，读之似只有一解，其解维何？即满洲与东蒙古各铁路应由日本管辖，该处治理之权，亦应归日本施行，否则即谓该论深以日本政策为是可也。日本政府别无用意，只以蚕食为事耳。又言语之间，贵报访事人甚至以英国政府当赞助日本政策，此则干系匪轻。至谓自满洲至齐齐哈尔之铁路可使欧洲贸易取道于此，故将来必为南满铁路之劲敌，是说也，不当出于贵报访事人之口。欧亚相隔甚远，所收货价，为数甚昂，凡可称为铁路贸易者，万不能道出此路。若欲恃商而养路，则全在广开新地，以事殖民，以事开垦耳。至谓该路关系用兵，而与国际问题亦有出入各节，均不足以赞成贵报访事人之所言。其所谓与满洲争竞一节，持论亦见勉强，盖两路无所谓争竞也。贵报竟将该项论说登入报端，担负干系实非浅鲜。该论说用意，本公司与中国皆能明悉，不能误会。但中国主权，他人不得过问，其惧日之处，亦为情所当然。论说之中乃故意弗提，惟一意赞成日本之所为。凡读《泰晤士报》者，其多数恐将为其所愚。然深知此事关系者，则因此故意不提此层，遂于中国之多方设法，以阻遏日本在满蒙等处扩张者，益表同情矣。所述日本丧师伤财各节，恐未可动各国之听。而谓所订条约，可因此而置为后图，美国尤当首先为难，此层贵报访事人似乎忘却。彼之心意所向，人所共知，特恐彼之所谓日本政策者，即日本亦未必愿与共谋耳。一千九百零五年十二月所立之北京密约，如将鲍次墨斯之日俄和约，又中日条约暨日英联约等件大为更改，而使日本可以禁止中国不得在蒙古建造铁路，则东蒙古一带终将为日人所吞并，不过为时有迟速耳。谨布。

宝林公司签字。

外部致锡良程德全陈昭常东省中韩界务及交涉五事请妥筹善后函

敬启者：

图们江中韩界务及东省交涉五事条款，遵旨于二十日画押并录各条款电达在案。此次与日人商定各节，揆之朝廷顾念大局、权衡轻重之深衷，实有不能不如此收束者。溯自延吉界务争论以来，迄今几及三年。其初日人所争，直在地土问题。本部罗列证据，请其会勘，彼反复强辩，终不少屈，一面于图们江北地方派遣员弁干涉行政，势将久据。迨相持至于去冬，彼始要我将东省五案全行允许，并允开吉会铁路，然后可以延吉领土权归我，然于该处警察及韩民裁判权，尚不肯让步也。本部当将吉会铁路及五案内之抚顺煤矿，即行驳拒，而以余案示转圜，仍与争警察裁判，不少松懈，且谓如再不结，拟归海牙公断。是本部于东省各案要端，持之不可谓不力矣。乃日人在延吉屡生事端，始有火狐狸沟枪毙巡警之案，继有和龙峪伤官戕兵之案。延至今夏，愈逼愈紧，竟添多兵，意存寻衅边界，官弁有岌岌乎不可终日之势。以上情形，迭经尊处驰电报告，并催本部将延吉界务从速解决。本部默察局势，公断恐不足恃，边情复极迫切。彼既有挟而求我，难空言相抵。延吉西接长白，南滨图们，为我朝发祥之地，非寻常边界可比，是断无轻弃之办法。万一界务迁延不决，彼既强行占据，其祸患且恐不可胜言，是更无悬案不结之办法。再四筹维，惟有随时奏秉宸谟，急谋定局，计与日使会议五六次，条款始定。其中于最为扼要之延吉一案，公认图们江及石乙水为中韩国界，声明垦地韩民纳税及行政上处分与华民并同，一切诉讼案件由华官以华律审判。是该处领土管辖之权，全归于我，并无亏损商埠一节。我本利于开为各国公共营业之地，以资牵制，埠内警察、工程等项复系自办，似无流弊。听审一节，则系争至无可如何，始留此以存彼保护韩民之面子。盖按照中韩条约，但言越垦韩民应令安业，其是否与华民一律裁判，实无明文。而韩民在中国者，应归韩领用韩律裁判，约内却有明文。今争执归华官用华律裁判，而但许彼听审，则彼照约应得之领事裁判权顿归消灭，亦可证此项韩民之实行归我管辖矣。至于彼所以挟而相争之各案，如安奉沿路矿务，外间已立有章程新法，铁路正在改筹办法，大石桥展路与京奉移站利益，堪以相抵。其内外所均重视而必宜审慎者，自为吉会铁路及抚顺、烟台煤矿两事。烟台煤矿彼据为战胜所得之利，列为南满铁路之产，势实不能归还，所虑者侵我主权耳。今与订明尊重中国一切主权，似不至有所牵碍。吉会铁路尤为外间所力争，然以本部观之，日人请通此路原欲制俄，必百计以达其宗旨，虽无可挟之端，亦恐难于终拒。

今与订明，仿照吉长办法，仍系借款自办，操纵在我，并未有失路权。且将来开办尚须由我酌量情形，彼亦不能克期相迫，此则本部虽处万难而尤不敢不出之审慎者也。

惟各该条款内尚有未尽事件为本部会议所已及，而将来地方善后所宜知者，兹特条举如左：

一、杂居区域内日员听审办法，只能专设一座在旁听审，不能有所讯问。除人命重案外，其寻常案件，日员到堂听审与否，只听其便，不能率请派员复审，亦无须预先知照，与上海会审及他处观审办法均异。

一、韩民杂居区域四址，日本原开，东以艾呀河，北以老爷岭，西沿老爷岭至定界碑为界，当因裴税司调查之图界线与此相同。惟西北无老爷岭名目，恐其名不确，故另附图说，而图中西北以红线为界。

一、垦地韩民如有在商埠内居住，而所垦地在商埠外者，仍应照第四条归中国官管辖裁判。此节曾与日使当面声明，彼谓自应如此办理。

一、图们江北杂居区域外，如有垦地韩民，照旧归中国地方官一律保护、管辖、裁判。此节业经日使切实声明。惟谓鸭绿江两岸彼此均有人民越垦，须俟他日提议。

一、商埠内巡警由我自办。惟日使曾经声言领事馆内设有巡警，但为保护该馆起见，其数亦不过一二人，不能干涉地方行政之事。

一、商埠地段自以缩小范围为宜。日使曾经声言该地段不必过大，此项可由中国自定。所谓与日领协商者，不过接洽而已。

一、抚顺王承尧偿款银数，曾经向日使声明，该商所出之资统计二十一万，彼谓俟查明优给。

总之，现在条款已定。日人订明于两月内撤退宪兵，并设立领事馆。我亟应预备巡警，节节填扎以保治安，并将划定地段预备开埠等事赶行举办。将来设立审判所，遴派法律人员极关紧要，尤当及时预谋。至应如何整理地方，扩充实力，以期于照约应守之权利无所放弃执事。全局在握，自能措置咸宜，东省深有赖焉。兹钞录两项条款，并图附送冰案。又前准来咨以延吉一带虫灾大起，援案禁止米粮出口，请照会日使等因。查界务第五款，区域内米谷准韩民贩运，原亦声明，如遇歉收仍行禁止。惟甫经定约，即照商禁止，稍著痕迹。此节将来总可照约办理，目下自以缓提为妥。

七月二十八日东三省档

澳门勘界大臣高而谦呈外部报与葡使议潭仔路环及内河海面事彼置若罔闻电

今日会议，葡使坚求以等处解释条约属地字义，并谓部中若无赫、金议约之前公牍、议案底稿，可由驻葡公使到葡外部调验原稿，旋将澳门一千八百四十八年起《政治官报》出示。其中胪列一向管理各处地方文牍、告示、出纳、岁计等项，以为龙田、旺厦及各岛内河、海面早被占管之处，此语葡使早已提及，今日始将全件交阅。与商潭仔路环内占地，以龙旺各村抵换，则坚称龙旺早非华属，而潭仔路环全岛亦彼占管多年，无抵换之可言。且谓占领数百年之岛，欲其撤去炮台、国旗，未免有意欺侮。至于内河、海面争辩，亦不遗余力。其副使曾充澳门守口兵官数年，当众设誓，谓十三年以前葡人实全管内河，无论如何辩驳，矢口不移。与商二岛上作为葡人停留处所，彼置若罔闻。临散时葡使言，现在一切证据，均已择出，如华使不能同意解释条约，只有回报政府，由葡政府与华政府商议办法，或交海牙公断云云。告以我亦别无善法，容再详思，下期再议。谦禀。冬。

八月初三日澳门档

外部致锡良陈昭常图们江界务条款谅筹备就绪希迅复电

图们江界务条款，业经本部先后电咨，并将一切事宜，详细函达尊处，预为筹办，尚未得复。查该约第七款声明，签定后各条即当实行。日本派出所文武人员，限两月内退清，所开商埠，亦于两月内设领。是为期甚迫，延吉各地方均关紧要，亟应预备，以期毋误事机。现签约已将半月，布置谅有头绪，务将该处近日情形，及如何办理之处，迅即电复。外。

八月初三日延吉边务档

外部致沿江沿海各督抚各省遇有交涉动辄倡言抵制希饬消弭电

近年沿江沿海各省人心不靖，遇有交涉案起，动辄结党开会倡言抵制，或称不买某国货物，或称不装某国轮船。此等举动，不但于事实上有损无益，且抵制一国，他国亦闻而寒心，中外感情因之大伤。外人每以地方官有意纵容，责言频至，不得已函电纷驰，是于交涉之中又生交涉，甚无谓也。此端一开，恐效尤者益复滋甚，势将无时无事不可以抵制之说行之。其中约有两端，凡货物滞销于此，必畅销于彼，即畅销之商人未尝不因以为利；又匪党意存煽乱，抵制若成，既足鼓惑人心，亦以激怒友国，而该党因用为生事肇乱之资，所关尤非浅鲜。本部为重交涉、保治安起见，用特通行电告，希随时严饬地方官，一遇前项情事，或事前劝谕解散，或临时严切禁阻，务令立行消弭，以免口实而遏乱萌。此电请格外严密，幸勿泄漏为盼。外。

八月初三日延吉边务档

东督锡良复外部延吉应办事宜已分别筹布俟日宪兵退后节节填扎电

初二日电悉。前准电示界务条款，当经电转吴督办，以开埠期限甚迫，嘱将地段赶速圈定，并将应办事宜筹布速复。现准吴督办电转，据延吉厅陶丞筹拟办法数条，其大致谓：延吉及六道沟、头道沟、百草沟四处既开商埠，驻扎领事，我国亦须设官对待。拟将拟设之旺青县移设百草沟，和龙峪移设六道沟，另于头道沟添设一县，图们江北四堡拟添设三府经以便治理。又于延吉府设地方审判厅，百草沟、六道沟、头道沟设初级审判厅，各分防署设审判厅。此外如定税则办林矿、修铁路，均非开埠以前急办之事。吴督办筹议，则谓商埠四处应设各级审判，统于两个月内成立，各分防审判员可暂缓设置。其所需经费及应用裁判人员，请饬司筹派，其余酌拟办法，容另缮呈核等因。当以既开商埠，设立审判厅，迫不容缓。电请陈抚帅速派习法律切实可靠之员，前往开办。其陶丞所拟设官移治各节，亦系当务之急，商由陈抚帅酌核办理。一面电嘱吴督办预备兵警，俟日宪兵撤退后，节节填扎，以保公安而免藉口，并将所拟办法迅速示复，去后兹准前因。除再电催吴督办将办理情形，择要电复转达外，合先电闻。良。江。

八月初四日延吉边务档

锡良程德全致外部东省界路五事交涉条款已遵办请发地图电

江电计达。钧函及图们江中韩界务，东省交涉五事条款已奉到。印钞寄陈抚帅、吴督办查照办理，并先择要电复。惟检查并无地图，恐系遗漏，乞查明补发。良、全。支。

八月初四日东三省档

邮部咨外部德国交还塘沽打靶场请商德使拟定办法文

为咨行事。据京奉路局禀称：前据工程司马田禀称，接准驻扎塘沽德国军队函开，现拟将军中操练打靶之地及靶挡交还中国收管，请会同地方官将地亩收回等情，除委提调张守铎与工程司马田办理外，当经详请直隶总督转饬地方官会同接收在案。兹奉札开接管卷内大沽协、天津海防同知会禀，本年四月二十一日奉札开，据京奉路局转据详请，收回该处地亩，合行札委等因。卑同知趋赴节辕面禀，以俟德国驻塘军官回塘，再行接收等因，并一面知照张守铎。兹又接驻津德国大营统领伯科士函称，驻塘敝国陆军兵队现已交由敝国水军统带名丁技利文接管，所有全营地面及打靶场均已交代清楚，塘沽之地将来定妥办法，即由驻北京之敝国东方水军知照等情，会同禀明察核，转饬京奉局一体知照等情，合行饬局查明具复等因，当经职局函准。驻北京德国东方水军统领丁技利文称，敝国驻塘兵队初拟全数撤回本国，并拟将占用之营地及打靶场交还中国国家收管。驻塘沽军官把总名巴斯，并未奉本国明谕饬令，照所拟办法办理。今奉本国柏林政府之命，将塘沽占用之地亩，交给驻北京之敝国东方水军接管，并命塘沽驻扎之兵队，无庸全数调回，就中酌留兵士若干，仍令驻扎塘沽营等因。是以敝国陆军占用营地及打靶场交还中国之问题，至今犹未解决。容俟奉有柏林政府命令，再当知会查照办理。窃查此塘沽打靶场仅驻少数兵士，亦属无甚用处。即未接奉本政府专命，亦可照交中国国家收管，惟其余之营房地亩，不能交还耳。再德国驻扎中国兵队之最多数已经拨回本国，故德国驻中国北方陆军兵队之掌管权，业经交给北京之敝国东方水军接管矣等因，申报查核等情前来。相应咨呈贵部查照酌核，照会德国公使，拟定办法见复可也。

八月初五日塘沽打靶场档

使美伍廷芳致外部报行抵秘都呈递国书各情形函

前上美字第二十一号函，谅邀钧鉴。廷芳自美都起程，业于四月初三日遵将起程日期恭折具报，另文咨呈，计邀钧察。四月十五日，由纽约展轮六日即抵巴拿马国哥仑埠，地在运河东北口。现在该河尚未开通，过客必须于此搭车驰过地峡换船，计长仅四十九英里即抵该国都城巴拿马，地当运河之西南口。两埠均近在赤道之下，南北美洲之中，阨塞冲要，商旅繁殷，将来运河开通，必成地球上最繁盛之商港。该两埠华商数逾三千，咸作贸易，并无工人，每年贸易总在千万之外。沿运河诸小埠，华人商店密如繁星。我国尚未与订有条约，亦并未派有驻使领事专司保护。比来时有苛虐情事，加以连届兼使因事不获南行，已历十有余稔。廷芳抵岸时，两埠商董聚于哥仑埠集会欢迎，异常踊跃，坚请小住。廷芳以行期未便久延，只得穷日之力略与周旋，慰问以及调察商况。即日，搭车驰抵巴拿马都城。此间为华商荟萃之区，群来迎迓，车站为满。驻该国美使与廷芳旧交，派参赞等预备车辆来迎。四月二十四日，藉彼介绍，往谒该国总统阿把地，藉资联络保卫。二十八日，附搭英公司轮船赴秘，当于是日敬电乞代奏在案。

五月初二日早，抵厄瓜多国位也基埠，该国亦未与订约。前由廷芳托驻该国美使保护，当船抵埠时，该国美使知廷芳到埠，特派该埠美领事偕同华商七人来见。廷芳接晤之下，知该国华商亦数及千人，即该埠亦三四百人，资本亦在数百万以上。独惜该埠现颁防疫船禁，未便登岸巡省。初三日，抵秘境卑达埠。此地有山皆童，寸草不生，地殊瘠苦，盖终岁均无雷雨也。然亦有华商二十余人，派有代表登舟求见，坚请登岸巡视。廷芳只得徇其所请，骇浪之中以木楫引渡，片时始达彼岸。接见侨民，抚循至再，聊慰群情跂望之殷藉，宣朝廷子惠黎元及堂宪轸念侨民之意。嗣过厄定及八哥、麻猷、沙剌威厘各埠，华商多者数百人，少者数十人，坚请登岸巡视。出于至诚，廷芳以驻使久未出巡，负咎正深，姑徇其请。各埠均未设有领事，俱系由他国领事代为保护，或派以名誉副领代理。虽据该商等面称颇资得力，惟种族不同，终嫌隔膜耳。

初七早，抵秘鲁嘉里约埠。驻该国参赞领事率同商董及彼国特派招待使等，预备专车迎伺。即日，驰至利马都城。翌日，往晤外部大臣，订见总统。旋准复文，于十五日未刻接见，届时由其接引大臣率领宫车两辆来迓。廷芳于是日率同驻秘二等参赞官黎熺、驻美三等参赞官桂埴、嘉里约领事何鋆培、代理三等通译官钱树芬，恭赍国书二道，前诣彼宫总统，即时出见。廷芳捧递国书，总统接受后随以英语宣读诵词。总统答诵如例，握手致敬，偕同外部大臣及接引大臣延至后殿并坐，操英语聚谈良久，情谊殷拳。该总统久历欧美，娴于肆应，辞气亦复谦和。参随以下亦一一劳问，得与陪坐，并问皇上圣躬安泰，谆谆属廷芳转奏。并谓廷芳研究刑法，故所至各国咸能措置得宜，夙深仰慕。此次兼驻此邦，将来两国交际益亲，自必两蒙其利。情文周挚，奖慰有加，礼成而退。当于是日删电乞代奏，并于十六日谨将呈递国书情形专折具奏，另文咨呈，当邀钧鉴。谨此缕陈，伏乞代回堂宪鉴察，是所切祷。六月初一日。

八月初五日出使美国档

使美伍廷芳致外部请与巴拿马国立约设领函

廷芳此次道经巴拿马国，因美使介绍谒见该国总统。该总统尝充巴国美都驻使，精熟英语，一见如故，极承优礼接洽廷芳。因规劝其优待华侨，庶几两国商务均大裨益，并微讽以我国亦应通好设领各节。渠对以若我国有意时，可与外部大臣商酌办理，时该大臣与内阁大臣均同在也。廷芳查得该国运河现归美国订约开办，约五六年可以成功。尝偕其河道总理亲诣考察，见其所有布置及其所用机工，均出于往者法人远甚，五六年之期非虚语也。以故比来政策之趋向，罗斯福及达辅两总统均全神萃集于此河壖，画得租地，而内政外交一切均不免少有干预。盖巴国与哥林布分离，独立时得美助为多也。廷芳并查得美巴条约现时犹未能妥订，以是之故，巴与列国若英若法仍不能不观望，以待美约之先成。惟列国虽未立约，业已遣派驻使，设有领事。但各国与巴之母国哥林布原为有约之国，视我与哥林布无约情形微有不同。驻巴美使与廷芳为故交，劝廷芳以我国亦宜及时仿办，先行派官，继乃立约。念兹事体大，尚有待于深思熟考。前奉钧部真电：据粤督咨以该处能否设领，抑或另有保护办法，饬查明核复。廷芳窃意援现在各国尚未立约先行派使之惯例，先与之通好设领，徐商订约，亦未尝非简捷办法。否则将来美国势力日益扩张，不免如往者檀香山前事，吾国未与订约修好，今归美属土后，其一切华人利益，竟为美国苛例所牵制。又况此间华民三千，咸作贸易，鲜有为工人者。华民习海便商，竞争营业，均远出土人，故土人亦深忌之。今两埠侨民呼吁正切，因利而与，知堂宪亦以为然。谨此缕陈，一俟归途详细考查办法，更当敬摅管见。伏祈代回堂宪是荷。

八月初五日出使美国档

东督锡良致外部筹备延吉开埠事宜应请示者四端乞核复电

准吴督办电称，接读箇电，合将开埠事宜速筹具复。窃查开埠一事，交涉綦繁，非有专员不能办理。拟将公署原有交涉科废去，改设开埠局。其六道沟、头道沟、百草沟三处，拟将原有派办处事务员撤去，遴选明习法政人员充当开埠官员，令速往该处查看地址，调查官有民有土地，预备购置。并派测绘生详测各该处附近土地，以便将来圈定。至地段坐落，延吉厅治拟在街之西南，六道沟拟在街之西北。其头道沟、百草沟两处本无街市，尚须查明后再行圈定。惟六道沟日本建筑房屋及购占民地甚多，现拟将其地购回，以备自开商埠。此次条约大纲虽已规定，而细则仍待订明者颇多。一、第一条云：江源地方自定界碑起至石乙水为界。所谓定界碑大概指穆碑而言，惟查由穆碑至石乙水源尚有七八十里，其间应否由两国政府重行派员勘定，以清江源国界？二、第四条云：中国官吏当将该韩民与中国民一律相待，其一切行政上处分亦与中国民同。惟诉讼准其听审，是韩民仍系侨民性质。现延吉地方筹设自治会，若将韩民一律照办，则韩民又无我国国藉；若分别韩民一律有此权利，则华韩人民感情终难融洽，而行政上之义务必不能平均担负。欲解释此等问题，惟以办理国籍为要义。现我国国籍法既经颁定，延吉韩民愿入籍者甚多，若能实行办理，则可收其良善韩民，日领事听审权自可逐渐消灭。此后如有合格韩民请求入籍，应否照准？三、第四条云：韩民诉讼案件日领事可以任便到堂听审，如能指出不按法判断之处，可以另请派员复审。日领既有此权，难免日后不藉端要挟，干涉我国法权。现正议收回领事裁判权之时，如我国法律已经改良，领事裁判权若能收回，则其听审权似应同时消灭。四、第五条云：杂居区域内韩民之产业由中国切实保护，并在沿江择地设船。查沿江各船向来由中国设立，去岁日人为设船之举屡起争端，惟此次条约文义似指由中国设立而言。究竟系由中国专设，抑或应由两国分设，尚未明定，请转达大部示定办法等因。查江源国界应以钧部所定图内红线为凭，俟原图寄到后，拟即检寄吴督办查阅。其所拟韩民入籍、沿江设船两条应否向日使声明，乞即核夺示复为祷。良。歌。

八月初六日延吉边务档

吉抚陈昭常复外部延吉业已定约谨拟筹办事宜请示遵电

今、昨先后奉到初二日电及钧函并各条约，均敬悉。此次解决延吉界务，钧部委曲求全苦衷，自约文宣布已为朝野所共仰。前当成议初定，外间未悉其详，传闻不无失当。昭常处此时局忧患日深，自顾任重才疏，不免多所过虑。捧读钧示，惭悚实深。所有定约后亟应筹办事宜现正切实考察，分别妥议，谨先陈其概略：

一、开埠办法。商埠既定自开，首宜择定埠场区域，而购地实为着手要图。盖商埠地基必由我先行购备，分赁外国商民，方免与租界性质大混。故此时埠场大小，应以我所购之地为衡，俟日后商务发达更可逐渐推广。据吴督办最近调查，六道沟，即约中龙井村，可设埠于街之西北；局子街，即今延吉厅治，可设埠于街之西南；头道沟、百草沟本无市场，尚待查明再定。惟日人在六道沟建筑房屋购占民地甚多，须设法将其地基赎回，以归一律。二宜划定埠内街区，修理通行大路，以杜外人藉词代办。三宜划分埠内巡警之分遣地段，及速定卫生、外交、营业各项巡警办法，俾免外国领事馆侵我保安之权。四宜声明无论是否商埠，除韩民外，居住者不问何国商民，仅裁判权属之该国领事，其余均应尊重我国主权，并统在我巡警管辖之内，不得以租界及东清南满铁路界内为比例。

一、分设民官。吉林南部既已开放，商工日见繁兴，地方自日趋发达，设官分治势难或缓。且各开埠之地，他国已设领事，我更须早设专官，急图治理。查六道沟实为图们江北适中冲要之区，日人入境首即经营此地，最得要领。现其地既定为日总领驻扎所在，我讵可不特加注意。拟以延吉府移治六道沟，而以原设之司狱巡检改为分防府经历，留驻局子街。其越垦四堡，沿图们分界江流，长数百里，田地尽属韩民所居，华民极少，界务之争即起于此。今领土既定，而设治分防各事，岂可更有疏忽。前已奏定改和龙峪经历为和龙县，应即时改设，划宁远、绥竹二堡为其直辖地。拟更于外六道沟设一分防巡检，治安远堡、再镇。远堡与黑顶子相距尚遥，拟划归珲春分防厅管辖。其奏定添设之旺青县，原去白草沟不远，今该地既开商埠，即拟设治商埠附近，以便控制。至头道沟商埠所在，适当奉吉要冲，尤不可无官以为镇抚，惟添设县制似嫌逼狭，拟设一分防知事裨资佐理。

一、创立审判厅。杂居区域内韩民审判既准日领派员任便听审，人命重案且须先行知照，并云能指出不按法律判断之处，可请中国另派员复审。今延境韩民居多，若仍以分政及兼理审判，才力恐有难周。倘少失其平，难免不妄肆要挟，则地方官转将为所左右。查钦定筹办宪政期限，商埠内各级审判厅统定于本年成立，正以防审判未善，恐外人借端干涉。拟依限于延吉府设地方审判、检察厅各一，更于各商埠区域均分设初级审判、检察厅。而越垦境内韩民众多，听断尤应加意，并拟于和龙峪外六道沟、黑顶子、珲春等处，亦依次拟设初级审判、检察厅一所，统隶于该地方审判、检察厅。果能以明白法律人员充当推事、检察各官，虽有任便听审条款，或尚不致损失法权。

以上三端系于定约后两月即应举办者也。

一、分布巡警。自前岁创办边务，该地巡警甫议筹设，为一时权宜计。特分设各派办处，俾寓有保安性质，即代行巡警职务，地方辽阔，幸赖粗安。嗣以巡警改归边务管理，极意举办，亦仅能于最要之地分驻若干名，办法实多疏略。今日本所派官役人等，既限两月内一律撤退，而我方议分设民官，各派办处势将逐渐裁撤，则此后一切维持地方治安之责，自皆属巡警完全职务。查吉省府、厅、州、县不相统属，故地方警务皆由该管官自办，各不相关，揆之延境，今日情形殊非所宜。拟于吉林南部特组织一警务总机关，名曰东南路巡警总局。现暂设于延吉府，延珲一带巡警皆属焉。更于旺清县、和龙县、珲春厅及他分防等处，各于其地设一巡警分局。辖有商埠者，则设于商埠内或商埠相近之地。除埠场另定警章外，其他各市、镇、乡、村则更划分地段，妥置分区，俾杂居华韩人民有所保护，得以各安生业，则越垦者自逐渐悦服，而日人亦终无所借口矣。

一、招抚韩民。我国前此尚无国籍法，然查光绪十六年奏准韩民入籍及历年办理成案，凡越垦韩民之领照纳租者，实皆有入我国籍之明证。此次界约第四条所定似与成例办法并无不合，然一允日领听审，即已自认越垦者实系韩国侨民，而往年领照入籍之案便归消灭。彼之所以未始终争归日领裁判者，盖因韩人为保护国民，但能得有日领保护之权即已足耳。日人狡执两年，获此听审一语之允许结果，遂已满其欲壑。似此不谋挽回之策，则所谓杂居区域纵横各数百里之土地所有权，将尽数入诸他国人之手，名则虽为我领土，实则已为他人之殖民地矣。然欲求补救，仍不外设法令之入籍。现该地韩民痛恨日人，愿入我国籍者已属不鲜，且韩民性质多贪小利而少远虑，其从日人者，非真有利可图，大都为势所迫。我果依照现定之国籍法，或于韩民入籍更给以特别利益，如已有田产愿入籍者，酌免其地租一年；若佣工之类愿入籍者，酌予荒地二三晌，令成熟后补缴荒价。结之以恩，动之以利，或不及三四年，该地韩民皆将相率而归我版籍。惟先须声明，韩民入我国籍者，即不得更援听审之条。日人虽狡，必难强执，待至越境者多数入籍，则领土庶得真为我有耳。

以上二端系于定约后两月内即应筹议，而亟须次第推行者也。此外尚有应以全力筹办者两端：一、拟开图们江海口。前曾将筹议各节，函达梁尚书请示在案。一、拟筑奉延铁路。吴督办曾电禀军咨处，与鄙见大略相同，惟路线辽阔，接续情形尚待斟酌。

所有条议，两月内应办各事，如蒙钧部采纳，昭常拟于中秋节后亲赴延吉与吴督办面洽一切。务期于日设领事以前，将应办大纲布置就绪，并体察海口、铁路两事，再行详达，以副钧部顾念东陲之至意。并请随时电示，以便遵办。昭常谨肃。鱼。

八月初七日延吉边务档

署粤督袁树勋致外部澳门事如移省办理应由高使与葡使直接商议电

电敬悉。界事钧意拟移省会同妥议，原为高使相持为难，以为延缓地步。惟在我凡有可据理由，历经高使与彼详晰辩驳，此时纵移省会议，诚如高使所云，亦不过重述前言，似亦无从延宕。且现在民间保地之心甚切，勋有地方之责，甫经履任，遽议界务，若未能尽惬民情，此后于地方行政必因之而生阻碍。若仍议不能成，葡使必疑由勋梗阻，以后与该国交涉，亦必难以融洽。凡此皆在意中，不能不顾虑及之。一再筹思，惟有由高使先商葡使，借与社会讨论为词，借作延缓之计。一面由高使邀集各社代表至省，由勋帮同研究，然后再察情形，以为进退。惟前因高使谈及亦以移地为未宜，故无论如何总应由高使与葡使直接商议较为妥洽。用再密陈，如钧意谓然，乞迅电高使照办。至钧电所云另筹办法，并乞密示为祷。勋。鱼　。

八月初八日澳门档

外部复袁树勋澳门事如移省议仍由高使会商电

鱼电悉。所论两层，诚不能不预为虑及。惟与社会讨论系我自办之事，若借商诸葡使，恐彼必难认可。且移省一议，固在延缓，亦藉示葡使以粤民固结不肯弃地之意。此案如能移省，仍由高使与葡使直接会商。尊处既不与议，似亦无所牵碍。除电高使外，希查照。至办法俟筹定再达。外。

八月初八日澳门档

外部致高而谦澳门事如移省办请直接会商无庸粤督与议电

初五日电计达。顷粤督电称，移省原为延缓地步，但甫经履任，遽议界务，恐未惬民情，有碍行政。若不能成议，葡使疑我阻碍后亦难以接洽。惟有由高使商葡使，以与社会讨论为词，一面邀集各社代表至省研究等语。粤督所论，虽为民情交涉起见，惟与社会讨论系我自办之事，未便以此商诸葡使。且移省一议固在延缓，亦藉示葡使，以粤民固结不肯弃地之意。此案如能移省，仍由执事与葡使直接会商，无庸粤督与议，以免牵碍。除复粤督外，希查照。外。庚。

八月初八日澳门档

川滇边务大臣赵尔丰致枢垣藏番倘迳据察台请示办法电

川军前队现已出关。藏番初用在炉，番商窥伺川边举动，闻有川兵进藏消息，亦在调兵预备。又藏番闻察台拨归边务管辖谕旨，竟扬言察台经典出自彼族，系属藏地，嗾使抗旨，并令撤站，风声岌岌。昨据察台文武遣千总王永福前来面禀，藏番在江卡暗串察台一带百姓练兵，以期阻截察台之路。兹又据察台番员刘廷灏密禀，察台僧俗已与藏番暗中勾结，藏番现又在八宿调兵七百名，复向类乌齐调兵，俟调齐后即驻察木多以阻川兵进藏之路等语。尔丰于川兵进藏事宜，皆已暗中布置，且川兵进藏前曾奉旨。倘彼先开衅抗阻，自不能不示以国威，相机剿办，自可遵旨办理。惟察台虽拨归边务，未派兵去。原欲示以不干预其政教，以安僧俗之心，并屡次开谕，且不欲于川兵未入藏之前先使藏人藉端开衅。今该藏番知有川兵入藏消息，竟欲为先发制人之计，设或该番派兵迳据察台，应如何办理，请旨遵行。藏番兵力原可逆睹，惟其犬羊之性，颇觉骄横。自去年在江卡、尌贡等处练兵，虽朝廷迭饬联豫等晓谕开导，彼竟悍然罔顾，操演如常。此次断非口舌所能有益，即达赖在京蒙朝廷恩遇，优隆无与为比，乃未闻有所感激，仍私聘教习，穷购军火，其意可知。今彼既显著悖逆情形，惟有预请朝廷明示宗旨，决定办法，以告边臣有所遵守，以资因应。若待事机触发再行请旨，时机一失，兵威顿挫，恐西藏前途将难收拾。尔丰受国厚恩，今见利害已迫，不敢避操切之小嫌，而忘国家之大计，伏乞训示。顷又据章谷炉霍屯知县杨宗汉禀称，汪番派马队十余人迳来见该令，声称欲假道与罗科争战。闻其已调兵千余，显系托辞，欲拒川兵，该令劝令退兵不听等情前来。查章谷炉霍屯已在川边内地，为由打箭炉至德格新辟大路，川兵进藏即由此路。尔丰仍饬杨宗汉切实开导，阻止该番，如果不遵竟自调兵前来，应否即予驱剿，并候圣裁。谨请代奏。尔丰叩。虞。

八月初九日西藏档

外部复锡良延吉开埠事四条分晰具复请转吉抚电

江、歌电及吉抚鱼电均悉。所筹开埠事宜均极周妥，即可陆续筹办。兹将见商四条分晰具复：一、约内浑言江源以穆碑至石乙水为界，其由穆碑至石乙水源七八十里间自应勘立标识，以为国界之据。拟即商日使，彼此派员会同勘定。二、杂居区域内垦地韩民，此次协约于听审一节所以量予通融者，实恃有国籍法以持其后。国籍系我内政，收受韩民入籍，本地方官应办之事，并非因有此约始谋补救。既入我籍，自不归听审之条，日使于议约时业已声明，毋庸再与提及。惟办此事务须不动声色，出以自然。对于韩民固不可少施抑勒，对于日人更不宜少用意气，恐致为所借口，转足害事。三、韩民审判系用中国法律，本非他处领事裁判可比。至于法律改良后收回领事裁判权，系全国一律之问题，岂有他处裁判权收回，而延吉听审权转不能消灭之理，此节似无庸过虑。现宜将审判一事实力整顿，并培植法律专门人员。先求保守照约应得之权，勿使日人藉端干涉，倘能办理尽善，逐渐扩充，安见延吉不为全国收回法权之嚆矢。四、沿江设船一节，按照约中文义，自应由中国设立。既华人在彼向有设船之举，现宜酌择江畔要地就旧设者，亟谋推广以保利权。约文既明，自无须向日人声明，反生枝节。以上各节，除会勘国界俟商妥日使即达外，希查照，饬属切实举办为要，并转吉抚。外。

八月初九日延吉边务档

外部咨税务处南满洲面粉复出口税如何办理请核复文

为咨行事。据日本公使照称，东三省所产面粉出口，外国所产小麦与面粉之复出口请勿加以别种条件一案，前准东三省总督咨复应会商贵处。本年五月初一日准咨复各节，经本部照复日本使，旋准该使来照辩论，请仍照前议，不另加以条件。复经本部迳行驳复，该使又准照称：关于本件条约上之议论姑置勿论，闻俄商在北满洲所经营之制粉厂，散在铁道附近内外，其所制粉之输出，亦未加以限制。从北满洲输出者概无限制，在南满者自应一体办理，方为允协等语。经本部咨询东三省总督、奉天巡抚查复去后，兹准复称：据吉林交涉司，暨哈尔滨关道复称，查哈尔滨铁路界线内外，均有俄商开设机器磨面厂，惟界外之厂专为出面储货之所，其接待交易另有公司，仍在路界之内。盖界外仅有分厂，只管出货，不做买卖，故应纳税项仍向界内面粉公司征收。上年及本年收到面粉、荞麦，各公司九厘捐、斗捐，多寡不等，是各面粉厂向来出境确系完纳税厘。至此次解禁出口，现未奉税务处订有专章颁发，尚未开办等情。查哈尔滨商埠虽未定有界址，但就路界内外而言，与他处商埠情形系属相同。至俄人设厂制造面粉虽系散布各区，一切买卖运售界内，另有公司经理，应纳税厘亦向该公司征收，历办有年，该俄商等并无异言。是俄商所制面粉从北满洲输运出境者，既有此等规定，则南满洲之面粉厂应令设在商埠界内，完纳税厘。抑或照北满洲办法，另在界内设立公司，方能准其输出。外国所产小麦之复出口一层，应视中国所产，一律征税，以免歧异而维榷政，请酌核会商税务处与日使提议等因前来。查东三省总督、奉天巡抚来咨所称各节，究应如何办法，相应钞录本部与日使往返各照会，咨行贵大臣查核见复，以凭转复可也。

八月初九日禁令档

外部致刘式训葡若强争小岛徒伤粤情希婉达葡廷电

江、青两电均悉。澳界事本部历电高使，抱定与澳不相连各岛，无论占否，概行驳拒。迭接高电谓，葡使以澳门原址系全岛，其附属地方乃系各岛，并出示一面管理凭证为各岛内河、海面早被占管之据，相持不下。本部已电高，商令移省会议。查葡居澳门已久，此次定界，原期彼此相安，若必强争无用之小岛，徒伤粤人感情，即于葡人之居澳者，亦多不便。现葡主既有目前交涉切盼和平解决之言，希将此节婉达葡政府留意。外。

八月十一日澳门档

外部致锡良请将与日订定安奉路沿线矿业全案咨部电

三十三年秋间，东省与日本订定安奉路沿线矿业办法五条，当经菊帅电达到部，希饬将此项提议全案从速咨本部备查。外。

八月十一日安奉铁路档

锡良陈昭常致枢垣遵旨筹办延吉定界后情形电

窃自延吉界约定后两月之期限甚迫，锡良、昭常等曾将近日情形及所拟概略，各先后电达外务部在案。前奉电传谕旨，着将定约后应办各事，迅筹布置，随时会同电奏等语。奉此仰见眷念国本、注重边陲之至意，锡良等遵即往返电商，分别缓、急，妥慎筹议，并饬边务督办吴禄贞就近布置一切。兹先将此时筹办大致情形，谨为分条陈之：

一、开埠办法。首应按所订埠场区域，画定大小方位，由我先行购备，租借外国商民，方合自开商埠之例。已饬吴禄贞派员赴各该处妥为布置，并测绘附近详图。准于本月内地段可以圈定，即将埠内地基分别购买，再行分派工兵修理各埠道路，以冀不误开埠之期。

一、分设民官。吉省南部已定开放，中外人民杂居地方日见发达，他国现将分驻领事，我似不可不急图治理。前已奏定升改延吉厅为府治，和龙峪为县治，并添设旺清一县。今界务已决，自应即时改设其他。如六道沟及龙井村、百草沟、头道沟皆属紧要之区，既已指定开埠，亦应有专官赖以镇抚。如越垦地方，沿图们江北界所居尽韩民，其政治尤不可忽，统应如何分防设治，兹已筹有端绪，一俟复查议定，即行奏请训示。

一、创办审判厅。杂居区内韩民审判既准日领听审，倘判断稍不合意，难免不任意要挟，则任用地方官转将有所左右。拟速于延吉府设地方审判、检察厅各一，更于各商埠分设初级审判、检察厅。其韩民越垦界内，听断尤宜加意，亦拟逐渐增设。现已饬吉林提法司遴选明白法律人员，克日驰往该地，遵章妥办。

一、整顿巡警。商埠既定，自开巡警、卫生等事皆须特加注意，而各地华韩杂居亦必力筹保安，方免外人藉口。查延吉边务原设有巡警总局，局子街、龙井村、百草沟、头道沟及各越垦地方，前皆驻有巡警，惟其数过少，而巡官尤为要员。现已由奉省警务公所挑派警官四五员，并拟由吉省加派警兵若干名，即日前赴该处以资布置。此现在定约筹办之大概情形也。余俟逐节议定，再行随时奏请办理。至前经奏准拨解边务经费，今尚未拨到，每月由吉林度支司挪垫，仅敷经常开支。现因开埠购地、修道及建筑审判厅衙署、卫生局、警舍等项需款孔亟，昭常责任所在，无论如何为难，自应设法筹垫。拨解应用先其所急，惟吉省财政异常困难，久在圣鉴，合无恳恩饬部援例速拨开埠费四十万两，以应急需，而重边务。再，昭常拟于中秋节后亲往延吉查看情形，以便实地筹备一切，合并奏闻。所有遵旨会奏、定约后筹办情形，理合电请代奏。锡良、昭常谨叩。真。

八月十二日延吉边务档

东督锡良咨外部安东海关码头中日合资修桥文

为咨呈事。安东海关码头与日本所占租地分界处，有小沟一道，日人建议修桥。当据兴凤道赵道电禀，以恐碍商民交通，拟由我先修，以图抵制。经本大臣饬同巴税务司赶紧酌量估勘去后，兹据该道呈称：日铁路公司以该处系铁道界内，坚不允我独修，该道等与之再三商榷，始允中日合办，各认出资一半，名曰公和桥。业已议定桥式，绘图估价共需小洋二千八百三十元六角四分，请示前来。查铁道界内桥梁，本在日人势力范围之内，现议合办，不特便于交通，且得收回一半权利，自应照准。所有中国应出桥资一半，小洋一千四百十五元三角二分，拟由该道库存项下先行垫发，另行造报核销。除批示外，相应连同原图，咨呈钧部鉴核，备案施行。须至咨呈者。

八月十三日安奉铁路档

定边将军乌里雅苏台参赞咨外部报与俄官会勘中俄界牌并无侵占文

为咨行事。军营理藩院办理中俄通商事务局会案呈称：查同治年间，中俄两国设立交界牌博，每年夏季派员前赴倒兰套拉盖地方，会同俄官查看一次，屡经遵办在案。今据本处派往会勘牌博候补笔帖式瑞全等禀称：窃职等奉派会查沙滨达坝哈界牌，遵于本年四月二十四日由乌起程，五月二十八日行抵倒兰套拉盖，六月初三日会同俄国差员依万诺福等前往查看牌博。由博克索克达坝起至沙滨达坝哈止，将所有牌博逐一会勘确查，并无损坏之处，亦无挪界侵占之故。于十五日查毕，即会同俄官彼此各出甘结，互相兑换讫。职等谨将俄官并乌梁海委员等出具甘结各一纸，一并呈递等情，除将乌梁海委员等所具甘结存案备查外，谨将会查完竣日期及俄结一纸，呈请咨送外务部备查等情。据此为此咨呈大部，请烦查照施行。

八月十四日界务档

邮部致锡良程德全安奉路撤兵警各节以办到为主电

辰、密、蒸电计已达。鉴安奉路地不得多购一节，日领已经承认派员查察；经理该路事务，暨会议运输章程一节，亦允照办。是以上两节大致就范，随事磋商，当不难于妥贴。至撤兵、撤警及声明非南满枝路三条，日领仍托词延宕。此路蜿蜒百数十里，若保护权力属之他人，设有事故拆毁一线或增设一线，彼皆可任意自为。是日本即允声明非南满枝路，并允不绕越王士屯、三家子间弧线，将来万一有事，彼恃其护兵、警察之力，顷刻增设弧线，我亦无以禁之，仍于路事无补。如此节可以争回，则绕越三家子、王士屯一节，似不妨稍为通融。且抚顺煤矿在该路左近，其欲添设孤线以利运输，亦在意料之中。故撤兵、撤警各节当以办到为主，如彼已肯退让，我方可酌许此项弧线以为报酬。诚如尊电所云，此线若经我允，则枝路即系确定，所争撤兵、撤警各条自归无效，亦不可不防。鄙见如此，仍希酌议鸭江造桥一节，不识与两国毗连交通之公例相合否，似宜先筹及造桥，后于实业交通上何国多占利益，以资谈判。事关国防，统俟外务部酌核奉达邮传部。寒。

八月十四日安奉铁路档

锡良程德全复外部安奉路沿线矿业并未商及办法电

十一来电敬悉。查安奉路沿线矿业合办五条，当徐督、唐抚电达之时，尚是未定草案。原议安奉铁路如不改线，始准合办。旋因日领以路不改线，难以从命，复经照会日领，将合办矿产五条作废。议久并未商及办法，细查无可钞呈。谨复。良、全。铣。

八月十七日安奉铁路档

锡良程德全致枢垣遵旨筹借洋款议筑锦瑷铁路电

窃锡良等奉七月初四日密谕：东省介居两强，势成逼处，积薪厝火，隐患日滋。迭据臣工陈奏：莫如广辟商埠，俾外人麕集，隐杜垄断之谋。厚集洋债，俾外款内输，阴作牵制之计。即著该督等斟酌事理，体察情形，按照以上所指各节，详审熟筹，奏明办理等因。钦此。圣谟广远，钦佩莫名。窃维东省大势，自日俄竞争以来，久成南北分据之局。日人以旅顺、大连为海军根据地，其铁路横贯东省南部。俄人以海参崴为海军根据地，其铁路横贯东省北部。两国陆军均不数日可达，东省命脉盖已悬于两国之手，无可讳言。况日之阴鸷险狠，俄之高掌远跖，其蓄志均不在小。只因战后元气未复，不敢急图进取，故我犹得旦夕偷安。设再迁延，万无幸理。为急则治标之计，非于两国路线之外另筑一路，不足以救危亡。然集款千数百万，不特无此巨帑，且我若自修不见阻于日，即见阻于俄。无论何路，终无让修之日，束手待毙，可为痛心。锡良等焦虑熟筹，非借外人之款不足经营东省，尤非借外人之力无由牵制日俄。谕旨厚集洋债，互均势力两言，实足救东省今日之危，破日俄相持之局。昨美国银行代表司戴德来奉，锡良等公同接见，以筹修锦洮至爱珲铁路，商议借款，业已承允，并称勿虑日俄干预。锡良以事奉密旨筹办，已议立草合同，所有借款实数及一切细目，应俟奉旨后续行议订，奏明办理，并恳迅赐谕旨遵行。所有遵旨筹借洋款，议筑铁路缘由，谨请代奏。锡良、德全叩。十八日。

八月十九日延吉边务档

外部致锡良陈昭常延吉通商日使请定期开放即电复电

日使照称：协约第二条龙井村以下四处通商地之开放期，应行规定。第七条自画押后两个月内，应在各开放地设领馆，并将统监府、派出所撤退。现本国政府已在极力预备，望中国政府亦从速将各通商地实行开放，勿误时机。并准面称，日本政府已命驻沪永泷总领事回国，因其在华多年，情形熟悉，拟即派为延吉总领事，惟尚未发表，大约西九月底即可到任。界碑至石乙水相距处设界桩事，允俟领事到任后会同地方官办理各等因。当答以永泷在华日久，到任后诸事必可和商。至开埠事，本部已电该处地方官将应办事宜妥为料理矣。各埠可于何时开放，酌定日期后即电达。外。

八月二十日延吉边务档

外部致直督陈夔龙酌拟了结滇案办法希查复电

滇路偿款事，法使请以山海关地段留为使馆避暑之用。至军粮城地段，本系法人价买，有据存津，并非强占，候交款后即可交还等语。查军粮城地段，既系法人价买，与他国占地不同，交款以此为名，似尚无碍，不过为数较巨耳。山海关仅留为避暑之地，只可通融照允。如尊意谓然，滇案即照此了结，毋庸立约。至塘沽茔地，前与声明未便让给，应俟将来再筹办法。希查电复。外务部。

八月二十一日河口档

邮部复外部派员查明大孤山至庄河不宜筑路文

为咨复事。据路政司案呈准，东三省总督奉天巡抚咨称，前据卸署大孤山巡检面禀，日人拟从孤山修筑铁路经庄河厅直达安东旅大，请酌量将此路自修轻便铁路，以为抵制等语。当经电准外务部函达本部，札派调部陆检讨梦熊前往密查，一面电知奉省另择熟悉该地情形之员，会同往查等因。随即檄饬陆中书家鼎会同确查去后，兹据陆中书禀称：

中书奉文后会同陆检讨起程，先往旅顺、金州、大连、柳树屯、貔子窝等处察看情形，旋由海道至安东，复折往大东沟、孤山、庄河一带实地考查，谨就钧札所开各节详细陈之。查日人注意于孤庄一隅非一日矣，去年四月间曾有南满洲铁路总局日本人野村洁已、井阪秀雄二人，由安东至孤山查询地方情形，曾有安东分枝铁道通达岫岩、皮口一带等语。经商会禀达庄河厅密札姚巡检，此去年五月间事也。迩来并无复昌言者，及本年春间，日人欲令王化成承办安东至孤山一线土工。王本华人，而实为日人所利用，曾令彼招人包筑，以价格不合未能成议。迄今已阅数月，未闻兴工建筑，亦未圈定界线，殆并力经营安奉一线而未暇及此欤。窃按孤庄一带，条约虽称隙地，而日人星罗棋布，颇有得步进步之势。现在纵财力不足，一时或不及兼顾，将来恐必有攘夺路权之举。若果安东以西开通铁路，则东省之门户全失，自不待言。即就商务而论，凡岫岩、庄河等处出产货物，今之由孤山出口者，势必越孤山，而借铁路以东输安东孤山市面。即不能维持此事，于国权、商务二者均有绝大关系。但现在均属传闻，未便动国际交涉，似宜饬地方官随时留意，苟有消息，即行据实呈报，以便据理争阻。若云自修轻便铁道以为抵制之策，则计之左也。查安东起点，向西经大孤山、青堆子，越庄河、花园口以达金州日本租界，约长六百六十余里。而孤山以西，人烟寥落，商业不繁，每年入不敷出，自在意计之中。此路之筑，正所以利日本而于我国无丝毫之益也。盖铁路之有支线，所以为干线吸集货物。今查该处形势，东有安东，西有南满路线，而我国筑一狭轨铁路梗于其中，适所以为南满、安奉二线吸集货物。故微论款项支绌，即有余资，亦不宜投之于此有损无益之路线。为今之计，惟有预防外人，断不可任其筑造此路，以接通彼之干线，则孤山市面或能维持，自修轻便铁路，非所以抵制也等情。

查大孤山至庄河一带，既据该员等查勘，明确以筑路为计左。前此姚巡检所禀自应暂从缓议，相应咨请鉴核等因前来。查日人计划，孤庄铁路一节，前经本部遴派陆检讨梦熊往奉调查，业将该员陈说数条，函达贵部察酌在案。兹准前因所称情形核与陆检讨所陈，大概无异，相应咨呈贵部查照，酌核办理可也。

八月二十五日孤庄铁路档

使义钱恂奏调查义国对于中国货物进口征税情形折

出使义国大臣钱恂奏，为调查义国对于中国货物进口征税情形，以为宪政改约之预备，恭折仰祈圣鉴事。

窃自同治五年中义订结商约以来，中国征税须遵两国约章，义国征税仍按彼国法律。遵约章者税法不能自主，按国法者税政可以独裁，孰得孰失，不待智者而知。此于定约之初，专定义国向中国进口之税则，不兼定中国向义国进口之税则，是大失持平者。臣查一国关税制度不易之政策凡二：一曰独定关税政策。我之版图我有自主之权，我之工商我有保护之责，故外货之输入者，必别择物品，厘定税率。若者为国内缺产，可以轻税；若者夺国产之销路，可以重税；若者关国际之酬酢，特免税以示厚；若者关国内之风纪，特禁输以示肃。又必汇集物品制定税法。若者从其价格而征之，若者从其重量而征之，分条列目，著为律令，宣布内外。其宗旨不在加增税额，而在保护工商，此独定政策之要旨也。二曰协定关税政策。近世制造日精，出品日富，一国物产供给一国而有余，欲输出于外以益工商。甲国然，乙国亦何尝不然。然各国税政均有独立自主之权，既不能强人减税，即不得不收人税率，而工商坐不发达，遂于订结商约之际，将两国互输之物产，汇集各类订定之税率。其宗旨虽在各谋课税，惟有所求于人者，必预筹夫所报。有所允于人者，必还取夫所偿。利不独擅，故税率虽较独定者为低。以两国人民得互享懋迁有无之利，各有所失，亦各有所得也。此协定政策之要旨也。此二政策不容偏废。

有约之国固遵协定之税则，无约之国仍照独定之税律。有约国输入载明约内之物产，固遵协定之税则，有约国输入约内不载之物产或代输无约国之物产，仍照独定之税律。义国关税即执二种政策者，故对有约国之不得用独定税律，固无疑义。然查义国征收中国货物进口税则，确用独定税律。夫中义有约之国也，第约内专言我之征税，不言彼之征税。彼之征以独定，而可以自由。我之税以协定，而不能增损。考诸西国无此成例，实为对待东方国之特别政策。日本于同治四年与义国订结之商约，与今日中义商约大致相同，至明治立宪，厘定税律，痛税权之损失，而力图恢复，几经筹备，几经磋商，于光绪二十年冬改订义日商约，始行更正。我国数十年来安之若素，如未觉察者。故对于免厘加税之说，独以为谋之己，臧计之已得，抑知彼行独定，我守协定，我商民所纳之税不十倍、百倍于彼商民所纳之税乎！无怪华货输出之日减一日也。

方今迭奉明诏，清理财政。窃思关税为财政要端，与振兴工商关系最大，与各国条约轇轕最多。以言改革，断不能仅以加税作补苴之计，当以日本为鉴，先将各国条约详细研究，确实调查。积调查研究之功，以预筹他日改约之方法。是成效虽难骤见，果能详参利弊，洞悉窍要，坚忍以持，必有改正之一日，终不能以其难而苟安也。臣惩诸既往，毖于来兹，虽受代伊迩，仍不敢安于缄默，不揣冒昧，披沥上陈。并将上届义国征收中国货物进口税数及义国国定税类目，分缮清单，一并恭呈御览。所有调查义国征收中国货物进口税情形，谨缮折具呈，伏乞皇上圣鉴。谨奏。

宣统元年八月二十五日奉朱批：外务部知道，单并发。钦此。

出使义国档

署粤督袁树勋致外部与日商磋议收回东沙岛条款已画押互换电

东沙岛事。日商西泽原开岛内所置各物，价值日金六十七万元，先经张前督饬派魏道瀚前往勘估，核与日商所开相去甚远。经迭次磋磨，始允减至三十余万日金，并允酌扣回中国渔船损失、被毁庙宇及漏完税项各款。勋抵粤后，因所减之数仍复过昂，督饬魏道〈瀚〉等再与辩论，并以该岛所置物业实只十余万元。若日商要索过多，只可估价，日领知一经公正人估价，断难浮开至三十余万，始允电商政府，饬令日商退让。连日磋议，已商定条款：一、中国收买在东沙岛西泽物业之价，定为广东毫银十六万元。二、所有西泽交还渔船、庙宇、税项等款，定为广东毫银三万元。中国收买物业定价，西泽将该物业及现存挖出鸟粪，照从前勘验清单，逐一点交中国委员之后，于半月内在广东交付日本领事。

现已定于本月俭日将条款画押互换。合将会议情形，电陈察照。树勋。有。

八月二十六日蒲岛档

外部致锡良陈昭常火狐狸沟巡警被戕等案日仅议赔恤容再磋商电

火狐狸沟巡警被戕、和龙峪经署武弁被创两案，本部于定约后复开节略，要令派员查勘，并切告以两案不结，感情有伤。顷，日使面称，电准政府复称，新领不日抵任，所有武官、宪兵须撤退，实无暇再派员。若即交领事会查，则弁兵将借口干证，稽延时日，不能即撤，拟向中政府道歉，抚恤死者家族了案。当答东省未了细案甚多，我仅提此两案，和平已极，并此不允仅议赔恤，殊难满意各等语。除由本部再行磋议外，特闻。外务部。

八月二十六日延吉边务档

外部复阿根廷国外部柏所派驻沪领事拟改为商务委员照会

为照会事。

接准函称：本国伯理玺天德简派总领事驻沪，欲与贵国交往，甚盼。筹此新法，本国与贵国商务由此繁盛，并由此益敦睦谊，特遣总领事阿道夫蓝朴禄驻沪，奉呈证书一份，请烦颁给文凭，饬交蓝朴禄收执等因前来。查各国派设驻沪领事均系载在约章，贵国与中国尚未立约，未便派设领事。惟贵国有盼望中阿两国商务繁盛之意，中国政府甚表同情，拟将设立领事驻沪一节，改为商务委员一员驻扎该埠。本部自当行知地方官照章接待，相应将寄来证书，先行照送贵大臣查收，并希见复可也。

八月二十七日各国领事档

外部致锡良日使称伊藤赴东省游历希优加接待电

日本使面称，伊藤公爵订于九月初一日由东京起程，赴奉天、哈尔滨一带游历。不过借此闲散，毫无事事，中国地方切毋生疑，并不接待等语。查伊藤为日本政府所信任，名誉卓著，此次赴奉虽托名游历，或因俄户部大臣将至北境，隐相对待，亦未可知。惟彼既拟与尊处接晤，似应备车迎送，优加接待。所有两国未了之交涉，至有关系者，亦可相机提议，以期回国时转达政府，俾得易于解决。特此密达，希查照并电复。外。感。

八月二十七日东三省档

署粤督袁树勋致外部萨摹岛招工合同强令指印请驳复电

有电敬悉。萨摹招工事，前上元电谅经达鉴。此事续据汕头洋务委员禀称，该岛招工向于工章之外，另有私立合同，多与工章不符。系招工船在汕头开行时，始将合同私交工人，强令印盖指摹。而合同中章程及工资数目，工人多不认识其德文，所批工资每又短于开招时所订，及到工后横被克扣，以合同已盖指印，抑不得伸。前与该岛按察司辩论，合同只准当官签字，不印指摹，已愿就范。经将合同应载章程函送德领，迄未答复等语。查工章系招工办法，而合同系工主与工人所立字据，本属两事。若合同与工章不符，即使工章订至极密，彼亦借口合同系工人自愿，虽有领事驻岛，亦恐难于措手。此事关于华工出入甚大，实难曲予通融。萨摩岛苛待华工，久为闽诟〔粤〕人所粤〔诟〕病，实由合同朦混所致。如果该岛此次招工，确愿照章优待，则当官签立合同不过一二日，即可竣事，有何为难，何必坚执不允，其中隐情不问可知。拟请大部查照元电，坚持驳复，务令就范，是所切祷。至该岛现请招工，前据汕头委员禀称，行尚未设，船尚未定，工尚未招，现已半月，并未据报开招，可见工人尚未到汕。德使所称，多方留难，尚不放行等语，显系德领瞒禀，并请驳诘为叩。树勋。宥。

八月二十八日招工档

法署使潘致外部钞送借用龙河运输越盐章程请转致桂抚电　附照会章程

为照会事。

接准节略内称，据两广总督及广西巡抚来电，龙州道并未与法领事商议，屡次函约提议，亦未准奉复等因。本署大臣甚惜此语与实情相反。驻龙法领事关系运盐借河一事，于西历本年六月初八、二十四、三十等日，及七月初二日行文于龙道，经该道于西历六月二十三、二十六、三十等日照复各在案，本署大臣现有前项往来文件，可凭查。龙州道向该领所提议各节，业已汇成章程，经本署大臣于日昨面交台阅矣。此项章程，虽非龙道所直立，然各条系由该道致领事文内所摘定者。贵爵若肯费神详阅内附钞录龙道致法领事各文件，可知此层之不子虚也。如此拟就之章程，殊属至公，尤可防走私一切情弊，本国政府表明其通融公平之意，甚愿照行。惜广西大吏于此事不表同情，其对待之态度既已如此，则越督非另立特别条款，允许在河内设立领事不可。有此犹疑举动，不得谓越督无理。其龙州道不认与法领事有往来之文，明是欺心，在本署大臣不得已兹特要请贵爵严饬重新开议，以本署大臣面交之章程为本。尚望贵爵速将致广西大吏所发之训令，示知为荷。附抄件四纸。

八月三十日禁令档

附运盐章程

第一条　越盐借龙河运往驮隆，傥陆续起运，相距之期，最近必须逾三礼拜一次。俾押运兵丁不至往来匆逼，巡缉别有疏虞。

第二条　每次运盐人应将船户姓名及盐包斤数报明领事，由领事先期照会关道，由关道照填准单，交平而关委员。俟盐船到时，该委员点验盐斤，查明东京税关签单所注盐数与关道所发准单相符，即将准单交运盐人收执放行，如有不符，即不准过界。

第三条　船户运盐虽经报请给照，然必待护照领出后，始可借运过关。若急于先行，未有护照擅行过关，而中国仍不承认，将全数之盐充公，以防牵混假冒情弊。

第四条　盐船进口时将护照交关员验明，照数相符，每包加封条放行。此项护照送交出口之关员验收、缴销。其经过之关卡，除报关纳钞候验外，不得在途停留至二十四点钟。沿途地方官吏均可随时查验，以期周密。

第五条　盐船在中国界内，如验明有拆毁封条及斤两多少与护照不符者，均以走私论，照章全罚充公。

第六条　进口时派兵押运，出口此项兵丁由关道酌量招募，专供缉私押运之用。所需兵饷，除官军用少数之盐不计外，其余应令主者每百斤缴缉私费法银三毫，于进口时缴足。

第七条　此项章程作为暂行，别处不得为例。如查有损害中国主权利权之处，再行随时商改妥办。

再此，章程俟彼此签字后方认准执行。

附张道致驻龙法领事照会

大清国护理广西太平思顺道·督办全边对泛张，照会大法国驻龙领事伯台照。

为照会事。

案前准贵领事西〈历〉六月初八日照会，内开商议运盐，禁止走私办法三条均悉，惟敝道尚有异同之处，须彼此参酌，拟开各节于左：

一、白盐禁止进口，载在西历一千八百八十六年中法商约第十五条，彼此自应公守。此次中国为法国欲便于转运军用食盐起见，特准借龙河经过运赴越地，其他项商民不得援以为例，且可免混冒走私之弊。

一、法国需借龙河运解军用之盐应有几处，每处需盐若干，请预为订明数目，以免船户借口夹带。每次均应由法官知照贵领事，先十日知会敝道，将船户盐包斤数及运往何处军用，一一载明，由道发给护照送由贵领事转发。

一、盐船进口时将护照交关员验明，相符加贴封条放行。其经过之关卡，地方官吏均可随时查验，以期周密。此项护照，送出口之关员收回缴销。

一、此项军用盐船，如在中国界内验明有拆毁封条及斤两与护照不符，或未由贵领事先期知照者，均以走私论，照章全罚充公。

一、贵领事所称派兵押运出口，此项兵丁由敝道酌量招募，专供缉私押运之用，所需兵饷，亦由敝道垫发，以敦邦谊。

一、此项章程作为暂行，如查有损害中国主权利权之处，再行随时商酌妥办。

一、此章程彼此签字后，方认准执行此事。敝道极愿贵领事早日当面商结，已于中二月照会贵领事在案。中四月二十二日始接到贵领事见复商议照会，适敝道因公赴太平，以致耽延数日，殊为抱歉。惟税司既称奉有总税务司饬令议订此项章程之文，敝道亦奉广西抚院电示驻京法公使，并商请外部转咨税务处拟定办法等因，自未便阻止。惟恐再有稽延，兹敝道特将拟就章程数条先行缮出，为此照会贵领事查照，即请酌核见复为盼。顺颂日祉。须至照会者。

宣统元年六月初五日

附张道复驻龙法领事照会 附章程

为照复事。

准贵领事西〈历〉六月二十四日照会均悉。此案我两人均不必申争，前约亦无不可。惟该盐经过中国境内，筹备严防漏私妥法，则中国应有完全主权，故彼此须筹议专章。其余他项物件借过龙河，则仍照旧约办理，但筹防缉私必在稽查周密。欲备稽查之法，必应知越盐经过数目，计驮龙每年需用之盐，必可预算大概数目。应请决算一定之数示知，以便预算筹募押运兵额，且易查验放行。倘过路逾多额定之数，则中国不能承认。至于西〈历〉本月二十三号所拟章程，其未能如议之处，兹特更改酌定，录后奉阅。即希见复，以便将所定之章，由敝道申请督抚院查核是否批准，再行商请贵领事会议施行。为此照会。顺颂日祉。须至照会者。

附列章程七条

第一条　中国照决定每年经过龙河若干盐斤，查验押送放行，不得逾多额定若干盐数。倘有逾额过路，则如数充公。

第二条　每次运盐过路，由领事将船户姓名、盐包斤数，一一载明，照会边道核明，发给护照，交平而关委员转发，俟船户到时核验，如数即派兵押送。惟领事自应先一礼拜照会，俾可预备填照，发交关员备用，尚未接到护照亦不能进关。

第三条　船户运盐虽经报请给照，然必待护照领出后始可借运过关。若急于先行，未有护照擅行过关，而中国仍不承认，将全数之盐充公，以防牵混假冒情弊。

第四条　盐船进口时将护照交关员验明，照数相符，每包加封条放行，此项护照送交出口之官员验收、缴销。其经过之关卡，除报关纳钞俟验外，不得在途停留至二十四点钟。沿途地方官吏均可随时查验，以期周密。

第五条　盐船在中国界内，如验明有拆毁封条及斤两多少与护照不符者，均以走私论，照章全罚充公。

第六条　进口时派兵押运，出口此项兵丁由关道酌量招募，专供缉私押运之用。所需兵饷除官军用少数之盐不计外，其余应令主者每百斤缴缉私费法银三毫，于进口时缴足。

第七条　此项章程作为暂行，别处不得为例。如查有损害中国主权、利权之处，再行随时商改妥办。

再此，章程俟彼此签字后，方认准执行。

宣统元年五月初九日

附张道复驻龙法领事照会

为照复事。

顷准贵领事照会各节均悉。惟第一条所议盐斤既不预算，需用数目又不能预定，全年起运次数，倘陆续运过相距之期太逼，则必致往来押送不敷筹备，有碍缉私之事。故不能不筹及从容之时间，俾兵丁不至往来匆逼，中途别有疏虞。今改定第一条以期周密，于运解亦实无妨碍。承示商改第二条，亦可设法俾期迅速，惟东京税关签单系贵国应办之事，发给放行护照系中国应办之事。此项护照即可作为运盐准单，由敝道迳交关员转交运盐之人，不必送由贵领事照发，致有周折也。兹将改正两条，录后奉阅，似此通融办理，贵领事当可赞成。即希示复，甚愿早日成议也。为此照复。顺颂日祉。须至照会者。

改正之两条例后：

一、越盐借河运往驮龙，倘陆续起运，相距之期最近必须逾三礼拜一次。俾押运兵丁不至往来匆逼，巡缉别有疏虞。

一、每次运盐人应将船户姓名及盐包斤数报告领事，由领事先期照会关道，由关道照填准单交平而关委员。俟盐船到时该委员点验盐斤，查明东京税关签单所注盐数与关道所发准单相符，即将准单交运盐人收执放行，如有不符即不准过界。其余各条已载初九日照会内，不另钞列。以上各节，敝道已一面电请督抚宪谕示，如有更改，再行奉闻。

宣统元年五月十三日

清宣统朝外交史料卷九终

清宣统朝外交史料卷十

宣统元年九月至十月上

驻藏大臣联豫致枢垣请饬川边拨兵接应入藏之兵电

十四日恭奉初十日电旨：有传知统领钟颖相机驱剿之谕各等因。钦此。查藏番调兵，分赴江卡察木多及江达西之鹿马岭、墨竹工等处拦阻等情。察以东边军可作后援，察以西则千人势孤，当即电商川督，请其酌度具奏。豫前与川督边务大臣往返电商，拟令由德格新路绕至察木多，再入三十九族，绕出拉里，去江达五站。江达去藏八站，自应由豫处派兵迎护。惟新练一营，信守日浅，恐未可恃。据豫愚见，拟请旨饬川督边务大臣，速拨边军三、四营作为入藏川兵之接应，以壮声势。如至拉里即与钟颖一同入藏，不必遣回，较胜于招练土兵。约计军饷五十万当可敷用。再，达赖于八月初三日抵哈拉乌苏，二十五日抵埒征寺，闻十月间方回藏。豫现又派员往接去藏，仅三日程而迟迟不归，想必有意。谨乞代奏请旨。联豫叩。二十八日。

九月初一日西藏档

锡良程德全致外部安奉路地税可否援东清路豁免乞示电

安奉铁路购地章程，正与日人逐条磋商，大致可望就绪。惟税契、承粮两节，日人坚持不允，以中俄东清铁路第六条款不纳地税云云为驳诘。查安奉铁路与东清铁路性质不同。东清系中俄合办，由我给予官地，不纳地价。民地则照章给价，其地税自应奏请豁免。今此路显然两途，不纳地税，似难准行。惟日人自称，亦明知应纳地税，但援最惠国利益均沾之说，再四要求。可否准予按照东清铁路章程豁免之处。应请钧部酌核电示遵行，不胜盼祷。良、全。三十日。

九月初一日安奉铁路档

外部致锡良程德全安奉与东清不同不能豁免地税电

三十日电悉。安奉路与东清路性质不同，所有地税自不能援引豁免，仍希转饬与日人妥为磋商为要。外务部。

九月初二日安奉铁路档

陈昭常吴禄贞致外部日谕延吉韩户悬挂韩旗可否禁止请示电

顷据和龙峪事务员禀称：现在各处韩民，接奉六道沟统监派出所日官传谕，本月初六、七日，斋藤偕同日本领事来此，饬各韩户悬挂韩国国旗，请示核办前来。查界务既经解决，此地系我完全领土。如日本侨民悬挂日旗，我自难于禁止。今若任杂居韩民，一律悬挂韩旗，则韩旗偏境，未免于我主权有损。可否禁止之处，未敢擅专，请钧核示遵。昭常、禄贞。支。

九月初四日延吉边务档

外部致高而谦澳界事葡所争在海权不在荒岛希坚持电

澳门勘界事，准驻法刘大臣函呈。葡外部屡次提及，谓两专员久议无成，势难长此相持，须令马沙铎到北京商议或交公断。且言若中国既不肯退让，又不愿公断，则葡国迫不得已，惟有将澳门送与他国，类似战言实有他意。询其所争之点，彼谓在海权，不在荒岛等语。特密闻，仍希始终坚持为要。外。庚。

九月初八日澳门档

使俄萨荫图致外部德报谓俄户部赴东考察铁路拟将东清路售归日本特无确证函

俄户部大臣谷高采甫前来东方查察铁路情形，昨经肃电达部。日前，森都言报转登木斯科声昔报所载，得有专电称：德国各报论及此次俄户部大臣远东之行，谓其宗旨，在与日本解释从前彼此误会各端，并拟将东清铁路售归日本等语。荫图以此事与中国所关至巨，即经详细探访，其售路之说，殊无确证。旋接户部来函称：按照东清铁路公司章程，俄政府担保该路股本及入款，自应有稽查之责。本大臣现奉国主谕，于俄历九月底前往东方。惟因时日短促，但就主要各段查察情形。拟至满洲里、绥芬，不往哈尔滨以南等语。其声明各节，似系因报章之言，藉以解剖疑窦。然窃料此行，与铁路公司近来所办事宜当有关系，非泛然游历者比。荫图当随时密探，俟有所闻，再行布达。专肃。敬请钧安，伏惟垂察。萨荫图谨肃。

九月初十日东省铁路档

川督赵尔巽致枢垣藏事请商英俄两使勿干预电

接联豫初一日电。据密探称：达赖在埒征寺，名为坐静，实候赴俄人回信。且带有俄国勇装者二十四人，并俄五子枪千枝等语。藏中则赶造军衣，倡言无论是何，汉兵必当竭力拦阻。且代理商上勒令交卸，专任数私人主持诸事，狂悖难以尽述。又闻英遣兵三千人藏朝佛，已飞饬密查，并饬商务委员明询英员得复，即录同奏。总之，藏事急矣，我事皆失之缓，若不派大兵速来，则事愈不可为。赵大臣谓宜破釜沉舟，与鄙意正同。现在豫已派弁往迎钟军，并详查沿途情形，请电军机处。豫初一日等因。查藏兵尚不足虑，若有俄暗助，则其势愈大，再加英俄交哄，更难收拾。应否先向英俄两使诘问，令勿干预，并请示朝谟，以资应付。谨请代奏。再，赵尔丰来电，已遣兵暗至察台，彼处安帖，并闻。尔巽。初九日。

九月十一日西藏档

外部致俄使廓锦齐铁路借款事系中国内政他国人不必过问函

径复者：

准来函，以锦州府至齐齐哈尔铁路一事仍请见复，有无借英美两国款项，建造该路之举等因。查锦州府至齐齐哈尔铁路，英美两国商人愿借款兴修，实有其事。惟现正筹商，尚未定议。然此事关系中国内政，他国人可以不必过问。兹特作为私交，聊以布达。即希贵大臣查照。

九月十一日锦齐铁路档

锡良程德全致外部日伊藤来游东省谨陈晤谈情形函　附语录

本月初十日，日本伊藤公爵前来公署答拜，经良等延入秘室，并邀曹左丞入座，晤谈两点半钟之久。良等所言，大致以维持东亚和平推重伊藤，并将此间交涉事件择要提议。伊藤大旨则谓东亚大局关系皆在中国内政，二十年以前早经告知中国，即甲午以后，日本亦未尝无退让之心，以待中国自强。乃至今仍无进步。其语气直隐以朝鲜视中国，而急图进取之，野心尤流露于言表。阴谋密计，祸至无时，思之可为悚慄。良等筹边无状，负罪滋深，惟有痛自责征，勉支危局。伏乞钧部谅察外情，默为筹备，审度时变，内外协持，大局幸甚。除函达军机处外，谨将问答节略钞呈钧览，伏维垂察。

九月十五日东三省档

谨将九月初十日上午十钟会晤日本伊藤公爵问答节略呈览

良云：贵公爵名望素著于东亚，大局关心最切，平日维持亚东和平之局，我们素所钦仰。日俄和约所载，不侵中国行政权及不妨各国均等主义，即为贵公爵夙昔所主张。今日游历来此，于东方和平大有关系，全球所注目，我们愿聆高谈。

伊藤云：我于贵国大计，用心筹画，不自今日始。溯自光绪十一年，即与李文忠相见，切告以两国之关系，贵国总须力图变法自强，方可共保东方之和平。披肝沥胆，力为陈说，文忠颇以为然。迨光绪二十四年又游贵国，晤见北京亲贵大老，告以亚东之大势，两国之关系，贵国亟宜变法图存，方能有济。当时，诸亲贵大老咸以为然，允为变法。不意未尝实行，以至于今日，我甚惜之。现在贵国方悟非变法无以图强，近年来始行新政。我甚愿贵国事事求根基稳固，政府须担责任，行政机关务求组织完备，万勿半途中止，竭力前进，犹恐或迟。我两国利害相关，贵国如能自强，亦日本之幸也。

良云：诚然，变法图强必自困难始，即如贵国变法之初，亦有许多为难，贵公爵均所亲历。我国现在实行变法，宪政亦已萌芽，万无中止之理。惟若东三省交涉之事，我们政府既与贵国驻京公使商定大纲，不惜让步以图妥协。而东省所办之事，贵国人民不能仰体贵国政府及贵公爵维持和平之意，我们处处实难措办，请问贵公爵，有何法以善其后？

伊藤云：我此行虽是漫游，然于东亚大局向为关心。本欲借此考察，为我国政府作一考证。至于贵国现在方针若何？贵督有何政见？我即不能悬揣，还请先为明示，方好彼此谈论。

良云：贵公爵平时主持东亚和平，所以日俄和约首先保全中国主权，此真大公无私主义。此次东三省悬而未决各案，已经中国政府极力退让，足满贵国政府之意。原期邦交日益亲密，然而附属地内一切行政主权，如警察、收税等事，中国皆不能办。此外亦多有未了之案，急须想一和平办法。

伊藤云：两国交涉，自有负责任者当之。此次中日协约，谁是谁非，我亦不能下一断语。然贵督对于东三省之事，当时日俄未战以前是何情形，日俄既战以后是何情形，作一比较。向使日本无此战事，东三省仍在俄人势力范围，不知现在又有何等景象？日本对于此战，盖因东局危险，始掷二十万金钱，数十万生命，死力争回。贵国政府欲保持和平，正应趁此和平之时，修明政事要紧。着手者，一在财力，二在兵力。然练兵非铺张门面，财政非空言清理，所能济事。盖必培养人才，着着进步二者，充实根本，方期稳固中国，稳固东亚，和平方可永保。至东亚和平，即极东和平，范围甚广，凡在极东地方皆包含在内。我两国未了交涉，但视贵国内政及国基如何？果能确实稳固，而后又能彼此诚意相商，自然容易办理，和平大局正不在此区区小事也。

良云：天下小事，往往误解即以酿成大事。贵国掷金钱，捐生命，原为俄人在东方势力太大，所以成此义举。想贵国必不至蹈俄人之故辙，贵国政府亦决不至主张俄人之所为。然自停战以来，附属地行政事权，久未交还我国。政府虽深知此事极宜迁就，而愚民不知，易伤感情。此间领事事权太小，且不统一。警察兵队、铁道会社，均不属领事权限。我则只能与领事商办，如前此安奉铁路一事，我所开送十条，原与领事说明，可驳者驳，可商者商。嗣已由我允改宽轨，一面斟酌其余各条，正议之间，不料忽有自由行动之事。论其实情，不必如此动作，亦属易办，乃贵国未悉情形，起此风潮，伤中日感情，殊属不值。我甚以为此事，贵国未免小题大做，深为惜之。虽事已过去，告知贵公爵以备参考。

伊藤云：自来国家办事，有时不能尽以舆论为衡。倘舆论实有妨碍，政府必须施其压制，断不可使彼此生出恶感。至于行政方法，要在立定宗旨，绝不改变，则根基即能稳固。大抵须于行政上急谋实力。中国初办宪政，一切正在艰难。民意断难即恃，更不可妄恃强力。贵国现在热心主张收回权利，收回权利固属好事，然不知收回权利，尤须能保此权利不更为人侵害。若徒将权利主张收回，而不能实保权利，则旋收旋失，徒然无益。一切机关俱不完全，则尚非真收回权利。此次我系旁观之人，故特反复言之。尤愿贵国以后千万勿以感情二字作政治上之观念。至东三省未了之事，他日归去，可向当局者道之，于事或有助益，亦未可定。

德全云：贵公爵适言东亚和平四字范围甚广，此言最有意味。盖东亚为全球所注目，中日交谊之所在，即列强政策之所在。故我两国宜互相提携，互相退让。顷间所言一切忠告，我与总督均极感佩不忘，必当详细报告政府。至中国立宪，虽觉稍晚，要亦力求进步，毕竟事在人为。且风云变态，本属无定，亦未可一概而论也。惟我与总督皆系守土之官，于东三省一方之事负有责任。贵公爵所言，行政一切须用实力。现在敝国政府于宪政极欲进行，此间裁判所、咨议局，甫有萌芽机关，实未完备。然执行时，时有窒碍，即因附属地行政权不能统一。是以一方面之事，以此为要，不得不筹虑及之。贵公爵既望敝国宪政进行，然必彼此持平，开诚布公。使两国人民晓然于两国互相退让之意，自然人民亦互相友爱，而权限又各自分明，办事方有下手之处。若仅偏重一面，不免大伤舆情，而欧美各邦窃窃睨笑，甚非两国之福。贵公爵全局在胸，此次又亲来三省目击情形，自必归商当局，别求妥善办法。中日为唇齿相依之国，仅恃强力，或亦非和平本意，请三思之。当知我言亦贵国之忠告也。

伊藤云：贵抚台所立固然有理，但国家权力亦必施于相当之处。今日我为游人，不负责任。故彼此纵谈，急欲贵国宪政从根本作起。凡所谈论，皆非日本政府及日本人民之意思。若说到日本人民意思，则凡事只问能力若何，如彼此能力不相当，即无所谓持平办法。况贵国土地辽阔，统一甚难办理，宪政亦非容易。中央政府自不可放弃权利，然地面太大，亦易为人倾复。我为此事极为贵国忧虑，不怕贵国见怪，此事艰难异常，一时恐难办好。且尚有一不利言，即是革命二字。贵国政府防范虽极严密，然万一发生，于国家即大有妨害。此时贵国办理新政，外面极为安帖，一旦有意外，不测危险，不可不防。若云中日两国交涉，则果有诚意商量，似尚易办。中国不强，则日本亦不能独强。若中国根本稳固，则日本亦自得益不少。此即贵抚台所谓唇齿之喻。

德全云：今日所谈，大致不外两端。一则贵公爵忠告，中国现办新政，急须切实进行，以期巩固国本。一则附属地之事，总期中国行政主权不稍损抑，从此权限分明，商业发达，各增进步。则贵公爵此行，实为两国幸福，且亦为全球所仰望者矣。

伊藤云：贵抚台所言两端，我为局外之人，对于贵国，固极忧虑时艰，对于吾国虽无责任，然归去，当奏明大皇帝，以为将来之考证。并告当局者，以为办事之参考。但自甲午以至日俄战罢，敝国政府何尝不存退让之心，以待中国自强。惜我让而人不让，斯不能不并力直追耳。现在我尚有三四端意见，颇思得一机会，到北京与贵政府面谈。今日为时已久，请告辞。遂去。

九月十五日东三省档

使义钱恂奏外交应付宜合各国而统筹全局谨陈各国外交情形折

出使义国大臣钱恂奏，为外交应付宜合各国而统筹全局，谨将最近各国外交情形恭折缕陈，仰祈圣鉴事。

窃查我国于外交，派有驻使者凡十，而兼使者有五。兼使之中，古巴一岛有政府面〔而〕无君位，并无总统，例不与他国通好，不以列国论。是我国所谓外交者，共十四国。此十四国者，仍以八强交涉为最宜郑重。去冬，巴尔干半岛事起，为欧亚极大关键。臣于本年春初奏陈在案。嗣后，土耳其政变，波斯政变，干地亚岛撤兵，无非巴岛事件之影响。英、俄、奥、义四国全神注此，无暇他及。今岛事少少敉定，恐列强目光将高瞻远瞩，移于泰东，则于我更形切近。倘不合全局以统筹应付，则顾此失彼，必事事退落人后。臣于外交事宜，历岁考求，幸有所得。知过信不可，过疑亦不可。操纵之术，在乎先得确情。谨将列强对于东方情形，为我皇上陈之。

曰俄。彼承令主大彼得贻谋，专以拓占东方为事。光绪二十二年始偿素愿，乃不十年，而连战连却，事败于已成。目下虽满洲路权尚握十分之七，事权亦未肯退让。然观其营双轨于黑龙江左岸，则知横贯满境之铁路，非敢深恃。观其于波斯政变不遽察机用兵，则知于亚洲不冻之海口，姑事缓图。向传俄人每二十五年而一用兵，今尚非时，心虽骛而力不逮，其东方暂安时欤。本年俄帝亲访英、德、法君相，所用秘策诚不可知，而托为和平以纾已力，有可断言者。

曰法。与俄结不解密交，缘俄借法债数至亿兆，若法不扶俄，即债权难保。故西方事，容或各国图便利，而东方事，莫不彼此一辙。俄免戢戈，法亦櫜矢。况彼十年来，人口岁减，工商不振，政府无久安之势。百事有罢工之虞，内顾之谋，应有亟于远略者。

曰英。东方势力，英最巩固，久为俄、德所深忌。比年，德在东方其进步实令人惊讶。昨年，更大张海军，欲收长驾远驭之效，英亦增军以应之。说者谓英、德必因东事而出于一战，事固难保其必无。然观土耳其、波斯政变，以及干地亚撤兵三事，知英仍守持重主义，非欲轻召邻衅者。近东然，远东亦未必不然。日耳曼种类之国，英最和平。不过英国政策，向不用甘言诱人，其外交手段不如俄、德等国之敏活耳。

曰奥。今帝践位已五十年。此五十年中，亲与普战，亲与义战，均不获胜。又目睹普法、俄土诸大战，颇厌黩武。臣于光绪十六年侍宴奥帝，亲聆议论，钦其专主和平，至今不改厥德。即上年占土耳其两地，亦出于储贰犹子之意，而非关帝谋，于东方尤非注意。数年前，随俄、德、法之后亦颇有租借海口之意。三五年来，注重财政，专以纾民力、振商业为政策，顿改其骛远之图。

曰义。臣两次觐见义王，坐谈良久，不出理财、兴商数大端。政府、国会亦孜孜求之，又观于奥侵土国，义犹忍耐，可揣其无远东之志矣。

曰德。其国席积强之势，其君蓄极骛之谋。八九年前，曾亲绘油画致赠俄帝，图意在黄种将自东而来，我辈西欧各国，宜同仗十字架之力，以遏跌坐之佛。此图震动一时，而黄祸之说遂遍于欧美。适日俄交战，又黄胜而白败，而东方更为所深忌。同种不同种之严如此，臣愿我国亦于同种上再三加意，勿以阋墙而致忘御侮。

曰美。以共和创国，无一事不宗共和。其学堂即抱共和以为教育，故所造人材，一切学术议论，舍共和外非所尚也，与他国宗旨迥殊。其先是守与世无争主义，故论者谓，美国不干涉他国政治，不侵占他人土地，所谓孟罗派也。自得日斯巴尼亚之古巴及菲立宾后，政策突然改变，有伸大权于太平洋之志。先昵日本，嗣憎日本。其蓄谋至深，又好恶无定，可以朝亲而夕仇。东顾而不能争欧，势必西顾而凌亚，固事有必然，而势可预料者。

曰日本。胜俄而后，各国忌之，次乃谤诽勃兴。在白种，用意无非欲使黄种不相能，而全世界可归入白人之手。将来日本面受太平洋美国之前冲，背受胶州湾德国之劲敌，正未知如何立国。言之深为黄种寒心，不禁起同种相扶之念。

以上八国，今通称为八强者也。

曰和兰。东方属地为最多，自美占斐立宾，几与英之澳洲、和之爪哇鼎立而三。而德仅有不毛之巴布亚岛之半以及附近小岛，垂涎和属，匪伊朝夕。目下，和属和商已被德商喧宾夺主。德果扩其势力，则东方时局，正有不忍预言者。和欲自保，亦未尝不图联华侨。此在善术以示联，非可示威以敦迫。年来我国对华侨办法，意欲利用其财，此徒失侨心，适损邦谊，不可不慎者也。

曰比利时。在欧土，为久立国外之国，似可无争。然在东方，则每为法所利用。测比交者，当与法交相提并论，乃可无误。

曰日斯巴尼亚。彼自失斐立宾后，止谈东事。况近与斐洲之摩洛哥争战未已，更无暇他及。

曰葡萄牙。则本国党派未平，澳门于形势上亦非十分重要，交涉非难。

曰墨西哥。则骎骎有日上之势，与意大利结平等之仲裁裁判约，可以知其志矣。其在东，以铸销银元为一种贸易。我国果于财政上有所整顿，则将来银元进口，乃是一种交涉。

曰秘鲁。则我侨虽往彼，事无多。

十四国之关于东方者如此，此臣所谓过信不可，过疑亦不可也。虽然，此犹察微观变之言耳。近年各国对待东方之政策，其显而易见者，莫如代我兴学及迫我借款两事。夫兴学美名也，臣岂以为非宜。然尝观各国之对他邦，莫不欲其民愚，不乐其智。以义、奥同盟之国，上年因奥学之不用义文，尚久经磋议。以日、美邻近之邦，而日童欲入美校，且与争执。乃迩来德人为我兴学，美人为我兴学。何厚我而爱我耶？其故可深长思矣。至借款一事，各国恒有，果能办理尽善，操纵得宜，以彼资力兴我实业，固无害也。惟各国一闻借款，恐后争先，几成一种交涉，其弊有可虑者。幸频年民智渐开，争路有人，争矿有人。但使主其事者，俯采舆论，审慎几先，自少流弊。在各国均以投资为政策，在我亦不可不知所慎。方今朝廷百度维新，内政外交，力加整顿。数年后，宪政成立，内政自益修明。惟外交之变幻靡常，国际之纷争易启，窥测时局，知己知彼，诚外交之亟务，而应事之先几也。臣二十年研究外交，用敢竭献刍荛，稍尽忠悃。所有缕陈各国对于东方情形缘由，谨缮折直陈，伏乞皇上圣鉴。谨奏。

宣统元年九月十五日奉朱批：外务部知道。钦此。

折件档

吉抚陈昭常致外部谨陈到延吉查勘后筹办各节电

昭常于前月二十五日抵延，逐条实地查勘，亲与吴督办禄贞筹订一切善后办法。现已与日总领事永泷接晤。两月期内，应办事宜，大致就绪。及关于该地应行筹备诸事，亦已粗定。兹定于十六日起程赴珲，谨将到延后筹办各节约略陈之。

一、开埠。商埠既定，自开必先由我划定区段，将原地内产尽行收买，然后转租中外商民营植。现在商场未繁地段，似不宜过广，且购买土地需费亦巨。故暂定于六道沟，即龙井村，划一方里为商埠区域。余如局子街、头道沟、百草沟各商埠皆不逾二方里。现已圈立标识，绘明图说。均取交通便利，四至宽敞之区，以便易于兴办一切。其各埠内，关于巡警、卫生各项办法，及建筑、租赁各项章程，均以此次条约为主参考。各省开埠先例，略短取长，并酌量本地情形，各妥定草章若干条，以期即日创办，有所遵遁。前日与日总领事晤谈，示以所划各商埠区段图，并告以所定埠内诸办法。暂时尚无不合意见。惟云，须亲往各埠所在查视一周，方能确认。昭常出省已久，势难再延，嗣定十四日再行接谈。乃十三日晚间，忽得伊藤公被刺之电，遂尔罢议。前该总领到后，已定于中历本月二十日开馆。我遂亦定于昨日开放埠地，并已于开埠处附设开埠局，但照所定诸种章程，随时经理各商埠收买地产及租赁建筑各事。至日领查视各埠后，如有不愿承认及待商订事件，日前接晤时，该总领已面允，以后应商诸事，即随时与吴督办接洽。现昭常在此筹办一切，多系与吴督办商酌，所见亦无不合。随后与日领对待，谅不致或有失当。果遇重要难决事件，再行电请钧部示遵。

一、警务。各商埠内，巡警职务自属极要，已特定章程，即时妥为筹设。至凡关杂居区域，华韩人民混处，保护稍有未当，即易起外人交涉，应与商埠同为重要。前时因东南一隅，边务纷繁，特于延吉设一巡警局，附于边务处。俾得一面扩充内政，一面对待外人。两年以来，颇收效果。现界务虽决，应办之事正多，边务一时未能裁撤。而该地巡警既关紧要，尤应速筹推广。拟由边务暂行管理，以便接续筹办，较易为力。现与吴督办详加商酌，定于延吉府设一东南路巡警局。全地新设各厅、县及最要商埠，分设数分局。更酌量地段之大小，民户之繁简，各划分区，妥为筹设。惟现有边务警兵不足三百名，难敷分布。已饬该警局设法招募，从速教练。务于一年之内，分别缓急，依次普及。俾使居此者，各安生业，乐于服我教化，殊于保我地方，维持主权，两有裨益也。

一、审判。该地筹设审判，现依所定，杂居区域并包括珲春一带之地，共定于延吉府设地方审判厅、检察厅各一，附以初级审判、检察厅一所。余如六道沟、旺清县、和龙峪、头道沟、外六道沟、珲城，各分设初级审判、检察厅各一所。所有各厅人员，前已遴选委派，陆续到延开办诸事，大都就绪。其听审各项章程，亦已分别妥定。一俟日总领开馆后，商定一切，更勿异议，即应确定开厅日期。惟百草沟、头道沟二处，人民稀少，今年建筑固已不及，租赁民房亦属不易，此时尚费筹措耳。

一、设治。前所定之延吉府、和龙县、旺清县、珲春厅固应及时设立，而各属地方广阔，华韩杂居，亦不能不筹设佐治员缺。现复再三考察，定于头道沟设知事一缺，六道沟设府经历一缺。外六道沟、黑顶子，各设巡检一缺。各属应委妥员，亦已大致选定，俟回省，即行分别奏咨办理。再，现在领土既定，日人在我境内所设之电线邮便，自应设法收回。前日与日总领提及，尚无十分留难。惟其意在缓议，拟请由钧部先与日使商定一切，而后外间遵照筹办，庶免周折，否则总领如藉词推诿，此事恐难了结。查日人在延境所办电线尚不过华方一百余方里，邮便系附设电局之内，分局则由各地日商代办，并无局所，想筹款收买，尚非难事。惟我之邮电不通日韩，若仅收买而不续办，彼之通信不便，恐必不愿。倘收买后，即行续办，又似代人办理，于我殊无利益。究当如何办法，应候钧部核示。又查日领所定馆员，除通译外，有警部五名，巡查百二十名。此等巡警，即系以现有之宪兵、巡查改设。前钧部来示，云该领仅于馆内设巡警二三名，商埠内一切保卫事宜，均由我自办。此时该领初到，即预定巡查多名，意之所在，可想而知。如任所为，恐贻后患。可否请钧部与日使交涉，一面在外与总领提议，谨候示遵。昭常肃。删。

九月十七日延吉边务档

外部致英美使税契加价应华洋一律办理希饬驻粤领事遵办照会

为照会事。

宣统元年九月十二日，准两广总督电称：查洋商在通商口岸永租屋地，及教士在内地置买教堂公产，赴地方官投税，向照民间买价完纳税契银两，历办无异。近准度支部咨加增税价买契，每两一律征银九分。经定本年十月初一日起加，并照会驻粤各领，饬令洋商教士等遵照。兹据驻广州英、美领照称，须奉公使札饬，方能遵办等语。请照会英、美国驻京大臣，电饬该领照办等因前来。本部查税契加价，系经度支部奏明，通咨各省洋商教士等，自应照民间一律办理。相应照会贵大臣查照，转饬驻广州英、美领，遵照可也。

九月十九日税务档

东督锡良致外部日领带警察到延吉乞诘日使照约裁撤电

准延吉吴督办电。据斋藤函称，已于中历九月十九日将统监临时派出所锁闭，二十一日所有所员及宪兵全体撤退等语。惟日总领事永泷此次复带警察一百二十名前来，殊与前约每领事馆派警一二名之语不符。且于宴会时昌言，此来以保护韩民，振兴商务为责任。当此施行条约之初，若不令其确守范围，将来得步进步，必复致竞权夺利而后已。是则领土虽归，亦不过拥主人翁之虚名而已。应如何交涉之处，应请酌裁等因。查该领永泷甫到延吉，即行违背条约，随带警兵百余名之多，若不严行诘阻，将来何所底止。伏乞大部诘问日使，令将日领所带警察照约裁撤，以免事端。良。号。

九月二十日延吉边务档

使比李国杰致外部译呈比国照会归并刚果文 附条约

为咨呈事。

准比国外部大臣达维浓照称，敝国君主查照比国收回刚果约章第四条谕令，自一千九百零八年十一月十五号起，比政府实行主权于刚果。中比睦谊素敦，以后如贵大臣与本大臣有商办在刚果事宜，当益加和洽等因前来。查刚果为比主兼辖有年，去岁该国上下议院于此次改由比国实行主权，屡经会议，始行决定。相应将该外部来函照译，并附比国与刚果约章译件，咨呈贵部。谨请查照备案。

九月二十二日使比档

刚果自主国归并比国条约

比国大君主兼刚果国王曾于一千八百八十九年八月五号函致比国户部大臣，内开：如在所定日期以前，比国愿与大君主管辖之刚果属地订立睦谊条约，大君主即可将该属地归比，决不踌躇等因。今两国为归并事宜，已经商立条约，于后由两国代表认定。

第一条 大君主声明，将管辖之刚果属地主权让与比国，并让一切权利义务。比国国家声明，于此归并事宜，允许收受。并将附件甲类内详载之刚果自主国义务，收回自办。所有在刚果之建筑物及其本地人民或非本地人民按照法律得来之权，比国国家认允尊敬。

第二条 以下所列之刚果自主国之不动产及动产，均在归让之内。

一、除本约附件甲类所载义务及应办之事，不即允许外，所有公家、私家之土地产业均属焉。

二、附件乙类内所载之股份及义务，以及创始人暨利息之分红均属焉。

三、刚果政府在非洲或在比国设立或购买之房屋、建筑物、置立物、种植物及种种产业物，素有之各种动物及牛马之类，附件乙类内第二、第四节所载之船只、码头及材料，以及武备材料均属焉。

四、象牙、橡皮及刚果自由国所有之非洲出产物，以及附件乙类内第一、第三节所载之应用物及别项货物均属焉。

第三条 附件丙类内所载刚果自主国所欠之债及关乎财政认许亦属焉。

第四条 在第一条指定之土地上，将来比国实行主权日期，由比主上谕定之。

自一千九百零八年正月一号起，刚果自主国经收、经付、进出款项均归比国。

本约由各全权签字盖印。

本约缮备二份，一千九百〈零〉七年十一月二十八号订于比都伯鲁色尔。

比国代表：外部大臣达维浓、内部大臣脱华士、刑部大臣郎羹、户部大臣里爱白、科学兼美术部大臣男爵谭刚、工艺部大臣酉倍公家、工程部谭尔倍克、铁部邮政电报兼署农部大臣爱尔褒脱、兵部大臣安尔卜签字。

刚果自主国代表：外务总参赞轻骑都尉鸠弗里爱、财政总参赞特洛格孟、内务总参赞白兰克签字。

一千九百零八年十月十八号比主降谕：此次上下议院议决之案，著即照准，作为专律。其一千九百零七年十一月二十八号，比国与刚果订立让并条约，现经批准，连同该律一并宣布。

直督陈夔龙东督锡良奉抚程德全咨外部英使请停纸烟运出东三省厘金碍难照办请查核文

准贵部咨开英使请停纸烟运出东三省厘金一案。准漾电称，事关两省进款，当即饬行山海、津海两关道及厘捐等局，查明妥议，一俟复到，会同东省商酌核咨等语。现又准东三省总督奉天巡抚咨称，查奉省各厘局，前经改办统捐，订定章程，颁行照办。此次英公司所纳之捐，计烟叶一担，纳银至一两四钱，竟占在奉烟叶之价三分之一。奉省并无，似此税则惟山海关厘局。查系北洋筹款局所议设，向征土药烟叶，历有年所。其间定案，如何征收，向归北洋大臣主持。至英使请将该局撤销，能否照办，亦应由北洋大臣饬局核议酌办等因前来。查此案，前准英使开送节略并函请见复，业经本部分咨在案。兹准东三省总督等咨称前因，相应咨行查照前咨核办声复，以凭转复英使可也等因。准此。查前准贵部及税务处来咨，迭经札饬津海关道、奉天锦新道、直隶筹款局、天津厘捐局会同妥议详复去后。兹据该道局详称：遵查此案，于本年二月间，开平矿局由东三省包运英、美烟公司烟叶赴秦皇岛装轮出口前，赴汉口交卸。道出山海关，经永平筹款分局，照章收税。迨二次复运烟叶到关，该公司未肯照纳，当即将货扣留。禀由职道荣爵电禀请示，惟时英领事已经具函前宪，杨竟以该公司所运烟叶，系由奉天出口筹款局所收烟税，过于海关税则九倍。奉天已为通商口岸，请照土货由此口转致彼口约章，完纳正半两税。请饬局缴还已收烟税，放行扣留烟货等语。当蒙前宪杨电，请东三省督宪饬查，暨电饬职道长龄查复。职道长龄当以奉天省拟定开作通商口岸，现未实行开办，运土货至各通商口岸者，经过关卡，应照旧章完纳税捐。此次烟叶，自应以秦皇岛为出口处所，禀蒙前宪杨饬发职道绍基查复。复查开平矿局代运英、美烟公司烟叶，按照约章办法，此货未到秦关报运出口以前，系属内地土货，仍应逢关纳税，遇卡抽厘。若如英领事所言，以奉天为出口处所，以秦关为复进口处所，照约完正半税，沿途概免重征。此等办法，在奉天商埠开放之后，未尝不可藉口。但现在奉天虽允开埠，尚未设关，一切情形仍与内地无异。该公司代运烟货，经过榆关筹款局照章征税，系按逢关纳税约章办理，所收烟税似无发还之理，禀复查核各在案。旋因英领事一再函商，欲将扣留烟叶运回奉天，当蒙前宪杨饬由职道荣爵从宽放行。并以烟、酒等物，本非日用必需，筹款局所收税项且系奏定章程，行之有年，各商均无异说，未便遽行议减；上次已完之项，自难退还，函复英领饬遵。

旋于前署宪那任内，准税务大臣咨准外务部咨准英国驻京朱大臣照会，以英商由东省购买烟叶，经秦关赴汉。山海关向征极重厘金，故舍京奉而就南满。似此路款、商情均有未便，请将三十三年十月所定洋、土各货由天津、牛庄、安东、大连等口运往东三省新开各埠征税试办章程，增添凡土货由东三省各埠经天津、牛庄、安东、大连出口运往他通商口岸者，可在海关按照沿海贸易章程，先纳出口正税，进口时并完半税之条等因。咨蒙前署宪那转咨东三省总督、奉天巡抚宪饬关查明，奉天财政向以税款为大宗，尤以土货税居多数。现在省城暨通商各埠，均未遍设税关，若照英使所请，非特于海旱各口现有之厘金局卡向征出口土货税者，几同虚设，而额收之税款必归无著，关系匪轻。不如仍照向章办理等因，咨直隶会咨外务部税务处查照。兹奉前因，遵即会商妥议。查筹款总局向征奉天烟叶，有专行京奉铁路者，系运销直隶本省。晋、豫、陕、甘等省之货，似无论如何征收，可保其决不改行南满铁路。其运销东南江、浙等省，限于航运，向系专行南满铁路。无论直境如何免税，似亦不能令其改行京奉铁路。缘保险水脚，天津等埠较之大连一带，其数必致相悬，不可强也。此次英、美烟公司所运烟叶，系由上海以达汉口，本系专行南满一路。因矿局包运，遂装京奉火车于秦皇岛改轮南下。因经职筹款局征税较关税为多，因而仍回南满运行。此查明烟叶一项向来运道之实在情形也。

窃维英使所开节略，仅据英、美烟公司之禀而设言，所指厘金专举烟、酒筹款税为比例，则仍注意在此次烟叶。惟烟、酒等物，为消耗之品，非日用所需东西，各邦税则均重于他物，不独中国为然。且此项烟叶，本系向行南满铁路之货，因由矿局包运，是以改装京奉火车运至秦关出口，以就其货栈煤船之便利。特以筹款税重，仍回南满运行，似于向来京奉路利筹款税收出入，亦属有限。嗣后，该公司烟叶欲由何路运行，拟听该商自便。而筹款税系奏定章程开办，支款均系要需，似不必因矿务局代运烟货个人之私利，因而妨筹款局奏征烟税全局之饷源。思维再四，朱大臣请予撤销，碍难照办。前收税银系照定章办理，衡情揆理，似亦未便发还。所有会同妥议，缘由是否有当，理合详请查核，俯赐转咨查照核办等情到本大臣、部院。据此，查该关局所详各节，自系实在情形。至英朱使节略，专指山海关筹款税为重，惟烟、酒为消耗之品，各国税则均重于他物。且奉天虽已开埠，尚未设关。上次开平所运烟叶，并未照海关章程办理。则筹款局照章征收税项，亦无发还之理。相应咨呈贵部，谨请查核办理。再，此件会衔，不及会印，合并咨明。

九月二十四日税务档

赵尔巽赵尔丰致枢垣藏番调兵拦阻恳示机宜并请派员面谕达赖诚附中朝电　附旨

申冬电奉旨：著赵尔巽等迅即电商妥筹，会同电奏等因。钦此。查藏番狂悖，竟敢倡言无论是何汉兵，必当竭力拦阻，诚宜厚集兵力，以备不虞。惟此次改派川兵入藏，朝廷原为顾全大局，不欲轻举开衅，免其致生外心。是以尔丰前闻藏番有各处调兵拦阻各情节，即先示以声威，并晓谕藏番，此系朝廷另派川兵入藏为开埠保安之用，并非边兵，尔丰亦不入藏。彼若再欲阻挠，是显悖朝廷，自取咎戾等语。虽难必其遵从，冀可少释疑忌。此时边军若又入藏，必反启藏番疑惧。且藏地转运军粮、辎重极为烦难。川兵筹备日久，勉能就道。边军分扎各地，筹拨抽调，至速亦须月余。筹备军装，采运米石，尤非三月不能成行。藏中急盼川兵，势难再令外待，现派出川兵连炮队已有千七百余人。虽转战而前实力或嫌稍单，若只振扬兵威，声势亦尚浩大。且藏番注意在边，处处有兵，显露窥伺，边若有失，川藏中断。统计边地纵横四五千里地皆新附，处处需兵布置。若抽调过单，江卡、贡觉等处藏兵训练已久，倘彼潜出巴塘，扰我后路，瞻番又从中崛起，则胜负之数尤未可料。此次川兵过炉霍屯、季撒，且欲助瞻为逆，可知藏在边势力之强。现在惟有先遣川兵进藏，如近处有阻滞及危急情事，边军必设法应援，以维大局。如远处被阻不能前进，则须另筹大举以保万全。若只勇于进藏，疏于防边，一有挫失，必致两败。此尤不可不早为筹虑者也。

现已电知联豫，妥备三十九族乌拉，饬催钟颖前进。如能仰仗朝廷威福，藏番不敢公然抗阻，则一切无须再筹。如或事生意外，远道奏请需时，切恳朝廷预示机宜，早筹的饷，以资大举，庶可动无后时，事期早集。再，接联豫电，闻藏番有专人进京乞恩之说。尔巽愚意度之，藏番外虽狂悖，中尚馁怯，且非蛮民所愿。现在外间一面竭力筹御，拟请朝廷一面迅派大员由海道赴藏面诘达赖，谕以欲保黄教，惟有诚附中朝，代守藏地，始可长保清净，无论外附何人，皆非黄教之福。彼族内迫于恩义，外怵于兵威，或能翻然悔祸，似为折冲之善策，并请代奏。尔巽、尔丰叩。二十九日。

宣统元年九月二十日奉旨：赵尔巽、赵尔丰电奏悉，添拨边军入藏能否相宜，前经谕令该大臣等预为妥商。现据奏报情形，川兵入藏固宜稳慎，边防尤不可忽。仍著该大臣等审度机宜，妥为因应。倘或事出意外，所需饷项即由四川无论何款，先尽筹拨。至劝谕达赖一节，即著联豫就近宣布朝廷德意，妥为切实开导，晓以利害，俾令感悟，免生事端。所请派大臣赴藏之处，著毋庸议。钦此。枢。

西藏档

闽督松寿致外部法收越南华侨身税请设法免除电

顷据越南东京、海防、河内各埠华商会馆帮长陈务新等禀称：商等旅居东京各埠二十余年，中法役后，背约征收华侨身税，异常苛待，惨不忍言。兹闻中、法以越南商约满期，行将更换，前经两禀外务部堂暨刘钦宪，苦求坚持。不料西六月间，东京、河内法官开大会议，仅将妇孺老人五毫之身税及过埠纸两款除去，其余身税仍照旧纳。因商等俱是闽粤之人，用特联合东京全体华商呼恳察核，俯念侨民惨受身税苛待之苦，电请外务部堂及刘钦宪极力维持，务达除免身税之目的，则侨民感德如获再生等情。查越南各埠，闽侨最夥，内向至殷。兹据禀，法官背约征收侨民身税，其苛待情形至为可悯。想大部保惠远民，必有以杜其患，相应据情电请设法维持，转商法使或电达法外部，除去该华侨身税。一面仍请督饬法官照约妥为保护，俾安身命。谨代侨民切祷，仍祈示复。寿。卅。

十月初一日华侨档

邮部奏吉长铁路借款如数收讫从速兴工片　附新奉合同及凭据还付表

邮传部片。

再，吉长铁路借款细目合同，前经奏明画押，奉旨俞允在案。臣部当即钦遵咨照出使日本国大臣胡惟德，按照合同在日本东京收款。兹准该大臣咨称：所有吉长借款九三扣，日金一百九十九万九千五百元，业已如数收讫。查该路路线，前经臣部派员勘定，借款办妥，自应从速兴工，以免虚縻利息。适延雇之总工程司亦已到华订立合同，臣部当饬令该路总会办，将应行布置事宜，速即筹办。现准定期十月二十日兴工。理合附片具陈，伏乞圣鉴。谨奏。

宣统元年十月初二日奉旨：知道了。钦此。

吉长铁路档

附新奉铁路借款细目合同

中国邮传部以后条款称邮传部所派后列委员，与南满洲铁道株式会社以后条款称会社所派后列委员，按照中日两国政府于光绪三十三年三月初三日，即明治四十年四月十五日所订之新奉及吉长铁路协约，又按光绪三十四年十月十九日，即明治四十一年十一月十二日所订之续约以后条款称续约，关于新奉铁路辽河以东线借款之细目，订立合同，其要条开列于左：

第一条　照续约第一条，会社允借修筑新奉铁路辽河以东线所需半数之款，日本货币三十二万元，每百元按九三扣付，在日本东京交与驻日本中国公使。中国公使即将合同所附之甲式凭据交付会社。

第二条　此合同成立之后，以照会日本驻北京公使之日起，于一个月内，将以上所订之借款即照中国政府所订日期全数一次交清。中国政府所定收款日期必在收款之十日以前知照会社。

第三条　借款以十八年为期。其本全数均匀分三十六次还清。由借款交清与中国之日起，按阳历每半年照附表交付。其已还之本即于交还之日停止利息。

第四条　借款利息由借款交付与中国之日起算，按阳历每半年照附表交付一次。

第五条　京奉铁路总办届期须将应还借款之本息给付大连或日本东京之会社，均听中国政府之便。会社即照附表届期所还之本息，按合同所附之乙式及丙式凭据交付京奉铁路总办。

第六条　按照续约第五条，将每年应还之本息按日划出之额数，核成行平化宝银两，放于横滨正金银行天津支店。

前段所言存款应由该银行天津支店按照时时所出之利息告白，付利与京奉铁路。

前二段所载各事，在该银行营业期限内，即照办理。倘遇该银行营业限满再展限期时，亦续行照办。

倘该银行不展限期，即由会社另指一银行代为照前办理。

第七条　凡此合同内关于付利、还本之事，尚有未载明之事宜者，中国铁路总局以后条款称总局可与会社随时协商办理。

第八条　此合同须由两国政府允准，然后施行。

第九条　此合同签押之后，由总局局长将合同细目禀请奏准所奉上谕，由中国外务部照会驻北京日本公使。

第十条　此合同于本息全数还清后即行作废。

第十一条　此合同正本缮写中、日文各四分，于中国外务部及总局，驻北京日本公使及会社各存一分。

第十二条　此合同字句如有解释争议之处，须由总局及会社各举局外人一名，出为调处人。如调处商议不决，再由两调处人共举一局外人充调处长。倘遇两调处人于选举之意见不合时，即就各选举一人，用掣签法选定一人。此三人会议判断以多数为准，彼此遵守，不得异言。

大清宣统元年七月初三日，大日本明治四十二年八月十八日。

邮传部委员花翎候选知府卢祖华，南满洲铁道株式会社理事野村。

甲式凭据

本凭据按光绪三十三年三月初三日，即明治四十年四月十五日中国政府并日本政府所派大臣订立之《新奉及吉长铁路协约》，又按光绪三十四年十月十九日，即明治四十一年十一月十二日所订之续约，又按宣统年 月 日，即明治年 月 日所订《新奉铁路辽河以东线借款细目合同》，照宣统 年 月 日，即明治 年 月 日所奉之上谕，借到修筑新奉铁路辽河以东线需款之半数，本大臣现收到贵会社二十九万七千六百元，即日本货币三十二万元，按九三扣付之数在日本东京立此凭据，其要条开列于后：

一、借款以十八年为期，其本全数均匀分三十六次还清，按阳历每半年照附表交付。

二、借款之利息，则由 日起按每百元以周年付息五元核算，其交息之日则照阳历每半年照附表付完。

三、所有借款本息，均听中国政府之便，或在大连或在日本东京之南满洲铁道株式会社给付。

宣统 年 月 日，明治 年 月 日。

驻日本东京大清国公使 印

此致

南满洲铁道株式会总裁 查照

乙式凭据

今收到日本货币八千八百八十八元八十八钱，系明治 年 月 日，即宣统 年 月 日所借修筑新奉铁道辽河以东线需款之半数，即日本货币三十二万元内第 次还款。

宣统 年 月 日，明治 年 月 日。

南满洲铁道株式会社总裁 印

某 某 人 查照

丙式凭据

今收到日本货币 元，系明治 年 月 日，即宣统 年 月 日所借修筑新奉铁道辽河以东线需款之半数，即日本货币三十二万元，或三十二万元内尚有未还之借款，日本货币 元之利息以上之 元，系自宣统 年 月 日，即明治 年 月 日起，至宣统 年

月　日，即明治　年　月　日止之利息。

宣统　年　月　日，明治　年　月　日。

南满洲铁道株式会社总裁　印

某　某　人　查照

新奉铁路借款还付表

年次	届期	应还借款利息日本货币	均匀应还借款本日本货币	共数	尚欠借款本数
头半年		圆钱 八,〇〇〇,〇〇	圆钱 八,八八八.八八	圆钱 一六,八八八.八八	圆钱 三一一,一一一.一二
第二半年		七,七七七.七七	八,八八八.八八	一六,六六六.六五	三〇二,二二二.二四
第三半年		七,五五五.五五	八,八八八.八八	一六,四四四.四三	二九三,三三三.三六
第四半年		七,三三三.三三	八,八八八.八八	一六,二二二.二一	二八四,四四四.四八
第五半年		七,一一一.一一	八,八八八.八九	一六,〇〇〇.〇〇	二七五,五五五.五九
第六半年		六,八八八.八九	八,八八八.八九	一五,七七七.七八	二六六,六六六.七〇
第七半年		六,六六六.六六	八,八八八.八九	一五,五五五.五五	二五七,七七七.八一
第八半年		六.四四四.四四	八,八八八.八九	一五,三三三.三三	二四八,八八八.九二
第九半年		六,二二二.二二	八,八八八.八九	一五,一一一.一一	二四〇,〇〇〇.〇三
第十半年		六,〇〇〇.〇〇	八,八八八.八九	一四,八八八.八九	二三一,一一一.四一
第十一半年		五,七七七.七七	八,八八八.八九	一四,六六六.六六	二二二,二二二.二五
第十二半年		五,五五五.五六	八,八八八.八九	一四,四四四.四五	二一三,三三三.三六
第十三半		五,三三三.三三	八,八八八.八九	一四,二二二.二二	二〇四,四四四.四七
第十四半年		五,一一一.一一	八,八八八.八九	一四,〇〇〇.〇〇	一九五,五五五.五八
第十五半年		四,八八八.八八	八,八八八.八九	一三,七七七.七七	一八六,六六六.六九
第十六半年		四,六六六.六六	八,八八八.八九	一三,五五五.五五	一七七,七七七.八〇
第十七半年		四,四四四.四四	八,八八六.八九	一三,三三三.三三	一六八,八八八.九一
第十八半年		四,二二二.二二	八,八八八.八九	一三,一一一.一一	一六〇,〇〇〇.〇二
第十九半年		四,〇〇〇.〇〇	八,八八八.八九	一二,八八八.八九	一五一,一一一.一三
第二十半年		三,七七七.七七	八,八八八.八九	一二,六六六.六六	一四二,二二二.二四
第二十一半年		三,五五五.五五	八,八八八.八九	一二,四四四.四四	一三三,三三三.三五
第二十二半年		三,三三三.三三	八,八八八.八九	一二,二二二.二二	一二四,四四四.四六
第二十三半年		三,一一一.一一	八,八八八.八九	一二,〇〇〇.〇〇	一一五,五五五.五七

年次	届期	应还借款利息日本货币	均匀应还借款本日本货币	共数	尚欠借款本数
第二十四半年		二,八八八.八八	八,八八八.八九	一一,七七七.七七	一〇六,六六六.六八
第二十五半年		二,六六六.六六	八,八八八.八九	一一,五五五,五五	九七,七七七.七九
第二十六半年		二,四四四.四四	八,八八八.八九	一一,三三三.三三	八八,八八八.九〇
第二十七半年		二,二二二.二二	八,八八八.八九	一一,一一一,一一	八〇.〇〇〇.〇一
第二十八半年		二,〇〇〇.〇〇	八,八八八.八九	一〇,八八八.八九	七一,一一一.一二
第二十九半年		一,七七七.七七	八,八八八.八九	一〇,六六六.六六	六二,二二二.二三
第三十半年		一,五五五.五五	八,八八八.八九	一〇,四四四.四四	五三,三三三.三四
第三十一半年		一,三三三.三三	八,八八八.八九	一〇,二二二.二二	四四,四四四.四五
第三十二半年		一,一一一.一一	八,八八八.八九	一〇,〇〇〇.〇〇	三五,五五五.五六
第三十三半年		八八八.八八	八,八八八.八九	九,七七七.七七	二六,六六六.六七
第三十四半年		六六六.六六	八,八八八.八九	九,五五五.五五	一七,七七七.七八
第三十五半年		四四四.四四	八,八八八.八九	九,三三三.三三	八,八八八.八九
第三十六半年		二二二.二二	八,八八八.八九	九,一一一.一一	
共　计			三二〇,〇〇〇.〇〇		

澳门勘界大臣高而谦呈外部澳门划界葡使奢求只得停议请旨定夺电

而谦奉敕勘界，磋跎岁月，一事无成，辜负国恩，罪无可逭。今日为第九日正式会议，彼此意见不合，葡使去意甚决，既不能迁就，自无可挽留。葡使于议案中声明，劝政府归公断，亦请华使照办。只因未有成案，难表同情，只得将停议情形据实报告大部，恭候政府与葡使另筹办法，亦并于议案中声明矣。查中葡条约附属地字义，语殊含混。葡人借此奢求索全澳并湾仔、银坑、大小横琴、马骝洲、青洲、潭仔、路环各岛及其水路，并欲于闸外要求局外地段。而谦以约内并无一字涉及海与岛，则附属地必不在群岛。葡使一味借口从前各项公牍，引为根据，要索弥坚。扶病辩驳，笔舌俱穷，始于湾仔、银坑、马骝洲、大小横琴等处，辞意放松。虽仅明言分辖，实知难偿奢愿，惟于谭仔、路环两岛与内河、海界仍坚不退步。而谦以新估之龙田、旺厦等村予葡作为属地，复以旧占之潭仔、路环已建造之区域予葡停留，不作属地，河海仍全归中国。在而谦已经拂戾舆情，十分迁就。乃葡使固执占管之言，并恃各地已在其势力之下，不肯归还。反时以华使背前人之言，违初定之约，意存恢复，并非勘界，以相诘责。意见参差如此。民情激烈，如彼稍一不慎，致酿事端，诚非两国之福，只得听其拂衣而去。而一切办理不善之罪，万不敢辞。应如何另简贤员，以收桑榆之效，并应如何严加参处，以惩不职之咎，伏候请旨定夺，并恳将原电代奏。而谦谨呈。东。

十月初二日澳门档

外部复高而谦葡使去志既决须与言明应守十三年约维持旧状电

界东电悉。易地换使均非策，业详前电。葡使去志既决，势难强留。可照该使略言，彼此意见不同，只好将来俟有机会再行续议。惟应各守十三年约，维持旧状，不得增减改变。葡使如何答复，电部为盼。外。江。

十月初三日澳门档

吉抚陈昭常致外部延吉现到日警五十余名请查核电

二十六日电敬悉。日人在延吉各埠拟设警察人员百二十名，系昭常在延吉时，据狄领事单开前来。顷再电询吴督办禄贞，据复，斋藤前在六道沟所设岗楼两座，日领仍派警察驻守。迭饬陶丞与之交涉，即已撤销。至查现到警察仅五十余名，尚未符单开之数。除局子街、头道沟两埠，每埠驻有警部一员、警兵六人外，余均留六道沟。此时虽无违约举动，然人数较多。禄贞已派员密侦，如有不当行为，即行电告云云。理合据实转达，请钧部查核。昭常。冬。

十月初三日延吉边务档

外部致英美德奥各使钞送中俄东省铁路公议会大纲照会　附公议会大纲

为照会事。

按查俄国在东省铁路界内设立公议会，与本部议定大纲条款，意在保守中国主权，并维持各国商民应得之利益，极承各国关注，实纫公谊。乃本年九月间，俄国廓大臣将本国宣布之传单钞送前来。查阅传单所载，不特于东清铁路原订合同之主义多所误会，即于公议会大纲之宗旨亦不符合，且与日、俄两国在美京所立条约之意违背。中国政府不能不逐节申辩。除由本部另备通告照会各国驻京大臣并照复俄国廓大臣外，相应钞录原文照会贵大臣查照，转送贵国政府可也。

十月初三日东省铁路档

中俄东省铁路公议会大纲

中、俄两国政府查阅光绪二十二年八月初二日，俄历一千八百九十六年八月二十六日建造铁路合同内，有彼此讲解不同之处，兹商议东省铁路界内设立公议会，订定大纲如左：

一、铁路界内首先承认中国主权不得稍有损失。

二、凡中国主权应行之事，中国皆得在铁路界内施行。如施行之事无背东省铁路公司各合同，则公司及公议会均不得借词阻止。

三、所有现行东省铁路公司各合同仍应遵守。

四、凡关乎中国主权合〔和〕政治者，由中国官员主持，自出告示。

五、凡中国地方大吏官员到铁路界内公司及公议会，务须尊重。

六、铁路界内各埠以人数多寡，分别设立公议会。该各埠人民按照地方情形，或选举议事人，复选举办事人。或该埠人民自行办理地方公共事务，并互举领袖一人为办理公共议定之件。

七、铁路界内，中外人民共享平等权利，共担平等义务，无稍歧视。

八、凡选举某埠议事人员之居民，须有相当不动产业，或出纳相当房租等项者，方为合格。

九、议事员中自举议长一员，无论中外人民均可被举。

十、凡地方一切公益事件，均归议事人员议定。至教堂、商会、学堂善举等事，专属一面者，应归各自筹款办理。

十一、各议事员互举之办事员，其数不得过三人。中外议事员均可被举。此外另由交涉局总办与铁路总办各派一员，连同领袖一员成立一办事处。

十二、办事处领袖即由该议事会会长兼充。

十三、交涉局总办暨铁路总办位置，在议事会会长及办事处领袖之上，有监察之权，随时到会躬行稽察，遇事须经第十一条内所载委员各自禀知。至议事会所议事件均应报告交涉局总办及铁路总办，会同核夺施行，由会出告白，各色人等一体照行。

十四、议事会议定之件，各交涉局总办或铁路总办有不以为然之处，交会复议。复议时，如有到场会员四分之三认可，即为决定。

十五、凡关于铁路界内公益款项重要事件，议事会商议后呈请中国督办大臣即光绪二十二年造路合同第一条之伯理玺天德是也及总公司，和衷核夺施行。

十六、铁路界内专为铁路所用之地，各车站、车厂等类公司得以自行经理。其余公司未经出租地亩及专为公司自用房屋，按照商定绘图不归公议者，仍暂归公司自行经理，此项余地应暂免缴纳地丁等项。

十七、按照以上大纲，应商定公议会及巡警详细章程，并商订地丁数目。自此次大纲订定签押日起，不得过一个月即须会同商订。

十八、公议会详细章程未经商定实行以前，暂就现行章程酌量办理。惟应遵守大纲第十三条办理，即交涉局总办及铁路总办有监察公议会之权。凡交涉局总办与铁路总办会商倘仍不融洽，再由中外商人各举代表一人，随同交涉局总办与铁路总办公举不论中外之公正人一员，会同决议。至哈尔滨华商会公举三人入哈埠办事处参预其事，与别董事享受平等权利。至满洲里及海拉尔，由就地华商会各公举代表二人入会。其余他处只有议事处者准中国人与议办事，其华商权限与俄商平等无异。将来详细章程议定后，所有议事及办事各员即行按照新章分别选派。

以上大纲条款备汉、俄、法三国文字，缮写各四分，彼此画押盖印，以昭信守。各存各文二分，遇有辩解之时，以法文为准。

宣统元年三月二十一日，俄历一千九百九年四月二十七号订于北京。

大清国外务部尚书会办大臣梁　押，哈尔滨道施　押，黑龙江候补道于　押；大俄国全权钦差大臣廓　押，东清铁路总办霍　押。

美署使费致外部安奉沿线矿务是否只准中日两国开办照会

为照会事。

西九月四号，中国与日本政府所定立之合同第四款内载，安奉铁路沿线及南满洲铁路干线沿线矿务，除抚顺、烟台外，即应按照光绪三十三年，即明治四十年东省督抚与日本国总领事议定大纲，由中日两国人合办，所有细则届时仍由督抚与日本国总领事商定等语。兹奉本国政府训令，饬向贵部询问中政府系何意见，是否沿线矿务只准中日开办，不准美国与他国之人在此宽阔地方公同办理。据想，中国大约无此意见，兹请贵国亲王查照，即希将贵政府确有何意声明，速为见复可也。须至照会者。

十月初四日安奉铁路档

使美伍廷芳奏由秘起程旋美日期及在秘办理交涉情形折

出使美、墨、秘、古国大臣伍廷芳奏，为微臣由秘起程旋美日期及在秘办理交涉情形，恭折具陈，仰祈圣鉴事。

窃臣于本年五月十六日，业将行抵秘国都城呈递国书情形，恭折陈明在案。溯自抵秘以来，瞬经两阅月，一切交涉颇属繁杂。幸仗圣主声威，远人翕服，兹已诸事就绪，谨将办理情形敬为我皇上陈之。

窃查宣统元年三月间，秘国工党选举议绅，乘势焚掠华人商店数十家，所值不资。秘政府为靖乱计，特颁苛谕，勒令入口华人每名须随带秘银五千圆呈验，意在禁止我国入口人民。而近年定例征收之洁净费，亦竟增至一百二十圆之多。只以历届兼使因事未及前往，已十有余稔，彼国政府遂得任意设例，不守约章。此次臣抵秘后，迭经驻秘参赞、领事及埠商等面陈状况。臣检阅案卷，与外部大臣往返磋商，文书盈帙。并屡谒总统，面折廷争，不遗余力，舌敝唇焦，当经随时电达外务部筹商办法。初，秘廷以中秘约章早已届满，视为无效。臣以通好条约虽经期满，例当续行。举历行成案、公法与之力争，彼始承认旧约。既认旧约，则彼设新例我可不认，由是一切禁例得以逐件驳除。查秘国所设苛例，虐待华人，其最甚者，如华人入口每次带秘银五千圆，今已允将此例作废。又向例，华人由中国赴秘，须在香港秘领事处缴纳洁净费，合秘银五十圆，后增至一百二十圆，现亦允减为每人十圆。又向例华人由秘返国，如欲复行回秘诸多窒碍。今订明回国时领取中国领事护照，送秘外部查验签押，嗣后即可任便往来。又查向来华人到秘屡被阻留，今订明持有中国官员护照，即准放行。

至秘廷既设种种苛禁，无非曲询工党禁止华人，若不稍为迁就，彼政府对于工党不易转圜。臣因体察情形，订明贫苦无业之华人欲到秘谋作苦工者，中国政府愿自行阻止出口赴秘。此项工人系指极贫而无所依赖者而言，其余概不限制。又向例华人在别国者欲赴秘国均不得入境，今订明华人所在之国领有中国使臣或领事执照或他国驻使或领事，经中国政府托其代为保护者，请给执照，即可入秘。以上各节均经臣与秘外部订立证明书，互相签押，各执一分以为他日彼此遵守之据。除将证明书钞录洋文并译就汉文咨呈外务部备案外，当于七月十三日将详细情形电达外务部，谨为代奏在案。兹定于七月十六日由秘都起程回美。所有微臣在秘办理交涉情形暨由秘起程日期，理合恭录具陈，伏乞皇上圣鉴训示。谨奏。

宣统元年十月初五日奉朱批：外务部知道，片一件并发。钦此。

华侨档

使美伍廷芳奏秘国工党焚掠华商已列单索偿片

伍廷芳片。

再，秘国工党焚掠华人商店一案，经臣迭向秘外部索偿，该外部业已面允。查臣抵秘之初，秘政府先已派员查察华商被掠损失之数，经嘉里约领事何鋆培协同华商开列详细清单付价。惟头绪繁琐，逐一调查，一时未能议定。然臣于起程时，已饬驻秘参赞黎熺随时催商，竭力办理，毋令华商亏损，以尽保护之责。除俟赔偿后咨呈外务部查核外，理合附片陈明，伏乞圣鉴。谨奏。

宣统元年十月初五日奉朱批：览。钦此。

华侨档

使英李经方咨外部华侨余明佑被义人刺死已将义凶按律缢死文

为咨呈事。

据试署坎拿大总领事官龚心钊申称：本年六月间华侨余明佑在海立博来镇被意大利人刺死一案，领事前经驰赴该镇，寻邀证人，缉认凶手。并由该镇官讯供，领事旁坐听审，供证相符，均经详报在案。前月底，府审届期，因谕令前次随同领事至坎拿大暂避之二证人前往北海府候审，并函达该府之高审堂，请其从速秉公判断。并另知照前此代办之私律师，将前后问述之情形，择寄高审堂之公家律师，以资代诉。西十月十一号为高审开堂之期，次日即提审。此案义凶士瓶来罗又复狡展，谓当时有数人持刀棍逼索银钱，须自保其性命，故而刺倒一人。审官因前后供词有异，虽陪审员认为有罪而延未下判。十三号复经证人叙述当时情形，遂仍以前次海立博来镇官所讯之供证为据，断义人士瓶来罗为头等之罪，按律缢死，定于西十一月二十六号在北海府行刑。所有余明佑被杀一案，断定义凶抵偿情形，理合详报，恳请转咨等情，本大臣据此相应备文咨呈大部，仰祈查照。须至咨呈者。

十月初七日词讼档

驻藏大臣联豫温宗尧致外部达赖调兵抗阻开导无效已饬钟颖从速前进电

前奉八月初十日电旨，当即晓谕达赖。嗣接咨复，但云番民疑忌，祈将进藏兵弁一律撤退。后达赖至埒征寺，又派员往接，并详细开导。而咨复亦只云前札已复等语，调兵抗阻佯为不知。其实番兵各事，皆请命而行，狡谲如此，岂开导所能为力。况豫等切实开导，已不知凡几矣。钟颖以千余人而任驱剿，道长且险，万一中途有失，则进退维艰，救应无及。故豫等有后援之请，欲借壮声势，庶可早日抵藏，以期妥慎，非不知边事之紧要也。藏中攻营劫署日有所闻，其未敢猝发者，犹恐边军并进也。现边军即拟不入藏境，若使番众闻知，彼胆益张，我军益弱矣。除详细情形已于九月十四日具折密陈，并电商川督，转饬钟颖减轻辎重，从速前进外，兹复奉三十谕旨，谨先电复。乞代奏。豫、尧叩。初五日。

十月初九日西藏档

阿根廷国驻沪总领事林布鹿致外部请订商约照会

为照会事。

照得接准贵部照复称：本政府请求一节，因彼此为无约之国，碍难照准等因前来，殊深诧异。查据本领事闻见所及，各国之在上海设有总领事者，未必与贵国尽皆立约。本国政府因愿与贵国通商，借联邦交，是以特派本领事充上海总领事。况阿根廷与世界各国如日本等，均有立约通商，惟与中国未修盟好，似不宜久长如此。至阿根廷国度世界上所占之地位，想已早在明鉴之中，勿庸赘述。国土方围共二百八十万五千六百四十基罗迈当方尺，不可谓不大矣。土产饶厚，后望无穷，不可谓不富矣。既大且富，自可称为南美洲之最雄邦。更有进者，两国虽未立约，实已通商。其通商之要点，兹特列表呈请钧鉴。本政府命意，即本国情愿扩充已有之通商起见，并深信贵政府决不至不愿承认本国所派领事驻扎贵国。订立商约，本政府必甚愿有此举。本政府曾向贵国声明，请派中国总领事驻扎敝国境内也。相应照会贵部，察核见复可也。

十月初十日设领档

外度邮三部奏东省借款筑路事关重大遵旨统筹全局折

外务部、度支部、邮传部谨奏，为东省借款筑路，事关重大，遵旨统筹全局妥议会陈，恭折仰祈圣鉴事。

宣统元年八月二十日奉旨：锡良、程德全电奏筹借外款修筑铁路等语，著外务部、度支部、邮传部妥商该督抚，统筹全局会同具奏。钦此。复于八月二十一日准军机处钞交东三省总督锡良、奉天巡抚程德全奏密筹东省大计，筹借外债，议筑铁路一折。奉朱批：仍著外务部、度支部、邮传部会同该督抚妥议具奏。单并发。钦此。钦遵到部，查该督原奏大意，以东省日、俄铁路分据南北，非于两国路线之外别筑一路，不足以救危亡，非借外人之财，不足以经营东省。现与美国银行代表司戴德商议，借款约三、四百万镑，筹修锦洮至爱珲铁路，已签立草合同。该代表坚请政府承认，业经列入条款，并声明以路作保等情。

臣等伏维东三省为祖宗发祥之地，应视各省腹地为尤重，更非寻常边圉所得同。又其土脉雄厚，物产丰饶，非但为日、俄所竞争，抑且为环球所集视。而乃迭经创痛，日即阽危，人逞狡启之谋，我成逼处之势。厝火滋患，补牢已迟，失今不图，后更无及。且事以对镜而益显，情以互证而愈明。彼日、俄两国皆非富厚之邦也，俄筑西比利亚、黑龙江等铁路，大都荒僻之区；日筑安奉铁路，亦不免亏本耗财之虑也。然而俄之借法款也巨万，日之借英款也亦巨万，相与投重资而不悔，竭全力以经营。彼于东省特不过越国鄙远之为耳，犹且不遗余力如此。而谓于根本重地，顾可置为缓图乎？该督抚等恪遵前次厚集洋债，互均势力之谕旨，而汲汲为借款筑路之计，诚亦万不得已之苦衷。虽然款不妨借，而筹借者必策其万全。路固当办，而应办者非止此一事。就东省全局而论，倘置各种实业于不讲，舍一切利源于弗顾，而谓此路一建足以兴地利而固国防，则有未敢遽信者矣。

臣等公同熟商，窃以东省而不借款则已，如其借款则为一隅计，为一端计，何如为全局计？以东省地大物博，所有森林、矿产、屯垦、工艺、畜牧、渔业等事，皆为本计要图，当与铁路兼营而并进。使有铁路而不兴实业，无论此路之有用与否，而先无以为养路之资。使兴实业而不修铁路，无论各业之发达与否，而先无以为输货之地。然使欲兴实业修铁路，无银行以立之基础，而握其枢纽，则一切交通、贸易、补助、储蓄，其机关必不能灵活，即事业皆莫能振兴。是开设银行并为不可缺之举。

而综是数者，用宏财绌，要非借款不为功。顾借款尚易，而所筹还此款则难，所以善用此款则尤难。该督抚于借款之先，必熟计某人可任以理财，某人可倚以办事。一事约需款几何，数事共需款几何，某项物产可暂资抵押，某项事业可预操其赢余，某项进款可分还其本息，致若干年而事效大著，又若干年而借款清偿，靡不一一成算在胸，然后再将借款合同取益防损，折衷至当，斯有利无弊，而借款亦何至为举世诟病。至该督抚原订合同，如路事由该公司经理，公司由中、英、美三国联络而成，暨提余利百分之十等款，均侵损利权，未便照准。请饬下该督抚将原立合同即行作废，一面将臣等所指上项各节通盘审计，果能确有把握，应需借款，仍随时咨商部臣妥筹办理，以期内外协谋，规画尽善。俾权利免至于外溢，事业渐见其繁兴，与尽地利而靡遗，巩国防于勿坏，庶于挽扶危局，或有当于万一。所有遵旨议复缘由，谨合词恭折密陈，伏乞皇上圣鉴训示。再此折系外务部主稿，会同度支部、邮传部办理。东三省总督锡良、奉天巡抚程德全系原奏人员，是以此次未与会衔，合并陈明。谨奏。

宣统元年十月十二日奉朱批：依议。钦此。

折件档

锡良程德全致外部安奉路造桥事请仍归京议电

申前奉钧函，业已肃复，想蒙鉴及。昨邓司使晤催小池，安奉议案仍无确信。因询及造桥事，闻日使在京商办，已蒙梁尚书应允。至有何应商条件，则并未奉日使与以商办之权。且此事京中如何商量，从未接洽，不如仍归京议云云。特此奉闻。应否由尊处面告日使，转饬小池就商，仍候钧裁见复。良、全。元。

十月十三日安奉铁路档

锡良程德全致外部日人猛速兴筑安奉铁路于撤兵警等事一味延宕函

日昨捧读赐函敬悉。一是安奉铁路事。自允日人兴筑以后，工程进步猛速异常。而应议各条，至今未能赓续商榷，故未敢以空言上渎尊听。敬绎台函，于此路利病，洞若观火，不胜佩仰。查自与小池订立改轨开工五条互换之约，迄今已及三月。迭经督饬交涉司与之续议，其扼重者，不外撤兵、撤警及索回六道沟地址三端，与钧部所以筹画抵制者，洵属不谋而合。其时仅有陈相屯以西改线问题发生。架桥一层，虽彼已暗中布置，而未成交涉，不便遽向提议。洎改线之说，两国所派工程师，协商已无余地，始奉邮传部电告，如其撤兵警可以办到，即路线亦不妨通融。钧部亦欲以商撤兵警，换彼鸭江造桥之利益。是在我之商撤，本是题中应有之义，而暗中已俨以改线、造桥二者与之相易。若在别国，似易就我范围。奈小池狡展异常，前后催询不啻十数次，总以未得彼政府训令相答。始则允以电询，继谓欲得详细，非函达不可。此次小池入都之前一日，该司又往追询，渠只再三道歉，并将电催彼政府之稿相示，以明不欺。日昨小池归来，该司又经面催，仍无实在下落。其中是何情节，无从揣测，而一味推宕，无可如何。闻数日内，小池又将出省矣。此三条能否商量，既从未见其答复。架桥一事，该领又始终未置一词。屡蒙钧部指示，即应与之磋商。惟商撤之说，彼尚未出拒绝之辞，我遽许以架桥之利，颇虑后难为继。惟有恳请钧部转诘日使，以外间提议各节，何以小池延不肯商。一面俟其再询桥事，即告以已饬奉省就近与小池商办，俾易接洽，不至突如其来，别生误会。至六道沟地亩，本议备价购置，自当遵示力办。此安奉应议现办之大概也。

沿路日商经营市肆，恐为南满附属地之续，锡良等已早虑及，荩谋指示，尤征周密。此事当开工时，该司即经电饬沿路地方官加意防范，并函牍交错，刻刻在怀。其难处在我之乡镇甚稀，人民亦少。开工后，日人骤增无数，日以拆毁民居，缔构市肆为事。地方官权力本小，各属巡警程度尤低，一时万难查阻。现一面派员察度情形，一面由省预备路警节节填扎。然得力警弁有限，沿途路线甚长，能否严密敷布，殊不可知。且难保必无冲突，容俟筹办稍有头绪，再行详细奉陈。先此肃复，敬请钧安，诸维鉴察。锡良、程德全。谨肃。

十月十五日安奉铁路档

外部致日使伊集院安奉路相关各事请饬一律议结照会

为照会事。

安奉铁路尚未商定之相关各事，迭经东省督抚饬交涉司与小池总领事商议。小池总领事以未奉驻京大臣与以商办之权为言，屡延不议。此路沿线各事，处处与中国地方行政相关，亟应妥商以期相安。现在路工日进，而与中国应商各项迄无成议。似此一面延宕，一面兴工，固非推诚相待之道。万一将来或因彼此误会致生冲突，尤非两国政府和平商办之本旨。相应照会贵大臣，转饬驻奉天总领事迅速与该省督抚派员协商，或另派有权商议之员随时会商。务期将该路相关各事一律议结，以免轇輵，并希见复。须致照会者。

十月十七日安奉铁路档

日使伊集院复外部安奉路相关各事敝政府不久有回示照会

为照复事。

宣统元年十月十七日照称：安奉铁路尚未商定之相关各事，迭经奉天交涉司与小池总领事商议。该总领事以未奉驻京大臣与以商办之权为言，屡延不议。现在路工日进，而与中国应商各项迄无成议。万一将来致生冲突，尤非两国政府和平商办之本旨。请由本大臣转饬驻奉总领事迅速协商，或另派有权商议之员，以期将该路相关各事一律议结等因。查来照所称，小池总领事以未奉驻京大臣与以商办之权为言一节，想系贵国当局不知因何误会。盖小池总领事直接受敝国政府之指挥，与该省督抚协商安奉铁路问题。该总领事自必诚意努力，议结此案，无烦本大臣之赘言。但至今尚无成议者，想因有请示政府之件，尚未得政府回示而然。然敝国政府夙望商议之速结，想现在正将应议各项详细斟酌，不久必有回示。至来照所称各节，业已转达政府矣。相应照会贵王大臣，查照可也。

十月十九日安奉铁路档

英使朱迩典致外部土货由东省经天津等埠出口请按海关现行章程纳税希核复照会

为照会事。

本年闰二月十八日将英商禀诉之事照会贵部，缘光绪三十三年十月十四日试办章程内请增添：凡土货由东三省各埠经天津、牛庄、安东、大连出口运往他通商口岸者，可在海关按照沿海贸易章程，完纳出口正税、进口半税等语在案。又六月二十八日因据英国纸烟公司所禀，备具节略，指明由东三省出口贸易所受甚重之阻碍。该节略内谆言最要者，乃东三省之贸易应与他通商口岸之贸易一律相待，于国家进款及商人贸易两有稗益。旋于八月初十日函询贵部，于本大臣前致文牍及节略，迄今均未接奉回音。兹本大臣又接到天津总领事及牛庄领事来详复据英商为此事之续禀，是以不得已再敢动劳清听。

查光绪三十三年十月十四日来文，内附送之试办章程。该章程叙明妥善办法，以洋货及土货于天津、牛庄、安东、大连四处入口运至东三省新开各埠者，照约征收税课。此法甚为妥协，是开放进口货一层，若凛遵此项章程办理，何用其他。而由新开各埠之货赴他通商口岸或运往外洋者，反不如此按照条约，洋商于新开各埠运往天津、秦王岛、牛庄、安东、大连拟赴外洋之土货，在海关统完出口正税即准其出口。其运往他通商口岸之土货，即照沿海贸易章程，亦在海关完纳正税，并纳进口半税而已。今此权利，即被东三省新开各埠内多处所设之厘金关卡滥行阻碍之法，即系除照约应纳税课之外，于以上两项货物横加勒索。因欲将所禀阻碍之处消除，当思一善全之策，惟有嗣后洋商在新开各埠向海关完纳应征各税。若有未妥，或请领免税执照运其货物由内地各埠载往天津、秦王岛、牛庄、安东、大连该五处，海关即按现行成规，向其征收出口正税并进口半税。此事与英商甚有关系，应请贵亲王早日斟酌施行，并请见复，以便转报本国政府，是为切盼。

十月二十日税务档

清宣统朝外交史料卷十终

清宣统朝外交史料卷十一

宣统元年十月下至十一月上

川督赵尔巽致外部川军已到察台藏番调兵设警万难开导电

申。川军全队现已到察前过道隝，我先有营驻防，番众聚观数千人，瞻番未敢妄动。惟察台以西藏番调兵甚多，兼迫胁察木多、乍了等处帮兵，其不出兵之僧俗，闻均被围攻。似此情形，一过察台必有梗阻。赵尔丰因钟颖一军未经行阵，恐有疏虞，现已力疾亲赴察台，督率筹画。设有阻遏，拟前进驱剿，巴塘派兵队填扎，令顾后路。又联豫来电，藏番各处调兵，扬言即朝廷另派之军，亦必阻止。藏中屡有劫署阻兵之谣，并限制卖米，禁雇乌拉，绝商专利，自设警察等，以为抵抗，万难开导。亟望川军到藏，以资震慑。现仍一面开导，一面稳慎前进。已电致联豫设法妥备乌拉，接济粮运，庶可不致迟滞。谨请代奏。尔巽叩。效。

十月二十日西藏档

外部咨锡良程德全安奉路事请饬司催日领速商电

安奉路事，本月十三、十五等日接准函电，以日本小池领事屡延不议，请告日使转饬就商等因。本部当以此路沿线各事，处处与中国地方行政相关，务祈迅速议结等情照会日使。去后，兹据复称，该总领事直接受日本政府之命令，与奉省督抚协商该路问题，自必诚意努力议结。但至今尚无成议者，或因请示政府不久必有回示等因。相应钞录往来照会，咨行贵督抚查照，即饬交涉司催令该总领事从速妥商可也。

十月二十二日安奉铁路档

滇督李经羲咨外部滇越铁路设警事法领业已认可拟订试办章程文 附章程

为咨呈事。

据云南交涉使世增会同署巡警道杨福璋、临安开广道龚心湛详称：窃照滇越铁路现已修通省城，溯自开办之初，沿路工役麕集，恒虞滋生事端。原请奏派巡防队兵及各段员绅分段弹压保护，迄今尚无他故，但每年所费不资。现在全路将及告成，各工纷纷遣散，情形虽与造路时不同，惟保护一层，按照定章第十五款，仍系地方官专责。本司道等公同筹议，拟陆续裁撤营兵段员，仿照胶济铁路设立警察章程，于滇越铁路各段安设铁路警察，以期稍省经费。前经禀请先于下段开办，并由职道福璋亲赴各处查明，与职道心湛妥筹布置在案。但此次设警办法本为定章所无，而警察驻扎处所非附于车站，诸多不便，当由本司增与法领磋商。彼坚执原章，不肯附设，辩驳再三，仍前执拗，藉故刁难，几不成议。若专以文牍往还，不免误会。复经亲往晤商，剖晰解释，法领始允转圜，并知设警保路为中国应有主权，来文承认两事。一为车站地界之外无地可筑警舍，则当与公司商准，设警于车站地内。二、中国为易于查缉盗匪起见，凡车到时间，公司允中国指派警察二名，往车站内查缉，惟只能查拿匪人及曾在中国犯事之人。如有大股匪人，始可令其余警察及游击队同入车站内捕拿等由到司。旋以火车停轮必有一定时间，警察往站内查缉，见匪即须动手，仅派二名似觉过少，倘遇凶悍匪徒反致吃亏，须照面商。车站之内每于车到时，须多派警察，至入站内查缉，只派巡官率警察二名，其余警察均在站外守候，有匪鸣笛即可入内帮同拿办，庶免疏误，各在案。是铁路车站设警，法领业经认可，其有警察应担责任及办事规则，本司道等谨参酌胶济警章暨地方情形，爰订章程十九条，以为试办。是否可行，理合录呈察核饬遵，计拟《铁路巡警章程》一本等情。据此本护督部堂复查所拟章程，尚属周妥，除批准先行试办并分咨外，相应将章程钞录咨呈。为此咨呈贵部，谨请查照，立案施行。须至咨者。

十月二十二日滇越铁路档

滇越铁路警察章程

按照光绪二十九年九月初九日，即西历一千九百三年十月二十八日中法《会订滇越铁路章程》第十五款所载，准该公司招募本地土民巡查厂工，于路成后为修补道路之用。其保护铁路乃系地方官专责，特于河口至云南铁路通行一带分段设立警察，以示实力保护。爰订立章程如左：

第一条　滇越铁路警察为保护本国境内之滇越铁路，维持地方治安而设，一切权责除本章程特别规定外，悉照本国关于警察之法律章程行之，滇越铁路公司及中国人均应一体遵守。

第二条　河口至云南省城分为三段，由省城至禄丰村曰上段，禄丰村以下至波渡箐曰中段，波渡箐以下至河口曰下段。于省城阿迷州河口各设立正局一所，其余停车卖票之站均设分局，分隶于三正局而统辖于巡警道。各分局视地方之繁简，以定官员之等级，巡警人数之多寡。

第三条　各站设立正、分局，须在车站附近或对面适宜之地，庶保护、弹压较易得力。其商务繁要处所，并须贴近车站，添设巡警派出所，以资守望。所有局舍勘地建筑，除造路章程第十段所订公司应交还地段毋庸再行声明外，所勘之地，如在车站划沟以内而于公司不致妨碍者，仍应由正局商明该公司后建筑之，如或商而未妥，即电禀交涉司照会领事商酌办理。

第四条　巡警责任以维持治安，查究不法为主，凡在车内搭客暨车站工役人等，无论内外国人均得随时稽查。当车到时须拦阻闲人，照料上下客货及防止运送丁夫喧嚷争闹。至各车站之厂房等处，如有时警员须入内调查者，得随时知会站员人内调查之。

第五条　轨路上遇有山崩地震、水淹石塌，以致桥折路倾，或工程未尽完善，致生意外危险，一经巡警发见，应速知会该公司赶紧修理。

第六条　各车站有失窃情事，该公司得请警局于勘明后，代为查缉。查获失物，即交该公司验明领回。缉获窃贼如系本国人，或未与本国立约通商之外国人，即交地方官按律审办。如系有约国之人，即照第十条办理。

第七条　中国人民如有妨害轨道电线者，巡警应随时查禁。查有妨害之确实证据，即知会地方官及防营查拿其人，按律究办，不认赔偿，并一面将损坏之处速先报知该车站执事人。

第八条　公司各车站洋员，应由领事官按照《会订滇越铁路章程》第十七条，将其姓名译出华文，开列清单达知省城交涉司或蒙自关道移送巡警道，转行各警局查照保护。所有雇用中国司事及各项工役姓名，即由各该车站迳行开单知照该处警局存记。其车站职司人等标记服饰，亦应一并绘具图式送交，俾警员得以识别。

第九条　火车客位及货物运送价值暨开车停车时间以及车上应守规则，均应由公司缮译华文，详细列表送交警局，并悬牌于售票处，搭客或有争端，巡警得据以排解。

第十条　警局所执行之违警律，应先刷印多张，交由各车站主管之员，通告站上各项人等一律遵守。法国人或法国保护人民，或未与本国立约通商之外国人，如有违犯，其情节轻者，即由警官知会车站主管之员分别处理。倘处理不公，或所犯情事重大，警局应飞报巡警道查核，并报交涉司或关道照会领事按约办理。其车站雇用之中国人如犯寻常违警之罪，即由警官自行究罚。若犯人命词讼之案，应照造路章程第十四款，交由地方官按律办理。又中国人在火车及车场或铁路上有违犯规则及不正之行为，而警官未及觉察者，应由站员、车长告知警官或送交查办，该公司人等不能私行殴罚。

第十一条　凡法国人或法国保护人或他国人，如有扰害治安，所犯情事重大者，亦准所在警官按照条约拘送交涉司或关道，送交就近领事讯办，并一面告知该处车站主管之人。若中国罪犯乘搭火车，或逃匿车站房屋内，一经警局知会公司车站，该公司车站应即照章将其交出，不得庇护阻挠。

第十二条　查造路章程第一十四款载明，该公司火车不准载运陕盐及西国兵丁所用军火粮饷，并不得装运中国例禁之物，沿途巡警自应照章稽查。至入境之外国人曾否请有护照，亦得随时查验。又火车上如外国人有携带卫身手枪者，须呈明关道允准，领有护照方准放行，否则警官亦得暂行扣留。其余中外人等除中国官弁确有公差者不计外，均不准携带枪械药弹，查出扣留究办。

第十三条　公司车站职司人等，如对搭客有非礼举动者，应由警官就近告知公司车站主管之人，分别惩戒。如果情节重大，并应禀报巡警道查核，暨报交涉司或关道照会领事按约办理。

第十四条　日行上下火车，由正局局长派稽查一员，带同翻译附乘该车，随车往来，检查沿途巡警是否尽职及客位上有无匪类。并先送给免费券若干以为证据，如免费券日久有损坏、遗失者，查明补发。各正局局长亦应由该公司送给免费券若干，以便随时附车调查一切事件，不论何站何时利便登车，不论何等车位均听往来，该公司不得阻止。

第十五条　车上搭客，无论内外国人，或有急病危殆及酒醉不服制止，虑其滋事者，应由随车警官商明车长，酌定处所监护，下车安顿。

第十六条　凡火车将到时，于一定时刻，巡警须禁止轨道行人。该公司管车司机人于危险处所，亦须频频放汽，见有危险情状，应即停机缓行，以重生命。万一在山硐、桥梁等处无意相遭，致成残废或毕命者，应由公司优给抚恤。

第十七条　凡公司诸人与警局官警，尤宜互相敬让，倘巡警对于公司有不合之处，应知会局长查办，不得迳向警察为无礼之举动。又公司洋员有往铁路以外地方，应仍自执护照知会地方官、防营保护，警局概不担任护送等事。

第十八条　各站巡警非设电报、电话，不能互通声气，应由交涉司照会领事于该公司原有电杆上附设之。其工料价值，彼此估计办理，但从前置办电料等费不认分摊。至如何认费，似须另案照会办理，不必规定于本章程之内。

第十九条　本章程于详定后即先行试办，仍由交涉司照会法领事转饬公司查照，一面由院咨明外务部、邮传部、民政部核明立案。以后如有增修删改之处，仍照此办理。

东督锡良致外部延吉日人购地建屋应收回出租电

申准吉林陈抚院电开：接吴督办电，略谓：六道沟总领事馆即从前派出所，其地基系斋藤暗中购自垦民，此外该处日、韩商人，前此亦颇有购地建屋者。以自开商埠而论，自应由我国收回出租，倘无一定办法，该领势难承认。其它埠分馆，该领亦拟自行购地建筑。究应如何办理？遍查各埠章程，亦无成案可据，拟请示外务部，俾有遵循。又据电称：和龙峪、火狐狸沟案内死伤兵弁，日领允送吊慰金一千五百两，请我速释韩警全成哲，以完前案。惟玄德胜一案，商诸统监以久，经正式判决，碍难释放。查玄德胜当日被拘，已经我外务部商允日使释放，终未实行，应请外务部严行交涉。又和龙峪等案应否如议完结，韩警全成哲能否即时释放，均请电商外务部等语，特此转达，即乞酌核，电部请示办法等因。敬乞大部迅赐裁夺，电示办法，以便转复吴督办遵照办理。良。洋。

十月二十四日延吉边务档

东督锡良致外部安奉铁路改良应援东省合同由中国派员经理函

敬启者：

安奉铁路改良，所有办理该路事务，应由中国政府援照东省铁路合同，派员查察经理。该路既经动工，自应照办，以符约章。现已派委候选同知黄丞国璋经理其事，惟办事权限亟应分明，一切章程尚待妥定。该员曾见驻奉日本领事，属其到京后可往晤伊集院公使，不知有无用意。至南满铁道会社，则谓安奉铁路总机关悉在大连，劝该员长驻大连办事查帐〔账〕、勘工，庶期便利等语，是我尚应有查帐〔账〕、勘工之权。该员现正请假入都，特令晋谒钧部，伏希指授机宜。俟见伊使后，如有询问并饬该员随时禀陈钧听。至查察经理，本无一定范围，如蒙面加训诲，俾该员见日本公使时得以有所遵循，不至陨越，则尤为感祷者也。专此。祇请钧安，伏祈垂鉴。

十月二十五日安奉铁路档

外部复锡良延吉日宪兵等伤官毙兵案宜商结以不失体为断电

申漾电悉。日、韩商人购地照自开商埠通章，自应由我租给。至日领所建总馆之地既已购定，可即作为永租，其分馆亦一律办理。火狐狸沟一案，本部曾严重交涉，要以办犯、惩官、偿恤各事。前伊使面商，欲以抚恤了案，并援广东、热河土民戕毙游历日人两案作抵，当经切驳。现该两案首从各犯，我已按律严办。此案情节较重，若仅以千五百之吊慰金议结，太觉失体。全成哲与玄德胜两案，如彼此互行释放，尚足相抵。总之案经迁延过久，均宜一体了结为是。应请电饬吴督办将各案与日领妥商办理，如在我不至失体过甚，即可了结，希核办电复。外。

十月二十五日延吉边务档

使和陆征祥致外部华侨事和外部词气渐变若过于隐忍难再维持电

和外部月内情形，诸出意外，初只谓北京于贝使极优待，毫无微词，与祥所说不符。近则词气渐变，今日更多不合。祥思过于隐忍，不但允订之约从此食言，且有损国体，于侨事亦难再维持。因亦稍示强硬，为相当之诘问，冀挽回万一。如贝使来饶舌，务请维持。再，和委交涉未了，现正重提。附闻。祥。二十四日。

十月二十五日华侨档

西藏公会呈外部请辅助佛教撤回联赵否则藏众必将反叛电

达赖喇嘛蒙中国皇帝恩泽住居西藏，如在光天化日之中，惟驻藏大臣联等并未将藏民苦处入奏。联等任意奏报西藏情形，以便侵吞官款，且妄造报告，欺骗政府，沽名钓誉。按联等烧毁村落、寺院多处，杀戮无辜人民于栢立亨 Balithand、查丁 Chatin、萨邱卡 Jachuka、沙卡路 Tshakalo、堪母 Kham 等处，确凿可证，并将本会所办西藏有益之事，或竟禁止，或加干预。本会请将中国官员所练之巡警分派西藏各处，而联等谓西藏僧众并非中国百姓为辞，且谓刻已调兵来藏充当巡警，照料商埠，闻之深为恐惧。现在中国兵丁在藏者，虐待藏民已属难堪，若召新兵入藏，本会必失其权力，达赖喇嘛必受其苦。西藏为佛教昌盛之地，若西藏现行之法律一经改变，佛教必随之而亡。藏众视佛教较性命为重，达赖喇嘛曾经备文咨明驻藏办事大臣联豫，指明各种错误，联等毫不加意。本会只得恳请贵部酌夺，如此重大问题，辅助佛教，与辅助他项宗教相同。达赖喇嘛回藏时，途中颇多阻碍，故藏众于忧闷扰乱中，将驻藏联大臣之供给暂行停止。如政府不将联、赵及其兵士即行撤回，藏众必将反叛。中国皇帝素怀仁爱，必不以此举为劳。如何之处，乞详细电复，并请将此电钞送衣格洛卡堪布（在北京）并当尼耳等，是所至祷。

西藏公会自印度城太理塔市场街第一号门牌发。十月二十六日，西十二月八号。

十月二十七日西藏档

外部咨税务处英使请停纸烟运出东省厘金案希妥筹办法见复文

为咨行事。

前准北洋大臣会同东三省总督、奉天巡抚咨称：英使请停纸烟运出东三省厘金一案，奉天虽已开埠，尚未设关，上次开平所运烟叶，并未照海关章程办理，则筹款局征收税项亦无发还之理等语。正核办间，旋准英朱使照称：兹又接到天津总领事及牛庄领事来详复据英商为此事之续禀，查光绪三十三年十月来文附送之试办章程，以洋货于天津、牛庄、安东、大连四处入口运至东三省新开各埠者，照约征收税课，此法甚为妥协。而由新开各埠出口之货运赴他通商口岸，或运往外洋者，反不如此。按照条约，洋商于新开各埠运往天津、秦皇岛、牛庄、安东、大连，拟赴外洋之土货，在海关统完出口正税，即准备其出口。其运往他通商口岸之土货，即照沿海贸易章程，亦在海关完纳出口正税，并纳进口半税而已。今此权利被东三省新开各埠内多处所设之厘金关卡滥行阻碍，即除照约应纳税课之外，于以上两项货物横加勒索。嗣后洋商在新开各埠向海关完纳应征各税，若有未妥，或请领免税执照，运其货物，由内地各埠载往天津、秦皇岛、牛庄、安东、大连，该五处海关即按现行成规，向其征收出口正税，并进口半税。此事与英商甚有关系，应请早日斟酌施行并见复，以便转报本国政府等因前来。查英使前请于光绪三十三年十月间试办章程内，增添凡土货由东三省各埠经天津、牛庄、安东、大连出口运往他通商口岸者，可在海关按照沿海贸易章程完纳出口正税，进口时再完半税一条，当经本部以是否可行，于本年闰二月二十三日咨行酌核。又该使请将厘局在山海关勒捐之举停止，并缴还已纳之费，亦经于七月初二日咨行核复，各在案。此事在地方征收税款，关系饷源，固应注重。惟东三省既经开埠，自外人视之，其由新开各埠运往他通商口岸及运往外洋之土货，应照向章征税。该督等以尚未设关为词，终恐难于就范。现英使迭来辩论，究应如何妥筹办法，方免借口之处，相应钞录北洋大臣等原咨暨英使来照，咨行贵大臣查照，酌核见复，以凭转复英使可也。

十月二十七日税务档

军机处外部致赵尔巽联豫赵尔丰西藏公会电称烧毁杀戮是何情节即查复电

午西藏公会由印都来电称：联大臣等烧毁村落、寺院多处，杀戮无辜人民多名于Balithand、chatin、Jachuka、Tshakalo、Kham等处，并将本会所办西藏有益之事，或禁止或干预。本会请将中国官员所练之巡警分派西藏各处，而联等谓藏僧并非中国百姓，且谓已调兵来藏充当巡警，照料商埠，闻之深为恐惧。现华兵在藏者虐待藏民已属难堪，若新兵入藏本会必失权力，达赖必受其苦。若西藏现行法律一经改变，佛教必随而亡。藏众视佛教较性命为重，达赖曾咨联大臣，指明各种错误，联等毫不加意。达赖回藏时途中颇多阻碍，故藏众将联大臣之供给暂行停止。如政府不将联、赵及兵士即行撤回，藏众必将反叛等因。当以电语悖谬，意图尝试，拟复电严加谕斥。惟所称烧毁、杀戮等语，所指地名无从查考，究竟是何情节？现在川兵行抵何处？藏人曾否抗拒？除分电外，希速详查电复，以凭核办。再，西藏公会系何人主持，并查复。此次川兵入藏，总宜申明纪律，严行约束，毋得稍有滋扰，以免借口。枢、外。勘。

十月二十八日西藏档

滇督李经羲致枢垣拟派龚心湛督办滇越路巡警电

法人建筑滇越铁路，线长千余里，非筹办铁路巡警，认真保护，难固主权。惟此项巡警既为沿边铁路而设，与内地情形不同，关系尤为重要。巡警道驻扎省城铁路，则由省直抵河口，相离过远。且边省警察员兵程度较低，滇越铁路警察办理，事事繁难，更不容稍有懈误。非有得力大员认真督理，窃恐因应失宜，外人借口自行保护，交涉更增棘手。查临安开广道向驻蒙自，为省城河口中权，现任道龚心湛精详勇毅，实心实力，到任甫数月，政治更新，军筹已布，官民交颂，外人折服，冀收远大之用。不仅交涉长才，该道从前在粤办理警察著有成效，经羲与司道再三筹酌，咸谓此事非由龚心湛筹办不可。拟请派委临安开广道龚心湛督办滇越全路巡警，以专责成，遇有与地方巡警相涉，仍随时会商巡警道办理。惟滇处极边，事属创办，警材万分缺乏，仍须调用他省人员，随时电奏请旨，仰祈圣明主持，俾应急需，免误边计。铁路瞬达省城，如蒙俞允，即行遵饬设法赶办，并补行奏咨立案。谨电请代奏，伏候训示。经羲谨叩。勘。

十月二十九日滇越铁路档

吉抚陈昭常奏亲赴吉林东南边境筹办开埠及善后情形折

吉林巡抚陈昭常奏，为亲赴吉林东南边境筹办开埠及善后各情形，恭折密陈，仰祈圣鉴事。

窃自吉林界务解决，遵旨妥议后酌定应办各事，当将筹议各节会同总督臣锡良先行电奏，并请亲往该地办理一切，钦奉谕旨：著即迅速布置，勿稍延缓等因，钦此。钦遵于八月十六日由省赴延，现于本月初二日回省，照常视事。所有起程回省各日期暨抵延后察看各情形，均经先后电奏在案。计留延境二十日，沿途周历东南北各边，并绕道俄境，考查一切，计二十六日。举凡定约后两月内所应筹办及善后之事应早筹备者，均遵照此次条约，参酌本地情形，并与日总领事永泷久吉会晤接洽，大致办理就绪。其统监府派出所人员及宪兵等，已于九月陆续退出。该总领事定于九月二十日开馆，我所开四处商埠，亦即定于是日开放，两月之期，幸无遗误。谨将现已筹办现正筹办及应筹办各事，为我皇上分别陈之。

一、如期开埠。前自宣布开埠条约后，即拟先行划定埠场，购买地基，然后租赁外人，以合自开之例，并经电奏陈明在案。臣此次到边，当据督办边务吴禄贞面称，四处商埠区域已经大致察勘，因即派员分途前往相度地势，刻日圈定，各立标识，绘具图说。所有买地、建屋、修路，及巡警、卫生各项办法，悉皆依据现在条约，参考他省自开商埠章程，分别详定规则，并设立开埠局遴员妥慎办理，以专责成。其埠内应用地基，当饬查明地主，陆续收买。凡关商埠各种工程，亦已择要先为预备，一俟明春雪融即行依次建筑。计所划埠场四处，龙井村即六道沟，纵横约二里有奇；局子街即延吉厅治，及百草沟、头道沟，均不足二里。盖以六道沟日人经营已久，原有日商颇多，势不能不稍为宽广。百草沟、头道沟虽经开埠，尚少居民，所划埠地系旷土。延吉厅治，则华商所集已成镇市，碍难更容外商羼入，故划埠基于街之西偏，地面宽敞，较为适宜。是三处皆须经始创造，购地建筑殊非易易，外商来此亦必无多，有一二方里之地尽数敷用，拟俟商务发达再议扩充。惟日总领永泷意欲将延吉厅本街尽行圈入商埠，曾由臣一再与之辩论，彼答以俟确查后再议。想商埠由我自开，埠界由我自定，彼亦不能始终强执。

一、组织审判。现在杂居区内，所有韩民诉讼既准日领听审，则该地司法自当速谋改良。查九年筹备宪政期内，凡商埠之各级审判厅，统定于本年成立。正虑审判未善，易启外人干涉，且该地更有听审特约，故审判各厅益不得不与开放商埠同时设立。惟该地当以杂居区域为范围，不能仅限于商埠，而珲春东边一带虽未划归杂居，既统在越垦界内，亦必须一并筹设，始臻完善。是以统筹兼顾，定于延吉厅治设一地方审判厅及地方检察厅，并附设一初级审判、检察厅。更择要于六道沟、百草沟、头道沟、和龙峪、外六道沟、珲春六处各设一初级审判、检察厅，除就地详筹各厅办法外，并拟定听审专章，以补条约之所未尽。所有各厅应需审判人员，臣赴边时即已遴选通晓法律、富于经验者随同前往筹办。第因年内地冻，暂未能建筑厅舍，故现时地方审判、检察厅先借用边务公所房基略加改造，赶于上月内成立。其它各处已饬迅速租定房屋，依次举办，约计本月内当可一律开厅。

以上二端系于两月开埠期内，现已筹办者也。

一、分布巡警。此时四处商埠既已如期自开，则埠内保安、卫生各项警务，自系重要。已分别详定专章，务合自开商埠办法，并遴员妥为办理。至凡属杂居区域，华韩混处，地方辽阔，保护最难周密，稍有不慎，动生交涉。前时办边防于各紧要处所，分设有派办处，藉以抵制日人，并兼行巡警职务。是以警政虽多疏略，尚可暂安，然不过一时权宜之计。现日本宪兵既退，而我所设边务派办处，亦将渐次裁撤，则巡警布置更无可缓，故拟定于延吉设一东南路巡警总局，更于旺清、和龙、珲春等处各设巡警分局一所，每局依所辖商民多寡再为筹划分区，务期地方赖以实行保安，而韩民亦可日渐悦服。兹已预算经费，妥定各项组织章程，派员切实筹办。其总局已饬于本月成立，所有分局分区，统俟警兵招练足用，即当次第推广。并一面将各派办处逐渐裁撤，庶事权将有专责，而外人亦无所借口矣。

一、添改官缺。吉林南部现经开放，而地方内政自不可不急图治理。前已奏定升改延吉厅为府治，和龙峪经历为县治，并添设旺清一县、珲春一厅在案。兹臣新履其地，详加审察，窃以该处地广政繁，且逼近俄、韩，随地皆属冲要，必须更设佐治各官，方足以固边圉。查六道沟为图们江北适中之区，日人即极意经营，我尤宜特加注意。拟以延吉厅原设之司狱、巡检改为分防府，经历移驻六道沟。其越垦四堡沿江北岸数里内，所居尽属韩民，前因治术疏阔，致启界务交涉。今幸领地确定，仅设一和龙县，似尚未足敷治，拟划宁远、绥远二堡为该县直辖。更于安远堡以外六道沟地方添一分防巡检，以分治长白山、东图们江源一带之地。其镒远一堡，居珲春之南，地接俄、韩，实为珲城门户，而与该县相距二百余里，遥制殊非所宜，拟就近划归珲春厅管辖。又珲春东沟一隅，毗连俄壤，长二三百里，而山林丛密，久为匪巢，以致俄人潜移界牌，日思蚕食，似宜早为防范。惟该地向少居民，难言治理，拟设一分防巡检，先往设治。至头道沟当奉吉要冲，越垦韩民颇众，亦不可不驻有专官，拟设一分防府知事以资佐理。现已派员会同东南路道延吉厅同知实地查勘，详具图说，俟与督臣锡良会商定妥，即行专折奏请训示。

一. 收买电线房产。臣前此督办边务，到防之初，日人已由韩国会宁至六道沟修有电线，经臣与吴禄贞竭力抵制，虽以后终未准其展线，而设定者亦难撤去。加以日本官弁等自入我境，占据六道沟等处，所买韩民房产地基甚多，建造各项公所、住房之类亦复不少。经臣等遇事抗阻，屡起激烈冲突，虽未任其自由营造，然六道沟前已入其范围，势难挽救。今领土既定，商埠系由我自开，则邮传机关断难仍为外人所有，而各埠内所有房产，自应照此次所定商埠建筑各项章程一律办理，亦断难听外人在我商埠自有不动产业。筹思再四，但有收买之一法。臣前与日总领永泷提议此事，彼虽未便拒绝，而赔偿价值、交易手续，则难免故意要挟。现已权拟收买办法，令边务督办吴禄贞及该地方官等与之极力磋商，一俟得有日领切实答复，再行酌量办理。

以上三端系现正筹办，而已确有端绪者也。

一、筹设税关。延境去省甚远，交通极难，该地向有商货，多系取资于韩之清津、俄之海参崴。自韩之清津、会宁轻便铁道落成，每岁入境之货甚多，而粮豆、木材之出境者为数颇巨。今既开商埠而日人复极意经营，商业自必日渐繁兴，从此日货输入及土货输出者将无限制，是不可不速谋设关，与各处税关章程一例办理。由部饬驻吉税务局司克勒纳亲赴该处调查，所见正同，现该税务司复前往查看地方，筹议定期开办。迨一、二年后商埠大兴，其税关收数尚不在营口、哈尔滨以下。

一、速谋交通。现在延境既已开放，自当日图发达，则各项交通机关即不可不力求整理。且商埠虽系自开，所有路政、邮政皆应由我自主。倘若任其交通不便，外人势必出而干涉，或且起而代谋。查省城至延吉八百余里，山岭丛杂，行路素称最难，前时韩侨纷集而华民卒鲜至者，即知便与不便之故。今已开埠四处，且划定杂居区域，日商、韩民日相接踵，亦无所阻。自应亟谋修道，使来往便利，我国人民得以闻风争趋，或可稍谋抵制。否则主客异势，不几终将反客为主耶。现虽定有吉延铁路之约，一时未能开工，除各商埠界内街道已饬开埠局勘估修造外，所有由省至延及商埠连络之道路、桥梁，兹已派员分途查勘。虽暂时经费无着，仍当设法早为修筑，以便行旅。再，日本所修由会宁至六道沟之电线，我果收回自办，日人自难强争，若收回不办，彼即将有所借口。计自六道沟通稽查处边界，日人已设电线约一百十五华里，收买之偿虽尚未定，而六道沟延长至延吉厅街，以接我吉延之线，约四十华里，工资尚觉有限。至延吉邮便，前此虽已通行，亦当略谋推广。可在六道沟添设分局一处，头道沟、百草沟则由商承办，所费无几，设施自易，拟俟收电线之事议定，即行筹办。此则与商埠前途大有关系者也。

一、招抚韩侨。查光绪十六年经吉林将军长顺奏准，越垦韩民一律编籍为氓，许其领照纳租，历经办理有案。故我国前此虽未专定国籍法，而越垦韩民实有入籍之特例。臣前督办边务时，即据此项成案认越垦者为已经入籍，绝对不认日人有保护之责，遇事力争，始得保有行政裁判主权。此项条约第四条所定，虽与向来办法原无不合，但允日领听审，即允日领得以保护，是以默认越垦者仍为韩国侨民，而往年领照入籍之案遂归消灭。倘不速谋善后之策，则凡所划杂居区域，韩民皆得有土地所有权，我国不过空有领土之名而已。计惟遵照现颁国籍法，使地方官吏设法劝导，仍令越垦韩民入我国籍，但系出诸韩民自愿，日人当亦无可如何。现查该地韩民之愿入我籍者正复不鲜，如果因势利导，于该韩民等入籍之时，更少给以特别利益，市之以恩，动之以利，不数年后必将相率归我版籍。但须先与日人约定，嗣后韩民如有自愿入我国籍者，即须消除韩国国籍，日人不得再藉保护之名，以援听审之条。迨越垦者多数归化，庶几我国主权尚有收回之一日耳。

以上三端均系急应筹办，而不可不早为预备者也。

然臣更有虑者，窃以此次所开商埠与他处开埠，情形殊有不同。何者？大凡各处开埠之区，必系交通极便之地，无论何国商民，皆可听其入境贸易，交换利益。彼此争衡，互相牵制，但无租借性质，断不致防〔妨〕我主权，而地方庶可因之发达。至此次所开商埠，则不啻专为日本而设，盖日之在韩已无异其本国，由韩入境，其便利自不待言。若他国来此，则甚不易，纵令假道韩境，日人不加禁阻，而多一税关则多一折耗，他人孰肯出此？即我国商民来往匪便，至者恐亦无多，则我吉林南部工商事业，必至尽为日人垄断，而一切利权皆将日渐归其掌握。观其于延吉境内相距数十里之地，必欲我开商埠四处，则其计画所在，固已早有预备，不啻显然若揭。我虽此时筹办自开商埠，所定各项章程办法，未始不力求周密，奈彼蓄谋既久，一旦得有根据，事势所趋已占优胜，诚有防不胜防之惧。且自定有听审之约，凡我境内越垦韩民，皆已归其保护，彼果有所谋画，即可因而利用，为所驱使。韩民受其笼络，有不奉命维谨者乎？则是杂居区域所至，皆其势力范围所及。故当议此条约时，彼先以全力要求修筑吉林至会宁铁路，则其阴谋密计，尤不仅在吉林南部，而欲因此根据地以图满洲全部，可想而知。此则有非吉林一省之力、浅近之谋，所能抵御，而不得不重为殷忧者也。臣每反复思维，窃以该地既已开埠，果求善后良策，即需资本大为开放，以力求水陆之交通。除吉延铁路载在约章，须另议办法外，陆则惟有修筑自延吉至奉天铁路，以连关内外之路线，而由中道分达吉省更东引长而通珲春；水则惟由珲春而南，开通图们江口出海航路以与南北洋连络。果尔，则各国商贾及我内省人民皆将争先恐后，以共图新辟之事业。日人虽有诡谋，势难独占胜利，逞其所欲，从此互相抵制，或可稍戢其野心。而我移民招垦、林业矿务诸要政，向所计议，因交通不便难以实行者，皆可一旦振兴，刻期发达。此无论为东南一隅计，为吉林全省计，或为东三省全部计，似皆无善于此。惟兹事体大，经费难筹，且其中或不无妨阻，殊非冒昧敢言兴办。俟再悉心查考，确有把握，另行专折详陈，妥议办理。臣此次出省巡阅，经过地方除吉林府属及长春沿江一带被水各区业已成灾外，延吉、珲春虽微有虫，不足为患，绥芬、密山、宾州、支城一带收成，均有五六分可望，人情亦尚安谧，堪以仰慰宸廑。所有亲往边境筹办开埠及善后各事情形，理合恭折密陈，伏乞皇上圣鉴训示。谨奏。

宣统元年十月二十九日奉朱批：该衙门知道，片并发。钦此。

延吉边务档

川督赵尔巽致外部藏人聚兵抗阻如理谕不从只得遵旨驱剿电

勘电敬悉。巴塘等处地方，均系川边土司地方，即外国地图所指川领西藏，非达赖属地也。至所称烧毁杀戮等语，目下并无其事。赵尔丰军律素严，非接仗从无杀戮。前闻英人愚弄藏僧，在印度开设佛教总会，使西藏派一人驻印度，名为振兴佛教，实即暗办交涉。现查有藏人扎西翁底通英语，本在前藏当差，今正辞差往印度，借名代噶布伦购机器，现往印度噶里噶达地方，西藏公会电想即此人所为。请再电联大臣查复。至川兵现甫到察，尚无战事。藏人现在察台外聚兵阻抗，如理谕不从，只得遵旨驱剿。兵锋所交，自难免于杀戮。若藏人照常支应乌拉，必优予奖赏，以彰激劝。已严电统兵将领，不准稍有滋扰，惟藏番意在背叛，故滋口实。究竟此事应办与否，仰赖钧酌示遵。尔巽。艳。

十月三十日西藏档

外部致驻华各使东三省为中国境界议驳俄政府传单文义照会

为照会事。

本部接准俄国廓大臣照会内称：前有数国政府议驳中、俄两国所订《铁路公议会大纲》，似有侵碍各国人民所享治外法权各情。兹本国外部向各该国特行宣布传单，开列本国政府于各国人民旅居东省铁路界内所享利益，并由国际公法上享有各权利之意，并将传单钞送前来。本部查阅传单所载，实有为中国政府所不能允认者，兹为详细解释辩论如下：

查俄国通告内称：中国开放商埠与东清铁路地段性质不同，东清铁路地段为合同第六条所牵制，该公司于所占地段内有完全行政之权，嗣复申以公议会大纲，其从前条约所让之权利更为结实扩张。经此两次定约之后，中国政府已将铁路地段自主经理之权让予中俄公司，该公司之在该地一切举动有如私约，租主所有施行之行政权出自有名。又称日、俄两国全权大臣议约时有宣布之言，曰：满洲东清铁路因建筑而让予之地段，不可与开放通商口岸互相比拟，亦不得一律看待。惟于所占地段界限内，日本人民及他强国人民得与俄国人民享受同等权利。由此推究，可见俄政府所负之义务，不过许外人享有公权及干预行政机关各等语。

本部详核该通告所载，其意只在东清铁路内，俄国得有施行之行政权，并以两次条约及日、俄全权大臣宣布之言为据，不知其中附会误解之处，实不可枚举。中国政府对于以上条件实有颠扑不破之理解，请一一申明之。

《东清铁路合同》首段，即载明中国政府与华俄道胜银行合伙开设生意，曰合伙开设生意，明系商务之性质，而于行政上之权限丝毫不得侵越。开端已发明清楚，毫无疑义，乃俄国政府引此项合同第六条为据，谓有由该公司一手经理字样，为完全行政之权。不知其一手经理之下，实载明准其建造各种房屋工程，并设立电线自行经理，专为铁路之用云云。是该公司有权经理之处，即该合同所指铁路工程实在必需之地段，而该公司经理之权限亦不得越出铁路应办之事，其完全经理之权不过止此，绝无可推移到行政之地位。不意俄国政府牵涉及之，谓该合同第六条有完全行政之权，虽经本部驳辩经年，仍执前说，岂非大误？此中国政府不能允认者一也。

又宣统元年三月二十一日即俄历一千九百四年四月二十七日，中、俄两国所订《东省铁路界内公议会大纲》条款，自第一条以至第五条，均系声明铁路界内中国主权不得稍有损失之义意，具见铁路界内凡关乎政治上施行之事，其权仍在中国。乃俄国通告转谓得此条款，于前项所让之权利更为结实扩张，不知果何所指？岂谓中国主权并未少有损失，而俄国反得专有行政之权耶？此中国政府所不能允认者又一也。

光绪三十一年俄、日在美国议订条约第三条，载明俄、日两国政府统行归还中国全满洲完全专主治理之权，又俄国政府声明在满洲并无地方上利益，或优先及独得让与之件，致侵害中国主权或违背机会均等主义。曰统行、曰全满洲、曰完全专主，又曰无地方利益、不侵害主权，字句何等结实，岂能强解商务合同，并以未经中国明认宣布之言为依据，而转将两国极郑重之约废弃不论耶？此中国政府所不能允认者又一也。

据以上各节论之，足见俄国政府所引以为据者，均属勉强附会，偏于一面之词，兹经本部一一解释明晰，想各国政府愈可洞悉此事之原委矣。又查《东清铁路合同》第五条载明，凡该铁路及铁路所用之人皆由中国政府设法保护。又称所有铁路地段命盗词讼等事由地方官照约办理等语，是该铁路地段内保护治安之主权全属中国，并无留疑以及误会之余地。凡属东三省地段，均为中国完全无缺之境界，既如此其凿凿有据，不可挪移，则哈尔滨一带地方行政之权，万不应由东清铁路公司攘夺明矣。中国政府现在深愿保守中国应有之主权，并维持与中国通商各国应得之利益，特具通告奉闻，惟各国政府鉴察焉。

和贝使、义文使、比博署使、英代使、西班牙代使、葡柏署使、日本伊集院使、法马使。

十一月初一日东省铁路档

外部致联豫英人在印设佛教会西藏派人驻印希切实开导电

午勘电计达。顷准川督电称：闻英人愚弄藏僧，在印度开设佛教总会，西藏派一人驻印度，名为振兴佛教，实即暗办交涉。查有藏人札西翁底通英语，本在前藏当差，今正辞差，借名代噶布伦购机器，现往印京，西藏公会电，想即此人所为。至藏人在察台外聚兵阻抗，如理谕不从，只得遵旨驱剿。若照常支应乌拉，亦必优予奖赏等语。英人在印度设佛教总会，西藏派人驻印，均始何时？该公会电是否即札西所发？究竟藏众是否同意？如藏人全体阻抗，赵大臣应节节驱剿。若仅由札西播弄藏人，尚可理谕，亦应分别办理。除电川督转电赵大臣仍遵前旨妥慎办理外，希将来电所称两节，向该藏众切实开导，能否遵照，一并电复。外。东。

十一月初一日西藏档

使法刘式训致外部丞参请于巴西设馆遣使函

巴京濒行时，外部大臣白兰谷氏谆谆以遣使常驻巴京为请，弟允为代达钧部。查巴西为南美洲大国，与我立约垂三十年。因地广人稀招致日斯巴尼亚国、义大利国、德意志国人前往开垦，大兴农业。目前，出产以咖啡为大宗，蔗糖、棉米等次之，然荒地待辟尚十之八九。华民旅居巴京者共百余名，大都小本营生。此次公举代表欢迎专使，当派随员吴克倬前往抚慰。该侨民等悬灯结彩，欢声雷动，具征爱国热诚。弟传见数名，询问状况，佥称巴政府待遇甚宽，与白种人无异，并无特别捐税及苛例情事。除京城外，散布各省工作者约三百名云云。弟闻日本人来巴西向甚寥寥，自设驻使后，二年之间骤增至千余名，此后源源而来，亦可想见。因思南美诸国内，华侨最多者首推秘鲁，早已设馆派领。近来华侨渐由该国南迁，流行于智利及阿根廷二国，为数日多。弟在巴京时，阿根廷京城华侨合词驰电，声请立约设领，盼望甚切。就保商护侨而论，均应设馆派领，惟智利、阿根延虽有立约之请，未与开议，势难急切办理。今巴西既已遣使常驻，谆谆请求，似可先就巴京设馆派使，以广联络，然后由驻巴使臣调查智利、阿根廷华侨情形由巴京至阿根廷京城仅四日海程，由阿京至智利京城，则火车程二天。与该二国筹商立约设使，将来即以驻巴使臣兼使智、阿，而以阿京为常驻之所，俾可居中调度，呼应灵通。谨就愚见，统筹南美诸国先后通使立约办法，乞代回堂宪酌核是荷。

十一月初二日设领档

外部致义使文义国保护在华之三玛利讷人应照无约国办理照会

为照会事。

接准照称：三玛利讷民主国曾请义国政府，所有在各国之三玛利讷人均归义国代行保护，当经本国政府允准照办。今奉本国来文知照，自今以后所有三玛利讷之人或在中国或在中国所属之地，均归本使馆并本国领事保护等因前来，本爵大臣等均已阅悉。惟查三玛利讷国并未与中国订立条约，系属无约之国。凡无约国之人民在中国疆域内居住或游历者，中国政府仍保持并施行其毫无阻碍之司法权，与待遇中国人民无异。该三玛利讷国所有在中国人民，均应与各国无约国人民一律办理。相应照复贵大臣查照，转达贵国政府可也。

十一月初六日杂项档

驻藏大臣联豫温宗尧致枢垣达赖欲图自立遂至积不相能电

午勘电谨悉。藏无公会，有公所假名番官、喇嘛集议，冒称阖藏代表，实则达赖私用之边觉、奉吉等数人主持，并非英藏联合在印所设。驻藏中兵向无虐民之事，豫到藏后并未烧毁寺院，杀戮人民，原电请撤赵尔丰及联豫，想为牵连耸听。查洋字地名，宗尧详译：一、巴裹塘；二、乍依；三、擦竹卡；四、擦瓦冈；五、腊翁，不过得其大致。且擦竹卡距拉里之一站，尤无用兵之事。至巡警一项，原欲维持治安，曾奏明有案，安有藏民非中国百姓之语？川兵已抵察木多，闻纪律甚严。惟藏兵聚于恩达一带，极力抗拒我军，已否前行，尚无确耗，已电请川督严饬速进。总之，达赖欲图自立，豫事事欲挽主权，遂至积不相能。此次之与去年阻止赵尔丰同一技〔伎〕俩，想难逃洞鉴也。谨据实电复。豫、尧叩。初六日。

十一月初十日西藏档

驻藏大臣联豫温宗尧致外部抗拒川军非藏众同意惟有痛剿电

午东电谨悉。印度欲设佛教总会，去年即有所闻，并有延班禅为会主，印度某土王为会副之说，然至今实未成立。藏电会字想是所字之误，豫等前奏请添设印京领事，原欲探彼消息，且今年曾委陆兴祺充采办委员，因该员商印日久，情形熟悉，故藉以查探一切也。札覃翁底确有其人，张荫棠函荐，来藏时英文无人，令其暂充翻译，嗣商上派往印度，查系专为发电阻止赵尔丰入藏。近十月间言，旋行至江孜，遇边觉等所派之阳买戴球，遂同折回印度。此次之电亦必此人所发，然系奉有命令，非此人所为。现藏事皆边觉、奉吉等主持，噶布伦亦无权。况此人出身微贱，曾为英人贱职，即将来佛会成立，英人亦未必认为代表也。至调兵抗拒川兵，亦边觉、奉吉等阴奉达赖之命而行。藏本专制，官与兵迫于苛虐，不得不然，并非藏众同意，不惟官僧商民不愿，兵为尤甚。现赵尔丰带兵驻察，惟有于其抗拒之地痛剿一二次，则全藏瓦解，边觉等亦势孤矣。大局攸关，豫、尧不敢以日处凶险之中稍有欺饰。谨复。豫、尧叩。初八日。

十一月十二日西藏档

驻藏帮办大臣温宗尧致枢垣请旨申明川兵进藏专为保护黄教电

午。川兵进藏事，为西藏公所抗拒，经宗尧会同联大臣再四劝导，不啻舌敝唇焦。

公所中人仍怀疑莫释，阻力愈坚，且疑此举非奉朝旨，谓出自联大臣所请，不怀好意，有灭彼黄教之心。于是因疑生恨，群起与联大臣为难，初不过妄事要挟，今且欲行其诡谲以排去之。昨竟砌控毫无根据之语，列款十九，赴宗尧署禀请撤联大臣，要求转奏。宗尧因逐查均无确证，不敢据令上闻，似此瞻情不靖，事势日迫，拟请特颁谕旨申明，川兵进藏专为保护黄教，并无他意，毋得妄生疑虑。俾宗尧奉以转谕藏众，使咸晓然于朝廷德意，或可化其顽梗一得之愚。未知当否，乞代奏请旨。宗尧叩。初八日。

十一月十三日西藏档

使美伍廷芳奏南美无约各国似宜订约遣使以保华侨片

伍廷芳片。

窃臣此次前赴秘国，中经巴那马国及厄瓜多国，其南美之智利、阿根廷等国僻处秘国之南，巴西更在秘国之东，皆为臣征途所未经。各国除巴西业经有约尚未派使外，余均未与订约，统计大小凡十六国。自海禁大开，我国商民出外营生，旅居各处，或商或工，每埠多者数千人，少者亦千百数十人。目今虽未能确料其民数，然访闻所及，大约不下数十万众。此辈虽半多截发易服，取便内地杂居，而使臣所至，莫不杂遝欢迎，以争睹圣朝节使为幸。臣接晤之下，见其民族相传，严奉正朔，一切风俗习惯，悉守宗邦，其拳拳之忠不忘祖国，实与内地居民无异。盖其去国愈远，思乡转深，天性热诚，往往有大过人者。臣惟有展宣德意，藉以稍慰其眷恋之怀。该华侨等寄居人国，受国种之刺激最深。世界愈进文明，人类权利之思想自必愈形发达，臣迭接各埠商董函电，或面请代奏，吁恳朝廷与各国通好，设官藉资保护，俾免为外族所凌虐。又前因智利国日船载来华民众多，报章虚传，致滋工党鼓噪。臣迭奉外务部、农工商部，迭据商民恳请，设法保护，虽经臣切托驻秘美使转电驻智美使，饬驻智美领设法保护，一时幸未为虐，然鞭长犹虞莫及。现在驻美使臣兼辖四国，古巴既僻处海隅，秘鲁又远居南美，墨国虽近在同洲，然亦相距绵远，遇有重大交涉时形跋疐之虞。伏惟圣朝绥惠侨庶，如切痌瘝。当此筹备之宪之时，外交与内政实有隐相维系之理，臣愚以为南美半洲除秘鲁、巴西两国已有约外，其无约之国似宜一律通好订约，特简使臣专驻一国，其余分设代办、参赞、领事以资保卫，庶几贸迁往来，权利弗失，于殖民大计未始无裨。臣为仰体圣朝轸念民依不遗在远之意，愚虑所及，用敢附片具陈，是否有当，伏乞圣鉴训示。谨奏。

宣统元年十一月十五日奉朱批：览。钦此。

出使美国档

使义钱恂奏外交政策宜遵谕旨公之舆论折

出使义国大虑钱恂奏，为外交政策，宜恪遵谕旨，公之舆论，恭折仰祈圣鉴事。

窃臣伏读光绪三十二年八月十三日明诏，大权统于朝廷，庶政公之舆论两语，本民视为天视，法唐虞三代之隆，以众议辅上议，采东西万邦之宪。大原既定，薄海同钦，不但全国国民敬谨仰体，凡百臣职所应恪遵。

臣在官言官，请以外交论，我国咸丰以前中外情形相隔，往事姑置勿论。臣曾遍读同治夷务始末一百卷，查始末一书，本故大学士曾国藩奏请编纂，以为卧薪之鉴者也。同治一代之书成于光绪初年，其中所载固多无可如何之事，然观故大学士文祥所办各事，独为有力，独为有益。臣曾谒见文祥，当时以年少书生进谒宰执，乃荷虚怀询问，商及时政，毫无秘密可见，爱国名臣未有不以采及刍荛为首务者也。

近年外交失败，年甚一年，任事者多诿咎于国势太弱，不知国势之弱，正由任事者弱之，而非国之自弱也。任事者之弱国，半由于一已之无学无识，半由于询谋之未佥同。今者外交人员，多以秘密二字为唯一之政策，此在庸懦无能者，以秘密为卸过地步，而在诡悍罔顾者，尤以秘密为媚外手段。平日先把定一秘密主见，每每与外人秘密往还，其所谈论，罔识事理重轻，恒露可乘之间隙。当其露时，旁人受其秘而不及知，而外人以利其秘而持其后矣。一旦交涉事起，迎拒两难，论持正则识力不足，欲通融又人言可畏。始也未尝不发其良心，未忘忠爱，继也终以例守秘密，不顾是非，利输于外而不争，害归于国而莫挽，此外交之失败于秘密者一也。

外交场上将有所探听，必曰今以私交密询不作公谈，务须秘密。将有所诱惑，必曰今以私交密告，不作公谈，务须秘密。此等语臣闻之熟矣，用之亦习矣。彼以密尝，我以密应，如是而已。若窥澈不透，误徇彼密，不但受其愚，抑被其笑，今任事者不知此诀，惴惴焉惟恐以不密见责于外人。卒也仅能密于共患难之本国人，不能密于攘利益之外国人，徒遏民忠，无救实际，此外交之失败于秘密者二也。

顾此二者误国，固无所逃罪，而尚非出于本心。又有甚者，遇外交棘手事件，明知一经徇外必损国权，一损国权必负众谤。然不媚外则富贵莫保，于是悍然不顾借用秘密二字，以济其私，甚或与外国宾主对谈，不令本国第二人在座，务使本国人一概不知，乃可以为所欲为。而舆论不及伸，弹章不及上，即其上闻于黼座之前者，亦是牵甲扯乙，不忠不实之谈。加以挟外为重，故作危词，一若不秘密即恐决裂者，恫吓蒙蔽，深虑隐衷一露，即所图不成。此其用心，不但愚国民，并且愚同官，更且蒙圣主。一旦弊害显露，众论沸腾，非巧护前愆，即推诿国势，而深恨痛疾于知此源委之人，以为不密之故，皆秘密二字阶之厉也。此外交之失败于秘密二字，而罪不容诛者也。

我国外交上第一秘密事件，莫如光绪二十二年中国秘约成于一氏之手，诚无漏泄，然横贯满洲之路权随约而去，南通旅大之路权并旅大海口相继而去，皆受祸此约。设使当时采及众论，则枢臣如故大学士翁同龢，疆臣如故大学士张之洞，必将起而力争，东三省根本重地，将不至如今日之无所措手。徒以坚密之故，著著失败，安任其为利也。况此秘密之文字，虽不传于世，而此密约之大旨，遍登各报，又安任其为密也。此秘密之有害无利，事征既往者也。

我国外交上第一不秘密事件，莫如光绪五年收回伊犁之役。当时崇厚割弃格登山地，士论愤发，天威震怒，力主改约，几欲置崇厚于重典。夫以边外数百里远地之故，郑重如此，以视要隘、路矿之输弃者，轻重悬殊矣。一时大小臣工各抒所见，以图补救，尤以张之洞所议最为详核。臣时正列张之洞幕下，预参末议。厥后出使大臣曾纪泽卒凭公论，以折服强邻，收回霍尔斯河地。约已画押，而该地已割弃而争回，为中俄交涉最占胜著之事，所仗者公论争持耳。设使当时以业经画押，无可更改，一经宣布必开罪邻邦为虑而秘密不宣，即外臣无由而知。外臣不知则公论莫伸，而一约弃地永久莫挽矣。此又秘密之有害无利，事征既往者也。

至于今路权、矿权、债权相逼而来，交涉日繁，且于国脉民生较寻常外交事件更为切肤，断非三数人之知识所能肩此重任。欲求于国脉民生稍稍维持，稍稍补救，自必开诚布公，不尚秘密，与关切国脉民生之人互相推敲，互相商榷，则思虑益加周密。即部臣为难情形，亦可表坦白无私而共谅，而外人要求无状，又可仗舆情未洽以为词。故秘密而不与人商，则三数人独任其责，且独为其难。不秘密而广与人商，则全国分任其责，利害既全国共担，功罪亦全国共负，较之三数人独断，失败相去不可以道里计。

彼东西各国法律完备，宪政巩固，尚且于大小行政无不由会议而行。此会议乃各部相会，初非国会，在日本多内阁会议，在各国多各部会议。盖除各部小事件可以专主外，凡关国政无不由会议决行，所以昭大公也。况我国法律未备，宪政为始，合众智以谋之尚虞失挫，而可以秘密从事乎？或谓外交事与内政不同，宜用秘密，则臣昔年襄使历英、法、俄、德四国，习见彼邦政府办事之法，追监督日本留学生，驻彼最久，即与彼政府直接办事，奉命使和、使义，更以代表资格相往还。凡有交涉，彼外交官必曰尚与某部互商再行决答，可见一部之不克专主而必出于公议，公议即不秘密之谓。此臣所亲历而可举为不秘密之证者也。

此犹曰寻常交涉也。庚子年联军事起，张之洞方总督湖广，与故两江总督刘坤一共谋保障。臣承张之洞之委任，驻日本与彼外务省、陆军省及参谋本部有所商酌。此关于军务机密，在臣一面，自不轻以日本真情潜输于外，而彼政府固时相通知，不以事关外交之秘密于同政府，且秘密于全国民也。又客腊今春间，巴尔干半岛事件起，义、奥学务事件起，臣约见义外部大臣，往往以会议无暇，特订改期。该〔每〕次均以会议议论参差，不易调洽为词，可见外交事务无不公同会议，而议论参差初非不可调洽，且愈以见国步之进也。况我国近来路矿借款等事，悉关内政，悉关国计民生，更非外交可比，而谓可以一部专主加以秘密乎？外交关系重大如此，外交之办理艰难又如此，在部臣亦宜呼将伯之助，收众长之效，以求共谅于天下。

臣以为宜饬外务部，以后外交事件，无论与某部某省有无干涉，必须与内而部院，外而各督抚彼此互商决定。若遇各部各省意见不同，可由外务部详细辩论，务使通国内外大臣尽行允洽而后对外施行。如此，则同居局内者可以相得而益彰，不居局内者亦可相观而益善，免彼此推诿之病，即塞秘密失败之源。此仿用日本之内阁会议及列国之各部会议，有百善而无一弊，乃筹备宪政之一大关系者也。至于咨议局为宪政第一根本，现在甫经开办，所举人员诚未必深明政体，但目下留学归国之人日渐居多，虽其中亦多知识浅陋，学术无称之人，然苦学有造者亦必不乏，于内地民情未必窥及细微，而习于外事，于外交上知识较富。此种人归国以来，亲友耳聆其论说，乡里目击其举动，其感动之力亦非浅少。故今日沿江海省诚不得谓民智果开，然亦不可谓民智未开，臣所虑者在官智未开耳。

年来朝廷兴教育、奖留学，以开民智。今民智之开，略有成效，更请朝廷用民智之力以开官智，官智果开，于宪政前途裨益匪细。开官智之法，以注重谘议局员为先，慎其选举，广其闻见，准其献议，许其调查。用十分之工以培养议材，七年期届或可收五分之效。今若遏之，不使预闻政务，安望其上佐圣世立宪之举乎？此培养议材之说，必为力主秘密者所不许，目今未加培养，业已阻路约有人，阻矿约有人，阻款约有人。部中以种种掣肘，不克遂其私计，若一旦议材加多，则所阻事件亦必加多，部中方且用秘密为防川之计，安可推诚相布？不知果竭力培养，知识加增，于部中乖谬事固陈阻必切，而于部中为难事亦体谅必曲。部中苟无私见，何异公诟？国家仗此公论，正防私见。

外国政府有所谓放风筝者，政府遇更改一旧章，或创办一新事，在僚议已略有端绪，但不知民情之向背与邻交之好恶何如。于是托为报馆主笔语气，发为议说，或故抑故拘，或庄言名论，更或借用嘲讪，刊之报中，以听本国人、外国人之评论如何，而默为操纵。此是用报纸以观风气，故以风筝为喻。其不敢迳行有如是者，凡以顺民情、固邻交耳。我国报馆良莠不齐，未堪恃信，此第不适用于今时。然邻交不可不固，民情亦不可不顺，世未有不顺民情而可以固邻交者。彼专用秘密不问民情，以为可以固邻交，其实非固交也。乃近来民间往往倡行排货，是诚有损邻交，亦因任事者一味秘密，致民间不知交涉之原委，愤任事者之无可理喻，徒害国政，致有激而成者耳。若使任事者不宗秘密，将办理情形公之舆论，则事前既可仗民情以挫外焰，事后又可藉民情以恕委曲，是亦任事者之利也，而秘密者反是。

臣二十年来所见外交大小事，无不以秘而失败，无不以不秘而挽回，今当去任，实有不忍不言于黼座之前者，披沥上陈，但愿圣明垂教，俯赐采纳，则天下幸甚。此后所有外交事宜，应公诸舆论，请饬部与诸部院大臣各督抚将军商议，以为宪政、上议院之基础。再请饬下督抚将军向谘议局剀切公布，以为宪政、众议院之基础。事关圣世立宪之预备，是否有当，伏乞皇上圣鉴。谨奏。

光绪元年十二月十五日奉朱批：外务部议奏。钦此。

出使义国档

使义钱恂奏浙江三门湾宜为军港根据地片

钱恂片。

再，筹办海军，先谋一善良军港以为根据之地，否则军无由立。数年前义大利步俄、德后尘，有租借我三门湾之说，幸我坚持未允，尚留此港。臣籍隶浙江，于三门湾形势夙事考求，到义后更深访其所以求借之故，愈知我国可以建立海港之地，仅此一湾矣。查军港之设，必也形势便利，乃可以居中策应；必也山环水深，不受浪击，不患沙游，乃可以受停巨舰；必也后枕巩固，乃可以驻兵储械。尤必出入不止一路，一旦敌舰临口，封此则出彼，封彼则出此，乃可以固圉摧敌，护舰通路不至困阨。且此数善者，中国向有胶州一湾，今已割弃，追痛罔补。旅顺背线过狭，出仅一口，非可守之隘，不足珍惜。威海广湾又其次矣。幸三门湾尚为我土，又北距旅胶，南距澳广，均非逼近，筹建军港此为上选。此事提臣萨镇冰必已早有定谋，务请圣明坚断，无为外人浮说所摇。缘外人希冀我弃此良港，别图次地，则金钱空掷，要塞终虚，彼之利非我之利也。昔年外人劝我建军港于旅顺而不劝我建军港于胶州者，一在防俄得此不冻之海口，一在防我觉察胶州之利益，误中其计。往事已矣，今后岂可再蹈前辙？臣于外交上不敢听怂恿之甘言，每窥味其不言之隐情，差有所得，故竭诚上陈，伏乞圣鉴。谨奏。

宣统元年十一月十五日奉朱批：览。钦此。

出使义国档

外部致粤督袁树勋小横琴岛华兵捕获之船有无葡船希查复电

申。小横琴岛华兵捕盗案，葡使屡以为言，迭经本部切照驳复，兹又来照申辩，并请将获船九只悉数回交等语。此项船只是否全系盗船，抑有葡船在内，前电未经提及，希即查明电复。外务部。

十一月十五日澳门档

滨江关道施肇基呈外部与俄人会议松花江贸易试办章程电

松花江贸易试办章程，因俄人不肯承认，由部与俄使商准，派职道会同税司与俄员在哈商改。迭经面催开议，于本月十四即开议之前一日，始准俄领照订十五〈日〉十一钟在领署开议，并声明会议之员除珀领外，尚有黑龙江水路总理王爵铎戈禄可福、阿穆尔省税关监督拉燧庆、东清铁路代办达聂尔、轮船总理盛勃尔、商务处总理柯盘林斯吉等各员。届期职道与葛税司如约赴议，俄员亦麇至。职道等先向俄员嘱将彼所拟议之事，开送节略一份，以便逐条详细译阅，再行部议。俄人即不允肯，辄欲分条提议，俟甲条议定再议乙条。此时尚不知所议共有几条，某条有何关系。职道与税司商酌，此等议事可否，何从遽定，且向来会议亦无如此办法，遂坚不允俄人之请，争持至再。俄人始将原章程阅看宣读，甫一启口，即请将税司所出告示内案奉札行字样，改为下开章程，业经中俄两国派员商准云云，并要求立予回音，原章亦停止不再阅诵。职道等深知彼意，仍抱定旧约此语，乃其起点，且全豹未窥，尤恐稍涉迁就，即贻后悔，乃频催俄人接续宣诵。彼此再三诘辩，始接诵原章，每诵数行必有指摘，又力索回音，职道等知其无理取闹，置不予答。如是者数次，甫诵毕总纲四条，时近一钟，即请停议。订于十八〈日〉未刻为下次议期，职道等仍索节略，此意坚持到底。嗣由某俄员转圜，允先将总纲十四条内现欲议改之处，日内开一节略送阅。费尽唇舌始得进此一步，本是俄人要求之事，今反若我有所求，思之殊堪痛恨。至是日，彼所议改之事，其最有关系者，如章程题目改作按照爱珲及光绪七年条约中俄互商定准之章程；又总纲第一条，彼称俄有松花全江贸易利权，不认商埠与内地之分别；又第四条货物入官，彼请改定罚款银数，无庸将货物充公各等语。除俟节略送到时续陈，并分别电禀外。职道肇基叩。铣。

十一月十七日松〈花〉江贸易档

署粤督袁树勋致外部葡人干涉小横琴岛捕匪乞驳拒电

申。十五日电悉。华兵在小横琴捕匪所获，确系匪艇，并经起出被掳事主陈仲搏一名葡人。此次无理干涉，显系有意牵入租界，务乞大部坚持驳拒为祷。证以议界彼族强辩情形，此事若稍迁就松动，小横琴恐即非我有，想大部必早见及也。树勋。十七日。

十一月十八日澳门档

川督赵尔巽致枢垣喇嘛赴藏布施念经道路梗阻拟驿递敕书赴藏电

洪。奉旨派赴西藏布施念经札萨克喇嘛错尔、陈木等，均经陆续抵川，自应遵照派员护送，依期进藏。惟查藏番现在江卡一带弄兵，我兵出关，乌拉络绎，道途梗阻。恭查同治二年文宗显皇帝大事敕派札萨克喇嘛开鲁布、多尔济等赍送敕书、赏需等件，赴藏布施，适值瞻酋蠢动，与明正、巴塘、裹塘等土司互构兵端，道路梗阻。经前督臣骆秉璋奏请，援照咸丰十年成案，准将敕书封固，先行驿递赴藏，交驻藏大臣，亲行颁给承领赏需各件，暂存川省司库，一俟道路疏通，再行派员解交，以昭慎重。其喇嘛侍卫、章京领催即令回京供职，奉旨允准钦遵，分由水道回京在案。此该喇嘛等到川，适值藏番尚在江卡一带弄兵，道路梗阻，可否俯准援照同治二年成案办理之处，未敢擅专，谨请代奏。尔巽叩。啸。

十一月十九日西藏档

滨江关道施肇基呈外部俄人所请改贸易试办章程内有关条约之款译呈钧核电

铣电谅已邀鉴。俄人请改贸易试办章程内总纲各款节略，昨已送到，兹将有关条约之款译汉电呈，其余赶译寄呈。章程题目，俄人请改书，哈尔滨特派议员商定，由关《稽查松花江往来船只暨进出口货物暂行试办章程》底稿，第一条甲乙办法请删除，另拟曰：俄华船只按照爱珲并森彼得堡条约，准享松花江全流以仟便往来贸易之独利，照以下所开之章程办理。再总纲末尾一节第二段，请改曰：所有行船、理船、防疫专章，并给发专单暨军火凭照章程，以及各该章如有更改及加添之处，须按照光绪七年条约第十八款彼此商准后方能颁布各等因。

以上各条均与光绪七年条约第十八款有关，究应如何与议之处，请速电示遵办。查德、美二领月初先后来署，面称闻华官即日与俄人开议，更改现行贸易章程，惟松花江之哈尔滨、三姓等处业经开放为各国商埠，目前如有会议，彼国代表亦应与议。并问松花江行轮，俄人如要求专利，中国将何以复之等语。职道复云，所定贸易暂行试办章程早经颁布，其中并无独准俄人专利之说，亦无禁止他国船只之语。今因俄人屡次龃龉部宪，始允商改窒碍之处，以期尽善云云。以上德、美二领对于松花江贸易事宜之意见并以禀闻，除分禀外。职道肇基禀。啸。

十一月十九日松花江贸易档

美署使费致外部东省收回路权以锦瑷路为基础照会

为照会事。

照得本代办于本月二十一号交来节略一件，内开云云，于二十四号蒙那中堂、梁尚书面复，以上各情节中国政府颇为嘉许云。按前次条议，系欲各国互相调协东三省商务起见，凡有干涉之各该国，业已一体布告，将来各国如何答复，届时再当知会贵国政府。西十月间所订锦瑷铁路借款、建筑行驶等事之草约，业经画押，今美国政府重视此事，以为于将来统并之大局有最切之关系。盖中国赎回各路归并一局之议，虽有或办不到之虞，但锦瑷之局既成，则按此约可令该公司出头，以集各国之资而筑各处之路。固不仅锦瑷一路而已，即于商务上必需之路与及满洲一带将来或出售之路，均可给资赎还，合力筹办也。如此办法，自系全行收回路权之机关，即将来归并之大局，亦视乎锦瑷一路而为之基础也。贵国政府于锦瑷路事，亦以为然否？并能饬令照行否？如承允诺，美国政府自乐于闻命也。

十一月二十日锦瑷铁路档

锡良程德全咨外部安奉路用地能否照表开数目购买乞核复文 附表

为咨行事。

案据交涉司呈称：查接管卷内，安奉铁路各车站需用地亩，照南满铁路会社原开数目，计分甲乙丙丁戊五等，除安奉两端大站另议外，如本溪湖等处乙站竟需地至九百二十亩之多。迭经前署司暨购地局局长秉承宪台命令，与南满公司暨日本总领事往返商减，严定用地限制，声明此项土地专限铁路及铁路业务必要事项之使用，不得用为其它之经营。至火车站位置等，当与我国官宪妥商决定，如用地内欲设马路时，必须先商请所在地方官，得其许诺后始可实行等因，由彼此议定，各以公文作据在案。现据南满公司送到商减车站用地数目表暨图说各件前来，复经本司详加复核，照南满会社原开用地数目表已减去过半，调查沿路车站用地，似属无从再减。应否准其照表开数目分别购买，理合先行钞录原表，备文呈请堂宪鉴核批示，并请转咨外、邮两部核示祇遵。再，用地图说已饬由购地局分别详细核绘，一俟绘成，随即补送，合并声明等情。据此除批据呈已悉，仰候钞录原表咨行外务部、邮传部查核办理，缴表存印发外，查安奉铁路需用地亩迭经派员往返商减，严定限制，按照此次表开数目，似属无可再减。究竟能否准其照表所开数目分别购买，相应钞录原表，备文咨行贵部查照，核复施行。

十一月二十二日安奉铁路档

安奉线各车站所要地积表

车站名	等级	亩数
沙河镇	戊	一百二十一亩六分五厘
蛤蟆塘	戊	一百二十一亩六分五厘
老古沟	戊	一百二十一亩六分五厘
五龙背	丙	三百零四亩一步三厘
汤山城	丁	二百四十三亩三步
高力桥	戊	一百二十一亩六步五厘
高丽门	丁	二百四十三亩三步
凤凰城	乙	九百十一亩八步九厘
四台子	丁	二百四十三亩三步
鸡冠山	乙	七百八十九亩三步一厘
秋禾庄	戊	一百二十一亩六步五厘
林家台	丁	二百四十三亩三步
通家堡	丙	三百零四亩一步三厘
草河口	丁	二百四十三亩三步
分水岭	戊	一百二十一亩六步五厘
连山关	乙	三百四十六亩九步六厘
下马塘	戊	一百二十一亩六步五厘
南　坟	戊	一百二十一亩六步五厘
金　坑	戊	一百二十一亩六步五厘
桥　头	丙	三百零四亩一步三厘
本溪湖	乙	四百二十亩五步七厘
火连寨	戊	一百二十一亩六步五厘
石桥子	丙	三百零四亩一步三厘
姚千户屯	戊	一百二十一亩六步五厘
陈相屯	丙	三百零四亩一步三厘
姚仙屯	戊	一百二十一亩六步五厘

备考：外加桥梁材料置场四十二亩二步四厘

但只有本溪湖车站一处

使美伍廷芳奏由墨起程顺道赴古呈递国书折

出使美国大臣伍延芳奏，为微臣由墨起程顺道赴古呈递委任国书，恭折抑祈圣鉴事。

窃臣抵墨后，谒见总统，呈递答谢国书暨委任国书，业于九月十七日分别陈明。臣此次赴墨系属专使，墨政府接待殊优。查本年三月间，墨国特派专使巴哲格来京，恭谒两圣梓宫，暨恭送大行皇帝梓宫奉移。该专使回墨，备述我国待遇优渥，极深铭感，因于臣抵墨呈递国书时，总统再三伸谢。旋于九月二十一日特请宫宴，邀集各部大臣暨驻墨各国公使、参随以次，均得与陪。墨总统谆谆以两国邦交从此更加亲密向臣宣言，复知臣此次顺道赴古，因饬其接引大臣，并派兵官二员，特备专车送至墨国海口。另电饬该处地方官陈列兵队、乐队迎接，登轮鸣炮致敬，礼意尤为隆重。臣即于二十二日由墨京率同三等参赞官颜惠庆、代理三等通译官钱树芬乘坐专车，驰至墨海口，改附轮船顺赴古巴。臣系驻古兼使，前于闰二月二十八日奉到出使大古国委任国书一道，当经臣敬谨祗领，先后经驻美、驻墨古使力请，臣顺往古巴。复准驻古二等参赞官黎荣耀电称，古政府暨华商深望使臣前来，以联邦交等语。查由墨返美，道经古巴，似应徇其所请，今于九月二十三日由墨海口起程，顺道赴古呈递委任国书，以毕使事而敦睦谊，一经事竣即行旋美。除电请外务部先行代奏外，所有微臣由墨起程，顺道赴古呈递委任国书缘由，理合恭折具陈，伏乞皇上圣鉴。谨奏。

宣统元年十一月二十一日。

出使美国档

滨江关道施肇基呈外部译送商定松花江贸易试办章程文　附章程

窃职道遵饬会同税务司葛诺发与俄人会议《松花江贸易试办章程》一案，业将开议情形，暨俄人所送总纲条款内关系旧约各条，先行译出，两次电陈在案。兹将条款全分译就华、英文各一通，缮呈鉴核，除呈税务处外，肃禀恭叩崇安。职道肇基禀。

十一月二十三日松花江贸易档

照译哈尔滨特派议员商定由关稽查松花江往来船只暨进出口货物暂行试办章程底稿

第一条　俄华船只按照爱珲并圣比得堡条约，准松花江全流任便往来之贸易独利，照以下所开之章程办理。

第二条　凡船只进口时暨未离停泊处以前，可由关员登船查验，船在埠头，无论何时暨船内何处均可任听关员前往检查。

第三条　凡船只进于关界内时，由各该关指定停泊之处。

第四条　凡船只进于关界内时，应由关员立即登船接报其所载货物，搭客未经赴关请领准单者，不得任意上下。如有未领准单之货擅行装运、起卸，即罚若干；如查有违禁之货，无论进出口，即罚充入官。

第五条　照原文未改。

第六条　凡俄国船只所用舱口单并各项货单，均用俄文呈报，舱内单须将该船所载货物切实开明，免税之货一并在内，其标识、号数、货样亦应于单内详注，并由该船执事长签名，如有舛错惟执事长是问。

第七条　凡货物已完清税银并领有准单而未装船，须立即呈关复验，方可领还原完银，否则不能。

第八条　凡船只在停泊之处，或在中途，有关员索验牌照、单据等，即应呈验。

第九条　海关可派员上船在停泊处搜查，可驻船随乘沿途查看。

第十条　此条俟葛税司解明，再行会商改订。

第十一条　中国各江关在航期内办公时刻，系日出起日落止，礼拜日及节日，亦按此例办理。如于晚间装载起卸货物，先请领专单，呈交准请单费。

附注：凡往来有准期之轮船，不论到开时刻，随时立刻查验，无须缴费领专单。

第十二条　请编入行船章程内。

第十三条　凡火药并他色爆炸等物，大小铅沙、炮位、鸟枪、来复枪、手枪并硫磺白铅及一切军火、军械暨盐斤概行禁止载运。如在船上查有军火等，并无执照声明系为防身或该船所用者，即行罚充入官。本条下开云云，按照光绪七年陆路通商章程第十五款改订，凡东清铁路所需建造、修理、经理料件，免纳各项税厘，护路军所需物料亦在此例。

第十四条　凡违犯关章，即照本国律例定罚，应罚数目须经彼此商订，附入本章。所有行船、理船、防疫专章，并给发专单暨军火凭照章程，以及各该章如有更改及加添之处，须按光绪七年条约第十八款，彼此商准后，方能颁布。

联豫温宗尧致枢垣遵旨未向班禅查询陛见电

午。恭奉十　日电旨，班禅额尔德尼因达赖陛见，故亦极思陛见，去年豫代奏，未蒙俞允。现在并未呈请，自当遵旨，勿庸向伊查询，谨先电复。乞代奏。豫、尧叩。

十一月二十三日西藏档

滨江关道施肇基呈外部黑龙江左岸贸易俄人亦求订专章电

前两电计达。查十八〈日〉二次会议，俄员首先将更改税司告示一节作罢，至原章题目，职道等告以本无与俄窒碍之处，何庸商改。照前此中俄商订绥满关章，亦未于题目中标明商准字样，彼此相持至再，始允作为暂不置议，俟条款定妥再议。又至总纲第一条，职道等以按照旧约，准两国人民与松、黑沿江居民贸易，由两国商办等语。现俄向中国索商松江贸易章程，想黑江左岸之俄国贸易亦应将章程送中国阅看，以便会同提议。珀领复称，此次议件系经两国商允，至俄界贸易章程，贵国外部未经提议，俄使亦未允许，自可不论。职道等明知此等枝节不在本案应议范围之内，惟彼以无理要挟，我即以此为抵制之方，用意不过如此。是时，葛税司并将原文内甲乙两项办法之利益详为解说，欲其于此条勿议删除，俄员始终固执，不能再商，只得亦归缓议。总纲二、四、五各条，俄允无改，第三条则于原文内加进口后关员从速查验字样，旋即停议。十九〈日〉三次会议，珀领以铎王爵即晚回国，可否将其注意各条先行提议。职道许之。铎即议节略末尾之第二段，职道等以此段不在应议之列，军火进口本国已有专章，理船、防疫等事中国亦自有主权厘定。铎云行，船章即西名 Nairation rules 最关紧要，不可不商。职道等云，西国 Nairation rules 之名，乃系行驶章程，中国于此事已仿照万国船章办理，自无可议。至部致廓使节略内，有行船章程字样，系即指贸易章程而言，勿庸误会。铎终以松、黑情形与他处不同，必须商订专章，职道等驳拒良久，姑允由铎开送俄国办法阅看，仍切实声明并非允许将来仿照，亦非允其与订章。又议第六条舱口单等，均用俄文，职道等告以俄船所用俄文舱单，本关现系一律收阅，原无歧视，惟不便载入章程耳。彼仍力争，设俄人罕通华、英文字者，乃允给一公函为凭，诸俄员无词，独拉简金仍不认可。其船主签名一节，俄员谓松、黑二江船主与长江领港无异，只认行船，并无管理事权。另有一执事人经理一切，实即他处船主之职。税司云此言甚确，允于原文船主下加或由该船有责任之经理人字样，旋即停议。以上两次会议情形，正在拟电汇禀间，接奉钧电，俄商窒碍四字实为此次允议之宗旨，亦即为后此不能逾越之范围，职道等聆佩之余，自应恪守。再迭次会议，职道极力磋争，葛税司亦知无不言，言无不尽，毫不瞻情诿避，实属深资臂助，合并声明。

十一月二十五日松花江贸易档

清宣统朝外交史料卷十一终

清宣统朝外交史料卷十二

宣统元年十一月下至十二月

外部致袁树勋澳门界事停议请饬维持旧状勿生事端电

申。澳界事葡使照称：奉政府命，以此事既经停议，只有归海牙公会判定，方能议结，且足解除邻境居民之愤，永久相安。前有恶徒鼓动百姓，使两相猜疑，故应于未判定前照约各持旧状。马楂度到京会晤，亦仍本此为言。经本部先后切复，告以该处界务系中葡之事，所关系者，系中葡之民，始终应由两国和商，万难公断。近日英使来照，坚称葡请调处为有理，并引英、葡旧约，谓设有攻击之举，英有力助葡国之责，特预声明。本部复以所引条约与事实不符，照令转报政府，无庸误会各等语。查界务，现虽辍议，俟高大臣与驻法刘使回京后，询明情形，自当会商一妥善办法，以期有所结束。现我既坚持不允公断，英、葡两国必以彼处百姓鼓动攻击为词，谓我恃强欺逼，应由尊处严饬该地方官妥为弹压。另派一明干委员暂驻该处，随时劝导，总以维持旧状，勿生事端，致令有所藉口为要。除将来往照会附函钞寄外，希核办电复。外。

十一月二十五日澳门档

外部咨邮部安奉路需用地亩应否照表购买请核复文

为咨行事。

宣统元年十一月二十二日准东三省总督奉天巡抚咨称：据交涉司呈称，安奉铁路各车站需用地亩，照南满铁路会社原开数目计，分甲乙丙丁戊五等。除安奉两端大站另议外，如本溪县等处乙站竟需地至九百二十亩之多。迭经前署司暨购地局局长与南满公司暨日本总领事往返商减，严定用地限制，声明此项土地专限于铁路及铁路业务必要事项之使用，不得用为其他之经营。至火车站位置等，当与我国官宪妥商决定，如用地内欲设马路时，必须先商请地方官得其许可后，始得实行等因。彼此议定，各以公文作据在案。现据南满会社送到商减车站用地数目表暨图说各件，经本司详加复核，照原开用地数目已减去过半，调查沿路车站用地，似属无从再减。应否准其照表开数目分别购买，理合备文呈请鉴核，并转咨外、邮两部核示祇遵等情。查安奉铁路需用地亩，迭经派员往返商减，严定限制，按照此次表开数目，似属无可再减。究竟应否照表所开数目分别购买，相应钞表备文咨行贵部查核见复等因前来。查此事已由该督抚分咨贵部，事关路政，应如何核办之处，相应咨行贵部查核见复可也。须至咨者。

十一月二十五日安奉铁路档

总税司裴式楷呈梁尚书敦彦请钞送安奉路合同函

敬肃者：

日本伊集院公使前致贵部照会，询问安东收税情形。兹正研究是事，应请将新与日本订立安奉铁路合同钞录一分掷下，以便详查。该合同所言铁路及边界等事，此次答书极应谨慎。内有数事，虽该使于照会内并未明言，惟于会晤本总税务司时却曾提及，业经本税司报告在案。即如火车运载之货物，由高丽过鸭绿江入中国者之税则，日后该使或将提议，似应早为预备。中国曾否经人要请，曾否自行允许将高丽南满铁路在安东接线，日本必谓高丽为日本所保护，南满铁路为日本所承筑，接线之事可无庸请诸中国。虽此种议论未必有理，然日本必以为言也。

十一月二十五日安奉铁路档

东督锡良致外部松花江贸易试办章程请驳拒电

据哈尔滨施道肇基电称：松花江贸易试办章程，现部与俄使商准，派职道会同税司与俄员在哈商改，于本月十五日十一钟在领署开议。职道与葛税司向俄员属将彼所拟议之事开送节略一分，以便逐条详细译阅，再行酌议。俄人不允，即拟分条提议，俟甲条议定再议乙条。职道与税司商酌，向来会议无此办法，遂坚不允俄人之请。始将原章程阅看宣读，甫一启口，即请将税司所出告示内案奉札行字样改为下开章程，业经中俄两国派员商准云云，并要求立予回音，原章亦停止不再开诵。职道等再三诘辩，始接诵原章，每诵数行必有指摘，又力索回音。职道等置不予答，如是者数次。甫诵毕总纲四条，时近一钟，即停议，订于十八日未刻为下次议期。职道等仍索节略，此意坚持到底，嗣由某俄员转圜，允先将总纲十四条内现拟议改之处，日内开一节略送阅。是日，彼所议之一其最有关系者，如章程题目改作按照爱珲及光绪七年条约中俄互商定准之章程。又总纲第一条，彼称俄有松花全江贸易利权，不认商埠与内地之分别。又第四条货物入官，彼请改定罚款银数，无庸将货物充公各节等语。除俟节略送到，随时续陈。铣。

又据啸电称，俄人请改试办章程内总纲各款节略，昨已送到。兹将有关条约之款译汉电呈。章程题目俄人请改，曰哈尔滨特派议员商定《由关稽查松花江往来船只暨进出口货物暂行试办章程》底稿，第一条甲、乙办法，请删除另议。曰俄华船只按照爱珲圣彼得堡条约，准向松花江全流任便往来贸易之独利，照以下所开之章程办理。再总纲末尾一节之第二段请改，曰所有行船、理船、防疫专章并给发专单暨军火凭照。章程以及各该章如有更改及加减之处，须按照光绪七年条约第十八款，彼此商准后方能颁布各节。因以上各条均与光绪七年条约第十八款有关，究应如何与议之处，请速电示遵办。

查德、美二领事，月初先后来署面称，闻华官即日与俄人开议，更改现行贸易章程，惟松花江之哈尔滨、三姓等处，旋经开放为各国商埠，目前如有更议，彼国代表亦应与议。并闻松花江行轮，俄人如要求专利，中国将何以复之等语。职道复云：所定贸易暂行试办章程早经颁布，其中并无独准俄人专利之说，亦无禁止他国船只之语。今因俄人屡次龃龉部宪，始允商改窒碍之处，以期尽善云云。以上德、美二领对于松花江贸易事宜之意见，并以禀闻各等语，先后到院。

查《松花江贸易试办章程》，六月间由钧部与俄使磋商，经俄使照复允认在案。惟其中细节，如于俄商有窒碍之处，则可由俄员与我商议。今俄员请将章程题目更改，直欲翻改从前俄使之承认，殊属无理。其第一款甲、乙两项，系规定船舶行驶各通商口岸及内地时，应行报关完税之办法，万难更改。况俄国在朴资茅斯与日本所订之约，已将松花江行船独得之权利让出，现在中国在各该处开通商埠，系实行中日条约，俄国早已承认，何得尚以独利为请？均应据理驳拒。至末尾两节第二段，俄人请改之处尤属不合。查中俄条约，并未许其干预我国管理船舶之权，且防疫及给发专照等事，为我国主权之作用，亦为海关之专职，断无须与俄人商议，亦应一并驳拒。除电复施道遵照外，相应合并电达钧部鉴核。良。有。

十一月二十五日税务档

税务处咨外部钞送东省督抚筹办开埠事宜电请查核文　附电稿三件

为咨行事。

准东三省总督及奉天、吉林、黑龙江等省巡抚先后钞送各该省筹办开埠事宜电共三件到处，相应照录原电，咨行贵部查核办理可也。

十一月二十七日商埠档

照录黑抚周树模电

税务大臣钧鉴：

洪。顷准咨开江省划分商埠内地事宜，筹办有无端绪等因。查江省之省城、爱珲、满洲里、海拉尔四处均定为自开商埠，惟满洲两处因东清铁路占界轇轕，尚未划定，正在筹议办法，一俟开办，再行绘具图说，咨请查核。至税务事宜，凡在商埠界外，均照内地办理。遵先电复。模。歌。

十一月初六日

照录东督锡良奉抚程德全电

税务处钧鉴：

奉省各商埠，约章内载，均系自行开放。前准感电，业经前督徐、前抚唐札饬交涉司转行开埠各地方官，从速筹备相当地址划作商埠，以便与洋商为公共居住贸易之所。嗣据新民等处地方官集绅商会同拟议，相当地方陆续绘图，送经交涉司呈核。查拟定地段均在火车站暨附近之处，既便交通，即所定方里亦足敷用，尚称合宜，应早划定以清界限。第奉省情形，外人在城镇杂居者已属不少，该司迭与驻奉各领事面商，划清埠界办法，各领均欲坚执全市通商之说，侵我税权。现彼此均未承认埠地，亦有照常征税者，然埠界一日不定，一切皆无妥实办法，易损主权且非长策。至省城商埠，早经前督赵圈定小西边门外田亩，插立标志。各国人民有向界内禀请租用者，正拟饬司分别另绘图本，呈送核定，照会驻京公使核办。兹准咨询，除备文咨送，并咨呈外务部查核办理外，谨将筹备情形先行电复，即希查照为祷。良、全。歌。

十一月初七日

照录吉抚陈昭常电

税务大臣钧鉴：

洪。前于二十五日接准贵处咨查吉省商埠划界筹办情形，当经分电延吉、珲春、三姓、哈尔滨等处饬查。兹据电复：延吉埠地四处，除六道沟埠界日领早经承认，百草沟尚未提议外，其余局子街、头道沟两处，已与日领迭次磋商。局子街亨字胡同以西街道，头道沟庙宇附近街道，如均添入埠内，日领即能承认珲春税关界限。业已勘定东至关外渡口，西至关帝庙，南至红旗河，北至关外北大道。若商埠界址，克税司坚谓，宜包含税关，城厢在内。郭道欲照各埠另划地段，彼此见解稍左，尚未确定。三姓商埠界址尚未划清，但已勘定在城东北沿江一带，现设江关左右，其地名为旧城。

以上各处有已划定，正在规画中者，惟哈尔滨一埠。有铁道占用地之纠葛，划界甚为棘手，俄人视铁道界内为彼之领土，只承认我在傅家甸开埠。我固不允，而各国领事亦复不愿相持。至今秋，俄使始允将路界沿边之粮台地方暨毗连之傅家甸，凑成各国商场，意在调融路界，使商埠居于界内外之间。闻各国尚有异议，故哈埠之界至今亦未能确定。大约能办到多割路界以内之地，并入商埠，使其路界冲破，已为得手。

此外，如长、吉两埠址，虽经划定，且已奏准拨款开办，但以洋商无内地杂居之例，因此生出疑难问题。查吉林、长春两处城内，各洋商杂居有年，长春之日人尤多，且有自建屋宇者。我于城外划定商埠，明定租建章程，势必令城内洋商悉迁入埠，商埠内地之界，始能分明。否则商埠以外，仍有外人杂居，商埠与内地之性质即混合不清，而收税亦因之诸多制肘。故现在筹办商埠，不但在埠界之划清，而尤在外人居住地域之划清。假如商埠外仍有外人居住，即与外人无杂居之例冲突，我所指为内地者，彼仍可指为商埠，以通商口岸不应收税为词。克税务司对于珲春开埠，欲包含城厢在内，无非有鉴于此。以上情形，业由敝处委派西路道颜世清赍咨赴部请示办法，究应如何斟酌尽善之处，须俟外部核复定夺。尚乞尊处更与外部接洽会商，不胜盼祷。除咨达外，先此电复。昭常。智。

十一月二十一日

巴西代使吉致外部请示知中国领海管理权专律照会　附节略

为照会事。

窃本代办奉本国政府之命，调查贵国关于领海管理权三则，谨列如下：一、在领海界内，对于他国之船，其警察裁判权有无限制。二、如甲国逃亡犯人，被乙国捕获于丙国船之内，由该犯本国要求交还，应如何办理。三、领海界内有他国商船之犯事，是否将犯人送至该船所属之国审判，抑即由犯事处办理等因。相应照会贵亲王查照示知贵国专律如何，俾得申复本国政府，以尽委任。须至照会者。

十一月二十七日法律档

第一问，如外国船只上生有巡警拿人问题，管理领海埠港之权，是否有所限制？

第二问，如甲国之逃犯，在乙国领海内之丙国船只上为搭客时被拿，而本国又索交还，系作何办法？

第三问，如在领海内外国船上，犯罪是否应归该船所属之国审判，抑归据有该领海之国办理？

对答上项问题，须视为万国公法，抑为无治外法权之中国而设，余今按照中国情形，条答如下：

一、治外法权得以施行于领海埠界，与中国陆地无异。中国对于外国船只举动，实为中法条约内数款所限制。以下所译之一千八百六十年中法条约第三十九款，实足解说第一问。

法国人民有约各国人民仿此如有不协争执事件，均归法国官员办理，遇有法国人与外国人争，中国官无权干涉。至于法国船只按照一千八百四十四年条约专指商船而言，华官亦不能干涉，均归法官及该船主自行料理。

观此则可知，中国巡警绝无权力能干涉法国船只有约各国船只仿此，虽有时曾实行干涉，然亦必预先得有领事或船主之应许。

二、依余解说法律，该犯在外国船上时，中国按照上引条约，断不能干涉。如遇此等事件，譬如逃犯为法人，船为德船，依余之意，无论华官、法官，苟非得船主或别项德官之允许，不能捕拿此犯。如犯人并未行出领海，外国船主将其送交该犯所属国之领事，则中国无权可以干涉。治外法权全由条约发生，即任令外国官员管理其在华之人民财产之谓。然如罪人已经逃出该管官员范围，领事或律官仅为审判起见，能否将其追回起岸，此实一甚大甚新之问题。外国或将谓，彼之法堂可以任便办理该国罪犯，绝非中国之事。此等议论，余亦不能谓其允当也。

三、如在中国领海内外国船上犯罪，自归该船所属之国办理。然如犯罪之人系第三国之民，则不能如此。依余观之，该船虽无法律限制，大约亦必将该犯送交该犯所属国之领事。譬如英人在中国境内德国船上犯罪，英官向德人要索德人，自将该犯移交英官，任凭按照英律审判定罪。然亦可辩论，该犯既在中国领海内犯罪，全属中国管辖之下，与德国绝无关系。缘此等事件，本属中国范围，惟既无治外法权，则英国实代中国行法也。如治外法权不行之地在领海内外国船上犯罪，则归领有该海之国办理。该船如系兵船，不在此例。

外部丞参呈堂宪研究外国船在中国领海内应如何施行司法权事缮单呈核文

谨将外国船在中国领海内，中国应如何施行司法权一事研究所得，缮具清单，恭呈钧鉴。

拟答巴吉使第一问

凡外国船泊于中国领海者，所有船内生出民刑事件，倘于中国治安无碍，或外国船之船长不求中国帮助，中国即不干涉。故中国之司法权及警察权，对于外国商船实有如上所举之限制，惟有特别条约者，不在此限。外国船仅在中国领海通行者，除有侵害中国利益之情事外，中国概不干涉，惟航海之警察规则概须遵照。

谨按：外国船在中国领海界内，中国应如何施行司法权及警察权一事，应分为二节研究。一、外国船在中国领海经过。二、外国船在中国领海停泊。外国船仅在领水经过，与领海国无大关系，除有侵害领海国利益情事外，似可不必干涉。惟所有航海警察规则，应一律使之遵照。至于在中国领海停泊之外国船，按英国主义，除有特别条约者应遵约办理外，应使之全服我国司法权及警察权，方与法理相符。惟船内种种细微事件均由我国干涉，不免生出种种外交争端，似嫌琐屑，故拟采用法国主义。除案情重大有碍我国治安，或由该船船长请求我为之帮助外，概不干涉。如是，既不失我主权，又免外交争论，为策似尚妥便，是否有当，恭候钧裁。

十一月二十八日法律档

谨将英、法等国历来办法附呈钧鉴：

一、外国商船通行领海时，据英国主义，凡通行领海之外国商船，如船内出有民刑案件，亦归英国管辖。然仅在领海通过，实与领海国无大关系，于此而仍施行国权，实多不便之处，故学者多反对之。一千八百九十七年，万国公法会议于此事件议定，除有侵害领海国利益情事外，领海国概不干涉，故我国亦宜遵守万国公法会议所议决者办理，方为合宜。惟航海之警察规则，无论如何概须遵照。

二、外国船舶在领海停泊之时，各国于此问题有二主义：

甲、英国主义。按此种主义，盖严行领土主权者，当十九世纪之初，各国莫不采用斯法。故一千七百九十六年，普国领海规则第五条内载，凡在外国港内之普国船舶，所有船内之普国人民如有民刑诉讼，归该地裁判所管辖。又一千八百七十八年，英国颁布《领海裁判条例》，凡在英国领海内即自英国海岸三海里内之水面所有犯罪案件，不论其人为英人，为外国人，在英船内犯罪，抑在外国船内犯罪，统归英国裁判所管辖各等语，具见此等主义实为当时所通行。且自法理论之，此主义亦属正当无误。惟外国船舶内发生种种细微事件，一一皆由领海国干涉，则外交上不免生出种种争论，且放任之置之不问，亦于领海国毫无不利不便之处。自十九世纪之初叶，乃有所谓法国主义者出焉。

乙、法国主义。按法国主义，凡在法国港湾之外国商船，所有船内船员间之犯罪，苟不紊乱法国港湾之秩序，又不请求法国为之帮助，法国即概不干涉。如一千八百六年，北美商船纽敦号及沙利号事件，法国即实行此种主义，由北美领事自行管辖。法国置之不问，主义渐为学者及实际上所采用，如公法大家霍爱敦氏，初极主张此属地主义即英国主义，谓船内发生之案件，除有特别条约外，概归领海国管辖。嗣见此案法国所采用之法制及判例，乃幡然改图，极赞法国主义之方便，谓主义深合公法之原则，将来必可邀各国之承认云。现在除英国一国外，各国莫不采用此主义，且一千八百九十八年之万国公法会议，亦承认法国主义，决议参用之。

拟答巴吉使第二问

谨按：此问似系指犯人在本国犯罪，乘他国船舶逃至中国境内，由该国请将犯人获交，自行治罪，问中国应如何办理之意。查交犯一事，近今学说指为国际之道德，不论有无交犯条约，均应协力获交，以昭睦谊。惟交犯一事应备左列五条件，方为合宜。有此五条要件，则不问其犯人在他国船上，抑亦他种地方，如在我国境内，我国即宜设法获交，以符国际法律共助之义。谨将要件列左：

一、须由该国将犯人姓名及所犯情节通知中国。二、所犯情节颇重，且中国法律亦视为有罪者。三、所犯非关涉政治。四、犯人非中国人。五、此人现在未曾在中国犯罪。

谨按：右举各节拟答如左，是否有当恭候钧裁。

凡犯人曾在本国犯罪逃至中国，经该国将犯人姓名及所犯情节通知中国，请为获交惩治，中国当查所犯轻重。又查中国法律上是否亦视为有罪，如犯情颇重，中国法律又视为有罪，则中国当设法获交所有获犯，经费应由该国偿还。惟犯人如系中国人，或所犯系属政治犯人，又此人现在中国犯有罪案，则不能获交。但犯人之本国曾与中国结有特别条约者，一切遵约办理。

拟答巴吉使第三问

凡在中国领海内停泊之他国商船，遇有工役在船内犯罪情事，应按照案件之轻重及有无防碍治安为断，如犯罪甚轻且无碍中国之治安，该工役即由该船所属国管辖，中国概不干涉。如工役在中国岸上犯罪甚轻，又于中国治安无碍，则由中国地方官将该犯执交该船船长，由船长责罚后通知中国地方官。其案情重大有关中国治安者，仍由中国管辖，惟有特别条约者不在此限。

谨按：本问亦可分为二层研究：一、工役在船内犯罪。二、工役在岸上犯罪。工役在船内犯罪，应如何办法，可照第一质问所答各节，按其情节轻重分别办理。至于工役在岸上犯罪，按之法理，不论罪之轻重，有无妨碍治安，除有特别条约应遵约办理外，本应一律由领海国管辖。惟案情甚轻，于领海国之治安又无甚妨碍，不妨由领海国地方官将工役执交该船船长，由船长将工役责罚后通知中国地方官，则彼此均甚方便。盖往往有因地方官管辖此种细微事件，致令船舶不能起椗，殊多不便之处。如先年日本船在英属玛岛曾演此事，嗣经几许交涉，该岛太守乃设法措辞，将该犯交还，船舶始能起行。故工役犯情甚轻而无碍者，以执交该船长责罚为便也。

邮部咨外部安奉路需用地亩请将原开数目声复文

为咨行事。

路政司案呈准东三省总督、奉天巡抚咨称：据交涉司呈称，安奉铁路各车站需用地亩，照开南满铁路会社原开数目计，分甲、乙、丙、丁、戊五等，除安、奉两大站另议外，如本溪县等处乙站竟需地至九百二十亩之多。迭经前署司暨铁路局局长与南满公司暨日本总领事商减，严定限制，声明此项土地专限于铁路及铁路业务必要事项之使用，不得用为其他项之经营。至火车站位置等，当与我国官宪妥商决定，如用地内欲设马路时，必须先行商请所在地方官，得其许可后，始得实行等因。彼此议定，各以公文作据在案。现据南满会社送到商减车站用地数目表，暨图说各件，经本司详加复核，照原开数目，已减过半，调查沿路车站用地，似属无从再减，应否准其照表开数目分别购买，呈请鉴核，并转咨外、邮两部核示祇遵等情。查安奉铁路需用地亩，迭经派员商减，严定限制，按照此次表开数目，似属无可再减，究竟应否照表开数目分别购买，相应钞表备文咨行查核见复等因前来。正核办间，又准外务部咨同前因。查此次表开等级亩数，计乙种需用地积〔亩〕，凤凰城一处共九百十一亩八步九厘，鸡冠山一处共七百八十九亩三步一厘，连山关一处共三百四十六亩九步六厘，本溪湖一处共四百二十亩五步七厘。丙种五龙背等五处，每处二百四十三亩三步。戊种沙河镇等十二处，每处一百二十一亩六分三厘。此外，更于本溪湖车站加桥梁材料场一处，共四十二亩二步四厘。本部以该铁路需用地亩未经收到原开数目，无案可稽，惟前据该督抚电，开据安奉车站用地图，大概分甲、乙、丙、丁、戊五种。安东、奉天为甲种，凤凰、本溪、连山、鸡冠四处为乙种，其余为丙、丁、戊三种。甲种地亩无定，因奉天原有南满车站，安、奉已购有极大地段。乙种用地九百四十亩，丙种二百七十余亩，丁种二百二十余亩，戊种百二十余亩等语，核与此次表开亩数不同。究竟其原开地亩数目若干，此次表开亩数是否大减，且前电内称安东已购极大地段，其平方若干，相应咨呈贵部，有无收到此项原开地亩数目。如有原案，请将前项各节检钞原开数目声复过部，以凭核办。俟核办后，再行知照可也。须至咨呈者。

十一月二十八日安奉铁路档

学部奏拟准外国学生入经科肄业并酌定简章片

学部片。

再查各国大学，除教授本国学生外，外国人有程度相合而愿入学肄业者，亦无不一体收取，诚以学问之道靡有穷尽，惟互相师法而后讨论益精。自臣部筹设分科大学以来，屡有外国人前来询问，能否准其入学肄业。臣等窃维近日中国学生游学东西各国者甚多，今中国设立大学，而彼国亦愿来学，以往来施报言，固所以厚邦交；以知识交换言，亦所以广教育。臣等公同斟酌，经学一科为中国所独有，拟先就经科大学，准外国人入学，预由臣部酌定简章以期妥洽。至其余各科，大学设立之初，恐难遍及东西各国之完备，外国人入学一节，拟暂从缓议。谨附片具陈，是否有当，伏乞圣鉴训示。谨奏。

宣统元年十一月二十九日奉旨：依议。钦此。

外人游学档

鲁抚孙宝琦咨外部与德商签订收回五矿合同请查核文 附合同

为咨呈事。

案查光绪三十三年七月间，杨前院与德商采矿公司议定合同八条，当经奏明，并分咨钧部暨军机处、农工商部查照各在案。查该公司原指之沂州、沂水、诸城、潍县四处，查勘早已停工近年，但在第五处矿界内宁海州属之茅山查勘金矿。上年夏秋间，东省士民倡立保矿会，该公司遂有转售茅山之议。本年三月及五月，德领事贝斯两次照会袁前院，称奉本国外部命令，以茅山矿产售与中国为请，索价德币二百二十五万马克，并声言此外四处一并归还。袁前院以合同既有准其转售明文，因集官绅会议，主收回者居其多数，一面派员勘估茅山矿产及历年所费工本。据禀称，约用过银四十二万余两，而所议筹款办法迄无眉目。六月间，本部院莅东复准德领事照请，速将此案办结，随派劝业道萧应椿等与该德商石谧德开议。该公司原索价二百二十五万马克，合银八十余万两，迭次磋磨议减，该公司让至三十四万两，坚持不肯再让。体察情形，只可照此议结。因另订条款声明，原订合同作废，茅山矿产及五处房地器具一概归还，中国偿给历年费用银三十四万两，分四年付清。迭经函电商蒙钧部照允，拟于十一月十九日饬该道等与石谧德公司签押，该公司矿权遂从此一律收回。再，本年三月间，该公司按照合同在探矿两年限内，呈请开办茅山金矿三块。七月间，经钧部与农工商部核准，填发执照三纸来东，本部院因正议收回，恐其藉端要挟，故未发给。今概由东省购回原发矿照，自应缴销。据该道等详请分别奏咨，前来本部院复核无异，已将签订条款敬谨照缮，进呈御览。除另文咨钞奏稿暨将茅山矿照咨送农工商部查销外，合将照缮条款备文咨呈钧部，谨请查核，备案施行。

十一月二十九日矿务档

山东收回德商五矿合同

为订立条款事，案照华德采矿公司现与山东官府商订退还矿权条款如下：

第一款　华德采矿公司愿将本年三月在探矿二年期限以内呈请领照开办之宁海州、茅山矿地三块退还，不再开办，听凭中国官府另行招商接办，永远不得过问。

第二款　所有光绪三十三年七月十四日所订华德采矿公司合同声明一律作废，自此件画押之日，公司即将前项合同交还山东官府。

第三款　公司从前在山东五处勘矿工本及绘图、买地、房屋、器具一切费用，现经彼此商允，付给公司库平银三十四万两，分为四年交清。每年匀作二期，第一期自西历一千九百十年正月起，每期交库平银四万二千五百两，于西历每年正月及七月以内，照数兑交（重议定于西历正月、七月二十五号交）。

第四款　此项银两应由接办各矿之新商承认。惟现在骤难招定有人，是以由山东抚院担保，先行设法挪垫，每期交由济南或青岛德华银行照收（重议定在青岛德华银行交）。

第五款　自此件画押之后，公司即将下开各件交还山东官府。

甲、公司勘矿所绘详细矿图以及勘矿各项器具。

乙、公司在五处矿地内置买地亩、房屋、器具。

丙、公司价买之地亩、房屋印契或白契。

丁、地亩、房屋、器具开列清单，以凭点交接收。

第六款　此项合同签字后，应请山东巡抚部院孙奏明立案。

第七款　至第八期款项付清后，公司即将此项条款交与山东官府注销。

以上七款蒙山东抚院孙批准，并咨请外务部、农工商部允准施行，以华文为主，共缮两分，彼此签押，各执一分作据。

大清国山东巡抚部院孙宝琦签押，大清国总办山东洋务局即补道刘，大清国山东劝业道萧，大德国总办山东华德采矿公司石订立。

大清国宣统元年十一月十九日。

外部致度邮两部美外部谓保全中国东省铁路主权须先赎回锦瑷路希详复函

径密启者：

东三省筹借外款修筑铁路一事，前于本年十月十二日，由本部会同贵部妥议复奏咨行。该督抚通盘筹画，果能确有把握，应需借款仍随时咨商三部妥筹办理等因。嗣于十一月十一日，经该督抚遵照部议复奏，奉朱批：该部议奏，钦此。正拟核办间，先后接准美国费署使节略暨照会，以美国政府顾全中国东三省主权，并保守利益均沾、开放门户主义，拟将中、日、俄所造之铁路准各国得一体承购股票，认明中国为地主。此事若果开办，须先请中、日、俄三国允准襄助。英、美两国固有锦瑷铁路合同，亦须帮同办理。若此则满洲土地之权与铁路界内之交涉，均可由此而定，不致再生障碍等语，当于会晤时告以中国，对于此项办法宗旨实已同意。惟此事关系重大，将来商议详细节目时，仍须审度。所拟与中国主权有无妨碍，且事关中国路政、财政，尚须与度支、邮传两部会商，如果有碍主权或为财力所限，即当作为罢论。费答以即当电请政府向各国提议，至详细办法，将来应随时与中国及各国逐节商议等情。本部以此事关系东省全局，所议若成，则锦瑷一路自可并案办理，故议复东督一折，暂未咨商贵部。现接驻美张大臣电称，美外部宣言，实行保全中国东三省主权，同享通商利益，须将东省铁路一概赎回，交还中国，款由各国合借。中国未还款以前，管路购料利益各国分沾。满洲铁路，日、俄独任，何如各国分任以保和平，已通行各国等语。嗣接准美费使照称，西十月间，所订锦瑷铁路借款建筑草合同，美政府重视此事，以为于将来统并铁路之办法有最切要之关系，若锦瑷之局既成，则按此约可令该公司出头，集各国之资而筑各处之路，将来归并之大局亦视乎锦瑷一路而为之基础。中国政府于该路，如承允诺，美政府自乐闻命云云。嗣又面交美政府来电，称赎回满洲各铁路一事，于中国关系甚大，此议之成，全视中国早日将锦瑷草合同批准宣布各等语。本部以东省情形日急，非统筹全局，不足以资补救。筹筑锦瑷一路，为目下至为切要之图，果能妥改合同，似不能不准其续与定议。美国倡议联合各国共办东省铁路，此事果底于成，不特中国行政权不致再有障碍，且各国利益既平，则日、俄固无从争雄，英、美亦不致垄断。以现在东省情形而论，计亦无有逾于此者。惟兹事体大，中国固不便提议于各国，即美与各国磋商亦非旦夕所可成，或因他国不能同意，致此事竟成画饼，亦难逆料。而我国对于东三省之办法当立于主动地位，不当立被动地位，一切措施应先自定方针，以图进取。本部亦知锦瑷即成，未必足以巩固国防，希图厚利。惟东省情事与内地不同，内地借款造路只为商务利益起见，东省则重在利用各国之势力互相牵制，以期保我主权。尤必直达瑷珲，庶三省可以联贯气势，可期雄厚。果如美政府所云，得此凭藉，可以仗义执言，益资我助于大局，裨益实非浅鲜。至筹还本息、归偿余利，原奏既称不至无著，自当责成该督抚悉心筹办，不至徒托空言。现拟先将东省督抚一折从速议复，除函致度支部、邮传部外，贵部荩虑周密，务希详细函复，以便拟稿，会同具奏，无任殷盼。

十二月初二日锦瑷铁路档

外部致陆征祥和使遇有照会必加驳拒希告和外部电

贝使抵任后，本部极为优待。乃本年七月，据农工商部咨，安班澜华侨被虐，照请转达政府查办。彼竟照复，以此事不应照会，语多无理。经本部派员面商，将照会收回。上月谏议里华生被拘事，本部以上海商会所禀案情无从查悉，照请询查。彼复称与商会无涉，不必过问闲事。经部驳复，又称应由受罚之人按照开化国律例，层层上控，彼不能干涉。查两国和好，各派驻使，原为商办交涉，联络邦交。讵和使遇有照会必加驳拒，是否不谙使例，抑因和属实系虐待华侨，藉为讳饰，似此殊失通使联情之义。希详告外部，询明何事，该使方能干涉电复。外。

十二月初二日华侨档

外部咨邮部安奉路需用地亩本部并无原开数目文

为咨复事。

安奉铁路各车站需用地亩一事，接准来咨，以此次表开等级亩数与该督抚前电所开亩数不同，咨请查照有无收到此项原开地亩数目原案，检钞声复，以凭核办等因前来。查本部并无收到此项原开地亩数目原案，无凭钞送，相应咨复贵部查照可也。

十二月初二日安奉铁路档

直督陈夔龙致外部承函以赎军粮城为宗旨藉结滇案当遵办电

初五日电敬悉。前承函以赎军粮城为实，占地兵房为名，藉结滇案。两害从轻，诚如尊论。事请大部主持，由敝处勉筹，俟钧署奏明，奉到咨行，遵即照办。余详函。龙。鱼。

十二月初六日河口档

使和陆征祥复外部来电告和外部彼责贝使不合电

初二日电遵，告外务部，彼于收回照会事颇注意，又于不必过问闲事之句，明责贝使不合。至不能干涉一层，则略代解释，而请宽期详究再复。并称谏义里事已请拓部饬属公平详查云。和会加入五约，今已备文送交。祥。初五日。

十二月初六日华侨档

外部奏拟设巴那玛总领事各官员缺拣员派充折

外务部奏，为拟设驻扎巴那玛总领事各官员缺拣员派充，恭折仰祈圣鉴事。

窃查中美洲巴那玛旧隶哥比伦亚国管辖，近年离哥独立，美国首认保护，借美款开巴那玛运河以通太平洋航路。西欧诸国皆将改道于此，工商云集，实为南北美转运之要冲。英、法各国均设有领事，华侨在该埠贸易约三千余人，商多工少，营业颇称发达，只以未设领事官，时有被虐情事。光绪三十三年八月，巴那玛外部大臣照会臣部，议派木来诺司充中国总领事，驻扎香港办事。经臣部发给认准文凭，照章接待，并声明嗣后中国如派员前往巴那玛，亦应一体待遇，以为他日设领之左券。上年九月，巴那玛新任总统即位，其外部大臣托驻美使臣伍廷芳寄递国书，经臣部请旨答复如礼。本年六月间，该埠华侨电称被虐苦况，两广总督张人骏咨商臣部，议筹设领事或别筹保护办法。当经电知伍廷芳就近调查，旋准函复。到巴后，谒见巴总统，极承优待，因述保护华侨欲设领事之意，彼颇首肯。现在美巴条约尚未妥订，我可先行设领，徐商订约，以期简捷，免将来华侨为美国苛例所牵制等语。似此情形，亟应设立巴那玛总领事，由臣部拣派熟悉外情人员前往驻扎，以资保卫。所有一切开办常年经费、俸薪章程，均照坎拿大、斐利滨新设总领事办法，添设二等通译官一员，二等、三等书记官各一员，以资办公而符成案。兹查有温哥华正领事、江苏候补道欧阳庚，堪以升署驻巴那玛总领事官。其二等通译官，请以温哥华领署二等通译官、留学美国毕业生欧阳琛调署。二等书记官，请以温哥华领署二等书记官·广东候补从九品章清鉴调署。三等书记官，请以候选通判缪蔚桢试署。以上各员，均请仍留原官原衔，先行试署，果能得力，再行照章查核，奏请实授。如蒙俞允，即由臣部刊刻关防，札饬该员等遵照，并咨行出使美、墨、秘、古国大臣照会巴那玛外部大臣转饬接待。所有拣员派充巴那玛总领事各官缘由，理合恭折具陈，伏乞皇上圣鉴训示。谨奏。

宣统元年十二月初六日奉朱批：依议。钦此。

设领档

邮部致外部锦瑷铁路借款拟先定大纲再商合同函

敬密启者：

接准本月初二日钧函祗悉。一是东省借款筑路，原系政治关系，非为营业起见。现美费署使提议各路统一一策，洵是排难解纷之法，所称归并大局，须视锦瑷为基础，亦系准情度势扼要之言。其中委曲繁难，经大部逐层摘发，荩虑周详，至为钦佩。现在机局如此，允宜先将锦瑷借款筑路事宜从速议复。惟草合同第六款所载，该路公司应由中、英、美三国人联络而成等语，系属三国合办，非由中国借款自办，将来易生窒碍，此为本原之病。其用人、购料等事，有未尽合宜之处，系属枝叶之病。详细磋磨，恐费时日，倘能声明先定借款筑路大纲，合同随后商改，自应早日拟搞会同入奏。至将来统一之议有成，则此路或须斟酌改线、接线，免与南满京奉利益或有不能融贯之处。想美人必能体会此意。倘统一之计不能遂成，则此路尤为当务之急，亟应从早定议。至筹还本息，责在督抚，诚如尊论，不徒托空言。若如该督抚原片所称，创立银行以兴实业，万一路利不敷还本，似亦可将兴办实业所得之余利以还路本，如此办法更有把握。应请大部主稿，与度支部等商酌见示，定期会奏。愚昧之见，统乞钧裁，专此密复，敬请鉴察。

十二月初六日锦瑷铁路档

署粤督袁树勋致外部越督拟改对汛俟会商后筹办电

申初五日两电均悉。报馆谣传越边之事，经勋迭饬严禁，并饬报纸更正。现既法使仍以为言，自应再饬巡警道及钦廉边道出示切实晓谕，随时查禁，以杜煽惑而免藉口。至越督拟改对汛章程一事，前奉大部电，咨令由滇、粤、桂三省会商妥筹，经分咨滇、桂及行知边道体察情形，会商滇、桂边防各员合筹办理。昨据廉钦郭道具复粤边情形，与越督现拟改办之章程，尚无大碍等语。惟沿边数千里，粤辖之境最少，其滇、桂边境能否一律照办，拟再会商后筹定划一办法，以免参差。谨先电陈。树勋。阳。

十二月初八日中越档

锡良程德全致外部安奉路所需地亩俟绘就图说再呈电

安奉铁路需用地亩，前蒙邮传部派员来奉会勘路线，曾于八月间将日人原开沿路用地分甲、乙、丙、丁、戊五种数目，电陈在案。嗣饬交涉司屡与日领事商减用地，坚持日久，未能解决。十一月中旬，始将车站各项用地大致商议就绪，当因用地图说核绘未成，先将表开数目分咨查核。现正迭饬交涉司，将此项图说赶速绘画，约计一旬内当可告竣。因案情复杂，若不披阅图说，万难明白，尤非电文所能详述。容俟此项图说绘就后，再行咨呈钧部核办。其安东车站，日本在军政时代已购占六道沟极大之地，应同撤换沿路兵警问题并案交涉。查本年四月间咨请钧部与日使交涉，必邀荩筹，此间亦屡向日领催议，均以未得彼国政府训令为词。昨准邮部电询，除复外，谨将办理情形先行电陈，统俟鉴察。良、全。阳。

十二月初八日安奉铁路档

度支部等会奏遵议密筹延吉善后事宜折

度支部、外务部、军谘处、陆军部等奏，为遵旨议奏恭折会陈，仰祈圣鉴事。

军机处钞交东三省总督锡良奏密筹延吉善后事宜一折，宣统元年十一月十一日奉朱批，该衙门妥议具奏，钦此。钦遵到部。据原奏，内称吉林之延吉厅自光绪三十三年，前督臣徐世昌奏请将特派专员督办吉林边务。其时，日人藉口界务未定，地方官应办诸事，措置为难。故边务处之设，不独兵队归其管辖，即地方一切裁判、巡警、学堂，亦无不统属于边务。现在延吉界务业已解决，日人原设宪兵分遣所亦经裁撤，开办商埠大致亦已就绪，亟应设官建治，因时制宜。查督办边务，本系军事性质，以后自当划分权限，除军政、国防仍由该督办吴禄贞随时商办外，凡地方一切行政及外交事件应即专归地方官主持管理。惟日人特设总领事，体制较崇，我自应有高级之地方官与之对峙。拟即将驻珲春之东南路兵备道移驻延吉，或半年驻珲，半年驻延，以期兼顾。臣昭常昨抵延吉晤商督办边务吴禄贞，并与臣锡良一再电商意见，均各相同，自应奏明办理。惟臣等所至为筹边虑者，延吉全境南临朝鲜，东控海参崴，为吉林南部重要地域。日俄两国一旦有事，亦为形势之所必争。此次日本要约开埠四处，均占延境形胜，无非为军事上计画，且名虽开放交通，未便西人裹足，实与日人租界地无异。现在驻延日总领事甫到，擅带警兵多名，即有违约举动。且查俄人于东海滨省一带有陆军十余万，日于朝鲜亦驻兵数万人。我则由延至珲分段驻扎，仅有陆军一标。臣锡良前在京时，会奏请调拨陆军两协前往延吉。比到任后查明，除调东客军不计外，奉省仅有陆军两标，吉省仅有陆军一协，均系驻扎要地，不能抽调，江省则并无陆军。夫吉、江两省，东自临江州以至珲春，南自长白山以至图们江口，绵长三千余里，处处与俄、韩边境相连。今既势逼，处此不得已，先其所急，则延珲一带至少非练有陆军一镇，不足以言备边。查吉林边务经费部拨与吉省筹拨各三十万两，支应一切本不宽余。吉省财力拮据，骤然出款三十万金，实已筋疲力尽。自开放商埠后，预计添设各级审判、检察各厅，每年已需经费十三四万两。此外，如增设官署、推广巡警学堂、筹办实业，在在均须补助，来年督办边务经费极力腾挪，只能勉拨银十余万两。通盘筹画，必须由部常年筹拨银一百万两，内外协济，方可编练陆军一镇。应恳天恩俯念根本重地，饬部会议筹拨，仍令吴禄贞督办边务，专管延珲全境军政防务事宜，必于边局大有裨益。倘部臣筹款为难，未允拨给，则军事无由展布，督办边务一差暂予裁撤，仍俟筹有巨款，再行扩张规画等语。

臣等伏查该督所奏，自系为保守和平，慎重边防起见，惟近来要政繁兴，百端并举，来源日涸，用款方殷，内外同一竭蹶。本年三月，因延吉边务重要，经前督臣徐世昌续请指拨的款，并声明先筹办一年，俟界务解决一并办理。经臣部议复，请饬新任督臣锡良到任后，体察情形，核明具奏，再由臣部筹拟。嗣由该督臣查明具奏，臣部核与原奏数目相符，准照分筹数目，由部指拨银三十万两，已属勉为筹拨。现在部库奇窘，各省于认筹之款奏请改拨者纷至沓来，实无从再筹此大宗的款，以资协济。所请于延珲一带编练陆军一镇，常年由部筹拨银一百万两，实属无从筹措。既据该督奏称，根本重地，边防紧要，仍令吴禄贞督办边务事宜，专管延珲全境军政防务事宜，必于边局大有裨益等语。是该地防务重要，亦系实情，应请饬下该督妥筹善法，务于边务、财政两不相妨，以仰副朝廷慎重边务之至意。所有遵议缘由，谨合词会陈，伏乞皇上圣鉴。再，此折系度支部主稿，会同外务部、军谘处、陆军部办理，合并声明。谨奏。

宣统元年十二月初九日奉旨：依议，钦此。

延吉边务档

澳门勘界大臣高而谦咨外部差事已毕呈缴关防文

为咨呈事。

窃照本大臣于宣统元年正月二十一日钦奉谕旨，派办澳门勘界事宜，遵即由滇迳赴广东差次，当经两广总督部堂咨送大部电准，由粤刊刻关防一颗备用前来。现在回京复命，差事已毕，应将前领关防呈缴大部。再，此次与葡使马沙铎会议九次，所有华、洋文议案说帖，除由粤钞稿陆续咨呈大部备案外，兹合将彼此签押，并盖用关防之原文汇呈大部存档。再，本大臣在粤搜集澳门地图七幅，合并附呈以备参考。相应备文咨呈，为此合咨大部，谨请察收，存档施行。须至咨呈者。（计呈关防一颗，华、法文议案各九份，葡使法文说帖十分，地图七幅）

十二月初十日澳门档

滨江关道施肇基禀外部译呈俄员所拟税钞节略并哈尔滨等关试办章程函　附节略一件章程三件

敬禀者：

窃职道遵饬会同税务司葛诺发与俄员会议《松花江贸易试办章程》一案，业将迭议情形，并照议俄员所开总纲节略先后电禀在案。十一月二十二日与俄员第四次会议，当将第七条彼此议允，其中字句与原订章程略有改易，而意义尚无甚出入。第八条内由内地委员局卡查验一层，俄员不肯承认，坚请删除。职道等一再辩拒，申明此系各关普通办法，且以稽查运载违禁货物，关系主权，万难更改，相持许久，迄未定议。连日俄员因彼节期停止办公，现订十二月初八日接议，并据俄员将全章节略续送前来，职道等详加译阅，所有船钞一项，彼竟未经开列，显系意存反对。兹将译文二份另折缮呈宪鉴，伏乞随时训示，俾有遵循。除分禀外，肃禀。

十二月初十日税务档

译录俄员所拟税钞节略

第一条　以上各关只收关税，其内地以及他项税捐概不征收，其子税亦由各该关征收。

第二条　进、出口税饷，按照光绪二十八年，即西历一千九百零二年改订之通商进口税则，并咸丰八年，即西历一千八百五十八年所订之通商进出口税则，暨光绪七年，即西历一千八百八十一年圣彼得堡中俄改订条约并此约续订中俄陆路通商章程，以及同治元年，即西历一千八百六十二年俄国续增税则征收。凡洋货应完入内地子税，均按照以上条款所定税数，折半征收。税则未载之货，无论进、出口均按估价值百抽五征收（只洋货应完子税）。

第三条　后开各货均按照光绪七年，即西历一千八百八十一年圣彼得堡中俄改订条约续订中俄陆路通商章程第十四条所载，一概免税，如金银，外国各银钱，各种面砂、谷米、面饼、熟肉、熟菜、牛奶、酥牛油、蜜饯，外国衣服、金银首饰、搀银器、香水、胰碱、炭、柴薪、外国蜡烛、外国烟丝烟叶、外国酒、家用杂物、船用杂物、行李、纸张、笔墨、毡毯、铁刀、利器，外国自用药料、玻璃器皿。

除以上所载，凡外国运来之米，以及各杂色粮，并印字、书籍、水陆各图、新闻纸等一并在列。

第四条　俄国口岸运来之货。

俄国口岸运来之货，拟运百里（即五十俄里）免税界外地方，应按照光绪七年，即西历一千八百八十一年中俄改订条约并此约续订章程，暨同治元年，即西历一千八百六十二年俄国续增税则征收税饷。若运入百里（即五十俄里）界内，应按照光绪七年，即西历一千八百八十一年续定陆路通商章程第一条，概不征收税饷。

凡应完之入内地子税，其免税货物均按照续订陆路通商章程第十四条，每估值百两抽税二五，其应税货物均按照光绪七年，即西历一千八百八十一年中俄改订条约，并同治元年，即西历一千八百六十二年俄国续增税则所载税数增收。

第五条　土货。

甲、凡土货由内地各处起运者，即照下开之办法办理：

一、凡由内地各处运抵商埠途中，未经过他处商埠者，应纳关税，其数与出口正税之数相抵（此项正税，按现行出口税则折半征收）。

二、凡由内地各处运抵商埠途中，经过商埠或一处数处者，须在首先经过之商埠完一出口正税。

三、凡运往俄国口岸者，如拟运百里（即五十俄里）免税界外，应完出口正税。其由哈尔滨、三姓中间内地各处起运者，在三姓完纳税银。其由三姓、拉哈苏苏中间各处内地起运者，在拉哈苏苏完纳税银。

〈乙〉、凡土货由商埠起运者，即照下开之办法办理：

一、凡由商埠运往内地各处途中，未经过他商埠者，须在起运之埠完纳出口正税（此项出口正税，暂按现行出口税则折半征收）。

二、凡由商埠运往内地各处途中，经过商埠或一处数处者，须在起运之埠完纳出口正税。

四〔三〕、凡由商埠运往俄国口岸者，如拟运百里（即五十俄里）免税界外者，若非按照光绪七年，即西历一千八百八十一年续订陆路通商章程内载免税之货，即在起运之商埠完纳出口正税。

第六条　凡征收各项税钞，即发给相当照据为凭。至货物由此商埠运往彼商埠，如未持有此项照据者，一经查出，罚充入官。

第七条　进、出口货税办法，即进口货税在未经离关以前交纳，出口货税在尚未下船以前交纳。

第八条　凡货物由沿江处所直运至东清铁路绥芬河、满洲里两车站之外地方，即在绥、满两站完税，并按照该二处华关试办章程办理。

第九条　凡货物由沿江处所运至华关或铁路公司所管之栈房寄存，并拟转运至满洲里及绥芬河两车站之外地方，如从前在松花江装船地方，或沿途经过地方，未经完纳出口税银者，方须完纳出口税也。

第十条　凡货物寄存东清铁路所管辖及经理之栈房，如未进栈房之前，所有税银业经完清，该货物复行转运至满、绥两站之外地方，出口税自应按照满、绥两关税则计算。至以前已完之银多过于满、绥两关税则者，即当发还。

第十一条　凡五谷及他项货物分散装运者，俟满、绥两关查明出口实数，与由松花江运到之数相符，即按照本章第八、九、十等款办理，证明由江运至车站或至栈房之货即系原来货物，铁路公司在运单上加盖特别戳记。

第十二条　复出口货及领有内地子税等单之货，均准运至拟往之处无阻。如货物复行出口，即将原完税银发还。

第十三条　即试办章程第九条。

第十四条　凡呈递舱口单，如查有舛错，呈递之人应罚银。船内如查有舱口单未开列之货或违禁之货，均照通商条约办理。或偶有事件，并可按照中国各通商口岸办法。凡舱口单内开列之货未经运到者，应如数完税。

拟订哈尔滨江关暂行试办章程

甲、凡船只进哈尔滨口时，须将开列装载各货之舱口单，及三姓分关拉哈苏苏分卡所给函封照据一并呈递。此外，另开清单一纸，将沿途停泊各处所，暨在彼搭客装货来哈尔滨者，分别报明。

乙、凡船只欲领准单出口，须先呈递舱口单，将该船所载货物及下货单号数，货物之标识件数、货色等，一一详细载明指往之处。每处各具一单，由关将该单与关发之各项照据核对，如果相符，即准该船开行。

丙、凡货物完税后运往商埠，由关发给总单并完税凭照，用函封固，交与船户或执事人收执，俟抵指运之埠时，赴关呈递。

丁、凡货物完税后，欲运往内地处所者，由关发给收税条，交与货主，作为已完关税之据。

戊、若有经过货物由江面船内起入火车时，可由关酌派关员前往傅家甸、松花江对岸过载码头查验。

已、哈尔滨关办法须按照现行之条约并东清铁路公司合同施行为根据。

庚、东清铁路界限内之江岸虽非通商口岸，若船只在彼处停泊，亦须按照以上各章程一律办理。

辛、江关在东清铁路界限内之江岸，于开办之初，江关应与铁路公司另行商订特别专条。

拟订三姓分关暂行试办章程

凡由黑龙江开来之船欲往上游者，到三姓时，须将拉哈苏苏用函封固发给之舱口单，赴关呈递。若该船在哈拉苏苏、三姓中间沿途某地方曾经停泊，又须将在该处搭客装货等事来三姓或三姓以上各处者，另开清单呈递。

凡船将开往上游者，由关将原载之货及在三姓添载之货各舱口单，用函封固，交与船主，到哈尔滨江关呈递。

凡由哈尔滨开来之船欲往下游者，到三姓时，须将该船总单等件及装载之货各舱口单呈验指往之处。每处各具清单一纸，将沿途停泊内地各处所，暨在彼搭客装货来三姓或三姓以下各处者分别报明。

凡船将开行往下游者，须将原载之货及在三姓以上添载之处，分别列入舱口单呈递，由关将该单与关发各项照据核对。如果相符，即准该船从三姓开行。

拟订拉哈苏苏暂行试办章程

凡由黑龙江开来之船欲往上游者，到拉哈苏苏时，须将该船舱口单两份呈验。该船所载货物暨标识件数等事，须于单内一一注明，并起运之处、指往之处，每处各具一单。由本卡将舱口单与货物核对后，一份存于本卡，一份由本卡签名盖印，用函封固，交与船主，到经过之第一关呈递。如有事故，即由本卡于此单内注明。

凡船只欲出口往黑龙江者，须停轮候验，呈递舱口单，将所载之货及客位数目等事，一一于单内注明，否则即将该船议罚。

外度邮三部会奏议复借英美款兴筑锦瑷铁路折

外务部、度支部、邮传部等奏，为遵旨议复，恭折会陈，仰祈圣鉴事。

宣统元年十一月十一日准军机处钞交东三省总督锡良、奉天巡抚程德全奏筹借外款，遵照部议，妥筹办法等折，奉朱批：该部议奏片二件并发，钦此。此原奏内称，筑路之举，他省志在兴利，固当谋出万全。东省则所争者，只在早筑一日，轨躅交通，国防巩固。此路直接京奉干线，旁连葫芦岛不冻海口，内通蒙古要隘，外捍黑龙江边陲，形势极便，百货更易流通，断不至于无利可获。臣等遵照部议，通盘筹画，惟有筑路、兴业，二者兼营并进。筑路合同或由三部与之直接另议，或即仍交臣等查照前次所订，除部臣所指为侵损利权各条，再与该代表悉心磋商，其余不必作废，免致坐误事机。又另片密陈，略谓东省生路只此锦瑷一条，东省生机只有均权一法。美国以满洲商务欲均利益，该国商人允以巨款贷我，又联英入股，以杜牵制，遂合为英、美公司共贷此款各等语。臣等查东三省自日俄战后，各以铁路分据要害，扩张区域，侵越主权，此时亟图对待之方，诚非另辟一路，隐相抵制，不足以扶危局而固国防。

前次臣等于会议复陈折内声明，铁路与实业必须兼营并进，所指各节通盘审计，果能确有把握，应需借款仍随时咨商部臣妥筹办理。亦以路必须修，款必须借，惟谋定后动，必预有成算，而始可措置适宜。前该督抚以兴办实业在先营铁路，有铁路为运输，将来筹还本息即以森林、煤矿、垦牧之余利归偿，当不致无著，是该省建修此路，其借款本息仍由该省自行筹还。所陈各节均中肯要，自不应置为缓图，应即准如所请，仍由该督抚与美国银公司代表，接续商议借款修路办法。原立合同多有损失权利之处，应由该督抚仿照各省借款修路之最善办法取益防损，悉心改订，先行分咨臣部核定，后再为签押，以资接洽而昭慎重。

至另片称，组织银行应与铁路离而为二，或另立兴办实业借款合同，或另向他国银行借款一节，自是划分次第办法。度支部查振兴实业，自当以银行为枢纽，现在大清银行于奉天、长春等处设立分行，正拟极力推广为全国货财流通之地。惟实业之兴当在道路交通以后，此次借款修路，该还本息担负业已不轻，恐无余力再借外资，别营实业。至殖边银行，臣部奏定章程，本准商民集资开设，尽可由该督抚等一面设法招徕，以资兴办，届时大清银行亦当竭力维持所请。另立兴办实业合同或向他国银行借款之处，应从缓议。如蒙俞允，恭候命下，即由臣等咨行东三省总督等遵照办理。

所有议复缘由是否有当，理合恭折会陈，伏乞皇上圣鉴训示。再，此折系外务部主稿，会同度支部、邮传部具奏，合并陈明。谨奏。

宣统元年十二月初十日具奏，奉朱批：依议，钦此。

锦瑷铁路档

西藏公会呈外部请将联大臣及兵队撤回查办电

现接驻藏大臣来文，内开藏民电禀各节，钧部示复如下：据联大臣报告，乃遵朝廷意旨，办事妥协，从无残毁寺院，杀伤人民等事。华兵行止，藏民勿得畏惧。所谓公会者，乃三四人之私见，煽惑人心，妄谗驻藏大臣，停止供应，擅请撤兵。须知驻兵系为防护商埠，于教务关系至重，尔等应当依托中国朝廷，遵从驻藏大臣命令，倘若藐视不遵，则亦无法以使尔等安居乐业等因。查西藏去年电请撤回联大臣一节，乃电中要旨，钧电未经提及。恐此次来文，亦系联大臣等捏报情形，料钧部尚未酌复也。前电各节实系公会所禀，并非如上文所云，仅三四人之私见，联大臣于西藏向未扶助，惟有虐待藏民，且与赵军商毁寺院甚多，杀伤喇嘛甚众，扰乱教务。本会代表如蒙传令到京，事实当可质证，惟未经了结以前，联大臣等及兵队应即撤回查办，则事之真伪自能水落石出。如蒙赐复，请勿由驻藏大臣转交，恐其扣留或另改字样，致与藏事无济，恳乞示复为盼。西藏总公会谨禀。

十二月十二日西藏档

外部咨张荫棠答复南美巴利维亚国国书希转递文

为咨行事。

本部接准巴利维亚国外部大臣白斯脱孟德照会，附送其新总统登位国书，请代呈递。现经代为进呈，钦奉答复国书一道，相应恭寄贵大臣祗领，并本部照会一件，设法邮寄南美洲巴利维亚国外部可也。

十二月十五日出使美国档

外部致李经羲河内设领一层法人并无异议电

初九日电悉。本部于本月初十查明滇路损失，由北洋拨款二十万两，以收回军粮城兵房为名，不作赔偿路款。并声明案结后即议定河内设领事宜，奉旨允准，当经钞咨。现照准法使复称，河内设领甚愿速即商定，不再拖延，是设领一层，法人并无异议。至路巡事，本载滇越路章第二十六条，既由尊处饬员与议，当可照章议定。如公司始终作难，再电由本部核商法使，希查照。外。

十二月十五日河口档

滇督李经羲致外部边界警察事关三省谨陈办法电

边界警察事关三省，应各按就地情形核议。法使订章与会巡章大致相同，或量加裁定，照行无碍。查两国边界办事，各有权责，可随时照章知会，不必定为合办。滇汛共八处，与原设相符不误。巧酒无此地名，对普邦者为董干。尚有不能设者一，为滇猛蚩，该处地多苗蛮，性野俗悍，最易滋事，现惟严禁过界。应规复者二，龙膊对龙膊，新店对猛康。越龙膊已移，猛康已撤，滇界仍设，须循旧章。应添设者二，滇田房对越者兰，滇驾鞍、底峦，越娄寨均属要道，经过边界。办法第十二至十六条，无甚出入。龚道拟有简章十七则，并护照通行。长行准单，各式精当可用，附咨候核。二十一、二条较会巡章有漏义，如捕获查问重办，按律罚办等字均关紧要，亟应补入逃兵过界照匪徒拿交，拟附列二十一条之末。余仅字句增减，并陈明理由。二十四条后，由粤主办咨赶缮即发，备载详情。谨先就应提议者，电陈以备答问，仍乞俟文到并核。经羲叩。盐。

宣统元年十二月十五日发，十七日奉电旨：李经羲电奏悉，所陈整顿对汛情形，著外务部知道。钦此。

河口档

外部复美使费锦瑷铁路借款合同应由东督与美英公司妥商改订照会

为照复事。

接准来照，以本部议准东督等奏请筹借外款，分次建筑锦瑷铁路一折，会奏折件尚未得看视。兹据本国政府意见，所奉朱批定指前立之草合同而言。该草合同系一千九百零九年十月二号东督、奉抚与美公司及英商保龄商订，建筑锦州至瑷珲之铁路合同。此项草合同内有一条系酌订彼此两益之细合同，如以本国政府意见不差，即请照复，以便嘱令美公司代表届时与东督、奉抚订立详细合同。因查本年十二月初十日，本部会奏折件所奉朱批，确系指东督、奉抚与美公司及英商保龄所订，分次建筑锦州至瑷珲铁路合同而言。惟此项草合同内尚有未妥，应行改订之处，应仍由东督等与美国银公司代表详细妥为商订，相应照复贵署人臣查照，转达贵国政府，并饬美公司代表遵照可也。须至照复者。

十二月十七日锦瑷铁路档

专使唐绍仪奏报考察各国财政情形折

考察各国财政专使唐绍仪奏，为恭报微臣考察各国财政情形，恭折具陈，仰祈圣鉴事。

窃臣于光绪三十四年七月奉命前往日本及欧洲诸大国考察财政，历将驰抵各国，并起程日期先后电奏在案。窃以财政一事，其组织之机关与推行之进步，必须将国势之经权常变与物力之消长盈虚，审度事机，因时进退，举凡开源节流，补偏救弊，有非轻心从事，即可施措咸宜者。各国财政定为专家之学，为终身所不能尽，盖其造端大而呈效难也。臣才识疏庸，谬膺考察，此次周历日本及英、法、德、俄、义、奥、比八国，或二十余日，或十余日不等，往返计九阅月有奇。所有各国财政沿革互异，时势各殊，事变则日出不穷，法令则随时递改，纷繁复杂，莫由枚举。惟有将各国财政现在情形与经营之要点，择要分别胪列，用备参考之助，谨为我皇上陈之。

臣于上年九月行抵日本，会晤首相兼度支部大臣。导观银行及造币机厂，详细观察，布置井然，虽规模不及欧洲，而日求发达之心，则有加而无已。并出示赋税则例、统计表册等件类，皆编纂成书，流播海内，而于该国之实在内容，未能详尽。经与各该大臣一再晤谈，藉谂该国近来财政殊为支绌，综计岁出、岁入之数尚不敷日币二千万元。目下开源不易，节流亦难，所可筹款者，税项而已。现提议修改税则，以为补救之计，预算改定后，每年入款可增加三千余万元。将来出入两抵，尚盈余一千余万元，一俟决议，当即举行，此举为该国最近切要之图。又拟增加酒税，此项为入款之一宗，亦未定议，此日本财政之情形也。

本年正月，行抵英国。查英为立宪最先之国，国家财政系于议院，凡为政府力所不逮者，议院得而辅助之。近年以来，筹办军政殖民事项，用款日繁，岁入之数不敷支应，而不敷之款随时由议院设法筹补。盖国民乐于输将，国家不忧匮乏，此上下休戚相关之效，故非各国所能并驾也。并观国家银行势力雄厚，几欲统各国银行胥入范围之内。银行者，全国之府库也，公家所入与民间所积之数，皆于银行储之，至全国之资财聚于银行。凡利于国家，利于国民者，银行皆从而利之，纯从远大着想，不与小民争利。其全国之利赖银行，银行之维系全国，几有固结而莫解者。至于征税宗旨，皆从来源入手，亦其国人性质使然。意谓来源日濬，税项日增。若销场税、过度税皆处于来源之后，而皆可宽免者也。其最著者，则有遗产税，每年约得金三千二百余万镑。营业税每年亦得金三千三百九十余万镑。又有进口税，以烟酒为大宗，每年约收金二千九百余万镑以上。三项约得金一百兆镑。其余印花税、地税、房屋税、邮电及各项杂件，约收五千余万镑。统计每年约收金一百五十余兆镑，而全国不以为怨，反以得纳税款为荣。

是又关于国民进化之优，有非可强而致者。此英国财政之情形也。

二月，行抵法国。该国国家银行在欧洲大陆可称巨擘，其现存金币有八千余万兆佛郎，实为各国银行存金最多之数。盖其人民、商贾、工匠深信国家银行所得资财，除日用必需外，苟有盈余，无论多寡，皆存银行，以故积金最巨。其造币厂仍随时鼓铸，日出不穷，且通行义、奥、比等国，与其国币并用。上年，英国银行以商务阻滞，周转较难，惟法国银行能出巨款为之助力，有非各国银行所能及者。惟法国为民主之国，而政党、民党各执一见，凡国家筹款，时有官民龃龉，不相浃洽情事。综计法国岁入，亦复不敷，现议征收进款税以资补助。此法国财政之情形也。

是月，由法行抵义国。查该国财政向来入不敷出，近三十年来极力振兴农务，日见发达。计输出之品，以蚕丝、酒果、粮食为大宗，凡各国上项出产之所不足者，皆取给于意国，实为致富之源。现在各国经营政策，不遗余力，皆有入不敷出之患，独意以农务富国而国用自充。计所历各国中，能足以自给者，惟意一国而已。此意国财政之情形也。

旋由义行抵奥国。该国财政所有租税等项办法，与各国大致相同，而皆有不足之虑。独其法良意美者，则惟邮政储金一事，其意在为民藏富，而即以积织成巨之款，利益国家。考其所存之数目，自一钱数分以上，皆可购买邮券，以为储蓄。此项存金，各户籍计有八百余万之多，每户籍多寡之数不等，实为各国储蓄银行所不及者，良由奥国邮政与银行相表里，同心合作，故便民与利国相资。此奥国财政之情形也。

闰二月，行抵德国。德为联邦新造之国，全国税则皆通行无阻，初无疆域之分。考其税款大宗，以进口税为最，即如汉堡一埠，整顿税务，兴旺市场，该处税收每年约有五百兆马克之巨。由于转输出入之品日见繁多，而其相机酌定税则，亦复完善，故其效为最著。其国中征税各项，除普通额税外，有营业、进款、余利等税，与英之进款税办法略同。此项税收每岁所入亦复不资，又有铁路余利一项，每年约入一百兆马克。该国经营路政极为注意，故其进款亦较他国为优。此德国财政之情形也。

是月，行抵俄国。该国地居寒带，领土最广，出产亦饶，计岁入额款有二千四百余兆卢布，若无额外急需，可供支应。前年与日本战事竣后，全国安谧，尚无拮据形状，其国力之厚于此可见。现在库存金币一千二百余兆卢布，为各国国库存金最多之数。倘遇有国用不敷，多借用法款，积至九百余兆卢布。然库存既多，法亦愿假以巨款，而造币厂仍鼓铸金银各币，以时增添。并于造币厂内设造纸厂，凡国家所用纸张，自纸币、邮票以及契据、车票、文卷、册籍、单据等项，皆由厂自造，以为公家统一制造之权。此俄国财政之情形也。

三月，行抵比国。比立国最晚，经欧洲公认独立后，领土无多，治理较易。其地距法最近，理财政策取资于法，而尤以农、工、商三项为重。迭经度支部大臣与各大臣导观银行、机厂、商会、植物园等处，知其讲求上项办法最为精审。现在农、工两项成绩品物输出极繁，实为全国岁入巨款，其国家又从而鼓励之。盖比国情形初不必以军事为急，故能专力于农、工、商各务，是以呈效轻捷，而国家生财之道即在于此。此比国财政之情形也。

综观各国其现在情形与经营宗旨，虽各有不同，而由其效果以窥其规划，则大端仍复相合。臣谨参观比类，考其原因，征诸成绩，而得其收效之重要大端，请更进而言之。

一曰公债。国家资财之所自出，要皆取给于民，然多取焉则虐矣。至于债，则借而非取也。各国公债盛行，良由国家银行皆收入债票以为准备金，故各银行即视为现款。小民遂视债票为私产，无事时，则藉息以养生，有事时，则售票而得本。固由代售股票公司之机关，亦由国家自取债票，益以坚民之信，而全国流通之理即在此矣。

一曰画一币制。各国于生金、生银、生铜三品皆视为货，货有贵贱而币无贵贱也。以铜币准银币而价如故，以银币准金币而价仍如故，若生金、生银之价值皆不与焉。且币制非为一国而设，又必须与各国之币制互相比较，以期大致一律，预防外人操纵，则彼此来往不致有盈绌之患。

一曰定虚金本位。凡金不足者，其本位必先预定，使银币、铜币皆成附属，而银币、铜币之价即由此而定。苟本位不定，价值纷歧，而征收税课黠吏因而舞弊，小民不免受累。其商家之土货输出者，又须俟汇回本金之时，始知有无盈亏。外货输入者，其售出之时期，又视汇价以为涨落，实为政治、商业之损害。近来用金而并无存金之国，其与他国通商者，莫不定虚金本位，然后国家之出入有常，庶政之施行不窒，商业之操纵有准，农工之发达可期。

一曰造币。币为国家独有之利，既有利，则私铸私印者起，故各国巡警侦探随时严查。盖币贵货贱，凡生金、生银、生铜三品，无论成色，皆视币价为低，民间之生金、生银自相率而聚于造币厂。而又设交换各国大小币处所，使外人之入境者，必须将各国之币尽易本国之币，而汇费又从而取盈焉，此国家造币之大利也。

一曰修改税则。各国订立税约皆有年限，其预定年限之期，必先计画。订约期内，凡己所缺乏者，则税则从轻，凡己所盈余者，则税皆从重。使民间藉外货以自给，而土货不因外货而滞销，因时损益，得自保其利权。又欧洲列邦近年经营军政、民政，用款日增，大都入不敷出，因有加税之举。无论巨细，各款不难临时筹集，此盖由税则自有主权，得以相机而进退之。至其所以能进退之原因，则惟以年限为修改地步，以修改为加税地步而已。

一曰保护民间财产。各国征税奇重而民皆乐之，良以小民拥有资财，深虞攘夺而无力自为防范，有官以保护之，乃能专心致志以自营其业。其税课或什一焉，或倍蓰焉，若相忘也。盖以己之资财，由保护而积，非经营之力也。各国于民事诉讼法、商法，大率主护产居多。至于裁判、巡警各官，其于保护财产，尤为加意，此即百姓足，君孰与不足之义也。

一曰国有营业。凡银行、轮路、邮电、农矿、盐烟、酒糖、印刷各项，多属国家自办，其所支出分别成本、经营两项，不视行政经费之消耗品。其经理员不论官民，纯以商人性质相待，但综其预算决算，责成其营业之得利与否而已。有官独办者，有官商合办者，有官办商附者，有商办官助者，有举内债者，有借外债者。大率经营开创，遗大投艰，非官力不为功。其合办者，只分余利，而于政治上之牵涉，概不与焉。盖国有经营之性质，固如此也。

以上七项，皆经营财政最重要点，为现在各国惟一之办法。臣猥膺使节，仰体朝廷参考列强之意，因举其现办之情形暨共同之大旨，确切胪陈，用备圣明采择。臣愚尤有进者，各国所办各项财政，收效甚速，而我国独迟。夫我国人民未必贫于他国人民也，所异者，他国人民愿出其资财以投之公家，公家藉其资财以利其人民耳。方今预备立宪，民智日开，国债之深，国用之乏，昭然与天下相见。凡我国民，渐非故见自封，已日有爱国急公之念。伏愿皇上于理财各项要政，取列强之成法，合臣庶为一心，我国财政进步之机，端在于是，此尤臣所惓惓于心而不敢缄默者也。所有微臣考察各国财政情形缘由，除咨部外，理合恭折具陈，伏乞皇上圣鉴训示。谨奏。

宣统元年十二月二十一日。

财币档

外部致袁树勋葡外部称现无兵舰赴澳希饬晓谕电

申。前因各报谣传，葡派兵舰三艘前往澳门。又云，中葡商准维持旧状，如葡国因该处滋事受亏，中国愿任赔偿云云。当将派舰一层，电驻葡代办探寻有无其事，据复称，据葡外部称，两月前曾派巡洋舰一艘前往游历，现无兵舰赴澳等语。该项巡舰已否抵澳，即系巡洋游历，自可无庸惊疑。报内维持旧状一语，彼此诚照约商明。至认赔之说，实无其事。现粤省正在人心不靖，难免不轻信谣言，致滋误会。希饬属分别晓谕，以释群疑而弭事端，并电复。外。

十二月二十四日澳门档

外部致陈昭常钞送珲延设关与俄使往返照会函

径启者：

珲延设关事，迭准电询俄日抗议情形。查此事，俄则抱定陆路通商章程，不肯放弃其应得之利益，日则视俄所得特别利益，意在均沾。中俄陆路旧约，既未能一时遽废，百里免税三分减一办法，满洲里、绥芬河各关亦尚照办。今欲渐次挽回权利，自必多费笔舌。惟东省沿边开埠设关之处已多，若不设法力争，实恐纷纷援照，伊于胡底。兹将本部与俄使往返各照会钞送冰案，以期接洽。驳复日使照会，容后办出再行钞寄。除电复外，专此密达，顺颂勋绥。

十二月二十八日商埠档

署粤督袁树勋复外部据澳督云葡舰或来中国电

前奉二十五日电，葡舰游历事，据前山同知、香山县电称，葡舰尚未到澳。适澳督中军官到前投拜，询据声称，此系葡国照例派往各国游历之舰，或须来中国一行，报纸恐属误会等语。至该处绅士经该同知等邀集至署，将大部前电切实晓谕矣。谨电闻。树勋。勘。

十二月二十九日澳门档

日俄法使致外部借美款建筑锦瑷铁路事务请慎重照会 附照会八件

一、日使伊集院彦吉致外务部照会

为照会事。

前因锦瑷铁路之事，曾与梁尚书面谈，并道本国切望之意。刻曾电请本国政府训示，今得复电，嘱于此事须格外小心。本国政府因兹事体大，不能遽允所求。唯本大臣日前面谈，曾言及此路关系日本利益甚大，故无论中国作何主见，应先听本国核准。倘使本国竟为所蒙，或不关照本国，则两国邦交之险，实在令人难以预算。兹特备文警告，务宜审慎从事，须至照会者。

一千九百十年一月三十一日，即十二月二十九日

二、俄使廓索维慈致外务部照会

为照会事。

昨与贵大臣面谈，欲令本国帮助锦瑷建筑之事，当即电询本国，兹得复电如下：俄国政府对于此事视为非常郑重，必须细加研索，故目下无可答复。俄国出使大臣可亲告外务部如下：俄国政府希望中国政府锦瑷铁路之事，非先与俄国商议，万勿从事，不然，则两国邦交诸多窒碍云。须至照会者。

俄历一千九百十年二月二日

三、俄使廓索维慈致外务部照会

为照会事。

顷接得本国政府于锦瑷路之事照会如下：俄国出使大臣业经接得本国政府对于美国锦瑷铁路之议，曾经电复美国如下：美国既邀俄国与闻锦瑷铁道之事，并允俄国可再思答复。俄国意见以为，事前既未知照俄国，故俄国于此事业不欲与闻，美国不免误会，请将此事借款停止。俄国希望凡事未先与俄国商议，勿行定夺云云。本大臣今将来电钞送贵部，并知照事前如未与俄国商量，勿冒险定局云云。须至照会者。

俄历一千九百十年二月四日

四、俄使廓索维慈致庆亲王书

敬启者：

本大臣曾经面谈并照会贵部锦瑷铁路之事，兹据政府训示，反对美国满铁中立之议。兹将来文钞录奉上，此请崇安。附钞件。

俄历一千九百十年二月八日

美国嘱询建造锦瑷铁路之举，俄国政府切实声言，此举与俄国利益有非常关系。此路若成，非但接连北满铁路之南端，并且在瑷珲实与俄国边界相接，直使军务警务大受影响，而使满洲铁路所通东蒙古、北满洲情形改变，故此事必须详细查询，始能定见。倘使俄人不知其详，万不可行。俄政府对于此事甚为审慎，故所有计划应先为知照，俟俄国郑重审定以后，自应将该路应如何建造情形早为答复。至于以后凡在满洲中国欲借款造路，第一应先商知于俄国，俟俄国察视有碍俄国或北满洲军警两界否，再行将该路如何建造之处持平办理，定见施行云云。

五、日使伊集院彦吉致外务部照会

为照会事。

日本政府对于锦瑷建筑视为极要之举，因此事使南满洲铁路财产大受影响也。惟中国主见既欲赶为建筑，以便开通蒙古、满洲两处。日本政府再三设想，如依下开各项，日本政府可帮助此路之建筑云云。

一、日本欲与锦瑷铁路借款，雇佣工程司，购买材料，建筑工程悉与份其事。其应如何与份之法，俟与列强和衷商议后再行定见。

二、至于锦瑷铁路与南满洲铁路欲联轨之处，中国政府应从锦瑷铁路某车站间造一支路，接连南满洲铁路南端车站。该路应如何布置及接连南满洲之法，必须与日本政府妥议后行。

日本政府以锦瑷铁路之建筑于南满洲铁路大关紧要，所以亦赞成者，因现在之计画，系从锦州起点经过洮南，距南满洲尚远。若将来计划又有更变，日本政府必须干涉，与闻其事云。须知照会者。

一千九百十年二月十四日

六、法使马士理致外务部照会

为照会事。

法国政府因为中国谋平和起见，请中国政府于锦瑷铁路之事，事前未与日、俄商量，勿遂定议。如此可免各国满洲之竞争，并可增进其在亚洲之幸福云。法国公众政府对于中国利益勿使远东有所龃龉，并欲使列强在亚东永远和好，陈其意见如下：中国倘建锦州至瑷珲之铁路，事前不可不关照日、俄两国政府云。须至照会者。

西历一千九百十年二月十八日

七、俄使廓索维慈致外务部照会

为照会事。

贵部曾面询本大臣，俄国政府对于锦瑷之建筑有何种意见，本大臣当即电询本国去后，兹得本国复电，谓锦瑷铁路之建筑与俄国之边界、商务两有伤碍。按照光绪二十五年条约，一千八百九十九年中国政府曾允北京以北之铁路如欲借款建造，必须先尽俄国。现在倘使与俄国边界、商务一无所损，俄国亦非必执索践言。无如据俄国铁路调查员报告，谓锦瑷铁路若成，俄国满洲铁路所受之伤损，每年须损失五万万卢币，而中国备款收回须在二十九年之后，或直至七十三年之后始能无费收回。故俄国政府以为现在计议此项合同之资本家，本无政治手段在内，是锦瑷铁路亦未尝不可移建他处，是于商务可得同等利益，而使俄国亦不受亏损，列强资本家当亦不致起而反对。

俄国既有以上意见，故提议将锦州至瑷珲建造铁路暂行罢议，而从张家口造一路至乌拉圭，或再展至恰克图直达俄国边境为止。闻此路中国久思建设，是中国当必与外人意见相同。中国现状颇处困难者，以未得西比利亚交通之故，俄国政府不欲使中国处于困难地位，甚愿在贝加尔与恰克图之车站间，建造一支路交通其间。惟中国如建造张恰铁路，应令俄人与有资本在内。俄国政府深望中国人对于此举，须深明其意，庶可和衷共济，有益两国。总之，俄国政府亦甚愿中国在满洲境内借款造路，倘使与其满洲铁道利益边境无损，决无间言。故俄国以友谊之故，陈其意思。以上所言业经照会美国列强云。须至照会者。

俄历一千九百十年三月六日

清宣统朝外交史料卷十二终

清宣统朝外交史料卷十三

宣统二年正月至三月上

英美法德各使致外部鄂境粤汉川汉铁路中国资本家请准商办有碍借款合同照会　七件

一、英使致外务部照会

为照会事。

案照宣统元年四月十九日张中堂代中国国家与德英法各银行等签字合同，该银行等承办五厘利息五百五十万金镑借款，应用筑造湖广境内粤汉、川汉各段铁路。嗣因中国资本家奏请在鄂境内准予商办铁路，去年十二月二十日奉谕旨，似中国政府有将该三银行等照去年四月十九日合同所得相关筑造湖广境内粤汉、川汉铁路利权，置诸不问之意。本大臣查前数月贵国政府向该银行等声称各节，并不因上引谕旨而有更改之关系，本国政府愿请照复将此节证明。倘或谕旨所提人等有意执以为据，藉使利权与中国政府前定章程相反者，则本国政府现在声明，不能承认此等意见为实，且声索贵国政府作主，以免于去年四月十九日合同宗旨稍有损害之虞。须至照会者。

正月初三日

二、德使致外务部照会

为照会事。

案照宣统元年四月十九日张中堂代中国国家与德英法各银行等签字合同，该银行等承办五厘利息五百五十万金镑借款，应用筑造湖广境内粤汉、川汉各段铁路。嗣因中国资本家奏请在鄂境内准予商办铁路，去年十二月二十日奉谕旨，似中国政府有将该三银行等照去年四月十九日合同所得相关筑造湖广境内粤汉、川汉铁路利权，置诸不问之意。本大臣查前数月贵国政府向该银行等声称各节，并不因上引谕旨而有更改之关系，本国政府愿请照复将此节证明。倘或谕旨所提人等有意执以为据，藉使利权与中国政府前定章程相反者，则本国政府现在声明，不能承认此等意见为实，且声索贵国政府作主，以免于去年四月十九日合同宗旨稍有损害之虞。须至照会者。

正月初三日

三、法使致外务部照会

为照会事。

案照宣统元年四月十九日张中堂代中国国家与德英法各银行等签字合同，该银行等承办五厘利息五百五十万金镑借款，应用筑造湖广境内粤汉、川汉各段铁路。嗣因中国资本家奏请在鄂境内准予商办铁路，去年十二月二十日奉谕旨，似中国政府有将该三银行等照去年四月十九日合同所得相关筑造湖广境内粤汉、川汉铁路利权，置诸不问之意。本大臣查前数月贵国政府向该银行等声称各节，并不因上引谕旨而有更改之关系，本国政府愿请照复将此节证明。倘或谕旨所提人等有意执以为据，藉使利权与中国政府前定章程相反者，则本国政府现在声明，不能承认此等意见为实，且声索贵国政府作主，以免于去年四月十九日合同宗旨稍有损害之虞。须至照会者。

正月初三日

四、美使致外务部函

径启者：

两湖铁路借款前，经贵政府与英美德法四国银行商办在案。上年十月二十日都察院代奏鄂境铁路之事，蒙谕批：邮传部知道，钦此。未悉此中情形与借款有何关系。本署大臣于中国内政原不愿有所干预，惟此项奏稿必须请贵亲王详细示知，并希将前所屡允之借洋款修铁路，美银行与英法德三银行皆当利益均分一节一并叙明。据本署大臣意见，以贵亲王不但将均分借款之事函复本馆，而最有大益者，于复英法德三国时，亦将此情节叙清，庶免后来轇轕。相应函达贵亲王查照是荷。

三月十三日

五、德使致外务部照会

为照会事。

宣统二年二月十四日，邮传部宣示批准鄂绅设立铁路公司筹款招股，仿照湘粤等省各公司办法办理等因。查此项批准之译释，似含侵妨对于已允数国银行关于湖广境内铁路之筑造情象，为此本署大臣照请贵亲王查照示复，贵国政府是何意向？再，本年正月初三日关于此事之照会至今尚未接奉复文，合并声明。

三月十三日

六、法使致外务部照会

为照会事。

宣统二年二月十四日，邮传部宣示批准鄂绅设立铁路公司筹款集股，仿照湘粤等省各公司办法办理等因。查此项批准之译释，似含侵妨对于已允数国银行关于湖广境内铁路之筑造情象，为此本大臣照请贵亲王查照示复，贵国政府是何意向？再，本年正月初三日关于此事之照会至今尚未接奉复文，合并声明。

三月十三日

七、英使致外务部照会

为照会事。

宣统二年二月十四日，邮传部宣示批准鄂绅设立铁路公司筹款招股，仿照湘粤等省各公司办法办理等因。查此项批准之译释，似含侵妨对于已允数国银行关于湖广境内铁路之筑造情象，为此本署大臣照请贵亲王查照示复，贵国政府是何意向？再，本年正月初三日关于此事之照会至今尚未接奉复文，合并声明。

三月十三日粤川汉铁路档

外部奏议结皖省铜官山矿案折

外务部奏，为议结皖省铜官山矿案，恭折仰祈圣鉴事。

窃光绪三十年间，英商凯约翰与安徽巡抚议订开办铜官山矿务，经臣部改订合同，嗣皖省官绅以逾限未办，坚请作废，英商执意不允，以致争持经年、枝节横生。臣部所有办理为难情形，业于上年四月二十一日奏明在案。伏查此案，英商凯约翰以并未逾限，不认作废。今矿师麦奎强据矿山造房修路，历次由英国使臣朱迩典照会臣部，声称英商不能停办，若由中国购回，则须四十万镑。本年凯约翰到京，经臣等派员商减，仍索至二十七万五千镑。臣等以该省宫绅既竭力以争，誓不让办，而英使又迭奉政府命令来相催诘，势不能不筹一了结办法。电商两江总督、安徽巡抚，均以收回为然。遂由臣部于五月间照会英使朱迩典，略称中英邦交敦笃，凯约翰经营此事，其招请矿师、安置机器、建造房屋、修治路工，连原缴之报效五万元，所费实为不赀。现拟津贴五万以补从前用费，一经议定，所有铜官山之房屋机器均归中国，与英商无涉，原定合同亦即作废。讵凯约翰以为数相去甚巨，不肯照允，悻悻回国，以致暂行辍议。十月间英使又照称，英商已加派工人再行开工，有矿铁二万吨，请饬芜湖关发给准单出口。当经臣部切实驳阻，而该使迭来臣部晤商，迄以时日愈久愈难了结为言。臣等坚持原议，反复辩论两月之久，提商多次。虽该使于所索之价，由多而少逐渐减缩，而臣等迄未加添，争到尽头，始增给二千镑。该使亦即允从，惟称欲全中英交谊，只得勉强照办，此款须从速交付，不得再延时期。

窃维此案自三十一年四月起，至今四年之久，彼此互持，各不相让。英商执守成约，据定矿山，要索巨款，不偿其奢愿不止。而皖省京外官绅挟全力以争逾限应废之说，又始终不移。邦交舆论，两相关碍。现英使朱迩典既允以五万二千镑作为了结，自可照此定议以清宿案。如蒙谕允，应请饬下安徽巡抚将此款从速筹备，如数拨交臣部照付；并由臣部与英使互换照会，声明英商所占铜官山矿地暨一切机器房屋均交还中国，原订合同全行作废，原缴报效之款不再退还，以免再有轇轕。所有臣部议结皖省铜官山矿案缘由，理合恭折具陈，伏乞皇上圣鉴训示。谨奏。

宣统二年正月初三日奉朱批：依议。钦此。

矿务档

锡良程德全致外部俄请吉江弛运杂粮禁乞主持电

吉江两省禁运杂粮事。

初四日接江省交涉局于道兴驷来电，以俄领照称，此项杂粮收割时预禁，而在冬令出示，于理不合。缘各俄商明订该时供给大宗粮食，不能半途废此，此如禁运，则俄商前后亏折，均归地方官赔补。已将此事禀敝使与贵外务部交涉。初六日又据哈埠施道电称，连接俄领照会，大致以新城禁运粮食归咎华官，俄商亏损开单索赔，请先禀闻复。据奉天交涉司准俄总领事照会，转奉俄使来谕内开陆路通商章程第十五条，禁止出入境货物均有明文，此次禁运杂粮有违条约，且损及俄商之利益，请予弛禁各等语。

查陆路通商章程于违禁食物类，仅载中国米不准出口，其它谷类并未提及。上年日使有小麦等类既准北满陆路输出，则南满海路亦准出运之要求，故商订纳税禁运办法，日使甚以为然，而德使寻亦承认。未知钧部当时曾否照知俄使？与俄使曾否承认奏无明文？此次俄领一则以冬令不能禁运为词，一则以非约章所有，亟应弛禁为请，甚至连词照索赔偿。总观其意，殆将上年商允准运一案全行抹煞。否则歉岁由我禁运，既经照会有案，预期知照，在我并无不合。应请核案主持，照请俄使饬令俄商遵照。除电吉、江两省外，并乞电商为叩。良、全。阳。

正月初七日商务档

锡良陈昭常奏遵筹延吉边务情形请仍裁撤督办折

钦差大臣·东三省总督兼管东三省将军事务臣锡良、钦命副都统衔·吉林巡抚臣陈昭常奏，为遵旨详筹延吉边务情形，请仍裁撤督办一差，以纾财力而专责成，恭折仰祈圣鉴事。

窃臣等具奏吉林边务经费无着，恳请裁撤督办边务一折，宣统元年十二月二十五日奉朱批：延吉经营伊始，东南道驻扎延吉半年，是否足资镇慑？吴禄贞于该处情形熟悉，应否留办之处，一并再行详筹具奏等因，钦此。仰见朝廷廑念边陲，训示周至，莫名钦佩。臣等往复电商，悉心筹酌。窃谓延吉自中韩界务条约缔结以后，情形与前迥异，前则偏重于界务，今则偏重于内政。延吉厅初升府治和龙旺清新设县治，分疆而理地方，各有责成，而以东南道为之钤管。如果半年驻珲，半年驻延，计延、珲相距不过二百余里，尚足以资控驭抚。臣疆寄所在，责无旁贷，虽省垣远隔，不无鞭长莫及之虞，而每年巡行，有事移驻，亦未始不可镇慑。故就目前延吉而论，边务督办一差实有不得不裁之势。臣锡良前据该督办吴禄贞来电，暨臣昭常到延与吴禄贞晤商，意见正复相同，实已再三审酌。至以国防言之，自临江以至敦化绵亘数千里，与俄韩两国犬牙交错、击柝相闻。苟平日无专阃大员领重兵以镇守，万一不虞，外兵处处可以拦入，吉省兵力本单，大局何堪设想？条约既不足保和平，且日、俄将来倘有第二次之战争，并不足以守中立。通筹全局，不惟督办边务一差不当裁撤，且将厚以兵力，畀留重权，俾得于军事大有展布。前奏所请添陆军一镇，实为慎重边防起见，若无兵无饷，空以督办大员，于边务仍无裨益，而于行政反多窒碍。兹部议既以筹款为难，无论吉省原认延吉边务经费银三十万两，以之经营内政，如开埠设官及各级审判厅，以及推广巡警、增设学堂、筹办实业等事，已觉不敷支给。即尽数移作练兵之费，相差尤属甚巨，况此三十万两，实难移作他用。吉省财力业已竭泽而渔，乌能于干涸之余再有挹注，此等困难情形，谅荷圣明洞鉴。夫国防之重要既如彼，而经费之支绌又如此，必不得已惟有暂顾目前，仰恳天恩仍将督办边务一差即予裁撤，所有边防一切事宜，责令东南道随时禀商妥办。将来应如何添驻军队以重防务之处，并由臣等会商办理。谨恭折复陈，伏乞皇上圣鉴训示。谨奏。宣统二年正月初四日发。

初八日奉朱批：着照所请行，其将来应如何添扎军队以重防务之处，仍着该督抚会商，再行具奏。该衙门知道。钦此。

延吉边务档

法使马致外部云南省城开放时请准设领并商筑桂越铁路照会

为照会事。

西历正月二十九日承贵部派员照送汇票二十万两面交前来，本大臣业在贵部面谢。嗣经驻津领事遵照本大臣手谕，将军粮城兵房于西历本月初七日交回中国有司接收矣。查此案磋商既久，能结如此佳果，足征贵国政府对于我两国交涉大有和衷之意。盖中法往来已深，中国日臻进步，中越界又毗连，自含有交涉之关系。此次和衷办结，即贵国政府体及本国政府暨本大臣所担之意向，诚可勉励本大臣之将来，俾我两国均得利益。本大臣于西历正月二十三日照会内，将意愿作速商定，在河内设立领事一层，暨与贵部议商，我国因乎此事所指各节声明在先，旋于西正月二十八日本大臣在贵部与邹侍郎会晤亦曾言明，奉有本国政府手谕，着请贵国政府即将云南省城开放通商。查此举早年已由约章预定，有一千八百八十七年六月二十三日总理衙门致本馆函扎为凭。兹时越滇铁路既已告成，而于开放似甚适当，是以本大臣情愿会同贵部商议详细各节，以便确认按照条约所载，法国人民及法属保护之人在云南省城自由居止、贸易之权。一俟云南省城开放之时，本国政府即于该处设立领事。再，本大臣又奉本国政府谕令，请贵国政府克日与本大臣开议，从越地同登地方经过龙州至广西南宁一股铁路，由中国修造，法国资助一切情形。本大臣查此路系接展现有在越地由谅山至同登之铁路，亦系一千八百九十五年六月二十日中法约章第五款暨一千八百九十七年六月十二日总理衙门文内所言铁路之一份，是此项路线，彼此商定办法即可筑造者。查此问题于一千八百九十六年六月初五日、一千八百九十九年九月十五日，中国政府与法国商办公司互立合同约定办法，旋因出有他故，此项合同未见实行。此次本国政府即请贵国政府与本大臣克日斟酌商议筑造此路之新办法，一经彼此商定开放云南省城情形，并贵爵声明情愿克日会同本大臣将前项铁路开议，则本大臣当即一面转知本国政府，一面请贵爵将选派充当河内领事官员衔名示知，以便该处有司预先布置一切可也。须至照会者。

正月初八日河口档

外部咨赵尔巽烟台条约续增专条至今遵行钞送查照文

为咨行事。

正月初七日接准电称，川因船钞事与英领交涉，渠引光绪十六年在北京所订烟台条约续增专条六款。查约章成案汇览，只有光绪十一年续约十款，并无此项专条，是否已经作废？乞饬查明示复等语。查光绪十六年二月间，前总理各国事务衙门筹办重庆通商，停止轮船上驶，与英使华尔身订立烟台条约续增专条六款，至今遵行，并未作废。其第四款载，凡雇用华船，应照长江统共章程在宜昌、重庆两处完纳船料，其有能悬英国旗之华式船只，应照条约章程完纳船钞等语。除电达外，相应钞录该约条款，咨行贵督查照可也。

正月初九日商约档

外部复陆征祥驻和领约及国籍事不宜退让电

和密。初四日电悉。领约事，双国籍冲突之预防，缔约两国均应注意，和外部即以此借口，我尤不宜退让。尊处三十五号函所拟办法三款，擘画精详。惟第二款所增一节，本为和国一八九二年法律所有，亦与近世国籍法通例于血统主义外尊重各人自由之原则相合，如能办到，尚足以抵制。附则希与切商电复。外。

正月初十日出使和国档

川督赵尔巽致枢垣达赖逃亡请旨饬劝回藏电　附旨

迭接联豫等于初四日来电，川军前队已于初三日抵藏，惟达赖竟敢私行逃亡，实属辜负天恩，拟请旨饬下联豫等赶紧查追。如系逃往后藏，并应行知班禅，劝其仍回前藏，必予照旧优待。如敢逃出国境，定将其佛号废革，永远不准回藏。如此明白晓示，庶可易于操纵。藏民愿归中国，近知达赖逃后，只须统治藏地，能令治安因应得宜，无论其在何国似可无虑。谨请代奏。尔巽叩。真。

正月十二日西藏档

十三日奉旨：赵尔巽电奏，悉昨据联豫等电奏，达赖闻大兵入藏，夜内逃去，当经电谕该大臣等饬员跟踪查访矣。该达赖居心狡诈，此次逃走，固是心生疑惧，难保无另有别情，自应追令回藏，切实开导，晓以德意，俾释疑虑。彼若稍知感悟，就我范围，尚可不究既往。倘该达赖业经远出，无从追觅，或虽已追及，犹复托故延宕，不即回藏，或回藏后仍怀叵测，不服约束，则是该达赖冥顽梗化自外生成，不足以掌黄教。即使勉强优容，终难相安无事，揆厥情势，自应将该达赖革去名号，照例另举达赖，奉经敬佛，藉以维持黄教，则以后藏务悉由驻藏大臣认真整顿，以安藏民，办理一切，庶能顺手。著赵尔巽、联豫、温宗尧悉心体察番情向背如何，若照此办理，能否相安之处，及一切细情，务须探查明确，详慎妥筹，密电奏闻，再候谕旨。钦此。枢。

锡良陈昭常致外部吴禄贞交卸在即火狐狸沟和龙峪玄得胜三案应否准其议结乞示电

申。准吴督办电称，禄贞现将去边，所有寻常交涉案件自应移交后手接办，惟火狐狸沟、和龙峪两案，前蒙转到部电令贞严与日领交涉。乃去年冬间磋议数次，日领持议颇坚。惩办宪兵一层，彼以此时各宪兵业经遣回本国，未便再行议撤。吊慰，经已议增至四千元。玄得胜一案，日领谓与以上两案无涉。如我国允将前案从速了结，则彼亦可请求政府释放玄得胜。初议要求分案，同时议结，以清积案。查各案均于界务未决以前发生，是非各执，是以未竟其议。应否移归部议，抑或由禄贞从权议结之处，乞裁示等因。查边务一差，陆军部已奏裁，吴督办交卸在即。以上三案延宕已久，应否准如吴督办所议，饬令从权议结，敬乞核示。良、常。愿。

正月十四日延吉边务档

外部复锡良陈昭常火狐狸沟等案希饬吴督办妥商议结电

申。愿电悉。火狐狸沟一案，照本部上年十月有电，本无轻受抚恤议结之理，但伊使所称宪兵遣撤，查办綦难，亦系实情。且彼此报告不符，惩犯一层彼断不肯轻认，只好权受恤款，作为了结。和龙峪案内之全成哲与乡约玄德胜两案，仍即查照前电，商令互行释放。以上各案均已久悬，统希饬吴督办于未交卸前，与日领妥商议结为要。

正月十五日延吉边务档

旨寄赵尔巽等达赖已抵印前旨办法自应暂缓听候电谕电

奉旨：现据印度商会陆兴祺电称，十二日达赖已抵印境等语。如此电属实，势难追回，所有十四日电旨办法，自应暂缓办理，另行听候电谕。务须密秘，暂勿宣布。钦此。枢。

正月十五日西藏档

锡良程德全咨外部送呈安奉路购地各项图表章程文 附章程

为咨呈事。

案据试署奉天交涉司呈称，窃照安奉铁路车站用地数目，业经本司督同购地局局长屡向南满公司暨日总领事商减用地，严定限制，先将用地数目表件呈请宪台转咨外务部、邮传部核示在案。嗣因沿路如沙河镇、陈相屯、通远堡、连山关、桥头、本溪县等处，尚有增减数目，改绘图说，卷帙纷繁。一面派员切实勘查，为时稍迟。现在核改图说，业已绘成，沿途需用地亩，民间亟待发价。当此路开工时，日人即恃强勒购民产、逼迁坟墓，本司秉承宪台命令，屡经通饬沿路地方官妥为禁阻。旋蒙派员设立购地局，因税契承粮地价各节，日人狡执异常，久悬莫决。而民间产业一旦失所依据，深堪怜悯。乃蒙宪谕，将税契承粮两节，交由本司与日总领事另行提议。复督同局员与南满公司将购地章程迭次磋商，动以利害，往复辩论，至数十次，始克酌中议妥，呈蒙批准施行。不得已，即于上年邮传部派员会勘沿路线六百余里内之房屋、坟墓、树木等项，饬令该局先行会同日人分别发价购办，民间困苦，藉以稍纾。其地亩价值，虽经章程订定宣布，因未将图说呈部，未敢发价。调查沿路山地居多，其所用隧道取土筑堤，间有六七丈之高。此种用地虽未免稍宽，然于工事上，察勘似皆实在，披阅图说，自可了然。

其余车站各用地，已较日人原开数目减去过半，似属无从再减，应否准其按照图说，各用地分别购办？理合将绘成沿路车站用地图说计十四件，又各车站因增减后另绘车站详图九件，减定铁路用地表一件各三份，备文呈请宪台鉴核批示，并请各以一份转咨外务部、邮传部迅赐核示，俾早发价以恤民生。再，上年八月间，本司照会日总领事应减少用地理由书、拟减地亩表、按站用地亩数表，计有三件，又购地章程一件，兹一并钞录三份送呈宪鉴，并请分送外务部、邮传部各一份，以备查核备案。其安东车站，日本在军政时代已购占，六道沟极大之地应同撤换，沿路兵警暨不允税契承粮各问题，并案交涉。本司屡催日总领事续议，均以未得彼国政府训令，藉词延宕，应请宪台咨请外务部迅与日使交涉，俾得协力维持大局，幸甚。计呈图表、章程、说明书等各三份等情，到本大臣、抚院。

据此除批据呈安奉铁道车站各用地，已较日人原开数目减去过半，似属无从再减，自是实在情形。究竟应否准其按照图说，各用地分别购办，候将核改各项图表，咨请外务部、邮传部核复饬遵。至减少用地理由书、拟减地亩表按站用地亩数表、购地章程，并候分送外务部、邮传部查核备案。其安东车站，据称日本在军政时代已购占，六道沟极大之地自应同撤换，沿路兵警暨不允税契承粮各问题，并案交涉，仍候咨请外务部与日使妥议办理后再另行饬知。此缴图表、章程、说明书分别存送等因印发外，相应将该司呈到核改各项图表，咨请贵部查照核复，以凭饬遵。并将减少用地理由书、拟减地亩表、按站用地亩数表暨购地章程各件，送请查核备案。再，安东车站据该司呈称，日本在军政时代购占，六道沟极大之地自应同撤换，沿路兵警暨不允税契承粮各问题并案交涉，应请迅与日使妥议，另案办理，藉维大局。并希见复，以凭转饬照办，望切施行。须至咨呈者（计呈安奉铁路图一捆共二十三张，并附减定用地表一纸，又购地章程、用地理由书、增减比较表各一份）。

正月十五日安奉铁路档

安奉铁道购地章程　附价格单

第一条　安奉铁路全线路应行收买之地亩，如布设铁轨、设立车站并铁桥护岸工事，以及采取沙石、取水等项所需之地亩，彼此委员先行商定，绘具详细图说，发交购地局按照所定章程给价收买。

第二条　购地局收买用地时，应向卖主索取上季完纳粮租税票执照，并查明坐落户名暨原亩数目，向在何衙门完纳何项粮租，均于契内载明，并将串票执照黏于契上。其无粮者即于契内注明无课，先与卖主订立契据，俟收买事竣，由购地局将所有与卖主订立契据移交与南满洲铁道会社作为会社买收之证据。其由卖主所交之粮租串票执照等，均另由交涉司与日本总领事妥商订定。

第三条　购地局所买之地亩，其地内将来如有埋藏古物发现时，应归中国公家所有。

第四条　地亩房屋并其它种种之民有物件，以另单所定之价格为标准。如地主、房主等有不服时，可面告购地局员，求其再议，不得聚集多人有喧扰情事。

第五条　铁路通过之河面、沟渠、道路，如非民产可不给价而使用之，如系乡村之共有物，仍应出相当之价收买。

第六条　地亩不论何种，均按照另单所定之价格收买。

第七条　房屋不论何种，均按照另单所定之价格收买。如有特别之情形时，应另行公平估价收买，倘地方上向来有保存之古迹，应迂道让出。

第八条　墓地当照另单及第九条优给地价及迁移等费，惟墓主应于收买之前在墓地建一木牌，写明墓主姓名、冢数，以便稽核。

第九条　一个墓内如有数棺合葬者，即查照棺数，除第一棺按照另单所定之砖墓、土墓两种迁移价目分别发给外，其余每棺均应按照第一棺迁移费酌减二成发给。

第十条　凡有主之墓，应使墓主于铁路开工以前迁移，予以一定之限期，俾得另行营葬。其无主之坟，由购地局知照该处乡保村长代为迁移；或酌给费用，即托该处乡保村长移葬，惟此营葬地须请地方官指定。

第十一条　墓地内之树木及由墓内发掘之物，可任墓主随意移去，不另给价收买。但松柏一项，可任墓主之要求，按照另单所定之庭树价格收买。坟墓前所建之旌表及忠勋碑等应竭力保存，必不得已必须迁移时，由购地局代为迁移，或另给相当之费使墓主迁移亦可。

第十二条　义地内各冢，如系有主者，给予迁移费，不给地价。其它无主冢及荒冢不给迁移费。此项义地之地价及无主冢之迁移费，应给与管理义地之人为移葬无主冢之费用，惟此移葬地须请地方官之指定。

第十三条　如有左列各项之事者不给迁移费，如犯开列第二项以下之事者，当由购地局移请地方官罚办：

一、尸骨腐化，棺木不在，无从改葬者，但墓主能证明男女棺数，且可认为有多少之痕迹者，查明后给与额定之迁移费。

二、以骗取迁移费为目的，诈称墓地或堆积浮土假装坟墓者。

三、故意将他处之棺椁移于收买地内者（此时当使犯人自己迁移）。

四、将已领取迁移费之椁棺重移葬于收买地内者。

第十四条　收买地亩、房屋等，由地主、房主及村长等会同购地局实地丈量清楚，照章给价后，该地主、房主等即应将所持之契据（红契、白契、丈单、大照、典契、租税等类）交由购地局暂时收管。如地主、房主所卖之地或房屋尚有未尽卖出者，应将原契上所卖之数目由该管衙门另行换给新契据，并令卖主按照购地局所买之数目出一证书交与购地局收执。

第十五条　如系普通之地亩、房屋，购地局即与该所有主立契；如为共有财产，则与代表者立契，或参酌情形与各共有人立契；如系义地、庙地、学堂、祠堂、庙宇等，则与管理人立契；坟墓则与坟主立契；至庄园地亩收买时，应查明系何衙门经管，由购地局咨明度支部转行该管衙门出给印契，收取地价；如系王公府庄园地，应查照后开第十七条办理。

因典押租等所生之各种关系，均由立契之人自行商议清楚，或由村长等料理，购地局不任其责。购地局与卖主订立契据时，必须告知此种有关系之人，使其到场，在契据内一同署名。

第十六条　购地局购买地亩时，由地方官妥为照料，使村长等随时会同丈量，并先期出示晓谕，地方人民不得有抬高价格之事。如购地局有移查及请求等事，亦当分别证明辅助。

第十七条　王公府庄园地及王公勋旧之祭田，如必须收买，应由地方官先行详查，报明购地局呈请督抚宪，咨会宗人府转咨，王公府派员来奉立契领价，并向该庄头索取粮串执照等件，以便送交当管衙门存案。

第十八条　本章程所定之尺度，为部颁之营造弓尺，每弓五尺，每二百四十弓为一亩。至所发之价，一律奉天小银元。

第十九条　此章程订定，奉批准之次日施行。如所订各节有应行增改时，可彼此商议，呈请核准。

价格单

特别上地	每亩六十元指奉天、本溪、沙河镇三处市街附近之地，此外不为特别
上地	每亩四十五元
中地	每亩三十五元
下地	每亩二十五元山地即算下地
园地	每亩七十五元园地无论大小、有无井，具按亩给价，有井者另给井价
场园地	每亩照上地给价
水田地	每亩四十五元
五檩瓦房	每间二百五十元
三檩瓦房	每间二百元
铺檩瓦房	每间一百五十元
五檩草房	每间一百五十元
三檩草房	每间一百元
铺檩草房	每间八十元
窝棚	每间二十元

砖　　墙　每丈六元高以三尺为标，每增减加算
土　石　墙　每丈三元高以三尺为标，每增减加算
林　　地　山林每亩二十八元其树照每株三寸径另外给价
柞　蚕　林　每亩二十八元不论茧子，按亩给价，其柞树价另给
果　　树　每株不能预定价值，看所结何果、树之大小、历年产果若干议价
松　　树　每株七寸二元、五寸一元、三寸七角
杨　　树　每株七寸八角、五寸五角、三寸三角
砖　　井　每面一百元不论丈数
石　　井　每面六十元不论丈数
土　　井　每面十五元
水　　车　石堤在内七百元至一千元机器家俱另外给价
水　　车　停止营业一个月四十元
坟　　墓　每冢迁移费十元不论大小
特别砖坟　每冢迁移费四十元
骨骼及浮厝棺　每具迁移费四元

安奉全线各车站所要地积详细表　此件即减定铁路用地表

停车场名	等级	亩　数	增　数	减　数	实　数	总积数
沙河镇	丙	一百二十一亩六分五厘	一百八十二亩四分八厘		三百〇四亩一分三厘	七千二百七十三亩五分
五龙背	丙	三百〇四亩一分三厘				
石桥子	丙	三百〇四亩一分三厘				
汤山城	丁	二百四十三亩三分				
高麓门	丁	二百四十三亩三分				
四台子	丁	二百四十三亩三分				
林家台	丁	二百四十三亩三分				

停车场名	等级	亩　数	增　数	减　数	实　数	总积数
草河口	丁	二百四十三亩三分				
陈相屯	丁	三百〇四亩一分三厘		六十亩〇八分三厘	二百四十三亩三分	
通远堡	丁	三百〇四亩一分三厘		六十亩〇八分三厘	二百四十三亩三分	
凤凰城	乙	九百十一亩八分九厘				
鸡冠山	乙	七百八十九亩三分一厘				
连山关	乙	八百四十六亩九分六厘		一百八十二亩	六百六十四亩九分六厘	
桥头	乙	三百〇四亩一分三厘	二百五十亩		五百五十四亩一分三厘	
本溪湖	乙	四百二十亩五分七厘		二十亩	四百亩〇〇五分七厘	
高力桥	戊	一百二十一亩六分五厘				
秋木庄	戊	一百二十一亩六分五厘				
分水岭	戊	一百二十一亩六分五厘				
下马塘	戊	一百二十一亩六分五厘				
南坟	戊	一百二十一亩六分五厘				
金坑	戊	一百二十一亩六分五厘				
火连寨	戊	一百二十一亩六分五厘				

停车场名	等级	亩　数	增　数	减　数	实　数	总积数
姚千户屯	戊	一百二十一亩六分五厘				
姚仙屯	戊	一百二十一亩六分五厘				
蛤蟆塘	戊	一百二十一亩六分五厘				
老古沟	戊	一百二十一亩六分五厘				

安东线车站增减比较表　正月十五日交涉司照会日总领事之件

原图所定各站	站名	统计英里	挨次各站英里	挨次各站华里	等第	拟改定各站	站名	挨次各站华里	等第
一	安东县	八成起点			甲	一	安东县		甲
二	五龙背	一十八里三	十七里一	四十五里三	丙	二	沙河镇	五里六	丙
三	汤山城	二十四里三	四里五	一十二里七	丁	三	五龙背	三十七里二	丙
四	高麓门	二十九里六	八里三	二十三里四	丁	四	高麓门	三十六里一	戊
五	凤凰城	三十八里	八里四	二十三里七	乙	五	凤凰城	二十三里七	乙
六	四台子	四十三里	五里	一十四里一	丁	六	鸡冠山	三十里零四	丙
七	鸡冠山	四十九里二	五里八	一十六里三	乙	七	刘家河	三十九里四	丁
八	林家台	六十七里二	十八里	五十里	丁	八	通远埠	二十七里六	丙
九	通远埠	七十三里	五里八	一十六里三	丙	九	草河口	一十八里九	丁
十	草河口	八十里零三	六里七	一十八里九	丁	十	连山关	三十五里	乙

原图所定各站	站名	统计英里	挨次各站英里	挨次各站华里	等第	拟改定各站	站名	挨次各站华里	等第
十一	连山关	九十二里八	一十二里五	三十五里二	乙	十一	南坟	三十三里六	戊
十二	下马塘	九十八里二	五里四	一十五里二	戊	十二	桥头	二十五里六	丁
十三	南坟	一百零四里七	六里五	一十八里三	戊	十三	本溪湖	二十六里八	乙
十四	桥头	一百一十三里八	九里一	二十五里六	丙	十四	石桥子	三十二里四	戊
十五	本溪湖	一百二十三里	九里五	二十六里五	乙	十五	姚千户屯	二十一里二	戊
十六	火连寨	一百二十六里五	三里五	九里九	戊	十六	陈相屯	二十二里二	丁
十七	石桥子	一百三十四里五	八里	二十二里五	丙	十七			
十八	姚千户屯	一百四十二里	七里五	二十一里二	戊	十八	奉天		甲
十九	陈相屯	一百五十里零一	七里九	二十二里二	丙				
二十	(原稿缺)								
二十一	奉天				甲				

酌拟各站用地数目表　日总领事照会交涉司之件

等第	站内如叉道工房火车房转盘月台煤水取土等用地	货物积卸	材料置场及增线路之地	社宅敷地	总共用地
乙	三百亩	二百七十五亩	一百七十五亩	一百七十四亩	九百二十四亩
丙	二百亩	七十五亩	六十五亩	六十六亩	四百〇六亩
丁	八十八亩	五十四亩	五十亩	五十三亩	二百四十五亩
戊					一百二十二亩

酌拟各站用地数目表　交涉司照会日总领事之件

等第	站内如叉道工房火车房转盘月台煤水取土等用地	货物装卸场用地	材料堆积场及增设叉道用地	职员夫役住宿舍地	总共用地
乙	三百亩	一百亩	七十五亩	七十亩	五百四十五亩
丙	二百亩	五十亩	四十亩	四十亩	三百三十亩
丁	一百亩	二十五亩	二十五亩	二十五亩	一百七十五亩
戊	一百亩				一百亩

减少安奉车站用地理由书　交涉司照会日总领事之件

查此次由贵所长交来安奉车站用地预算图，计大小车站共分五等。除安、奉两端大站另议外，如凤凰城等处乙站竟需地九百二十亩之多，五龙背等处丙站需地三百零六亩之多，汤山城等处丁站需地二百四十五亩之多，下马塘等处戊站需地一百二十二亩之多，车站用地多至此数，殊非意料所及。查本国各处车站，中站不过百亩，小站不过五十亩，即以京奉车站用地而论，亦即此数已足敷用安奉路线。同在本国境内，何忽悬殊至此？现在两端大站尚未议及，凡中腰各站，只有车务、站务之职员，以及岁修工程员司人役等，决无需用如许多数地亩之理，兹请再详细分别言之。

查商货装车、卸车，站内固应设立专处，然出往之货随到随装，到站之货随卸随运，决无堆积拥挤之虞。间或有因故积存，亦不过两三日之久。中站非两端大站可比，即堆积两三日，如有二十亩大之专处，尽足敷用。此货物积卸场可减少者一也。查材料为筑路时所用，工竣后即一无所需，虽有岁修工程而需用材料，究属不多，车站中必有隙地尽可堆置，即必欲预计有一二十亩足矣。此材料置场可减少者二也。查增设线路用地，亦殊含混，想系添边道之用。查车站用地，凡叉道、车房、转盘、月台、煤水、取土等，用图中均已一一布置有地，无事扩充。如地方商业情形将来繁盛，或增添叉道为存车等情，均应遵车站原设之路线而行，不能舍近图远。今增设边道如乙等车站用地竟至一百七十五亩之多，是几欲另筑一枝路之车站矣，此增设线路用地之可减少者三也。查社宅敷地一项固属应有，然乙等站一百七十亩，丙等站六十六亩，丁等站五十三亩，殊属过多，只能以敷用为度。此社宅敷地可减少者四也。

以上四节均须核减地亩，另附表送阅。又查原定车站数目相距甚密，查轻便铁道行车机力既微，而山道又崎岖延绕，固宜多设车站。今既仿照京奉宽轨，去萦绕而穿隧道，无高陂而筑堤凿山，车行既易，路程较捷，是该站又宜仿照京奉车站之远近，原图虽已略去一二，然仍嫌稠密。况安奉一路较京奉所经之处尤为荒僻，兹以三十里为率，京原有之站而减存之，并立一表送阅。为此具理由书，请烦查核照办为荷。

谕革去达赖喇嘛名号应即掣定真正呼毕勒罕以重教务电

上谕：西藏达赖喇嘛阿旺罗布藏吐布丹甲错济寨汪曲却勒朗结，夙荷先朝恩遇，至优极渥。该达赖具有天良，应如何虔修经典，恪守前规，以期传衍黄教。乃自执掌商上事务以来，骄奢淫佚，暴戾恣睢，为前此所未有。甚且跋扈妄为，擅违朝命，虐用藏众，轻起衅端。光绪三十年六月间，乘乱潜逃，经驻藏大臣以该达赖声名狼藉，据实纠参，奉旨暂行革去名号。迨该达赖行抵库伦，折回西宁，朝廷念其远道驰驱，冀其自新悛改，饬由地方官随时存问照料。前年来京展观，赐加封号锡赉骈蕃，并于起程回藏时派员护送。该达赖虽沿途逗留，需索骚扰，无不量予优容，曲示体恤，宽既往而策将来，用意至为深厚。此次川兵入藏，专为弹压地方，保护开埠，藏人本无庸疑虑。讵该达赖回藏后，布散流言，藉端抗阻，诬诋大臣，停止供给。迭经剀切开导，置若罔闻。前据联豫等电奏：川兵甫抵拉萨，该达赖未经报明，即于正月初三日夜内潜出，不知何往。当经谕令该大臣设法追回，妥为安置，迄今尚无下落。掌理教务，何可迭次擅离。且查该达赖反复狡诈，自外生成，实属上负国恩，下辜众望，不足为各呼图克图之领袖。阿旺罗布藏吐布丹甲错济寨汪曲却勒朗结着即革去达赖喇嘛名号，以示惩处。嗣后无论逃往何处，及是否回藏，均视与齐民无异。并著驻藏大臣迅即访寻灵异幼子数人，缮写名签，照案入于金瓶掣定，作为前代达赖喇嘛之真正呼毕勒罕，奏请施恩，俾克传经延世，以重教务。朝迁彰善瘅恶，一秉大公，凡尔藏中僧俗皆吾赤子，自此降谕之后，其各遵守法度，共保治安，毋负朕绥靖边疆，维持黄教之至意。钦此。

正月十六日西藏档

外部致李经方希将达赖潜逃被革暨西藏并无更动情形详告英外部电

申。西藏达赖喇嘛屡背教规，骄淫不法，前因虐用藏众，轻启衅端，于光绪三十年乘乱私逃，经将达赖名号暂行斥革。嗣以来京入觐，朝廷不追既往，优加赏赉，仍令回藏任职，原冀其悔过自新。自中英新订藏约以来，一切开办商埠，弹压地方，均关紧要，是以酌派川兵二千名前往藏境，藉保治安。乃川兵甫抵拉萨，达赖不明事理，竟于正月初三夜潜行逃去，不知去向。似此去留任意，难免不造言煽惑，借事生端。本日业经奉明降谕旨，以该达赖掌理黄教，迭次擅离，不足为各呼图克图之领袖，著即革去达赖名号，另行选定等因。除恭录谕旨照会英使，仍声明西藏交涉悉照中英印藏条约办理，并分电各驻使外，希将达赖违教妄动，甘自暴弃，与朝廷革斥另举，维持黄教，以及履行条约，保安地方，于西藏情形现无更动之意，详告英外部为要。外。

正月十六日西藏档

使英李经方致外部报英议院议达赖离藏事电

申。我兵入藏，达赖喇嘛逃往印度。英上议院绅、前印督寇濞昨在上议院询问藏事印度部大臣，大臣答以达赖已弃藏西行，约于本月二十七号抵大吉岭，离藏原由尚未悉，已饬印度属各员谨守局外。惟达赖身分尊崇，到吉后当暂为安置。我政府现已询问北京政府云云。泰晤士报昨日所载藏事，论说语气亦尚和平。方。十六日

正月十七日西藏档

外部致赵尔巽联豫我国重视条约不以达赖去留有所改动已请英使转达政府电

十八日电计达。英使交节略后复来照会，大致与前无异。惟称英政府望仍存西藏切实政府，以便随时按两次条约商办事宜，盼复文时于将来中国于西藏如何拟办，俾能以安心之语详报本国等因。本部当并复以政府无意干预西藏内政，具纫公谊，西藏既经中英订约，自应实行经理。乃藏民屡行梗阻，我不能不派兵前往藉资弹压。前者中政府深信英国于我派兵前往绥靖地方，保护开埠诸事，必表同情，曾将此意面告。并拟假道印度，派兵二千入藏，商请转电政府。此次仍二千之数，不过保护商埠，饬藏民遵约办理，事与巡捕无异。乃达赖藉端潜逃，朝廷明谕斥革另举，实为维持黄教，绥靖地方起见。迭电驻藏大臣遵守条约，加意整顿，保卫僧庶，联络邦交，该地方当能照常安谧，不涉扰乱。中政府重视印藏条约，毫无破坏之虑，决不因一人之去留于全局情形有所改动。中英邦交敦笃，必能体会此意，随时协助，请转达政府等语。希查照。外务部。

正月十九日西藏档

湘抚岑春蓂奏长沙租界附近已浚河开码头以免觊觎片

岑春蓂片。

再，湖南长沙自光绪三十年开埠通商后，划定北门外为各国商民公共租界，西门外为轮船码头，由长沙关道议订章程，分别照会，详咨立案。英国、日本国两领事，以长沙府开作通商口岸，欲于省城内外任便通商居住，与驻汉各国领事照复，不认租界章程，一再饶舌。臣于光绪三十二年九月间到任后，查悉前情，与外务部电商，拟将原章无碍主权者量为商改，以期就范。长沙关道暨随办洋务委员每与英、日两领事论及此事，不免仍执前说，诿称无权。臣以该领事等要求万难迁就，是以查照外务部前年电示：内外坚持，隐相抵制。查租界附近地方，即为粤汉铁路公司将来修筑码头、车栈之所。上年冬间将租界切近之碧浪湖，既挖宽深，就湖之形势将东、西地面开浚成河，上达浏渭河，下通湘江，俾货舶可连樯湾泊。其续修租界码头及城外磡岸马路工程紧要，所需经费，前经臣奏蒙俞允在长沙关所征税款内陆续动拨，俾资兴办，现正催令赶紧修筑，以期早日完工。商务渐臻发达，此后居民谋生日广，地方应亦隐受其福，皆出自圣恩所赐。各领事见商场开辟，或不致再有觊觎，复申前说。现在日本国领事虽尚赁住城内民房，英国领事业已移居租界，此臣三年以来督饬关道暨随办洋务各员竭力维持，相机因应之情形也。以上各节，因保奖折内未便叙入，理合附片密陈，伏乞皇上圣鉴。谨奏。

宣统二年正月二十日奉朱批：密交外务部知道。钦此。

商埠档

锡良程德全致外部安奉铁路以减定用地表为准电

准邮传部马电：询及此间咨送安奉车站用地等表，先后数目不符，请为电复等因，遵即复告。安奉全线当日人初议车站用地时，计要求甲、乙、丙、丁、戊五种。除安奉甲种大站另议外，乙种每站用地九百二十亩，计五站合地四千六百亩；丙种每站用地三百零六亩，计三站合地九百十八亩；丁种每站用地二百四十五亩，计七站合地一千七百十五亩；戊种每站用地一百二十二亩，计十一站合地一千三百四十二亩，统计用地八千五百七十五亩，此即日人原开各车站用地底数。迭经饬令交涉司督同购地局与日领事核减，至去冬定，计用地七千二百七十三亩五分，按照原开底数已减去一千三百零一亩五分，此减用地亩最后磋商之实在情形也。日人原开车站有二十一站，交涉司拟减为十八站，日人未允。除安东、奉天另议外，并于避道处所加入戊种之高力桥、秋木庄、分水岭、金坑、姚仙屯、蛤蟆塘、老古沟七站，是以共数二十五站，此站数不同最后磋商之实在情形也。日人在安东经营公沟地方不遗余力，附近安东之沙河镇不愿立车站，当因市面所关，不得不为商民筹交通之便，故照日人原开站数，饬添沙河镇一处。日人以该处既设车站，不得不增购地亩，故地积表所列亩数，转觉有增无减，其实比较日人所开用地底数，仍减一千余亩，此比较先后有减无增之实在情形也。总之，此次咨送以减定铁路用地表为准，其附送之拟减地亩表、按站用地亩数表，系交涉司从前彼此磋商未定之件，咨请参考，一为复阅，当可了然等语。除电复在案，谨此电闻，即请鉴核为荷。良、全。有。

正月二十五日安奉铁路档

锡良程德全致外部日在鸭绿江架桥请禁阻电

鸭绿江架桥事，上年屡电大部与日使转商，未能决定。该处韩岸桥工筑已及半，不日即至我国流域。前饬交涉司与日领声明，此事奉省并未奉有明文，亦未接彼照会，如不先行商允，一至我国境内不得不为禁阻。昨据安东赵道电禀，伊已搬运材料，势将不日动工。复饬司一面告知日领，一面用公文催询日领，允电询伊公使再复。查安奉铁路既允建造此桥，为达韩孔道，势难扼阻。惟鸭绿江国界所系，各国通例，凡火车出入国境必须换车，且须设关稽查，此应先商者一。安奉铁路照约十五年购回，从江心起至西岸一半之桥身，系在中国境内，应与铁路一体议价收回，此应先议者二。六道沟日人占地太大，安奉沿路兵警至今未撤，前此屡商无效，或藉此为抵换利益，此应先商者三。日领既请命伊公使，傥在奉开议，必当竭力与商，如或日使至钧部面商，务望将以上各节与之提议，以期内外一致。春融在即，盼早定局，用特奉布。良、全。勘。

正月二十八日安奉铁路档

外部致陆征详和外部坚拒国藉法我宁不立约免为束缚电

和十五日、二十七日两电悉。领约事所商国藉，视人民情愿为定一节，既为和律所有，亦即各国国籍法普通主义。和外部并此坚拒，显系不讲公理。如必不能变通办理，我宁不立约，尚免为附则所束缚。执事意见如何，尚有何种办法，希再筹商电复。外。

正月二十九日出使和国档

外部致袁树勋美使请将黄秋产业购回或拍卖希核复电

洪。黄秋案美使又称，得禀报知粤督奉外务部电，以黄秋既入美籍，援外人不得在内地购产之例，应将该房产充公等语。查各国国、民籍法，并无入外国籍后便不许承受父母遗产之说，此案拖延已久，务望速了。或许黄秋之弟将渠产购回或拍卖，总期和平了事等因。此事本部上年七月间艳电由粤省饬局员与美领妥商办理结束，迄未准复。兹该使所称购回、拍卖两项办法，是否可以照办，并应如何商结，以免久延之处，希酌核电复。外。艳。

正月二十九日黄秋档

驻藏大臣联豫致枢垣达赖抵大吉岭已派员侦其动静电　附旨

据报，达赖十七日行抵大吉岭，印政府预备供应，已密派妥员随时侦探动静矣。现藏地正值攒招，军民僧俗均各相安。又据番官禀称，达赖临走时留命新噶勒丹池巴罗布藏丹巴为代理商上，办理一切事宜。请示前来，豫已批准，并候请旨定夺，以昭郑重，可否之处出自天恩。工布一带闻尚聚有番兵，即谕该代理商上速行遣散，均已遵从，当不至于违抗。其硕板多边坝等处所扎边军，拟商赵尔丰陆续凯旋，川军休息旬日，现已开操，申严纪律，务令士气常新。豫惟有殚竭血诚，妥筹布置，不敢稍涉疏虞，谨乞代奏。再，二十三日奉大部十八日、十九日两电，均祗悉。恭查十五日以前电旨均奉到，枢电亦到，惟十六日电旨三道祗奉两道。顷始，奉十六日、十七日电旨两道，均恭悉钦遵。豫于初十日电请川督转电钧处一件，十七日、二十二日电请钧处代奏各一件，又二十二日电大部一件，计已先后呈鉴。自达赖潜逃后，豫分派员弁四出追迎，必接奉报实情，方敢入告，致劳悬注，惶悚殊深。请代奏。豫叩。二十四日。

正月二十九日西藏档

申奉旨：联豫二十二日、二十四日等日电奏均悉。据称，藏地现值攒招，军民僧俗均各相安等语。具见藏人善良安静，恪守法度，甚为可嘉。此次川兵进藏，抗违煽惑，皆达赖一人所为，又复委弃职掌，一再擅离，实属劣迹昭著。当经降旨斥革另举，应由该大臣谕饬藏众，迅速访寻，遵照成案，秉公掣定真正呼毕勒罕，以孚重望。现在商上一切事宜，既据该大臣奏称，新噶勒丹池巴罗布藏丹巴堪以代理，著即加恩，如所请行。其噶布伦以下各藏官均著照旧供职。该大臣即宣布德意，务令晓然于朝廷此次举动正所以维持黄教，保卫地方，除更换达赖外，藏中办理一切，无在不俯顺舆情，俾皆安堵如故。工布一带番兵，该代理已遵照遣散，所有驻扎硕板多边坝等处边军应否即行撤回，并著电商赵尔丰体察情形，详慎筹办，以期联络一气。川兵在藏，仍须严明拘束，恩威并用，庶使兵民辑和，秋毫无扰。印藏交涉重在开埠，应按照中英修订条约切实办理。该大臣身膺重寄，责无旁贷，务当凛遵迭次谕旨及以上指示各机宜，悉心经画，妥慎布置，并随时详晰具奏，用纾朝廷惓惓西顾之意。钦此。枢。

二月初一日

外部致锡良等设关稽查系我主权希与日领磋商电

鸭绿江架桥事勘电悉。设关稽查为我主权所有，应即速筹妥办，无庸与彼先商。其余各节，现日使并未来部提议。仍希尊处与日领竭力磋商，并随时电部为盼。外务部。

二月初一日安奉铁路档

邮部咨外部安奉路用地既经商减请核复文

为咨呈事。

据路政司案呈准东三省总督、奉天巡抚咨称：据试署奉天交涉司呈称，安奉铁路车站用地数目，业经本司督同购地局局长屡向南满公司暨日总领事商减用数，严定限制。先将用地数目表件呈请转咨外、邮两部核示在案。嗣经沿路如沙河镇、陈相屯、通远堡、连山关、桥头、本溪湖等处，尚有增减数目，改绘图说，卷帙纷繁。一面派员切实勘查，为时稍迟。现在核改图说，业已绘成，沿路所需地亩，民间亟待发价，不得已即于上年邮传部派员会勘沿路线六百余里内之房屋、坟墓、树木等项，饬令该局先行会同日人分别发价购办，民间困苦藉以稍纾。其地亩价值虽经章程订定宣布，因未将图说呈部，未敢发价。调查沿路山地居多，其所用隧道取土筑堤，间有六七丈之高，此种用地虽未免较宽，然于工事上查勘，似皆实在，披阅图说，自可了然。其余车站各用地已较日人原开数目减去过半，似属无从再减，应否准其按照图说，各用地分别购办？理合将图表等件备文呈请分咨外、邮两部，以便查核。其安东车站。日本在军政时代已购占六道沟极大之地，应同撤换，沿路兵警暨不允税契承粮各问题，并案交涉等情。据此，除批示外，理合咨请查照核复等因。当经本部以所送表内减定铁路用地表甲、乙、丙、丁、戊共二十六站，据车站增减比较表，车站原定数共二十一站，拟改之数共十八站。两表互异比较，表内原定之数是否即系原开数目？至减数一项，据减定用地表所列仅四处，共减三百二十三亩六分三厘，而增数二处，共增四百三十二亩四分八厘，实数有增无减。至原开数目，尚无详细底数。电查去后，兹据电复：安奉全线，当日人初议车站用地时，计要求乙种每站用地九百二十亩，计五站合地四千六百亩；丙种每站用地三百零六亩，计三站合地九百十八亩；丁种每站用地二百四十五亩，计七站合地一千七百十五亩；戊种每站用地一百二十二亩，计十一站合地一千三百四十二亩，统共用地八千五百七十五亩。此即日人原开底数。迭经核减，至去冬，定计用地七千二百七十三亩五分，按照原开底数，已减一千三百零一亩五分。至日人原开车站有二十一站，交涉司拟减为十八站，日人不允。除安奉另议外，并于避道处所加入戊种之高力桥等处七站，共二十五站。嗣以附近安东之沙河镇为商民交通之便，饬添一处。故地积表之数转觉有增无减。总之，此次咨送以减定铁路用地表为准等语。查安奉一路议用地亩较胶济合同所订为多，迭经本部咨查在案。兹既据该督抚复称，该路用地原数共八千五百七十五亩，核减用地共七千二百七十三亩五分，统共减去一千三百零一亩五分，核计数目相符，比较原数尚属有减。事关交涉，相应咨呈贵部查照核复，以凭办理可也。

二月初二日安奉铁路档

锡良等致外部锦瑷路事请部核示后再行订定电

初二日电敬悉。议商锦瑷路事，因与司戴德先期约定，未便临时食言，拟仍饬该司等赴津询明合同内容。非蒙大部核示，断不能擅行订定。知注谨闻。良全。初二日。

二月初三日锦瑷铁路档

外部复阿根廷国外部驻沪商务委员已饬接待函

径启者：

案查贵国派遣阿道夫蓝朴禄驻沪一事，当经本部以中阿两国尚未立约，不便派设领事，拟改为商务委员，函复贵大臣在案。兹准复称，本国现已派出阿道夫蓝朴禄为驻沪商务委员，遇有商务交涉，诸希指示等因。查阿道夫蓝朴禄既经贵国改为商务委员，本部自可允认。除咨行南洋大臣、江苏巡抚转饬地方官接待外，相应函复贵大臣查照为荷。

二月初三日商务档

外部复锡良等锦瑷路事关系重大希饬司缓议电

初二日电悉。锦瑷路事，日俄来照于我，藉固国防默为抵制之意业已揭破。词意斩截，断难容我空言辩驳。即肯转圜，我亦断难恃有他国扶助，即可操切从事。若不待商妥，遂派员与司戴德接议详细合同，恐将来美为保护商人利益，出而争执，则我更面面失据，无从应付。此事关系重大，仍希饬令郑、邓两司缓与提议，免致后悔。至盼并复。

二月初四日锦瑷铁路档

锡良程德全复外部锦瑷路事日俄抗议乞主持电

初四日电敬悉。此次郑、邓赴津，重在践约，不在开议，一切静候大部指示，自与尊旨缓议相符。窃日俄抗议自在意中，然此路绝非并行线，均无关系。彼所断断至不愿者，我受两强夹挤，气息欲绝，寻出一线生路，稍可图存，梗其咽喉耳。倘若使其如愿，大局何堪设想？满洲开放，彼所常言，何竟违背？尚乞大部设法主持，以维边局。良全。歌。

二月初五日锦瑷铁路档，二月初四日锦瑷铁路档

外部复袁树勋黄秋案美使已愿和平了结希核办电

黄秋案东电悉。查此事出在国籍条例未颁以前，未便援以相绳，自应就案论案，妥筹结束之法。现美使已愿和平了结，仍希查照本部前电，酌核办理，并电复。外。歌。

二月初五日黄秋档

江督张人骏致外部芜湖租界事当商皖抚妥筹电

冬电敬悉。查长江各口岸，芜湖租界定章最为周密。本案日领意在藉口展拓，即以弋矶山之地论，英商既以可用而议租，何独不合于日商？一允和记，则日商起而坚要，芜埠租地范围，势必因之而溃，鄙意所以坚持者在此。准电前因，应即会商皖抚妥筹对付，尚求俯赐主持为祷，如何之处，尤盼示遵。人骏。支。

二月初五日租界档

川滇边务大臣赵尔丰致枢垣军谘处报川军入藏及藏中安静情形请旨另立达赖电

效电敬悉。川兵初有入藏之信，藏即以江卡为扼要之地，各处调遣人。询之，则藉张大臣令其练兵十万，以图自强为词。尔丰复与川督会衔，晓谕开导，并专札藏中商上三大寺，谕以川兵系奉旨入藏，保护黄教，安能扰及藏中？喻以道理，示以证据，一概置罔若闻。其实蛮民心皆不愿。有遣人来者，有暗递禀者，皆言虽系藏属，仍是朝廷百

姓，受豢养二百余年，岂肯背叛？无如藏番威迫，不敢相抗，情愿投诚，请派兵保护。尔丰以如此，是授藏以口实，皆善言遣去。因思江卡为适中要道，距巴塘尤近，若川兵至此，藏人竟敢拦阻开仗，内地蛮民悉将震惊。故与川督商改由德格至察木多。联大臣亦拟定由察本多入三十九族，无非为免与较量，以期军行迅速。乃藏番闻知，又在察台以外各处调兵，并强于类乌齐地方扼要堵截。复闯入察界，焚我积聚，戕我武弁，伤我乡导。嗣尔丰到察，因川兵初出关，未经战阵，且行路亦极辛苦。遂派边兵为前锋，川兵继进，藏番皆望影而逃。川兵由类乌齐转入三十九族，边兵由硕板多大路前进，以为应援。到边后，又将抗阻番兵击溃，夺获猪槽炮九驮，大炮四尊，子弹二十三匣。藏番所恃利器，悉为我有，已逆料其无能为矣。尔丰于所获藏官、喇嘛等，仍告以川兵入藏之意，给以护照，送令回藏。奈达赖梗顽，复调工布之兵，一在江达，再于墨竹工卡昏夜攻击川军。幸川军有备，奋勇迎战获胜，遂安抵拉萨。此川军入藏之实在情形也。当川军未到之前，商上竟敢当面抵抗，联大臣嗣后传唤不应，并肆行捏诬谣惑。众听达赖回藏，倨傲横逆尤甚，内断联大臣供给，外调多兵以阻川军，并声言欲攻衙署。及闻战败之后，始惶惧，请温大臣各立条约，其实亦非真意，不过藉此稳住众人之心，兼行乘间逃脱之计。迨我军进入拉萨，达赖逃去，藏中僧俗较前转更安静。盖此次之抗阻大兵，不惟藏中百姓不愿，即喇嘛亦多怨言，皆以与朝廷相抗为非。据联大臣函称，乃以布赉明寺堪布最为恭顺，是以川军到后，毫无猜疑。边军现在已抵江达各营，报告大抵相同。此藏中现在安静之实在情形也。达赖现在并未回藏，据联、温两大臣函电，皆云自曲水逃去，彼非真愿结英，此亦急不择路之意。昨经明降谕旨，革其达赖，宣示中外，此诚圣谟远大，扼要以图。盖先革其名号，既已正该革僧背叛之罪，即以绝藏中僧俗观望之心，并免使他国人引以为重。惟更有请者，应请旨饬下驻藏大臣急招呼图克图中之正直、为藏人所共服者立为达赖，以安众心。或即以布赉明寺堪布暂充，此亦赏功励众之意。然此后应维其教而杀其礼，执其政而抚其民，宣布朝廷德意，藏众自无不归心矣。愚昧之见，未知当否，谨备采择，嗣后如有所闻，自当随时电陈。尔丰叩。沁。

二月初六日西藏档

外部咨邮部安奉路用地是否确需此数请核办文

为咨复事。

案查安奉铁路议用地亩一案，本年二月初二日接准来咨，称东三省督抚所送表内减定铁路用地表与车站增减比较表数目互异。兹据该督抚查复，该路用地原数共八千五百七十五亩，核减用地共七千二百七十三亩五分，统共减去一千三百零一亩五分，核计数目相符，比较原数尚属有减，事关交涉，咨呈核复等因。并准东三省督抚电同前因。查安奉铁路用地，按照列表虽较原数稍减，尚有七千二百七十余亩之多，究竟各站用地是否确需此数，仍应详加研究，以昭核实。相应咨复贵部，查核办理可也。

二月初六日安奉铁路档

军机处复赵尔丰藏中内政遵守条约维持黄教不改办法电

申。沁电悉。此次川军入藏，备历艰阻，安抵拉萨，具征布置周密。已革达赖逃后，藏中百姓照常安静，此时正宜切实整顿藏中内政，遵守历次条约办理。我但维持黄教，不改革办法，则藏众自当钦服，即外人亦无从借口。至来电所拟另举达赖两节，与成案不符，已于二月初一日奉旨由联豫谕饬藏众迅速寻访，秉公掣定真正呼毕勒罕，立为达赖；并准令新噶勒丹池巴罗布藏丹巴代理商上一切事宜，噶布伦以下各藏官均照旧供职等因。当即分电尊处矣。边军素称精壮，必须严申纪律，使边民不惊不扰，日久相安。其余藏中应办事宜，如有所见，不妨商之赵制军、联大臣，详晰筹画，俾资周密，仍随时电知本处为盼。枢。

二月初七日西藏档

使美张荫棠致外部同盟会在金山倡言革命美外部谓驱逐出境于例不合电

孙文在金山倡言革命，招人入同盟会，往来无踪。棠以涛邸来美安排接待一切，亟应格外谨慎，密商美外部驱逐孙文出境。据称，此事于美例不合，碍难照办，惟有设法竭力保护等语，特密陈。棠。

二月初八日杂项档

义署使博致外部天津盐坨事已结请饬盐商勿再烦渎照会

为照会事。

去年九月初三日，经文大臣照知贵部，内称天津盐坨一事声明，义国政府全行践约，并请贵部设法转饬盐商，此事不可再行烦渎义国使馆以及驻津领事等语。今接该领事禀文，内称盐商托海关道又行来函，称前所交该道银一万两不足补还所费地价、并修缮盐坨之费等语。查所称情形，早经查明，并非如是。况此事曾经本国驻津领事与该处地方官员早经了结，仍应请贵爵设法转饬该盐坨，再勿以此事烦渎本国驻津领事。先此致谢可也。

二月初九日商务档

旨梁诚补授出使德国大臣

旨：出使德国大臣，著梁诚补授。钦此。军机大臣署名：奕劻、世续、鹿传霖、那桐、吴郁生。

二月十一日出使德国档

外部致张人骏朱家宝芜湖租界事可由芜道答复日领电

阳电悉。芜湖租界事，日使并未来言，以与英商交涉之件转藉以限制日商。该日商既不愿于界内承租，由日领函请另择形胜之地，正可由芜道以界内别无形胜，界外断难允租之词，径行切实答复日领，无庸由本部往告日使。希饬速筹办结电复。外务部。

二月十八日租界档

俄使致外部试办松花江行船章程请商定见复函

兹准本国驻哈尔滨总领事官禀称，中俄委员厘定试办《松花江行船章程》，尚无端倪。缘中国委员另有意见，并声明未奉交派等情，禀报前来。查于开河之时，若无会同参照咸丰八年及光绪七年条款，商定允认行船之章程，恐彼此轇轕，以致有碍商务。应函请贵部查照，转饬该委员等，从速妥协商定，即希见复为盼。

二月十九日松花江行船档

外部复俄使松花江行船章程俄拟各条实难允从函

接准函称：准驻哈尔滨总领事官禀称，中俄委员厘定试办《松花江行船章程》，尚无端倪，缘中国委员另有意见，并声明未奉交派等情，查于开河之时，若无会同商定允认行船之章程，恐彼此轇轕，以致有碍商务，请饬该委员等从速商定，即希见复等因。查本部与贵大臣商定派员会议松花江贸易试办章程，不过允将该章程有于俄商窒碍之处，可互相酌改。乃本部迭据哈尔滨关道禀报，俄员所拟各条，非有关两国条约即碍于各海关普通办法，中国实难允从。且俄员将应议各端多置诸不议，并非中国委员另有意见。为此函复贵大臣查照，转饬俄员和平会商为盼。

二月二十三日松花江行船档

浙抚增韫致外部日人在杭设赌诓骗如日使提及希驳复电

日商等在杭州城内杂居开店，违背约章，上年咨呈钧署有案。旋因日商有打枪赠彩及出卖福引券等事，与赌博彩票无异，曾饬洋务局照会日领严禁，延未照办。本月十四日，有人在日商福寿堂店内打枪中彩，不得彩物，反被该商村上喜次郎怒殴。旁观理论，乃日商前田佐市持枪欲击人，众大哗，聚集数千。经文武官弁及巡警等竭力解散，保护日人出险。惟都宇宫末一名略受微伤，舫松药房等六家有碰碎厨、柜、灯、镜等件。此案因日商以不正当之营业，在非租界地内设店诓骗，怒殴用枪，激成众愤，已饬洋务局照会驻杭日领，照约迁往租界，拘究肇事日人。刻经日领复称，允饬村上等二人即行赴沪，余以请示彼政府为延宕计。如日使提及此案，祈钧部坚持约章驳复，是为至祷。余详呈。谨电。增韫。祃。

二月二十三日商务档

外部致瑞典使倭瑞典赔款准由汇理银行拨交照会

为照会事。

宣统二年二月二十一日，接准照称，按照辛丑和约，中国许给瑞典商民关平银六万二千七百九十三两，于三十九年内分期发给此款。原系交上海瑞典总领事转给，惟款目零星，办理不易。且收款之人星布地球各处，若由驻沪瑞领寄兑，诸多不便。兹与东方汇理银行商定，拟将以后中国赔款统交该代表分别寄兑。请饬下沪道，嗣后应交赔款之时，将向来交给瑞典领事收执之款，拨交上海东方汇理银行等因，除由本部札行江海关道遵照办理外，相应照复贵大臣查照可也。须至照会者。

二月二十三日赔款档

锡良程德全咨外部日俄战争时华民赔款请询俄使核办文

为咨呈事。

案照日俄战争，奉省适当其冲，以致人民财产、禾稼等项被俄军蹂躏、焚毁者，为数甚巨，业经前将军增会同府尹奏报，并请动款抚恤。嗣于光绪三十一年间，经前将军派员赴京，禀承钧部请示办法。并准先后电饬查明损害地方，详细造册咨部，各在案。当经饬据各地方官查报，并据各属人民陆续赴省呈报，均经随时照会俄员武廓米萨尔。虽俄员随时勘查，只以战事匆促，未及核发。此次俄军战线横贯全省，沿路居民荡析离居，非特财产虚糜，抑且身命莫保。事平之后，又系屋宇全非，田禾尽失，所受损害实非寻常可比。迄今时逾数年，各属人民纷纷赴省呈请赔偿，历饬交涉司与俄领商办，迄无要领。近有俄政府发给海参崴赔款之事，民间闻风呈请者日见其多，苟非实行提议，恐无以慰灾黎而副民望。兹已饬由交涉司将以上各节商明俄领，请为转达俄政府及其公使，选派专员会同查办。旋据复称，业将此案禀明该国外务部及驻北京公使核办等语。恐俄使到部询问，特为备文咨呈钧部，谨请查照施行。

二月二十六日日俄战争档

锡良程德全致外部邮部报鸭绿江架桥事议定条款四项电

鸭江架桥事，初一日奉钧部电示，由奉磋商日领，先未承认。嗣饬交涉司与之声明，如不商妥，将来入我国境，地方官必当禁阻，甫允开议。现据议定条款四项：一、按照各国通例，国境换车一事，俟协定满韩铁路，联络业务时彼此妥商。二、允中国在鸭江西岸设关稽查火车，其细则日后协定。三、从江心起至西岸一半桥梁，过十五年后与安奉铁路统归中国赎收，该工费由中国查察员稽核。四、中日两国木牌或船只经过该桥，忽有人力所不及以致损坏桥工，不得责令赔偿。此项细则应日后协定，各缮中日文两纸，由该司签字互换。至六道沟先购之地，及安奉铁路守备兵并警察问题，据日领声称，彼国政府正在调查，伊当即日归国，竭力设法俾此事早日就绪。一俟回奉，接到政府训令，即当协商，并用信声明。日领现已回国，除将来仍饬交涉司妥议，随时报明外，合将议定情形电请钧部查照。良、全。沁。

二月二十八日安奉铁路档

外部复美使费华货运美按轻税则征收足征公允照会

为照复事。

接准照称，兹因本国新定税务章程，计分轻重征税二则，如美国货物进他国口岸，其所征之税较别国稍重，本国即饬海关衙门按重则征税；如他国收美国进口货税较别国并无偏待，即饬按轻则征税。现在本国总统已于西三月二十四号降谕，饬令海关衙门自西三月三十一号起，以后中国货物运进美国口岸，皆须按照轻税则征收货税等因。本部查贵国新定税务章程，于中国货物运进美国口岸者，均按照轻税则征税，足征贵国政府办事公允，本爵大臣甚为纫佩。除转行饬知外，相应照复贵署大臣查照可也。须至照会者。

二月二十八日税务档

英使麻致外部西藏如有变更请勿妨碍廓尔喀等国照会

为照会事。

本年正月二十八日，接准来文，得悉中国政府定议确遵所有关涉西藏各条约，当经本署大臣钞送本国在案。此次中国政府定议，本署大臣亦于正月十六、二十四等日与那中堂、梁大臣面谈时更为详陈。又贵国出使大臣奉饬以中国遵守条约、维持地方安静、不改西藏旧状各等语转告英外部大臣矣。“兹本署大臣奉饬照知贵亲王，以英国政府得悉中国政府之意，并盼中藏所立关涉西藏各条款切实遵守。现时凡商议关涉西藏税关、税则、商埠，并印茶进口及在西藏让给包揽各节，不能延宕，亦不能因更改西藏内政，与以上各节有所妨碍云云。”查正月十七日本署大臣文内，曾以西藏与印度边界各邻邦相交亲密，并陈明廓尔喀凡应行设法保其利权之处，英政府无可拦阻，亦在案。今奉本国训条，一面向贵亲王声明，西藏内政如有变更，英政府不允妨碍廓尔喀并布坦、哲孟雄二小邦之国体，以上三国若有应行设法保护利权之处，自应维持办理；一面谆请中国政府严饬地方官与英官和平会商妥办。盖近来互相和平之办法实不多见，是以非此，则我两国必致滋生轇轕。又查千九百八年西藏通商章程第十二款所述各商埠筹办巡警等语，夫巡警责任甚简，今以华军大队从事，英政府岂能相信？本署大臣自应向贵新王进言，凡我印度及各邻邦边界之处，如欲驻扎华军，其数未便过多，致令印度政府或各邻邦一律对派。相应备文照会，即希查照可也。

三月初二日西藏档

自兹本署大臣奉饬照知等字，至有所妨碍云云，拟改译如下：

兹本署大臣奉命照知贵亲王，中国政府表明各节，英政府业已知悉。现英政府盼望中藏政府关于西藏所负责任认真遵守，凡商议未结之案，如藏关税则，如商务委员，如允准在藏包办某某等事，又如印茶进口以及他项相似之事，均不得延宕，且不得因西藏政治有所改变致受妨碍。

外部复英使麻钞送华洋商雇用民船往来长岳章程照会

为照会事。

长江雇用民船章程展行湘河一事，宣统二年二月十四日接准来照，当经本部咨行税务处查核去后，兹准复称：查英国驻京大臣所注意者，不过因冬月水浅，长岳之间轮船不能行驶，以致贸易不便，故有展行长江雇用民船章程之请。惟查长沙关道所议试办章程十二条大致与福州驶船办法相仿，足以解脱此等贸易不便之处。若商人遵照该章程办理，所运货物按照约章，除进口税及进口半税外，所有长岳沿途厘金等项一概豁免，实无不便。至请将长江雇用民船章程展行于湘河等处一层，不但与约章不符，而且窒碍良多，易滋流弊，仍应无庸置议，咨请查照转复等因前来，相应钞录长沙关所议华洋商雇用民船往来长岳试办章程十二条，照复贵署大臣查照可也。

三月初三日行船档

外部咨邮部安奉路用地略多应否照准请复东督文

为咨行事。

案查安奉铁路议用地亩一案，前以需数略多，业经咨复贵部核复在案。兹准东三省总督等电称，接邮传部佳、漾两电，车站用地，迭饬交涉司督同购地局与满铁会社往返商减，旋准中村总裁电复：用地能减者已经减尽，请原谅。日本购地局长佐藤亦以公文复称：奉总裁命，转告此项土地专限于路线之用，各站用地系设备从事员之宿舍、病院、取土舍土场、材料并货物集积场等，均为营业上必要之地，决非供商业市街等设置之用各等因。复饬购地局员等实地调查，据各该员先后复称，尚无浮多之处。此项用地既为铁路所必需，并不为商业市街之用，实属无从再减。况日人路工著著进步，因用地未奉核准，至今未能发价，沿路人民纷纷请求，请速行核示等因前来。查车站用地，既经东督等饬员查明为铁路所必需，并不为商业市街之用，无从再减，应否照准之处，相应咨行贵部查核办理，电复该督，并知照本部可也。

三月初四日安奉铁路档

吉抚陈昭常致外部与日商延吉各案久未解决请主持电

延吉自开商埠，由商埠局迭次与日领永泷协商各节，久未解决。如协约第三款内开，中国政府仍准韩民在图们江北垦地居住，仍准二字似应承上文第一、二款。参阅第一款订明国界，第二款开放商埠，按通商原则，商埠地外，不准外人杂居。今我朝廷厚泽图们江北原有韩民，不令一律刷还，以示怀柔之意，故有仍准字样。似准其垦地居住者，系指原有韩民而言，后来韩民岂能援例？近来韩民之移入延境垦地居住者络绎不绝，不数年后图们江北杂居区域以内，将尽为韩国殖民地。向日人据约阻止，该领谓仍准二字应照日文内照从前一律之意解释。所谓照从前一律者，从前既未禁止韩民迁移入境，此时亦应听其迁入。解释互异，莫衷一是。此应请钧部明示者一也。

又查协约第四款，图们江北地方杂居区域内之垦地居住韩民，服从中国法律，归中国地方官管辖裁判。又查去年七月间钧部函示第三款内开，垦地韩民如有在商埠内居住，而所垦之地在商埠外者，仍应照第四款归中国管辖裁判。此节曾与日使当面声明，彼说自应照此办理等语。乃去年十一月间，龙井村埠内居住于姓韩民斗殴伤人，经商埠巡警拘送该村初级审判厅讯办，日领要求交还该犯。查于姓韩民虽在埠内居住，而埠外实有垦地二十亩。是只得谓之垦民，不得谓之商民，归我讯办，系照约行事。而日领则谓该商民所犯案情，如系因其埠外垦地发生事故，应归中国办理，至在商埠地内犯有他项案件，与埠外田产无涉者，仍应归领事裁判。商埠局与之一再辩驳，该领坚持彼说。据云已禀该国政府核示。如该国公使提议及此，应请钧部辩正者二也。

又查协约第四款内载，韩民之民、刑诉讼案件，应由中国按中国法律审判，日领事或由领事派员可任便到堂听审。惟人命重案，则须知照日领到堂听审。又查去年七月间钧部函开第一条：杂居区域内，日员听审办法，只能专设一座在旁听审，不能有所讯问。除人命重案外，其寻常案件，日员到堂听审与否，只听其便，不能率请派员复审，亦无须预先知照，与上海会审及他处观审办法均异等语。现在延吉各级审判厅于旁听座外专设一座以备日员听审，系确遵钧示办法。乃日领要求，听审之座应设于推事邻近之处，是直欲与推事比肩并列。惟会审则有之，听审岂能照办？至人命重案四字，是系据案内有杀人情事而言，乃日领又谓该国政府所颁密谕，以人命重案四字作关乎人之生命重要案件解释，非专指杀人之案，始谓人命重案。如其所解，则凡一切滋事案件皆当预知该领听审，强词夺理，狡展已极。以上二者，据该领云，已请驻京公使向钧部商议，是否应请钧部之拒绝者三也。

又协约第五款内载，韩民之地产房屋等，由中国政府切实保护，中政府既担保护之责，则管辖、裁判亦应有完全之权利。如图们江北杂居区域内韩民在境内犯事，损害华、韩人民生命财产，逃赴韩国境内，我警察既未便越地拘捕，自应照会日领转饬拘送归案。乃该领复援照公法，自国人不能送交外国人惩办为辞，谓只能将案情知照领事转饬韩国官吏拘办。如此则我于司法上既未完全，而保护上亦少效力。商埠局屡与日使磋议，彼谓须由两国政府订定罪人引渡专约，方能照办。此应请钧部向日使提议者四也。

又查协约附件内载，商埠内巡警、卫生工程由我国自办，惟章程须与日领协商以期接洽。当经商埠局拟定章程就商日领，乃该领谓中国巡警只能管理埠内韩民，其余各国人之现行犯只能拘送，不能讯明起事情理。卫生事亦不能直接施于外人，即调查户口、检验秽疫等事，亦须知照领事，由领事查明告知现状。迭经商议，咸执一是。兹据日领声称，事已移归驻京日使办理，此应请钧部与日使严重交涉者五也。

以上各项均属事关重要，偶不小心，即铸成大错。延吉商埠局道、府尚能据约抗辩，保我主权，务恳钧部主持，于上俾得有所遵循，大局幸甚。昭常谨肃。江。

三月初五日延吉边务档

外部致浙抚增韫日使请停日商烟草捐棉花捐希查复电

浙省抽日商棉花捐事，上年四月间咨达并电催复在案。兹又准日本使来照，以该省出口烟草亦照先捐后售办法，于三联单效用殊多阻碍，请与棉花抽厘一并饬知，速为停止等因希。仍查照前咨，并案饬查，速复。外务部。歌。

三月初五日税务档

吉抚陈昭常致外部日在珲春设领馆出张所等乞驳拒电

申江电谅早登钧察，顷又据延吉郭道电，准日总领照会谓：奉外务大臣训令，于珲春设立总领事馆出张所，当派定警部丰田严尾为该所主任员，随带警察山田益之助一君，于阳历四月初七日赴任等情。当即以领署无设出张所之理，警部更不得执行外交官事务，且又未得我政府之许可，万难承认，严切驳复。兹据该总领复来署面提，仍即严行拒绝，辩论至数时之久，该总领云：如定不允设出张所，或设领事分馆，当电告驻京公使与外部直接交涉各等语。查珲春既开商埠，外人就近设立领事，原为条约上所不禁。但犹必先经钧部之允诺，始得照办。况出张所暨领事分馆为各省通例所无，且以警部员随带警察前往，尤堪骇异，该日领行为实属不法。据称已电告驻京公使与钧部直接交涉，日内已否提议及此，谅钧部必已峻拒。如彼撤消分馆名目，但欲正式设立领事馆，由彼政府遣派领事驻扎，则目下珲春开埠尚未实行，商务未臻畅达，仍望钧部能以婉辞却之，请其缓设为宜。再，延吉领事馆设置巡警，据去年七月十八日钧部函示：日使曾经声言领事馆内设有巡警，但为保护该馆起见，其数亦不过一二人，不能干涉地方之事等语。乃该领事馆设置警察竟至数十名之多，前月上旬致有无端拔换我警局所设韩户户牌之事。近更时时来往市街逻巡，数既过多，且显欲干涉地方，口血未干，顿背盟誓。务恳钧部一并与日使交涉，领事分馆既万无准理，而多数之警察亦势在必撤。仰赖主持，实深感祷，并乞赐复。昭常谨肃。歌。

三月初六日延吉边务档

清宣统朝外交史料卷十三终

清宣统朝外交史料卷十四

宣统二年三月下至四月

邮部咨外部安奉用地无可再减应否照准请核复文

为咨呈事。路政司案呈前准咨称：安奉铁路议用地亩一案接准来咨，以东三省督抚所送表内减定铁路用地表与车站增减比较表，数目互异。兹据东省督抚查复，该路用地原数共八千五百七十五亩，核减用地共七千二百七十三亩五分，统共减去一千三百零一亩五分，咨呈核复前来，并准东三省督抚电同前因。查安奉铁路用地按照列表，虽较原数稍减，尚有七千二百七十余亩之多，究竟各站用地是否确需此数，仍应详加研究，以昭核实等因前来。当即电由该省督抚就近确核。兹准电复称：车站用地迭饬交涉司督同购地局与满铁会社往返商减，旋准电复，用地能减者，已经减尽。日本购地局亦复称，此项土地专限于路线之用，各站用地系设备、宿舍、病院、取土舍土场、材料并货物集积场等，均为铁道营业上必要之地，决非供商业市街等设置之用等因。复饬购地局等实地调查。据各该员先后禀称：尚无浮多之处，查此项用地既为铁路所必需，并不为商业市街之用，实属无可再减。况日人路工著著进步，因用地尚未核准，至今未能发价。沿路人民纷纷请求，应请大部速行核示，除分电外务部外，谨此电复等情。正核办间，复准咨同前因。查此项用地为数较多，迭经本部咨行该省督抚切实查核。兹既据复称，此项用地为铁路所必需，并不为商业市街之用，实属无可再减等语。似亦实在情形，惟事关交涉，其应否照准之处，仍应咨呈贵部查核见复，以凭办理。须至咨呈者。

三月初六日安奉铁路档

浙抚增韫致外部拟将私租开店日人护送日领署电

日商于划定租界外，私向民人租房开店。官场从未向房东诘问，仅凭条约迭与日领事交涉。自二月十四夜肇事后，民间大动公愤，各房主不愿再行租给。讵日人强占不肯退还，民情愈愤，其势汹汹，谣言四起。已严饬地方官竭力开导，并出示晓谕。复察近日危险情形，惟有饬令洋务局督同巡警，将私租开设商店数日人护送日领署，求目下之治安。即所以顾邦交，亦即所以实行保护。除由洋务局先期照会日领，限各日商本月初七前自行迁出外，日人如再迟疑不决，即饬实行护送。合先电闻。增韫。鱼。

三月初七日商务档

浙抚增韫致外部日商即不出城亦应停闭电

鱼电敬悉。日商限令初七日迁徒租界，系房主退租期限，通省皆知，若到期不行，恐有更甚于十四夜之冲突。钧电嘱令妥酌善法，增韫忝守此土。事机迫急，一官不足惜，其如民心何？即不护送出城，亦应饬令日商七家一律停闭，以避危险而待交涉。再，访闻日商并非不愿迁徙，实由日领从中主持。合并电及。增韫。阳。

三月初七日商务档

浙抚增韫致外部日商棉花捐已同烟叶捐开呈现另查详咨电

歌电祗悉。日商棉花捐事，已于上年五月蒸电陈明，并十二月间同采办烟叶案开单咨呈，现已饬局查办详咨。增韫。鱼。

三月初七日商务档

外部致张荫棠萨荫图胡惟德转各使馆湘省饥民滋事并非仇洋已换抚臣筹办电

初四、五两日，长沙饥民聚众烧毁抚署头门，并各学堂，波及教士住房。当经湘抚派兵弹压，洋人均经保护，避开无恙。现已获犯正法，赶办平粜，市面照常贸易。此事实因湘米出口过多，致本省米贵，痞徒乘机煽乱，并非为仇洋而起。业经迭奉电旨，谕令鄂督派兵轮前往协助，加意保护各国官商教士。本日奉电旨：岑春蓂先行开缺湘抚，著杨文鼎暂行署理，驰往湖南筹划善后事宜等因。如有询及，希详告。外务部。庚。

三月初八日长沙案档

浙抚增韫致外部迁徙日商拟分两层办法电

日商滋事一案，现因力避危险起见，与日领事商允，已于初八日晨，一律停闭静候交涉。房东退租，系属民间之事，日领亦允自向房东婉商办理。似此分作两层办法，较易就范。谨闻。增韫。庚。

三月初九日商务档

外部致署湘抚杨文鼎希饬保护日本商民电

日本使称，接长沙领事电，本国商民等经轮船救护退至岳州，同船共七十人。此外尚有来沙游历人，又有在城内未及出城者，其安否未详等语。希即查明转饬，妥为保护，并电复。外务部。

三月初九日长沙案档

外部致鄂督瑞澂希派员详查湖南各国教堂商民损失数目并妥结电

法使照称：长沙肇乱，该处主教、教士等往湘潭、衡州避难。教堂房屋业被拆毁，至因此受累，将来如何赔补，另行开议。此次湘乱似专损外人产业。又准日本使函称：本国商店、房屋全被破坏。英使亦称：此案滋事根由，须请详查。怡和行及教堂等损失须议赔补各等语。除法使照内专损外产一节，已由本部驳复外，现湘省地方已定所有各国被毁之教堂、房店，亟应分别查明。希即速派妥员详细勘查，务饬将各该房产损失数目从实开出，并会商各领眼同查验，以备早日妥商议结。仍先将各项损失系属何国，分别查明大略，速即电复本部，向各使道歉，以重交涉，是为至要。外务部。

三月初十日长沙案档

在籍御史徐定超等致外部日店停闭并未迁移请电浙抚照约饬迁电

杭城日商店于初八日停闭，并未迁移。人心愤激，难保和平。且主权所系，讵为小事？查照通商行轮条约第四款，日人居住，应在现在已定租界之地界内，本无疑义。钧部应不至于条约外，甘自再损主权。若云习惯国际法，更无习惯之可言，内地杂居则必与撤去；领事裁判权交换，钧部能否将领事裁判权先行请其撤去。事机危迫，欲敦睦谊，必顺舆情。伏乞钧部主持，速电浙抚照约饬迁租界。徐定超、潘鸿、褚成博、邵章、陈敬第、沈钧儒、潘炳南、顾松庆等叩。佳。

三月初十日商务档

直督陈夔龙致外部司法统计表有设会审公廨等语如各领相质请示应付办法电

天津洋人控告华人案件，向归审判厅讯断，惟准领事或派员观审，系照约载，被告为何国之人，即赴何国官员处控告；原告为何国之人，其本国官员只可赴承审官员处观审之条办理。前年秋间，驻津各国领事会同晋见，面递节略，极言审判厅办理华洋各案之不善，请设会审公堂。经杨前大臣力拒，其后面晤或函牍时以为言，均未承认。本年二月领袖日本总领事照会，复申前请，并引咸丰八年法约第三十五款、英约第十七款为会审之据，开具说帖前来。当经援据光绪二年英国烟台条约第二端、光绪六年美国续补条约第四款驳复在案，兹准宪政编查馆咨送司法统计表式解说一本，表内凡言：直省会审公廨者五，一若会审公廨各直省均所固有，且解说内并有准设会审公廨会同讯断等语，句句著实。查会审公廨，惟上海一埠有之，系于同治七年设立。自有光绪二年烟台条约、光绪六年美国续约以后，各直省并未再设。天津因此事，辩论两年，屡言屡驳，相持甚坚。现闻各领事仍时会议，并有订期面商之说。傥以此项表式相质，意谓政府业已承认会审，殊难置答。今年为各省会及商埠审判厅成立之期，关系不止天津一处，究应如何应付之处，乞赐电复，俾有遵循。龙。蒸。

三月十一日法律档

外部致伊集院准浙抚电日商迁徙事已商允日领一律停闭静候交涉节略

本月初六日，贵大臣来署，面交节略，为浙江巡抚令杭州城内日本商人迁徙一事，当经本部电嘱该抚与日本领事持平商办。兹准该抚电复称，现与日领事商允，已于初八日晨，日商一律停闭，静候交涉；房东退租，系民间之事，日领事亦允自向房东婉商办理等语。合先转达，即希查照为荷。

三月十一日商务档

外部致陆征祥等奉旨添派刘式训胡惟德充海牙公断员电

海牙公断员事，本部于三月十一日奏请添派胡惟德、刘式训、比员丰登纳文。奉旨：依议。钦此。希钦遵，即转达该比员并公断院。外。真。

三月十一日保和会档

外部复邮部安奉用地为铁路所必需自可照准文

为咨复事。

案查安奉铁路议用地亩一案，本月十六日准咨称：此项用地为数较多，迭经本部咨行该省督抚切实查核。据复称，用地为铁路所必需，并不为商业、市街之用，实属无可再减等语，似亦实在情形，应否照准之处，请查核见复等因。查车站用地，既经日本购地局声明，为铁路所必需，决非供商业市街等设置之用，自可照准。相应咨复贵部查照，电复该督可也。

三月十一日安奉铁路档

外部致陈昭常珲春领事出张所日使云并非正式可饬照料租房等事电

歌电悉。适日使亦来照，内称：珲春开设总领事出张所，请转饬照料，高尾来署，复伸前请，并称地方官于该员租房等事不为帮助，致难行其职务。当告以出张所向无此例，且吉省来电，日派警员代行领职，为不合。伊云，所派警官不过代领馆租房、购器，并不代行领事之职，以后派领自当用正式照会。当又告以现应声明，所有应属领事职务者，该员概不得行。再，既云后须派领或代理领事，则前照无效。高尾随即将照带回。查此事彼既声明，并非正式派领，该警员不过先来预备一切所有关于租房等事，自可饬该地方官代为照料。希查照。至延吉领馆设警溢额一事，容另与伸辩。外。

三月十一日延吉边务档

署湘抚杨文鼎复外部湘省变乱俟到任后再查复电

顷奉初十、十一日两次钧电敬悉。此次湘省变乱，抚署及学堂局所，均被焚毁，并非专扰外国行店。英日领事均已来鄂，现正派员调查各该房产损失数目，以备将来开议。顷据英领事称，宁乡现有匪扰，教士已逃回汉口，并云益阳、安化亦将有乱等语。本司定于十三日交卸藩篆，即行驰往，已禀商督宪。先电岑抚分饬各该地方文武，竭力保护，俟本司到任后，再行查明电禀。谨复。署湘抚・湖北藩司杨文鼎。侵。

三月十二日长沙案档

浙抚增韫致外部日商滋事日领推诿请将为难情形详告日使电

阳电敬悉。日商在城内滋事一案，日人已向各房东商租，均未应允，众意甚坚，颇有相持不下之势。增韫委曲求全，饬令洋务局商诸日领，拟将日商店货全数购回，俾日人暂避危险，静候大部交涉。日领初尚欣然，旋复推诿，揣其意，似系有心挑衅，不愿和平了结。至对内一层，民智日开，势难压制，盖人人意中皆有日人违约思想。条约本以英文为凭，屡以此节来相责难。民间利害切己，似非干预公事可比，务请大部迅将地方为难情形详告日使，并请其转饬领事，切勿固执，再酿冲突，大局幸甚。增韫。真。

三月十二日商务档

外部复增韫日商事希再商日领不必多辩条约电

日商事，庚电已转达日使。昨接真电，亦悉。并迭据浙绅徐定超等电称，日商虽暂停闭，并未迁移。照通商行轮条约第四款，日人居住应在已定租界之内，本无疑义等语。查第四款，虽有所定外国人居住地界内，准买房、租地、起造一节，然上文明言，准在已开及日后约开通商各口岸城镇，来往居住从事商业工艺，所以此事颇难置辩。至尊处复函谓，第四款系指前已开埠，及日后开埠之地而言，于马关议定四口无与云。如此讲解更属勉强，殊不足折服外人。检查英文城镇居住字样，亦与汉文无异。本部办理交涉，苟照约有可措词之处，无不设法力争。无如此项问题，历来与各国辩论，彼已持之有故，迄难解决。今该绅等以局外评议，自难中肯，惟是缙绅以此倡言，则小民无知附和，易肇事端，倘成交涉重案于地方，何所裨益？如果众意甚坚，何不照本部前函所言办法，渐次收回，岂非甚善！若必须同时一律饬迁，应再由尊处切实与日领磋商，但以情喻理晓，期于就范，不必多辩条约，自生荆棘。希荩筹酌夺办理。外务部。

三月十三日商务档

粤督袁树勋致外部法使新改汛章条目繁琐请再与商酌电

洪。法使商改汛章，前奉真电，经饬廉钦道再筹妥议。现据电称：查越督改良新章第二十四条，于航海查验之法，较原章为繁琐。原章于各船所填执照，只载丁口、货色，至趁便载人之艇，兵丁及货色应免逐一琐注。该章程则不惟载丁口、货色，而兼载居地形像，又各水手形像，并应载有两家连环铺保，未免过于繁琐，应请删减，仍照原章办理。至，载明船上备有何项军械一层，似可加入第二十五条。添入阻止贩卖越地妇女童孩一节，查此节，原章所无，加入原属可行，惟应改为：两国各禁其本国人民贩卖妇女孩童出口。不得专禁中国船户。至特别执照，由中国官员给与者，均由法领事、法官员签押；由法国给与者，则应由中国总办、中国洋务委员签押。第二十六条查验航行之执照，与原章同，惟未载越南船只受中国查验之法。似应将越南船只受查，与中国船只办法同例一层添入，以补原章之不及。第二十七条，凡船只驶入越南海边处所，应将所领执照呈验签字。该章程与原章略同，惟添入查水手数目及搭客一层，过于繁琐，转滋流弊，应请删去。拟仍恳添入越南船只请入中国海边处所办法同例一层，第二十八条，该章程系提明实行责任，似可照办。以上各节与原章原非大异，惟原章经两国奉行已久，边民相安；该改良章程用意虽好，而条目琐细，中国人民稍有逾越，恐滋轇轕，伏乞查核等语。查该道议请删改各节，系为预防轇轕起见，拟请大部转商法使酌改，以期周密而免流弊。勋。铣。

三月十七日中法对汛档

吉林边务督办吴禄贞呈东督锡良玄得胜案遵商日使允予特赦电

火狐狸沟和龙峪两案交涉情形，前曾面陈。惟玄得胜与全成哲互换一节，连日与日使伊集院磋商。昨据复称，玄已由韩国法庭决定监禁，法权所关，遽难释放。但重以庆邸那相之命，又经阁下再三促议，因力与政府电争，已允将玄德胜于两月内特赦回延，以期速了各案，而重交谊。惟该犯曾犯罪案，回延后，倘令再充乡约，恐生枝节而伤情感，因将此意要求外部转饬东省督抚认可等因。贞即据情面回那相允为照办，嘱达帅座并请转饬郭道遵照办理。禄贞叩。铣。

三月十七日延吉边务档

按：吴禄贞此时业已离任，兹电乃回京后商结玄案所发。

滇督李经羲致外部英藉片马事争野人山界址请商英使重勘电

申。腾越尖高山以北野人山界，经钧部照会英人，从尖高山起，北过之非河至高良工山脚之西，循九角塘河至扒拉大山岭脊为止。论界当厄定此线。总署原案，未定界前，各守现管小江边界。英国指潞江大金沙江分水岭为界，历年未认。兹茶山、片马各夷寨，距扒拉大山远，如小江内附近高黎贡山，为登埂土司辖地，纳粮征税，有道光时案卷可稽。即英萨郎曾代印度政府声明，登埂向收所拟交界以西各野夷头目礼物税银，该政府愿为补偿，该夷寨属华确无疑义。去岁九月，登埂土司因征片马各寨税银互斗，控保山县在案。奸民辄往腾越英娄领处投禀，该领竟称，土司带兵过界烧抢英民，请饬赔偿。当以土司斗案，应由地方官自理，勿得干涉驳复，并电保山陈令驰往查办。娄以游历为名，先赴片马，电致驻省额总领，请阻陈令勿往。又云，此案听候北京核办，于未核准先，两面官兵均不可到等语。并闻有英员在高黎贡山栽桩立界。查此段界务，英蓄谋内侵，欲达彼以高黎贡山为分水岭之目的。现藉片马事出头相争，要求官兵不得前往，仍袭英萨案故智，受其恫愒，即堕术中。除仍饬陈令亲自确查并勘明有无栽桩，续行电咨外，请照会英使，转告缅政府，勿得在我土司治理地逾界干预，并派员重勘划界。盼先核示。羲叩。铣。

三月十七日片马界务档

外部致增韫日商事日使否认退租并求偿已驳复希和平商结电

日商事，十三日电计达。兹日使又函称，房东退租一节，日领并未应诺，浙省报告出于误会，日商所受危害及财产损失，地方官有赔偿之责。至城内应否居住，系全国一致问题，非一处地方所能解决。地方官此时不得藉词迫令日商迁移等语。本部已以日商营业不正，致滋事端，断难提议，赔偿应由领事与地方官和平另商善后之法等语，驳复日使。希尊处速与日领妥商议结，一面开导绅民不可过徇其意见，致滋交涉。仍将商办情形随时电知。外务部。

三月十七日商务档

浙抚增韫复外部日商租屋并非直接请商日使饬领事和平了结电

十七日来电敬悉。城内日商，除肇祸之福寿堂外，共计七家，内有两家系华商借用日牌，其余五家均系华人出名，辗转间接租与日人。现在原业主因恐再酿事端，波累房产，是以故向代租之华人索屋甚急。此系个人交涉，房东自行其所有权，地方官未便压制。以徇日领，日领事亦深知此中曲折情形，彼此不谈条约。又因杭城日店，五家皆小本经营，不致牵入全国一致问题，似可听凭商民自便和平了结。惟日领尚以钦差训令为词，应请钧部转致日使，电饬日领查核情形，迅速办理，实于商务、邦交两有裨益。增韫。巧。

三月十九日商务档

外部复增韫日商事已函日使饬领事了结电

巧、皓电均悉。兹即照巧电，函致日使，请其转饬领事，体察情形，彼此通融了结。外务部。

三月十九日商务挡

东督锡良致外部据宋道禀陈中俄勘界办法四条请核示电

申。中俄勘界事，接周朴帅筱电，开据宋道禀陈办法：一、此次会勘后，是否即时议分，抑另请派员议分，应请询明俄使，以免俄员临时要挟。二、中俄勘界委员，拟以华历四月十五日后会齐于满洲道，均请与俄使订明，早日饬员，以便预备。三、随带员弁、通事、兵役，均由道署抽带，酌给津贴、火食，其车船、帐棚、食物、雨具以及接待俄员各费，约须羌钱八千元，请动用公款，事竣核实报销。四、会勘情形，须借用俄电随时呈报，请咨外务部转商俄使，饬沿边各俄电局代传各等语。所陈均属切要，希电复等因。用特电请钧部核示，以便转电饬遵。良。

三月十九日界务档

税务处度支部会奏江浙等省商办铁路所用机器材料拟请宽展免税年限折

税务处度支部奏，为江苏等省商办铁路所用机器材料，拟请宽展免税年限，以恤商艰。恭折会陈，仰祈圣鉴事。

窃臣处于本年二月接准农工商部、邮传部先后咨称：据江苏、浙江铁路公司呈称，江浙等省铁路材料免税之案，于光绪三十三年三月，经税务大臣议奏，予限三年，现距期满之时仅数十日。而江苏铁路，自清江至徐州约三百余里，自瓜州至清江约四百余里。浙江铁路，杭甬一线约三百三十余里，浙赣一线约六百余里，需购材料繁多。若照限停止，商力万不能逮，恳咨商准予宽展免税年限等情。臣等正在核办，间复准邮传部另案咨称，福建铁路公司以商路材料免税三年期限已迫，漳厦一线工程甫将及半，中间江东桥一座延长三百法尺，尤关险要，闽路筹款綦难，工繁费巨，呈请将应办各项材料再行展限免税至路成之日为止。又江西铁路公司，以赣省南浔铁路工程未竣，庀材采料来日方长，钞录清单，呈请将免税年限展至宣统三年底止各等因前来。伏查江苏、浙江、福建、江西等省铁路公司所用材料，经农工商部会同邮传部，于光绪三十三年三月十八日奏准，暂行免税。嗣经臣等于三十四年七月会奏查明铁路公司免税各案议复折内声明，自各该奏准免税之日起，予限三年，俟限满再行稽征，将来或因路线过长、工程艰巨，仍由臣等体察情形，再行奏明办理。宣统元年闰二月间，浙江巡抚增韫等以江、浙、福建三省铁路工程浩大，奏请宽展免税年限。臣等遵旨议奏，以现距限期尚有年余，未便先期展限。如各该路确系路线过长，工程未能克期完竣，则干枝路线若干里，需用材料若干数，应如何预为估算，酌量免征，俟期满时，分别办理等情，奏准各在案。兹详核江浙等省铁路公司原呈江苏两路线，计有七百余里；浙江两路线，计有九百余里；福建漳厦一线，工程甫半，桥工险要；江西南浔一线，未购到之机器材料尚多，路长工巨，均系实情。既据称照限停止免税，商力万不能逮，自应遵照前奏，体察情形，分别核办。臣等公同商酌，江苏、浙江两省，线路过长，应准展限二年，至宣统四年三月十七日止；福建、江西两省，或因桥工过巨，或因未购材料尚多，应准展限一年，至宣统三年三月十七日止。此系格外体恤，各该铁路公司，应赶速趱工，一俟展限届满，即当一律稽征，不得再请展期。其余凡路线较短，工程较易者，均不得援以为例，率请宽展，庶于维持路政之中，仍不失郑重国课之意。如蒙俞允，恭候命下，即由臣处分别行知遵照办理。所有江苏等省商办铁路需用材料宽展免税年限缘由，理合恭折具陈，伏乞皇上圣鉴。再，此折系税务处主稿，会同度支部具奏，合并声明。谨奏。

宣统二年三月十九日奉旨：依议。钦此。

税务档

东督锡良吉抚陈昭常咨外部报公主岭日本护路兵到吉省游览情形文　附报告稿

为咨呈事。

案准钧部咨开：外人游历各处，实地调查极有关系，嗣后凡各国武官持有外部护照，赴各该省及各口岸游历者，希即将该武官游历一切情形另单所开各节，详报本处，以备考查，相应咨行查明办理。计粘单一纸、格式一纸等因。准此。查本年二月初七日，有奉省公主岭日本护路兵七十六名，将校、通译、新闻记者等一十五名，又写真师一名，共九十二名，由公主岭经过长春来吉林省城游览，当分饬交涉司、兵备道派员招待。该骑兵驻留省城三日，旋开赴伊通州，回公主岭去讫，在吉省境内始终相安，并无地方交涉之事。除遵照格式另填清单，并咨报军谘处外，理合具报钧部备案，希即查照可也。

三月二十一日东三省档

公主岭日本护路骑兵到吉林省城游览情形报告

一、骑兵数目及军官衔名

查骑兵共七十六名，军官平佐、中佐两角，中佐驹形、大尉作竹、中尉山田、中尉武藤、中尉福原、中尉峰崖、中尉田村、少尉井上、主计本间、军医失岛、兽医等十三名，又武藤通译一名，三村新闻记者一名，又写真师一名，共九十二名。

一、骑兵出境入境日期

查骑兵于二月初七日自长春到吉林省城，初十日开赴伊通州，十四日离伊通州出吉林省境。

一、骑兵经过道路及游历各地

查骑兵由省起程，夜宿大水河。十一日由大水河起程，夜宿岔儿沟。十二日由岔儿沟起程，夜宿双阳河。十三日由双阳河起程，夜宿伊通州。十四日由伊通州起程回公主领。

一、参观何项要所

查日本骑兵在吉林省城但游览街市，其军官则参观兵备处及陆军小学。

一、有无测绘及拍照要地等事

查骑兵所到之处，均未测绘，但拍照风景，并未拍照要地。

一、接待情形及地方有无交涉事宜

查接待骑兵交涉司，拟定规则五款：一、由交涉司派定招待员二人，会同第一协所派相当之军官二员，妥为接待。一、由兵备处指定德胜门外天义客栈为该官兵等住宿旅馆，所用米粮等件，悉由该官兵自行备办。一、该官兵等出行游览，须卸去军械，并不得任意测绘。一、除要塞地点外，该官兵等均可游览，但须经接待员之许可。一、参观军队学堂等处，只须该官兵长等前往，兵卒不得随从。以上五款，日本骑兵均能遵守，地方并无交涉事宜。

吉抚陈昭常致外部英商怡德洋行向农产公司购买豆石欠价情形电

顷据长春颜道禀称：长春开埠局附设农产公司与商人间接批买元豆，原为抵制日商预定期豆，收押民人田土起见。自去夏开办以来，各国商人来购豆石，公平交易，均无异言。英商与公司交易者，计怡德、怡和两家。怡和订豆一万五千吨，业已银豆交齐，毫无轇轕。独怡德洋行最为狡猾，上年以并未订立合同之案，无理取闹，业经职道先后电请转电外部驳复在案。此外该商另有去年华历七月十四日，向我订购元豆四万吨，系已签合同者，其价值斤两均与怡和一律，订明每吨按照中国官秤一千六百八十斤核计，每百斤收价规平实银一两五钱四分，共四万吨，应交元豆六千七百二十万斤，应收价银一百零三万四千八百八十两，并订明银豆两交，不准延欠，有驻奉英总领事签字作证。业经农产公司按照合同陆续交付，计已交怡德洋行元豆六千六百七十一万七千三百三十四斤零五两，下短之豆为数无多，早已备齐，而该行应付豆价，除已收七十六万两并将预付之定银十万零三千四百八十八两作抵外，尚欠豆价十七万余两，屡次延宕，并不照付。经公司派人迭往索欠，该行经理人饰辞推诿，或避不见面，实于该国商人名誉大有秽点。除饬农产公司将下余尾数暂行缓交，并由道函致英领转饬该洋商迅速缴价外，先将大略情形电达钧部。如果该商等耸恿公使到部饶舌，乞以此等情形转告。至此项已订合同之案，与上年未订合同者，系属两事。如果英公使借此牵引前案，乞告以农产公司贸易以签字盖印合同为凭。上年与怡德洋行贸易仅此四万吨一案，该公使如欲牵涉他案，则请其将合同呈出，方允作准，彼自无可置辩云云等情。理合电请钧部察照。昭常。马。

三月二十二日商务档

外部致桂抚张鸣岐准法使照称法员掌击华员一案如何情形希查复函

本月二十一日，准法马使照称：西历二月二十八号，中国委员陈馥藻假道越地赴汛，在同登车站时，有法国民政厅员傅尔阿，在该华员面前，出有伤其爱国感情之言，该华员怒而作答，以致傅尔阿伸掌击之。事经越督闻知，立即照律拟惩，将傅尔阿撤任，并将其上司谅山知事重为申斥。查该知事对待华官无可责备，乃不能预防，此意料不及之事，系违越督切嘱中法官员格外和睦之意，为此机密照会等因。查此事越督业经惩办，法使又来照声明其机密致意，殆为有关两国官员体面起见，相应密达台端查照，并将如何情形见复为盼。

三月二十四日杂项档

外部致陈昭常与日使商延吉韩人在商埠外垦地应由华官裁判电

申。日使面称，据延吉电，有一韩人居住商埠埠外，并无垦地。因事被华官迳送裁判厅，未曾送交日领，日政府以与前约不符，请电饬地方官照约办理等语。希饬查明核办。再，延吉交涉各事顷与辩论，告以约内所论人命重案，系专指人命而言。韩人居住商埠埠外，有垦地者，应由华官裁判。伊云此两层，日领误解，已允电饬解明，余函详。外。

三月廿七日延吉边务档

使俄萨荫图致外部报载日俄有议订密约之说电

二十六日电悉。上年十月，俄京言报载有日俄拟订密约之说，辗转探访，未得端倪。此后各报亦不论及。昨日，言报又载日俄密约现已画押一节，系纽约某报访员，从北京传至巴黎。消息即经设法密探，据外交中人私谈，谓现正密议，尚未画押，其内容：一、高丽隶日本版图。二、日俄在满洲、蒙古彼此自由行动。该约由日发端，在俄京商订。云俄政府秘密特甚，外间绝无风闻，当再确探，随时电达。荫。沁。

三月二十八日日俄协约档

江督张人骏等奏浚浦工程已饬商税司照约办理片

张人骏等片。

再，黄浦第一、第二段收狭河道工程，由营造司奈格购料自办。四年以内，估需用款银一百六十八万两，除已付银一百十余万两外，尚应续付银五十余万两。此次各国使臣遽以额款将罄，工程未竟为言，是意在延工浪费，狡谋已露，不可不防其渐。殊不知全工经费估有定额，既经订人专约，彼此均应遵守。就使事阅数年，江流形势容有变迁之处，亦只能责成奈格详细研究，将原订合同以内不甚冲要之工程，酌量减少。仅此额内应拨之余款，移缓就急，完善其事而已。臣等已饬江海关道会商新任税务司，督同奈格测勘筹议，容俟禀复到日，再由臣人骏核饬遵办，另行奏报复查。浚浦专约第九条本声明：河工全费，中国一律担任，并不向沿江地产、往来船货征收税捐。然此指额内应拨之九百二十万两而言，今额款按数拨足，公约专约效力已尽，本无未了之事。各国使臣倘竟得步进步，多方要挟，为不遂不休之计，则是彼自违约，即属另一问题。万不获已，惟有要求各国，令浦江进出口商船担任船货税捐，就款办工之一法，庶几操纵在我，不致遗累无穷。所有臣等预防枝节，设法抵制缘由，谨再附片密陈，伏乞皇上圣鉴训示。谨奏。

宣统二年三月二十九日奉朱批：览。钦此。

浚浦档

吉抚陈昭常致外部日宪兵分遣所失火我警救灭反被砍毙请告日使饬领撤警电　三件

顷接东南路郭道东电称：据六道沟商埠分局长飞报，昨日下午七点半钟，埠内因日宪兵分遣所房屋发火，我警即驰水龙往救，当经扑灭。维时该领事馆派警数十名，携水龙前来，日警见火已息，谓我警不应向前救火，即拔刀乱砍，并用救火木钩乱打，将我警佟绍恩砍伤，登时毙命；又佐光殿一名，头脑亦受重伤；支绪一名不知下落。由道派员前往查明，与日领交涉，并遣医生同赴验治，用先电陈，俟查明，再行细禀等情。查埠内日屋发火，我警即往救息，正应感激致谢，乃不谓该馆日警，往见火息，反谓不应向救，任意逞凶，当场砍毙一名，复伤一名，实属不情不法之至。事出该馆所派日警，该处领事应负责任，况商埠界内由我保护，日领事馆即不应派多数日警，致违约章。应请钧部速告日使，严饬该日领查凶严办，并将该领严行申饬，撤退逾限警兵，以符条约而维警政。除俟东南路道续报到日，再行电陈外，先此布闻，请察办见复。是叩。昭常。冬。

四月初二日延吉边务档

冬电计达览。延吉六道沟日警伤毙救火巡警案，顷又据郭道电称：据派往员医回报，其救火情状与巡警佟绍恩受伤毙命各节，均与前电相同，警兵侯奎殿被刀伤右额脑后等处甚重，警兵玉生左背、右手指受伤，口边划破，其林绪一名事后回局，尚未受伤。商埠分局长陈宪章昨夜立往总馆交涉，永泷初犹狡辩，迨将我警徒手驰救等情说明，永泷词穷，始承认该警无理，许接到报告后，定施责罚。又许佟巡警出殡时，令警送葬，以敦交谊，此外别无一语。旋派日医、看护妇等前来敷衍，现在伤者极力调治，死者已备棺衾，俟检察厅验后，再行殡殓。我埠巡警均严加部勒，以防日人再寻衅端。其报告末又载，日警于今日不许我警站岗，力争始得复旧。又云，日内日人暗垦无算，分布各韩民家，谣传均系军人，此次获房起火，情殊可疑等语。职道按协约定，商埠巡警归我自办，埠内救火本属我消防队固有之职务，日人何得谓为不应？且因此戕我巡警，查其病源，均由于永泷处心积虑必欲攘我警权，故开馆以来即违约增警，种种为难。如撤去我门牌，阻止我警岗，而言埠内有该政府之地，我警不能干涉；彼将自建法庭、监狱，又擅捕埠内外垦地居住之韩民及彼警，吵闹商埠分局等事，均经职道逐一驳责在案。六道沟前后，林、陈两局长不肯退让，该领数请更换，无理行为层见累出。查界务未经解决，尚不能任其野蛮，况界约已定，埠系自开，岂得听其崛横至此？职道以为，若不趁此时机，极力交涉，要求日政府撤换永泷，减少巡警，延吉之患，方兴未已。除一面照责外，用特电恳转达外部，请力与日使交涉，将此次行凶日警照律惩办，并请撤换总领，裁减警额，以符原约，而弭后患等因。查伤毙我警一节，彼虽允施责罚，送殡派医，要皆外貌之敷衍，不足戢将来之隐患。国际通例，领事馆屡屡违约办事，驻在国本可照会撤换。该道所请各节，诚属正本清源之举，除将日人暗垦一层电饬严重禁阻外，应请钧部乘此时机，力与主持交涉，以祛病源。大局幸甚。昭常。江。

四月初四日延吉边务档

延吉日警，因救火挟嫌致毙我警一案，曾经冬、江两电呈达在案。顷接郭道，支电称：日前已经严切照会，并派陶守前往交涉，令将凶犯拘留严惩。日警不许再出馆门，并须裁减遣归。日领面称：拟将凶犯送交彼国法庭，按律惩办，日警亦拟减去十余名，惟日警不许出馆一层，坚持不允。陶守遂云，已经报告长官一切，迟日再议。日领又称：该警亦刀伤数名。随时即协同日医验得，该消防夫，坪蚁外次郎，额颅刀伤一处不重，又相泽与邱郎左手掌圆伤一处，明系恶疮肿溃，诬指刀伤。别无一人受伤，足征，该警乘我不意，故意逞凶。用特陈请转部，以防彼族藉词狡展等情。用特电达钧部，备与日使谈辩。请即查核。昭常。鱼。

四月初七日延吉边务档

外部致税务处松花江贸易章程兹酌定宗旨请会函施肇基速议函 附致施道函电稿各一件

径启者：

中俄在哈尔滨会议松花江贸易章程一事，前迭接哈尔滨关道来函，尚未核办。近据该道将会议至第二十次各情形，函陈前来，同时并准俄使来照，语多要挟。除由本部照复俄使并电达施道外，此项章程试办已将届一年，亟应从速议妥，方免另生枝节，兹拟将全章应如何磋议各节，酌定宗旨，会同贵处，函致施道，催其速议，相应钞录与俄使来往照会，并拟致施道函稿，送请贵处酌核。如此项函稿可以照办，希即见复，以便会衔缄发。

四月初三日松花江行船档

附致滨江关道施肇基函稿

径启者：

中俄会议松花江贸易章程一事，自去冬以来，迭接来函，详述先后会议情形，均已备悉。近日俄使照会，以本年五月试办一年期满，如届时不能议妥，则俄国另有自由办法，并应索还上年所纳税项等语，为要挟之计。业经外务部以此项章程与旧约势难参合，应将有关条约各节提出另议等因照复去后，并电达尊处在案。查此事，彼始终抱定瑷珲及森彼得堡条约应享之利益为宗旨，我则以俄日朴资茅和约为其应退让权利之根据，相持不下，恐终无议决之日。今姑弗论朴约应如何讲解，即就事论事，旧时条约专为中俄两国通商，现在章程系为各国通商，情势已殊，自难仍泥旧约，此理易明，谅俄员亦无词可辩。其有关条约各节，拟提出另议者，即系于章程内不明言中俄，亦不明言各国，浑涵两可，自与条约无碍。条约之解决，恐尚需时，而章程应先从速议定，此亦通融之办法也。

惟俄员所力争之处，有亟须辩明者：一为全江贸易自由，不认商埠内地之区别。一为江路与陆路为一类，不与海路并论。查光绪七年中俄条约第十八条云，按照咸丰八年在瑷珲所定条约，应准两国人民在黑龙江、松花江、乌苏里河行船，并与沿江一带地方居民贸易。据此条而论，似俄人在松花全江有贸易自由之权利，然瑷珲约所谓松花江者，系指黑龙江之下游，并非指中国境内之松花全江。盖松花江与黑龙江合流后以至于海口，或仍称为黑龙江，或亦称为松花江。一则以黑江为正流，而松江会合之；一则以松江为正流，而黑江会合之，故名称不同耳。按瑷约第一条，起首即云，黑龙江、松花江左岸，由额尔古讷河至松花江海口作为俄罗斯国所属之地。如果系中国境内之松花江，则左右岸皆中国属地，何曾作为俄国属地？且此松花江并未达于海，何所谓海口？即此左岸海口字样，便可证明该约文系以上游为黑龙江，下游为松花江。同此一条，中俄分界之水，故约定只准中俄行船，不准别国行船。此与中国境内之松花江不相干涉，毫无疑义。此节固属解释条约，应提出另议之件，然必先与俄员辩明，乃可驳其全江贸易自由之说。至俄员谓江路与陆路一例，尤属无理。试问：长江、川江、湘江及广东之西江，非皆江路乎？岂俄商在长江等处商埠，亦照陆路章程乎？江路即同海路，既无可辨。而俄商在海路通商，应照各国通商总例办理。查之咸丰八年及光绪七年中俄条约，俱有明文，与现在松花江章程正相符合。以上两节辩明，则其余条款，如彼欲援用陆路章程及不认商埠内地之分各节，俱可不烦言而解。

惟我既允于俄商有窒碍之处可以商改，自应择其可通融者酌改数条。如总纲第八条，以内地局卡委员作为江关代表，索验牌照单据一节，可以照允。第十一条，关员办公时刻，不分冬夏，均以早晚六点钟为起止，于哈埠并不相宜，似可酌量变通。此事先须税务司认可，应与葛税司商定。第十三条，俄员拟分两截，于上截禁运军火、盐斤，加在松花江上五字；下截运米谷、铜钱，加由松花江口至俄国各处，及由俄国至中国各处字样，系分别境内、过境两项办法，亦无不可。至谷字为旧约所无，即系未碾之米，不能包括杂粮。现在东省杂粮已准出境，近时禁运，系因荒歉，并非永禁，俄员似属过虑。第十四条，违犯关章，照各国条约。轻者，罚银不过五百两；重者，船货入官。较禁止贸易尤甚。既有照中国通商口岸现行之办法处罚一句，再犯一层，如彼始终不允，即删去似亦无妨。税钞各条内，如船钞及复进口税，均是各关通例，断难删除。免税各物亦照各海关办理，不能仍照陆路，均宜执定江路即海路之说与辩。税则应以最新订定者为主，俄员所云旧税则未载之货品，始照新税则征收。此惟津海关于俄商陆运之货有此办法，海路向不以为例。况满、绥两关亦既用二十八年之税则，断无江关反不遵用之理？至于行轮章程，前年曾拟派员会议，事旋中辍，所应议者系指黑龙江及额尔古纳河、乌苏里河，中俄交界各水路而言，与此章程总纲末尾所言理船专章无涉。此项理船专章，其范围只及于境内之松花江，应由关员自行订定。若黑龙江行轮，则俟此次关章议妥后，再派员会议可耳。所有阁下在哈先后会议于应准、应驳之处，已悉协机宜，兹因事须速结，必当畅所欲言，以资申辩。合将部处会同商定意见，缕述密函复达，希即催俄员速议，能于试办一年期内议结，不致另生枝节，斯为至善。磋议如何情形，仍随时来电达知为要。此函并请由台处钞呈清帅，以期接洽。

四月初三日

附致施肇基电稿

勘电悉。查俄员所固执者，大要两端。一为全江贸易自由，不认商埠内地之分。一为江路视同陆路，不归海路一类。按旧约虽准俄人在松花江一带贸易，然所谓松花江者，系指黑龙江之下游，并非中国境内之松花江。何以言之？瑷珲约首载，黑龙江、松花江左岸，由额尔古讷河至松花江海口作为俄国所属之地云。如系中国境内之松花江，则左、右岸皆中国地，何曾作俄属地？且此水并未达于海，何所谓海口？即此可证明旧约系以上游为黑龙江，下游为松花江，因其为中俄交界水道，故只准中俄行船，与境内之松花江不相干涉，毫无疑义。又江路即同海路，有长江、川江、湘江、西江为例，各江通商皆照海关通例，岂能狡辩？此两节解明，则章程各条俱易解决。总之，此章程为各国通商而设，不能露出俄国商民及中俄条约字样，只好浑涵，不言中俄，亦不言各国，将条约应办之处提出另议。其于俄商有窒碍者，彼此商改，此便是顾全睦谊，通融之办法。现正会同税务处商定宗旨函达，恐函到稍迟，先此摘要电达，以便速议。至俄商税项，彼欲存储道胜，系预为索还地步，不能照允，应设法磋争为要。

四月初三日

东督锡良致外部日本觊觎松花江行船请预防电

据施道迭次禀称，松花江行船一事，俄使坚执咸丰八年及光绪七年条约，屡议不结等情。查俄使前以此事照会钧部，要求五月止，否则自由贸易。闻已将应完关税交存道胜银行。种种手段，无非意图要挟。论松花江中俄行船照约办理，目前于我并无所损，惟日俄朴资茅和约已将松花江独得行船之权利让出，我照旧约，难保各国不起而干涉。此事经施道会议二十余次，迄无端绪。若不预筹应付之法，恐俄人藉词要挟，或致失国体而启争端。拟请钧部通告驻京各使，诘以朴资茅和约俄允让出独得权利，松花江行船一节是否即在让出之中？得复后，便可据以议辩。辽河行船，日人觊觎已久，如松花江为中俄专利，日本将援例以争。此则区区之意，又不得不先为计及者也。是否有当，仍乞钧裁。良。

四月初六日松花江行船档

外部复锡良瑷珲约所谓松花江系按黑龙江下游而言已复俄使电

初五日电悉。俄使照会，本部已复，以仍应照前拟办法。章程有窒碍俄商之处，可以酌改，其有关条约各节，提出另议。又会同税务处函致施道，大致辩明，瑷珲约所谓松花江系按黑龙江下游，非中国境内之松花全江，以驳其全江贸易自由之说。至谓江路与陆路一例，则以长江等处俱照海路通商总例驳之。此二节为全章最要关键，其余各条，或准、或驳，亦经酌定，已饬施道接函后钞呈尊处。此次于日俄和约姑置弗论。以免愈议愈形决裂。俟续议情形如何，再酌筹办法。

四月初六日松花江行船档

外部致陈昭常日警肇事彼此报告不同希查复电

六道沟日警伤毙华警事，已据冬、江两电先后知照日使，迭准复称：此事或因误会致伤人命，实深抱憾，惟是非曲直总须调查，方能明白。现饬据日领查复称，日人空房起火，华警先带器械到场救火，日消防夫随后赶到，彼此救火之间，日消防夫欲将该屋墙壁及房顶破坏，向在该屋上华警劝其下降，以避危险。华警不听，反以棍棒殴打日消防夫坪野，嗣因坪野受打，惹起争斗。其时在场之日巡山田政次亦遭华警殴打，山田避之，华警仍向前进击，不得已，遂与华警交刃。是役，华警死一名，受重轻伤者各一名。日消防夫坪野负重伤，巡查中受轻伤者亦有数名云云。是此次冲突之起源，非如东南道电称甚明。据想，彼此协同救火，无端忽生误会，不幸见争斗之结果。现日人亦负伤数名，欲明责任所归，非查不可。业电总领事详细报告，请亦电该地方官，确查事实，以便公平办理各等语。据此是彼此报告起事原因又各不同，究竟实情如何，自非详细查明，无凭办理。正发电间，复准鱼电，除先酌复日使外，仍希由尊处派员，再行确查，无任稍有徇饰，即电复。外。

四月初八日延吉边务档

使英李经方致外部日于英国会场陈列南满物产请迳与日政府交涉电

齐电悉。前闻日英会场拟陈奉天鼓楼模形并南满物产，即函请胡使向日政府商阻。嗣复电令在此商办，即饬陈参赞往与日本会事大臣争论。该大臣始允商酌，旋复称，已电东京，顷接复电，云工程并布已定，无能更改，惟所陈各件，皆南满铁路左近出产，并非有意蔑视中国，侵陵主权等语。该会事大臣既以日政府推诿，似须迳与政府交涉，方有效果。方。青。

四月初十日赛会档

吉抚陈昭常致外部日警伤毙华警事日使似自知理屈已饬复查电

庚电敬悉。日警伤毙华警事，日使据日领报告各情，似属自知理屈，有意装饰。现已遵照来电，派员复查。俟复到，再行肃复。昭常。佳。

四月初十日延吉边务档

商部咨外部据安东商务总会电请收回六七道沟文

为咨呈事。

宣统二年四月初三日，接据安东商务总会电称，闻鸭绿江桥约已成，六、七道沟地仍未收回，安境生命俱夺，奔走呼号，万众如一。且安奉改宽轨，另设专车站于六、七道沟间，在日本市街原路车站左近。沙河车站现已停止装卸，旧市场数百万血产全行作废，此固商业历史之惨象，亦门户全失之左证。惟有仰乞宪恩，俯念民命紧要，速将六、七道沟尽数收回。并与日人定明，安奉改筑宽轨，仍在沙河镇车站装卸，否则桥约作废，庶安境百姓尚有一线生路。若届时一无挽回，则边陲百姓夙本犷野，将有暴动拆路情事，全局安危，事机逼迫。泣血电闻，不胜待命之至等情前来。相应咨呈贵部酌核见复，以凭批示可也。须至咨呈者。

四月初十日安奉铁路档

滇督李经羲致外部片马案久无结束请催重勘电

片马案，饬保山陈令勘办。该夷虽为汉奸诱煽，英领笼络仍坚，以内附投缅。禀系伍徐窃名捏递，初不知情，并拟归登埂土司管辖，照完税粮，出具摹结，愿送子弟入学。野夷从未得见流官，此次经羲力持，饬往革除苛敛，优加赏恤，感激意深，当知内向。高黎贡界桩，查无其事，并缉获李三保归案。英额总领托词乞情，谓李为娄领翻译，有伤英国颜面，力求释放。李本匪类，向不在领署，以另有案驳之，饬县迅取确供。片马事不意翻腾，北段界亦久无结束，必作到重勘，方有办法。英使曾否答复？乞查核催议。羲。

四月十二日片马界务档

外部复商部六七道沟地东督自必设法挽回文

为咨复事。

接准来咨。以据安东商务总会电称，闻鸭绿江桥约已成，于六、七道沟地仍未收回；安奉改宽轨，另设专车站于六、七道沟间，在日本市街原路车站左近；沙河车站现已停止装卸，乞速将六、七道沟全数收回；安奉既改筑宽轨，仍在沙河车站装卸等情，咨请核复等因前来。查安奉路事，现由东省与日人磋商办理，倘有与民情不便之处，该省总督自必设法挽回，相应咨复贵部查照可也。须至咨者。

四月十三日安奉铁路档

外部致豫抚林绍年董贵荣案希饬持平办理电

申。董贵荣案，前准来咨已复义使。嗣该使迭请电饬许州与赉萨会议，本部驳以该州集讯明确，秉公断结，办理并无不合。事关词讼细故，应由地方官讯断，责不能于已经讯结之案，复行干预，所请碍难照办。兹该使函，本使馆已饬教堂派教士移居该房屋，万不准该处局面少有变易，其房契业经寄存本使馆，俾免地方官再行凌逼追缴，此案即为了结。如出有无论何等可虑之端，应归中国政府担任等语，殊属无理。除电驻义吴大臣向该外部严诘外，希将此案情形再行详查，并饬该地方官持平办理，勿稍予以借口之处，以期结束。外。

四月十三日词讼档

谕邹嘉来胡惟德着补授外务部左右侍郎

上谕：邹嘉来着转补外务部左侍郎，外务右侍郎着胡惟德补授。钦此。军机大臣署名：奕劻、世续、鹿传霖、那桐、吴郁生。

四月十六日上谕档

外部致胡惟德驻日使事派参赞吴振麟代办电

本日奉旨：外务部右侍郎着胡惟德补授。钦此。希钦遵，迅速来京供职，使事派参赞吴振麟代办，并将起程日期电复。外务部。

四月十六日出使日本档

滨江道施肇基禀外部会议哈尔滨三姓拉哈苏苏各关章程缮折呈核文 附章程

窃职道会同葛税司与俄员会议松花江贸易章程，前已具报至第二十次止在案。嗣又赓续接议，并于三月二十六日接奉宪部电谕：当将二十八日会议时，俄员允展缓日期，实行交税道胜一节，电禀请示。旋于四月初二日会议，俄领即出告白稿交阅，职道以未奉复电，商令再缓数日。伊不允，即交华俄各报登载，道胜亦派员在江沿收税。各俄商自见告白后，即有交款道胜者，亦有仍在税关交纳者。初三日，又奉宪部电谕：不允将税款存储道胜。时已在俄人实行之后，虽由职道等力与磋争，彼竟不肯中止。窃思俄员此举，原为索还地步。而我之计划，自必以议案告竣，关章成立为结穴，届时一了百了。款虽存储道胜，亦与交关无异。是此事我虽未认，似不妨暂为放松，抑或即与廓使照争之处，听候宪部酌裁。此外，应辩各节，如水陆之区分，江海之比例，通商之公共，前已与彼申辩。俄员明知不合，专恃强词，实属难以理喻。至旧约内，松花江名称系指松黑汇流入海之一段，洵为确当不易。盖自什勒喀河、额尔古纳河会合之处起，循黑龙江以经松黑汇流入海之一段即旧名混江同，而达于乌苏里河，由乌苏里河经松阿察河，以至兴凯湖，此皆两国沿边交界之所，一气直达，故有交涉问题。若自临江洲，以至哈尔滨新城、吉林等处，此乃深入中国腹地，与俄全不相涉，有何交涉可言？上年十一月，奉吉林公署号电，即饬据此驳辩，职道等曾与俄员译解，彼乃于我所据之理不置一词，反以目前之事实为证，谓彼现在腹地之松花江行船，即是根据条约。此等纠缠之处，苦于放弃在先，转非一时口舌所能为力。此次奉电后，适因职道等于上月二十八日会议甫将二十六日电谕宣布，此时若与解释旧约，恐彼以事关条约，应候政府另议为词，与其一再见拒，无裨关章，似不如留归条约问题，藉为他日磋争地步。此职道等近日迭奉电饬，酌度事机，分别办理之实在情形也。至现与俄员已议至二十七次。哈尔滨、三姓、拉哈苏苏各章程，大致均经议妥，其总纲、税钞内久未议决之各条，彼此均已声明，无可退让。目下时已至西历五月下旬，转瞬七月一号之期，届时果有他项枝节，全局均为牵动。职道等熟筹密酌，惟有遵照前电，提归京议，俾免无谓之耽延。容当于日内将全案检校齐整，再行齐送，并与俄员归结一切，以此为哈议之收束，亦即为京议之起点。兹将第二十一次至二十七次会议条件，分别开缮清折，恭呈宪核。再，正在缮单具稿间，接奉部处会函，详聆训示，容再续禀复陈。肃泐寸禀，恭叩崇安。

四月十六日松花江档

会议哈尔滨江关章程

第一条　原文凡船只进口时，须将牌照或领事官所发报船进口之单照呈关一句，俄员请删除。查上届航期，俄船均未至领署呈领单照，尚无流弊，现应暂准照旧。至俄船牌照，彼以向系悬挂船舱，即可由关随时稽查，不必于每次进口时钞单呈送，以省冗烦。其意甚为坚执，嗣与商明。于会议日记内记之其文曰：华员允许将牌照及领署单照删去，惟遇有可疑船只，仍可勒令该船赴领署请领相当执照，呈送本关。此节华员请载入日记，再遇有船只违章离关，领署允严行追究。除以上二项外，俄船并不愿开单呈报停泊处所及上下客货等事．税司告以此专为造册之用，别无他意，俄始允从。

第二条　原文如果相符之下，现照俄员议，将自或将该船起至牌照开行止，共三十四字全行删去，改作该船即准开行六字。

第三条　原文交与船主下，俄议加该船有责任之经理人十字，即与前议总纲第六条、税钞第十条所加之句同意，业于上年十一月漾电禀内声明矣。

第四条　此条议即删去因发给收条一事，已于税钞第六条内载明，毋庸再赘。

职道等与俄员议明，彼所送哈关章程节略内戊条，只与铁路有关，无庸添入关章。所有派员至松花江对岸码头查验过载，应需码头办公处所及关员渡江往返，均由铁路公司预备一切，另由税司与该公司接洽商办。

又节略内己、庚、辛三条，职道等以其事均在关章范围之外，且于大局颇有牵碍，诚恐俄员注意，欲于会议公议会细章一案，以关章为借口，乃力与驳商，将此三条删除勿论。惟于会议日记内，登载二则，其文云：俄员请于哈关章程内，加入已、庚、辛三条，中国议员声明，华员并无成见，欲借办理哈关事务，遂使中国政府已准东清铁路之各项利益，因此失去效力，惟已、庚、辛三条有关他项界限，已归专案会商，自必多需时日，此时未便牵涉，致本案因而耽延也。又云：俄员声明，允许华关在哈埠路界内办事，不得认为将来商埠已决定在路界之内，现因俄员欲将江关问题解决，故请与他项界限问题划判为二。并于此二则之外商定，于互换公文内声明，华关现在哈埠路界内办事，彼此商明不致与日后会议他项界限之事有所牵碍等语。

会议拟订三姓分关章程

第三条　此条内有呈验牌照一事，亦议删去，余无他议。

会议拟订拉哈苏苏分关章程

第一条　亦议删去呈验牌照一节，并于船主二字下，仍加或该船有责任之经理人十字。

第二、四条　内港牌照一项，俄员坚不承认，连次会议，惟此条互相争持，俄员始终反对，我亦未便通融，一时无从议决。

税司与俄员议定，除哈、姓、拉三处原订章程外，现加：凡船只过关，并不停行听候查验，或不在关员指定处所停泊，均照总纲第十四条判罚等语，附入三处章程之后。

会议订重拟订出口税办法

俄员所送税钞节略第五条论完纳出口税处，援引百里界内免税之说，此本系陆路旧约，若推行于本江关，则殊形不便。轮船载运货物与火车情形迥别，况本埠报运出口之船，多指伯里、黑河两埠，均俄境，均在百里界内。将来纷纷援引旧约，请免关税，既无报至百里外之船，即无应收出口税之货，恐江关几同虚设。及至货到俄境，转运他处，我固无权阻止，更有何法稽查？职道等先与俄员尽力磋争，争之不得，乃由葛税司开具数条，作为通融办法。商请俄员允认试办，意在彼此和平，藉以消除百里免税之症结。此件开送去后，阅十余日，得复，俄员仍将办法改易数条，未能达我目的。兹将原开办法，分条开缮，并将俄员有无更改之处，附列逐条之后。

土货初次经过税关，如哈尔滨、三姓、拉哈苏苏，现在已设之关卡，或松花江沿江各处，日后添设之关卡，均完纳出口全税一次。

改：凡土货由船运赴商埠，于抵埠后，完纳按条约所定之出口税。

凡土货由商埠装船运往内地或他商埠，完纳出口税一分。

凡土货由船运往俄国边界百里以内地方，如由商埠起运，所有各项捐税，全行免纳；如运至边界百里以外，应照章完纳出口税。

注：凡土货由松花江内地未开商埠地方运载往来，虽沿途经过商埠，亦无须完税。

货物既已完税，给予相当照据，以便经过他关，或由松花江上驶下驶，或赴黑龙江，一概验照放行，俾免重征。如该货改由绥芬河、满洲里等关出口，亦准免再完出口税。

改：凡货物既已完税，给予相当照据，以便经过他关验照放行，俾免重征。凡货物系运往边界百里之外，亦给予关照，叙明免税字样。凡货物，由绥芬河、满洲里外运者，亦给予照据以免重征出口税。

采买土货之三联单，仍照旧办理与上开办法两不相涉（未改）。

照以上办法，所完之出口税，于完纳后概不发还（此条因俄人要求，凡由松花江运载之货，已完出口税后，或改由绥芬河、满洲里各关出口者，应按绥、满两关税则，将江关所收之税发还三分之一，其大致，即彼税钞节略第十条所论是也。我于发还一节，拟难允认，故现于重订办法中，列为专条，以杜绝之）。

改：凡寻常出口税完纳后，不得发还。

以上俄员拟改各条，仍是坚持已意，其议而有效者，惟江关完税后，改由绥满出口之货不再要求发还而已。职道等复与申论百里免税一节，有何方法能使运到百里内之货，不致运出界限以外，彼亦知此项问题难于解决。因允由彼请示伯力总督，嗣经职道等迭次催询，迄无消息，恐不过藉此延宕耳。

补议历次未决条件

原章总题目系松花江贸易暂行试办章程，俄员节略内，改为哈尔滨特派议员商定，由官稽查松花江往来船只，暨进出口货物，暂行试办章程底稿。查俄员用意，无非谓此项关章应与彼等会商，方能成立。职道等则禀承宪部训示，专以俄商窒碍四字为范围，所商只此，其与关章全体无涉可知，爰与议定题目之款式如左。

稿底此二字，俟奉批准后应即删去

稽查松花江往来船只，暨进出口货物暂行试办关章，原章总纲第八条，内地局卡委员，前议作为江关代表，当复以请示再定。嗣以此事尚无碍难之处，遂允于委员下加代表江关四字。旋奉函谕，此节亦在邀允之列。

俄员税钞节略内，第八、九、十、十一等四条，本与商人无甚关系，似专为东清铁路而发。职道等劝令，不必载入关章。其时，正在议订出口税办法，尚未开送条款。俄员答：俟税章订定，再行酌议。嗣后，税章未能全定，彼亦未提此事。此数条，谅非俄员注意之处，或竟不提议，亦未可知。

松花江监察行船，以及出口、进口各货物暂行试办章程，经哈尔滨俄委员所拟如下：

总纲

第一条① 按照咸丰八年在爱珲，以及光绪七年在圣彼得堡所定各条约，专准俄、华船只在松花江全流任便往来贸易。其章程开列于后。此条下文与华委员所拟之原文相同。

第二条至十条 俄、华委员意见相同。

第十一条② 凡遇河开时，船只如欲于礼拜日、放假日及寻常日所定办公时刻定章外，由日落时起，至日出时止，装载起卸货物，上下搭客，须先请领专单，呈缴单费。

沿江税关所定办公时刻，由早八时至午十二时；午后，由二时至六时止。

第十二条 相同。

第十三条 ③凡火药，并他色爆炸物、大小铅砂炮位、鸟枪、新旧各式马步枪枝、手枪、硝并硫磺、白铅，及一切军火、军械，暨围猎枪具，并盐斤，概行禁止。沿江往来载运，如在船上查有军火等，并无执照声明，系为防身，或该船所用者，即行罚充入官。凡东省铁路公司建造、修理及养铁路所需料件，应免纳各项税厘；护路军所需物件，亦在此列。

第十四条 内第一节相同。第二、第三节，凡船只不交纳海关所罚款项，并复行违犯关章者，应照最重罚款处罚，关平银五百两，或应于此较重罚办。遇有俄人犯此者，税关应知照俄领事官，按照咸丰八年《天津条约》第七条办理。

税钞

第一条 第一节 松花江各中国税关，专行征收船载货物之关税，以及子口税，惟不得征收他项内地税捐。其下文相同

第二条 进口、出口各税项，应按光绪二十八年即一千九百零二年改定通商进口之税则、咸丰八年即一千八百五十八年总税则、光绪七年即一千八百八十一年圣彼得堡条约，以及其条约所附陆路通商章程，暨同治元年俄国续增税则各约办理。其外国货物之子口及复进口税，均照各该税则所定之税，折半征收。其下文相同

第三条 按照光绪七年即一千八百八十一年条约所附陆路通商章程第十四条，凡进口、出口免税之货物，如金银，外国各银钱，各种面砂、谷米、面饼、熟肉、熟菜、牛奶、酥牛油、密饯，外国衣服，金银首饰，搀银器、香水、胰碱、炭薪、外国蜡烛、外国烟丝烟叶、外国酒、家用杂物、船用杂物、行李、纸张、笔墨、毡毯、铁刀利器、外国自用药材、玻璃器皿，以上各物皆准免税。其外国运来之米及杂色粮食，以及印字书

① 眉批：此条仍照华委员原议，惟注明暂不实行字样。又改为凡船只及拖带之船只按照下开章程办理。

② 眉批：此条可照用，惟时刻照旧章，由下午六时至上午六时止，允以如时刻不足，可由税司酌展，并允减少单费。

③ 眉批：此条仍照原文。

籍，水陆各国新闻纸，亦在此列。

第四条　俄国口岸运来之货。

凡由俄国口岸运往交界百里限以外各处之货，应按照光绪七年即一千八百八十一年条约暨所附陆路通商章程，并同治元年俄国续增税则征收税项。其运往百里界内各处之货，应按照一千八百八十一年陆〈路〉通商章程，均行免税。其免税各货物子口税，应按照陆路通商章程第十四条，值百抽五折半征收。至应征税之他货物，按照光绪七年即一千八百八十一年条约暨同治元年俄国续增税则征收。

第五条　土货。

凡土货，由内地各处起运者，即照下开之办法办理，其甲乙两节，俄委员未行允认。兹拟：甲、凡由内地各处运抵商埠，途中未经过他处商埠者，应于抵该埠时完纳正税此正税暂按现行出口税则折半征收。乙、凡由内地各处运抵商埠，途中经过商埠或一处或数处，须在首先经过之商埠完纳一出口正税。丙、凡由哈尔滨、三姓中间内地各处，运往俄国交界百里外之商埠，须在三姓完纳一出口正税，其由三姓、拉哈苏苏中间起运者，须在拉哈苏苏完纳一出口正税。

凡土货由商埠起运者，即照下开之办法办理：甲、凡由商埠运往内地各处，途中并无商埠者，须在起运之商埠完纳一出口正税此正税暂按现行出口税则折半征收。乙、凡由商埠运往内地各处，途中经过商埠或一处或数处，须在起运之商埠完纳一出口正税。丙、凡由一商埠运往他商埠，须在起运之商埠完纳一出口正税。丁、凡由一商埠运往俄国各口者，若此项货物运往交界百里外之各处，以按照陆路通商章程，不应免税之各货，须在起运处完纳一出正口税。

第六、第七、第八、第九、第十、第十一，及俄委员所拟第七、第八中间各节均属相同。

俄委员所拟哈尔滨江关暂行试办章程，系参照宣统元年海关所订章程办理，并将原章第四节删去。再，两国委员彼此相商，应行声明，嗣后互换照会，内应载明：现在中国海关在东省铁路界内经理各事宜，将来若再相商大致之问题，不得援以为例。

三姓税关试办章程相同。

拉哈苏苏暂行试办章程第一、第二节相同。

第三节　俄委员未经允认。

第四节　凡船只欲出口黑龙江者，须停轮候验，呈递舱口单，将所载之货及中途上下客货等事，一一于单内注明。否则，即将船议罚。

第五节　相同。

中俄松花江行船章程

按照光绪七年，中俄两国所订森彼得堡条约第十八条，大清国外务部与大俄国驻京北京使署商订下开各节。

第一节　本节略后附之稽查松花江往来船只暨进出口货物暂行试办章程，兹经核准。该章程，系缮成华、俄、英三国文字，由华、俄专员签押，证明无错。将来如有疑惑之处，应以英文为主。

注：凡章程内，所载华界或俄界百里即五十俄里字句，系专指华俄两国交界线而言，合并声明。

第二节　第一节所言之章程，于本节略签押后，不得过三礼拜，由哈尔滨税务司出示施行。

第三节　该章程于实行期内，如有增改之处，暨颁布各项专章或新订者或推行于松花江者，将来中俄两国商订办理。

第四节　华关在哈埠东清铁路界内办事，彼此声明，将来若有相商关系主义事宜，不得援引。

第五节　凡东清铁路所需建造、修理、经理料件，松花江各关免纳各项税厘。护路军所需物件，亦在此列。

第六节　凡由松花江各处，由船运至哈尔滨，直运出洋粮食，或装载于袋者，或碎运者，无论到哈后，即由船过载火车，或暂存华关暨东清铁路所管之栈房，将经过满洲里或绥芬河分关，均免重完出口正税。其详细办法，于本年年内，由哈关税务司与东清铁路公司会订。凡粮食，由江直运出洋，不寄存栈房者，应完之关税，亦可在满洲里或绥芬河分关呈交。惟货物到哈后，如寄存华关暨东清铁路所管之栈房或华关所管之栈房，所有关税，应在哈埠上岸完纳。

凡由松花江各处所有运来货物，有直运提单，由满洲里或绥芬河出洋，无论过哈暂存与否，其按照满绥关章，所多完之出口税，如数找还。惟查目前并无此项货物，故所有详细章程，自应一旦确查实情，苟有此项货物，方由哈关税务司与东清铁路公司会订。

第七节　光绪七年森彼得堡条约后附之陆路通商章程第十四条所载之各物，松花江各关，仿照满、绥两关暂行办法，不完关税。

第八节　至本届航期停行之日止，船钞仍旧施行，然由江关颁发，按月短期钞单，以敷本届行船之用。至江捐表，则将由哈关税司会同东清铁路轮船股股长商订。应定之总数，即按自宣统元年五月十四日即俄历一千九百零九年六月十八号，至宣统二年五月二十四日即俄历一千九百十年六月十七号航期之间，实收船钞数目，酌量加增，其加增之数，不得逾原数四分之一。

第九节　凡粮食，由松花江往来于本章程施行期内，即按照现行办法，均暂免所定粮食就地往来输运之押款保单。

第十节　所有松花江各关，由开办之日起，至宣统二年四月初四日即俄历一千九百十年四月二十九号止，华关已收及未收之各项税钞账目，作为结清。惟自是日起，至该章程颁布之日止，所有逾于新章所定数目或与新章不符所收之数，准各货主来关呈明，于交还江关原发收条之日起，三个礼拜内，如数发回接收。请将发还逾数之呈词，限于本年十一月二十七日即俄历十二月十五号为止。至投递呈内，所言之收条，须在明年六月初六日即俄历六月十八号之前，至本年四月初四日即俄历四月二十九号后。所有另款，暂存华俄银行，各项税银，均于新章后，如数交与海关查收。

第十一节　俄国船只，呈递舱口单及货单，如用俄文，江关亦允接收。惟该各单，均须遵照江关款式等项办理。

以上节略，订于北京。计缮俄、华文，各二份，核对相符。

宣统二年七月初四日外务部尚书会办大臣邹嘉来印。

吉抚陈昭常致外部日使既认日领误解则彼此退让当可定议电

申，密。十一日钧电，当饬郭道查复，兹据电称：商埠司法权限协约，原未明定前，拟人住埠内而埠外有地，与向在埠内居住自有土地者，均归我裁判。前月龙井村埠内住民白源兴，因贩卖吗啡，经我警拘送审判厅讯办。昨据商埠分局查复，该犯埠外无地。嗣经外务部饬查口气，是凡埠内之民，埠外无地者，宜归日领裁判。当饬各埠分局遵照，仍令遇事慎重，毋许朦混。日前龙井村埠内一进会长朴元熙凶殴伤人，当时我警询知埠外有地，始拘送审判厅。后经询明埠外无地，当向厅释放，但未送交日领。此两次拘讯埠内韩民情形也。惟韩民土地辗转无常，一经犯罪，藉此狡辩。埠外有无房地，不便稽考，难免临时误会。以后当饬详细查明，免滋交涉。再，日领前在百草沟埠外，无故拘捕韩民金仁京，已两次照请交出，迄未回答。该领违约，应请外务部就此次与日使交涉，务饬该领照约办理等语。查验二月间，该道因日领自去岁以来坚称，埠外有地韩民仍须归彼裁判，故彼此办理，不免因抵制而生误会。今钧电谓：日使已承认，日领执埠外有地韩民裁判权实为误解。则前议在埠内以前有地韩民，归我裁判一节，亦可认为延吉官吏误解。彼此退让一步，自可定议。此外，日领违约举动，并可乘此诘责，令其履行条约矣。诸祈核办示遵。昭常谨肃。铣。

四月十七日延吉边务档

旨江大燮著充出使日本国大臣

旨：邮传部左侍郎汪大燮着充出使日本国大臣。钦此。军机大臣署名：奕劻、世续、鹿传霖、那桐、吴郁生。

四月十八日出使日本档

税务处咨外部英使请将长江通商章程展行湘河利商甚微损厘甚巨请婉复文

为咨呈事。

本年四月十八日准咨称：准英麻署使照称，长江通商章程展行湘河一事，本年三月初三日来文及附钞长沙关所议华商雇用民船往来长岳试办章程十二条，均已阅悉。来文谓此项章程，足以解脱此等贸易不便之处等因。兹经本署大臣行查，知此章程之实行，确于贸易大有不便，如亚细亚火油公司之贸易是也。该公司拟由汉口油池将火油用桶运往长沙，其最便之法，据云系用民船。此法本系条约允行之事，而竟不准实行。又来文所送试办章程，准由岳州至长沙雇用民船。惟由大江至岳州，有小段水路至今不准所雇两类民船来往，故该公司非经转运，不能将其火油用民船，由汉口运往长沙。查此事欲成最简易之法，不过于长江通商章程第二款所载各口岸清单内，添入长沙、岳州两口岸之名而已。请于此事再行酌夺，并请行知海关，将长江通商章程第二款所载各口岸清单内添入岳州、长沙两口岸之名。希早见复等因。相应咨行，查酌见复，以便转复等因前来本处。查此案原起，英使不过因长、岳之间，冬月水浅，行轮不便，故请将长江民船章程展行该处，嗣经长沙关道酌议章程十二条，经本处查核，尚无大碍，故准其暂行试办。今该使又以由汉口至岳州亦准洋商用民船为请。查汉、岳往来之路，并无冬月水浅，轮船不能行驶之患，若再通融，将长江章程推广，其利便于商人者甚微，而有损于厘课则甚巨，该省督抚断不允照办。相应咨呈贵部查照，婉复英使可也。

四月二十二日行船档

川滇边务大臣赵尔丰奏报边藏情形时殊势异亟宜将紧要地方收回以固疆域折

川滇边务大臣赵尔丰奏，为边藏情形时殊势异，亟宜将紧要地方收回，固我疆域，敬抒管见，恭折密陈，仰祈圣鉴事。

窃维安边之策，不外怀柔，而驭夷之方，必先威服。政治无积久而不变事机，贵因时而制宜。中国幅员辽阔，凡于边地，非事羁縻，即成瓯脱。然从前闭关自守，四境乂安，任其优游于化日光天之下，同蒙覆帱之深恩。乃自门户开放以来，强邻环伺，皆骎骎以辟地殖民为务，中国遂日受侵夺矣。所有从前属地，未经编籍者，外人即指为彼之新觅殖民地，强为占据。以现在局势而论，尺寸之土皆当早为经营，不可再落人后。惟边地从未设官，久失经理。其间为藏番侵占而无所稽考者，已不知凡几，而彼占去地土。近者除苛虐百姓，别无所事外；远者则不暇兼顾，几与弃地无异。然从前藏人恭顺，全藏皆为我之属土。虽偶有盗窃，朝廷一视同仁，悉置不问。及近，自已革之达赖喇嘛阿旺郎结陡思背叛，时启异谋，不惟藏人耳目，心思为之一变，即外人虎视之心，亦炽不可遏。盖阿旺郎结所依附者，在俄而不在英，人所共知。今日之藏，实为印度屏蔽。英人视之，有如卧榻之侧，岂肯令俄人占据？其不能一日忘者，情也，亦势也。

今虽川兵入藏，安静无事，然阿旺郎结已入英人之手。英人且优如礼待，该番亦求英为助。其实，两皆出于诈伪，而非真诚。然英则必择其利于已者为之，此时纵不干预，安必他日无言，且英人觊觎藏地已非朝夕。盖以其山川蓄积富厚，得之利将不资。臣前因藏番于江卡撤站，在贡觉、桑昂、曲宗一带调兵，派西军左营管带顾复庆率兵前赴贡觉，新军后营管带程凤翔前赴桑昂、曲宗，将番官驱逐回藏。各该处百姓被藏番苦虐，臣在德格时，即已暗中遣人来报。彼时，以藏人叛迹未著，未便遽开衅端，惟以好言抚慰而去。迨番官入我察地，焚烧积聚，江卡撤站，南墪聚兵，窥伺巴塘。并闻藏中已停驻藏大臣联豫供给，是其显形背叛，若再姑容，将成大患。因一面由巴塘调兵，攻破南墪之众；一面由察木多进军，驱散西来之兵。复派两营入贡觉、桑昂、曲宗，截其援应。我军所到，番官、番兵纷纷逃散，无敢抗敌；百姓则奔走相迎，异常亲附。头人等且到察见臣，求为设官，从此愿仍为朝廷百姓，勿再还藏。不惟此也，洛隆宗、硕板多、边坝，亦皆远来输诚，备言藏中苛待情形，愿我将地收回。面求禀恳，辞极谅诚。然臣之初意，只在保境安民，并无拓境辟地之念，故于蛮人来者，固不便严辞拒之，亦未尝慨然许之，惟婉言以安抚之而已。

然昨接程凤翔来禀，桑昂、曲宗属地杂貐与猓玁野番接壤，据该处头人百姓称，前次有英国人曾到其地，由猓玁番人引导。该蛮民等重赂野番，始幸未曾深入。并闻英人见该蛮民等，颇有投赠，此外人柔软手段之惯技。此次既未深入，安必不复再至。已饬程凤翔驻兵于彼，彰我国徽，以占先著。猓玁虽为野番，实亦我之属境，闻已为英人所饵。现饬程凤翔遣人密探，如该番先已投英，则只可听之，若并未前投，拟设法收服，固我疆域。猓猡之南即阿撤密，闻该处久已附英。阿撤密之南则为缅甸，猓猡之西为波密野番。英人若得杂貐，亦与波密接壤，其谋取波密必无疑义。若得波密，则由工布入藏仅数日程，即与印度联成一片矣。是以波密一族，亦万不可不令归入版图。惟是藏人窃我属地，又复不能自有，若为他人占据一分，我不惟失一分权利，且将受一分侵害。英人未甘一日忘藏，将来如有利益均沾之事，必将要索前后藏，则凡属藏之地，皆将入其范围之内。早收回一处，即将来少失一处。且藏番之桀骜不驯者，一日有事，心将投外，野性使然，亦宜乘机利导。谋国者，不言小忠小信；所务者大，况蛮民皆愿归诚。若仍属藏，蛮心必失，以后惟藏是听，有关大局匪细。以臣愚昧，及此时将边兵所到之地，皆收归边务大臣管辖。盖驻藏大臣偏处极西，驻藏远者，固有鞭长莫及之势，即距藏近者而系于藏，终有主客相形之虑。若以改归边属，恐牵及交涉，此则必无之事。英之所持者在商务开埠，皆在江孜以西。臣所议者，皆在乌苏江以东，中间尚隔拉撒，去江孜十五六站。既无碍其通商，绝不至于干涉，且与藏中内政亦杳不相关。有功则赏，有过则罚，自古已然。以藏番此次叛逆情形而论，即殄灭亦岂为过？今仍保存其教，不过以向归驻藏大臣管辖者隶属于边务，又仅止数处地方。矧其中有并非藏地，而为彼所攘窃者，及此收回，亦为名正言顺。若虑藏地偏小，而拉萨以西壤地正复宽广，皆待经营。

或有谓黄教为蒙蛮所迷信，我朝即藉其教，以范围彼族之心。若待藏过严，则蒙蛮皆将震惊不安，于大局深有关系。殊不知此说在国初时容或有之，盖当日圣心仁爱，不欲以兵戈多杀生命，故顺其俗，抚而治之。而朝廷深仁厚泽二百余年，虽草木昆虫咸沾德化，岂复藉彼虚无之教，以为经世之猷。且臣在边地习知蛮俗，亦未尝无诵经之人，而一言藏番无不痛心疾首。其迷信者神佛，非敬信藏番达赖也。蛮地如此，蒙人可知，然其帖耳俯首，无敢违犯之者，固由积威之渐，亦以无保护之故，不得不隐忍服从也。试观前次英兵入藏，阿旺郎结潜逃，未闻蒙蛮之人奔走号呼，以为宜救藏番，保护达赖，义旗西指与英人为难者。亦未闻有愁苦咨嗟，以为黄教将灭，而恨不欲生者。不惟蒙蛮中不闻有此人，即前后藏亦不闻有是人也。岂有朝廷欲整顿藏务，敢有起而相抗者，此可断其必无之事。况已颁明诏，仍以保教为宗旨，不过因其不能保护百姓，遗弃地方将为人有，仅将从前赏给之地收回，以示薄惩。保疆域而顺民心，此又不可失之机也。

臣曾函商联豫，以乌苏江以东，隶边以西属藏，内有国家之公益，非彼此之私产。他日藏果设立行省，彼此另行勘画，不过一纸之烦等语。道远尚未接该大臣复函。臣以老病之身，力疾从事，前次乞退，已蒙恩许，以边务稍松，再候降旨，岂复乐于展辟土地，好为多事？为大局计，既确有所见闻，不能不详陈于圣主之前，第愚暗之识，未知有当于万一否？所有边藏情形，应将藏地收回各缘由，敬抒管见，伏乞皇上圣鉴训示，祗遵谨奏。

宣统二年四月二十四日奉朱批：外务部查核办理。钦此。

西藏档

清宣统朝外交史料卷十四终

清宣统朝外交史料卷十五

宣统二年五月至六月

外部复伊集院日商戴生昌拟行轮不通商口岸与约未符照会

为照复事。

接准照称，驻沪总领事禀以日商戴生昌拟扩充自清江浦经马头镇、陈家集等十余处，开驶轮船直达安徽省正阳关，曾知照常镇道。接该道复称，所拟扩充之水路均属不通商口岸之内地，未便允准日商行轮等语。所援用为拒绝之根据者，即续议内港行轮修补章程第八条末段。该条文不过谓非经中国政府允准不准开驶而已，并非不通商口岸之内地，若于地方情形无碍，应准其行驶之，意旨亦没却之也。凡有禀恳贵国该管官吏之允准者，苟查地方之情形，认定为许其行船亦无妨碍之时，贵国官吏全无拒绝之理由。况本件禀请之水路区域，贵国商人利淮公司现已实行行船运货，且对于招商局轮船亦经允准，似对于日本商船无独拒绝之理由。至开通水路，已令戴生昌酌贴以相当之费，请将此次禀请之件即予允准，以符约章等因。本部查中日通商行船条约续约附件第一号第八条载，各项轮船非奉中国政府允准，不得由此不通商口岸之内地至彼不通商口岸之内地专行往来等语。推本条之意，盖以洋商轮船向不准在彼此不通商口岸往来行驶。如因地方情形可以通融行轮，并该处商民别无抗阻情事，亦必须中国政府特别允许，方能开驶，并非华轮所往之地即应准洋商轮船开往。今日商戴生昌所拟扩充行轮之处均系不通商口岸之内地，向无洋商轮船前往，且该处甫经利淮公司集资开浚，华轮行驶方在萌芽。本部详察地方情势，未便遽行允准。相应照复贵大臣，查照饬遵可也。须至照会者。

五月初一日行船档

外部致鄂督瑞澂湘抚杨文鼎准各国公使照复议结长沙各案办法希查照电

长沙案。本部已将四月十九日上谕三道录知英日法德美各使，嗣准养电复照，催电饬各领核实开报，与湘抚议结。兹先后准日使照开三项：一、中政府对于日领馆及商民等遭难损害以相当方法表明憾意。二、关于负责官民加适当处罚，期以后再无扰乱。三、所受损害，赔偿相当之数。第一项，破坏领馆可以侮辱国旗论，事体匪轻，惟愿重交谊表谢外不另提。第二项，办法是否相当，亦不欲强难，最要为防范将来。第三项，赔偿如愿在长沙，不妨饬日领就近协商定妥。美使照已电驻汉美领，转饬商教从实开报。俟该领汇齐，再行核办。英使照录送谕旨，已转外部，兹饬驻长沙英领将英民所讨之赔款查计，总以实用之数为标准。如重修已毁房屋，雇轮载送逃难之民等款皆是。法使照谕旨，已敬达本国政府，肇事之初已派炮舰管带大尉胜杜详查，兹饬汉口法领将湘侨亏损核实开报于湘抚各等语。除日使来照三端，业由本部分条照复外，希先查照以便接洽，余再达。外务部。

五月初一日长沙案档

吉抚陈昭常致外部日在珲春设延吉分馆暗扩利权请诘日使暨催派正式领事电

申。顷据延吉郭道电称，珲春设领，前奉钧电准其先往租屋，由地方官妥为照料等因。现在该领已在珲城设立分馆，派警员二名驻守，并挂分馆木牌。曾由该道照会，云领事未经派定以前仍请撤消，俟领到再行悬挂。兹据该领复以该地开设分馆，当未派副领以前以警员充当译员并代理领职，系其外务大臣电训。并谓业经照会，或公文路中遗失未到，时特将原文补录一分前来等语。该道以未奉正式文告，现未认可，并称珲、延开埠本是二事，珲馆似不应为延吉分馆，致浑珲埠于此次条约事内各等情。查珲春商埠为吉省六处自开商埠之一，本与延吉新约无干，日人派领如系彼政府派定后正式通告，自应由地方官优待，一切交涉即可与之商办。今忽以警员代办，托词外部电训，又云公文遗失，种种办法显有尝试情形。且郭道电称珲馆不应浑为延吉分馆，的是扼要之论，在日领有意含混，欲藉词合延、珲为一，不可不防。除饬郭道照会严驳，并该地方官暂不承认，勿与交涉外，特电陈请转诘日使，并催速派正式领事，勿任含混，是所至祷。昭常。艳。

五月初一日延吉边务档

吉抚陈昭常致外部复查日警伤毙救火华警案实有预谋请力与交涉电

申。六道沟日警因救火伤毙华警一案，前奉庚电，遵即派员复查去后，兹据复称：

查得当时火起仓卒，华警驰救，或奋勇升屋，或吸井喷灌，人人以救火为目的，未尝稍分畛域。日警到时火已垂灭，不知日警因何动怒，反责华警日房失火不应汝救。时华警罗成立、张溥泉尚在屋上，正持水管注射余烬，有一日警突以长铁钩袭击二人下屋。罗成立因顺手夺钩，又一日警挥刀前砍，张溥泉从旁瞥见，即力持挥刀者之腕而回其锋。日警见腕已被人扼住，又恐华警夺刀，急欲争脱猛力抽回，因自伤正面，故日警面部只此一伤，且不甚重。此争斗原在檐下，距井尚有十余步，华巡警佟绍恩正在井旁，低头据水龙压水，未及知道。日警官山田等一到火场，即持刀从后袭砍，并砍同压水龙之华警侯公、田玉升，故佟、侯受伤多系背后，并非斗伤可知。华警死伤，日警一哄散归，不复从事毁屋救火，而火亦不复延燎，则日警到场时火势实已垂灭，不须毁屋施救，彰彰明甚。且周视火场，系韩式草房，高不及丈深，宽亦止丈余。火从屋内顶隔上炎屋顶茅草，被毁者才十之四五，屋内窗壁、门扇及所糊之纸，现均完全如故，并无烧灼痕迹，尤见当时火非甚烈，屋不须毁。日警以铁钩袭击华警下屋，实属有心挑衅，其毁屋救火一语，皆事后造言欺人，为卸过地，不问可知。华警官因在屋前巡视，不及兼顾，日警官见日警行凶，不惟不弹压，反拔刀相助，谓非先怀成见，其谁信之？况征之邻近居民，众谓此屋原住日本宪兵，自宪兵撤退后久无居人，起火前数日忽有日人数名不时由后门出入。是日火起，又有黄烟冒出，旋即见火。日消防队均带刀械空拥水龙到场，其救火器具若钩叉等件，均就左近一带韩民家内取出，若先事寄存者。种种形迹尤难索解。至救火华警才十余人，日警来者数十人，华警见日警之多，亦足疑为救火而来，概不提防。孰知日警近身，刀叉交下，以致华警多受背伤。日警除坪野外无一伤者，临场挑衅决非华警可知。又查事后该埠局长陈宪章赴日领事馆交涉，永泷始诬华警为先放枪，继诬以水喷灌日警，致起争斗。嗣因被驳词穷，乃承认日警无理，先施责罚。又云佟巡出殡必使日警送葬，又使日副领速水来云，领事馆中同人愿赠洋百余元为华警恤养费，一面捏报日使。

又查日警起衅原因有三：一、于本年二月初旬，日警将我国所钉商埠门牌全行摘去，华警长仍派兵挨户挂之。二、日警在埠内设置天津、奉天等处字样街道牌，经华警长饬兵拔去两次。三、因华警在街市置岗楼，日领派人出阻，嗣经迭与理辩，始将岗楼设定。此三事日人皆未满意，致生衅端。现时日领事馆逾额日警，仍令恣意巡逻埠事，干我主权，不稍敛迹等情前来。此事历据详细饬查，情形大致无异，此次所查情节尤为详尽，实已毫无遁饰。总之，此事无论彼此调查有无异点，以日人之狡黠无常，既知理屈，断无不曲加妆点，以冀彼此各执一词，遂得施其延宕狡逞惯技。然以协约警权既归中国，日警本不应恣意横行，眼前仍以惩办凶手，裁去警额，为我应行要求办法。如日领必欲狡辩，或不允照办，只有要求撤换，以弭后患。特详细电达，诸祈钧部主持，力与交涉，示复遵行为盼。昭常谨肃。东。

五月初二日延吉边务档

东督锡良奏收回本溪湖煤矿作为中日合办及订立合同情形折　附合同

东三省总督兼奉天巡抚事锡良奏，为收回本溪湖煤矿作为中日合办，订定合同，恭折密陈，仰祈圣鉴事。

窃查宣统元年七月准外务部咨行议订东三省交涉五案，第四款内载，安奉铁路沿线及南满洲铁路干线沿线矿务，应按照光绪三十三年即明治四十年东省督抚与日本国总领事议定大纲，由中日两国人合办等语。奉天本溪县所属之本溪湖煤矿，系安奉沿线矿产之一，光绪三十一年日俄战起，日商大仓因军用占据开采。迨战事既罢，经前督臣赵尔巽、徐世昌等先后按约令其交还，卒未照允。嗣议改为中日合办，以开放为保全之计，并据呈请前矿政调查局将附近之庙儿沟铁矿准其开采，出具保单存案。卒以本溪湖矿事未定，亦复令屡议屡阻，旷日无功。臣到任后体察情形，该矿自日人经营布置，规模日扩，获利亦日见其丰，与其争执而坐废主权，孰若照约以平分利益。当饬交涉司照会日领事妥议收回，作为中日两国商人合办事业，大致仿照井陉、临城两矿办法商订合同，设立公司名为本溪湖中日商办煤矿有限公司，中日各派总办一人，以交涉司为督办。其合同内载，议定股本北洋龙洋二百万元，中日商人各出其半，中国政府将煤矿作权利股本银三十五万元，另再筹定六十五万元，其余一百万元即归日商大仓担任。惟该矿经日商独立开采已及五年，所有现存机器、房屋并开办时掘井工程投入之一切款项，准其查明，即以之抵作股本。历年所售煤价亦照数交与公司存储。除股本年息八厘外，余利分作十份，以二份五为报效，一份作公积，六份五归中日股东平分。其余厘金、矿税等项，均仿照井陉临城合同办理。该矿本在日本掌握之中，前后磋议将近五年，其间波折横生，不啻笔舌俱敝，现与订定收回合办，所议合同既于部定矿章无大出入。而地股作为三十五万元，从前售得煤价悉数交出，均较井陉为优，即于公家权利实为保持不少。但公司开办之始，免纳厘金三年，仍于此三年中照纳出井税一钱二分五厘。又该矿所出之炼成焦炭，即可用以炼铁。庙儿沟距该煤矿不远，产有铁质，将来公司发达，即照该商前此呈请矿政局原议，准令公司开采，仍作为中日会办，以期公司营业日有起色，亦与外务部议结之前案相符。以上二事，另由交涉司与日领事彼此用公文声明，未载入正合同之内。据试署交涉司韩国钧将议订合同呈送前来，饬由该司先与签押。理合开单，奏请圣裁，恭候命下之日，即由臣转饬照办。除将原订合同咨送外务部、农工商部查照外，所有本溪湖煤矿作为中日合办各缘由，谨缮清单，恭折密陈，伏乞皇上圣鉴训示。谨奏。

宣统二年五月初二日奉朱批：该部知道。钦此。

谨将议订中日合办本溪湖煤矿合同缮具清单恭呈御览

奉天交涉司使现奉东三省总督派委督办本溪湖煤矿一切事宜，兹特与日商大仓喜八郎订立合同如左。

第一款　此合同订定得中国政府批准，本溪湖煤矿即作为中日两国商人合办事业，定名为本溪湖商办煤矿有限公司（以下本溪湖煤矿有限公司称为公司，大仓喜八郎称为大仓）。

第二款　中国政府兹允将本溪湖煤矿作权利股，本银北洋大龙元三十五万元，准公司开采。经此合同批准，开办之日，公司即须将此项矿股三十五万元之股票，呈交中国政府收执管业

第三款　公司办理本溪湖煤矿，其股本限定二百万元，以北洋大银圆为准，中日商人各出其半。中国商人现已有中国政府所出之矿股银三十五万元，应再出股本银元六十五万元，其余一百万元归大仓担任。所有矿股及股本之利息，由开办及交股银之日起算。

第四款　本溪湖煤矿开办后，每年所得余利照后开章程办理。甲、先付二百万股本之利息，按常年八厘计算，即每百元付利息洋八元，每年一付。如公司所得盈余不足付八厘利息之时，可付八厘以下之利息。乙、即支息之后所余之款，分作十份，以一份提作公积，以二份五付交中国政府，作为公司报效中国国家之款。其余六份五归中日股东平分。此项公积金，将来由股东察核情形，如认为十分充足时，可即停止，惟此项公积不能分得利息。

第五款　公司总办中日各任一员，其它各员由两总办协商，务期平均委派。所有该矿各项新旧工程以及支付款项，须由两总办商妥签字后方可举行，并须随时报告督办。各项帐〔账〕目以及一切证据书类，须用合格中日公司人员照至善方法办理，以中日两文缮写，俾两总办办理或委员代理，由公司出名，公司署押。公司计算帐〔账〕目以及分配利益，一切均按中历办理。

第六款　公司开办日期，即以奉到中国政府批准合办之日为始。

第七款　公司开办以后，如必须加添股本或借债时，由两总办协商后，再商允两国股东，方可举办。其款中日股东各认一半，惟不得借用中日两国以外之款至公司。除必须借债时外，所有一切财产不得抵押与人，股东亦不得将股票任意售卖，所用开矿工人以雇用中国人民为主。

第八款　此合同以三十年为限，由中国政府批准之日起算计，至第三十年底止，即此合同满了之期。至期，公司即行解散，中国政府即将所得矿股之股票交还公司，将矿区收回。所有公司之一切动产、铁轨、坑木及建筑物，应从速公平估价折售，将售得款项以及公积之款，中日股东各得一半，即将本合同作废。所有公司发给股东之股票，均

应于合同满了时缴销作废。但本合同满了之后，中日股东皆愿续约，则可商议展长期限。惟合同满了之后，无论何时，政府如欲自办其矿区，即由中国收回公司所有之动产、铁轨、坑木及建筑物，由中国国家按照公平估价收买，公司即行解散。

第九款　公司应纳之税，每出煤一英吨，纳厘金库平宝银六分，又税银库平宝银一钱。所有公司使用之官有地面，每亩每年纳库平银二钱。公司如将煤运输出口，每一英吨应纳海关税库平银一钱。以后如中国各省准予中外合办之煤矿，其所纳税银有较以上更低者，公司亦可禀请援照完纳。将来农工商部矿务新章宣布实行后，此合同如有应行增改之处，经东三省总督饬知，即当遵照办理。

第十款　公司应用之材料物件，除须完纳海关厘税之外，其余厘金一慨豁免。

第十一款　本溪湖矿自光绪三十一年至宣统元年闰二月底止，经大仓独力开采，所有投入之一切款项，中国政府准予作股本银北洋银元一百万元，即作为大仓名下交付公司之股本。所有一切机器、房屋、工程、仓库、物料等件，即于此合同批准之日，由大仓切实点交与公司收管。公司即将此项股本一百万元之股票交与大仓收执。此期间内大仓所投入之一切款项，既经中国政府准予作为股本，则大仓在此期间内所有售得之煤价，应由中国政府派员协同大仓详细切实调查清楚，即由大仓尽数交付与公司。自宣统元年三月以后至公司开采之日止，大仓添置机器及其他必需之工程等项投入之各款，应由公司确实查明，认为正当之款者，即由公司付给。此种机器工程等项，即由公司收管，大仓并应将三月以后历来售得之煤价，协同公司详细结算清楚，由大仓尽数交付与公司。其现存矿地之煤觔，亦应如数交公司管理，不得索取价值。

第十二款　公司开采煤矿之区域，应于此合同批准后，由总督派员详细丈量，绘定四至详图交给公司遵照采办。倘公司于工作时寻获古物，应归中国国家所有。

第十三款　公司开采煤矿，其区域内所用之地土，应出公平之租价。如遇必需拆房及迁移坟墓等事，应禀由地方官转饬该业主办理，公司当出公平之赔补费及迁移费。

第十四款　此合同签印后，由督办委员会同大仓之代表人预备一切开办事宜，并限于三个月内订立营业详细章程，呈候督办核定，报明总督批准照办。

第十五款　此合同以中日两国文字缮写五份，一份呈总督存案，一份呈交涉司，一份交大仓，一份交公司，一份交日本总领事馆。遇有缺解时，专以中文字意为凭。

宣统二年四月十四日，明治四十三年五月二十二日。

奉天交涉司韩国钧、总领事小池张造、大仓喜八郎。

矿务档

外部致李经羲片马界务英使不肯派员会勘希妥筹因应电

片马案，准英使照复：奉政府嘱令声明，俟娄领查明详报方可作复，并嘱先请将光绪二十九年十二月十四日照会多为注意。又三十二年四月初一日萨前大臣照会内，曾向中政府言明英政府之意，合再照会等因。查腾越界务，前萨使坚指潞江及大金沙江之分水岭为界，迭经本部驳斥，并咨滇有案。兹该使仍引萨使前照，不肯派员会勘，语意狡执，一时恐难定议。务希密派干练之员，确探该处地势边情，妥筹因应，并随时电部以备辩诘。外务部。

五月初三日片马界务档

外部复张荫棠东省因洋商违章运货饬局收税实非重征希告美政府函

敬复者：

接准函称，准美外部照会：洋货进口已领有免税凭单，运往东三省通商各市场及内地各处，均被征收销场税。吉林省另有加抽营业税，虽有免税凭单，而厘局均不承认，实于贸易约章大相违背，尤于美国商务前途大有阻碍。请代达贵外部咨行东省督抚，迅将已领有免税凭单或海关运照之货物，即行停止加抽各种赋税等情，请回堂核办等因。查此事本部曾于上年十月二十八日准领衔奥使来照，当经咨行东三省总督及奉天、吉林各巡抚查复去后，准东督复称：洋商运货入商埠界内，领有免重征专照，与由商埠运入内地，领有子口单者，照章免税，向无重征。其由税局饬令完税者，皆因未领专照或有专照而货物不符所致，并未闻有货照相符之件亦令完纳销场税。其由商埠运入内地各货，亦有未领子口单者，或领有关单而单货不符者，又有单货相离不能随时呈验者，在商人自违定章，则局卡之抽厘纳税，均系照章办理，无怪其然。嗣后洋土各货运入东省商埠界内，与商埠运入内地应否免税，即以有无单照为断，如未领有单照，仍应逢关纳税，遇卡抽厘；倘已领单照，即由税局验明单货相符，并无影射夹带情弊，即予免税，以符定章。准吉抚复称，洋货在海关完纳进口正税，带有免重征专照运入华埠，税局即予盖戳验放，向无重征之事。吉省虽有捐税等目，而其征收之标准专对华商之置本卖钱，并不涉及货物，于外人自运之洋贷尤无关涉。按诸专照定章，并无相背之处。若因华商置有洋货，即应免去一切税捐，实非条约所许之意义各等语前来。本部查，凡货领有免税专照及子口单者，自应免其重征，惟商人不遵定章，既有单货相离或不符等事，以致照章纳捐，实属咎由自取。至此项单照，系为专免沿途厘捐起见，与居肆各华商置本营业之税捐无涉，不应指为重征之据。除复领衔奥使外，相应函达台端查照，希即本此意以为应付为荷。

五月初四日税务档

外部致陈昭常延珲设领应防牵混自开商埠并日已派员电

申。艳电悉。当即据诘日使，伊认警员自不应代理领事，惟作为分馆一节，系因划定区域，取便管辖，仍电请外部示复。顷准函称，珲春日领馆分馆事，外部复电，已改命外务通译生坂东末三为该馆主任，执代理领事之职，不日到任，即与丰田警部办理交代等语。查延、珲设领原系两案，要其性质，均属自开商埠。该两处我本辖以一道，必谓其不能隶延管辖，亦颇难言。至其牵混之意，诚如来电不可不预为之防，当照复以珲本吉省自开商埠之一，所有该埠工程、巡警、卫生各节，前经声明，悉照自开办法，由中国自行办理。日既改派坂东为代理珲领，自应照章接待，惟前项办法应再声明等语。有此声明，将来珲领如有违背埠章，轶出范围情事，我尚可据章声辩，仍望荩筹转饬该道，随时体察防维，以固主权。正发电间，复准来照，以坂东今明日即往珲春，请速电饬接待云云。除照复允认外，希查照。外务部。

五月初七日延吉边务档

吉抚陈昭常致外部坂东系日无赖既主珲馆当饬厅防维电

申。初七日电敬悉，当经转行郭道电饬珲春厅照章接待。惟查坂东末三原系日本无赖商人，旋由斋藤雇用，昭常督办边务时屡晤其人，察其行为狡诈。现既为该馆主任，并属郭道转饬该厅随时体察防维，毋任干涉地方行政可矣。合并奉闻。昭常谨肃。庚。

五月初九日延吉边务档

湘抚杨文鼎复外部与英美日领事商办湘案情形电

前奉钧部初一日电敬悉。昨美使派驻重庆领事潘来湘，当与接晤提议款事。据潘领事言，已调查损失数目报呈驻京公使，当与钧部交涉，并不与湘抚议办。日本领事则言各项损失均已查清，极愿在湘议结。惟驻京公使至今并无电令该领事与湘抚商办之明文，是以未便擅议，仍候公使电到再说。至英领，则始终不肯提议，每探其口气，总以此案非赔偿所能了事，非外间所能议结。而各国亦皆受其播弄，不知意欲何为。文鼎查此次湘乱，外人财产虽有损失而并未伤人，岂能藉此别生枝节。应请钧部先与英使商明，电饬长沙英领与湘抚议结，以杜诡谋。日本领事人尚和平，如日使能电饬其与湘抚商办，即可先了，为各国之倡。此次美领来湘，即寓英领事处，恐其合以谋我，用特密陈。德、法尚未派人来湘，各使有何举动，并乞随时密示，俾资因应为要。杨文鼎叩。

五月十一日长沙案档

外部复英使麻汉口至岳州已有常川轮船载运请勿再议推广长江民船章程照会

为照复事。

宣统二年四月十五日准照称：长江通商章程展行湘河一事，长沙关所议雇用民船往来长岳试办章程十二条，于贸易大有不便，请将长江通商章程第二款所载各口岸清单内添入长沙、岳州两口岸之名等因。事关增添通商章程条款，本部未便遽行照允，仍将来文照录咨行税务处查核去后。兹准税务处复称，查此案原起英国大臣不过因长、岳之间冬月水浅，行轮不便，故请将长江民船章程展行该处。嗣经长沙关道酌议章程十二条，经本处查核尚无大碍，故准其暂行试办。今英国大臣又以由汉口至岳州亦准洋商雇用民船为请。查汉、岳往来之路，并无冬月水浅，轮船不能行驶之患。若再通融将长江章程推广，其利便于商人者甚微，而有损于厘课则甚巨，该省督抚断不允照办等语。本部查长江章程准洋商雇用民船办法，系条约上特别让与之利益，该章程内所载口岸清单，未便随时增改。如欲增改，亦必须彼此两国允愿。今此事已经本部一再咨商税务处，苟非实有窒碍，亦何致始终坚持。缘此项雇用民船办法，实于厘课大有妨碍，今欲再行推广，亦难强令地方官允从。且为洋商一面设想，由岳州至长沙既有通融办法可以雇用民船，由汉口至岳州又常川有轮船载运，则贸易并无不便，何必再龂龂争此一节。税务处谓利便于商人者甚微，有损于厘课则甚巨，自属持平之论。相应照复贵署大臣查照，不必再议推广长江章程，以免徒滋辩论可也。须至照会者。

五月十一日行船档

东督锡良致枢垣外部报日俄联合情形请预筹电

东省逼处两强，近日俄联合，益将协而谋我，虽新协约内容尚未宣布，而中西各报所登载与良处所探访，大约日则合并高丽，俄则进规蒙古。又闻俄有要求东清铁路作为永占，不听赎回之说。此后对我手段，无非强横无理，除电外务部、军机处外，究应如何预筹应付，尚望密示机宜，俾有遵循，无任企盼。良。愿。

五月十四日日俄协约档

外部致瑞澂杨文鼎日德皆允就地议结湘案电

十一日电悉，本部十三日电计达。现准日本伊使照称，赔偿一节，准本国政府回电，即在地方协定，速电长沙领事遵办云云。请饬地方官与该领交涉，务须开诚布公、和平办结等因。日使既允由湘议结，德使来照亦同，即可与该两领先行开议，余俟各使照复，陆续电达，随时商办。外务部。

五月十四日长沙案档

东督锡良致枢垣外度邮等部锦瑷路美财团将在俄开议借款包工合同恳速核示电

锦瑷铁路借款、包工两合同，前已钞送钧核。昨准司戴德自俄京函称，接到纽约来电，内称为时无几，即在俄京开议。如其议妥，美国资本家已备有工程师，以便立可派往等语。此事若一经议妥，该财团代表势必立派工程师催促开办。今拟订详细合同，尚未蒙核复，一切均难筹备。届时若有延误，必生枝节，应恳钧处大部迅赐核示，以便预筹。一俟接到司戴德确信，即将合同缮奏。近日喧传日俄新订协约，东事日棘，焦虑莫名，叩请速复。良。铣。

五月十六日锦瑷铁路档

外部复锡良锦瑷路事日俄如不干预其借款包工合同可由尊处核办函

密复者：

锦瑷路事，前准来函钞寄借款、包工两合同，并于本月十六日续接尊处铣电。一是均悉详核两合同条款，斟酌损益，深协机宜，荩虑周详，至为钦佩。此事前因日俄从中干预，自须俟商酌妥协方可定议。如该两国能无异言，即可由尊处酌核办理。总之，本部对于此事惟意在实力赞成，并无他见也。泐此奉复，即颂勋绥。

五月二十日锦瑷铁路档

外部致刘式训请商驻法暹使转暹政府除华侨苛禁电

洪。据旋〔旋据〕暹侨商高和气等电禀，暹政府苛加身税，请免不得，复拘禁七八百人，殴毙十余人，大商被押出境，冤惨万分等语。中暹虽尚未立约，谊切同洲，侨民甚众，自应一律善待。希设法切商驻法暹使，转电暹政府速除苛例，以纾侨困而敦邻好，并电复。外务部。有。

五月二十五日华侨档

使俄萨荫图致外部报俄日因东省铁路商订专条电

顷探闻俄政府与日使现因东三省铁路行车事，商订专条，不久当画押。又闻该专条须通告各国，并声明在东三省保持平和云。谨密陈，容确探再达。荫。敬。

五月二十五日东省铁路档

东督锡良致枢垣俄人胁制中国请提前议定锦瑷张恰二路电

窃维外交政策瞬息千变，自锦瑷铁路草约成立后，日、俄两国向欲分据东省者，又将改变其方针。虽俄国反对路事甚力，近据美资本家代表司戴德、包工公司法兰芝先后函告，业已竭力经营。惟锦瑷路约如成，俄不得逞志于东方，必将肆力于西北。近来日、俄邦交亲密，日之合并朝鲜，俄之规画蒙古，两国已不啻互相默许。闻近日俄军在我国西北边界举动，野心叵测，万一俄人以全力胁制中国，要求借款，代办张恰铁路，拒之不易，允之为难，殊有进退维谷之势。我若出其不意，密速将粤汉借款先行拨为张恰造路之用，趁此事机未竟以前，东之锦瑷，西之张恰，同时并举，迅雷不及掩耳，使彼无计可施。倘粤汉借款难以移拨，似宜另向美、德借款而以比国包工，则俄人之力必不能阻。此皆境内之事，主权在我，尽可自由，及今不为，必有后悔无及之日。近日处置西藏，外人颇奇中国政策之敏捷，若能将锦瑷、张恰二路同时提前定议，使列国不敢轻视中国，以后交涉，可望渐有起色。成败利钝，相去天壤，机不可失。锡良待罪边徼，日抱杞忧，谨贡刍荛，以备采择，可否代奏，伏乞裁酌施行。锡良谨叩。

六月初一日锦瑷铁路档

驻日代办吴振麟呈外部日欲并朝鲜雄心未已函

敬陈者：

五月十八日寄代字第四号函，计邀鉴及。日韩合邦之说，肇于伊藤，以后韩人宋秉畯首自提倡，游说全国。宋系日本党之巨魁，未始非受日人之意旨。韩人既受鼓吹于汉城，日人自附和于江户。而日本政府始以为韩国皇室及世禄之家，措置匪易，而今则调查有案，参照明治初年废藩置县之时，对于公卿士族之办法矣。始以为欧美各国恐多不平之词，而今俄将同盟，德则越国在远，鞭长莫及。美则既并火奴鲁鲁于先，复并菲利滨于后，已既两次并人家国，安得禁人之不并乎？且前大总统罗斯福氏一月以前游历欧洲，演说英国与埃及之关系，曾称英国自应平治埃及，如其不能，应有其它文明国为之平治。盖以文明国而平治半开明国，自是天职等语。观于此言，可知美国对于日韩合并之事，决无异议。俄、德、美既无异议，其它各国更默尔而息矣。始以为现与各国方议改正条约，倘合并事起，恐滋窒碍，而今以为与其合并于改正条约以后又多更张，不如合并于改正条约以前便成一气。始以为合并韩国后百废待举，经费竭蹶，而今以为外资流通，财政裕如矣。始以为待其自毙，勿假兵力，而今又订警察全权委托于日本政府之约。日本乃倍增人员遍布于韩国十三道，名为警察，实则宪兵，故以陆军少将明石任宪兵司令官兼警视总监，非示以军威而何？近日桂总理大臣与人谈及日韩合并，亦既不讳，故东京外交团中拟往朝鲜考察合并以前之情形，及方在合并时之举动，颇不乏人。并以中国使署见闻较易，纷纷来询合并之期究在何时，答以不能详知。惟拓殖局官制第一条，侪朝鲜于台湾、桦太之列，可推见其合并之期或不在远，彼等均以为然。中日之役，日本欲推朝鲜为独立国，俄日之役，日本欲援朝鲜为保护国，约章具在，曾几何时竟欲据为已有。明治以来，始灭琉球，继割台湾，再割桦太，今将欲并朝鲜，自兹以后，日本之雄心其稍已乎？其犹未已乎？诚不敢遽加以臆断。要其得步进步，似不能无绸缪牖户之思矣，不识钧意以为然否？伏祈垂察。

六月初一日日韩合并档

使俄萨荫图致外部报俄日商订专条已画押电

敬电计达。顷询东方股副办，据称俄日商订专条，已于二十八日画押。共三条，内有保持东三省平和及铁路事宜。日内当由北京驻使照会中政府等语。荫。卅日。

六月初一日日俄协约档

邮部咨外部日商戴生昌请添展清江浦至正阳关航路与约不符文

为咨呈事。

船政司案呈查本部驳阻日商戴生昌行淮一案，当经咨行外务部南洋大臣安徽巡抚，并钞录内河招商轮局与日商原订三公司合同，及镇江关道复日总领事函稿，咨呈外务部存查，各在案。兹准南洋大臣咨开：据镇江关道刘燕翼禀称，日商戴生昌请添展清江浦至正阳关小轮航路一节，前奉邮传部并宪台及安徽抚宪先后电饬驳阻，业已据约函请驻沪日本总领事有吉饬阻，嗣准函复接华历四月十一日来文。日商戴生昌添展航路一事，查内港行输续补章程，非奉中国政府允准，不得由此不通商口岸之内地至彼不通商口岸之内地专行往来，载入日约附件。今日商请展清江浦至正阳关航线，既奉邮传部电饬阻止，即系政府不允，应无庸议等因。查日商戴生昌添展小轮航线，系援照中日通商行船章程，及续补内港行轮章程，并光绪二十九年外务部核定内港行轮暂行试办章程办理，毫无不合。现利淮公司及招商局各商小轮，既畅行无阻，该日商事同一律，何故独加阻止，极不公允，况邮传部出而阻止，更不可解。请分别详办施行，以便日商一律行驶等情到道，理合报析转咨核办等语到本大臣，据此应请查照核办等因前来。

查中日通商行轮章程第五款内开，如日本船违章到中国别口，非系准停泊之港，亦非准通商口岸，即将船货一并由中国罚充入官。中日续补内港行轮章程第七条内开，内港行轮风气未开，内地居民宜令少受惊扰，故凡内港其向未经轮船行驶者，须审察商民之便方可开驶。第八条内开，非奉中国允准，不得由此不通商口岸之内地至彼不通商口岸之内地专行往来。光绪二十九年外务部核定内港行轮暂行试办章程第一条内开，凡内港轮船欲前往轮船向未行驶之内港，或欲专作由此不通商口岸之内地至彼不通商口岸之内地贸易者，须俟政府允准后方可发给专照前往各等语。详译约章，均定明洋商行轮不通商口岸之内地，必须中国政府允准方得开驶，其未经政府允准者自难通行。且有非准通商口岸，即将船货一并由中国罚充入官之文。今清江浦至正阳关一带，系属由此不通商口岸之内地至彼不通商口岸之内地，理应据约阻止。又况中外通商，自当体察该地情形果无窒碍，始能允准，否则商民抵抗，万一滋生事端，殊不足以尽邦交而资保护。故中日续补内港行轮章程第七条内所开，于此节不惮再三声明，用意至为深远。

此次日商行淮一案，本部业经迭接该处绅商电禀力争。如上年八月初十日据盱眙秦尔炽等、五河许家骏等电禀，洋商突然欲入淮行轮，破坏挖河公益，沿淮士民不服。八月十三日又据凤台学商界李华翰等电禀，日商竞争航路，群情愤激，恐生交涉。八月二十五日又据盱眙绅农商学各界六十人联名呈称，淮北连遭水患，灾歉频仍，经上下游之绅商学界集股挖河，以通淤塞，不独有益商旅，且可永澹水灾，倘外商入淮，将来必有冲突。吾淮风气尤其愚直，稍有事端，挽回不易。九月初二日，又据正阳关商务总会呈称，日商戴生昌拟行轮长淮，攘夺主权，皖北商民恐无宁处之日。九月二十四日又据正阳关商务总会呈称，日商戴生昌派福建小轮窥探长淮，殊出情理之外。伏思职等竭尽心力创办公司，开挖淮河，为淮民生命财产永远之计，即试行小轮不过于淮水泛涨之时权济行旅。淮人素性强悍，岂能忍受，设或酿成交涉重案，恐公益未兴，公害又起，后患何堪设想，各等情，均经禀求阻止到部。是该地绅商农学各界对于日商行淮咸称不便，群情惊扰，核与中日续补内港行轮章程第七条相符。又如该地非准通商口岸，核与中日通商行轮章程第五款相符。本部业经据情电饬阻止，即系政府未经允准，核与中日续补内港行轮章程第八款，及外务部核定内港行轮暂行试办章程相符。所有日商戴生昌请添清江浦至正阳关航路一节，按之约章既属不合，体察民情尤多危险，碍难准行。除咨复南洋大臣并咨行安徽巡抚外，相应咨呈贵部查照可也。

六月初五日行船档

外部致吴振麟日俄协约各驻使议论如何希探复电

日俄协约宣布，各大国驻使意见议论如何，希密探随时电知。外务部。

六月初六日日俄协约档

外部咨锡良中俄陆路通商条约所拟调查纲目已分咨照办文

为咨复事。

案查预备修改中俄陆路通商条约一事，前准来电，当经本部电复，并分电沿边各督抚、大臣、将军、都统等，各选派熟悉人员专任调查在案，兹准咨据李道家鏊等详称，奉饬遵查光绪七年中俄续议通商章程及改定条约，作为调查根据；咸丰十年中俄条约暨中法越南边界通商章程，作为调查参考，分四类：日界务，商务，税务，杂务。摘其大纲设为问题，注明调查区域，责成各员逐款调查，统于本年八月底报告到奉。惟内外蒙古、天山南北等处调查报告，非东省委员所能兼及，请咨外务部转咨沿边各省督抚、大臣、将军、都统一律派员会查，并咨驻俄出使大臣、驻沪商约大臣公同研究等情。查该道等拟呈调查纲目，条分缕晰，于改约尚有关系，应将原呈调查纲目表册咨呈查照核办等因前来。查所拟调查纲目已属详备，即由该员等按款切实查考。惟当洞悉利弊情形，期于可行，不必议论太多，一俟查竣，迅即汇送本部，以资研究。除将送到表册分咨照办外，相应咨复贵督，查照饬遵可也。

六月初六日商约档

外部致李经方张荫棠刘式训荫昌杨枢陆征祥俄日协约用意叵测希探各国意见电知电

申。本年西七月四号，俄日协约虽云助铁路改良，维持现状，然其第三条所谓如遇有侵碍现状情事，则两国应随时商定正当办法等语，包含甚广，用意尤为叵测。各国对此协约应各有见地，希于闲谈时密探彼政府语气，及各大国驻使意见议论，随时电知。外务部。

六月初六日日俄协约档

旅港嘉属商学会呈外部南非洲杜兰斯哇新设苛例驱逐华商请商英使革除电

据英属南非洲杜兰斯哇华商维一社私函称，杜政府背中英通商约章，新设苛例驱逐华商。计半月来，无辜被逮押解出境者二十余人，现尚陆续逮捕未已，恳贵会鼎力维持等情。据此华商侨居英属，实繁有徒，苛例举行，何堪设想？乞即照会驻京英使，迅电英政府遵条约，除苛例，以保侨商。旅港嘉属商学会会长曾辨等叩。

六月初六日华侨档

外部致陈昭常日使请发盐酸护照希电陆军部知照税务处核办电

日本使面称，长春日商火柴公司于西历五月初间，请领事照请长春道发给该公司所有盐酸加里之进口护照，迄未照发。该公司因无前项药品，营业几乎中止，请催该道速发护照，以免该商吃亏等语。查盐酸加里，如查明确系营业需用之品，可通融准其进口。惟现行办法应由尊处电请陆军部核准，知照税务处转饬给照放行，希查照并电复。外务部。

六月初六日商务档

使俄萨荫图致外部俄日协约经营满洲有进无退请整顿内治电

俄日协约上月二十八日画押，共三条。第一条，为便利交通及扩充商务起见，两订约国协力改良满洲铁路事宜，彼此务除争竞。第二款，两订约国保持在满洲因中俄日三国历次条约所成之局势，将各条约钞稿互换。第三条，两订约国在满洲局势如有被侵害之事，彼此浃洽，设法抵制。其大要如此。俄京各报咸谓，该约为美国创议赎路所激成。他国议论，美、德反对，英赞成，法不甚注意。按该约第一条改良铁路事宜，所包极广，两国协力经营满洲，有进无退是其本意。第二条保持现在局势，在彼联结愈固，在我应付愈难。第三条虽为防御他国而设，然我欲收回权利，不复能得他国助力。臣惓念时局，日夜焦忧，窃思陪都陵寝所在，铁路主权所关。中俄合同，以路成三十六年为赎路期，如能先期赎回固善，否则届期必当赎回，而有此次协约，恐赎路时非他国所能援助。事大款巨，亟宜从早筹划。至东三省内治，尤应切实整顿，以期抵御外力，庶届赎路之期不至别生枝节。是否有当，伏乞圣裁，乞代奏。荫。鱼。

六月初七日日俄协约档

驻日代办吴振麟呈外部俄日协约译陈大意电

俄日协约顷探公表，首称俄日为东方平和之计，抱定从前协约宗旨，并扩张其功效。兹再约定三章，其一图各国交通便利及商业发达，故于东三省各自所有铁路应需改良整顿等事，从善计议，并彼此不相争竞，以冀确达协力宗旨；其二为维持东三省现状之故，应按照俄与日暨俄日与中国所订条约及其他约文办理，该条约及该约文等业经互换；其三，凡遇侵犯东三省现状，无论何等情事，彼此认为不可旁视者，惟随时妥商对付之策等语。闻该约已由驻京俄、日两使呈递钧部。兹译其大意谨陈。振鳞。阳。

六月初八日俄日协约档

使法刘式训致外部报各国对俄日新协约情形电

初六日电悉。查俄日新协约末段，未用零七年七月协约之和平办法字样，似为隐杜美国干涉及预防我国意外情事起见，意甚叵测。英、法为同盟国，自极赞成。惟俄东顾无忧，必致全力于巴尔干，为德、奥、土所疑忌。至日本吞韩举动，各国似甚淡漠，容再随时密探电闻。训。阳。

六月初八日日俄协约档

驻韩总领事马廷亮呈外部中韩交犯事已复日统监嗣后照约办理函

五月初二日准统监府机密函开，鸭绿江并图们江沿岸地方，清、韩人越境侨居，人口逐年增加，每有滋生事端。如韩人在中国境内犯罪，中国官应由附近国境，将此等韩国人每次解送吉林奉天或安东离远地方，转交驻各该地方日本领事。如在韩国，亦均由鸭绿江沿岸地方官宪，将中国人送至驻元山或甑南浦中国领事。照此办法，致多不便，现拟除重要案犯外，倘有平常事故，彼此通融办理，拟定简便切当之法，以适机宜。前将各节禀商外务省在案，但关此事于清、韩两国附近地方，在彼国境内有此国人民犯罪时，由犯罪地方所属之官解交犯罪人所属国之领事，认为不便之际，随时与各该领事协议，可得将该犯人径交犯人所属国境内之就近该国官之处。拟由彼此协定，禀候两国政府承认实行等语。总领事窃查，近年日人经营韩国不遗余力，韩警察权已委任日本，骎骎乎有囊括包扫之势，不独欲收驻韩各国治外法权，即鸭绿江、图们江沿岸隶我版图者，亦复狡焉思逞，意在侵攘。故与日本交涉，防之不胜其防。此次统监府拟请彼此通融协议简便切当之法，可得将该犯人径交犯人所属国境内之就近该国官之处。总领事悉心体察，不无有流弊之虞。前于二月间奉到钧部谕开，查设立之韩国总领事暨元山、釜山、仁川、甑南浦等处领事，系参照中韩条约第五条办理，必须切实奉行，以昭信守。裁判系领事之权，除案情重大，必须解归本国交地方官按律惩治外，其余寻常诉讼事件，可由该管领事就地断结。如犯事地方向无领事驻扎，亦应酌量情形由附近中国领事办理等因。奉此兹总领事恪遵宪示，已照复统监府声明，嗣后解交人犯，彼此均照条约办理。第恐该府或禀外务省行知驻京日使，转商钧部暨驻日钦使，届时应请俯赐体察坚拒，俾免觊觎。除禀驻日钦使外，谨此肃禀。廷亮叩。

六月初八日法律档

使英李经方致外部俄日协约英外部云甚洽意电

申。初六日虞电均悉。本日送国书往外部，私询葛雷俄日协约意见，据称此约伊甚洽意。俄日若再有战争，不利中国亦不利各国，英但冀远东太平，洞开门户，商务利益一体均沾而已。至各大国驻使，均守外交官宗旨，两可其词。方。庚。

六月初九日日俄协约档

驻日代办吴振鳞呈外部俄日协约美德意奥等国均不表同情电

申。协约事，东京外交团常有议论，自奉鱼电又详密探访。英与日，法与俄各同盟，自是一致。俄欲竭全力于巴尔干以与奥抗，不得不弛其力于亚东。今日本肯为俄之与国，是即不利于奥，故奥最不悦。德与奥盟，奥所不悦者，不啻为德所不悦，自多愤辞。该约第三条直为提议东三省铁路事竣，暨建筑锦瑷等事，而发美更难乎为情。义为德奥同盟，虽未宣布异议，要亦不表同情。又闻第三条内含有密约，容探明再陈。振麟叩。

六月初九日日俄协约档

外部致刘式训法使密告革党由暹罗运械赴滇电

申。艳电悉。法使密告孙逸仙同党十八名带有号衣枪弹等件，欲由景东赴滇，现在暹罗孟波勒地方被拘。该党原有百名之多，其首领已逐出暹境，前往香港。又称华侨身税，系与他国人一律。此次电诉苛待被拘，恐有该党从中煽动云云。所言未知确否，暹代使已否得复，情形如何，再催询电复。外。

六月初十日香河档

卸任驻藏帮办温宗尧咨川督赵尔巽请代奏维持西藏大局折

为咨请代奏事。

窃今日之论藏事者，皆曰英、俄皆当防闲之也，皆曰英、俄皆当干涉我也，皆曰藏人之意已不属我而有专属也，皆曰事机已到危急无可挽救也。宗尧证以英国蓝皮书所载之事实及西藏官民之向背，窃谓自我言之，则英、俄诚皆外患，皆当防闲；而自英、俄言之，则防英者俄，防俄者英，彼两雄者各不相容，即各自为防闲，即各有所忌惮。中国但当利用英、俄之各自为防闲，而速趁此各有所忌惮之时，急起直追，整理西藏之内政，恢复在藏之主权。与其分精力以防闲英、俄，不如并精力以治西藏。此非宗尧之詈言也。观于蓝皮书所载一千九百零三年二月十一号、二月十八号及四月八号，即光绪二十九年正月十四、二十一、三月十一等日，英外部大臣三次致驻俄英使之文，内述与驻英俄使之辩论。俄使既申明英在西藏行事，俄国即须设法保护俄国之权利。又申明西藏之局，如一旦大有更改，则俄国或须设法以保全在亚洲之权利。又申明俄国勿论如何，总以不干预藏事为政策，但或为势所逼，在别区另筹对待之方。英外部既申明英国无政策之阴谋，无霸占西藏土地之意，又申明俄若在西藏有所举动，则英之举动不特不让于俄之举动，抑且过之。俄若派兵进藏，英必效之，所派之兵力必较俄为厚。又申明英国因见中国政府一则用廷宕之手段，一则对于西藏只有微弱之权力，故起而直接自为筹策。

以上云云，皆秘密紧要之文件。英、俄对藏之政策，及其各相防闲，各相要约，证明之意皆昭然若揭。英、俄既各有所忌，而各交示其不敢妄动之意。英则直宣布其不得已而妄动之意，乃由中国手段延宕，权力微弱所致。由是观之，中国不惟不必防闲英、俄，即英、俄亦无防闲中国之意。不惟此也，假使中国能增加治理西藏之权力，彼英、俄者方且欢迎赞助若恐不及。此无他，盖至于中国实在不能保有西藏之一日，彼西藏者又无独立之资格，而必有所属。属英则大有害于俄之中亚细亚方面，属俄则大有害于英之印度方面。至于其时，英、俄必将出死力以竞一得，其不得者必不自让，必于西藏之外别有所取偿。至其终极，不惟破坏英、俄之交际，且将扰乱世界之平和。若是者，皆英、俄所至不愿。然则中国果能变延宕之手段，为迅速变微弱之势力为强大，既以自保西藏之领土，且以兼保英、俄之平和。论者所谓我当防闲英、俄者，乃不必之事。其谓英、俄皆当干涉我者，则相反之事也。至谓藏人之意已不属我而有专属，宗尧在藏逾年，朝夕栗栗注意此事。盖藏人凡分三级，一曰僧俗官吏，一曰喇嘛，一曰百姓。官吏则各不自量，咸有独立自雄之心，至于不得逞则又俯首帖耳以听。向者英兵之入藏，即其官吏之崛强背约所致。英兵一来，其崛强者又恭顺矣。比年番官对驻藏大臣甚不谨矣，川军至则已改观，达赖革则群屏息矣。喇嘛则迷信佛教，俄即因其迷信，故为隆重佛教以诱之。光绪二十七年、宣统元年，达赖两次派遣喇嘛赴俄，俄皇召见，礼遇至渥，凡此皆以牢笼喇嘛。故就喇嘛一种而论，向俄之心较热。至于百姓，则蠢然无所知识。英之减费退兵，不派政治代表，纯取阴柔平和手段，所为牢笼西藏百姓，收拾人心之方法。盖已极力尽致，西藏百姓又不能不受其牢笼，而忘英兵入藏之当怨。由靖西至帕克里、春丕一带之民，以英兵驻扎之久，相遇之厚，无不移怨而感。三级人之性情相背，若此再考西藏之政体，则纯全极端之专制，官吏之命令虽至暴虐，无敢违者，喇嘛、百姓无不仰官吏之鼻息而听其号令。喇嘛向俄，百姓向英，中国但能增长权力，制其官吏，则向俄、向英皆归无效。但使事实属我，即不必更究其意念之谁属也。夫论者之谓事机危急、无可挽救者，乃以英、俄之当防闲而避其干涉，且不知藏人之意何属，故觉无往而非荆棘也。今则英、俄内容之政策如此，既不必防闲且不致干涉，不惟有法挽救，其法且非甚难。

顾其事机则真危急耳。盖英政府虽宣布无占据西藏土地之意，然又不惜委曲牢笼者，其心何尝须臾而忘西藏，特不欲操之过急以伤藏人之心，且不欲彰露形迹，以招俄人之忌。我若仍前因循，再过数年无所振作，则此数年之中，既不能保藏人之不全体受其牢笼，尤不能保英、俄之不别为权利互换之协约，不幸而有此变，真乃无可挽救矣。

故就今日中国治藏而论，实大有可为之机，但须迅速敏活，急起直追而后可为。且需分别表里，善为操纵。在内之计画，则当兼程并进，不可无一日千里之心。在外之形迹，则当镇静和平，不可无应付弥缝之术。不必遽改西藏之地为行省，而不可不以治行省之道治之。不必强西藏之俗同汉民，而不可不以爱汉民之心爱之。施政之目虽繁，宏纲亦只二事，宜宣威者不可假借，宜布德者不妨煦育，先定宗旨，而后合内外上下之力贯彻实行。宗尧之愚，窃谓藏卫必永为西藩，国家保持治理之道，亦较保持治理蒙古诸藩为易。如或不幸而如英外部之言，再示人以延宕微弱之现象，则他日之危即有非臣子所忍言者。盖推俄使保护亚洲权利，须在别处另筹对待之一言，万一藏卫有事，国家所忧，固不在西徼不毛之一隅，诚恐东南腹心之地将受其影响也。

至于治理先后之序，宗尧梼昧，不谙大计，管窥所及，则达赖既革，似当以呼图克图分任藏事，利用转世迷信之愚，从此永废达赖之制。番官向无固结之意，上无达赖则各求树帜，英俄虽欲网络，适以养成角力均权之势，眼前大事似莫急于此者。此外练兵兴学、开矿垦荒、通商殖民诸政，则当因时审力，循序进行，而非宗尧之愚所能悬筹妄拟者。除将英国蓝皮书内关于英之对俄对藏之政策摘要手译另册开列外，宗尧感荷朝廷高厚之恩，愧无涓埃毫发之报，所有知见所及，拟合借用四川提督军门印信，咨请代奏，为此咨请贵督部堂查核，代奏施行。须至咨者。

六月十二日西藏档

使法刘式训复外部暹使云华侨身税与他国一律电

申。初十日电悉。暹使接政府复云，华侨身税与他国一律。上月有莠民发贴传单，煽诱罢市，当将为首及滋事者七十一名拘押出境。均属街市无赖，并无大商，亦无殴毙情事。暹素敦邻好，近在孟波勒截住赴华叛党，扣留军装并将匪首驱逐出境，尤征友谊等语，与法使密告各节大致相同。训。覃。

六月十四日华侨档

外部致英使麻英商如派华伙在福州内地照约办茶当一律保护节略

英商太平洋行在福州派人赴内地办茶一事，前准节略，当经本部电达闽浙总督酌核去后，兹准复称：洋商雇华伙入内地采买土货，固为条约所准，惟入内地监视庄所制货，则约所未许。如英商派华伙入内地照约采办茶叶，即无领事函托，地方官亦当一律保护等因前来，特此转达。

六月十五日商务档

外部致各省督抚本部照会驻京各使日俄协约重视中国在东省主权自应按约实行电

申。日俄两使面交一千九百十年七月四日之日俄协约，约文业登各报，本部已于本日照会该两使，并通照驻京各使。略言此协约，日俄既相约重视中日、中俄、日俄各项条约，则于一千九百五年日俄和约所承认中国在东三省主权，顾全列国机会均等，并赞同中国设法振兴东三省工商实业各节，及光绪三十一年中日议订东三省条约，开放东三省主义均相符合。且更确定，中政府自应按日俄和约之宗旨，实行中日条约之主义。凡关于中国主权内之行动，各国之机会均等，及开发东三省之工商实业等事，益当切实维持，期于大局均有裨益等语。特闻。外。

六月十五日日俄协约档

外部致陆征祥和颁新律华侨勒限入籍已照驳电

申。初九日电悉。和颁新律事，本部今日按照公理及中国国籍律照驳和使。略谓各国通例，除人民自愿入籍外，断无以法制强迫入籍之事。华侨在和属相安已久，和亦久已认为中国人民，乃今忽颁新律勒限入籍，实违公理。中和友睦，谅和政府决不以此举动施诸和好友邦等语，希查照。外。删。

六月十五日华侨档

湘抚杨文鼎致外部湘案日本赔款大致就绪请商日使留村山领事办结电

申密。十七日电敬悉。日本参赞来湘，自当加意优待。惟查各国偿款，法国业将议结，英德亦已开议，均尚和平。日本赔款经村山领事调查明确，现饬司道迭次会商，大致就绪，日内当可议结，似可不必再候。本多参赞来湘，转多耽延，村山领事在湘，彼此感情甚好，情形熟悉。可否转商日使，仍饬村山领事暂留，速为议结，候事竣再行回国，实于大局有裨。统祈钧酌赐复。杨文鼎叩。十八日。

六月十九日长沙案档

外部复杨文鼎湘案赔款经日外部核定派参赞赴湘办结电

十八日电悉。当即面商日本伊使，据称此次赔款由领事调查清晰，造册呈报日外部，经外务大臣核定，交本多参赞前往会商，非该参赞到湘不能办结。将来本多到时，其和平亦与村山无异，闻业已起程等语。希查照。外务部。

二十一日长沙案档

使俄萨荫图致外部俄外部谓俄日协约于中国主权无碍电

辰。十五日电当经照会外部。顷外部面称，此次中政府声明各节，本部极表同情。俄日协约本为保持东三省和平起见，于中国主权无碍，本部深望此后中俄邦交益加坚固等语。谨闻。荫。二十一日。

六月二十二日日俄协约档

外部致赵尔巽赵尔丰联豫英政府请劝达赖回藏并川兵不必派往边界希会商密复电

西密。英使照称：奉政府训条，近因接有报告英国驻藏护兵恐有被攻之虞，必须设法添助援兵，以便策应。现加派英军驻于那塘（音译），该英军专为保护驻藏英官，非遇危迫时决不过界，所有华藏人民之事毫不从中干预。华军未到以前，藏甚安靖，此时极难情形实因达赖逃走所致。然中政府举动造次，及驻藏大臣有欠和平，使达赖如仍留藏，其心疑未必果保平安。有此各种原因，大局愈形迫切，若英国利权财产有所亏损，其责应归中政府。据所闻情形，如中政府欲达赖按照所定自谓妥善条款回藏，则英政府无滋难端。惟达赖回藏后，中政府相待情形或有他故，致生变乱，有关英民命产危险之处，则本国现驻那塘之军立即入藏保护等因。

本部以来照语意不甚明晰，且似为达赖说项，又不解其添兵驻边用意如何，当逐条面询麻使。据称，添兵一节，因西藏南部人民以英不助达赖，颇有仇视英人之意。江孜等处英兵无多，恐遇变难事故，派兵为增厚护兵兵力。达赖之事，英国决不干预，前曾声明。现英政府二次复答达赖，仍告以不能相助，不但不助以兵力，即欲英向中国请求调处亦断不允，然不肯将其逐出印境，亦不欲坐视他人加害回藏一节。近闻有西藏派去戴琫数人，是联大臣派往印度劝达赖回藏，想系中国政府意思。故英声明，如中国与达赖商妥办法，彼愿回藏，断不阻挠。总之，英以藏南有乱不能不派兵防备，如仍听达赖逗留在外，必滋事端，英难袖手，致英民命产受损。最好中国设法使达赖离开印度，乱机自息，英国亦甚愿意。当告以既恐达赖在印生事，何不听中国迎回内地安置？彼称达赖未必肯回内地，即令回藏，若无特别妥善之法，亦恐不能自安各等语。查印藏边界，英原欲彼此少派兵队，此次添兵驻边，自为达赖在印，恐其煽惑滋乱，致防〔妨〕边境治安，所称并不帮助干预等情似尚可信。惟外情随时更变，万一稍生事故，彼即有词可藉。边衅一启，事尤棘手，有不可不预为防范者。联大臣四月间电称，达赖在大吉岭尚未诱回，尊处设法图之云云。是否如该使言，有派戴琫往印劝回情事，未准电及。英既虑达赖在外易滋事端，则劝回未为非计，究竟回藏以后作何处置，何以设法能令相安不生别故，荩筹当已熟虑及之。新达赖已否访有其人，能否早行选定，免生观望，亦应详酌电陈。至川兵，在藏原为镇抚藏境，不必轻行派往边界，以防冲突。其商埠英署卫兵数本无多，并望分饬兵警妥为弹压，毋令番民与之生事。边兵分驻各处，总望镇静不扰，期于相安。统希会商，详密电复为要。外务部。

六月二十二日西藏档

外部致俄署使世商议松花江贸易章程字句函

接准来函，内开松花江贸易章程一条，参照本部本月十九日所拟句意，凡有权在松花江全流行使及贸易之船只，遵照下开章程办理各语允认等语。本大臣查全流二字，不甚显豁，使字应作驶字，业经派委员等与贵署大臣商定，将全流二字删去，并将使字改正驶字。此外字句既与本部原拟相符，自可照允。来函又请将各色粮食沿松花江来往运送，均免海关税，由本部委员等与贵署大臣等商议。经贵署大臣允将别款退让，本大臣亦允将由水路运至哈尔滨之大麦、荞麦、高粱、粟、小米子、铃麦、小麦，及黄豆、豆饼，按照向章暂减关税三分之一，以便振兴该江贸易，而顾全商务之利益。至于贵署大臣允此次松花江关章仍按照北满关章办法，由哈关税司出示宣布，不提他项字样。所有自本年西五月十二号起已交关税，俟查明果逾于现定数目，由关如数发还。其本年西五月十二号之前已交关税，仍照旧章办理，毋庸找回。以上商准二条，本部业已查照备案矣。土货运至中俄交界之俄界百里线内，前经贵国专员承允押款担保办法，本部已派葛税司于二十四日与贵国专员写明详细办法，以便存案。现在各节业经一律商妥，自应作为完结，相应函复。顺颂日祉。

六月二十四日松花江行船档

外部致鄂粤闽各督和使虽云并未强制华侨入籍然仍声明视为和国人民电

申。和迫华侨入籍事，十六日电计达。兹准和使复称，此事毫无根据，大与实在情形相反。再，中国国籍律似将和政府视为和国人民之人仍视为中国人。惟籍律一节，各国可听便办理，概有不可辩驳之权，故和政府至今概未驳论等因。查陆使前电，谓和政府确有分别勒限情事。兹和使来照，虽力辩无此强制办法，然仍声明和政府视为和国人民等语，是明以籍律相抵制。已电陆使查复，以凭再与驳辩。外。敬。

六月廿四日华侨档

义使巴致外部中国声明日俄协约已转达本国照会

为照会事。

本月十五日接准贵部照称：前准日本国、俄国驻京大臣面交一千九百十年七月四日所立之日俄协约。本部详加披阅，深悉此次协约，日本与俄国既相约重视中日、中俄、日俄各项条约，则于一千九百五年日俄和约所承认中国在东三省主权，顾全列国机会均等；并赞同中国设法振兴东三省工商实业各节，及光绪三十一年中日议订东三省条约，开放东三省主义均相符合；并声明中国政府自应按照日俄和约之宗旨，实行中日条约之主义，凡关于主权均等实业等事宜，益当切实维持，期于大局均有裨益等语。本大臣均已阅悉，当按来文译妥，转达本国政府知之矣。须至照会者。

六月二十四日日俄协约档

直督陈夔龙致外部闻日俄协约有附约四条确否示复电

东三省日俄协约事，奉咸电后当即饬行遵照。龙因外间传言纷纷，谓有附约四条并未宣布，皆系侵害我国主权之事，历经设法探访，尚未得其实在。昨日驻津日领密属洋务局员来言，则谓并无另附密约，请勿误听。察其辞气似尚非虚，未审大部近日所闻如何，我驻日使馆有无探报？如果确有其事，其内容云何？尚祈密示。傥各报所载不实，当此人心未靖之时，似宜密商民政部禁止浮言，以免辗转讹传，再有抵制进口洋货等类举动，转贻口实。事关重要，既有闻见，用特密陈，以备鉴察，祈电复。龙。有。

六月二十五日日俄协约档

外部致江督张人骏和迫华侨入籍应各据各律一力坚持电

申。和迫华侨入籍事养电进呈，奉旨后已电达。查此事，本部于三十四年咨商修律大臣奏订国籍，并通行各驻使，所有华侨一律办理。嗣和亦自定属地新律，专为强华侨入籍而设。本部闻新律甚苛，侨不胜苦，当札派驻和参赞王广圻前往爪哇各埠，详细调查。据禀，和人果有新例六端，备极苛虐，即电陆使向该政府驳诘。一面催订领约，事垂商就，和辄于正约外加入附则一条，声明不得以本约所称和兰臣民之人视同中国臣民。复经内外迭次驳拒，商撤附则或添亦不得将中国人民指为和兰人民一语以相抵，彼终未允。近复有勒限入籍之事，本部已电陆使，声明不认，一面按照法理及中国国籍律，切照驻京和使。顷准照复，勒限一事毫无根据，却仍以籍律相抵制。本部又电陆使查复，以凭驳论。此事和政府总以和定籍律系彼内政，中国不应干预，倘急切不能挽回，则惟有各据各律，一力坚持到底。至设领一节，现领约尚未商定，若迁就附则，虽设亦无效力。陆使于此案屡经筹划，现已奉旨来京陛见，拟与详究彼国政见及近日确情，再行设法应付。

六月二十六日华桥档

东督锡良咨外部日领否认赔俄抚顺煤矿利益并钞呈驳复俄使向我索偿文　附件

为咨呈事。

案查承准钧部先后咨开准驻京俄廓使照称：抚顺煤矿一案，华俄道胜银行所入股本，尽末结算，共发股票二千张，计银二十万两。并由日本占据该矿之日起，至日本协约所认赔补矿商利益之日止，此数年间，应按煤重每华三十觔抽给俄钱一戈比，统为议偿等因，当饬交涉司照知驻奉日领事去后。兹据该司呈准日领事照复内开：查抚顺、烟台等煤矿按照朴兹茅斯条约，俄国系以无价让于我国者，我国对之实无赔偿之义务。明治四十一年六月，俄国政府以我国如对王承尧赔偿，则合办之俄清银行亦应与以相当之赔偿金等因照会我国时，我国即以帝国政府无赔偿何等之损害等语照复。去年九月中日订立协约时，因关系抚顺、烟台煤矿，驻日俄国大使又用公文声明，有必要之时，俄国臣民及会社有要求赔偿金附与之权利。我国又以该两处煤矿，朴兹茅斯条约中已明白决定，《北京条约》又复确认，中日协约中于从来所定之事亦毫不变更等语，用公文答复。由此观之，我国于此事已不能认赔偿之责，是以贵使所云北京俄国公使要求之事，我国难以应命也。至去年中日协约附件内所声明帝国政府应给与王承尧之银系属抚恤金，毫无类于损害赔偿之性质。是以此金之付与王承尧，俄清银行必不能因此为要求赔偿之论据也，特此附告，以备查照等因，相应咨呈钧部，谨请鉴照，核转施行。

六月二十八日矿务档

附呈驳复俄使索偿抚顺煤矿商本利益文

案准钧部咨开俄使索偿抚顺煤矿俄商股本利益一案，接准来咨转据驻奉日领事照复，以抚顺烟台等煤矿按照朴兹茅斯条约，俄国以无价让与日本，故日本对之实无赔偿之义务。至给与王承尧之银系属抚恤金，毫无损害赔偿之性质，是以俄清银行必不能因此为要求赔偿之论据等因。正核办间，又准俄使照称，华商王承尧承办抚顺煤矿，因资本不敷，是以成立华兴利公司，发行股票二千张，此项股票先后由道胜银行用银二十万两购置，论理该矿应归该银行所有，方昭公允。中日议约之时，因恐中国政府为难，故未干涉，且该约未订以前不知向谁索赔，故不能向贵部照知。又王承尧奉旨开矿，并无期限，中国政府遽将该利权让与日本，以致股本家即道胜银行尽失其资本利益，而中国政府仍获报效及出口等税之利，则中国政府自应先偿赔偿该银行，始为平允。又五年间为日非久，虽未呈索赔款而索赔之权不能消灭。据此情形，中国应按照前开之数赔偿，希见复等因。

查光绪二十九年，盛京将军据王承尧禀称，抚顺煤矿先后集华股银十万两，嗣后添招华俄银行六万两，又身股四万两，订立合同等情咨部有案。本年俄使迭次来照，请转知驻俄萨大臣查点华俄银行所执华兴利股票，是俄商执有抚顺股票，确无疑义。日领虽称据约不能照赔，而日本国政府既允按王承尧出资之数从优协商酌给，则俄商所执之股票即在王承尧出资之内，且系实在凭据，理应由所派之员督同王承尧与日领详核俄使来照所索之款是否相符，三面提议和平了结，以清款目而践前言。现在所议如何，有无端倪，相应钞录俄使来照，咨行查照转饬，从速核议声复，计附抄件一纸等因。承准此，当经转饬奉天交涉司韩国钧、祁道祖彝去后，自本年五月起与日领会议至今二十一次，于矿税、矿界以及偿还王承尧所出资本各节均已将次就绪。惟俄使索偿一节，日领坚执《朴兹茅斯条约》，无从置词。

本大臣就俄使来照反复详阅，觉来照所言不惟将当日事实任意混淆，且于法意曲加解释。兹按该使原照详为指驳如次：

一、华商王承尧承办千金寨抚顺煤矿，因资本不敷，是以成立华兴利公司，发行股票二千张一节。查该公司实在银股股本只华股十万两，道胜银行六万两，共十六万两，计股票一千六百张，外有身股四百股，虽发股票并无实银。该公司股票全额，须合之此项身股股票四百张，始有二千张之数。然据该公司章程第一款，此项身股股票不得按银转售，是则该行除当日入银六万两，得有六百张股票；及按照公司章程第二款，经股友与闻转行购入他股友之银股股票少数之外，从何得将其余之一千四百张均经购置？既无从购置，则安得有用银二十万两入股之事？

一、中日议约之时，因恐中国政府为难，故未干涉，且该约未订以前不知向谁索赔，故不能知照一节。查该矿虽有俄商之股本，然自朴兹茅斯条约成立，该商股本已为俄政府让与日人，该商即有不甘，只有向彼政府索偿。且来照亦知道胜银行仅系入股，则当日立朴约时彼国政府何以不向日本先行区别此矿为中国人之业？迨中日协议，何以又不出而声明此矿不在朴约范围之内？今见中日议定，乃曰免致中国益形棘手，曰静俟该煤矿所有权仍归中国政府。夫曰静俟，是明知该矿之所有权本属中国也，曰仍归，是又预知该矿所有权之必归中国也。既明知该矿所有权本属中国，又预知该矿所有权必仍归中国，则虽该约未订以前向谁索赔有何难知？而不先为知照，不过恐一出干与，日本必以战衄之朴约反唇相讥，无辞自解耳。然则是非恐中国之棘手，实恐自己之棘手，兹反以此等无责任言辞卸责中国，以图取偿。不知自有朴约，而该矿无论归中归日，该使总已无容喙之权利，则该协约无论已订未订，中国总不生代偿之义务。今该来照尚侈口称系按照法律，本大臣正不知其所按照者何法也。

一、中国政府遽将该利权让与日本，则中国政府自应先尽赔偿该银行，始为平允一节，查去年中日协议第三款所规定者，只关于该矿之界区及税则。若将华俄商人之利权擅行让与日本者，立朴约者之责，非协议者之责。今不自返省，尚诿为由中国让与，庸有是理？且该来照前文既言道胜银行仅系入股矣，夫该行既仅系入股，则该矿所有权固在中国，既在中国，则至此何又言该煤矿彼时实归该行所有？只一所有权也，于前则推归中国惟恐不及，于后又攘归该行惟恐不及。至中国之获报效及出口税等之利，此自中国对于该矿原始之权利。未有协议之前，中国之出口税，无论在何国人之手，无不可以征收，初不自今日始也。

一、五年间为日非久，虽未呈索赔款，而索赔之权不能消灭，据此情形，中国应该照前开之数赔偿一节。查华俄商人固有权向政府索偿，第该俄商所应向索偿之政府，当在该商之自国政府，其索偿权之是否消灭，该商亦只应问之自国之法律。盖一国政府损失自己人民利益，该人民向自国政府准据自国法律以决索偿权之消灭与否，此亦各国通行之例也。至该俄商虽在华兴利公司有入股之事，惟该商本国政府倘立约时，不将该商股本及利益一并让人，则该商之股本及利益，至今于公司应有关系。无如俄政府立约时，已将该商股本及利益一并让人，则该商之股本及利益与公司关系断绝。中国政府只有保护己国商人股本及利益之义务，无代他国商人更向其它一国，索其本国政府已甘心挈该商所有让诸他一国之股本及利益之义务。来照所称前开之数，请转向俄国政府索偿可也　。

除驳以上各节外，本大臣尤有声明者：千金寨抚顺煤矿本系中国商人之业，因日俄媾和之际，俄国与日立约之时拱手送人，不行区别，致日本借口该约至今尚承办该矿。

应请俄国政府代为索回，并赔偿自日本占据该矿之日起至索回之日止华兴利公司所受之损害及应得之利益。又卷查华兴利公司当日实只收道胜银行股本银三万七千五百两，其余二万二千五百两该行竟未交出。又该行取用公司炸煤价值，及经手售煤未清之款共尚欠公司三万九千余两。除该行未交之股本银二万二千五百两一款，已经该行本国政府甘愿让送日本外，其余该行所欠公司之售煤款，亦应请俄国政府照数赔给。为此备文咨呈钧部，谨请鉴照，转复俄使再行会议，不日可竣，应请从速施行。

英美法德各使致外部催办粤川汉铁路借款合同请旨批准画押照会 四件

一、英法德各使致外务部照会

为照会事。

查宣统元年四月十九日，英、法、德各银行代表人等与奉旨授权代中国政府行事之张中堂订立合同，借款筑造湖广境内粤汉及湖北境内川汉各铁路。该合同由两造签字，视同正式合同，只须候降上谕批准施行，同时且达知该银行等。即日具折上奏，约十日期内可奉上谕批准等因。正在恭候谕旨间，英、法、德各银行等悉知美国政府向中国政府提及，前议美国应有列入此项借款合同内之理由，故外务部请该银行等设法俾将美国公司列入。嗣由英、法、德各银行等会同中国政府与美国公司代表人开议，旋订续合同，将美国公司列入借款之内。议决各节，在事各造尽行满意。查去年四月十九日订立合同，迄今已一载有余。本年正月初三日、三月十三日，本署大臣曾两次照会贵亲王提明，贵国政府照订合同所应允者，至今未准复文。兹遵本国政府命令，照请贵亲王请旨批准以上所提议之合同，画押施行，以资振兴中国商务而敦邦交，实本国政府之所深愿。为此请贵亲王迅速照复，俾得转报本国政府，是所感荷。须至照会者。

六月二十八日粤川汉铁路档

二、英法德各使致外务部照会

为照会事。

粤汉铁路湖北、湖南一段，并川汉铁路湖北一段借款一事，本日另文照请贵政府允准德、英、法、美银行所立之约在案。本署大臣相应提及一千九百零三年九月间，以川汉铁路贵亲王所许英、美两使臣之语，并指明允准此次借款合同。惟所应许之语，此后不独专属原许之二国，兼推及德、法两国。须至照会者。

六月二十八日

三、美使致外务部照会

为照会事。

查宣统元年四月十九日，英、法、德各银行代表人等，与奉旨授权代中国政府行事之张中堂订立合同，借款筑造湖广境内粤汉及湖北境内川汉各铁路。该合同由两造签字，视同正式合同，只须候降上谕批准施行，同时且达知该银行等。即日具折上奏，约十日期内可奉上谕批准等因。正在恭候谕旨间，英、法、德各银行等悉知美国政府向中国政府提及，前议美国应有列入此项借款合同内之理由，故外务部请该银行等设法俾将美国公司列入。嗣由英、法、德各银行等会同中国政府与美国公司代表人开议，旋订续合同，将美国公司列入借款之内。议决各节，在事各造尽行满意。查去年四月十九日订立合同，迄今已一载有余，本年正月初七日本使馆曾函达贵亲王提明，贵国政府照订合同所应允者，至今未蒙见复，兹遵本国政府命令，照请贵亲王请旨批准以上所提议之合同，画押施行，以资振兴中国商务而敦邦交，实本国政府之所深愿。为此请贵亲王迅速照复，俾得转报本国政府，是所感荷。须至照会者。

六月二十八日

四、美使致外务部照会

为照会事。

粤汉铁路湖北、湖南一段，并川汉铁路湖北一段借款一事，本日另文照请贵政府允准德、英、法银行所立之约在案。本大臣相应提及一千九百零三年九月间，以川汉铁路贵亲王所许英、美两使臣之语，兼推及德、法两国。须至照会者。

六月二十八日

英使麻致外部英驻江孜商务委员租地建房事希饬地方官迅结照会

为照会事。

查近年以来，本国驻江孜商务委员屡与中藏官议照一千九百八年印藏通商章程第二款，择一地基，俾英民在该基内租地建筑房栈。今年春间，本国商务委员承认接收一百十七哀克之地基。印度政府亦允准，该委员接收在此一百十七哀克内拟拨三十哀克地基，为该委员新公馆之用。该地基坐落之处，随时划定、设立界石。已将新公馆处所定明地址，江孜工部局中国监督已发给租地文凭。且该委员往商租价之时有涨落，地方职事人每年向索二万七千卢比，每哀克合九百卢比。该职事人谓该地系膏腴之地，拟行耕种云云。查实在情形，地极不佳，全基内除八哀克为耕田，余均荒地。本处村人每哀克不过付价二十二卢比，至亚东商务委员每哀克仅付价五卢比。据本国商务委员以每哀克付价三百五十卢此，实为最公之价，其赔偿所代树木之价拟付一千一百卢比，除此之外仍先付三百卢比。又按照工部局租地章程，每年须七百五十卢比。本署大臣查印度政府以为先付三百卢比之使费及每年三百，其数最公，可以承认。该处委员已请中藏官允办，惟无效果。中藏官以为按照印藏通商章程，有关系租地两造之人须赴裁判局办理，惟该局系地方官与商务委员办公之处。该委员在此案内有陪审之责，又为有关系之人，本国政府以为按此办法势难实行。商务委员与地方官如有于租地之事意见不合，通商章程并无了结此事机关，该地方官未肯发给建房文凭，以为俟租约立后方能发给，是于租地一事毫未相助为理。其最要者，商务委员新公馆地基，即能承收，以便早日开工。查华官现在举动，实难望了结此事。本国政府惟恃本年三月初九日贵亲王照会所允，嗣后凡关于交涉事件，本部自当转饬遵照之语，是以谆嘱本署大臣照请贵亲王，将此难端鼎力办结。鄙意确以驻江孜华官若对于此事，多行公理而敦睦谊，即不难通融，以抵和平之地位。须至照会者。

六月二十八日商务档

外部致邮部日使询海龙至铁岭筑路事希见复函

径启者：

据日本伊集院使面称：近接东省铁岭领事官报告云，邮传部拟由海龙城至开原，由开原沿南满线直达铁岭修造一路，近已派员往勘。查此路线与南满路为并行之路，贵国如欲修造时，必须先与日本商议，否则必至又生如新法为难之交涉等语。该使所称情形，究竟有无其事，即希函复，以便转复该使。此颂勋绥。

六月二十九日海龙铁路档

清宣统朝外交史料卷十五终

清宣统朝外交史料卷十六

宣统二年七月至八月上

东督锡良致外部税务处抚顺煤运赴韩国是否照满洲里通商章程办理请核示电

据交涉司案呈会议抚顺煤矿事。据日议员要求，该矿所出煤斤，由安东运赴韩国，援照中俄陆路通商章程第十四款，完纳出口税二分之一。当由该司函询，据奉省税司转准安总税司函称，俄约第十四款系专指俄商在张家口购买中国土产出口而言，是以中文添有张家口一处字样，例如，俄商在张家口购买抚顺煤，运入俄国，则可完纳半税，否则不能照行等语。并经该司据以驳复：惟安东一埠，转瞬鸭绿江桥告成，将来即系陆路，此项税则既不得照二分之一完纳，是否按照满洲里陆路通商章程三分减一办理，抑或如何定拟？谨电。请钧部尊处酌核示遵。良。东。

七月初一日税务档

使德梁诚致外部觐见德皇谓中国答日俄协约文为外交界文件特色电

洪。今午觐见德皇，恭递国书，宣读颂词，皇致谢毕。诚言：我答日俄协约文已达贵外部，皇当谓然。皇答此文能抱定前约，彼承认东省主权为词，并声叙前许列国均平主义足为近数十年来外交界上文件之特色。又称，贵国以赶练陆军为第一要义，外债益少，国步益进，铁路益兴，商务益盛等语。谨闻。诚。艳。

七月初二日日俄协约档

使美张荫棠致外部美谓日俄协约大碍中国主权美须早自为谋电

申。初六日电悉。密探美政界意见，咸谓东三省从此不得视为中国疆土，各国均沾利益及保全中国主权之说，竟成具文。美欲助中国力争，无从下手，必须中国自有主见，乃能协助实行。现英、法与俄、日同意，美宜与德协商以拒俄、日。又美报谓，俄允日协约在去年中日定约之际，我美提议铁路中立之意，实欲发现俄、日政策。今据协约明文，必另附密议，大碍我美远东利权。我美苦无从协助中国振兴，惟有改变方针，早为自谋云。棠。

七月初三日日俄协约档

外部致陈昭常日使称全成哲在狱几死希查复电

申。据日本使称，接吉林领事报，中国前拘韩人全成哲在老爷岭狱几死，查被拿在界线未定以前，请交未允，如身故，恐成交涉等语。除面驳外，该韩人系何病情，已否身故，希查明电复。外务部。

七月初五日延吉边务档

外部咨税务处抚顺煤斤出口应照何项税率酌核见复文

为咨行事。

宣统二年七月初一日，准东三省总督电称：交涉司案呈会议抚顺煤矿事，日议员要求所出煤斤由安东运赴韩国，援照中俄陆路通商章程第十四款完纳出口税二分之一，该司函询奉省税司，转准安总税司函称，俄约第十四款系专指俄商在张家口购买中国土产出口而言，不能照行等语，经该司据以驳复。惟安东一埠，转瞬鸭绿江桥告成，将来即系陆路，此项税则既不得照二分之一完纳，是否按照满洲里章程三分减一办理，抑或如何定拟？请酌核示遵等因，并分电贵处在案。

本部查抚顺煤矿所出之煤斤，固不能照张家口俄商贩运土货税则，亦不应照满洲里陆路章程办理。惟上年本部与日使议定东三省交涉五案条款第三款丙节，内载抚顺、烟台两处煤矿开采煤斤，出口外运时，其税率应按他处煤斤最惠之例征收等语。现在各处煤斤外运，完纳出口税应以何项税率为最惠之例，相应咨行贵大臣查照酌核见复，以便电复该督可也。须至咨者。

七月初五日税务档

驻藏大臣联豫致外部达赖去后藏地复安英使所言与事实相反拟派罗长祷赴印交涉电

英使照称，驻藏英兵恐有被攻之虞一节。查藏地遐迩安谧，江、亚两埠保护极为周妥，印货畅销。自已革达赖逃后，禁止捆商，百货益见流通，英国官商出入平安，英人身命财产丝毫无损，不必别生疑虑。又称藏地极难情形系因达赖逃走所致一节。查达赖前于光绪三十年逃出，藏中照常安静。伊去年回藏，不过两月，无端弄兵，几酿大乱。及达赖去后，藏地复安。英使所言，正与事实相反。又称驻藏大臣有欠和平一节。豫在藏数年，宣布朝廷德意，僧俗均尚帖服。本年奉旨赏还第穆呼图克图名号，益形感悦。至对于外交，恪守条约，力敦睦谊，似无不和平处。又称藏南人民，仇视英人一节。查藏南一带，番情驯良，不至滋事。即或稍有不靖，中国兵力尚足弹压，断不使有仇英之举。查已革达赖逃印后，日图复其权位，以英人未肯明为干预，其逆党边觉夺吉等闻有煽惑布鲁克巴带兵犯藏之说，英人似已知之，所云藏南有事，或即指此。布本我属地，若敢称兵犯顺，自当相机堵剿，以保藏中治安。至印藏边界差派军队一节。查陆军只有此数，腹地尚不敷分布，边界并未添派一兵。

以上各节，应请照复麻使，逐条剖辨。那塘添兵，似可不必。并勿偏听一面之词，致多误会。至新选达赖，豫屡催访觅，尚未得人。藏番迷信转世之说，若急切从事，反恐大众不服，后难安置。惟已革达赖逗留印境，豫苦思未得善策。前月与商上商派堪布等往迎，至今无回信。现在英使既为说项，豫拟特派大员赴印谒见印督，告以藏中实情，顺道劝回已革达赖，即不回内地，亦可拨与藏庙居住，给以日用，决不伤害。惟仍须防范，免使变计投俄，另生枝节。但恐其格外要求，以请复权位为词，故意迁延，则须得英官助力，怂令回藏。鄙意如此，钧意如以为宜，查有道员罗长裿熟悉外交，堪以派往。应请照会英使，电知印督承认该道为赴印度办事件之委员，照章接待，遇事优为协助。倘英使照允，即令该道起程，并应否电达驻英李钦使，统乞钧裁。豫叩。廿九日。

七月初五日西藏档

外部复联豫罗道赴印可照办并请开导布丹电

六月二十九日电悉。所筹各节，均可照办。现即酌照英使，并将罗道赴印一节，电商印督接待，得复即达。至布鲁克巴即布丹，虽亦中属，近年颇为英所勾结，联为一气。二月路透电并有内政外交听英指挥之说，若果受惑称兵，我亦以兵应之。正恐英人藉此进兵干预，则藏事殆不可问。总宜设法开导，或另筹防范，不使滋生事端，方可消弭隐患。所有已革达赖私物，如金银物件等类，查有被关扣留者，应即查照前电，全数给还，以免疑虑。希核办电复。外务部。

七月初六日西藏档

外部致李经方藏中安谧英恐达赖留印生事拟派罗长裿赴印劝回电

申。前准英使来照，以政府恐英国在藏卫兵被攻，增派军队驻那塘，非遇危迫不过界，亦不干预华藏事。此时藏中极难情形，因达赖逃走，如中政府欲令回藏，英不留难，惟相待不宜有他。当经本部复以藏甚安静，无庸增派印边驻军。至达赖回后，中国无不以宽大相处。一面电联大臣查复，昨准复称，藏中一体安谧，商货流通，商埠保护周妥，英人命产毫无亏损。英既恐达赖留印生事。现拟派罗道长裿赴印劝回各等语。本部当又照会英使电印督照章接待，并优为协助矣。特闻，以资接洽。外务部。

七月初七日西藏档

江督张人骏咨外部日领言高濑等行使伪钞已惩办文

为咨呈事。

据两江洋务局王瓘禀称，现准日本井原领事函开，日本人高濑庄司、中尾宇造两名，前在芜湖行用伪造钞票。现经本领事询明，一切按照本国法律判断，高濑一名处以十年惩役之罪，中尾一名处以六个月惩役之罪。业于日历六月二十九日定规，现已送至上海总领事署执行其刑等因，合即禀闻等情到本部堂。据此，查此案，昨准皖抚部院请咨照约办理，当即咨请贵部查照核办在案。据禀前情，除分咨外，相应咨呈，为此咨请贵部，谨请查照施行。

七月初八日法律档

黑抚周树模致外部请修筑哈海铁路拯此危疆函

敬肃者：

顷奉钧部电示：哈海路线各节敬悉，荩虑深远，感佩曷胜。查此段路线所经，皆江省富庶之区。去冬因冰雪道梗，运输艰难，民病商疲，咸苦不便，虽无外人之狡谋，而本省商民已无不希望此路之成。顷据本省咨议局最近调查，路线约长四百余里，建筑需费约六百万金，每岁输出粮石约五百余万石，仅就此项运费收入，年约三百余万金。审度情势，建筑养路各费似皆确有把握。惟小民难与虑始，必须公家拨款，以为之倡。商民自能踊跃附股，拟请仍由大清交通两银行分别息借款项，一面由本省筹拨官股，招募民股，逐段兴修。先从第一、二段筑起，需款不过百余万金，每年运输之利已可获三分之二。尚乞钧部主持，庶保利权，而杜觊觎，边局幸甚。至运料、接轨各节，原定路线，系由松花江北岸之马家船口至呼兰为一段，尽可自由修筑，不必与哈埠东清铁路接轨。运料系照章议价，须届时商酌。所可虑者，恐外人先发难于着手，彼时虽劳钧部争辩，恐已无及矣。矿质系在海墨线内。合并声明，除将本省咨议局文册钞呈钧核外，所有哈海路线亟须修筑情形，谨一一缕陈。统祈维持大局，拯此危疆，迅赐酌夺，无任企祷。

七月初八日哈海铁路档

黑抚周树模致外部俄人私测齐瑷路线有修筑意函

敬肃者：

本年五月间据省城交涉局呈称：准驻省俄领事照会内开，有俄人米海罗夫、布图柞夫、拉德金斯、莫立尼阔夫、克拉布辽夫等五名，各带俄跟人二名，防身枪械一杆，前往江省各处考察商务所经之路。拟由哈尔滨前往呼兰、绥化、海伦、布特哈、墨尔根、瑷珲、黑河、布拉郭威臣斯克等处，照请发给护照，并转行各该地方官照章保护等情，当经发给护照五纸去讫等因，呈报前来。旋据江省驻哈铁路交涉局电称，俄人米海罗夫等五人，系藉考察商务为名，实拟私测齐瑷路线，并有自行修筑等语。当饬沿途各地方官随时密察、拦阻，并派员前往侦察各在案。顷据嫩江府周守玉柄禀称云云等因。查吾国锦瑷路线，早经钧部规画，第以外交牵涉，美、英磋商迄未就绪，而外人已着先鞭。日俄协约，隐成南北割据之势。微论锦瑷一路，此后外交上更多一层阻力，纵能曲折迁就，克底成功，而彼于哈、呼、绥、海、布、墨一带着手，实为异军突起，间道出奇。初犹以为密测齐瑷，将为锦瑷干线之梗，不料其包藏祸心，更有此惊人之举。万一俄人垂涎此段路线利益之丰，或以种种方术要求钧部，务恳严词拒绝，告以吾国现已决定自行修筑，万难允许，令其早遏忘念，无萌野心，庶能救此危疆，不致利权尽落外人之手，而齐瑷路线亦不同虚设。此举关系重要，故不能不剀切详陈。尚祈钧部顾念边陲，统筹全局，以大力维持，勿令他人之我先，是所企祷，临楮迫切，统祈垂察为荷。

七月初八日齐瑷铁路档

外部致赵尔巽藏事关系边境安危希与联豫会商慎筹电

西密。初九日电已代奏。前准联大臣六月艳电称：闻已革达赖之党边觉夺吉有煽惑布鲁克巴，带兵犯藏之说。布本我属，如敢称兵，相机堵剿。本部当密复以英布近年勾结情形，并谓布藏如果相见以兵，即恐英人藉此进兵干预，藏事益亟。总宜设法开导，另筹防范。今联大臣初四日电，布之犯藏，系据探报，究竟曾否称兵及如何借口，既经尊处电询，一有确实消息，务即迅速电闻至藏中。现派罗道长祷赴印，将已革达赖劝回，本部已照英使电印督接待，优为协助。又派兵一营为保护商埠之用，亦拟酌告英使，俾免误会，均俟得复再达。事关边境安危，操纵稍有失宜，深恐别生枝节，仍希转电联大臣会商办法，慎筹因应，随时详切电部为要。外务部。

七月十一日西藏档

吉抚陈昭常致外部请商日使速释玄德胜以便即释全成哲电

申。全成哲案，接电后当经转饬查报。兹据郭道复称，韩犯全成哲曾由府移交审判厅，押于看守所，并未曾到老爷岭地方，刻询明亦未患病。查该犯应与玄德胜互行换释，业经外部与日使交涉在案。又本年三月二十日蒙转示督帅电开，日使称其政府已允于两月内将玄德胜特赦回延，惟要求不令复充乡约等因。职道当经照会日领，于两月将满，又屡面催永泷，始而要求释放后不令回延，当驳以与互换之义不符。且该民家族田庐尽在延吉，不回与不释无异。继又称韩国法权现归日本主持，此案须俟日法官奏准方能释放等语。刻逾释放之期又将两月，永泷亦假归日京未返。拟请电部就此要求日政府速释玄德胜，以便即释全成哲，免再延宕、致生枝节等因。乞查照转复日使，并请即释玄德胜，以便互换。昭常。真。

七月十二日延吉边务档

东督锡良致外部抚顺煤税磋商为难将来鸭江桥成税务如何办理乞示电

十二电敬悉。现正与日领磋商抚顺煤税，极费唇舌，陆路通商，日无专约，即难援照。但出口税每吨一钱，系海口章程，陆路未能援引，将来鸭江桥成，究应照何项章程办理，仍请示遵。良。

七月十三日税务档

川督赵尔巽致枢垣外部请勿令达赖回藏布如犯藏宜严兵以待电

西十一日电敬悉。联大臣派罗道赴印劝回已革达赖一事，不识有无眉目。惟查英使前称，达赖未必肯回内地；即令回藏，若无特别妥善办法，亦恐不能自安。及派兵预防，我国相待达赖情形，或有他故，致生变乱，立即入藏各节，是英使颇有干涉达赖回藏相待条款之意。此次联大臣遣员往劝，系用如何办法，未准见示。若因遣员而受英国干涉，将使前功尽弃，应请大部电联大臣，饬罗道妥慎办理。总之，事前既致达赖脱逃，事后即不必亟令回藏。况经奉旨斥革，骤尔劝回，彼必以复权复位相求，英或从而助之，我将何词以对？允之，则损威失体；不允，又弃好生隙。英人责我，益为有词。不独数年谋藏心力耗费，兵饷尽付东流，并恐藏地主权愈招损失。至布兵如果犯藏，宜一面严兵以待，一面善为劝谕，不可听客所为。此与英国开衅究属有别。英如认为彼属，尤当暴之于天下，使负其责。国家在于世界，不竞争不能存立。外人得寸思尺，恐必不受开导。事关大局安危，应请钧处大部，奏请朝廷主持，是否祈复。巽。

七月十三日西藏档

外部复赵尔巽布如称兵英既不干预我亦不必揭明且英尚未认为彼属电

阁密。十一日电计达，顷准真电，具仰荩筹。惟布虽曾受先朝敕封，究仅属西藏羁縻地，近且有与英订条约，受补助情事，今昔情形，迥乎不同。此次称兵，英既不明行干预，我亦不必揭明，尊处如登布各报，只称藏地现极安靖，商埠保护周密，外人命产均获安全。如有藏南部落人民被人煽惑，扰乱边界治安，中国不担其责。至英人举动令人生疑一节，暂勿宣露。布为彼属，英使尚未道及，添兵一节，亦颇周折，统俟接藏中确电，筹定再达。外务部。元。

七月十三日西藏档

东督锡良奏东省大局益危密陈管见折

钦差大臣・东三省总督兼管三省将军・奉天巡抚事臣锡良奏，为东省大局益危，密陈管见，恭折仰祈圣鉴事。

窃维东省大局，久成日俄分据之势，迭经臣将危迫情形及筹画事宜先后奏陈在案。

近自两国协约成立，而大局益岌岌可危。该协约全文第一条云：两国相与协力，目的进行不为有害之竞争。是其在东省之势力范围，固已区定划分，明认默许矣。第三条云：倘有侵迫之事件发生时，两国认为必要措置，随时相互商议。是直视若己国领土，迫乎防御同盟，将来无论何事，该两国有认为不便于己者，皆得指为侵迫，协力抗御。我虽绝对不认，彼则联合竞争，不特蔑视中国主权，且不许第三国人插足。一二年后，势力弥满东省，岂尚为我有哉！况正约之外，必又有特别之附约，内容虽未探悉，一则合并朝鲜，一则侵占蒙古，均在意中。祸患之来，不知所届，在东三省非他，乃祖宗陵寝所在，而朝廷根本之重地也。此而不保，全局动摇，中国其尚能自立乎？虽及今补救，已觉后时，然万无坐视危亡之理。况以东三省壤地之广，物产之饶，锐意振兴，未始无转弱为强之日。此臣所由彷徨旦夕，而不能不呼吁于君父之前者也。

伏维东省积弱之故，首在土旷人稀，吉江两省荒凉尤甚。东南、东北沿边数千里，处处毗连俄韩，有土地而无人民，犹自弃也。俄人于沿海州县，岁移民数十万分屯开垦，市廛栉比，千里相望。以荒废之区，经营十余年，遂成繁盛部落。一入我境，荒芜满目。弱肉强食，何以图存？近者日俄两国皆设拓殖局，一以内阁总理大臣领之，一以户部大臣领之，隆重其事权，增厚其魄力，统一其殖民政策，实逼处此，以与我争。朝廷苟为保存东省计，非通筹利害，大展设施，不足以挽救于万一。拟请于东省设立垦务局，敕下度支部或特简公忠素著之大员督办其事，派员前往内地招垦移民，岁以若干万人为率，分段垦辟，按年进行，内力渐充，方可抵制外力。

惟兹事体大，既非数百万金所能济事，亦非一二年内所能奏功，现在内外同一艰窘，无款可筹，自惟有议借外债之一法。该两国以全国力量逼我疆土，我亦必须以全国精神奋迅经营，力图进步，断非东省一隅之地所能撑持。应请敕部臣统筹全局，贷款速办，内外相维，庶可补救。如责令东省担代筹借，时势至此，亦不敢有所推诿，坐失机宜。查东省地大物博，应办实业甚多，即仅以矿产论，如江省之甘河煤矿、吉省之蜂蜜山煤矿，蕴蓄宏富，外人垂涎已久，均为绝大利源，只因交通未便，以致货弃于地。如甘河煤矿，须筑铁路六百余里，蜂蜜山煤矿，须筑铁路二百余里，至少非有的款五六百万金，不能开办。此外，如森林、畜牧，出产丰盈，但使厚积本金均可徐兴大利。拟请商借外债银二千万两，以一千万两设立东三省实业银行，以五百万两为移民兴垦之需，以五百万两为开矿筑路之用。此等借款用之于生利之途，不嫌其多。本为各国所习惯，且厚集洋债，互均势力，尤为与钦奉上年七月初四日谕旨相符。臣拟即商借洋款，俟借妥议订合同后，再行具奏。惟款由东省商借，非经政府承认，则各国银行未必乐从。应请准于合同内声明中国政府担任字样，以期见信外人。以上办法奏效虽迂，赴机宜速。现在锦瑷铁路虽未议定，若先修锦洮一段，俄国当无异议。葫芦岛开辟商港，主权在我，亦与他国无干。一俟筹款有着，同时并举，得寸得尺，固未始非图存之策也。臣为东局阽危，亟图补救起见，谨披沥密陈，伏乞皇上圣鉴训示。谨奏。宣统二年七月十二日。

七月十五日东三省档

外部致赵尔巽如布兵犯藏宜善为劝谕不必用兵穷边电

西密。元电计达，十二日电悉。罗道现由联大臣派赴江、亚两埠查看情形，赴印一节，英使尚未接政府复电。应俟复到，方能电饬前往。派兵弹压商埠一节，已酌告英馆参赞，兼询藏边消息，彼称并无报告，亦不以派兵为然。现布兵果否犯藏，未准藏中续电，如探报不确，前项兵队究以缓派为宜。此次英增那塘驻军，只言藏南恐有不靖，非为达赖，且屡声明，决不干预帮助。来电恐其干涉条款，在我似尚有辞以谢。该达赖谋为诡谲，未必即肯回藏。联大臣亟思劝回，亦深以求复权位为虑。惟听其久留印境，勾结外援，动生边衅，实足为患。该大臣此举不为无见。布英情形前已略及。如布兵真行犯藏，总宜善为劝谕，目前局势外患环生，几于应接不暇，安能用兵穷边，牵动大局？至布认谁属一节，如果情状发露再行酌办，此时亦难遽行宣布。英、俄于藏本有旧约，近且有改订条款之谣，借俄抵英，似亦与现状不同。我处孤危，只有内图整顿，外筹应付，万不敢稍涉操切。希与联大臣妥酌慎筹，电复为要，并转联、赵两大臣。外务部。

七月十五日西藏档

使英李经方致外部丞参英外部谓斐式楷[①]回华恐生事端并云开平事如不能结只可公断函

六月二十二日寄上第一百十五号函，计邀台察。该函递发后，外部大臣葛雷约往晤谈，比即前往。伊称裴式楷回英，始以为已经辞差，不意闻其指日又将回华。此人不洽舆情，将来到华后，若仍录用，我逆料其必多方煽动，以遂其报复之私，实于中英邦交不利。况安格联到差后，办理诸臻妥洽，方深幸慰，何必又令斐回，酿生事端。我与裴本无私衅，但两国大局所关，不能不预为知照，务请转达贵政府，以免日后违言。弟答以裴实自辞税务处之挂名差使，当时并不知其系仅辞税务处之差，抑竟永辞去中国政府之差。迨伊到英后来谒，据称，在中国当差数十年，水土相宜，人情亦熟，实有此间乐不思蜀之意，加以感戴我政府此生豢养之惠，寸心耿耿，无日能忘。此来不过暂时休息，然犬马恋主之情，恐不能允其久居于此，两三月后，仍须回华云。我思裴在华有年，当差勤奋，人所共知，不洽舆情之处，似未之前闻。我朝廷优待外人，不嫌过厚，

① 下文均作“裴式楷”。

非他邦之任用客卿始则求之若渴，继则弃之如遗者可比。贵大臣若细思此等处，似可知我国柔远之经即中英和睦之据，且贵大臣前曾面告，用人系中国主权，不愿干涉。似斐己自辞去税务处差，前事可置不论。此时裴果回华及回华后我政府如何位置与否，为时尚早，似不必过虑。及此葛雷复云，裴前致函于我请见，我以与伊无事交涉，故拒而未见，但请副外部哈定见之。据哈定所称，似裴将来回华必有报复之举，我知裴之为人，向不安静，且逆料如将来中政府任以要地，必有一番举动，即位以闲散，亦虑其不肯干休。我为保守中英邦交起见，不得不先事奉闻，请代为转达贵府云云。

弟查裴与英外部及伦敦中国商会两处意见甚深，本难化解，若伊到英后闭门不出，绝口不言前事，养晦一二年，再行回华，外部及商会诸人，未必弯弓下石，不遗余力如此。乃伊到伦敦后，逢人夸耀其在华之权位及政府之信任，并谓早有重要之地，待其回华。且极力诋毁外部、商会，复喜接见各新闻访事诸人，肆口放言，毫无顾忌。伊前见副外部哈定时，多方诘问，意气不平。哈定现已简放印度总督，复授为上议院议绅，势位显赫，目中无人。裴不自揣，妄与抵抗。英之世家大族，酬酢往来专讲礼貌，哈虽骄慢，见其举动，目笑存之，不与辩驳，然心恨之。故群相计议，复怂恿葛雷出面，必欲使之无可报复而后已，先发制人，其计甚毒。然平心而论，裴亦自谋不臧矣。

至开平一案，葛雷复云：该公司让至一百七十余万镑，无可再让，已电达驻使与大部交涉。如竟不能商结，只有仍归公断之一法。并请转告贵政府，公断一层非开平矿务公司之愿，系我之私见，我思贵政府与各国交涉案件，往往欲归公断，他国不允，以致久不能决，酿生事端。平心而论，各争利益，人之恒情。政府一国代表，为其国人争利益，往往心知其过，当惟屈于国人之势，亦无可如何。归之于外人公断，则公理所在，断定之后，国人不得以此怨政府，政府亦可以对友邦。欧洲各国，凡各事至万难解决之时，均以此为尽头一着。公断已成公例，而公断亦实公平，此时开平一案，我不力持公断之议，不过泛论及之。务请转告贵政府，细思我忠告之言，苟中政府所有已结之各案，均归公断了结，恐较之自行磋磨，徒费时日又伤感情者，胜一筹矣。且智斗力争，两国之力，或不均平，两人之智，或稍轩轾，往往将就了结，隐忍受之。中政府若事事全归公断，既可省无谓之唇舌，复可昭公理于全球。我与执事相处已久，故一倾肝胆及之，万勿疑我前执定开平、澳门两案归公断之说而误会之也。又言：福公司河南一案，我已照会执事，请转达贵政府矣。我与执事共事以来，推诚相与，早已言明，凡我英商已得之利益，我若不保护之，无以对国人，中政府当可鉴及。弟答以贵大臣，保护英商之利益，我政府亦须俯顺亿兆之舆情。贵大臣幸勿过于催迫此案，轇轕甚多。我政府顾念邦交，亦须斟酌时势。抽刀断丝，快意一时，往往事后追悔。总之，理之所在，我政府必不回护耳。葛复云，我已将此案令署使与贵政府交涉，不过请将鄙意转达之。以上各节务祈代回堂宪。肃颂勋祺。

七月十五日杂项档

使美张荫棠致外部锦瑷路借款美国尽力协助惟盼中国早断电

美外部有人云，锦瑷铁路借款一事，关系中国极大，我美藉此主持公理，尊重中国主权，其与协助中国振兴，可谓尽力。此时惟日盼中国早断，有慰美望云。棠。十四日。

七月十七日锦瑷铁路档

外部致德使雷逸信行运炮弹被芜关扣留皖省未能任偿节略

德商逸信行由沪运往安庆之炮弹，经芜关查验充公一案，前准贵馆卢代办送来节略，当经电达江督皖抚查复。兹准复称，光绪三十三年，芜关查出德轮美顺载有逸信洋行交运操演炮弹三十三箱，该船报关译作硝黄品类，又无护照，芜关扣留。随据该行声称，系恩巡抚在任时订购之物。复查案卷，并无此项合同及种类、价值等项单据。该船运抵沪关时，又将皖省用过别项护照朦混请验，当经前任冯抚准江督咨明，凡运载军火，若无护照及护照不符，皆不认为官运，照章充公。该行屡次来皖索偿亏失，当告以恩抚订购此项炮弹事无佐证，军火起运又违定章，该行所有损失，皖省讵能任偿等因。合即转达。外。

七月十八日禁物档

外部致汪大燮日本灾重奉旨著往慰问助赈十万电

此次日本水灾情形甚重，上意极为廑念，奉旨：著出使大臣汪大燮亲往慰问，并发帑银十万元助赈，以表关切友邦之至意。钦此。希即钦遵，赈银即日送交伊集院使汇寄，并闻。外务部。效。

七月十九日赈务档

驻藏大臣联豫致外部江孜租地事已结请复英使电

申。二十九日电谨悉，当饬罗道赴江调查。兹据禀称：江孜商埠建筑地段划定一百十七哀克，每哀克合中地六亩零。英员韦亚在划定地内请租一百七十五中亩，专作建筑英商务局之用，领有准租文凭，自向地主面议租价。而番民以熟地较多，每一中亩当索租一百六十卢比，即由地方官切实劝令，减让至每一中亩租价五十卢比，并非不为相助，亦无须赴裁判之语。惟英员仍持允给相当之租价，谓骆倍哲政务司白尔来埠乃可定夺，是以迁延。现该员督同番官向番民竭力开导，核计每一中亩每年豆麦出产，由英员照此给租了结，至照费每亩计银六钱，地税每亩计银一两五钱，前经另订章程互相接洽矣。恳祈大部照复英使转饬江孜英员查照为幸。豫叩。

七月二十日西藏档

英使麻致外部罗道长椅赴印当照章接待至达赖行止毫不介意照会

为照复事。

本年七月初七日接准来文，以拟派道员罗长椅前赴印境，劝令达赖回藏等语，并请转电印督于罗道到印时，照章接待，并优为协助等因。经本署大臣电达本国去后，现准本国外部大臣电，嘱以罗道到印时，必当照章接待。至驻藏大臣电内所称达赖在印，恐滋事端一节，应行声明，以免有所误会。本国政府于达赖之行止，毫不介意也。须至照会者。

七月二十日西藏档

考察海军大臣载洵致枢垣外部日并韩国将有不利于我举动亟应改革庶政电

窃日本并吞韩国，现已实行，韩皇废为李王，尽献其土地于日。韩人反对，无不惨遭杀戮，甚至偶语亦遭禁阻，消息不许传达。盖自伊藤去韩，即已潜派师团，豫谋逼胁，非一日矣。现查日人将有大不利于我之举动，危急存亡，间不容发。我国庶政若再不加改革，亟为预备，窃恐覆辙之虞祸在眉睫，不胜恐惧，迫切之至。载洵见闻较确，冒死密陈，乞代奏。载洵。二十三日。

七月二十三日①日韩合并档

晋抚宝棻奏遵议晋省矿产现在办理情形折

山西巡抚宝棻奏，为遵查晋省矿产，谨将现在办理情形恭折具陈，仰祈圣鉴事。

① 原刊目录标为“二十四日”。

窃于七月十三日承准军机大臣字寄宣统二年七月初七日奉上谕：朕维货藏于地，富国之道，矿政为先。我国地大物博，矿产富饶，近年各省渐有开采而成效总未昭著者。或以财力未充，或以运售不易，甚有欺诈之徒，藉集股以图诓骗，遂至殷实绅商亏折于前，不复踊跃于后，有利不兴，殊为可惜。现在百事待举，总以开浚利源为第一要义。凡有产矿之区，该都统督抚等当于平日派员查勘，设法兴办，勿使利弃于地。其风气未开者，多方以劝导之，资本富有者，竭力以鼓舞之，动其歆羡，破其疑虑。果能尽集华股，固属甚善。设力有不足，亦可附入外股。惟须妥拟条款，慎防流弊，随时咨送外务部详核，方准实行。凡兹兴利大端，亟应设法提倡，著农工商部会同各都统、督抚等调查详细，熟筹办法，将来有关于集股筹款等事，并著咨商外务部、度支部会同办理，将此谕令知之。钦此。

遵旨寄信前来，臣跪聆之下，仰见朝廷开辟利源，振兴矿务之至意，钦服莫名。伏查晋省矿产以煤铁为大宗，矿苗、矿质之美富，实为全球所无。但自戊戌年前商务局与英商订立合同后，平盂、潞泽、平阳府，全省煤铁精华荟萃之处，悉归外人掌握，晋省即不能自办。益以镕化厂合办合同四条，则并本省练钢、练铁之权，亦均难自主。三十一年，英商据合同请外务部电止晋省土人开窑。晋中山多田少，耕种常不能自给，平日穷民全恃土窑挖煤、挖铁以资生计。一闻禁止开窑之信，群情汹汹，几肇大变。该公司复坚执不让，外务部屡接照会谓，耽延一日，索赔偿金二百镑。官绅不得已，始议收回之策。然英商经营多年，縻款颇巨，索偿至一千一百余万。磋商累月，始由外务部定议以二百七十五万赎回合同自办，合之汇兑到津平色并息款、商款、利息等项数近三百万。臣回晋后，与官绅竭力维持，设立保晋公司。现赎款已还过二百二十余万，只短四十余万，已预储的款来春即可悉数清结。夫民力只有此数，用一缓二，不能不并顾兼筹。该公司力顾大局，而公司底蕴外间不能尽知，难免妄生疑议。现计该公司垫付之款已一百十余万。历年以来，清偿赎款，集股开办，并收回同济公司地亩，数近五万。收回寿荣公司煤矿机器、地房又费数万。更复添购机器，推广销路。刻下正定大名等府并京津一带均销晋煤，烟台、香港、海参崴各埠亦陆续来晋订购，只因正太路窄湾多，不能多运，且运价较各路为重，成本未能减轻，即销路不易推广。而该公司悉力经营，近于大同一带推广外销，每日骡驮车载至三百余起。此晋省矿产设法赎回及历年筹办之实在情形也。

自来伟大之业，固在经理得人，但继长增高，必由积累，不能一蹴而几。即如萍乡大冶之矿费款至二千万，为期至二十年，近日始稍可自立。晋矿一面以巨资赎回，一面集股自办，为时不及三年，规模略已粗具。而思中伤者复谣谤时兴，致该公司总理等皆怀去志。臣查指摘该公司者，大致约有二端：一曰糜费股东股款。不知公司先集股银全以垫付赎款，股银并未交公司，有何糜费？俟赎款偿清，方能以全力办矿。刻下股东息银仍按时付利，不爽毫厘。公司总理每月仅支夫马费数十金，其余用人，一切较之各省公司格外节省，账目班班可见。所谓糜费，不知何所见而云然。一曰公司意存排外。不知该公司章程载明，不论何省绅商，均可入股，但不收洋股。现在外省股款，即奉直一二省已收款至十九万。盖晋力不足，必藉外省之力，乃克集事。若并外省而排之，则矿事安望其有济耶？中国每办一事，局外不悉局中实情，则恒幸灾乐祸，必思破坏其事而后快。至云酌借洋款，原为各国所不禁，但借款与放弃矿地主权不同，必契约合同仅止借款，一切用人办事均由我专主，方为无碍主权。倘如晋省前此与英商原订合同，则是举一切土地利权，拱手让人，固不得仅谓之借款矣。伏读谕旨，竞竞于妥拟条款，慎防流弊，盖已深鉴及此。即如汴省福公司在汴办矿，用人办事及矿产利益，不独于汴人无异，汴人并无从过问。然当订约之初，何尝不曰借款办矿无损主权乎？近日人情变幻，辄造作疑，似之言以惑众。听若非洞明利害，难免不有毫厘千里之谬。

臣于晋矿始末知之有素，默计煤铁之佳，实为全国铁路并海陆军制造之源。但图大事者，不规近利。晋矿甫以巨款收回，晋人之力亦当稍事舒缓，以资周转。大致该公司自明春偿清赎款后，始能作为成立，可以一意办矿。此后练钢铸轨亦可腾出款力，设厂购机约计五年必有眉目，十年当可自立。该公司总理、候补三［候］品京堂渠本翘条理精密，信用素优，论其才用资劳，久堪大用，自不能以本省之事阻其报国之忱。将来设蒙恩简，服官中外，第令其遥为主持矿事，即可就理各处绅商，股款亦可日见增加。惟该总理因外间谣谤日集矢于办矿，集股之人遂不免多所顾虑。臣以晋矿重要，谓当勉为其难，该总理遂亦无可推诿。但外间不悉局内实情，胥动浮言，致办事者益难措手。窃维晋矿为全国富强之基，西北各省无不恃晋矿之煤铁为建筑之本，即海陆根据之要素，亦舍此无以图强。全球注目，种种垂涎。晋人备极艰难，甫由英商收回。今赎款尚未偿清，而物议又复蜂起。臣忝膺疆寄，既确有所知，不得不据实上陈，并据谘议局公呈，亦请维持矿务以为自强之本，并杜觊觎之萌。盖深知晋矿关系至重，不可不慎重，以图功至。省北一带各种矿产，并当遵照谕旨，派员查勘，设法开采，以资利用而厚民生。除分咨查照外，所有遵查晋矿并近年办理情形，理合恭折具奏，伏乞皇上圣鉴训示。谨奏。宣统二年七月二十四日。

矿务档

驻韩总领事马廷亮呈外部报日韩合邦条约并宣言书电 附条约暨宣言书

顷统监府函送合邦条约、宣诏英文译稿，定二十五日发表，请为秘密。条约内：一、韩皇让国与日。二、日皇收受。三、予韩皇等爵俸。四、赐皇族官产。五、封韩大臣。六、保护韩人生命财产。七、酌用韩官。八、批准施行。宣诏内：一、废各国条约，收裁判权。二、税则照行十年。三、有约各国船只往来日韩商埠，亦限十年。四、商埠照旧添新义州等语。查诏内各条，与领事、华商颇有关系。乞钧裁并电复，俾转饬遵照。廷亮。

七月二十四日日韩合并档

日韩合并条约

按：宣统二年七月二十四日，驻京日使伊集院偕高尾通译到外务部与我大臣会见，日使云有一重大事件告知贵国政府，即日韩合并问题是也。此事由来已久，自四年前韩国归日本保护后，日本即拟改良其内政，故凡司法、兵政、警察等权均由日本办理。无如数年来进步甚迟，且地方时尚有不安之事，不能尽保护之责，故决意实行日韩合并，以期永保和平。业由两国派全权大臣将条约签字，定明日即行宣布，嗣后所有各国与韩国订立之条约，概行作废。其关于各国利益，如租界内各事，除治外法权及警察外，此外仍可照旧办理，此意已在宣言书内叙明。今特将条约及宣言书稿先行送阅，即希查照。询以各国条约作废此后，各国与朝鲜通商仍可照行，系据何者为标准？日使答云暂可仍照旧例，唯不能视为依据条约。复询以中韩国界相接，自与各国情形不同，此后中韩边界各种事件，即如延吉特别办法，谅当仍照中日所订之条款办理。日使答云，然，中日条约仍是有效等语。

兹将日韩合并条约暨宣言书列后。

日本国皇帝陛下及韩国皇帝陛下因两国间有特殊而又亲密之关系，预谋增进相互之幸福并确保东洋之平和，深信莫如将韩国合并于日本，两国乃决定缔结合并条约。日本皇帝特命统监子爵寺内正毅、韩国皇帝特命内阁总理大臣李完用为全权委员，会同协议订定诸条如左：

第一条　韩国皇帝陛下将关于韩国全部之一切统治权，完全永久让与日本皇帝陛下。

第二条　日本国皇帝陛下允受前条所举之让与，且允将韩国全然合并于日本帝国。

第三条　日本国皇帝陛下约定，韩国皇帝陛下、太皇帝陛下、皇太子殿下及其皇妃皇裔各按其地位受相当之尊称，享有威严及名誉，并约供给充分之岁费以保持之。

第四条　日本国皇帝陛下对于前条以外之韩国皇族及其后裔，各俟享有相当之名誉及待遇，并约供与必要之资金以维持之。

第五条　日本国皇帝陛下对韩人有勋功而应特为表彰者，授以荣爵，且与年金。

第六条　日本国政府因前记合并之结果，全然担任韩国之施政，对于该地方遵守法规之韩人之身体财产，与以充分之保护，且为之谋增进福利。

第七条　日本国政府对于诚意忠实尊重新制度之韩人，且有相当之资格者，于事情所许之范围内，将其用为在韩国之帝国官吏。

第八条　右条约已奉日本国皇帝陛下及韩国皇帝陛下之裁可，自公布之日即行施行。

两全权委员特于条约署名盖印，以为证据。

日历八月二十九日，即中历七月二十四日。

附日韩合并宣言书

自明治三十八年日韩协约订立后，已阅四载有余，其间日韩两国政府锐意从事改善韩国之施政。然该国现在统治制度迄未能十分保持公安秩序，且有民怀疑惑无所适之状。苟欲维持韩国之静谧，增进韩民之福利，并希冀在韩各国人之安宁，则须于此时将现在制度尽行改良，其势更觉显然。因此日韩两国政府以按上开之必需改善现在之势态，并保全将来之安固为急务，业经日韩两国大皇帝允认，派令两国全权委员会同订约，以韩国完全并合日本帝国矣。该约定于日历八月二十九日宣布，并即日施行，则日本国政府因该约之效果，自应担有朝鲜之一切统治权。兹将关乎各国人及各国通商事宜之办理方针表明如左。

一、所有韩国与各国条约自应作废，日本国与各国现行条约限其能以照行者，在朝鲜亦可照行。故此居留朝鲜之各国法权之下限其情形所能办到，均可享受权利及优例，与居留日本本国之各国人无异，并其合例之既得权亦获保护。

该并合条约施行之时，所有隶于各国领事裁判所之案件，日本国政府允其续行审判至末次决定为止。

二、凡由朝鲜运出外国，或由外国运进朝鲜之货物，并驶入朝鲜通商口岸之各国船只，应完之进出口税及船钞，日本国政府允限此后十年以内仍照旧章之率输纳，但声明此节与从前条约无涉。

凡由朝鲜运出日本，或由日本国运进朝鲜之货物及驶入朝鲜通商口岸之日本国船只，于此后十年以内，亦照前项货物及船只之例，一律输纳税钞。

三、凡与日本国有约各国船只，日本国政府允限此后十年以内往来朝鲜通商各口之间或朝鲜通商各口与日本通商各口之间，从事沿岸贸易。

四、所有朝鲜通商口岸，除马山浦外，其余各口仍作通商之地，并添开新义州一处立为通商口岸，均准内外各国船只驶入并装运货物。

七月二十四日

外部致马廷亮日使面交合并条约各国如何应付我亦照办希详复电

二十二、二十四两电均悉。昨日使面交合并条约及宣言书，词意与来电略同，并云马山浦不作商埠，其余各国利益除警察裁判权外，仍暂照行等语。该约宣布，各国如何应付，我亦一律办理。希随时详酌电复。外。

七月二十五日日韩合并档

外部致联豫印藏官民照章可以交易务以消融意见为要电

西密。英使节略称，本年二月驻藏大臣发出禁令，以江孜商务委员前用之已故藏人沙伯东喇嘛所受地段事，应行废除；又藏政府及札什伦布自班禅以下各喇嘛，无论公私事件概禁与泰西交接，此二端似系有违约章等语。查印藏官民可以交易往来，通商章程十二款载有明文。现在英虽注意藏事，仍声明严守局外。我更不宜明著禁令，致彼以违章借口，总以妥慎筹划，消融意见为要。此事究竟实情如何，希速电复。外务部。

七月二十五日西藏档

外部致各国公使奉旨沈瑞麟补授驻奥大臣照会

为照会事。

本年七月二十四日奉旨：出使奥国大臣著沈瑞麟补授。钦此。相应恭录谕旨照会，贵大臣查照，转达贵国外部可也。

七月二十六日使奥档

外部致联豫希查明俄属有无赴藏拜佛情事见复电

申。俄使照称：本国萨拜喀拉省人得悉，驻藏大臣禁止俄属信奉黄教人前往西藏，实系侵犯俄属佛教之人向有往拜佛尊之权，请电饬弛禁等语。查藏地不准洋人游历，历办有案，惟英、俄协约载明，两国奉佛教人可与达赖及其他佛教代表往来。究竟该俄属向来有无赴藏拜佛情事，此次因何禁止，希速查明电复。外务部。

七月二十七日西藏档

朝鲜国会致外部日本吞并朝鲜求伸公理电

北京外务部大臣鉴：朝鲜国会致欧美列强及中国电，为日本吞并朝鲜求伸公理事。

日本对我韩人，诚为最堪痛恨之仇敌，屡次违背互定之条约，残暴不仁，不守公法，藐视公理，种种举动有非言语所能形容者。现在日本又预备知照各国，实行吞并朝鲜之事。此实为反抗朝鲜人心愿之举动，日本乃以强暴手段加诸我国，我韩人服从其践踏而后已。此等举动非徒种种有伤现在和局，而于将来亦不免生出无穷之战争。如贵国欲保守大局之和平，敢望贵国遵守公法，维持公理，起而干预日本吞并朝鲜之事，深愿贵国追念朝鲜与世界各国邦交素称和好而不忍恝然置之也。

七月二十七日日韩合并档

东督锡良奏奉省葫芦岛商埠工程重要请筹款开办折

钦差大臣·东三督总督兼管三省将军·奉天巡抚事锡良奏，为奉省葫芦岛商埠工程重要，请筹拨的款以资开办，恭折仰祈圣鉴事。

前准度支部咨议复奉省奏请拨款修造葫芦岛商埠一折内开，该岛与锦瑷一路关系极重，利赖极宏，自宜先筹开埠办法以为预备。所需款项，仿募公债应用，俟集有成数再议举办开埠，仍由该埠自筹。公债抵款，如有难于周转之处，准咨商臣部酌筹分认等因。奏奉谕旨：依议。钦此。钦遵咨行到奉，自应遵照办理。伏查葫芦岛扼海陆形胜，其港岸足与大连海口并峙，其工程宜与锦瑷铁路兼营，实关东省全局命脉。现在路事虽尚未定议，若先修锦州至洮南一段，俄人无可措词，自未便观望迁延，致多贻误。且查港岸工程，建筑海堤，经营船坞，约计非七八年不能告成，尤应克期举办。部议募借公债，同系正当办法，惟东省民力拮据，劝募非易，且须预筹确实抵款，同一为难。臣前已在东三省官银号红利项下酌拨银十万两，以为购地勘埠之需，现在全埠地址业已圈定，并已买民地五百数十亩、民房七十余间，函沪订购机器材料，将海堤船坞次第兴工。目前节缩估算，非百万金不能开办。再四设法，无款可筹。兹查有东三省盐务局盈余一款，系各局报解银价盈余，向归外销，除额拨审判等经费外，年可余银二十万左右。上年因购买枪弹，曾经奏明动用。又查有补征盐厘及盐栈店帖、税票费、斗课、减平等杂款，除各局开支一切外，零星搜提，年可余银七八万以上。各款截至宣统元年止，约共积存二十余万两，应请尽数提用。并请自本年起，除原支各项经费外，其余一并提充开埠经费。俟工竣之日，停止不敷之款，再由臣咨商度支部酌筹分认，以维要工。除分咨查照外，所有筹拨的款拟修葫芦岛工程缘由，理合恭折具奏，伏乞皇上圣鉴。谨奏。

宣统二年七月二十七日奉朱批：该部知道。钦此。

商埠档

黑抚周树模奏改订齐齐哈尔商埠区域谨陈现在办法折

黑龙江巡抚臣周树模奏，为改订齐齐哈尔商埠区域，谨陈现在办法，恭折仰祈圣鉴事。

窃江省齐齐哈尔自开商埠，曾于光绪三十二年九月间，经前署将军臣程德全划定基址，奏陈办理在案。查原定将船套子一带地方辟作商场，局势本极闳敞，惟偏在城西，未免稍嫌僻远，华商既多观望，外人因而迟疑，数年以来，并无前往经营者。而外来各商并借口宣布开埠条文有齐齐哈尔城字样，要求在省城内外杂居营业。虽据理拒驳，总以原定埠界交易既多不便，保护亦属难周，亦未敢迫令到埠。第中外杂处，凡属征收税捐，外商均不认缴，居常管理，亦复窒碍良多。若不另定办法，恐主权利权放弃既久，挽回益难，殊属非计。兹拟将商埠地址向东略为推展，期与城厢接近，易于发达。又恐离城密迩，毫无区分，乃指定齐昂铁路经过路线作为天然界限，道南全作埠场，道北仍为内地，鸿沟厘然，庶足以杜狡占而免纷歧。界内民有田园房屋，分别等级，核实给价，一律由官收买，以便转行租赁，俾免抑勒居奇之弊。当此财政困难，商业又难遽期繁盛，官为建筑市房，势所不行，惟有分租与建为两事，先将道路、沟渠分别修理。至于建造房屋，则听华洋各商自行经营，官只量拨地段，随时查核，务令营造如式。所有租建专章，经臣仿照各埠办法，参酌本处情形详细拟定，一俟咨部核复，即行查照办理。此次购地筑路各项，约需银三四万两，已饬由民政司拨用，正款俟工程完竣再行造册报销。埠内一应事宜，统由交涉局就近兼办，暂不另设局，所以省糜费。窃以齐齐哈尔系江省四埠之一，地方虽属省会，商务尚未繁兴，所有日俄各商均系小本贸易，其他有约各国商人懋迁者无多。现在埠界既经展近，地基业已买回，嗣后各国商人统于商埠界内居留，则开放之中寓有限制，庶几公安可保，轇轕不生。臣仍随时督饬，将埠内应办各事赓续筹备。至瑷珲、海拉尔、满洲里各埠，俟省城办理就绪，再行次第推广，以仰副朝廷振兴商业之至意。除将专章暨草图分咨查照外，所有改订齐齐哈尔商埠区域暨现在办法，理合会同东三省总督臣锡良恭折具陈，伏乞皇上圣鉴。谨奏。

宣统二年七月二十八日奉朱批：该部知道。钦此。

商埠档

美使嘉致外部闻东督拟借某国款项办理殖业希见复函

敬启者：

兹有一事欲向贵中堂叙明。缘本大臣屡得传闻，皆系东督拟借某国银行款项办理东省殖业之事，虽如此说本大臣亦未敢深信，其故有三：一因本大臣曾于本年八月十七号谈有事件。二因昨日锡大臣与本馆安参赞议商如有借款之事，必与美银行同时商办。三因西一千九百零八年七月十一号曾奉贵部大臣签谕，向美国借款一节，系为开设银行创办东省路、矿、农、林以及各项实业之需。职此之故，本大臣不敢遽以传闻为凭，为此函达贵中堂查照，此等意见是否属实，即希速为见复是荷。此泐。顺候日祉。

七月三十日借款档

商部咨外部陕西延长油矿所订佣聘日本技师合同是否妥协请核复文

为咨呈事。

接准陕西巡抚咨称：据陕西劝业道光昭详称，延长油矿，现拟扩充办法，当派委员前赴日本佣聘技师、技手。兹据委员贾令映南禀，由日人内藤久宽介绍，聘得理学博士大塚专一为矿地测量技师；又由该技师承保田村升氏为测绘技手；又由日人广濑贞五郎介绍，聘得关川德次郎、板垣仓吉、樱井清次郎、远藤幸次郎等四名为铁木凿井等工师，并会同商订草合同呈赍前来。该技师、技手等六人嗣于五月十七日抵陕，复经职道与该技师等反复磋商，悉心改订，所立各条尚属可行，业经缮订正合同，分别签押，以资遵守。除令该技师前往延长勘办外，所有聘雇缘由，理合钞录合同详请，分咨外务部、农工商部立案。据情转咨到部，查陕省延长油矿，现拟扩充办法，由日本佣聘技师、技手，所订合同各条是否妥协，相应咨呈贵部查照，酌核见复，以凭转咨可也。

八月初二日聘用洋员档

度支部外务部奏遵旨妥筹东三省请借外债二千万两兴办实业拟请照准折

度支部、外务部奏，为遵旨妥速议奏，恭折会陈，仰祈圣鉴事。

东三省总督锡良奏东省大局益危、密陈管见一折。宣统二年七月十五日奉朱批：外务部、度支部妥速议奏。钦此。钦遵由军机处钞交到部，原奏内称：窃维东省大局，久成日俄分据之势，迭经臣将危迫情形及筹划事宜先后奏陈在案。近自两国协约成立，而大局益岌岌可危。伏维东省积弱之故，首在土旷人稀，吉江两省荒凉尤甚，东南东北沿边数千里处处毗连俄、韩，有土地而无人民，犹自弃也。俄人于沿海州县岁移民数十万，分屯开垦，市廛栉比，千里相望。以荒废之区，经营十余年，遂成繁盛部落。一入我境，荒芜满目。弱肉强食，何以图存？近者日、俄两国皆设拓殖局，一以内阁总理大臣领之，一以户部大臣领之，隆重其事权，增厚其魄力，统一其殖民政策，实逼处此，以与我争。朝廷苟为保存东省计，非通筹利害、大展设施，不足以挽救于万一。拟请于东省设立垦务局，敕下度支部或特简公忠素著之大员督办其事。派员前往内地招垦移民，岁以若干万人为率，分段垦辟，按年进行，内力渐充，方可抵制外力。惟兹事体大，既非数百万金所能济事，亦非一二年内所能奏功。现在内外同一艰窘，无款可筹，惟有议借外债之一法。该两国以全国力量逼我疆土，我亦必须以全国精神奋迅经营，力图进步，断非东省一隅之地所能撑持。应即请敕部臣统筹全局，贷款速办，内外相维，庶可补救。如责令东省担代筹借，时势至此，亦不敢有所推诿，坐失机宜。查东省地大物博，应办实业甚多，即仅以矿产论，如江省之甘河煤矿、吉省之蜂蜜山煤矿，蕴蓄宏富，外人垂涎已久，均为绝大利源，只因交通未便，以致货弃于地。如甘河煤矿须筑铁路六百余里，蜂蜜山煤矿须筑铁路二百余里，至少非有的款五六百万金不能开办。此外如森林、畜牧，出产丰盈，但使厚积本金，均可徐兴大利。拟请商借外债银二千万两，以一千万两设立东三省实业银行，以五百万两为移民兴垦之需，以五百万两为开矿筑路之用。此等借款用之于生利之途，不嫌其多，本为各国所习惯，且厚积洋债，互均势力，尤为与钦奉上年七月初四日谕旨相符。臣拟即商借洋款，俟借妥议定合同后再行具奏。惟款由东省商借，非经政府承认，则各国银行未必乐从，应请准于合同内声明中国政府担任字样，以期见信外人。以上办法奏效虽迂，赴机宜速。现在锦瑷铁路虽未议定，若先修锦洮一段，俄国当无异议。葫芦岛开辟商港，主权在我，亦与他国无干。一俟筹款有着，同时并举，得寸得尺，固未始非图存之策等语。

臣等伏查，上年八月间该督奏借款筑路，臣部于会陈折内即首以振兴实业为言，嗣该督妥筹办法，于是有筑路兴业二者兼营并进之说。然该督原奏仍称兴办实业在先营铁路，故臣部会同议复，即先准借款筑路，其借款兴办实业一节暂从缓议。诚以殖业银行例准商民集资开设，可由该督设法招徕。亦以借款修路，该省筹还本息担负业已不轻，次第设施办法固应如是也。现锦瑷铁路久未定议，而时艰日迫，经营实业自不能再事迁延，固圉必先实边，既庶方可致富。以东省地大物博，倘经理得法，富强可待，何止图存？该督此次拟借外债银二千万两，以一千万两设立东三省实业银行，以五百万两为移民兴垦之需，以五百万两为开矿筑路之用。外资过巨，虽非良图，然用之生利之途，非藉为消耗之用，既为各国所习见，亦符均势之本谋。臣部公同商酌，拟即照该督所请，准由东省商借妥订合同，先行分咨臣部核定，再为签押。惟前项借款如何筹抵，原奏未及声明。查该省前次拟借路款所有筹还本息，系由该省自行筹定。此次原奏称，如责令东省担代筹借，不敢有所推诿，自系早经设筹，不致无着。至原奏请于东省设立垦务局，特简大员督办一节，应俟借款定议，由该督奏明请旨办理。所有遵议缘由，理合恭折会陈，伏乞皇上圣鉴训示。再，此折系度支部主稿，会同外务部具奏，合并声明。谨奏。

宣统二年八月初二日奉朱批：依议，钦此。

东三省档

军机处外部致赵尔巽并转联豫赵尔丰英使云达赖宜令回藏希熟察情势会商办理电

二十九日以前诸电并联大臣密函均悉。英人停运进藏军粮，路透电亦有此说。布人近无举动，或系虚声探试。英使面称，达赖居印，甚不合宜，最好令其回藏，自居一庙，专管教务，不理政事。因奉黄教之人决不承认新选达赖，且决无选定之日。如令达赖来京，英国亦表同情云云。综观以上情形，英人并非坚助达赖，但虑其在印煽乱。此时我自以安置达赖为第一要着。朝廷于已革达赖固不能复其名位，而彼苟来归，自可加以优待。希饬罗道即本此意设法劝谕，如能令由海道来京，最为妥善。否则，即令回藏，优予安置，密为防闲，总期永远相安，俾免借口。至近日条陈藏事者，谓须分别表里，善为操纵，在内之计划当兼程并进，在外之形迹当镇静和平。揆诸近状所论，不无见地。盖在我无隙可乘，外患方能消灭。来电谓英兵进藏，以礼接待，布又称兵，预筹防护，固属应变之方。然若果到此地步，无论以礼、以兵，均难收拾。现在除事前消弭兵端，别无善策。来电拟拨边兵进扎拉江一节，系为预防后路，并备不虞起见，但究系添兵进扎藏界。现外人既无动静，如我忽有此举，或恐启其猜疑。惟边藏自应联络一气，仍希熟察情势，出以审慎，一切统赖荩筹，会商办理，随时电复为要枢。外务部。

八月初二日西藏档

外部致英使麻倮新币发行渐次收回旧币节略

本年七月十九日接准节略称：香港署督以中国不日改行新币，粤省造币厂现在所发之银币，如仍系减色之品，将来岂能通行？愿悉新币未发行之前，处置旧币详细办法，并在华通行之香港毛银，将有何法办理等情。当经本部咨行度支部去后，兹准复称：查本部奏定币制则例，规定主辅币成色分量，本极严明。又于第八条严定公差，于二十一条设法化验，决不准铸造减成之品流通市面。至处置旧币一节，本部奏定筹拟旧铸银铜各币办法折内声称，新币发行省分，所有旧铸大小银元，暂准照市价行用，亦即照市价逐渐收回，改铸新币。约计新币足敷应用，预定期限，停止旧币之通用，仍照内含实值兑换国币等语。届时自当查照办理，若非本国所铸之大小银元，在新币通行之时，自当查照各国成例办理等因前来。相应转达，即希查照可也。

八月初四日圜法档

外部致陈昭常日使称已奏请特赦玄德胜希即释全成哲电

玄德胜一案初二日函计达。兹准日使函复，已电达政府奏请特赦，希即将全成哲先行释放，以期早结并电复。外务部。支。

八月初四日延吉边务档

驻崴总领事桂芳呈外部丞参俄国道胜银行拟与大比银行合并函

窃领事访察，俄国于本年三月间议将道胜银行与该国大比银行合并为一。近复据崴埠道胜银行总办确称，本年秋间实行开办，更名为俄亚银行等情。查道胜银行系中俄合办官业，该国既拟并入大比银行，自应先行知会，谅此事当已商允钧部矣。领事既有所闻，自应上达，伏乞代将前情回明堂宪鉴察，实为公便。所有报告道胜银行拟与俄国大比银行合并办理各缘由，合肃禀陈。恭敬钧安。

八月初六日银行档

外部致德使雷中德商约请在京续议希见复函

径启者：

中德商约前于光绪三十一年在上海由盛大臣与贵国驻沪克总领事会议其条款，已大致商定，嗣因克总领事请假回国，彼此订明，各自缮立一份，以为合宜。并按照本国政府训条，应议各节，互换照会，并附送汉文、德文约款，以为续议之根本，各先报明本国政府在案。迄今日久，尚未续议，现贵国在中国商务益加发达，亟宜将前项约款接续议妥，以期邦交增睦。且盛大臣现时在京供职，如就近与贵大臣在京会议，则较之在沪尤为方便。应请贵大臣电达贵国政府，俟得训条，即速见复为盼。专此函达，顺颂日祉。

八月初九日商约档

吉抚陈昭常致外部全成哲已开释并经知照日领电

全成哲、玄德胜案，前承电告，当经转饬照办，并电复在案。兹据郭道电称，奉电即照知地方检察厅将全成哲先行释放，顷该厅将该犯解送职署查验，当即在局先行开释，并知照日副领速水就近接洽，一面照会总领矣等因。知关廑念，特此电闻。昭常谨肃。蒸。

八月初十日延吉边务档

外部致俄署使世东省铁路转运护路兵军需品拟定办法两端希照复照会

为照会事。

前准廓大臣照称，东省铁路护兵备用军需品一事，接贵部照开，此次所运军需品各若干数目，自应开列清单等因。查贵部照开，每年需用军需品若干数，运进若干次，约在何时报运，自应预为声明，以便稽查。本大臣碍难明认，缘此预为声明者，并未载于建造铁路合同，亦非关乎现时情况所致，实属诸多限制。此次照知运入军需品一节，系遵照两国睦谊及以通行之礼办理，并非将阿穆尔省交界护卫军之作用归于中国税关稽查。查北满洲暂行试办章程第三十七条内载，凡东清铁路所需建造、修理、经理料件，免纳各项税厘，护路军所需物料，亦在此例；又第三十八条明载，税关查看货单副本，放行货物之办法各等语。本大臣实难明悉，凭何将东省铁路公司所运之品归中国稽查？除咨本国陆军部及转达铁路护卫军统领，于该军需品到满洲里车站时按照章程第三十七、八两条办理外，应照会查照等因前来。

查军需用品如炸药等类，大半系违禁之物，北满试办章程第二十七条特于凡违禁之物，被关查出，入官充公云云；另列一条是，军需用品准否运进入口，必须由中国税关查验明晰，方能作定。该章程第三十七条只载明铁路料件免纳各项税厘，并未允免其查验。第三十八条载明，由铁路呈递税单副本，由税关查看点明件数放行；遇有别项情形，饬令查验。铁路所运此批料件时，仍可查验。是即以三十七、八两条论之，铁路所运料物，总以经税关查验为准。不特此也，该章程第三十九条并载明，除该货单副本应随有铁路之照据，载明其料件系为东清铁路自备自用者；其副条又载明，由铁路详细注明运来若干，用去若干，以免舞弊，若欲查明其数，亦可云云。是铁路所需之物，必须得一特别之执照，以为承认之据，并可由税关随时查验。原章所载，至为显明，自不得以为多所限制也。

兹本部为顾全两国睦谊起见，特拟办法两端，以免到关时或有阻碍。一、违禁货物而为铁路所必需者若开山、开矿之炸药及烽烟等类是，应先期由领事照会该处税关监督，申请陆军部批准，方得进口。一、铁路护路兵军需品应仍循照旧章，惟于该物未到之时，领事当预向关道请领护照或给发准单，不得于货物到关扣留后始行请给。而关道若非遇军火进口过于常数之时，不必详请税务处批准，得以随时发给护照或准单。似此办法系照旧章办理。该税关于应否准运，既有所稽考，而铁路进输之品，亦可期于迅速，不至有所延搁，实为两便。谅贵署大臣对于此项办法当能满意。仍希查照见复可也。须至照会者。

八月十一日军火档

英美德法各使致外部催议粤汉川汉铁路借款照会

一、英使致外务部照会

为照会事。

关于借款筑造湖广境内粤汉及湖北境内川汉各铁路一事，本大臣及德、法、美三国大臣业于西历七月十三日公行照会贵爵各在案。旋于西历八月初一日，本大臣等均准复称，内云，兹准来照，已由本部转行邮传部查照，贵大臣可以转达该银行代表，径与邮传部妥商等因前来。本大臣据此，当即转致汇丰银行总理熙君会约各别银行总理与邮传部接洽，以便照西历七月十三日本大臣照会所言开议。自不得出此照会之范围，总以完全该照会所指之合同办理，同时由德、法、美三国大臣达知各本国银行总理照办。嗣于西历八月十二日，英、美、德、法各银行总理函致徐中堂，声明奉有各本国大臣训令，务请克日定期会晤，以便开议。不期徐中堂调补别任，该四国银行总理故又于西历八月十九日函询署理邮传部沈尚书是否接到第一函，并请示何时可赐切实回音。兹据熙君向本大臣禀称，四国银行代表虽连上两函，仍未奉有答复。如此延缓，其咎不能归四国使馆及四国银行仔担矣。是以不得不请贵爵注意，并希贵国政府设法饬催邮传部，按照贵爵中历六月二十六日所云各节，与该四国银行直接开议可也。须至照会者。

八月十二日粤川汉铁路档

二、美使致外务部照会

为照会事。

关于借款筑造湖广境内粤汉及湖北境内川汉各铁路一事，本大臣及英、法、德三国大臣业于西历七月十三日公行照会贵亲王各在案。旋于西历八月初一日，本大臣等均准复称，内云，兹准来照，已由本部转行邮传部查照，贵大臣可以转达该银行代表，径与邮传部妥商等因前来。本大臣据此当即达知花旗银行总理梅诺克会约各别银行总理与邮传部接洽，以便照西历七月十三日本大臣照会所言开议。自不得出此照会之范围，总以完全该照会所指之合同办理，同时由英、法、德三国大臣达知各本国银行总理照办。嗣丁西历八月十二口，英、美、德、法各银行总理函致徐中堂，声明奉有各本国大臣训令，务请克日定期会晤，以便开议。不期徐中堂调补别任，该四国银行总理故又于西历八月十九日函询署理邮传部沈尚书是否接到第一函，并请示何时可赐切实回音。兹据梅诺克向本大臣禀称，四国银行代表虽连上两函，仍未奉有答复。如此延缓，其咎不能归四国使馆及四国银行仔担矣。是以不得不请贵亲王注意，并希贵国政府设法饬催邮传部，按照贵亲王中历六月二十六日所云各节，与该四国银行直接开议可也。须至照会者。

八月十二日

三、德使致外务部照会

为照会事。关于借款筑造湖广境内粤汉及湖北境内川汉各铁路一事，本署及美、法、英三国大臣，业于西历七月十三日公行照会贵爵各在案。旋于西历八月初一日，本大臣等均准复称内云，兹准来照，已由本部转行邮传部查照，贵大臣可以转达该银行代表径与邮传部妥商等因前来。本署据此当即转致德华银行总理柯达士会约各别银行总理，与邮传部接洽，以便照西历七月十三日本署照会所言开议，自不得出此照会之范围，总以完全该照会所指之合同办理。同时由美、法、英三国大臣达知各本国银行总理照办。嗣于西历八月十二日美、法、英、德各银行总理函致徐中堂，声明奉有各本国大臣训令，务请克日定期会晤，以便开议。不期徐中堂调补别任，该四国银行总理故又于西历八月十九日函询署理邮传部沈尚书是否接到第一函，并请示何时可赐切实回音。兹据柯达士向本大臣禀称，四国银行代表虽连上两函，仍未奉有复答。如此延缓，其咎不能归四国使馆及四国银行仔担矣。是以不得不请贵爵注意，并希贵国政府设法饬催邮传部，按照贵爵中历六月二十六日所云各节，与该四国银行直接开议可也。须至照会者。

八月十二日

四、法使致外务部照会

为照会事。

关于借款筑造湖广境内粤汉及湖北境内川汉各铁路一事，本大臣及英、美、德三国大臣，业于西历七月十三日公行照会贵爵各在案。旋于西历八月初一日，本大臣等均准复称，内云，兹准来照，已由本部转行邮传部查照，贵大臣可以转达该银行代表，径与邮传部妥商等因前来。本大臣据此当即转达代理汇理银行总理胜比尔君会约各别银行总理，与邮传部接洽，以便照西历七月十三日本大臣照会所言开议。自不得出此照会之范围，总以完全该照会所指之合同办理，同时由英、德、美三国正任署任大臣达知各本国银行总理照办。嗣于西历八月十二日英、德、美、法各银行总理函致徐中堂，声明奉有各本国大臣训令，务请克日定期会晤，以便开议。不期徐中堂调补别任，该四国银行总理故又于西历八月十九日函询署理邮传部沈尚书是否接到第一函，并请示何时可赐切实回音。兹据胜比尔君向本大臣禀称，四国银行代表虽连上两函，仍未奉有复答。如此延缓，其咎不能归四国使馆及四国银行仔担矣。是以不得不请贵爵注意，并希贵国政府设法饬催邮传部，按照贵爵中历六月二十六日所云各节与该四国银行直接开议可也。须至照会者。

八月十二日

外部致陈昭常俄轮事以缉犯剿匪为要勿启彼干预电

真电悉。吉、哈均系商埠，轮船往来，地方官本有保护之责。此次俄轮来省，自必经哈报关，似难诿为不知。如必派兵随轮，只可由我自办，来电各节，碍难据复。俄使顷准锡帅电，谓地方胡匪猖獗，究属无可推诿，与本部所见正同。若以不负责任为词，恐启彼藉端干预之渐，殊于大局有碍。现在办法以从速缉犯、严行剿办为要。如办理认真，匪风自戢，外人即无从借口。除酌复俄使外，希查照电复。外务部。

八月十三日航务档

东督锡良致外部请商日使迅释玄德胜并示复电

外务部钧鉴：

申。延吉全成哲、玄德胜案，前准钧函，当经转电吉林照办去后，兹准电称，已饬据郭道照知地方检察厅将该犯送验，即在局子街开释。并分电钧部，谅邀鉴察。玄德胜应请转知迅速释放。仍盼示复。良。文。

八月十三日延吉边务档

外部致联豫布丹为西藏属部英人谓归其管理应切实驳论电

西密。初八日电悉。布丹受先朝封号，颁给敕印，为西藏属部，且迭次藏中办理夷务奏咨各案具在，足以为据。英人窥伺该部已久，兹竟明谓归其管理，在我亟应切实驳论，以维主权。惟该照会系彼此商务委员交涉，尚未经英政府发露，似可先由尊处饬靖西同知罗列案据，详切驳复，诘以印政府何以有此命令，是否别有误会，看其复文如何再筹因应。至布丹内情，前据罗道电谓，中萨部为英牢笼，巴竹仍戴天朝。究竟近日向背如何，印人对彼有何举动，希饬密查，随时见示，统仗荩筹，详酌理办并电复。外务部。

八月十四日西藏档

外部致锡良日使请剿东省马贼希电复办理情形电

东省马贼猖獗，日使请设法剿办，上月二十五日函达在案。即将办理情形电复，以备应付。外务部。

八月十四日杂项档

清宣统朝外交史料卷十六终

清宣统朝外交史料卷十七

宣统二年八月下至十月上

外部致英使及各使奉旨刘玉麟授为出使英国大臣照会

为照会事。

照得宣统二年八月十四日奉上谕：出使英国大臣著刘玉麟补授。钦此。相应恭录谕旨，照会贵署大臣转达贵国外部大臣可也。

八月十六日出使英国档

津浦铁路督办徐世昌奏津浦铁路续借洋款与德英两公司议订合同折　附合同暨表

津浦铁路督办大臣徐世昌奏，为津浦铁路续借洋款，与德英两公司议订合同，恭折具陈，仰祈圣鉴事。

窃查原订津浦铁路借款合同第十五款内载：设若建造铁路时借款进项并生发之利息，除付借款利息外不敷修造铁路以及装配所需，其不敷之数先由中国款项提付，以免延误建造工程。如仍有不敷之数，则向银行等续借洋款，其利息并条款仍照现时之合同办理各等语。现在路款不敷，计北段应借虚数英金三百三十万镑，南段应借虚数英金一百五十万镑，共英金四百八十万镑，业经另行奏陈。此项续借洋款既经声明仍按原合同办理，自应循案照办。惟查原借款按年应还本息附表载明，自第十一年还本之日起，每年还本二次。其应还之息，仍按每年还本总数全年计算，并未将上半年已还之本减去利息。当向德、英两公司声明，以上半年已还之本，断无下半年仍行纳息之理。再四磋商，所有原借款合同附表早经签定，未能更改。此次续借款合同附表应按照债票所载，每年付息二次，还本一次，俾免亏蚀利息。又查原合同第九款所指作保之直隶等省厘税，每年关平银三百八十万两，系按应还本息最多之年数目指定确数。惟借款期内除第十一年外，均不及此数，所有指定作保银两，应按每年应还本息之数核实计算。所有余款作为二次抵押，但余款不敷续借应行抵押之用，且续借第十一年还本之时，亦无原借抵押余款。经臣等商明度支部，另向直隶山东、江苏、安徽等省指定虚抵作保之款。计续借应还本息最多之年，每年共三百六十万两，最少之年，除原借抵押余款外每年只十二万两。惟数目复杂，只能在合同内声明，头次抵押余款作为二次抵押，至续借最多之年，另备抵押等语，以归简易。并循用每年字样，以免购票人或有疑虑。仍由该公司另行备函列表声明，所有原借款并续借款，按照最多之年数目逐年所余之款，听凭中国作为别项抵押之用，于合同签字时送交备案，以为凭信。所有该公司所开余款，除所余之数求应抵之数，即指定此次四省另增作保之数。再，此次续借款总数为四百八十万镑，拟分期售票。将来撙节动用或可节省，倘债票价值稍优，则每百分中可增加一二分，较九四五扣又有增益。以及行车得有进款，均可毋庸多借，以防损失。应在合同内声明，倘债票尚未售完，所有造路期内应备资本业已敷用，督办大臣有权可以随时停止售票，免致将来借口。以上各节迭经往复驳辩，始终坚持，该公司等始肯承认。复经与度支部商酌，意见相同，较之原订合同似有进步。谨缮具合同清单，并分年还本息附表，及分年余款暨指定直隶等省作保银数表，恭呈御览，俟奉旨允准后再行签印。即由臣等知照外务部，照会德、英两国使臣，饬令该公司按照合同妥速办理，并分行度支部、邮传部暨各省督抚查照。所有拟订津浦铁路续借款合同缘由，谨恭折具陈，伏乞皇上圣鉴训示。谨奏。

宣统二年八月十九日奉旨：依议。钦此。

津浦铁路档

附督办津浦铁路大臣徐世昌咨外部签订合同文

为咨呈事。

本年八月十九日，本大臣具奏津浦铁路续借洋款一折，奉旨允准。业经恭录谕旨，并钞奏咨呈在案。此项续借款合同，本大臣于八月二十五日与德华银行代表柯达士、华中铁路有限公司代表梅尔思公同签字。讫除按照合同分别咨送存查外，相应将此次签定华英文合同各一分咨呈贵部，请烦查照，备案施行。

八月二十八日津浦铁路档

中德英津浦铁路续借款合同

兹以光绪三十三年十二月初十日，即西历一千九百零八年正月十三日，经前署外务部侍郎梁敦彦奉旨代中国国家，与上海德华银行、伦敦华中铁路有限公司（此后名为公司）在北京订立合同，准公司发售五厘利息金镑借款五百万镑，以为建造津浦铁路及装配一切之用。其发售该款债票，业经公司照办在案。该合同此后即名为原借款合同，其第十五款内载明：为免延误建造工程，仍由公司发售续借款债票，其利息并别项条款及应交中国国家之价值，仿照原借款合同办法办理。该原借款合同现仍一律照行。今于宣统二年八月二十五日，即西历一千九百十年九月二十八日，在北京订立此合同。其订立之人，一面为督办津浦铁路大臣·军机大臣·协办大学士徐世昌、帮办津浦铁路大臣·兼署邮传部尚书·署邮传部左侍郎沈云沛，奉旨代中国国家订立合同，一面为上海德华银行、伦敦华中铁路有限公司（此后名为公司），兹议订条款如左：

第一款　中国国家准公司办五厘利息金镑借款，数目英金四百八十万镑。此借款应自第一次出售债票之日起算，名为中国国家天津浦口铁路五厘利息续借款。

第二款　此借款指明系为续备建造官铁路之资本。其路由天津或附近天津接连京奉官铁路，经过德州、济南府至附近山东南界之峄县，此后条款均称天津浦口铁路北段；再由峄县至附近扬子江南京对岸之浦口，此后条款均称天津浦口铁路南段。此二段共长约一千八十五启罗迈，当合中国约二千一百七十里。

第三款　所备之资本专为建造铁路购办地段、车辆，及一切应配物料，并经营行车。又于造路期内付还借款利息均在其内。其建造工程自此合同签订之日起，估计约需二年造竣。

第四款　此借款利息，按票面数目虚数常年五厘，自出售债票之日起算，由中国国家每年交付一次。当造路期内，或由借款进项，或由别款交付。嗣后先由该铁路进款交付，次由中国国家以为合宜之别项进款交付。按西历自出售债票之日起算，每半年按照此合同附表数目日期，于十四日前交付一次。

第五款　此借款除后开之第六款详载外，以三十年为期。自订定借款之日起，至第十一年起还本。每年应付还银数，由该铁路进项或由中国国家以为合宜之别项进款交付。按西历自出售债票之日起算，每届一年，按照此合同附表数目与日期，于十四日前交付德华汇丰银行等一次。

第六款　由订定借款之日起至第十年后，无论何时，若中国国家欲将借款全数清还，或欲先还合同附表所载未到期之数若干，均可照办。至第二十年内，照债票上数目，每百镑加价二镑半。第二十年后无须加价，惟每次预还若干，中国国家应于六个月前用公文知会公司。其预还之数，照借款招帖内载拈阄日期，多加拈阄次数。

第七款　德华银行汇丰银行既经德、英两公司派为经理借款代表，其每年应还本利，除第四款、第五款详载外，照此合同附表数目、日期，由督办大臣或在上海、或在天津，以上海或天津纹银交付该银行，足敷在泰西交还金镑。其镑价与该银行等同日订定，又可于还本利期前六个月内，无论何时，皆可随便订定。此所还之本利，可以交付金镑，若中国国家遇有金镑实在存在欧洲，欲提用交还本利，亦可用金付还，但不得为此故，由中国汇去。每年付还借款之本利，德华银行、汇丰银行于每百两计收用银二钱五分，作为经理费用。

第八款　此借款本利中国国家承认全还。若铁路进项或及借款进款不敷全还本利之数，督办大臣奏明由中国国家设法以别项款项补足，按期交付银行等清还本利。

第九款　此借款以下列之款作保：

一、除按原借款合同第九款所开各节照办外，以该款内所开三省每年关平银三百八十万两之厘税所有余款，作为二次抵押。

二、按照续借款应还本利最多之年数目计算，另备抵押，开列于后：

直隶省厘税，每年关平银一百万两；

山东省厘税，每年关平银一百二十万两；

江宁厘金局厘税，每年关平银六十万两；

江苏省淮安关厘税，每年关平银十万两；

安徽省厘税，每年关平银七十万两。

以上厘税，除原借款合同所载头次抵押外，并无牵连他项借款。若本利照常交付，公司不得干预各该省之厘税。倘若到期，本利欠付，除展缓公道时日外，即应于各该省厘金及合宜税项内拨足上开数目，交与海关办理，以保执债票人之权利。嗣后若再有抵该四省之厘税，除按照原借款合同第九款所开各节照办外，总以此次借款本银利息尽先偿还。此借款或全未还或未还清之先，倘有用该四省厘税借抵他款用付本利一切事宜，不得订明在此次借款之前，亦不得订明与此借款平行办理，并总不得令此借款以该四省厘税逐年抵还之质保有窒碍减色。将来若再订立抵以上所言该四省厘税之借款，务于合同内载明，所有应付还本利等事俱在此次借款之后办理等语。此借款未还清以前，不得将此铁路及其收款抵押他款。此借款未还清以前，倘遇中国国家议定修改海关税则，减免厘税，现在议明不得因此借款系厘税抵押，而阻止修改、减免厘税。但若拟将此次所指厘税减免，则应先向公司商明，务于新增洋税内如数拨足补抵借款。

第十款　此续借款全数准公司印发债票。其数目，由公司酌定；其式样，由公司商同督办大臣或中国驻德英出使大臣酌定。债票或用中英文，或用中德文刊雕，均随其便。督办大臣签字之名及其关防，均摹刻于上，以省其亲自画押之烦。现议定，在伦敦办理债票，由中国驻英出使大臣于债票发售之前须逐张盖印，并其签字之名摹仿于上，以示中国国家允准及承认发售此项债票。该公司驻伦敦代表人，亦在债票上签押，作为发售债票经理人。倘此续借款发出之债票或遗失、或被窃、或经焚毁，公司随即知会督办大臣或中国驻德、驻英出使大臣。由该大臣饬知公司在新闻纸上刊登告白，声明已失之票不能凭以取银，并设法按各该国例章办理。倘所失之票已过公司限期，仍未觅回，督办大臣或中国驻英出使大臣照原数重发副票，加盖印信，交该公司收领。所有一切费用，均由公司自备。

第十一款　所有此借款之债票、息票，以及收付各款，在借款〈期〉内，不纳中国各样厘税。

第十二款　所有续借款招帖以及付利、还本一切详细办法，未经本合同详载者，由公司会商中国驻柏林或伦敦出使大臣酌定。俟此合同签字后，即准公司出此借款招帖。中国国家饬知驻柏林或伦敦出使大臣，遇有应会同办理之事，与公司协同酌办，并将此借款招帖签字。

第十三款　此续借款分两次或数次出售债票。俟此合同签字后，将头次债票三百万镑从速出售，不得延过六个月外。其价值系按照售出之实数，交付中国国家，公司于百分扣留用银五分半（即每一百镑债票扣留一百用银五镑半）。公司在欧洲及在中国招人购买，中国人与欧洲人一律照章办理。若中国国家定购，自应尽先照给，但须于未发出借款招帖之前定购。倘债票尚未售完，造路期内所有第三款应备资本业已敷用，督办大臣有权可以随时停止售票。

第十四款　此续借款进项，或在中国，或在英国，或在德国，交付德华银行暨汇丰银行收存，归入天津浦口官铁路续借款账项下。至交付此款，系按照购票章程内所载购票人交付银两之日期办理。其在伦敦、在柏林所存之铁路款项，按照常年四厘给发利息。在中国所存之铁路款项，或作来往，或作定期存放，其利息嗣后酌定。借款进项暨生发之利息，除造路期内交付借款利息并经手用银外，银行等将此款存放，听候督办大臣提用。督办大臣提用款项，若过二万镑之数，应于用银前十日知照银行等。借款进项，按照建造铁路工程所需，随时提用，由铁路总办或其代办出支取凭单，向汇丰银行暨德华银行支取，并须将所提用之款另单声明缘由，及给发工程所需之价值。在中国所需款项开支费用，可由总办自定，向汇丰银行暨德华银行汇至上海。所汇之款存放该银行，听候为铁路事提用。铁路账目用中、英文字登记，按照妥善新法办理，并佐以收支单为据。于造路期内，该账目并收支凭单，随时任由公司自给薪水雇用之稽察账目人查看。该稽察账目人之职，只专为公司查察此项借款是否按照本合同第三款所载提用开支，并为公司查明按照第十八款内载铁路总局每月所购外洋材料账目而已。该查账人可与铁路总局商订验看账目日期，以便办理上开职事。铁路总局每年年终结账后，将铁路支收账目及行车进款，用中英文刊印，以便任人取阅。

第十五款　设若建造铁路时，借款进项并生发之利息，除付借款利息外，不敷修造铁路以及装配所需，其不敷之数先由中国款项提付，以免延误建造工程。如仍有不敷之数，则向公司续借洋款。其利息并条款，仍照现时之合同办理；其价值，则照此次借款合同订定。若铁路造成后，铁路续借款项下尚有存款，将此未用之款移入后详第二十款内载借款利息公积项下，以备中国国家拨还此合同承认应还之款。

第十六款　此续借款出售债票招帖未发之先，如有关系大局或银市格外之事，致中国国家现在市面之债票价值有碍，以致此次续借款未能按章办理，准公司展期缓办。惟所展之期，由立此合同之日起，不得过九个月。若在限内第一次债票尚未售出，将此合同作废。

第十七款　此铁路建造工程以及管理一切之权，全归中国国家办理。其因建造南北段工程，中国国家既经选用公司认可之德、英总工程司各一人，自应仍旧接办。若公司将来以所选之总工程司为不合宜，须将其不合宜之缘由声明。此两总工程司须听命于总办或其代办。所有绘图、造路各事，须遵照总局之意办理。其平日行为，须敬重督办大臣与总办。其聘用之该两总工程司合同，由督办大臣自行独订。至铁路上派用专门人员、分派各该员应办各事，以及辞退各该员，总办或其代办与该段总工程司商酌办理，遇有彼此意见不合，禀请督办大臣判断。判定后，彼此均不得异言。工程造竣后，中国国家即将南北两段合为一官办铁路，派一总工程司料理。此总工程司在借款期内须用欧洲人，但不须与公司商酌。

第十八款　此铁路南北两段于造路期内，德华银行暨华中铁路有限公司作为此铁路经理购买须由外洋运来各材料机器什物之人。所有购买此项紧要材料，由总办招人投票。若所购之材料、货物系购由外洋者，该经理须以最合宜之价购买，按照原买实价每百两加用银五两。惟是定购材料及支取费用，非经总办核准，不能照行。德华银行暨华中铁路有限公司既得上文所详之用银，自应各在其段内代为监购铁路所需建造、装配各外洋材料。此等材料须在于公共市场择价值最廉而质料最佳者购买。若材料运至中国有与原单不符者，铁路总局有权退收。德、英所制货物，若质料价值及与他国所制者相同，南北段应先尽由德、英购买。铁路总局如欲在中国或在外国招他人经理购买各项外洋材料以为更觉合宜者，可以有权照办，惟用银仍照上文所详给该经理人。所有买货单及验单均呈总办查核。所有各项回用、扣头均归还入铁路项下。所有该经理人购买各材料，须有制造厂原卖单并验单为据。该经理人除得上文所详用银外，不再给用银。惟遇有雇用工程顾问人员，总局须由铁路项下提给薪水。中国材料及经在中国制造之货物，若质料价值与德、英或他外洋材料相同，自应先尽购买，以鼓励中国工艺。购置中国材料，不给用银。全路造竣后，铁路总局若为南北段内购买外洋材料，应尽先向德华银行暨华中铁路有限公司经理购买。其办法章程，嗣后彼此商酌办理。

第十九款　本合同内所言之铁路，将来或以为有益，或以为必需建造枝路，由中国国家以中国款项自行修造。如须用外国资本，则先尽公司商办。

第二十款　历年除付续借款本利外，铁路总局将本年铁路净进款盈余足敷交付来年到期借款利息之数，在天津，或在上海，存放银行等。所存放之款，按照市面情形，给发最优之利息。

第二十一款　德华银行暨华中铁路有限公司可将本合同应有之权利及责任，全行或分别，交与他德国公司或他英国公司接办，或再交代理人代办。其接办、代办应请督办大臣核准。

第二十二款　本合同系遵宣统二年八月十九日，即西历一千九百十年九月二十二日上谕签定，已由外务部用公文照会英、德驻北京出使大臣。

第二十三款　本合同缮写华、英文各五分，中国国家存三分，公司存二分。如有翻译文字可疑之处，以英文为准。

津浦铁路续借款分期摊还本利表

年分	还利	还本	已还之本	未还之本	
一	第一批十二万镑 第二批十二万镑	总共二十四万镑			四百八十万镑
二	第一批十二万镑 第二批十二万镑	总共二十四万镑			四百八十万镑
三	第一批十二万镑 第二批十二万镑	总共二十四万镑			四百八十万镑
四	第一批十二万镑 第二批十二万镑	总共二十四万镑			四百八十万镑
五	第一批十二万镑 第二批十二万镑	总共二十四万镑			四百八十万镑
六	第一批十二万镑 第二批十二万镑	总共二十四万镑			四百八十万镑
七	第一批十二万镑 第二批十二万镑	总共二十四万镑			四百八十万镑
八	第一批十二万镑 第二批十二万镑	总共二十四万镑			四百八十万镑
九	第一批十二万镑 第二批十二万镑	总共二十四万镑			四百八十万镑
十	第一批十二万镑 第二批十二万镑	总共二十四万镑			四百八十万镑
十一	第一批十二万镑 第二批十二万镑	总共二十四万镑	廿四万镑	二十四万镑	四百五十六万镑
十二	第一批十一万四千镑 第二批十一万四千镑	总共廿二万八千镑	廿四万镑	四十八万镑	四百三十二万镑
十三	第一批十万八千镑 第二批十万八千镑	总共二十一万六千镑	廿四万镑	七十二万镑	四百零八万镑
十四	第一批十万二千镑 第二批十万二千镑	总共廿万四千镑	廿四万镑	九十六万镑	三百八十四万镑
十五	第一批九万六千镑 第二批九万六千镑	总共十九万二千镑	廿四万镑	一百二十万镑	三百六十万镑

年分	还利	还本	已还之本	未还之本	
十六	第一批九万镑 第二批九万镑	总共十八万镑	廿四万镑	一百四十四万镑	三百三十六万镑
十七	第一批八万四千镑 第二批八万四千镑	总共十六万八千镑	廿四万镑	一百六十八万镑	三百十二万镑
十八	第一批七万八千镑 第二批七万八千镑	总共十五万六千镑	廿四万镑	一百九十二万镑	二百八十八万镑
十九	第一批七万二千镑 第二批七万二千镑	总共十四万四千镑	廿四万镑	二百十六万镑	二百六十四万镑
二十	第一批六万六千镑 第二批六万六千傍	总共十三万二千镑	廿四万镑	二百四十万镑	二百四十万镑
二十一	第一批六万镑 第二批六万镑	总共十二万镑	廿四万镑	二百六十四万镑	二百十六万镑
二十二	第一批五万四千镑 第二批五万四千镑	总共十万八千镑	廿四万镑	二百八十八万镑	一百九十二万镑
二十三	第一批四万八千镑 第二批四万入千镑	总共九万六千镑	廿四万镑	三百十二万镑	一百六十八万镑
二十四	第一批四万二千镑 第二批四万二千镑	总共八万四千镑	廿四万镑	三百三十六万镑	一百四十四万镑
二十五	第一批三万六千镑 第二批三万六千镑	总共七万二千镑	廿四万镑	三百六十万	一百二十万镑
二十六	第一批三万镑 第二批三万镑	总共六万镑	廿四万镑	三百八十四万镑	九十六万镑
二十七	第一批二万四千镑 第二批二万四千镑	总共四万八千镑	廿四万镑	四百零八万镑	七十二万镑
二十八	第一批一万八千镑 第二批一万八千镑	总共三万六千镑	廿四万镑	四百三十二万镑	四十八万镑
二十九	第一批一万二千镑 第二批一万二千镑	总共二万四千镑	廿四万镑	四百五十六万镑	二十四万镑
三十	第一批六千镑 第二批六千镑	总共一万二千镑	廿四万镑	四百八十万镑	无

宣统二年八月二十五日，西历一千九百十年九月二十八号

督办津浦铁路大臣徐世昌、帮办津浦铁路大臣沈云沛、上海德华银行代表人柯达士、伦敦华中铁路有限公司代表人梅尔思。

吉抚陈昭常致外部韩侨垦户以次入籍如续来限居商埠可消隐患电

申。前日接奉函件，当略抒鄙见，具函谨复，计已登察。兹探得延吉韩侨数千户，同时愿入我国籍。查我国自大清国籍条例颁布后，韩民之来归化者，迭经饬令地方官按照条例斟酌办理。兹延吉韩侨欲归化者，至数千户之多。但使寄居者以次入籍，其续来者如能援照内地无杂居之例，只准居住商埠，不许再事耕种，似于筹边或可消除隐患。惟事机瞬息万变，虑被日使侦知，致向钧部哓渎，横生枝节。除饬东南路道从速赶办并电商民政部外，谨以奉闻。再前函恳请钧部向日使提议废去中韩界务条约，是否可行，乞赐电复，不胜感祷。昭常谨肃。皓。

八月十九日延吉边务档

邮部咨外部安东关码头与日本租地分界事亟应分别明白文

为咨呈事。

路政司案呈准东三省总督咨称：安东海关码头与日本所占租地分界处，有小沟一道，日人建议修桥。当据兴凤道赵道电禀，以恐碍商民交通，拟由我先修，以图抵制。经饬同巴税务司赶紧酌量去后。兹据该道呈称，日铁路公司以该处系铁路界内，磋商以后，始允中日合办，请示前来。查铁道界内桥梁，本在日本势力范围之内，现议合办，不特便于交通，且得收回一半权利，自应照准。所有应出桥资，于库存项下垫发。除批示外，相应连图咨请备案等情，并图两纸咨请前来。查安东租地既经日本租定，所有分界处所尤宜分别明白，藉免失权。此次咨称安东海关码头与日本所占租地分界处有小沟一道等语，则所称安东海关码头，自属我国权力得及之处，日本所占租地，自属日本铁道所及之处，此中明有分别。乃大咨复据赵道呈称，铁路公司以该处系铁道界内。所称铁道界内，是否统指安东码头及日本占地，抑仅指日本占地，不统指安东码头，亟应分别明白。除由部咨行东三省总督请即查复外，事关分界情形，相应咨呈贵部查照可也。须至咨者。

八月十九日安奉铁路档

吉抚陈昭常致外部日韩合并请与日使妥商韩民越垦问题函

昨奉手谕，并日韩合并条约宣言书问答等，敬聆壹是。查日韩宣布合并，既声明中日所订延吉条款仍有效力，自当按照条款继续办理。惟该条款订立时，韩但为日之保护国，所有韩国越垦我境人民，仍为韩国国籍。兹韩既合并于日，如仍承认为韩民，则韩已无国，恶能有民。例如犹太人之飘零大地者，无他国之保护，只能就住在国法律之制裁。韩人事同，一律自应归我管辖，日本即不能再任保护之责。抑或承认为日民，则我国无内地杂居之例。延吉既开放商埠，四处自应迁入埠内，以清界限。其向充佃户者，固不能听其蔓延，即置有田宅者，亦未便任其耕种。自去秋中韩界务条款协定以后，杂居区域仍未能照约限制。延珲蜜山一带来者，源源相望于道，喧宾夺主，莫此为甚。而李范允党羽往来啸聚，私运军械，与密迩俄疆遥通声气，伺隙而动，边境一夕数惊。识者咸知沿边韩侨必为满洲大患，及今情势又变，日后交涉必更纠葛纷纭。若仍照中韩界务条款办理，则凡居留韩侨皆将以日韩既并之后，享有日人同等之权利。不惟吉省祸患不堪设想，且英可援例驱缅人越垦滇南，法可援例遣安人越垦西粤，求诸万国，未闻有此通例。外交情势，移步换形，一著失败，全局尽溃。

昭常愚见，窃谓去岁所订延吉条款，日人藉口，皆以中韩旧约根据。今韩已合并于日，他约悉皆消灭，此约根据已去，不应独存。盖此约中所称韩民，今已无有，自应一并视为无效，方是正常办法。岂有于国则已肆吞并之谋，于民则犹留未亡之号？此而不争，更无时矣。在彼视为有效，或系别有深心。我如隐忍不言，是真堕其诡计。昭常诚知鳃鳃过虑，抑心所谓危，不敢不告。如承俯赐采择，应请钧部先与日使声明，废去此约，庶可断其葛藤。即日使不允，亦应将韩侨越垦问题提出条件，与日使协商求一限制妥善之策。一面再由昭常咨商奉省，调取奉吉两省历年关于韩民越垦案件，分别汇钞，呈候查阅。至中韩界务，自延吉问题解决后尚未经两国会同勘丈，设立标识，并恳转告日使，派员会勘，以清界限。梼昧之见，是否有当，至希裁夺。临颖不胜迫切，肃此谨复。昭常。

八月二十一日延吉边务档

东督锡良致外部查报东省与吉省奏借之款系属两案电

二十一日电敬悉。东省应募外债兴办实业，前在长春时曾与陈抚议论东局，泛谈及此，却无由吉省借款二千万之说。德人巴士亦未见面。至本月十六日，接陈抚来函并其单衔片稿，始知有此事，自与奉省奏借二千万之案系属两起，应如何核复之处，谨请钧裁。良。养。

八月二十二日借款档

吉抚陈昭常致外部请严催日使速赦玄德胜电

申。顷接延吉郭道电，称全成哲遵释后，照催日领速将玄德胜释回。昨得复文，此案已电问东京外务省，据称玄德胜已经确定裁判，须特赦始释。我政府正在详议如何确定，再行通知等语。是玄德胜现在似尚未赦，用特电闻云云。查全成哲我既先释，彼即应立将玄德胜赦免。今如日领照称各节，是其能赦与否，竟未可知。应请钧部严催速赦，以践前言为祷。昭常谨肃。祃。

八月二十二日延吉边务档

东督锡良致外部报日韩合并后日本举动情形函　附折

日韩合并以后，业将彼族情状暨在我应行筹备各节，先后函陈。兹据探报，该国合并后，财政益形困难。已决定实行统一殖民政策，以吸取东三省之财力，补助高丽之经营。又利用在东三省之沿边韩侨，以扩张其势力。其建筑离宫一节，虽托词于临幸，阴谋秘计，路人皆知。欲筹目前对待之方，自以移民实边，振兴实业为最要。而取缔韩侨，尤宜趁彼合并事宜尚未就绪之时，速与日使提议妥定办法，以杜后患。除前已函达钧部，并续函详陈外，谨将此次探报情形录呈钧鉴，伏乞垂察。

八月二十四日日韩合并档

谨将日韩合并后日本近日之举动探明开折呈请钧鉴

一、日本文部省现将日韩合并之理由，附加于小学历史教科书中。

一、日本将高丽京城、釜山、马山、浦津城、元山、仁川镇、南浦、木浦、群山等十处改为府制，各设府尹一员，均以从前之理事升补。

一、日本将朝鲜之义州府改名为平北州。

一、闻现任递信省大臣后藤男爵为考察殖民事宜，即将来之殖民大臣，于月内到高丽。

一、日本决定于高丽建造离宫，以备日皇临幸。惟迁都高丽之说现尚未定。高丽总督府之官制闻于日内将次发表。其细节如何，容再探陈。

一、高丽人民自合并于日本，均欣幸万状，故剃发易服者不少。惟侨居于青岛、上海、海参崴、新加坡等处之韩人极力谋反抗，然终无效也。

一、合并以前，在高丽之美国教士势力极大。自此次合并后，日本总督对于教民专用压制手段。故现在美国教士颇抱不平，拟运动美国政府出而干涉。

一、日本在高丽建造平壤至镇南浦之铁道，现已完工开车。

一、日本政府因日韩合并之结果，即命令其在我国之领事，详细调查侨居我国之韩民，以便与日本人同一保护。对于在我内地之韩民，则企图与我订一特别之办法。

按：此节关系我沿边非小，是应赶早设法布置。

一、日本财政专家高桥秀吉氏调查日本全国富力，只二千五百余万元。从前日平均每人之富力有五百余万元，因合并高丽之结果，个人之富力因之减去。现在平均每人只得四百六十余万元，故竭力劝其政府注意财政。观此一节，可知日本合并高丽，于财政上更加一层困难。其亟亟求取偿于东三省者，必矣。倘使其财力充足，则我东三省益危。及今急起直追，或尚有为耳。

一、日人现在韩国镇南浦勘度地势，以便将来开辟军港，修筑船坞，设立铁厂，制造战舰等用。查镇南浦距安东水道仅五百余里，陆路尤近。

一、韩通行延吉之路有三，平时韩人尚可任便往来。自合并后，日人于该路节节派兵驻守，以防韩人前往。又闻韩国皇宫近日亦增加警兵，较前防范益严。

一、日本庙议决定，将现有之拓植局升为拓植省，以便统一满、韩、台湾之殖民事业。然舆论甚反对之。

一、日本庙议之结果，决定在我东三省扩张农、工两业及植林事宜，庶吸收东三省之财力，补助高丽之经营。

按：此节即日本对待东三省惟一之政策，其祸虽缓，受害最烈，我宜从速设法对待之。

一、高丽总督府于阳历十一月下旬开办，日本政府决定高丽总督专用武官。

按：此节可知日本政府用意之所在，所谓武装的和平是也。其目的何在？即我东三省是也。

八月二十四日日韩合并档

外部奏预备修改中俄通商条约派员调查折

外务部奏，为预备修改中俄通商条约，派员调查以资筹议，恭折仰祈圣鉴事。

窃查光绪七年中俄《改订条约》第十五条内载，此约所载通商各条及所附《陆路通商章程》，自换约之日起，于十年后可以商议酌改。如十年限满前六个月未请商改，应仍照行十年等语。此项条约计于光绪十七年及二十七年两次限满，均未修改，现又将届第三次十年限满之期。中俄陆路交通情形，既属今昔迥殊，旧约施行日久，不尽合宜，亟应及时修改。前经臣部于本年二月间，电达沿边各督抚大臣、将军、都统，各选派熟悉人员，专任调查有关约载通商各事宜，详考利弊，报告臣部，以资研究。嗣准东三省总督咨称，据所派各员按照约章，拟具调查纲目，请分咨各处一律会查等因，亦经臣部分别咨行在案。惟查西北一带，处处毗连俄界，与东三省情形同关紧要，而地方荒远，尤非详加查考，未易周知。现拟由臣部添派主事富士英、管尚平前往西北沿边各处亲历调查。即由西伯利亚铁道往返，以便顺道考察东三省通商情势，以期与各处派员所查互相印证，庶更详确。其需用川装一切，均由臣部发给，毋庸沿途地方供应，仍饬各该地方官会同考察照料。除俟各处调查报告到部，并约计前期六个月即行照会俄使提议修约外，所有预备修改中俄通商约条，派员调查各缘由，理合恭折具陈，伏乞皇上圣鉴训示。谨奏。

宣统二年八月二十八日奉朱批：依议。钦此。

中俄商约档

外部致邮部山东沿路矿权关系重要请核复以便照会德使函

径启者：

山东路事，本年八月二十一日接准函咨具悉。一是德使前以该省路矿问题，照开五条，经本部分咨督办津浦铁路大臣暨东抚核议，嗣以胶沂各路线须俟贵部勘查明晰，方能核定办法，是以日久尚未照复德使。兹接东抚电称，德领事密言接雷使信，谓路旁矿权外务部迄未答复，德商急欲开办，难以再缓等语。德领意在和平了结，请早与雷使商定办法，免有强迫之要求，致伤感情等因。查沿路矿权关系至为重要，德使上次照会本有让路不让矿之说，我则因路及矿要其一并退还。路事一日不定，即全案无从核办，倘迁延日久，另生枝节，办理愈觉为难。所有胶沂车站事宜暨正德、开兖各路起讫线点各节，仍希查照本部历次函咨，从速核定见复，以便并案照复德使，无任殷盼。专此布达。

九月初一日胶济铁路档

邮部奏筹办分年收回邮政折　附清单

邮传部奏，为分年筹办邮政，缮具清单，恭折仰祈圣鉴事。

窃臣部职掌交通，凡船、路、邮、电四政，在在均与推行宪政有密切之关系。必期交通机关组织完备，而后庶政敏活，消息灵通。所有路政分年筹办事宜，及关于船政电政办理情形，均经陆续奏报在案。邮政一项为无形交通之大端，于宪政精神关系尤巨，东西各国近数十年于此项政务锐意讲求，竭力推广。一国大小邮局多至数万处所，既以宣达上下之情，消除隔阂之弊，且于汇兑、储蓄等事罔不周备，国家人民交受其益。我国邮政开办之初，权由税务司兼理，十数年来规模粗具。查宪政编查馆奏定行政纲目，规定臣部邮政司掌全国邮政，注明邮政局现在由税务司办理，亟应改归臣部。又查上年八月，宪政编查馆会同复核各衙门九年筹备清单，内开邮政附属税务司本在未设专部以前，风气未开，暂归管辖。今既有专官，自应责成该部堂官会同税务大臣筹备收回方法，以符名实各等因。均经奉旨允准，是臣部职司所在，责无旁贷。当此筹办宪政之时，自应力图推广，以臻完备。惟其事务繁多，整理不易，且与各衙门多有关涉事件。所有交接之次序、权限之划分，以及对于国内推广局所及汇兑、储蓄办法，对于国外行驶邮船及定约入会等事，非一一预为筹计，不足以臻完密。自应酌量情形，分别缓急，将一切应办事宜按年筹备，开列清单，及时议定，以便与各处互相接洽。而臣部亦可按期程功，免滋遗误，庶冀邮务日有起色，于宪政前途实多裨益。所有分年筹办邮政情形，除咨宪政编查馆，并俟接管后将办理事宜随时具奏外，谨缮具清单，恭折具陈，伏乞皇上圣鉴训示。谨奏。

宣统二年九月初二日奉旨：依议。钦此。

邮政档

谨将筹办分年邮政清单恭呈御览

宣统二年

筹办接管邮政事宜（调查从前及现在办理情形并经费等项，又各国邮政办法、章程，筹备一切经费并各色邮票）。

与税务处协商交接邮政事宜。

编订邮律及一切规则（采各国通行之邮律，先行编订，奏明办理）。

设邮电班于交通传习所。

派学生赴奥学习邮政（以上二项均已奏明办理）。

筹画邮政经常及推广所需经费（按每年邮税所入，以四分之三充一切办公杂费，而以其余一分为推广经费）。

筹备归并驿站办法。

宣统三年

颁布邮政新章（以后按年修改订价出售）。

厘定邮政职分并薪俸考试任用章程。

规定各省总分局设立处所（从前多系按税务区分，应照行政区域改设）。

派员赴万国邮政公会，并考察各国邮政（购邮信盖印机器数具，发交工厂仿造，以便发各省总局应用）。

奏设划一邮政应用图记各项物料。

筹办邮政局储蓄事宜（储蓄一门在我国为尤急）。

筹办外洋邮船。

宣统四年

入万国邮政公会（与各国提议裁撤客局）。

宣布邮律。

裁改各处信局。

推广各府州县二等邮政局。

订无法投递信件办法（各国特设有专局以办此事，并付以拆信权，此外无论何员均不得拆阅，订为专律）。

筹办蒙古西藏邮局。

开办外洋邮船。

开办各省邮政储蓄。

宣统五年

推广各郡县乡镇三等邮政局。

设邮报（专载邮政事实，每七日一发行，不出售）。

开办邮局电汇。

宣统六年

与各国分别订立保险邮件及汇兑条约。

推广蒙古、西藏邮局。

设立机器工程局（各省需用机器甚伙，非专设局制造，必有供不应求之势）。

宣统七年

开行邮政特别快车于通商口岸（凡经过零星小车站，用机器收发包封而车不停，亦名行局）。

推广四等邮政局于京内各街衢（由殷实铺户代办）。

推广汇兑、储蓄两项于各省二三等邮政局。

宣统八年

发行立宪纪念邮票。

推广火车邮政局，附设于各路特别快车后。

推广邮局电汇并保险信件于五洲邮会诸国。

俄使廓致外部法文报载有中俄两国锦齐铁路公文请慎密节略

各种报纸，如上海法报本年八月十一日法文《中国回音报》，登有俄国驻京使署与中国外务部往来文件关于锦齐铁路问题者。俄国政府视此举动甚不满意，以友邦代表之公文并未得其政府允许，竟与报馆交接。此事某某应负责任，姑不具论。俄政府为保全与中政府和好起见，对于此等不正经之举动不能缄默无言。盖报馆宣载之公文，系交于外务部，并非交于报馆访事或寻常外人也。

九月初二日锦齐铁路档

使日汪大燮奏遵旨慰问日本水灾并代奏申谢折

出使日本国大臣·邮传部左侍郎臣汪大燮奏，为遵旨慰问日本水灾，并据情代奏申谢，恭折仰祈圣鉴事。

本年七月初旬，日本国内连日大雨如注，其东京暨埼玉等十三府县河流泛溢，被灾甚重。七月二十日准外务部电开，奉旨：著出使大臣汪大燮亲往慰问，并发帑银十万元助赈，以表关切友邦之至意。钦此。钦遵赈银即日交伊集院使汇寄等因。臣遵旨亲往日本外务省慰问，业经电达外务部代奏在案。兹据日本外务大臣文称：敝国水灾，蒙贵国大皇帝助赈银十万元，由伊集院公使转寄到东，业已移交内务大臣分赈被灾各府县。伏惟贵国大皇帝湛恩优渥，敝国君民同深感谢，拟请代奏申谢等情前来。臣查日本此次水灾，淹没田庐四十余万，该父老言为数十年来所未有。其政府拯灾之策，以安辑流离、调护疾病为治标之法，以浚渫河川、培植林木为治本之图，用款分配停匀，厘然有当。皇仁远被，其感激系出至诚。谨将遵旨慰问日本水灾并代奏申谢缘由恭折具陈，伏乞皇上圣鉴。谨奏。

宣统二年八月十二日发，九月初五日奉朱批：知道了。钦此。

出使日本档

外部复俄使廓法文报载锦齐铁路文件殊难根究节略

接准面交节略，上海法文报登有俄国驻京使署与中国外务部关于锦齐铁路问题往来文件一事，查本部办理要件于未经决定之时，罔不守以慎密。来照所称一节，本部殊深歉然，究竟从何处泄漏，一时殊难根究。但决不是从本部传出，当承见谅。即希转达贵国外部为荷。

九月初五日锦齐铁路档

外部致苏鄂闽粤各督和属华侨国籍事请速解决以便订约设领电

申。和属侨事，迭与陆大臣征祥竭力筹商。国籍问题，彼律业已颁布，我即不认，彼亦必行挽救之法。惟有设领，则不属彼律范围内者，当可及时收拾。即已属彼律范围内，亦不无间接之益。顾设领非订约不可，订约非将国籍问题解决不可。解决之法，惟有各行各律，各以地域为限。在吾表面虽稍退步，而于彼律内容限制已多。在侨民，一朝归国，亦仍完全华民。熟审现情，只有此法，否则派领必办不到，而侨民国籍亦仍不保。搁延日久，枝蔓愈多，处置更难。至吾认彼律，恐启各国效尤一层。经本部电讯新加坡、小吕宋、坎拿大、澳洲各领，查询各该地方属籍法律，旋据先后复到。坎拿大则尚注重地脉与血脉所系，小吕宋则为本岛人，新加坡、澳洲则生即隶籍。是他国于其属地出生之人，多已隶籍在先，故和此次定律亦系仿行，初非创例。本部与陆大臣再四筹维，于国籍事倘能照此限制，尚属有益。其和属各苛例，迭经磋议，现于入境、居留、旅行三节，亦已先允改良。但其意，若领约未订，则新章亦仍不肯遽布。查和属侨事已成多年积案，自陆大臣到和后内外协商，亦越二年。若不相机收束，更恐难为后计。特将办理为难情形详达，希即察酌电复，以凭磋议。外。

九月初五日华侨档

东督锡良致外部日韩合并后日以急进为主义录呈探报各节请垂察函　附清折四件

日韩合并以后，业将探得日政府一切举动随时函陈。兹据探报，该国在高丽、京元、湖南地方所建造铁路缩短年限，并力经营，并建设海军兵舍及水雷团于镇海湾。其安东铁路警察，将有增加之势，揆其用意，实以急进为主义。谨将此次探报各节，录呈钧鉴，伏乞垂察。

九月初六日

再，良此次由奉赴长，经过大小车站，目击日人于附属地内添盖房屋，百堵皆作。而长春车站规模宏大，昼夜经营，尤令人骇异。尚幸长春颜道世清自修马路，始行截止。又商埠界线业于去年划定，故未能尽行侵占，否则喧宾夺主，全为日人境界矣。又据探报，俄首相东来，由莫斯科经窝木斯克、托木斯克等省直至阿尔泰山，调查移民情形。沿途所接条陈，皆议修支路达蒙古，振兴商务等事。尚拟东行，因俄皇由德来电，调查后回，密商要政，现已回国。查俄人蓄意蒙部已久，自日韩合并，其希图进占蒙古，势所必然。前虎后狼，协谋吞噬，祸患之来，不知所届。伏乞筹示方略，俾有遵循。

九月十一日日韩合并档

谨将各员报告照缮一份附达钧览

一、九月初六日滨江关道于驷兴探报情形清折

现由贝加尔湖省来之卜里雅特人说，套匪在该省巡抚处充当统领。哈萨各兵之差又云，套匪上条陈于该国陆军部，言伊业与呼伦贝尔、哲里木、昭乌达等各盟蒙旗言订在先，如蒙奉委即带兵前往，先打洮南等语。又说套匪曾言，喀拉哈之蒙古人仿佛是牛，不能与共事，还是内蒙古人能作事。又说本年夏季，在喀拉哈车臣汗部落之仓贝子旗，库伦派兵六十余人，乘套匪等未起，清晨围剿，开枪轰击。虽兵死多名，套匪大腿上已受两弹。现在枪疮已愈，其大儿已受枪伤，当时身死。又死套匪小女一名云。又说伊国旧制，有兵事则上下公文信札俱用红封套。由七月该省红封套驰递之件，遍满全省，恰克图、乌金斯克、赤都、满洲里四处业屯兵，有二十余万云。又听报馆内之俄人言，该国已派统兵将军多布鲁山那来远东，相机调度军队，衙门大小将佐人员皆赴满洲里迎迓来哈。今已调来俄兵两个德委，共四万八千人。不久该将军赴奉天，再到旅顺接洽日本都督云。又领事处传说，此次该钦差回京时，在哈演说该国现对蒙古事件设立极大一会场专议进行之事。韩文达招蒙人多名，在道里邮政局胡同内路北俄人名巴哈之院内住。韩文达、苏克得尔等日日与阿鲁科尔沁台吉棍噶达瓦在伊开设之十道街太古栈中会议密事。内中又有汪连升者，伊住远来栈东小铺内。韩文达、苏克得尔、汪连升三人常赴奉天、伯都讷昂昂溪、富拉尔基等处，不知何事。细探才知为诱拘人入其党，与俄人作前敌之用。彼等现与俄军队衙门及拉得金住法国饭店之斯莫里尼果夫等处日日会晤，不知其详。现闻套匪在西比利亚赤都城，该处武巡抚派充哈萨克统领，其党羽六十余人云。六月间，有卜立雅特蒙古名叫巴都噶尔来闲居太古栈多日，当时亦未知其因何事而来。伊日日赴秦家岗各处，后竟不见，栈主棍噶达瓦亦不见月余。有人传说，伊系请托台吉棍噶达瓦帮助，欲接去套匪家小者，内中有泄漏之人，遂而避去等语。丹巴都噶尔现系后备兵。初，日俄之役，伊正当兵，在蒙旗巡防，与各旗王公无不识者。棍噶达瓦系阿鲁科尔沁王旗台吉，确闻彼原胡匪案情。因该王拿他很紧，即逃来此处，与俄人贩卖牛马。又由前年开设太古栈。窥其情形，在此专接伊党运动。俄营务处并达聂尔伊之开栈钱，均系达聂尔帮助。棍噶达瓦从党十数，分住杜尔伯特旗。霍洛伯代与小耗子站很近云。此次套匪之家小，实属俄兵队衙门使棍噶达瓦丹巴、杜噶尔等同谋接去无疑。内中往来投信人谓札萨克图旗蒙古苏克得尔，现在韩文达将苏克得尔荐于俄兵队医生，赴哲里木盟等旗治牛马瘟疫，去已月余，详询系别有联络等情云。其细尚未探知。

二、九月初七日探报委员呈报日韩合并后日本近日举动情形清折

一、日韩合并后，日本政府专事压制，严禁韩民集会，并将从前所有之团体一律解

散。即向来为日本尽力之一进会，亦已于三日前被迫解散，其全体有三千二百余名之多。

一、高丽总督府此番行政整顿之结果，竟裁去高等官吏二百余名，可节省经费年至二百余万之多。闻以后尚须续裁。

一、日本在高丽所建造之京元、湖南铁道，原定十一年竣工。现并力经营，限于七年内完工。

按：此节可知日本之急进主义。盖五、六年后高丽经营即可告成，彼时将以全力注我东三省。其亟亟求交通机关之完备，固有因也。我安可不有以抵制之。

一、日本政府将于高丽沿边各地方极力添设警察，故预算明年在高丽之警察费，须日金二百七十万元。已议由日本本国补助。

按：无论何国欲求内政之治理，须有完全之警察者。职是故也，推其于沿边添设警察之意，盖半为防我，半欲乘机侵我。焉可不虑患而预防之？

一、自日韩合并后，在英国之日本公债票竟无买主。

按：此节可知日本合韩之后财政更加困难，我欲急起直追，正在此时。

一、日本在高丽之镇海湾建设海军舍及水雷团一团。

一、关东都督府向来每年受本国政府补助行政经费三百万，明年预算要求添请七十万元。此七十万元，系因安奉铁路警察及工料学堂两项之用。

按：此节可知安奉沿途之警察，非特不能照约撤去，且有加增之势，我宜早为设法也。

一、高丽总督府之官制，现在尚未一定，因寺内统监所提出之官制，总督不受总理大臣之节制，直接天皇，俨然为一高丽王。故阁臣均反对之，以致至今尚未决定。

一、闻美国政府决议在巴拿玛运河两岸建设要塞。日政府闻之大惧，耸动法国会同要求美政府将该运河作为中立河道。闻美政府决计置之不理，故现日政府正派国际法专家调查问题云。

按：巴拿玛运河为南美、北美交通最要之水道，此运河开通，美国在太平洋上海权顿涨，盖北美之军舰可由此河直出太平洋故。日本甚忌之，其提议将该河作为中立河道者，不过藉以为前日满洲铁道中立提议之报复。

一、高丽镇南浦地方向为产盐之区，其盐质极佳，且所产尚富。日人在该处修造盐摊，春间已三十里之广，其工程异常坚固。自日韩合并后，现在招集华工三千余名合力赶紧修筑。

按：镇南浦讵〔距〕安东仅五百余里，汽车一日可到，运道甚便。且所产之盐质坚而色白，远胜东盐。今日人不遗余力日事扩充，恐将来我东省之盐必大受影响也。

三、九月初八日探报委员呈报日韩合并后日本近日举动情形清折

一、高丽今年年岁颇丰，其收获之数为近十余年未曾有。即京畿一带比较去年竟增

收至十八万八千一百四十石之多

一、朝鲜总督府官制经枢密院议定，自阳历十月一日起实行。其详如左：

一、总督由日皇亲简，以海陆军大将或中将充之。

此节即实行前日总督专用武官之说，现任总督即寺内子爵。

一、总督之权限与台湾之总督同。在委任范围以内，总督陆海两军并受内阁之监督，统理诸般政务。

一、总督府设行政总官一员（视副总督），即以现任副统监山县伊三郎简任，隶属于总督，统率行政事宜。行政总官之下，设总务部、内务部、农工商部、度支部、司法部五部。关于外交各事，由日本外务省处理，故不列部。然关于普通交涉事宜，则由总务部办理。任其事者为小松绿氏。

总务部长官为有吉忠氏，农工商部为木内重四郎氏，内务部未定，度支部为荒井贤太郎氏，司法部为仓富永三郎氏。

一、在海参崴之韩民痛于亡国之惨，极力与日本反抗。现由首领李范允派其党羽潜入高丽，以图起事。现日警察颇为戒严。

一、昨日统监府命令各处之日警察严行取缔外国人，盖恐外国人煽惑韩民图谋反抗。其尤注意者则为中、美两国之人。

一、高丽京城之学生现有多数断指以血作盟书，同时退校以图反抗日本。现此种学生被日警察逮捕不少。

一、日本政府预算明年度朝鲜之财政，其支出总数额须二千五百万元。全年只收入一千六百余万元，出入较量不足八百余万元，须由日本政府补助。以后虽整顿一切，可增加岁入，然十年之内朝鲜财政决不能独立。

一、日本政府决计从关东输入之水产物，免收进口税。

按：此节日本政府专为奖励日本渔民至我渤海渔业，我宜预防之。

四、九月十一日探报委员呈报日韩并邦后日本近日举动情形清折

一、前数日，日本警察在朝鲜京城捕获韩人数名，均系曾经留学日本者。搜其衣拌，有韩国大皇帝密诏一件，其文义系谕告韩民务须反抗日本，并有求援外国等语。日警现正严密探查。

一、日韩合并后，其财政益形困难。故于本国所定造之各铁路，一律改为轻便铁轨。并将在朝鲜曾经计划决定应造之各铁路，除由京城至元山因于军事上有关系仍造宽轨外，其余亦一律改造轻便铁轨。即如已开工之湖南铁道（原定宽轨），现亦改为轻便，其经费较原定可节省六万元之谱。俟将来财政充裕，再行改筑宽轨。

按：此节可知日本财政之窘迫，实较我尤甚，然犹不惮投巨资，竭力以经营铁路者，以其为国家之命脉也。

一、日本政府发布敕令：凡在朝鲜除官立学校外，所有私立学校概行禁止。韩人因

此激动公愤图谋抵抗。

按：此节日本政府之用意，在于断绝韩民之祖国思想。恐各私立学校有将亡国之惨状编入教科书中，教授韩人儿童将来惹起革命思想。即此一端，可知日人之深谋远虑矣。

一、鸭绿江对岸之日本营林厂，自明年起一律改用日本木把向用清韩两国人。并对于此等之木把，许其挈眷同往，每家给与土地百亩，任其耕种，并不收取地价。如从事商业，亦尽力帮助。且于沿边设立小学校，以便教育木把之子弟。

按：此节所拟营林厂之办法，实本其政府移民实边之宗旨。若果施行四五年后，必有可观。我若不速设法先发制人，则彼实我虚，乘隙进步，防不胜防矣。

东督锡良致外部报中俄界案会勘情形电

申。中俄界案，前将宋道勘过阿巴该图大概情形，亦循额尔古讷河下勘日期，业已东电转陈钧察在案。兹据宋道呈送第三、四款会勘案内，称中俄委员同赴札赖诺尔车站迤南迤北，将达兰鄂、小木河及海拉尔河汊勘毕，各绘草图。俟全界勘竣，一并绘送等语。除批饬速勘，并俟图件送到另咨外，谨先将会勘情形电请鉴核。良。佳。

九月初九日中俄界务档

滇督李经羲致外部请与英使提议滇缅界务以便勘办电

申。准大咨开英麻署使照称：南奔江与太平江合流处起，至南帕江与南亭江合流处止，界线早经勘定立石。本国政府决难允许再有辩论等语，咨滇查复等因。此段界线于光绪二十四年会勘竖标，二十六年英立陇川、猛卯界石桩未商滇省，事后索摊费未洽。二十九年缅抚照会修桩时，仅派微末员弁同往照料，非两国正式立碑。计全段九十七号单立者，五十六号双立者，四十一号原图均有标记碑，并应互刊华、英文。现碑只刊英文未刊华文，有违原议。自十号、十四号发见无字私桩后，派永昌府复查，尚有第二十、第二十二、第二十五、第二十八、第二十九等号桩位不符，即三十以至九十六各号均待确查。迭与英领磋议，允撤去十四号下私桩，旋又翻悔。昨该领照会西道称，奉缅抚以滇省迄今并不照案立桩相诘责，若不及时勘办，是彼有界而我无界，何足以重国防。应邀同英员按清单所载方位，坐落远近，丈尺对号挨查。双立者另树华碑，单立者补刊华文，如有出入即当场眼同更正。现秋深瘴退，拟派员上界。应请钧部与英使切实提议，要允此已定应查之界也。至尖高山北段，英使坚执潞江及大金沙江之分水岭后为界，不肯再勘。本年片马夷民与登埂土司交哄，英领竟指为缅地出头干涉。前已电陈逌羲饬地方官冒险驰赴该处查出证据，并拿办捏报缅奸民伍嘉元、徐麟祥等，其事始寝。近谣传有英兵将实行驻守片马各处，已饬西道密为防探，并拟饬界员贯野人山地寻恩买卡源。明知小江外各夷种类庞杂，言语侏㒧，不易深入，但望达此目的，于界务方有把握。谨密陈，祈分别衡核，赐复遵办。经羲。初八日

九月初十日片马界务档

外部致墨署使胡贵国撤换驻沪领事极纫公谊照会

为照复事。

接准照称，上海贵国署领事因办公有情弊等事，业已撤任，另委日国领事官代理。又上海实任领事官马尔迪茂斯德亦因难充重任，于今日先停其任事，并照会本国政府将其革职。本署大臣因维持本国国体起见，本国政府亦愿派操守端正官员敦修睦谊，以免轇轕等因。查驻上海贵国领事，经贵署大臣查悉办公未尽妥洽，即与撤换，足见贵署大臣秉公办理，于日后邦交必能益臻敦睦。除知照南洋大臣、上海道外，相应照复贵署大臣查照为荷。须至照会者。

九月十二日各国领事档

使法刘式训致外部承认葡国政府事俟各大国有承认者随时请示电

庚电悉。承认成案，查普法战时，法民废拿波仑改立民主国，宣布后各国相继承认，由驻使照会法外部声明，愿与新政府交接之意。又近年赛尔维亚国弑王，另立新君，英廷召回驻使暂不承认。今葡国政府已定有堪以承认之资格，俟各大国有承认者，随时电请示训。此时离葡恐启猜疑，拟俟承认事竣，晤外部接洽一切，然后回法。训。真。

九月十三日出使葡国档

外部致英使麻奉省运货未设税关但已派税司换给转运专照节略

宣统二年九月初二日接准节略，为奉天不发给洋员改运他处之专照一事。本部正在核办，接准税务处咨称：准东三省总督咨据交涉司呈称，准英总领事照称，洋货完过正税，在东三省由此埠运赴彼埠应领免重征专照。如再运他埠，该处系未设关之商埠，应

赴发照原关缴换。在东三省新开商埠多未设关，商人难免掣肘，请详咨税务处妥筹通融办法等情，详核示复等因，咨行前来本处。查由此埠转运彼埠之货物换领专照，在未设关之埠，不能不令仍向原关换领。惟奉天一埠虽未设关，已派有税司办理税务，凡在彼转运之货，自可准商人就近请该税司换给转运专照，以免往返需时。已札代理总税务司转饬奉天税务司遵办等因。合转达。

九月十五日税务档

东督锡良致外部铁路界外如日本要求协助弹压请驳拒电

申。七月二十七日接奉钧函，以日使面称东省马贼跳梁，请为尽力弹压。当蒙钧部分别铁路界内外，告以中日两国协力办理，并饬良认真整顿，闻之感悚。查东清铁路原合同第五款，该铁路及铁路所用之人，皆由中国政府弹压，是铁路界内尚应尽保护之责。矧在界外，更属义不容辞。钧部所称协力办理，自是虑铁路界内或有窝藏、隐匿之患。彼既有护路兵驻扎，不得不与声明。若铁路界外，断无庸彼协助，或致越界拘捕，侵我主权。倘彼以协助为名，要求中日合办，务请钧部驳拒。除将各案详情另文咨呈外，谨先电陈。良。

九月十七日南满铁路档

使法刘式训致外部中暹立约事暹使允转政府电

申。暹罗立约事，暹使允转达政府，俟得复电闻。训。皓。

九月二十日中暹通商档

英美德法各使致外部银行代表仍请按照湖广铁路原合同办理照会

为照会事。

湖广铁路借款一事，宣统二年九月初一日接准来文，内称署邮传部已函知四国银行代表，定于九月初一日在本署接晤等因前来。本大臣兹据银行代表人禀报是曰接晤之情形，诧悉据署理邮传部尚书沈大臣及右侍郎盛宫保辩称：因在宣统元年四月十九日张中堂与英德法各银行代表人商订签字之正合同草稿汉文后，载有须俟奏奉谕旨，并度支部核准，如度支部有驳改之处，即再另商办法等语字样，故该合同文义不算决定等词。本大臣查当日正合同草稿甫签字后，即有美国政府出头声明，愿列入借款合同之内，遂由外务部请英、法、德、美各银行代表人设法令美国列入。此事系在外务部署内提议，有外务部尚书梁大臣敦彦当面指示，且在粤汉及川汉各铁路公所及张中堂宅内，均常议此事。有周参议自齐代外务部指示，主持此项会议，经阅几及四个月之久。其议竣之时，距张中堂薨期仅数日，迤前会议之期均订以宣统元年五月十九日签字之正合同草稿为基础，在事各造均应允。而张中堂特为切要声明，该合同之文不能易改，且有如因美国列入致有应改之处，须列在另议之合同内为要之语。关于此事，外务部系明遵谕旨办理者。其于会议此事之际，并未预告在约诸银行在已签字之合同内有应改之处，故以本大臣之意，此即切实证明当时无更改之意。且系外务部代中国政府以该合同各条为决断而应办者，是以本大臣不能将署邮传部尚书及右侍郎九月初一日与各银行代表人等接晤时辩驳之处为然。应请贵国政府饬令邮传部，按照该正合同签字之草稿各条遵办，并与各银行代表人等会同协办，俾得迅速告成，批准是荷。

九月二十日粤川汉铁路档

查此项照会系英、美、法、德四国公使同日分致外务部者，因词意相同，是以仅列其一，以免重复。

度支部咨外部安东关码头分界处中日合建一桥已由东海关拨款文

为咨行事。

制用司案，呈准东三省总督锡咨称：窃照安东海关码头与日本所占租地分界处有小沟一道，日人建议修桥。当据兴凤道赵道电禀，以恐碍商民交通，拟由我先修，以图抵制。经本大臣饬同巴税务司赶紧酌量估勘去后。兹据该道呈称，日铁路公司以该处系铁道界内，坚不允我独修该道等。与之再三磋商，始允中日合办，各认出资一半，名曰公和桥。业已议定桥式绘图，估价共需小洋二千八百三十元六角四分，请示前来。查铁道界内桥梁，本在日人势力范围之内，现议合办，不特便于交通，且得收回一半权利，自应照准。所有中国应出桥资一半，小洋一千四百十五元三角二分，拟由该道库存项下先行垫发，另行造报核销。除批示外，相应连同原图咨行鉴核备案等因到部。查奉省安东海关码头与日本租地分界处，中日合建一桥，中国应出桥资一半，计小洋一千四百十五元三角二分，由兴凤道库存项下先行垫发。既据该督咨称，为便于交通，收回权利起见，应即照准。仍令将桥工认真修筑，毋得草率偷减，致滋糜费。一俟工竣，即行分晰造具详细清册，送部核销以重款项。除咨行东三省总督转饬查照外，暨咨呈外务部可也。须至咨者。

九月二十二日安奉铁路档

外部致赵尔巽布丹系中国属邦英人有无秘密举动希查复电

申。转驻藏联大臣，布丹事，上月二十二日电悉。现准英使照称：联大臣有违法干涉布国情事，布丹国君接联大臣信内所云，究系中国于布丹有上国之权，语气系饬令口气。兹奉政府饬将去年英布画押之条约钞送，嗣后中国若有致布国文牍须送英政府转送并答复。又去年照会声明，藏政如有更变，英国不允有碍廓尔喀并布丹、哲孟雄之国体，请再注意等因。本部当以布丹系中国属邦，迭受封号，颁有敕印，驻藏大臣行文系照向例办理，并非分外干涉。英布所订条约，本部并未闻知，不能因此改变中布历来办法。至廓尔喀历年来京进贡，久已归属中国。布丹亦系中国属邦，均不能与哲孟雄之照约归英保护者视同一律。中国对于布丹事件，仍照成例办理，并非有所更变等语，驳复该使。布丹为英所迫，私与订立条约，送来条款有每年英助十万卢比，并外交随从英政府指导之语。在我自难承认，但究竟该部向背如何，英人对彼有无他项秘密举动，仍希不动声色密查，详酌妥办，并随时见复。外务部。

九月二十五日西藏档

度支部奏议借美款先订草合同请旨核遵折　附草合同

度支部奏，为议借美款，先订草合同，请旨核遵，恭折仰祈圣鉴事。

窃臣部前奏整顿财政，必先统一币制，必须预筹铸本。曾经会商枢臣锡良，奏准借款二千万两，兴办该省银行、实业等事。经该督臣电奏，与美国银行议借金款，奉旨归并度支部办理等因。钦此。臣等当即与北京花旗银行会议借款，总数不逾美金五千万元，利息周年五厘，每一百元准扣五元。已由美国资本家摩根公司、昆勒贝公司、第一国立银行、国立城市银行四家联合承办，彼此电商先议草合同六条。该公司等公派在京花旗银行总办梅诺克，臣部即派左丞陈宗妫、右丞傅兰泰于九月二十五日签字，各执一分。谨将原文录呈御览，如蒙俞允，应请饬下外务部迅速照会美国使署，以便仍由臣等即与美国资本家循照草合同所订各事宜，赓续妥议详细条款，再行请旨办理。所有议借美款先订草合同缘由，理合恭折具陈，伏乞皇上圣鉴训示。谨奏。宣统二年九月二十七日奉朱批：依议，单并发。钦此。

借款档

谨将美国借款草合同原文照录恭呈御览

立草合同人：首造为度支部，系代表大清政府以后即简称曰清政府。二造为摩根公司、昆勒贝公司、第一国立银行、国立城市银行。四家皆系纽约城开设，联合成为美国资本家以后即简称曰美资本家。事因大清政府为欲整顿国家及东三省财政暨办理东三省实业事务，拟定创作发售大清政府递还之金元债票以后即简称曰债票，其总额不逾五千万美国金元。所有商酌借款情形照后开办理。现将议订条款开列于左：

一、清政府允出金债票，美资本家允为代卖，其总额不逾五千万美金元，皆按下文所载条款及嗣后所商定之详细章程办理。

二、此债项系为清政府所直借，即为清政府所担负。是以为清政府应以其信实及其还债之权柄为保，使该债款本利皆准按照限期清还。

三、该债项利息系周年五厘，美资本家允以九十五作一百买受此债票。所有收来之实款共计四千七百五十万美金，须存在美国资本家或其许可之代理银行，听候清政府按照借款办事所需，随时提用。至存款提款章程，借款期限，若干年以及分年递还本利，并积聚抵备归本各办法，以及债票起息、停息日期，与一概关于此债款之事、经理各费，俟立详细借约时和同商订。

四、凡关于此项债款之利息，递还之本项与经理各费用，应于详细借约内所指抵之妥裕饷源先行提付。

五、此草合同俟奉到上谕乃可作准。上谕须由外务部用正式公文照会美国使署，并请美国资本家即与度支部或大清国所派定之大臣速订详细借约。

六、此合同乃用汉文、英文各备两分。一分归度支部存查，一分归美国资本家存查。倘因汉文、英文不同之处致生误会，当彼此和衷妥订办理所有应议未订之款。如彼此意见不合，此草合同可作废纸。

外部致法使马云南运铅暂行章程并非有违条约请允认照会

为照会事。

准照称：《云南运出白铅暂行章程》与中法条约所载各节，似有违背之处。一千八百五十八年《天津条约》附章第五节声明，硝磺、白铅等物不准由法商运入中国；一千八百八十六年《天津条约》第十五条第二段内载明，火药、白铅系在禁止运入中国之例。以上条约并未载明有运出白铅之语。条约所禁运出之物，自必一一开列清单，而白铅亦未涉及。今新章办法勉强商人请领允准运出白铅之执照，而地方官有任意限止或禁止运出之特权，均与条约大相背驰。本大臣自当声明，两国政府关于此事未经会议之先，不能允准新章实行等因。本部查一千八百五十八年《天津条约》附章所载白铅等物不准运入中国一节，虽未言及不准运出，而一千八百八十六年条约第十五条所载白铅等物不准运入中国一节已声明，一切兵器、军火亦不准贩运进北圻。白铅乃条约所视为军前要物，实包括在军火之内，故禁止运出不能谓为有违条约。本部前因贵大臣之请，特为电商滇督，始有前项暂行章程。此系于本应禁运出之中酌拟通融办法，不料来照竟未体会此意。查滇省所拟新章，大致言洋商运铅须先期禀由领事照请关道发给专单，如无专单不得私运。如遇中国须留自用时，亦可宣示禁运，不发专单。盖因白铅可以制造军火，如运出漫无稽查，则匪徒或将朦运，所以必须由领事请发专单方准购运。又，白铅有关每年运京及各省局制造之用，如毫无限制，一律运出过多，致形缺乏，所以声明中国须留自用时，亦可禁运。此系章程内必不可少之办法，并非有意限制洋商贸易。本部甚愿商请贵大臣允认此项章程，俾贵国商民在滇省得享购运白铅之利益。相应照会贵大臣，查照见复可也。须至照会者。

九月二十九日禁物档

度支部奏议复滇督奏请拨省城开埠经费拟照准折

度支部奏，为遵旨议奏，恭折仰祈圣鉴事。

九月二十七日云贵总督李经羲奏请拨省城开埠经费一片，奉朱批：度支部议奏。钦此。由内阁钞出到部。原奏内称，云南省城南关外商埠地多空旷，诸待经营布置，所费诚属不赀。前督臣丁振铎曾请部拨的款银三十万两，以济经始要需，经部议驳，饬令自行筹措。兹火车开行，交通便利，洋行在埠开设行栈已十余家。川、粤贾人闻风踵至，皆愿受廛营业，若能悉力经营，商务可渐期发达。开埠之初，宜示宽大，于所入各种税捐作何经收，尚须随时审度，以广招徕。现改设商埠总局，所有目前应办一切事宜，次第振兴，在在需款。本省财政较前数年倍形支绌，姑就最急最要之马路工程暨建筑审判厅、货场各项料费撙节，估计至少亦须二十余万金。惟有仰恳天恩，准照济南商埠成案，饬部先行借拨开埠经费银二十万两。一俟征有税捐，仍陆续归还借款，以符原议。至局用巡警等费，本年由滇省自行设法挪拨应用，宣统三年亦已并入滇省预算案，不另请款等语。臣等查各省开办商埠，历来多系自筹经费，是以臣部前经议驳。惟该省地处边瘠，商埠经营伊始，用款较多，原奏所称无可措拨者，自系实情。现在滇越铁路已渐通行，开埠之举所以保护主权，维持商业，自须拨解款项，俾资开办。刻下京外库款均属支绌，第滇埠为大局所关，不得不勉为筹顾。拟请由该省蒙自、腾越、思茅各关税项下借拨银五万两，由胶海关税项下借拨银十五万两，统作为该埠开办经费。仍俟征有税捐赶紧陆续归还，庶滇埠得及时开办，而借款亦不致久悬乃为妥善。至局用巡警等费，应照原奏由该省自行筹办。如蒙俞允，拟即分别咨行遵照。所有遵议缘由，理合恭折具陈，伏乞皇上圣鉴。谨奏。宣统二年十月初一日。

商埠档

东督锡良致外部京奉展线及联络营业事以速结为宜函

敬肃者：

查京奉车站展筑至奉天城根一事，前因日领要求联络南满，致未解决，已将全案咨送钧部。良以去年协约五案，只此一事为我所利，亟应早日议定，以便建筑而免妨碍，当经电钧部催议在案。兹准邮部函开，以联络一事系属节外生枝，未便照准，并钞送与钧部往来各函到奉。查铁路联络营业一节，系光绪三十一年中日会议东三省协约所规定，而去年闰二月所订合同，系专指旧车站而言。今既展长路线，则旧站必废，南满一线不能不与新站联络，似亦在情理之中。若此联络线仍仿照去年办法由我自修，似亦无大窒碍。倘日久迁延，在日人安坐以待，无事亟亟，而我之展长计划终为彼阻。二者兼权，似仍以从速议结为是。事关路政，本不敢妄参末议，但为便利东省商旅起见，不得不一再函商。究应如何核办之处，敬候卓裁。敬请钧安。

十月初二日京奉铁路档

邮部奏遵章胪陈第四届筹备路电成绩折

邮传部奏，为遵章胪陈本部第四届筹备成绩，恭折仰祈圣鉴事。

窃查宪政编查馆奏定考核章程内开，九年筹备事宜，责成内外臣工每届六个月，将筹备成绩胪列奏闻，并咨馆查核等因。所有臣部九年筹备事宜暨第二、第三两届筹备成绩，迭经奏咨在案。兹值第四届奏报之期，自应遵章胪陈，以符宪典。伏维臣部所辖四政，除邮政暨理船厅尚未移交外，其余船、邮成绩，业经上届陆续陈明。兹请就路、电二门分为补救、扩充两端，缕晰陈之。

路政自前年赎回京汉以后，所有大赔款担保款项一事，臣部饬铁路局长迭与比公司争辩未决。经外务部与驻京比公使公断，始将凭函作废。本年业经奏明完结。正太旧因窄轨之故，以致税繁货绌，岁受巨亏。经部饬令路员制用活轴货车，俾得转运煤斤于京汉。旋复裁撤本路华员役巴黎公司之工程参赞等员，计岁省银元三万一千七百余元，并省法币十五万四千七百佛郎。兼令该路将月解公费银二千五百两，亦折半解部，以资表率。总期寓节流于开源之内，俾获日起有功。而洛汴之河桥墩亦于六月间赓筑蒇役。其吉长轨线与南满轨线交接之法，业经议订联络营业章程。其大要，则西起吉长之伊通河，东起南满之头道沟，别筑一联络之线，划定区域以便装卸客货。所有两站界内建筑之费，彼此分任，而吉长于该线则独任其修养而专有其管理之权，权利挽回颇非浅鲜。

至电政，如赣浙、福韶、韶广及鄂境老河口，豫境郑州之大修各役，均分途赶办。而英人在上海所设汇中旅馆之无线电报，亦次第收回。此臣部筹备成绩之在补救者也。

查全国官建各路，其现在兴筑者曰张绥、曰广九、曰吉长、曰津浦、曰开海。清徐、开海早经分道测量，大概情形上届曾预为陈奏。张绥自张家口至柴沟堡六站之内，桥墩、涵洞先后竣工，近且接展而前，冀达天镇。广九则购地局所已撤，第一段通车约六十里之谱，第二段大桥三座筑墩早毕，第三段路基一律告成。吉长则全路土工，除桥洞外，完者居十之八。现准督办津浦大臣咨称，该路北段从天津抵济南轨木土方业将蒇事，其余五段亦经逐段兴工；南段自浦口至于临淮，料车早已畅驶；自临淮至于固镇，路基亦既筑完；而固镇、宿迁、峄县各段之间，或初施铺轨之功、或甫竣购地之役，现正兼程赶造，期速观成等语。而其电线之展设者，除奉吉经部咨行各该省办理外，于河南则有武安之线，于安徽则有六安之线，于福建则有汀漳之线，于江西则有吴城广信之线，于山西则有归化包头之线，于皖、苏间则有凤阳徐州之线，于广东则有潮州嘉应之线。更由嘉应分线，并出东经小河口以达于平远，西经官塘以达于兴宁。而川藏二千数百里间，自察木多以东起，巴塘业经兴修。自察木多以西讫江孜，正资筹办。此臣部筹办成绩之扩充者也。

总之，邮传四政，义主交通，其用财皆殖产营业之基，视寻常消耗为有别。其立法兼强国富民之计，较他项运输为不同。臣等先后设施，虽缓急或因时为变通，而宗旨所归究无逾此。所有遵章胪陈本部第四届成绩各缘由，除分咨外，谨恭折具陈，伏乞皇上圣鉴。谨奏。

宣统二年十月初二日奉旨：宪政编查馆知道。钦此。

交通档

邮部复外部京奉展线并无条件日领所求实属枝节函

敬启者：

接准来函。以京奉车站展至城根一事，准日使函称：上年协约第五款与此事并无扞格，并援据中日会议东三省条约第七条暨吉长协约第五条，请将延长、联络二事和平商结。并面称，上年所订条约第五款虽只言京奉展线，而会议问答却曾提及联络之事等语。用特钞录来函转达查照，详核见复等因前来。查京奉与南满联络一事，业于光绪三十四年由京奉、南满订立接联营业合同，是两路联络问题早经了结，前曾函达在案。至京奉展线一事，本与联络无关。前经按照宣统元年九月之协约第五款，彼此派遣专门技师议定工程办法。嗣以奉天日领事签字爽约，生出联络要求，以致悬案未了。查第五款内开京奉铁路延造至奉天城根一节，日本政府允无异议等语，是日本政府已承认京奉一直展长至奉天城根，除展线以外，别无何项附加之条件。如有心承允联络始可展线之说，合同何不声明？今日使乃以联络为要求，实于题外另生枝节，似难允认。至于会议问答所指联络之事，业经订有接联营业合同，即已尽两国实行之责务。总之，此事必日使不格外要求，始能妥协了结。仍请贵部查照，酌核办理，俾与协约第五款原意相符。是为至盼。

十月初三日京奉铁路档

吏部咨外部奉谕李国杰著出使比国并赏给宝星文

宣统二年九月三十日，由内阁钞出宣统二年九月二十六日内阁奉上谕：李国杰著充出使比国大臣，并赏给二等第一宝星。钦此。相应知照可也。

十月初三日出使比国档

滇督李经羲致外部缅边腾龙界桩被英人去标削字请趁机查勘更正电

申。九月初八日电计达。缅界腾龙一段，英立界桩，只刊英文，未刊华文，并于原垒石号数处所去标削字，冀泯其迹。陇川、猛卯土司境内，多数田地为缅民逐渐霸耕，抗纳租赋。本年饬边员按亩履勘，确系过界，英领力袒，案悬未结。定界仅十余年，桩位坐落丈尺，已多与原议清单不符。若不及时补立正式界碑，恐此后谷变陵迁，按图难索，无以重国防。兹缅抚既要我照案立碑，当趁机提议双方派查。果有侵越，可藉沿边父老指证更正，折其狡谋。冬晴瘴退，滇员预备上界。钧部与英使作何交涉，曾否承认？祈示遵办。经羲。支。

十月初五日滇缅界务档

东督锡良致外部报日俄近日举动情形函

日俄近日政策，迭经查探，函达座右。兹复据各处探报日俄举动情形，谨择要汇录，祈请钧鉴，伏乞垂察。恭叩崇安。

十月初十日日俄协约档

谨将近日探报日俄举动情形录呈钧鉴

一、日本政府从前与各国所订通商条约，明年一律限满，日政府现与各国商议改订。其所提出之草约，各国率皆反对。即同盟之英国，关于关税亦极力抗议。且英国舆论因此颇不满于日本，日本国民亦诘责政府不应以区区关税问题开罪于同盟各国。

一、关东都督大岛此次回国，系为东三省外交统一问题。其意谓东三省对于日本之外交事件，应归彼处统一办理，外务省不应干预。去年回国时曾将此事提议，被外务省驳斥，此次回国必欲将此事达到目的而后已。

一、朝鲜总督寺内回国，闻有继任桂内阁总理大臣之说。因桂内阁为改订条约事大受国民诽谤，恐难久安于位。

一、日本政府现准许英国资本家投资一千万金元，在日本八平地方建设轻便铁道。盖苦于财政之窘迫，不得不利用外资也。

一、日韩合并后，朝鲜沿边人民因被日人逼迫，多欲迁入我国境内。延吉一处移徙甚多，殊难防制。窥彼政策，盖欲以朝鲜人民逐入我国扩张其势力。又以日本人民迁入朝鲜，以巩固其边陲。设谋至狡且毒，我国取缔韩侨问题宜早解决。

一、朝鲜总督府现拟于仁川、大连之间修一海底电线。又拟在朝鲜釜山修一船厂，预计船厂工费约五百万。

一、日本政府为奖励在我东三省及朝鲜之日人商业起见，于本月起将电报费一律减轻一半，前七字为一音者，现以十五字为一音。

一、逃匪陶什陶现在俄境赤塔附近某俄屯居住，一、二月间必来赤塔一次。

一、赤塔迤东约十余里，俄驻陆军步队约二万余。迤西约五六里，有黄肩牌马队四千余，不时演习。空中飞艇、子弹、军火堆积甚多，各处营垒布置细密。本年由西伯利亚增加铁路一股，曰伯缶斯基亚铁路，现在直抵格林木斯基站，距满洲里四百里许。又满洲里站由赤塔新到陆军十五标步队五百名，即驻在俄武营之内。并闻将此站铁路护军改为陆军之说。

一、驻哈俄总领事署翻译珀珀夫并拉得金兵队衙门参将巴拉诺夫，招蒙古宝锁尔、绰鲁二人，有派往札萨克图等旗游说联络情事。

使日汪大燮致外部各国驻韩领事将隶属驻日使署拟赴韩察视电

申。密。各国驻韩领事今将隶属于驻日各使署，便于呼应灵敏，事机统一。曾与驻日各使谈及，皆极重视此事。并拟先往察视，英使业经前往。燮拟将此间积牍清理，即赴韩一行，所有详细各节，容再筹陈。如何希电复。

十月初十日出使日本档

外部致汪大燮希查日人对待在韩华侨情形电

初十日电悉。各国驻韩领事嗣后直隶驻日使署，中国亦可顺便访查现在日人对待在韩华侨情形，以便应付。希随时详告。外。

十月十一日日韩合并档

外部致锡良等据日使称玄德胜已释放电

玄德胜一案，准日本使函称，业经政府奏请将该员特赦，已由驻韩总督于初九日释放。请转知该管官，勿再派给差使等因。希查照饬遵。外务部。元。

十月十三曰延吉边务档

清宣统朝外交史料卷十七终

清宣统朝外交史料卷十八

宣统二年十月下至十二月上

俄使廓致外部商船入俄口不复重量须先立专约兹钞送船牌度量吨数章程照会

为照会事。

本年八月二十日接准来照，有各国商船入俄口不复重量，凡有华船驶赴俄国口岸，应纳船税一律照牌内所载吨数为凭，不复重量各等因。本大臣当经咨询本国政府，兹准商工部文开：各国商船驶赴俄口勿庸重量，系本国与各国商定专条，彼此允认，系一度量吨数之法。此项条章业有与奥斯玛珈、比利时、英国、德国、丹国、义国、北美合众国、法国、瑞典、那威各国商定，本国政府冀与中国按照以上与各国办法，商定专条。兹将度量、吨数章程一本，并度量、吨数、船牌四纸附送各情前来，本大臣相应将以上各情及附件照送贵部查照，其如何办理之处并请照复。如贵国政府允认，应即照立专条，即希将中国度量、吨数章程并船牌照送本处，以便转达本国政府可也。

十月十五日航务档

东督锡良奏遵旨密陈东三省大局应行分别筹办情形折

钦差大臣·东三省总督兼管三省将军、奉天巡抚事臣锡良奏，为遵旨密陈东三省大局应行分别筹办情形，恭折仰祈圣鉴事。

窃臣承准军机大臣字寄，宣统二年八月二十二日奉上谕：熊希龄奏，朝鲜既并，满洲益危，非大变政策无以救亡图存，密陈管见四条。著锡良按照所陈各节严密体查，悉心规画，应如何分别筹办之处，著即逐一复陈，候旨遵行，原折著摘钞给与阅看等因。钦此。遵旨寄信前来。臣查原折所陈四条，一曰：东三省已设各洋关一律裁撤，作为无税口岸等语。窃谓：设关收税虽为国家正项之岁入，如因地方未能发达，欲以鼓励进出口之货，原可减轻豁免，以利开通。英国伦敦为世界商务最盛之区，即系无税口岸。是谋国者能注意于远大，必不计目前照例之进项，方足以成雄伟之图。今东三省出口货物逐年渐见增多，而地利未尽者尚不下十之七八；如果一律改为无税口岸，使货本更轻、销路愈旺，营业者与运售者彼此交欢，相率投资，则求过于供，不出数年将无不辟之利源、无不尽之地力。与其为闭塞之经营，诚不若为开通之变化。拟请由外务部与各国使臣商定征收营业销场等税办法后，明降谕旨，将东三省各关一律裁撤，以十年为限，十年之后，察酌情形仍可再行收税。查东三省各税关岁入统计约三百余万两，大连、营口系归部收，其余皆为东三省预算的款。裁撤之后，必须筹款抵补。况为大局远计，目前欲结各国之均势，将来可期内地之发达。以得偿失，轻重悬殊，自不能因此区区而阻大计。此裁撤洋关之策之可以实行者也。

二曰：改东三省通商条约，许各国商人杂居内地等语。窃谓：内地杂居，必以主权在我为要著。原奏谓：日人不遵约章，杂居城镇，无法使之迁徙，不如使各国商人任便居住。其意若谓：与其使日人恣行破坏，不若使各国互相维持。惟既准杂居，则当任其保护，警察、裁判之务必须完备足用，而后主权可保。倘目前行政实力尚未充足，则彼之商民于受我治理之规条必不肯帖然承认。是杂居而无主权，将来更难约束。况日、俄与我接壤，各国与我穹隔。既准一体杂居，则日、俄来者麇至，势不可御。各国商务未旺，来者必不甚多。日、俄杂居之民势将喧宾夺主，其恣行破坏必有更甚于今日者。为今之计，可与各国密约以数年为限，为我预备开放之期，届期之日收回治外法权，准其杂居内地。一面急用全力扩充警察、裁判，分年预筹，逐渐推广，必使我之力量足以完全管领，彼之商民一律愿就范围。庶几有条不紊，流弊可免。此内地杂居之计宜从慎行者也。

三曰：东三省矿产、森林均许各国商人设立公司，招股承办等语。窃为东三省现在情形，惟以招徕洋商吸收外资为最急。其开矿章程准附外股业已明奉谕旨，然纯系洋股，不入华股，似亦未宜。臣拟特立《东三省兴办实业章程》，所有开矿、采木、耕种、牧畜、制造、纺织各事，一律招人开办。其办法分为二种：一为华洋合资之公司，一为华人领办洋人承租之公司。宽其规条，束以年限，使洋商可获投资之利，而中国不失收回之权。但使有数处公司成立，则闻风兴起者必不乏人。目下已有洋商来请试办农业者，容议有眉目即当奏明立案。此招设公司之已在试行者也。

四曰：加借外债，经营移民开垦等语。窃谓：东三省大局危迫，自应大举以图速效。然其提纲挈领之要务，则在于锦爱铁路一事。诚使铁路即行开办，则精神振作、血脉贯通，一切移民开垦均可应弦赴节、事半功倍。应办之事千头万绪，原奏所称：此次借债二千万两为数太少，无济于事。诚为灼知局中甘苦之论。若使锦爱铁路未能即定，则勉强兴办糜费更多，日复一日，事事皆落后著。臣当察度情形，于万不可缓者随时奏明办理。只求款能应手，则进步必速。诚能由部预筹巨额存储银行，专为东三省指拨之用，尤为深幸。此加借外债、经营移民开垦之利在速行者也。

细察四端之宗旨，皆以实行开放为主义，所见远大，与顾此失彼、畏首畏尾者不可同日而语。臣自知才绌，平日亦以谨慎、保守为本。然当此时艰，日受激刺，非沉舟破釜、有进无退，断无可以幸存之望。朝廷如垂念东三省所处之奇危，请以原奏所陈四端列为预定之政策，步步著著依此实行。至于进行之步骤、秩序，由臣随时奏陈，请旨遵办。臣惟有勉竭驽钝，收集才能，合群策群力之长，取得步进步之势，藉以仰答畀任之重于万一。所有遵旨议复缘由，理合恭折密陈，伏乞皇上圣鉴训示。谨奏。

宣统二年十月十六日到，二十日奉朱批：该衙门妥议具奏。钦此。

东三省档

外部咨锡良陈昭常法使言吉省添修铁路占用教堂地亩请查复文

为咨行事。

据法马使来照，以据驻奉本国领事报称：吉林有司欲由车站添修一路，以达河岸，所定路线竟将教堂地亩一段占据。该路线前因经过私有产业，经地主争辩屡为更改，而此次该有司又擅决定由教堂穿过等因。本大臣查必须用此地段，本馆毫无阻止之意。然吉林有司如此擅行占据，任意定价，则不能允准。夫定价一节，本当会同本国领事商定办法，方为合理。请将此节转致东三省总督照办等因前来。查此事是何情节，本部无凭悬断。惟既经该使声明毫无阻止之意，应由贵督抚转饬查明情形，酌量办理，并声复本部可也。

十月二十四日吉长铁路档

鄂督瑞澂咨外部洋商在租界以外违约经商请照会各驻使禁止文　附湖北谘议局议决办法

为咨呈事。

据湖北谘议局呈称：窃查中英条约载明新旧各口岸除已定有各国租界应毋庸议，其租界未定各处应由英国领事官会同各国领事官与地方官商议，将洋人居住处所画定界址等语。中美条约载明大合众国泊船寄居处所商民、水手人等只准在近地行走，不准远赴内地乡村、市镇私行贸易，以期永久彼此相安等语。中日条约载明现今中国已通商口岸之外应准添设下开各处立为通商口岸，以便日本臣民往来侨居，从事商业、工艺制作，所有添设口岸均照向开通商海口或向开内地镇市章程一体办理等语。是中国未经开埠地方，无论何国商民不得侨居、营业，即已开之通商口岸外国商店亦皆有划定之租界，原非漫无限制、可以任意杂居也。

汉口开埠最早，一码头以下迤逦洋场，市廛林立。洋商营业应在租界以内，武昌省城并非通商口岸，洋商私行贸易更为条约所必禁。乃近来武汉关街市日商之开店营生、提包小贸易者实繁有徒，欧美商人虽未在租界以外直接经商，而英商、美商等类之牌名亦所在多有。夫租界以内之地有限者也，租界以外之事无限者也。以无限之地而杂处，洋商势将得寸进尺，相率偕来，益以肆其无形侵占之手段。此其有损权利者一。

外国领事裁判权尚未收回，洋商杂居内地，设与我国人民酿衅滋讼，华官不能径行审理，则两造纷争方将受裁判于租界之领事，是领事裁判权且得延及于内地矣。此其有损权利者二。

况自通商以来，洋货畅销、华货阻滞，中国衰颓已有不可挽回之势。设再任彼族逾越防闲，遍处招揽，则民生日用所需将尽取给于洋货，而华货愈无销路。此其有损权利者三。

中国商民冒挂洋旗，律所必惩。假令华界准洋商开店，则奸商藉洋旗以自雄，外人拥虚名而渔利，真伪莫辨，取缔为难。且以未辟之商场而遍列各国之牌号，亦觉大失国体。此其有损权利者四。

综厥四端所关匪细，而追原祸始，要皆我官吏之苟图无事，有以酿成之也。武汉为我鄂重镇，对于外人违约之行为长此隐忍，不与交涉；则其他之府厅州县凡足以扩张商业者，皆将为外人任意居留之地，而无敢抵抗矣。且查《马关条约》第六款第三，日本臣民在中国内地购买、经工货件，若自生之物或将进口商货运往内地之时，欲暂行存栈，除勿庸输纳税钞、派征一切诸费外，得暂租栈房存货，为日商侵入内地藉口之理由。然存货与售货、栈房与店铺、暂租与久赁均有区别，据文解释固仍不得于租界以外开店经商，事关本省权利不宜旁落外人，亟应据约力争，切实禁止，以保国权。本局议员提出议案，经审查报告，公同决议，理合备文呈请裁夺，乞赐公布施行，并呈办法五条等情到本部堂。

据此查各国洋人来华通商除约载口岸外，本不许在内地开设行栈。其始限制尚严，曩昔时局亦与今殊，自日约有暂租栈房存货之条，遂至一溃不可收拾，变本加厉，遍地开设店铺，几等杂居。而提包售货之人踵趾相接，以致各国洋商隐援利益均沾之约，而英、美等国之牌名亦所在皆是。加以奸民无识，惟利是图，或代为帮贸，或倚为护符，种种侵损主权难以枚举。本部堂前任沪道，由苏而鄂，凡以此等违约之事因与外人力争者已不胜缕述，而卒未能尽如所愿。

今谘议局为舆论代表，申明约章，公同决议，呈请照约禁止，不能不俯顺舆情。然事关国际交涉，宜加审慎，未便径行查办，致生枝节。惟有将所呈议案及办法五条咨请查核，可否照会各国驻京大臣转饬各口领事，传知洋商恪守条约，不得再在内地开设店铺及提包售货。倘能就我范围，再行查明禁止。为此备文咨呈贵部，谨请查核见复为荷。

十月二十五日禁令档

附谘议局议决禁止洋商在租界以外违约经商办法

第一条　拟请督部堂札饬巡警道，按照左列各项，限一星期查明，分别造册呈送。

甲　武汉街市洋商店铺国籍、牌名及其经理人姓氏

乙　提包小贸之日人武汉只有若干人、何人寄居何处

丙　洋商开店或寄居所租之房屋系何人管业

丁　买挂洋商牌名之华商及其经理人姓氏

第二条　督部堂查核巡警道册报，按照条约分别照会该管领事官转饬洋商店铺，限两星期迁入租界以内。

第三条　督部堂照会日领事，应请声明嗣后日人不得在租界以外沿街提包售卖货物。

第四条　嗣后外国人在租界以外租赁房屋，由业主报明巡警道派员调查明确，再行核定，以符约章，业主不得擅自允租。

第五条　冒挂洋商牌名之华商，巡警道应严饬将牌名上之洋商字样一概销去，否则勒令闭歇。

滇督李经羲致外部缅兵赴腾越驻守请商英使电缅政府仍守小江北流为界电

申。腾越北界英领藉片马案进争，滇省惩奸抚夷均占先著，彼始罢议。然当时有俟雨霁瘴消英兵往驻片马之谣。准钧部本年五月初三日电：英使照复，请注意光绪二十九年十二月十四日照会。又三十二年四月初八日，萨使曾向中政府言明英政府之意。查所引两次照会均指高黎贡山为界，并声明如中国不允所请，英即令缅政府驻守该处，治理一切，无须再商。是该国未始不藉派兵为恫喝，顷据腾越税司密称缅派兵五百名往北界巡驻等语，恐其事不尽无因。照原案，我认为边界者在各守现管之小江。英兵如到江内土司地面，听之则失地，拒之则兴战，作何应付，乞秘示方略。界务延不解决，终有恃强侵占之一日。西陲险象岌岌可危，羲夙夜焦思，在界约未划定时，直苦无从措手。故迭请钧部与英使抗议，俾得早有归宿。此界既当重勘，祈速照商英使电咨缅政府仍旧暂守小江北流为界，不得令英兵越江私入华境游弋，以免边民惊惧生衅，迫切至叩。经羲。敬。

十月二十五日片马界务档

英美法德各使致外部请催邮部速与各银行商结湖广铁路借款照会 附节略

为照会事。

湖广铁路借款一事，本年九月初一日邮传部与英、法、德、美四国银行代表人接晤之情形，本大臣于九月二十日照会贵亲王。其接晤时，邮传部署理尚书及右侍郎辩称：各节按诸宣统元年四月十九日商订签字，正合同草稿所负之责任及贵部关于此事所处置者均不能为有效力。故本大臣九月二十日照请贵国政府饬令邮传部按照正合同签字草稿各条遵办，并与各银行代表人等会同协办，俾得迅速告成批准等因在案。去照迄今已经月余，各银行代表人等未获邮传部招请续商湖广铁路借款事宜，为此本大臣应请贵亲王示复贵部与邮传部已经商定若何，俾此事妥速了结为荷。

十月二十五日粤川汉铁路档

查此项照会系各使同日分递，因词意完全一律，故未另行分录。

附四国公使面递外务部意见节略

本年九月初一日，邮传部堂官晤接四国银行代表等之时，该堂官辩称各节令人诧异。故四国驻京大臣等于本年九月二十日用同语照会布告中国政府，并请饬令邮传部按照宣统元年四月十九日正合同签字之草稿各条遵办，并与各银行代表人等会同协办，俾得迅速告成批准等因。嗣以一月有余，未蒙照复。四国大臣于十月二十五日又致同语照会，重述其请，且催照复。迄今又已弥月，四国使者既未见准其所请之照复，亦无声明延搁理由。查此项攸关紧要于中国政府及四国之正式公文，外务部置诸不理，似属失礼，非但有碍于四国大臣拟和睦办理此事之本意，且使各本国政府注意在中国议商事件之态度。故四国大臣别无他法，惟有共同亲谒贵部，剀请贵国将对于了结此事若何意见答复，弗再延宕。

十一月二十五日

鲁抚孙宝琦奏建筑胶沂铁路款巨期迫谨陈派员测勘并筹办内地捐抵借公债情形折

山东巡抚孙宝琦奏，为建筑胶沂铁路，款巨期迫，谨将派员测勘并筹办内地捐抵借公债各情形，恭折密陈，仰祈圣鉴事。

窃自光绪二十四年曹州教案议结，德人于胶济北路外兼索胶沂、济南路敷设权，是为胶沂铁路之缘起。次年，复经德国使臣照会总理衙门，允作津镇官路。三十三年秋间，臣奉使柏林，接准外务部电开：津镇路约已议有端倪，胶约所载各路或包入干路之内，或为干路之枝，均归中国自办，嘱向德外部切商，将胶沂一段一并作为枝路。当时往返筹商，磋磨再四，最后始许俟签定正约再行解决。嗣津镇改为津浦，另订合同，遂由外务部商允德使仍如前说，臣远在欧西窃喜竟有成局。

迨奉命帮办津浦路事，复准外务部咨送德使提议三端。略谓：胶沂一段铁路似须斟酌，其与干路接连之处舍胶州而就高密是否为宜，并声明建筑之期总须尽西历一千九百一十五年正月初一日造成，距铁路三十里内允准德商开挖煤斤之权，仍旧施行不移各等语。本年正月，德使又续声明五条，内有建筑高密车站、划清胶沂矿权之请，由外务部知照前来。

臣于二月间电调津浦铁路南段提调侯选同知劳之常来东，会督测绘员生履勘胶沂路线，沿途报告，分段进行；又由沂州以西经过峄县接勘至滕县属之临城驿，俾与津浦干路相接。阅时四月余，计程六百余里，估价在千万以上。胶州诸城一带路工艰险，需费较巨，若改就高密起点，目前可省费百余万。但须与德使议明：异日接通胶澳，接通烟潍，我均可随时办理，德人不得阻难。前经绘具图表说略，咨请邮传部、津浦大臣派员复勘在案。

臣维胶沂路线德使既有限期之请，我若不及早兴工，德人又来干预；当此度支奇绌，明知邮传部兼顾为难，臣忝抚此邦，不得不尽心筹画。查东胶两关向未征收子口税，胶济路章载有货捐专条。上年即咨呈外务部先行照商德使，议设火车捐，并在海关征子口税。嗣准复到节略，以火车捐有碍路务，子口税尚可筹商。当饬胶海关税务司阿理文筹议，据称税关章程领子口税单与否应听商人自便，不能迫与正税同征；拟变通改办内地捐，仍按值百抽二五之数，由海关于洋务常税外分别代收；不在沿铁路设卡，并将向河厘卡移设边界，以便商贾运输。

臣复委洋务局道员余则达、东海关道徐世光会同东胶两关税务司切实调查，佥称有利无害。又经询问烟台各领事及华洋商董，亦均承认纳捐。又派余则达等往晤威海办事大臣骆士廷，商议在威添设分关，由东海关兼辖，俾归划一；声明内地捐专指运销山东内地暨山东内地运出海口之货，其有进口货物运往外省并由外省经过出口之物仍照三联单章程办理，如中英条约第八款加税免厘实行，比照各省厘金一律停止。

此项捐款系山东特别议征，每年约可收银五六十万两，青岛德租界照章提拨二成津贴，威海添设分关，津贴如青岛例。烟台建筑海坝正议抽收货捐，亦应提给二成，以助工费而免重征，统由海关按结划拨。预计尚可余银四十万两，拟借公债八百万两专为胶沂铁路之用，勉敷由高密到沂州一段，以后或续借债票或由邮传部拨款，届时再议。此项债票由银行代售，分期交款，周年五厘，计息以三十年为期，十年以内仅付利不还本；十年期满，如东省另有款可拨，即将债票全数收回，否则自十一年起至三十年止逐年分还本利，以内地捐常年收款足可相抵。届时倘有不敷，自须另筹拨补，以昭信用。

查公债事件照章应由谘议局议决，上年曾经列入议案。今年开会臣复将内地捐、公债二事谘询全体议员，均表同情。臣业已向大清、德华两银行商议担认债票分期垫款，大清银行只允代售债票而不允垫款；德华银行允为函商柏林总行，其意似尚易于担认。惟必须内地捐一事定议，抵款方能有著。

臣查路政为邮部职司，胶沂系津浦支线，国际交涉责任属在外务部。诸臣体念时艰，公忠共济，缓急利害自有权衡，本无庸越俎代谋。第念此路收回之初磋商匪易，臣既系原议之人，渥受国恩畀以封疆重寄，深虑旷日持久又生交涉。内地捐一事筹画经年，幸有成议，时机尤不可失。况借用公债舍此实无抵款用，敢缕觋上陈，拟请旨饬下外务部、度支部、税务大臣详细核议，早日定局；并请饬邮传部、津浦铁路大臣将胶沂路线起点从速核定，俾可克期开工。除分咨外，理合恭折密陈，伏乞皇上圣鉴训示。

再，划清矿权问题臣正在饬劝业道与德国矿务公司商议，谨当随时与外务部妥商办理，合并声明。谨奏。宣统二年十月二十七日。

孙宝琦片。

再，沂州为南北通衢，其川淮泗，其浸沂沭，形势本属扼要；惜非商务繁盛之区，平时货物出口全赖青口轮舶往来输运。铁路系营业性质，胶沂工段绵长，异日修养之款所费不赀，必须航轨交通，庶可藉资挹注。查沂青相距仅一百八十里，沂河以西路线既接通津浦，沂河以东自应展修青口，俾期出海便捷，应作为胶沂之枝路。俟修至沂州，或续借公债，或由邮部另拨款补助，再议接筑。如有商人合股承办，更可无烦官款。臣统筹全局，派员详细履勘，似与开海、清徐路线尚无妨碍，绘具图说咨送邮传部查核。现据谘议局士绅呈称：前因询谋佥同，其为有利无弊，昭然共见。理合附片密陈，伏乞圣鉴，饬部核议施行。谨奏。宣统二年十月二十七日。

胶沂铁路档

资政院总裁溥伦奏照约速定裁厘加税一案议决情形折

资政院总裁贝子溥伦等奏，为陈请照约速定裁厘加税一案，谨将议决情形遵章具奏，恭折仰祈圣鉴事。

窃查资政院院章内载：各省人民于关系全国利害事件有所陈请，得拟具说帖呈送资政院复办。又载：陈请事件应先由议长交该管各股议员审查，若该管各股议员认为合例可采者，得将该件提议作为议案各等语。臣院前据各省谘议局陈请，提议照约速定裁厘加税一案，呈送说帖到院，当经送付陈请股员会审查。旋据股员会称：本股多数议员认为关系全国利害，照章应交会议，由臣院列入议事日表，定期会议，并付税法公债股审查。复据该股员会称：审查得洋货税向定值百抽五，再加子口半税为百分之七五，而子口半税又以口岸洋货多就地营商，化厘为税实则化有为无；商埠日辟，子口税将同虚设，洋货税轻值廉，洵足以制内商之死命，固不如加至百十二五之为愈也。厘金不利于国，不利于工业，而独利于中饱巡丁留难需索，委员藉端苛求，商民受困，莫不切齿，厘宜速裁久为天下人民之公论。

然裁厘必以加税为抵补之计。根据辛丑约章，与各国协商实行裁厘加税自是正当办法。惟裁厘加税各国认为中国有利之事，自派商约大臣以来，修订商约英、美、日三国虽已就绪，其他各国时越七年尚未修订，而英国续订之约复声明：裁厘加税一事，须各国一律允准后，方可实行。查《辛丑和约》为十二国之公约，修订商约为公约中附加之一条件，与平时两国商约施行限满彼此声明互行续订者有别。当商约大臣与英、美、日修订商约时，如萃十二国为一团与之磋商，谅不难迎刃而解。不知出此先英而继以美、日，致使列国要求特别利益互相牵制，有一国未经允许，虽已订之英、美、日三国条约亦不能实行，此不能不承认为失著之咎。按厘金之行，原属于军兴以来不得已之政策，即无抵补，犹当议裁。况既裁厘，即得实行加税，藉资补偿，复何所虑。

本股员会一再讨论，多数议决应照章具奏，请旨饬下外务部暨商约大臣照会各国公使，根据辛丑约章将裁厘加税一事速与磋商，设法办到；并请旨饬下度支部将裁厘办法预为筹画，庶于国库收入既无所损，而商民困难亦从此尽释，上下交受其益等情具书报告前来。复经臣院开会讨论，佥称：抽收厘金一事为筹饷权宜之政策，非征税正当之良规，弊害既缕指而难穷，商民复蹙额而相告。徒以外省岁入恃为大宗，要政所需倚之挹注，筹补无术，故裁撤难定耳。今各省谘议局合词陈请，根据约章冀加税之议实行，庶裁厘之款可抵；上无亏于国帑，下有恤于商艰，自系为裕课便民起见等语。当将股员会报告书所拟办法付众表决，多数议员意见相同，谨遵照议事细则第一百六条具奏，可否俯赐采纳准如所请之处，伏候圣裁。所有议复陈请照约速定裁厘加税一案缘由，谨缮折具陈，伏乞皇上圣鉴训示。谨奏。

宣统二年十一月初一日奉谕旨：资政院奏陈请照约速定裁厘加税一案议决情形一折，着该衙门妥筹办理。钦此。

厘捐档

江督张人骏苏抚程德全奏查明苏路公司并无私借外债并筹预防方法折

两江总督张人骏、江苏巡抚程德全奏，为遵旨查明苏路公司并无私借外债并筹预防方法，恭折仰祈圣鉴事。

窃臣等于宣统二年七月十四日，承准军机大臣字寄宣统二年七月初一日奉上谕：邮传部奏商路违章私借外债擅定合约请饬查禁一折，着张人骏、程德全按照所奏各节迅速查禁，据实复奏，原折均著抄给阅看。钦此。遵旨寄信前来。

遵查此案，先于本年六月初六日准邮传部电，以苏路旅京股东函称：苏路清徐北线甫在议办，闻有订借奥德洋款之议，请派员密查电复等因。当经饬据江苏补候道王仁东查明并无其事，会同电复邮传部在案。钦奉寄谕前因，复经会委江苏藩司陆钟琦、江安粮道吴㷖亲往确查去后，兹据该司道等复称：苏路公司原设在沪，借款购料等事应以沪为归宿，当即同赴上海密询本地官绅及各商家，佥称该公司集股未闻有借外款之事；或云展筑清徐北线有议向外国银行借款及赊欠材料抵作股款者，嗣后路既开办，无期款亦无由再借。

又经函请沪道移准德、奥领事照会，亦不认有该公司借款；并据该公司代表杨廷栋力辨无借外款情事，饬将合同交阅，据称：既未订借，何有合同。复饬，据该公司函称：公司先造南线，自海州至枫泾，路长一百十余里；前年展筑北线，自清江至西坝业已试车，清江至杨庄正在铺轨。两路共用银三百七十四万余两，收到股款计银二百四十二万两，收支相抵，不敷银一百三十二万余两，除邮传部拨存银六十万两外，结欠度支部银行二十五万两、信成银行十五万两、兴业银行十四万两、各庄十二万两，均有账册可考。苏路原有股款勉敷筑造，南线公司为有限公司，先就力之能及者展造清扬，过是以往，必俟股款集有成数，始可决定行止。绝无订借外款之说，且可保公司中永无此事。至赊料一节，随赊随还，本系商业常例，迥非借款可比。即公司与礼和洋行往来，结至目前亦仅四万余，岂能资为口实等语。司道等复查情形相同，调核该公司账册结欠数目亦属符合。至苏路款项迄未收齐，办事职员或就股东附于公司，资产设法挹注虽系抵押，并非借款等情禀复前来。

臣等复查苏路公司前因展筑北线经费未集，外间传言有向外国银行借款及赊欠材料抵作股款之议。原奏所指私借订约或即因此，现经该司道等一再访查，并无其事；并经上海道移准德、奥领事照会，亦不认有该公司借款。且该公司总协理系在籍绅士邮传部右丞王清穆、翰林院修撰张謇充当，该绅等均负时名，甚有识见，平日办事又极认真。既据函中声明绝订借外债之说，且保公司永无此事，尚属可信，应请毋庸置议。惟苏路展筑至清徐，北线股款既未收齐，虽无借款于前，不可不预防于后。相应请旨饬下外务部通告各国公使，声明苏路公司章程专集华股，凡非中国人资本一概不收，如有外款纠葛，部不任责，以维路政而释群疑。所有查明苏路公司并无私借外款并筹预防方法各缘由，除咨外务部、邮传部查照外，谨合词恭折复陈，伏乞皇上圣鉴训示。谨奏。

宣统二年十月初六日发，十一月初一日奉旨：该部知道。钦此。

苏杭甬铁路档

东督锡良致外部谘议局呈请催办奉海铁路祈核复电

为密咨呈明事。

窃东省铁路自为日、俄所分据，足以扼南北之冲；而北由哈尔滨至海参崴，南由奉天至安东，又各有枝线。近来吉长展筑吉会，预约转瞬工事告竣，更置吉奉两省于日人掌握之中，其危险逼迫之情形甚于扼吭附背。本大臣筹议锦瑷一路，所以分日、俄之势，只为外交所牵制，开办需时。而日俄协约告成，又将多筑枝路以巩固其势力。东省绅民怵祸至之无日，群拟添筑他路以为抵制，其拟建区域咸注重奉天东北之海龙府，或由开原起点，或由铁岭起点，两县绅民先后呈请。本年五月，谘议局临时会开会，又有奉天至海龙府之议。

查海龙府属本东西流围荒，土地新辟，物产丰饶，府东之朝阳镇尤为商贾荟萃之所，岁运粮食行销于外者以每石百斤计，常一千五六百万石，而林木、矿产不在其内。该处南至奉天六百余里，北至吉林五百余里，东北至延吉经行长白山之阴约八百里。前派安奉铁路查察经理员黄国璋亲诣该府履勘，据报情形相符。开原、铁岭两县绅民既各为其本土，以断断争论。而谘议局谓彼皆自保之计，未为大局之谋，别创奉海一议。仅以路线相比较，自以开原为最利、最便。铁岭一线必从开原经过，与南满有并行之嫌。惟开原路近，而必藉南满以为尾闾；我虽有利可图，适足为彼扩张势力之用。奉海从京奉接展，今为国防计，似宜由海龙直通延吉；于安奉、吉会两路中作一斜行线，以为出奇制胜之谋，不必以奉海为名，而海龙即在其中。

去年七月二十日，中日协约议定京奉车站接修至奉天城根，彼时内外所计画实已有通道延吉之心。今就绅民所提议以筑路为固圉之谋，似此线为京奉干路直抵延吉最为切要。本年十月十五日，复据谘议局呈请催办前来，本大臣督同司道等会商核议，佥称：奉延实为切要之图。惟需款较巨，究应如何筹集之法，除札复谘议局并绘具形势略图随文赍送外，相应密呈钧部核定，仍祈见复施行。须至咨呈者。

十一月初七日奉海铁路档

吉抚陈昭常致外部报与日领争抚顺煤税情形乞核复电

抚顺煤税率经奉天会议二十余次尚未协定，日商松昌公司遽将抚煤运到伊通州，贩卖奉省，销煤素不收税。伊通税局援吉省例向收不允，交涉司与日领开谈判，坚执税率未定不能征收之说。且援奉省为比例，兹拟三项办法：一、税率未定以前，既不征收，即不准贩卖；一、暂将烟煤吨数存记，俟税率既定后照数补交；一、竟援奉省例听其贩卖，暂不征收。惟奉省销煤一概不税，非于抚顺特别，吉省凡煤皆税，习惯情形不同。兹若援奉省例，似与税务有碍。究应如何对付之处，乞钧部裁核，迅赐电复。昭常。虞。

十一月初七日税务档

江督张人骏致外部张三宝案请商日使饬领集讯并观审电

顷据沪道电禀：日人刃毙华民张三宝案卅电敬悉。遵即细查，仅有光绪十七年沈关福被日人福原等殴毙由县廨与日领会讯之案，事在中日未经改约以前。当先电询各关，接苏州关道电复：光绪二十四年九月二十一日，三十五号华捕被日本吉利垆商人稿本用刀刺伤，奉总署函准驻京日使分饬驻苏领事讯断，经关道派洋务员蔡倅汇沧于二十五年华三月初四观审，案卷确凿。又津海关道电复：光绪三十二年日人石附宇吉等谋害臣民张朴斋身死一案，梁前道照准日领复称：按日本刑法，领事无定重罪之权，将犯解长崎裁判所定罪，请派员赴长崎观审，经详院咨明驻日钦使，就近派观各等因。

职道查《马关条约》第六款载明以中国与泰西各国现行关约为本，英、美商人被华民控告之案均派华员观审，日本岂能独异。苏州巡捕被日人刺伤，派蔡倅观审已在马关订约之后，即为中日刑事案件应由中国官员观审之明证。况天津日人石附宇吉谋害华人身死，重犯解送长崎审办尚可派员往观。日使所称向来日领裁判所审案无华官观审之例，殊为巧辩。应请宪台转部据案驳回，并商日使饬令日领定期集讯，俾届期观审商办，至祷等语。祈察照核办示复，饬遵为荷。人骏。虞。

十一月初八日法律档

署粤督增祺致外部华商赴秘营业秘领不允签字与约不符请电张大臣与秘外部交涉电

赴秘华人上年经驻美伍大臣与秘外交部商定稽查办法九款，经奉大部电粤遵办，当由袁前督饬行劝业道遵章给发护照，并派洋务委员薛守永年驻港，随时与秘领妥商。开办以来，给发华商赴秘护照秘领均签字无异。顷据薛守禀称：近有商人林其珣等呈有劝业道护照，经查该商等委系赴秘营业，并非苦力，与例相符，饬赴秘领签押。乃秘领忽谓：奉其政府来电，另有取缔华商新章，须俟领到再行知照，现时不允签字，并称执照未经秘外部注册者作为废纸等语。

查稽查赴秘华人章程甫于上年七月间商订，仅及一年，现秘政府忽又另定新章，欲将前章作废，殊不足以昭大信。且前章系伍大臣与秘外部商定，彼此均经签押。即使秘人欲行改章，亦应与我公使商妥后方能实行。若新章未定以前，旧订章程遽由一国任意取销，似属无此公理，以后两国条约凭何遵守。拟请大部迅电张大臣查明前章，与秘外部严切交涉，勿庸更张，电饬驻港秘领凡有真正华商赴秘，务须照常签字，以维商务。是否有当，祈钧裁示复。祺。庚。

十一月初九日华侨档

外部复美使嘉禁运高根事已准各国驻使允认函

径复者：

日前蒙函询中国禁止高根进口，比照禁止吗啡办法设立相同限制，是否业经有约各国一律照允等因。查高根性质功用与吗啡无殊，而为害尤烈，是以按照禁止吗啡贩运来华办法一律议禁，业准各国驻京大臣接奉各该国政府训条先后照复认可。为此函复贵大臣查照，并将认可各国单附上。

此复。顺颂台绥。

十一月十二日禁令档

吉林道孟宪彝呈外部长春营业税拟根据法理改正章程文

敬禀者：

窃前因署长春府知府何守厚琦会同绅商整顿营业税，拟章请核。经驻长日领事松原一雄到道交涉，业将大略情形呈蒙督抚宪批示。近日领迭次到道迭开谈判，俄领事亦有公文照会到道。闻各日商亦迭次会议，并闻日领拟约同领事团到道交涉，如不得要领，预备对付此事必向大部交涉等因。

伏查此案先当辨明营业税之性质，次当参考长春征收营业税之习惯，根据法理改正章程，而后日人自无从干涉。盖营业税者，凡人民营何职业者即课以法定之税率，与关税之以输入、输出货物课税者迥乎不同。其赋课之法有二：一、外标推定法，一、收入课税法。收入课税法分申告、检查两种，各国以其不便多未行之。惟外标推定法各国通行，其课税之标准一以卖上金额之多少而区分，二以资本金额之多少而区分。既以卖上金额、资本金额为标准，则不论其所贩者为内国、外国之货物，而只问其所营之业为何，是营业税之性质与进口税并无关碍之确证也。

至长春征收营业税始于光绪三十四年八月，经升任督宪徐、吉林抚宪陈、度支司通饬照办在案。其税始由各铺商代收，缴由商会分别支解；虽有定章，但就土货之买卖辄置之不问，故所收税款往往有名无实。本年九月间，始由何守创设营业税公所，举毕绅维垣总理，仍附于商会之内。四乡各派绅商酌设分卡，不论土货、外货之买卖一律照章收税，实行整顿，俾税务日有起色；各分卡汇缴公所，由公所缴呈财政处，分别支解，以期统一。事由绅商协办，各商民踊跃乐输，于地方财政颇资裨补。惟向来征收之法按照来货买价一吊抽收一分，虽按买卖之价格，而仍以货物为标准，与营业税性质未尽吻合，而日人之故意干涉亦即以此。

署道以为与其迁就章程而授外人以口实，不如改良税率而保我国之税权。况日领所藉口者系依据光绪二十二年清日通商条约第十、第十一两款，不知条约所载指货物而言之，营业税之性质指营业之金额而言之。兹当不问其所贩者为何种货物，更不问其所贩之货物为内国、外国，但就其所营之业参照卖上金额、资本金额两条，而以每月所卖入之金额统计，课以相当之税率，如是则与条约既无抵触之处，而营业税亦名实相符。外人虽强，安所置啄〔喙〕，即有严重之干涉，自当据理而力争。爰将长春征收营业税章程督同何守召集绅商，详审研究，另行改正。倘日人竟至大部交涉，伏求俯予剖辨，力为坚持，俾吉省营业税通行无阻，以维财政而保主权。

除分报外，理合将此次长春改正营业税及外人干涉情形检同原拟及改正章程，肃禀驰陈，恭候示遵。敬请钧安，伏乞垂鉴。

十一月十二日税务档

外部致驻和代办唐在复施行领约在和属内照和律属外照中律解决电

领约事今日陆大臣又与和贝使切请声明系末次谈判，据和贝使前交文稿仍与附则原文无异。兹改如下：施行领约遇有和兰臣民、中国臣民之疑窦，在和属内照和律解决，其和属外照中律解决。贝使允转政府特闻，备接洽。外务部。愿。

十一月十四日华侨档

东督锡良致外部奉省韩侨日众请向日使速议办法函

本年八月初五、二十五两日，迭将奉省韩侨日众预筹对待之法函请与日使提议，恳为裁酌，示遵在案。兹据交涉司韩国钧呈称：派员分赴各州县详查，计安东、怀仁、宽甸、兴京、长白、通化、临江、辑安、抚松、安图、海龙等十一府县现有韩侨八千六百五十八户，男女丁口三万六千五百四十八人，佃种地亩七万三千三百五十亩九分五厘，住房一万八千二百三十八间半，牲畜一千五百零八头；较宣统元年共增七百十八户，男女丁口三千八百七十五人，地亩一千四百三十九亩，住房二百七十二间，牲畜四十二头。本年内，侨民户口所增之数即辑安一县已至一千余人，其余各府县亦自二百以上至九百不等。东边壤地本只鸭绿江一水之隔，越境极易，近日来者仍复络绎于道。若入吾国籍者，除兴京明家鸿一名外，他无所闻。计呈韩侨户口表一分等情。

据此查奉省韩侨延至十一府县之多，以后递年增加，势必普及东三省而后已。日既并韩，吉省之延吉一带尚有杂居区域，成案服我法权，奉省前未规定，虽词讼一切向由我地方官判断；万一日人藉口合并以相干预，抑或以查户口为名分派警察入我内地，听之则失我主权，不听则龃龉立见。良前函谓：韩侨为日本兼并满洲之导火线。非敢危词以耸听，实有见于眉睫之祸，不得不然。自并韩至今三阅月以来，日人尚未伸张其权力者，非忘之也，以韩境措置未周，不得不稍留以有待，我侥幸其无事，迨事迫而已不及自谋。兹乘日本整理韩事无暇兼顾之时，伏乞钧部迅与提议特别办法，抑即援照延吉成案，以期预杜后患。是否有当，谨候裁度施行。良。

十一月十五日韩侨档

外部致使俄萨荫图言萨哈连在黑龙江右岸电

申。十九日电悉。萨哈连在黑龙江右岸、黑河府界内，对岸即俄 Blagoveschensk。外务部。

十一月二十日出使俄国档

署粤督增祺致外部萨摩岛招工请商德政府订例与文明各国民人一律看待电

萨摩岛招工事前上阳电谅邀鉴察，顷据驻岛领事林润钊电称：本岛招工会日前曾托港商，拟在粤招工三百余名。该会员哈文因见久无消息，迭来面商。现据称：如中国再肯准其招工，萨政府愿将华工条例第三条所载华工比照萨摩土人看待及第二十条鞭责之刑先行删除；又，第十二条工人因监禁等事每旷工一日扣除两日工资，改作扣除一日工资；新旧工人一律均沾，一俟开招之日即予施行；未悉能否邀准，恳领事代为请示。

以上各节署萨督苏士经于本月灰日声明力任照办，惟称：西历一千九百年十一月九号《德国治理保护国条例》第二款内开日本人不在有色人种之列，贵领事拟于日本人之下添入华人字样，俾得确与各文明国人同列，本督无权照办，应由两国政府妥商等语。禀请核办前来。

查萨岛华工历年据控被虐，迭经咨呈有案。上年派驻领事原为保护华工而设，乃节据该领申称：萨岛所定律例竟以华人为有色人种，等于德国藩属土番，并无诉讼上控之权，是赴岛华工非特合同内所订保护之条等于虚设，即驻岛领事亦将格于彼例，徒烦辩争，似于国体民命均极有碍。所有萨岛招工如德使续请开招，拟请先令商彼政府明定例文，声明华人不在有色人种之列，与文明各国民人一律看待，以重国体。是否有当，祈钧裁示复。祺。号。

十一月二十一日招工档

外部致李经羲滇缅北段界务英使词狡而决希复电

滇湎北段界务，两次照会英使阻止缅兵越界，并派员会勘，均置不复。嗣准寒电，又复催促，始据照称：政府命令，以我若不肯按萨使光绪三十二年照会声明之界线，则无论何项会勘问题均不核夺；至于所拟交界以西所收之礼物、岗银等项，本国永愿会商补偿。又谓原无派兵逾越前指之分水岭交界之意，词狡而决，口舌与争，断无效果。若始终坚持，恐边衅一开，更难收拾。总之，约内但指纬度而不及经线，则北纬二十六度以外之地彼于立约时已预为地步，自为彼之所必争。前以现管小江边为界一言，彼固未曾承认，若照来电就会印图所划至腾永界截止，究竟能否阻其达藏，如不能阻，又当如何？此事相持多年，自应求解决办法，况兵机已动，未便再延。惟疆界情形，本部究难悬断，应如何划勘，方不至有碍大局。前饬界员寻恩买卡源当亦得有消息，仍赖尽筹硕画，审查地势，体验民情，酌定方针，藉资因应。尚希妥速筹定，电复为盼。外务部。

十一月二十三日滇缅界务档

外部致周树模中俄勘界事希面与俄员驳辩电

感电悉。此事迭与俄使商明，由两国委员将勘竣各界绘具图说，各以意见注明，合则作为定局，其不合者送省核定后再行咨部。如俄员不到省会商，则彼此意见异同之处无从证明。俄员期望虽奢，尽可面与驳辩，以图解决。若外间不能商妥，将来到京后，俄使只凭俄员一面之词，本部亦无从悬断，辩论更难。仍希查照迭次函电，妥为酌定，并电复。外务部。勘。

十一月二十八日中俄界务档

外部致法使马吉长铁路圈用教堂地亩系照章办理希饬持票领价照会

为照会事。

前准照称：据驻奉本国领事报告，吉林有司欲由车站添修一路以达河岸，所定路线竟将教堂地亩一段占据。本大臣查必须用此地段，本馆毫无阻止之意；然吉林有司如此擅行占据，任意定价，则不能允准。定价一节，本当会同本国领事自由商定办法，方为合理等因。

当经咨行东督，转饬查酌办理去后，兹准复。据交涉司禀称，此段路线系由邮传部派员设局主持，所有购地章程经该部议定上、中、下三等地价，先由工程司测定路线，然后交由地方官代为发价收买，并非吉林有司任意定价。吉长路线所用之地在距城五里许之昌邑屯，为该堂所置之空闲地亩，经铁路局将小票送司转致法主教蓝禄，请其检同原买地契赴司领价立券，蓝主教复将小票送还。

又据吉长铁路局咨复，奉天行省衙门文称：吉林路段圈用教堂地四亩五分一厘四毫七丝四忽，作上等地合价吉市钱一百八十吊零五百八十九文，此系遵照部章办理，如谓核价不公，即按照原契价酌加二成发给亦无不可等情。并将小票照送驻奉法领事在案，请转商法国驻京大臣转饬该领速催蓝主教持票领价。倘因定价不公，尽可按照原价酌加；若系亩分不符，亦可另行勘丈等因。

是此事吉林有司照章办理，实无任便定价之意。既经贵大臣承认毫无阻止，希即转饬领事速致蓝主教持票领价，和平商办可也。

十二月初四日吉长铁路档

东督锡良奏葫芦岛建筑海堤派员筹办购地开工情形折

钦差大臣、东三省总督兼奉天巡抚事臣锡良奏，为葫芦岛建筑海堤，派员筹办购地开工情形，恭折仰祈圣鉴事。

窃臣前奏陈奉省葫芦岛商埠工程重要，拟筹的款以资开办等情。宣统二年七月二十七日奉朱批：知道了。钦此。旋准度支部遵旨咨照前来。查此项港岛工程本与拟办之锦瑷铁路联络一气，臣先经派委开缺广东按察使郑孝胥与洋员议订锦瑷铁路草合同，并饬将开港事宜一并筹画。当由该员带同奉省工程司琇斯驰赴该岛察勘情形，以建筑海堤为开办下手之要著。兹据先后禀报，拟将应筑海堤并停泊轮船码头分为三段。先由海岸用沙石垫成堤坝，外砌有石以御巨浪之冲刷，直至水深之处，计长二千英尺，为第一段；复自水深之处折而左转，用铁条、洋灰凝结椿砸于码头两面，筑成护墙，中用沙土有石填塞，计长二千五百英尺，为第二段；末段水底更深，即用闭水围椿之法统筑洋灰墙，内仍实以沙土有石，计长二千四百英尺，为第三段。以此三段工程分为六年办理，第一段及建筑工程所、材料所、办公所诸房屋均于第一年内竣工；第二段又分为二节，其头节工程限于第二年内竣工，其二节工程限于第三年内竣工；第三段则分为三节，于第四年、第五年、第六年内分年修筑，限至第六年一律竣工。此葫芦岛海堤工程分段、分年预算办法之情形也。

臣与该员司等议定，即以宣统三年为开办海堤之第一年，目下应即购地动工；自葫芦岛至京奉铁路之连山站先行修筑运料铁道二十余里，以为明年筑堤之预备；计商埠内已购葫芦岛前后及西大山、山城子、梁房子、桃条沟、望海寺等处民田二千余亩，铁路用地亦经分段购买，一面将应行购备之各项机器及纲〔钢〕轨、车辆等件，如为中国各省所有者尽向华厂购办，其不能自制之件则用投标之法向各洋商开价购办。又因工程骤难大举，于上年冬间暂就臣署中设立筹办处，即派委郑孝胥督饬经理，俟明年葫芦岛办公房屋竣工之后再行设立工程局，以专责成。除将该岛工程逐段前进另行随时奏报外，所有葫芦岛筑堤、购地、开工情形，理合恭折具陈，伏乞皇上圣鉴训示。谨奏。

宣统二年十二月初四日奉朱批：该部知道。钦此。

商埠档

日使伊集院致外部川江行轮免碰章程请与驻重庆各领商妥再行承认照会

为照会事。

宣统二年十一月二十日接准照称：据四川总督咨称，川江行轮免碰民船及赔偿各章程应请照会各国驻京大臣转饬遵照等语，相应钞录《川江行轮免碰民船章程》及《川江行轮赔偿章程》请认可，转饬周道遵守等因。本大臣已阅悉，惟查本章程之性质应由贵国该管官宪与驻扎重庆各国领事官先行商议妥协，然后请外交团及各国公使之承认，方为正当办法。相应照复贵部查照施行可也。须至照会者。

十二月初七日航务档

外部致锡良东省马贼充斥希严饬营警搜剿电

马贼事前准节略，当复日本使。兹准照称：此事已达政府，现政府复行饬查，中国所称防剿未经实行，前逮捕之六人其一系日警所捕，其二系日警协助，其余除击杀一人外，迄无著落。日人命产被害无已，请严饬防剿，万一徒托空言，恐敝政府将设法自卫。该使复面称：中国官授械团练一层，实多危险，总望设一妥法，从速剿办各等语。

查东三省铁路为各国往来要道，马贼充斥，出没无常，不特有碍公安，且易丛人口实。尊处虽经筹办，日政府仍谓我剿不力。日领报告与地方官所报不同，多方挑剔，用意叵测，必我有自治之方，庶彼无可乘之隙。万一藉口自卫派兵干预，彼时虽竭力挽回亦恐不及，务希严饬营警认真搜剿，随时防范。至授械一节，究系如何办理，并希见复，余咨达。外。

十二月十二日东三省档

外部致锡良日人在长春设派出所在吉林蒙古测绘希据约诘阻电

准军谘处函：据尊处咨称，日人在长春城内秘设关东都督府派出所，并在吉林、蒙古一带调查、测绘等语。业经照会日使，转饬禁除。查外人违约测绘，上年曾经本部咨请禁止有案。兹日人复有此等举动，应由尊处通饬各属查明确据，据约诘阻，并电复外务部。

十二月十三日禁令档

外部致李经羲滇缅界务希就地势边情酌定电

初五日电悉。滇缅北段界务，英使坚持萨使所声明之分水岭为界，故有并未派兵逾界之言。本部照复该使：以萨使所指之界包括中国土司治理之地，缅兵若到恩买卡河之分水岭即系越界。若果因此冲突，中政府万难任咎。总之，界务未划清以前，仍应各守现管之小江流为界，勿得逾越。若必欲将界线根据先行解决，然后派员会勘，当委驻英刘使就近与英政府协商较有把握，俟得复再达。查此段界务各持一是，若非两方让步终难合拢。如万不得已而退让，究当以何处为指归，势处两难，不得不预为筹备。执事洞悉形势，谅已成竹在胸，仍希就地势边情酌定宗旨，电达本部，以凭因应。外务部。

十二月十四日滇缅界务档

外部等奏遵议锡良奏陈东三省大局应行分别筹办情形折

外务部、度支部、税务处等奏，为遵旨会同妥议，恭折复陈，仰祈圣鉴事。

东三省总督锡良奏遵旨密陈东三省大局应行分别筹办情形一折，宣统二年十月二十日奉朱批：该衙门妥议具奏。钦此。钦遵由军机处钞交前来。查原奏于熊希龄密陈四条，谓有可以实行者曰：裁撤各关作为无税口岸，有宜从慎行者曰：许各国商人杂居内地，有已在试行者曰：矿产、森林招设公司，有利在速行者曰：加借外债经营移民开垦；并谓细查四端之宗旨，皆以实行开放为主义，所见远大，与顾此失彼、畏首畏尾者不可同日而语；朝廷如垂念东三省所处之奇危，请以四端列为预定之政策，步步著著依此实行等语。

臣等窃维东三省逼处强邻，时局阽危，欲施挽救之谋固以开放门户为要义，实行开放之策尤以各国均势为指归。原奏第一端裁撤各关作为无税口岸以云开放，诚属造端宏大。惟按诸实际仍恐无补时艰，姑无论三省各关税岁入约三百余万两，未易筹款抵补也。即谓为鼓励通商起见，地方易于发达，不必计此区区之进款，究竟门户洞开得占优胜者，恐仍在邻近之邦，而不在欧美各国。该督原奏于内地杂居一节，即谓日、俄与我接壤，各国与我穹隔；一准杂居，则日、俄来者麇至，各国来者必不甚多，免税亦何独不然。故此议于均势之计画似未能适当。窃谓：无税口岸只宜于素称富庶之区，而非可恃为抵制之计，未可引英国伦敦以为效法。至原奏拟将征收营业、销场等税由外务部与各使商定后，即行裁撤。各关查销场税载在中英商约加税免厘款内，未便又与各使提议作为东三省单行之税法。营业税只应征诸华商，系属内政；若与各使协商，转失主权。近来东省内地各厘捐或征及有免单之洋货，各使屡有烦言。如果办营业税以代各项厘捐，并非指货收税，使洋商无可藉口，自是妥善办法。此则不议裁撤关税，亦属可行者也。

原奏第二端谓：内地杂居必以主权在我为要著。斯诚不易之论。主权者，警察、裁判实为大端。苟筹备尚未完全，则外人不愿就范围，杂居必诸多窒碍。虽现在东省情形日人多不遵守约章，杂居城镇无法使之迁徙，然理曲在彼，我犹可据约而争。若一经允认，自撤藩篱，适足便其拓殖之计。恐各国未及相与维持，而一国已先张其势力矣。应请照原奏所拟，先将警察、审判分年预筹，逐渐推广，必俟完备足用，然后相机与各国提议修改条约。即以开放内地杂居与收回治外法权为互换之利益，庶几悉协机宜，可收效果。

原奏第三端谓：矿产、森林等事惟以招来洋商、吸收外资为最急，拟特立兴办实业章程。查东三省地产丰饶、利源待辟，只因财力未逮，遂致举办维艰。自应设法招徕以冀振兴实业，且允许洋商投资设立公司，或拒或迎操纵由我，明示各国以同沾优例，即隐杜一国之独握利权。为结均势计，似视免税、杂居二者较为中肯。但使密筹组织之机关，慎订集股之规则，自可期无流弊而有成效。应俟该督拟定章程送部察核，如属妥协，即准施行。

原奏第四端拟加借外债经营移民开垦。夫移民开垦诚为今日固圉殖边最要之政策。

言开放者欲使各国自由通商，此犹是不得已而藉外力以为护持，得失参半，非上策也。若能自行开垦，则内力渐充，外患自无从而侵入，斯诚保固根本之论，较之以上三端为尤要著。惟原奏于此事谓提纲挈领之要务在锦瑷铁路。铁路即开，则应弦赴节，事半功倍；铁路未定，则勉强兴办，糜费更多。又谓：只求款能应手，则进步必速。其主张加借外债者以此。窃以为移民之举有铁路固形利便，无铁路亦未见需费增多。锦爱〔瑷〕现既未有成议，垦务势难待诸路成。至兹事体大，自非有巨款不办。该督前奏请借债二千万两，内以五百万两为移民开垦之用，业经臣部议准，并由度支部筹借在案。应即先尽前项五百万两将招垦事宜妥为布置，次第扩充。如果办有头绪，功效渐彰，款项不致虚糜无著，将来应否加借外债，抑或由度支部另筹的款指拨，届时再行酌议。

以上四端皆关系东三省全局，臣等公同商酌，或应从缓办，不必持论太高；或利在推行，务先规定善法。总之，实行开放仍以不损主权、能达均势为紧要之关键，应请饬下该督分别办理，慎密筹画，但能立定宗旨，切实进行，自易转危为安，无虞缓不济急。所有臣等会同妥议缘由，理合恭折复陈，伏乞皇上圣鉴训示。再，此折系外务部主稿，会同度支部、税务处具奏，合并陈明，谨奏。

宣统二年十二月十五日奉旨：依议。钦此。

东三省档

外部致汪大燮报载俄德日三国联盟希探复电

报载俄、德、日三国联盟，究竟有无其事？伊使前数日遽行回国，有何用意？希密探电复。外务部。

十二月十八日协约档

考察宪政大臣李家驹奏考察日本财政编译成书折

前出使日本国考察宪政大臣·学部右侍郎臣李家驹奏，为考察日本财政，编译成书，敬陈管见，恭折仰祈圣鉴事。

窃臣前出使日本考察宪政，所有官制、官规、地方自治制度、行政裁判制度、司法制度、皇室制度、诏敕制度均经编辑成书，先行奏报在案。其财政一类，于上年八月将考察底稿携带回京，并由日本大藏省陆续寄稿前来，经臣督率随员等悉心编译，计纂成《日本租税制度考》十册、《日本会计制度考》四册，恭缮成帙，进呈御览。

窃维国家财政不外制入、制出两大端。制入名类不一，而以租税法为最要；制出之法规不一，而以会计法为最要。臣即于此二者详加考察，日本维新以来租税制度迭加改良，会计法规屡经厘订，揆其进行之次第，实可为改革之师资。谨就我国财政之现情，证以微臣考察之一得，为我皇上缕析陈之。

比年以来，财政之困难亦已极矣。财政困难之原因不一端，而最著者则国家经费之增加是也。国家经费增加之原因亦不一端，而最显者则国际之交通与宪政之筹备是也。闭关之世，政主治内而不务外，其为国也闲暇，故政费无多。自海禁大开，日与列强相接触，于是对外之费相乘而起，如外交费、如国防费、如国债费，皆自国际交通启之也。专制政体但主消极，不尚积极，其为法也简易，故政费亦无多。自筹备立宪事宜按期进行，于是所需之费递年有加，如司法独立费、如地方自治费、如教育普及费、如经济行政费、如整理财政费以及一切改革经费，皆自宪政筹备肇之也。岁出骤增，而岁入不济，部臣仰屋于内，疆臣罗掘于外，内外皇皇不可终日。持积极之论者则谓：军国大计不容缓图；持消极之论者则谓：民力已殚，激将生变。平心论之，国家经费之增加属于世界自然之趋势。盖社会之文明日进，则国家之职务愈繁，斯经费愈增，自然之理也。日本明治初年，岁计总额不过三千万圆，近年预算总额已逾五万万圆以上，前后四十年间所增几三十倍。此外，各国经费增加速率亦复相等，或且过之，大势所趋，亦略可睹矣。

夫经费果能节约，则国家与一私人同，自以节约为善。然节之至极，将举国家必要之事业弛而不张，此所谓消极政策，万不行于生存竞争之世者也。今论者谓财政奇绌，当权事之轻重缓急，量入为出，是未知计臣责任与阁臣责任之区别也。盖国家事务孰重孰轻、孰缓孰急关乎政治之全局，即大政方针之所在，是为内阁之职权非计臣所能代谋。如阁臣以为某事在所必举，则此费在所必需，而费所从出如何筹画，斯为计臣之责，不可混也。论者又谓：民穷财尽当为休养生息之谋，不当为竭泽而渔之计。是未知经济行政与财务行政之区别也。今日民诚穷，财诚尽矣。然其所以穷、所以尽之故，由于财务行政之未善者，半由于经济行政之未善者，亦半如税制组织之不良、税目选择之失当、国民负担之不公、征收方法之不便，此属于财务行政之范围，度支大臣所当有事也。至于振兴实业以开拓国民之富源，奖励贸易以抵制外货之输入，则属于经济行政之范围，农工商、邮传大臣所当有事也。

臣所言者属于财务行政之范围，其大纲曰制入，曰制出。

制入之要义一曰租税之收入。租税之原则有四：

其一为财政之原则，即租税当图充足及有伸缩力者是也。盖租税为国家收入之大宗，不惟经常费所取资，即临时费、战时费之增加亦将于是乎赖，故当谋充足。又国家财政岁有变更，故租税当具有伸缩增减之能力，否则年年改废，年年增损，国家既不胜其烦，人民亦不堪其扰。我国租税以田赋为大宗，其于租税中本乏伸缩之力，加以税制沿习日久，窳败日甚，所入日减，别无所资以为调剂。此与财政原则不符者一也。

其二为经济之原则，即税源之保护及税目之去取是也。盖租税取自民之所得，则虽多取而为虐；若侵蚀其资本，则虽少取而已苛。我国税目选择未精，往往侵及国民之资本、财产，税源既竭，后继何从。此与经济原则不符者二也。

其三为公正之原则，即租税之普及与赋课之均平是也。我国自昔重农，故农民之负担特重，而为官、为士、为工、为商则不及焉。夫租税既当谋普及矣，又必酌其贫富之差，定其轻重之等。故一当免课所得较少之税，二当采用累进税主义，三当重课财产之所得，四当力避课税之重复，如是然后既均且平，我国税制均未注意及之。此与公正原则不符者三也。

其四为行政之原则，即课税之正确、便宜及征收费用之节省是也。我国关于纳税者，课税物件与赋课征收之监督以及滥收之处罚、滞纳之处分、诉愿诉讼之规程皆无精密法令以规定之，故胥吏得上下其手，使人民生额外之负担，是谓之不正确。且纳税者或以谷，或以钱。纳钱者又因币制不一辗转折合，其不便者一；纳税之地未经法定，往往斗粟尺布，使人民提携负荷逾百十里，其不便者二；纳税之期虽有定制，而胥吏辄意为先后，以便私图，其不便者三；征收之程叙〔序〕既烦，收支之机关无别，催科之吏因缘为奸，其不便者四。又，吾国向行包征、包解之法，督抚责之州县，州县复委之吏胥，所耗之数不止倍于正供之数，在国家耗其二而仅得其一，在人民贡其一而实耗其三。是为征收耗费与行政原则不符者四也。

今将欲增加收入，必先改良税制，而改革之根本则首在厘定租税之统系。考租税统系各国不同，有所谓单税制度者，有所谓复税制度者。据今世财政家之评论，率以复税制度为优。盖此项租税赋课所不及者，则以他项租税赋课之；又行某税而此类人民负担过重者，则更行某税以课他类之人民；彼此相调，轻重相剂，在国家可得大宗之入款，在人民又可保负担之均平，此复税制度之所为优也。特所谓复税者，决非滥加税目，为无艺之诛求也，必循租税之原则整理而画一之，以成有统系之税制而后可。欧洲十八世纪之末税制纷淆，其用意专以收入增多为主，至于税源之保护、分配之均平皆所不计，所谓无统系之复税制也。厥后卒至紊乱，乃变计更张，至于今日统系秩然矣。我国税制首重田赋，而地丁、租课、漕粮、漕折、粮折、耗羡等项名目不一，此外有厘金、有盐课、有海关税、有常关税、有土药税、有茶税等项，又有杂捐，而牙税、当税、契税、油税、酒捐、渔捐、猪捐、船捐、车捐、铺捐、妓捐、赌捐等项不胜枚举，殆无统系之可言。盖自近年国债迭增，新政繁举，每遇一事辄筹一款，又无通行全国之法令以统一之，于是直省各自筹款，殆与日本藩治时代及欧洲中叶税制紊乱情形无异。故即以租税一端而论，已足兆分裂之危机。

为今之计，非通盘筹画、迅速清理不足以救财政之穷。清理之策有五：

其一，旧税之当改良者，如田赋、如盐课、如关税是也。此项税目我国沿用已久，各国通行亦广，惟旧制疏舛流弊滋多，以致收额日减，允宜及时改良。如田赋则当用纯益课税之法，不当用计亩课税之法。无论宅地、田地一律赋课，不可偏废。此外，丈量地亩、编制台账皆改良田赋所有事也。如盐课则当行国家专卖之制，不当沿盐商包卖之法。所有引地之改废，盐场之限制，皆改良盐课所有事也。如关税则以收回税关管理权及改正税率为主，惟事关条约，亟应为改正之准备。其未经改正以前，则当先行返税法、消费税法及政府收买法，以图目前之抵制弥缝。此改良旧税之策也。

其二，旧税之应归并者，如地丁、租课、漕粮、漕折、粮折、耗羡等项。自日本制度言之，皆属于地租，所宜裁并画一，不宜多立名目，徒滋纷扰。其余各税亦宜审其性质，以类相从，厘而一之。此归并旧税之策也。

其三，旧税之应废止者，如厘金、如统捐、如常关、如茶税以及烦复之杂税皆是。厘金一项外人称为内国通过税，阻工商之发达，助〔阻〕客货之畅销，其应废止自不烦言。统捐、常关亦复相类，茶税一项前有茶引之制度，后有茶厘、茶捐之别名。此亦有碍茶业之发达，且收额无多，废之为便。此外，各项杂税亦宜分别存废，如牙税、如当捐、如铺捐、如渔捐将来可归并营业税，如契税则或并入田税，或改为财产承继税，如船捐、如车捐、如妓捐仍可列入杂税一类，以充地方自治经费。此外则宜一律删除，以省烦苛，而赌税一项尤宜痛绝。此废旧税之策也。

其四，旧税之当扩充者，如酒税、如烟税、如印花税之类是也。此项租税各省或经试办，或未实行，允宜及时扩充以增收入。各省酒捐办法不一，亟宜厘订税章通行全国。现行土药税以禁烟之故断难久存，近已税额锐减，宜以烟草税代之。烟草固以专卖为便，惟恐尚难遽行，可仿日本故事先行烟叶专卖之制。《印花税章程》尚多可议，宜重加厘订。此外，登录税、登记税如一时未能实行，可先扩充印花税之范围，以资弥补。此扩充旧税之策也。

其五，新税之应增加者。夫旧税之应归并及废止者如是其多，而改良及扩充者亦复不少，酌盈剂虚，收入之数约可相抵。然以供将来之财用则尚虞不足，不得不另增新税。考各国税目甚繁，约而言之，如营业税、如财产税、如家屋税皆收益税之可行者也；如特别所得税、如通常所得税、如兵役税皆所得税之可行者也；如饮料税、如物品税、如使用税皆消费税之可行者也；如承继税、如取引税、如运输税皆行为税之可行者也。惟是同一税也，他国可行而我国则不可行，故选择贵得其宜；又同一可行之税也，而若者可以速行，若者不能速行，故先后贵得其当；又同时可以并行之税，而或则应定为国家税，或则应定为地方税，故分配贵得其平。要之以统系为准则，以国情为依据，是在制国用者之权衡矣。

二曰租税以外之收入。此项收入可分三种：

其一，官有财产。各国范围有广有狭，大抵不外官有土地、官有森林、官有矿山等项。我国官有土地以庄田为大宗，皇室有庄田、宗室有庄田、八旗驻防有庄田，将来确定皇室经费及变通旗制之时，应并规定官有土地之界限；又，将来整理田赋之后，所有隐田及无主之地亦可收为官有。至官有森林，则各省山林川泽向属官家，而西北各省森林之应归官有者尤夥，苟经理得宜，必成收入之大宗。至矿山应归官有与否，各国办法不同。我国矿产雄富，外人方协而谋我，与其政府无力自办致启觊觎，不如奖励民办以保利权。其有非民力所能举者，则仍由国家办理，亦政策不得不然者也。

其二，官办实业。有工业，如纺织厂、印刷局之类；有商业，如银行、邮便、汇兑之类。此外，如邮政、电报、铁道、航业及各种专卖皆官办实业之大宗。我国现办之邮电、路轮均称获利，造币厂创办伊始，银行亦逐渐推行。此外应行扩充之事尚多，皆宜锐意经营，以规大利者也。

其三，政务公费。有司法公费，如诉讼费是，而登记、公证等费属焉；有行政公费，如考试费，图书馆、博物馆观览费，营业许可费之类皆是。此外，罚金、科费、没收金物等项性质稍异，然亦收入之一宗也。

三曰公债。公债性质与私人举债无异，有利息、有偿期，故不能以为国家收入之一种。且公债之作用尤在通融缓急、调剂盈虚，故财政家不以为收入而以为调和收支之利器。虽然从公债之性质而言，诚不与于租税之列；而就预算之便宜而论，则可归于岁入之科。考公债有随意公债与强迫公债二种。强迫公债虽名为公债，实与租税无异，我国前此之昭信股票实近于强迫公债。此项公债亦非万不可行，然必事起仓皇无从支应乃可偶一用之，苟屡行不已，则上失国家之信用，下紊经济之秩序，不可不慎。若随意公债则有利而无害，我国今日尤有不能不行之势。盖因经费竭匮之故，始言整理财政，欲行整理则必先筹整理之费。试举例以明之，如整理田赋一事，考日本改正地租，合官费、民费共用三千余万圆。我国土地十数倍于日本，姑以十倍计，亦需三万万圆以上，除民费一万万余圆外，政府所应筹措者约二万万圆，即分作五年计，每年亦需四千万圆。又如整顿币制一事，据度支部原案，限以五年举各省自筹银元、铜元悉数收回。现在各省自铸及流行之实数若干，虽不可稽，大致每省平均一千万圆，则全国约有二万万圆。今欲悉数收回，每一圆约耗十分之二，以二万万圆计，所耗约四千万圆。此不过举例而言，其余改良、整理一切税制无不须先垫巨款者，则舍募集公债以资周转更有何道哉。比年以来，日言理财而不为根本之改革，徒事目前之补苴，凡所措施卒归无效。由于不筹垫款，动生顾虑之故耳。盖凡物不能无代价，欲收重利于后，必先投资本于前。日本之于台湾，初以五千万圆收买大租地券，以图租税之统一；近则地租一项已有数百万圆之岁入，以供台湾行政费约略相当矣。此尤近事之可征者也。

惟是欲行公债，所当预筹者凡四事：

一、资源之筹画，即如何而能使公债畅销是也。果使国家财政基础巩固、信用深厚，则公债销路自广，可无待言。兹当基础未固、信用未厚之时，不得不先为人民广筹画公债之用途，用途广则销路自广，至用何术以广其用途，则属于公债政策，兹不赘及。

二、条件之筹画。公债有有利公债、无利公债及有期公债、无期公债之别，又有有担保公债、无担保公债及内国公债、外国公债之别，现在募债自应用有利及有期条件以坚信用。又，募债所以整理行政，与办实业不同，不必附以担保。既无担保，则不问内国、外国均可一律招募，以利用外资之输入。

三、使用之筹画。募债既以整理行政为主旨，则使用之限制及整理之方法、成绩所宜预定。如：为整理某项租税而募集之公债不得移作他项之用，此限制之法也。其整理之案应预定递年之办法及其应完之成绩，逐一详列，严定考成，以收实效。

四、偿还之筹画。现欧洲盛行永远公债，由于民力富足、国家信用巩固之故，非我国所能取法。自宜先行有偿公债，而偿还之法所当预筹。考各国有行减债基金制度者，宜师其意设公债偿还局，专司其事。又，公债既为整理行政而设，其有将来可收厚利者，如整理田赋之类，应仿特别会计之例，预定将来收入增加之时，每年提出若干以供偿还此项公债之用，是皆筹画公债之要义也。

如上所陈，以言足出，则酌剂财用必以政治方针为衡；以言制入，则增进财源税首以统系制为要，财政大纲略具于是矣。虽然一出一入之间，必有法制焉，以规范之而后能得其当。此为形式之财政，亦谓之财务行政。考欧洲财政制度之发达，以英吉利为最早，大陆诸国则肇于中世纪以还，所谓财政统一时代是也。当时统一者凡三事：一曰预算之统一，即合地方分立之预算而定总预算之制度也；二曰金库之统一，即合地方分立之金库而定中央国库之制度也；三曰财务机关之统一，即收散乱无纪之财政机关而定独立之统一机关也。无论何国，凡财政制度之完备必在立宪政体确定之后。盖立宪则有议院、审计院等以司监督财政之职，财务行政乃有起色也。

臣窃以为我国财务行政亟当改良者有二：一、岁计法规之厘订也。岁计法规者，定整理岁计之程式及办法者也。其最重要者为预算制度，各国每揭其纲要于宪法中；其次则预算之编制、施行及决算等，别以法令规定，而总称为会计法规。此外，又有国库补助法制法、国债法、征收法、官有财产管理法之类，皆属财政法规，而与会计法规并行者。法规不备，财不可得而理也。我国财政紊淆之最大原因由于预算之不立。预算要义最贵统一，故以总预算为主要。总预算编制之任属于各主管衙门，而统于度支部；总预算决定之任属于度支部，而统于内阁，各部不能自专，各省不自为政。我国不然，部与部不相谋，省与省不相涉，各部与各省不相联属，既无统一之机关，又无编制之法程。于是，中央十二部则有十二部之预算，地方二十二行省则有二十二行省之预算，是不啻折一国为数十国也。且自中央与地方之关系言之，则我国但有地方财政而无所谓中央财政，以中央政府无不仰给各省也。又自各部相互关系言之，则我国但有特别之预算而无所谓总预算，以度支部向不干预各部也。夫特别预算本属不得已之举，日本特别会计凡五十四宗，彼方引为诟病，可为鉴戒也。我国预算制度中央总预算之外应否另立各省预算，此与官制有关，将来应详为规定。今惟有举全国财政悉统于度支部，而以度支部大臣绾收支出纳之冲。至其事业性质特殊者始行特别会计之制，严戒滥用；并将一切会计法规迅速厘订，以立施行之准；并将财政法规一律颁行，庶治人与治法相资为用矣。

二、岁计机关之整理也。岁计机关有三：其一，财务行政机关，有中央、地方之别。中央机关东西各国皆以属于度支部，惟于官有财产、官办实业则为经济行政而隶于农工商部。此外，纯以收入为宗旨及性质特殊者，如各种专卖局之类则特设机关司之，而统由度支大臣监督之。故各国度支部通有之职权可以预算事务、会计监督事务、制定收入法规事务三大端括之。至于下级机关则各国成例有二：一、特设财务官，一、委任地方官。此由历史地理及事务性质之不同，未可执一而论。若采因地制宜之制，则以委任地方官为便；若采全国统一之制，则以特设财务官为宜。大抵直接税及森林事务则宜行委任之制，间接税及官办实业则宜行特设之制，其大较也。我国现制，除关税外，各种租税纯以地方官为征收机关，将来税制改良则财务官亦应分别特设，此财务行政机关之当整理者一也。

其二，财政监督机关。监督之别有三：一、立法监督，即议院预算之协赞也，学者称为事前监督；二、司法监督，即审计院决算之检查也，学者称为事后监督；三、行政监督，即行政内部岁计之实行也，学者称为中权监督。现在资政院、谘议局先后成立，而以议决预算为其职权之一端，是以立事前监督之基础。既有事前监督，则事后监督之审计院设立不容过迟，且其地位职权必须独立，与行政机关相鼎峙乃能收效。至于中权监督，则凡属财务行政皆由度支大臣指挥，此财政监督机关之当整理者二也。

其三，收支出纳机关，可分为收入机关及支出机关两项。收入机关又分为三：一、命令机关，收税官吏是也；二、领收机关，金库是也；三、保管机关，亦以金库当之。更有暂时领收官吏、暂时保管官吏，以补金库之所不及。其立法之精神要在使领收保管与命令之权各自独立，不相侵越。支出机关亦分为三：一、命令机关，度支大臣及其所委任官吏是也；二、支付机关；三、保管机关，均以金库当之。更有预支现金官吏，以补金库之所不及。

各国通例大致若此。我国收支机关浑而不析，州县征收以达于司，司受其成；由督抚以达于部，但使定额无缺即可完其考成。至于各地方截销报解之数与实际征收之数是否相符，国家曾不过问。近年各省增设局所，销耗愈滋，于是中央岁计总额日有所减，而各省人民负担日有所加，正坐收支机关不分之弊也。盖以命令机关而兼领收机关，于是有藉端需索、假公济私之弊；以领收机关而兼保管机关，于是有侵吞公款、暗中取利之弊；以命令机关而兼支付机关，于是有浮支公款、先后挪移之弊；以支付机关而兼保管机关，于是有长支短欠、亏空逋逃之弊。各国惩贪之法宽于我国，而官方整饬胜于我国，岂外国官吏皆贤而我国官吏皆不肖哉？则以外国法令精密，其官吏不惟不敢贪，且不能贪；我国法令疏阔，刑罚虽重，不惟不能止贪，而反以教贪。明制官吏坐赃一两以上者留，而官典犯赃者岁辄数十百起，则止贪之道固在此不在彼矣。

收支机关既图分立，则金库制度首须改良。现制度支部有金银库之外，京师则宗人府、外务部等衙门，直省则藩盐各司、粮关诸道各自有库；其他各部院现款出入之专司，各府厅州县征收之柜，皆无库之名，有库之实。当欧州〔洲〕中叶财政分立时，有所谓官府金库制度者正与相类。今欲统一库政，宜定国库制度，设国库长官，隆其职权，凡京外官府旧有之库悉改隶国库长官。庶主计者不司现金，则侵挪自绝；典查者设有专职，则稽察匪难。至于我国国库制度将采中央国库独立之制，抑采各省分设国库之制，亦与官制有重大之关系，所宜详为规定者。此收支、出纳机关之当整理者三也。

夫财政一端为国家存亡之所寄，人民荣瘁之所关，重矣，要矣。各国财政家之所经营，东西学者之所讨论，广矣，博矣。臣学识谫陋，语焉不详，见闻所及，粗知概要，第如臣所陈者改弦更张已属非常而惊世俗。然而事变纷乘，缓无可缓；倘复畏难顾虑，旧贯相仍，则目前虽欲酌增岁入势已不行；万一事起仓皇，急需巨款，不知何以为计。言念及此，可为寒心。日本蕞尔国耳，顾当甲午、庚子二役前后增制者近一圆，日俄战役增加非常特别税二次，计二万万圆以上。自非税制改良机关灵敏，安能一呼而集，安堵无惊也哉。要而论之，我国今日因时变而图兢存，不得不执进行主义而扩张事业，扩张事业不得不增加国用，增加国用不得不整理财政。改良制度是必有内阁统一政治于上，以握其纲；计臣经营策励于下，以举其职。然后，治法与治人相辅而行，此则官制所关，尤为重要者也。

臣愚昧之见是否有当，伏候圣明采纳施行，大局幸甚。所有考察日本财政编译成书敬陈管见缘由，谨缮折具陈，伏乞皇上圣鉴训示，谨奏。宣统二年十二月十九日。

使日汪大燮复外部俄德新有协约德日交情渐亲电

电悉。三国同盟暂虽无事，惟俄德新有协约，德日交情渐亲，筹备款待德储加厚，后来必更亲。此间东西各报喧言：北京疫疾盛行，德储入都将止云。现穆默将赴京部署德储行事，似宜厚款，告使勿惑各报谣言。穆似此中要人也，伊使早有回国之说，自是筹对我方针。有闻再电陈。燮。

十二月十九日协约档

滇督李经羲致枢垣英兵抵片马并胁各夷降附请饬商英使退兵妥议电 附旨

滇缅续约载：北纬二十五度三十五分之北一段即野人山界，照约应往北划去，不得折而东以求分水岭所在，牵合于英使历次照会所指之高黎贡山。惟彼族目光所注不仅限以滇边，尤在直通西藏。前两国派员会勘起点不慎，铸错已成，部省合力坚持，六七年来抗辩百端，迄难就犯。以前英兵只在密芝那境一带游弋，从未逾我小江。小江乃总理衙门与英使所定暂守边界，江内皆土司世守治理地也。本年夏间，登埂土司所属片马夷寨奸民捏禀投缅，经羲拿办首恶，其事始寝。后即有印度政府将派兵驻守片马之谣，经羲迭电外务部，请力图界务根本解决，并先止英兵过界挑衅。虽经转照英使，而观该使答词，显露祸心，毫无让步。彼已主自由侵占之政策，兵机已动，即于我全局攸关，何可不决心筹付，早定方针。

前咨部五色线图于滇境已得大纲，名为五线实只两线：一、恩买卡河，一、高黎贡山，利害昭然。部臣当久经熟计，且为国界非省界，在疆臣何敢擅专。而区区愚念以为：宁吃有限之明亏，不甘为极端之默许。不意其竟出强硬手段，径行领占。据永昌知府江蕴琛、署迤西道狄葆煃等先后电称：探闻英兵从密芝那府分两路出发，约兵二千名，马二千五百余匹，有工程、辎重各队，其前锋直抵片马，事已的确；在该处遍挖地营，为久屯计，并胁派赖各夷寨降附，宣言高黎贡以西为该国固有领土；统兵官闻系游击佛梦能，总办其事则知府郝慈等语。经羲前闻英兵巡界，即拟以巡察为名派兵往赴小江，特虑其执前此华兵不得逾岭原案引为口实，先发挑衅，曾电请部示。又以西鄙空虚，营队夙少分扎要地。值中甸大姚乱后，影响所及，在在需兵镇慑，勉强抽调只能分戍近边。复派驻大理之陆军第七十六标两营克期开拔赴界，惟计程约二十日，师行虽速，我兵在途而彼兵先已过境。

议者谓：彼意在占界，未必遂往内侵。然揆之现势，有万不能不争者三：岭西各夷供赋应役初非不毛瓯脱，并英国允给租价、允偿冈银，明明认为土司辖境，遽为外兵所据，国体何存，一也。茨竹、派赖、片马等寨分隶左杨段各抚夷，均执有道光年间兵部劄付，证据确凿。若我力不能保护，沿边土司愈受影响，边计所失已大，二也。从高黎贡山脊北往西藏，此线为英政府所定，彼兵既擅进片马，即循山而北以至丽江之兰州、维西之白汉、洛巴埝之擦瓦龙，扼险设戍，以后则争无可争、让无可让，坐收此千余里之地，三也。

经羲责在守土，虽自顾兵援薄弱、饷械匮虚，而事关边域，存亡牵连川藏，讵忍以一隅而误大局，更何敢惜一死而辱疆寄。目前民情惊惧，不仅外侮，尤虑内讧，已饬标营暂驻腾永弹压地方，先求靖内。至派兵上界一节，此则关于战局，断无兵已上界而能不启战衅之理，尤断无将启战衅不先预筹全局，后继而即冒然前进，徒取溃辱之理。应请朝廷决定宗旨，密示机宜，内外合筹，力图援济，命下乾行，经羲决无退缩。

伏维经羲受命危疆，才庸识暗，既不能先事防杜，上释主忧，以致敌兵犯界；又不能立时抵御，力却强邻；罪无可辞，恳请皇上明降谕旨，先予处分，敕部严议，以存国体而谢滇人。庶经羲得以峻岸张维，力求自赎，并恳敕下外务部与英使严重交涉，务先退兵而后妥议。部意拟交驻英使臣与英政府直接磋议，若留兵示威，据地为质，恐协商未就战祸已开，岌岌边情不胜悚迫。乞代奏。李经羲谨叩。

十二月十九日奉旨：李经羲电奏悉。滇缅北段界务久未划清，兹据探闻英兵将抵片马，意图占据，审时度势，究未便轻启兵端。应由该督密饬地方文武妥慎防维，勿任卤莽偾事，一面镇抚汉夷，免生惊扰，并著外务部磋商办理，以维边局。钦此。枢。养。

十二月二十日滇缅界务档

邮部咨外部东省拟筑奉海线于外交有无阻碍请见复文

为咨行事。

路政司案呈准东三省总督密咨称：窃东省铁路为日俄所分据，北由哈尔滨至海参崴、南由奉天至安东各有支线。近来吉长线展筑吉会，预约转瞬工事告竣，其危险逼迫情形甚于扼吭拊背。前筹议锦瑷一路所以分日、俄之势，只为外交所牵制，开办需时；而日俄协约告成，又将多筑枝路以巩固其势力。东省绅民群拟添筑他路以为抵制，其拟建区域咸注重奉省东北之海龙府，或由开原起点，或由铁岭起点。本年五月，谘议局临时开会，又有奉天至海龙之议。查海龙府属本东西流围荒，南至奉天六百余里，北至吉林五百余里，东北至延吉经行长白山之阴约八百里，前派安奉铁路查察经理员黄国璋履勘，据报情形相符。谘议局为大局计，别创奉海一路。仅以路线相比较，自以开原为最便利。铁岭一线必从开原经过，与南满有并行之嫌。惟开原路近，而必藉南满以为尾闾，我虽有利可图，适足为彼扩张势力之用。奉海则从京奉接展，今为国防计似宜由海龙直通延吉，于安奉、吉会两路中作一斜行线，以为出奇制胜之谋，不必以奉海为名，而海龙却在其中。去年七月二十日，中日协约议定京奉车站接修至奉天城根，彼时计画实已有通道延吉之心。今就绅民所提议，以筑路为固圉之谋，似此线为京奉干路直抵延吉最为切要。本年十月十五日，复据谘议局呈请催办前来，当经督同司道会商，佥以该路情形切要，惟需款较巨，究应如何筹筑之法，除劄复谘议局并绘具形势略图随文赍送外，相应咨请核定见复等因前来。

查奉延一线起奉天，经海龙抵延吉，所经行之路均为奉省紧要之处，既足以联络京奉干线，复足以折冲奉吉边陲，关系极为重大。惟奉省铁路办理方法与内地情形不同，本部就路政而言，该路于对内、对外两者均宜赶行建筑。况在奉省逼急情形，尤宜首先加意。但据原咨所称：奉海由京奉接展，更由海龙直通延吉，于安奉、吉会两路中作一斜行线，以为出奇制胜之谋等语。情形是否适合于外交，有无阻碍及将来如何筹款办理之处，本部无从悬度。除咨商度支部外，相应咨呈贵部酌夺见复，以凭转咨。再，查去年七月间贵部与日本订立条约内吉长展筑至会宁一案，并希钞录过部，备案可也。

十二月二十日奉海铁路档

外部致刘玉麟英兵直抵片马请商英外部撤回电

滇缅北段界务准滇督电谓：英兵两路出发直抵片马，为久屯计，并胁派赖各夷寨降附，宣言高黎贡以西为该国领土。查片马确隶华土，在小江以内为我土司治理之地。此事争持已久，现英又派兵逾界。昨曾照会英使，由执事与英外部协商根本解决办法。除钞案电达外，先向该外部切实诘问，如未派兵即行作罢，若已派往即应撤回，以便和平商结，并电复。外务部。养。

十二月二十二日滇缅界务档

外部致李经羲滇缅北段界务希审度地势见复电

十九日电悉。滇缅北段界务英兵竟果越界强占，用意叵测，忧愤同深。现在办法自以与商退兵为第一要义，英使惟以转报政府为推宕，迭次照会均历久始复。十四日又复照诘，仍置不理，只有电由刘使向彼政府交涉较为直速。若彼肯受商，自宜仍就界务筹一归宿。尊意在彼通藏，本部所见本亦相同。但英人蓄谋已久，薛使立约所指纬度以北即已堕其术中。现彼于藏南之布丹、廓尔喀两部且攘为彼属，无非兼扼首尾以肆其谋藏之野心，可见通藏宗旨无论明拒、暗阻，彼必不肯改变。两线通藏既有难易之分，自应取其害之缓者。如由小江以北划到某处为止藉为让步，在彼未必满意，在我能否勉行，仍希执事审度地势详酌电复，以备因应；倘再不能就范，则只以公断为最后之要求而已。外务部。

十二月二十二日滇缅界务档

东督锡良咨外部日人测绘已饬各地方官警阻止文

案奉钧部十三日电开：准军谘处函，据尊处咨称：日人在长春城秘设关东都督府派出所，并在吉林、蒙古一带调查、测绘等语。业经照会日使转饬禁阻。查外人违约测绘，上年曾经本部咨请禁止有案。兹日人复有此举，应由尊处通饬各属查明确据，据约诘阻等因。准此。

查此案前据东三省陆军参谋处呈称：当经分别咨行去后，嗣准吉林陈抚台咨，据长春道密电称，有日人曾派测绘生华人张姓等四名深入内地，密测军用地势等因，当经饬由参谋处绘具所派出之测绘员手标记，咨复饬知，以资辨别，各在案。外人请领护照分往内地各处游历，本为约章所许。其私行测绘一节，承准钧咨历经分饬严防。欲杜其渐，自非由各地方官会同分驻各该营警等，一遇有外人入境，认真严查。奉电前因，自应通饬各属一体遵照。嗣后如查有私行测绘情事，立即阻止出境；如系外人，即报明交涉司照诘各领事，饬将护照取销；如系华人，即送司法衙门惩办。倘各该地方官等查禁不力，一经访闻，当即分别处罚，以昭儆戒。除分行通饬外，是否有当，相应咨呈鉴核。良。

十二月二十二日禁令档

谕镇国将军载振英皇加冕著前往致贺

上谕：明年五月为英皇加冕之期，著派贝子衔镇国将军载振充头等专使大臣前往致贺，以重邦交。

十二月二十四日出使英国档

清宣统朝外交史料卷十八终